国家统计局贸易外经统计司 编
Compiled by
Department of Trade and External Economic Relations Statistics,
National Bureau of Statistics of China

2024

中国贸易外经统计年鉴

CHINA TRADE AND EXTERNAL ECONOMIC STATISTICAL YEARBOOK

中国统计出版社
China Statistics Press

图书在版编目（CIP）数据

中国贸易外经统计年鉴. 2024 = China Trade and External Economic Statistical Yearbook 2024 : 汉英对照 / 国家统计局贸易外经统计司编. -- 北京 : 中国统计出版社, 2024. 11. -- ISBN 978-7-5230-0591-0

Ⅰ. F752-54

中国国家版本馆 CIP 数据核字第 2024CC1389 号

中国贸易外经统计年鉴 2024
China Trade and External Economic Statistical Yearbook 2024

作　　者/国家统计局贸易外经统计司
责任编辑/冯诗萌
执行编辑/杜珞维
封面设计/李雪燕
出版发行/中国统计出版社有限公司
通信地址/北京市丰台区西三环南路甲 6 号　邮政编码/100073
发行电话/邮购（010）63376909　书店（010）68783171
网　　址/http://www.zgtjcbs.com/
印　　刷/河北鑫兆源印刷有限公司
经　　销/新华书店
开　　本/880mm×1230mm　1/16
字　　数/1343 千字
印　　张/41.25
版　　别/2024 年 11 月第 1 版
版　　次/2024 年 11 月第 1 次印刷
定　　价/420.00 元

《中国贸易外经统计年鉴 2024》
编辑委员会

CHINA TRADE AND EXTERNAL ECONOMIC STATISTICAL YEARBOOK 2024

Editorial Staff

《中国贸易外经统计年鉴 2024》
编辑委员会

CHINA TRADE AND EXTERNAL ECONOMIC STATISTICAL YEARBOOK 2024

Editorial Staff

Editor-in-Chief: Yu Jianxun

Associate Editor-in-Chief: Yu Bingbin Zhang Min

Editorial Staff:(in order of the number of strokes the Chinese character of the surname)

Wang Yuexiang Wang Xiaoyu Shen Junli Fu Yuan

Fu Jiaqi Liu Yang Liu Ying Liu Xuling Li Dan

He Rundong Zhang Lei Chen Qunlin Hu Chunlin

Yao Hu Yuan Yan Geng Mingchao Xue Yuan

English Translator: She Jingxiong

编者说明

一、《中国贸易外经统计年鉴 2024》是一部全面反映中国国内贸易、对外经济贸易和旅游业发展情况的资料性年刊。本年鉴收录了2023年中国国内消费品市场、批发和零售业、住宿和餐饮业、国际收支、对外贸易、利用外资、对外投资与经济合作和国内旅游的主要统计数据，以及分省、自治区、直辖市和一些重要历史年份的相关统计数据。

二、本年鉴正文内容分为9个部分：1.综合篇；2.消费品市场篇；3.批发和零售业篇；4.住宿和餐饮业篇；5.国际收支篇；6.对外贸易篇；7.利用外资篇；8.对外投资与经济合作篇；9.旅游篇。为便于读者使用，本年鉴对所用略语和主要统计指标的含义、统计范围和统计方法作了简要说明。

三、本年鉴中所涉及的全国性统计数据,均未包括香港、澳门特别行政区和台湾省数据。

四、本年鉴所列对外经济贸易和旅游统计资料由国家统计局贸易外经司根据商务部、海关总署、国家外汇管理局、公安部、文化和旅游部、国家市场监督管理总局等部门的资料加工整理，由于各部门职能不同，统计口径、范围和方法亦有所不同，因此书中有些数据可能不一致，使用统计数据时请参看附录。

五、本年鉴资料中行业分类按《国民经济行业分类》（GB/T 4754-2017）标准划分；企业规模划分按《统计上大中小微型企业划分办法（2017）》标准执行。

六、本年鉴表中所使用的度量衡单位，均为国际统一标准计量单位。

七、年鉴表中的“空格”表示该项统计指标数据不足本表最小单位数、不详或无该项数据；“#”表示其中的主要项；“*”或“①”表示本表下有注释。

八、年鉴中没有标明年份的表均为2023年的数据。

PREFACE

I. *China Trade and External Economic Statistical Yearbook 2024* reflects the situation of China in the development of the domestic and foreign trade, the external economic transactions and the tourism synthetically. The yearbook covers the main data of the domestic trade, balance of payments, foreign trade, utilization of foreign capital, overseas direct investment and economic cooperation, and tourism of China in 2023, and embodies the data from national level and all the provinces, autonomous regions and municipalities. It also lists the time series relative data of important indicators by years.

II. The yearbook contains the following 9 chapters: 1.Integration; 2.Consumer Goods Market; 3.Wholsale and Retail Trades; 4.Hotels and Catering Services; 5. Balance of Payments; 6. Foreign Trade; 7. Utilization of Foreign Capital; 8.Overseas Direct Investment and Economic Cooperation; 9.Tourism. In addition, Explanatory Notes on Main Statistical Indicators are provided at the end of book.

III. The national data in the book do not include that of Hongkong Special Administrative Region, Macao Special Administrative Region and Taiwan Province.

IV. The major sources of data except that in the domestic trade are the regular statistical reporting forms provided by the relevant departments such as the Ministry of Commerce, the General Administration of Customs, the State Administration of Foreign Exchange, the Ministry of Public Security, the Ministry of Culture and Tourism, the State Administration for Market Regulation. The book is edited by the Department of Trade and External Economic Relation Statistics of the National Bureau of Statistics. Since the functions of departments mentioned above are different, the requirement, the scope, the calculating specification and the method of statistics are not in the same, and some of the figures may not be in conformity. Readers who want to use the data please consult the explanatory note.

V. Data by branch of industry in this book are based on the *National Industrial Classification of all Economic Activities* (GB/T 4754-2017), and data by size of enterprise are based on the 2017's *standards of Enterprises by size.*

VI. The units of measurement used in this yearbook are internationally standard measurement units.

VII. Notations used in the yearbook: (blank space) indicates that the figure is not large enough to be measured with the smallest unit in the table, or data are unknown or are not available; " # " indicates a major breakdown of the total; and " * " or " ① " indicates footnotes at the end of the table.

VIII. Some tables of the yearbook do not indicate the year, which means the data of the tables belong to 2023.

目　　录

CONTENTS

第 1 篇　综合

Integration

第 2 篇　消费品市场

Consumer Goods Market

第 3 篇 批发和零售业

Wholesale and Retail Trades

第 4 篇 住宿和餐饮业
Hotels and Catering Services

第 5 篇　国际收支
Balance of Payments

第 6 篇　对外贸易
Foreign Trade

第 7 篇　利用外资

Utilization of Foreign Capital

第 8 篇　对外投资与经济合作

Overseas Direct Investment and Economic Cooperation

第 9 篇　旅游

Tourism

附 录
APPENDIX

综 合

INTEGRATION

第1篇

1-1 国内生产总值指数
Indices of Gross Domestic Product

(不变价，上年=100；Constant Price, Preceding Year=100)

年 份 Year	国民总收入 Gross National Income	国内生产总值 Gross Domestic Product	第一产业 Primary Industry	第二产业 Secondary Industry	第三产业 Tertiary Industry	#批发与零售业 Wholesale and Retail Trades	人均国内生产总值 Per Capita GDP
1978	111.7	111.7	104.1	115.0	113.6	123.1	110.2
1980	107.8	107.8	98.5	113.5	106.1	98.1	106.5
1981	105.1	105.1	107.0	101.9	109.6	129.5	103.8
1982	109.2	109.0	111.5	105.6	112.7	99.3	107.4
1983	111.0	110.8	108.3	110.4	114.6	121.2	109.2
1984	115.3	115.2	112.9	114.4	119.4	124.7	113.7
1985	113.2	113.4	101.8	118.4	118.1	133.5	111.9
1986	108.6	108.9	103.3	110.2	112.3	109.4	107.3
1987	111.6	111.7	104.7	113.6	114.7	114.7	109.9
1988	111.3	111.2	102.5	114.3	113.2	111.8	109.4
1989	104.3	104.2	103.1	103.7	105.8	89.3	102.6
1990	104.1	103.9	107.3	103.2	102.7	94.7	102.4
1991	109.2	109.3	102.4	113.8	109.2	105.2	107.8
1992	114.1	114.2	104.7	121.0	112.6	110.5	112.8
1993	113.6	113.9	104.6	119.7	112.2	108.6	112.6
1994	113.1	113.0	103.9	118.1	111.4	108.2	111.8
1995	109.4	111.0	104.9	113.8	110.1	108.2	109.8
1996	110.1	109.9	105.0	112.1	109.2	107.6	108.8
1997	109.6	109.2	103.4	110.5	110.4	108.8	108.1
1998	107.3	107.8	103.4	108.9	108.4	106.5	106.8
1999	108.0	107.7	102.7	108.2	109.2	108.7	106.7
2000	108.6	108.5	102.3	109.5	109.8	109.4	107.6
2001	108.1	108.3	102.6	108.5	110.3	109.1	107.6
2002	109.6	109.1	102.7	109.9	110.5	108.8	108.4
2003	110.5	110.0	102.4	112.7	109.5	109.9	109.4
2004	110.5	110.1	106.1	111.1	110.1	106.6	109.5
2005	110.9	111.4	105.1	112.1	112.4	113.0	110.7
2006	113.3	112.7	104.8	113.5	114.1	119.5	112.1
2007	114.7	114.2	103.5	115.1	116.1	120.2	113.6
2008	110.1	109.7	105.2	109.8	110.5	115.9	109.1
2009	108.5	109.4	104.0	110.3	109.6	111.9	108.9
2010	110.3	110.6	104.3	112.7	109.7	114.6	110.1
2011	109.0	109.6	104.2	110.7	109.5	112.5	109.0
2012	108.6	107.9	104.5	108.4	108.0	110.3	107.1
2013	107.1	107.8	103.8	108.0	108.3	110.5	107.1
2014	108.4	107.4	104.1	107.2	108.3	110.3	106.8
2015	106.4	107.0	103.9	105.9	108.8	106.7	106.4
2016	106.8	106.8	103.3	106.0	108.1	107.7	106.2
2017	107.3	106.9	104.0	105.9	108.3	107.8	106.3
2018	106.4	106.7	103.5	105.8	108.0	106.7	106.3
2019	106.1	106.0	103.1	104.9	107.2	105.6	105.6
2020	101.7	102.2	103.1	102.5	101.9	99.1	102.0
2021	108.6	108.4	107.1	108.7	108.5	111.0	108.4
2022	102.8	103.0	104.2	102.6	103.0	102.5	103.0
2023	105.3	105.2	104.1	104.7	105.8	106.2	105.4

1−2 国内生产总值构成

Composition of Gross Domestic Product

(按当年价格计算, Current Price)

年 份 Year	国内生产总值 Gross Domestic Product (%)	第一产业 Primary Industry	第二产业 Secondary Industry	第三产业 Tertiary Industry	#批发与零售业 Wholesale and Retail Trades
1978	100.0	27.7	47.7	24.6	6.6
1980	100.0	29.6	48.1	22.3	4.2
1981	100.0	31.3	46.0	22.7	4.7
1982	100.0	32.8	44.6	22.6	3.2
1983	100.0	32.6	44.2	23.2	3.3
1984	100.0	31.5	42.9	25.5	5.0
1985	100.0	27.9	42.7	29.4	8.8
1986	100.0	26.6	43.5	29.8	8.2
1987	100.0	26.3	43.3	30.4	8.7
1988	100.0	25.2	43.5	31.2	9.8
1989	100.0	24.6	42.5	32.9	8.9
1990	100.0	26.6	41.0	32.4	6.7
1991	100.0	24.0	41.5	34.5	8.3
1992	100.0	21.3	43.1	35.6	8.8
1993	100.0	19.3	46.2	34.5	7.9
1994	100.0	19.5	46.2	34.4	7.8
1995	100.0	19.6	46.8	33.7	7.8
1996	100.0	19.3	47.1	33.6	7.8
1997	100.0	17.9	47.1	35.0	7.9
1998	100.0	17.2	45.8	37.0	8.1
1999	100.0	16.1	45.4	38.6	8.3
2000	100.0	14.7	45.5	39.8	8.1
2001	100.0	14.0	44.8	41.2	8.2
2002	100.0	13.3	44.5	42.2	8.2
2003	100.0	12.3	45.6	42.0	8.1
2004	100.0	12.9	45.9	41.2	7.7
2005	100.0	11.6	47.0	41.3	7.5
2006	100.0	10.6	47.6	41.8	7.5
2007	100.0	10.2	46.9	42.9	7.8
2008	100.0	10.2	47.0	42.9	8.2
2009	100.0	9.6	46.0	44.4	8.3
2010	100.0	9.3	46.5	44.2	8.7
2011	100.0	9.2	46.5	44.3	9.0
2012	100.0	9.1	45.4	45.5	9.3
2013	100.0	8.9	44.2	46.9	9.5
2014	100.0	8.6	43.1	48.3	9.8
2015	100.0	8.4	40.8	50.8	9.8
2016	100.0	8.1	39.6	52.4	9.9
2017	100.0	7.5	39.9	52.7	9.8
2018	100.0	7.0	39.7	53.3	9.7
2019	100.0	7.1	38.6	54.3	9.7
2020	100.0	7.7	37.8	54.5	9.5
2021	100.0	7.2	39.3	53.5	9.6
2022	100.0	7.3	39.3	53.4	9.7
2023	100.0	7.1	38.3	54.6	9.8

1-3 三次产业贡献率

Share of the Contributions of the Three Strata of Industry to the Increase of GDP

(按不变价格计算, Data in this table are calculated at constant prices)

年 份 Year	国内生产总值 Gross Domestic Product (%)	第一产业 Primary Industry	第二产业 Secondary Industry	第三产业 Tertiary Industry
1990	100.0	40.2	39.8	20.0
1991	100.0	6.8	61.1	32.2
1992	100.0	8.1	63.2	28.7
1993	100.0	7.6	64.4	28.0
1994	100.0	6.3	66.3	27.4
1995	100.0	8.7	62.8	28.5
1996	100.0	9.3	62.2	28.5
1997	100.0	6.5	59.0	34.5
1998	100.0	7.2	59.7	33.0
1999	100.0	5.6	56.9	37.4
2000	100.0	4.1	59.6	36.2
2001	100.0	4.6	46.4	49.0
2002	100.0	4.1	49.4	46.5
2003	100.0	3.1	57.9	39.0
2004	100.0	7.3	51.8	40.8
2005	100.0	5.2	50.5	44.3
2006	100.0	4.4	49.7	45.9
2007	100.0	2.7	50.1	47.3
2008	100.0	5.2	48.6	46.2
2009	100.0	4.0	52.3	43.7
2010	100.0	3.6	57.4	39.0
2011	100.0	4.1	52.0	43.9
2012	100.0	5.0	50.0	45.0
2013	100.0	4.2	48.5	47.2
2014	100.0	4.5	45.6	49.9
2015	100.0	4.4	39.7	55.9
2016	100.0	4.0	36.0	60.0
2017	100.0	4.6	34.2	61.1
2018	100.0	4.1	34.4	61.5
2019	100.0	3.9	32.6	63.5
2020	100.0	10.4	43.3	46.3
2021	100.0	6.4	38.9	54.7
2022	100.0	10.8	33.9	55.3
2023	100.0	5.9	33.9	60.2

注：产业贡献率指各产业增加值增量与GDP增量之比。
Note: Share of the three industries refers to the proportion of the increment of every industrial value added to the increment of GDP.

1−4 三大需求对国内生产总值增长的贡献率和拉动
Contribution Share and Contribution of the Three Components of GDP to the Growth of GDP

(按不变价格计算, Data in this table are calculated at constant prices)

年 份 Year	最终消费支出 Final Consumption Expenditure		资本形成总额 Gross Capital Formation		货物和服务净出口 Net Exports of Goods and Services	
	贡献率 Contribution Share (%)	拉动(百分点) Contribution (percentage points)	贡献率 Contribution Share (%)	拉动(百分点) Contribution (percentage points)	贡献率 Contribution Share (%)	拉动(百分点) Contribution (percentage points)
1978	38.7	4.5	66.7	7.8	-5.4	-0.6
1980	78.1	6.1	20.1	1.6	1.8	0.1
1981	89.4	4.6	-1.7	-0.1	12.3	0.6
1982	56.7	5.1	22.6	2.0	20.7	1.9
1983	75.0	8.1	33.0	3.6	-8.0	-0.9
1984	69.3	10.5	41.3	6.3	-10.6	-1.6
1985	71.9	9.7	79.6	10.7	-51.5	-6.9
1986	50.6	4.5	15.2	1.4	34.2	3.1
1987	41.5	4.8	25.9	3.0	32.6	3.8
1988	43.8	4.9	55.3	6.2	0.9	0.1
1989	79.4	3.3	0.0	0.0	20.6	0.9
1990	89.0	3.5	-69.4	-2.7	80.5	3.2
1991	61.2	5.7	37.2	3.4	1.6	0.2
1992	56.9	8.1	52.3	7.4	-9.2	-1.3
1993	58.5	8.1	54.8	7.6	-13.3	-1.9
1994	35.1	4.6	33.7	4.4	31.2	4.1
1995	46.7	5.1	46.1	5.0	7.2	0.8
1996	62.3	6.2	33.8	3.4	3.8	0.4
1997	42.6	3.9	14.5	1.3	42.9	4.0
1998	65.6	5.1	27.7	2.2	6.7	0.5
1999	88.7	6.8	21.2	1.6	-9.9	-0.8
2000	78.8	6.7	21.7	1.8	-0.5	0.0
2001	50.0	4.2	63.5	5.3	-13.5	-1.1
2002	58.1	5.3	40.0	3.7	1.9	0.2
2003	36.1	3.6	68.8	6.9	-4.9	-0.5
2004	42.9	4.3	62.0	6.3	-4.9	-0.5
2005	56.8	6.5	33.1	3.8	10.1	1.1
2006	43.2	5.5	42.5	5.4	14.3	1.8
2007	47.9	6.8	44.2	6.3	7.8	1.1
2008	44.0	4.2	53.3	5.1	2.7	0.3
2009	57.6	5.4	85.3	8.0	-42.8	-4.0
2010	47.4	5.0	63.4	6.7	-10.8	-1.1
2011	65.7	6.3	41.1	3.9	-6.8	-0.6
2012	55.4	4.4	42.1	3.3	2.5	0.2
2013	50.2	3.9	53.1	4.1	-3.3	-0.3
2014	56.3	4.2	45.0	3.3	-1.3	-0.1
2015	69.0	4.9	22.6	1.6	8.4	0.6
2016	66.0	4.5	45.7	3.1	-11.7	-0.8
2017	55.9	3.9	39.5	2.7	4.7	0.3
2018	64.0	4.3	43.2	2.9	-7.2	-0.5
2019	58.6	3.5	28.9	1.7	12.6	0.7
2020	-6.8	-0.2	81.5	1.8	25.3	0.6
2021	58.3	4.9	19.8	1.7	21.9	1.9
2022	39.4	1.2	46.8	1.4	13.8	0.4
2023	82.5	4.3	28.9	1.5	-11.4	-0.6

注：1.三大需求指支出法国内生产总值的三大构成项目，即最终消费支出、资本形成总额、货物和服务净出口。
2.贡献率指三大需求增量与支出法国内生产总值增量之比。
3.拉动指国内生产总值增长速度与三大需求贡献率的乘积。

Note: a) Three components of GDP by expenditure approach are final consumption expenditure, gross capital formation and net exports of goods and services.
b) Contribution share of the three components to the increase of the GDP refers to the proportion of the increment of the each component of GDP by expenditure approach to the increment of GDP.
c) Contribution of the three components to GDP growth refers to the growth rate of GDP mutiplied by the constribution share of the three components.

1-5 人口数及构成
Population and Its Composition

单位：万人
Unit: 10 000 persons

年份 Year	年底人口数 Total Population (year-end)	按性别分 by Gender 男 Male 人口数 Population	比重(%) Proportion	女 Female 人口数 Population	比重(%) Proportion	按城乡分 by Residence 城镇 Urban 人口数 Population	比重(%) Proportion	乡村 Rural 人口数 Population	比重(%) Proportion
1978	96259	49567	51.49	46692	48.51	17245	17.92	79014	82.08
1980	98705	50785	51.45	47920	48.55	19140	19.39	79565	80.61
1981	100072	51519	51.48	48553	48.52	20171	20.16	79901	79.84
1982	101654	52352	51.50	49302	48.50	21480	21.13	80174	78.87
1983	103008	53152	51.60	49856	48.40	22274	21.62	80734	78.38
1984	104357	53848	51.60	50509	48.40	24017	23.01	80340	76.99
1985	105851	54725	51.70	51126	48.30	25094	23.71	80757	76.29
1986	107507	55581	51.70	51926	48.30	26366	24.52	81141	75.48
1987	109300	56290	51.50	53010	48.50	27674	25.32	81626	74.68
1988	111026	57201	51.52	53825	48.48	28661	25.81	82365	74.19
1989	112704	58099	51.55	54605	48.45	29540	26.21	83164	73.79
1990	114333	58904	51.52	55429	48.48	30195	26.41	84138	73.59
1991	115823	59466	51.34	56357	48.66	31203	26.94	84620	73.06
1992	117171	59811	51.05	57360	48.95	32175	27.46	84996	72.54
1993	118517	60472	51.02	58045	48.98	33173	27.99	85344	72.01
1994	119850	61246	51.10	58604	48.90	34169	28.51	85681	71.49
1995	121121	61808	51.03	59313	48.97	35174	29.04	85947	70.96
1996	122389	62200	50.82	60189	49.18	37304	30.48	85085	69.52
1997	123626	63131	51.07	60495	48.93	39449	31.91	84177	68.09
1998	124761	63940	51.25	60821	48.75	41608	33.35	83153	66.65
1999	125786	64692	51.43	61094	48.57	43748	34.78	82038	65.22
2000	126743	65437	51.63	61306	48.37	45906	36.22	80837	63.78
2001	127627	65672	51.46	61955	48.54	48064	37.66	79563	62.34
2002	128453	66115	51.47	62338	48.53	50212	39.09	78241	60.91
2003	129227	66556	51.50	62671	48.50	52376	40.53	76851	59.47
2004	129988	66976	51.52	63012	48.48	54283	41.76	75705	58.24
2005	130756	67375	51.53	63381	48.47	56212	42.99	74544	57.01
2006	131448	67728	51.52	63720	48.48	58288	44.34	73160	55.66
2007	132129	68048	51.50	64081	48.50	60633	45.89	71496	54.11
2008	132802	68357	51.47	64445	48.53	62403	46.99	70399	53.01
2009	133450	68647	51.44	64803	48.56	64512	48.34	68938	51.66
2010	134091	68748	51.27	65343	48.73	66978	49.95	67113	50.05
2011	134916	69161	51.26	65755	48.74	69927	51.83	64989	48.17
2012	135922	69660	51.25	66262	48.75	72175	53.10	63747	46.90
2013	136726	70063	51.24	66663	48.76	74502	54.49	62224	45.51
2014	137646	70522	51.23	67124	48.77	76738	55.75	60908	44.25
2015	138326	70857	51.22	67469	48.78	79302	57.33	59024	42.67
2016	139232	71307	51.21	67925	48.79	81924	58.84	57308	41.16
2017	140011	71650	51.17	68361	48.83	84343	60.24	55668	39.76
2018	140541	71864	51.13	68677	48.87	86433	61.50	54108	38.50
2019	141008	72039	51.09	68969	48.91	88426	62.71	52582	37.29
2020	141212	72357	51.24	68855	48.76	90220	63.89	50992	36.11
2021	141260	72311	51.19	68949	48.81	91425	64.72	49835	35.28
2022	141175	72206	51.15	68969	48.85	92071	65.22	49104	34.78
2023	140967	72032	51.10	68935	48.90	93267	66.16	47700	33.84

1-6 居民消费价格指数和商品零售价格指数
Consumer Price Indices and Retail Price Indices

(上年价格=100，Preceding Year=100)

年 份 Year	居民消费价格指数 Consumer Price Index	城 市 Urban	农 村 Rural
1978	100.7	100.7	
1980	107.5	107.5	
1981	102.5	102.5	
1982	102.0	102.0	
1983	102.0	102.0	
1984	102.7	102.7	
1985	109.3	111.9	107.6
1986	106.5	107.0	106.1
1987	107.3	108.8	106.2
1988	118.8	120.7	117.5
1989	118.0	116.3	119.3
1990	103.1	101.3	104.5
1991	103.4	105.1	102.3
1992	106.4	108.6	104.7
1993	114.7	116.1	113.7
1994	124.1	125.0	123.4
1995	117.1	116.8	117.5
1996	108.3	108.8	107.9
1997	102.8	103.1	102.5
1998	99.2	99.4	99.0
1999	98.6	98.7	98.5
2000	100.4	100.8	99.9
2001	100.7	100.7	100.8
2002	99.2	99.0	99.6
2003	101.2	100.9	101.6
2004	103.9	103.3	104.8
2005	101.8	101.6	102.2
2006	101.5	101.5	101.5
2007	104.8	104.5	105.4
2008	105.9	105.6	106.5
2009	99.3	99.1	99.7
2010	103.3	103.2	103.6
2011	105.4	105.3	105.8
2012	102.6	102.7	102.5
2013	102.6	102.6	102.8
2014	102.0	102.1	101.8
2015	101.4	101.5	101.3
2016	102.0	102.1	101.9
2017	101.6	101.7	101.3
2018	102.1	102.1	102.1
2019	102.9	102.8	103.2
2020	102.5	102.3	103.0
2021	100.9	101.0	100.7
2022	102.0	102.0	102.0
2023	100.2	100.3	100.1

1—7 居民人均可支配收入与支出
Per Capita Disposable Income and Consumption Expenditure Nationalwide

单位：元
unit：yuan

项　　目	Item	2020年	2021年	2022年	2023年
全国居民人均可支配收入	**Nationalwide Per Capita Disposable Income**	**32189**	**35128**	**36883**	**39218**
工资性收入	Income of Wages and Salaries	17917	19629	20590	22053
经营净收入	Net Business Income	5307	5893	6175	6542
财产净收入	Net Income from Property	2791	3076	3227	3362
转移性收入	Net Income from Transfer	6173	6531	6892	7261
全国居民人均消费支出	**Nationalwide Per Capita Consumption Expenditure**	**21210**	**24100**	**24538**	**26796**
#服务性消费	Consumption Expenditure On Services	9037	10645	10590	12114
食品烟酒	Food,Tobacco and Alcohol	6397	7178	7481	7983
衣着	Clothing and Footwear	1238	1419	1365	1479
居住	Housing	5215	5641	5882	6095
生活用品及服务	Household Equipments, Furnishings and Services	1260	1423	1432	1526
交通通信	Transport and Communications	2762	3156	3195	3652
教育文化娱乐	Education, Culture and Recreation	2032	2599	2469	2904
医疗保健	Health Care and Medical Services	1843	2115	2120	2460
其他用品及服务	Miscellaneous Goods and Services	462	569	595	697

1—8 城镇居民人均可支配收入与支出
Per Capita Disposable Income and Expenditure of Urban Households

单位：元
unit：yuan

项　　目	Item	2020年	2021年	2022年	2023年
人均可支配收入	**Per Capita Disposable Income**	**43834**	**47412**	**49283**	**51821**
工资性收入	Income of Wages and Salaries	26381	28481	29578	31321
经营净收入	Net Business Income	4711	5382	5584	5903
财产净收入	Net Income from Property	4627	5052	5238	5392
转移性收入	Net Income from Transfer	8116	8497	8882	9205
人均消费支出	**Per Capita Consumption Expenditure**	**27007**	**30307**	**30391**	**32994**
#服务性消费	Consumption Expenditure On Services	12013	14059	13723	15673
食品烟酒	Food,Tobacco and Alcohol	7881	8678	8958	9495
衣着	Clothing and Footwear	1645	1843	1735	1880
居住	Housing	6958	7405	7644	7822
生活用品及服务	Household Equipments, Furnishings and Services	1640	1820	1800	1910
交通通信	Transport and Communications	3474	3932	3909	4495
教育文化娱乐	Education, Culture and Recreation	2592	3322	3050	3589
医疗保健	Health Care and Medical Services	2172	2521	2481	2850
其他用品及服务	Miscellaneous Goods and Services	646	786	814	953

1−9　农村居民人均可支配收入与支出
Per Capita Disposable Income and Expenditure of Rural Households

单位：元
unit：yuan

项　目	Item	2020年	2021年	2022年	2023年
人均可支配收入	**Per Capita Disposable Income**	**17131**	**18931**	**20133**	**21691**
工资性收入	Income of Wages and Salaries	6974	7958	8449	9163
经营净收入	Net Business Income	6077	6566	6972	7431
财产净收入	Net Income from Property	419	469	509	540
转移净收入	Net Income from Transfer	3661	3937	4203	4557
人均消费支出	**Per Capita Consumption Expenditure**	**13713**	**15916**	**16632**	**18175**
#服务性消费	Consumption Expenditure On Services	5190	6143	6358	7164
食品烟酒	Food,Tobacco and Alcohol	4479	5200	5485	5880
衣着	Clothing and Footwear	713	860	864	921
居住	Housing	2962	3315	3503	3694
生活用品及服务	Household Equipments, Furnishings and Services	768	901	934	992
交通通信	Transport and Communications	1841	2132	2230	2480
教育文化娱乐	Education, Culture and Recreation	1309	1646	1683	1951
医疗保健	Health Care and Medical Services	1418	1580	1632	1916
其他用品及服务	Miscellaneous Goods and Services	224	284	300	341

消费品市场

CONSUMER GOODS MARKET

第2篇

2-1 历年社会消费品零售总额
Total Retail Sales of Consumer Goods

年 份 Year	社会消费品零售总额(亿元) Total Retail Sales of Consumer Goods (100 million yuan)	比上年增长(%) Increase Over the Previous Year (%)
1952	276.8	
1963	604.5	0.1
1964	638.2	5.6
1965	670.3	5.0
1966	732.8	9.3
1967	770.5	5.1
1968	737.3	-4.3
1969	801.5	8.7
1970	858.0	7.0
1971	929.2	8.3
1972	1023.3	10.1
1973	1106.7	8.2
1974	1163.6	5.1
1975	1271.1	9.2
1976	1339.4	5.4
1977	1432.8	7.0
1978	1558.6	8.8
1979	1800.0	15.5
1980	2140.0	18.9
1981	2350.0	9.8
1982	2570.0	9.4
1983	2849.4	10.9
1984	3376.4	18.5
1985	4305.0	27.5
1986	4950.0	15.0
1987	5820.0	17.6
1988	7440.0	27.8
1989	8101.4	8.9
1990	8300.1	2.5
1991	9415.6	13.4
1992	10993.7	16.8
1993	14240.1	29.5
1994	18544.0	30.2
1995	23463.9	26.5
1996	28120.4	19.8
1997	30922.9	10.0
1998	32955.6	6.6
1999	35122.0	6.6
2000	38447.1	9.5
2001	42240.4	9.9
2002	47124.6	11.6
2003	51303.9	8.9
2004	58004.1	13.1
2005	66491.7	14.6
2006	76827.2	15.5
2007	90638.4	18.0
2008	110994.6	22.5
2009	128331.3	15.6
2010	152083.1	18.5
2011	179803.8	18.2
2012	205517.3	14.3
2013	232252.6	13.0
2014	259487.3	11.7
2015	286587.8	10.4
2016	315806.2	10.2
2017	347326.7	10.0
2018	377783.1	8.8
2019	408017.2	8.0
2020	391980.6	-3.9
2021	440823.2	12.5
2022	439732.5	-0.2
2023	471495.2	7.2

注：根据第四次全国经济普查结果及有关制度规定对1993—2019年社会消费品零售总额数据进行修订。

Note: The Retail Sales of Consumer Goods in 1993-2019 were revised according to the result of the Fourth Economic Census and the revelant regulations.

2-2 历年社会消费品零售总额构成

Composition of Total Retail Sales of Consumer Goods

年 份 Year	社会消费品零售总额(亿元) Total Retail Sales of Consumer Goods (100 million yuan)	城镇 City	乡村 Village	比上年增长(%) Increase Over the Previous Year(%)	城镇 City	乡村 Village
1993	14240.1	10734.4	3505.8	29.5	28.9	31.4
1994	18544.0	13906.5	4637.5	30.2	29.6	32.3
1995	23463.9	18554.4	4909.5	26.5	33.4	5.9
1996	28120.4	22498.5	5621.8	19.8	21.3	14.5
1997	30922.9	25143.5	5779.4	10.0	11.8	2.8
1998	32955.6	27161.0	5794.6	6.6	8.0	0.3
1999	35122.0	29313.7	5808.2	6.6	7.9	0.2
2000	38447.1	32203.2	6243.8	9.5	9.9	7.5
2001	42240.4	35596.3	6644.2	9.9	10.5	6.4
2002	47124.6	40061.8	7062.8	11.6	12.5	6.3
2003	51303.9	43858.5	7445.4	8.9	9.5	5.4
2004	58004.1	49826.8	8177.3	13.1	13.6	9.8
2005	66491.7	57337.1	9154.6	14.6	15.1	12.0
2006	76827.2	66433.5	10393.6	15.5	15.9	13.5
2007	90638.4	78615.1	12023.3	18.0	18.3	15.7
2008	110994.6	96599.6	14394.9	22.5	22.9	19.7
2009	128331.3	111774.7	16556.7	15.6	15.7	15.0
2010	152083.1	132916.5	19166.6	18.5	18.9	15.8
2011	179803.8	156812.2	22991.7	18.2	18.0	20.0
2012	205517.3	179875.4	25641.9	14.3	14.7	11.5
2013	232252.6	202804.0	29448.6	13.0	12.7	14.8
2014	259487.3	226380.0	33107.3	11.7	11.6	12.4
2015	286587.8	249132.6	37455.2	10.4	10.0	13.1
2016	315806.2	274461.9	41344.2	10.2	10.2	10.4
2017	347326.7	301297.7	46029.0	10.0	9.8	11.3
2018	377783.1	327258.8	50524.3	8.8	8.6	9.8
2019	408017.2	353407.9	54609.3	8.0	8.0	8.1
2020	391980.6	339118.9	52861.7	-3.9	-4.0	-3.2
2021	440823.2	381558.4	59264.8	12.5	12.5	12.1
2022	439732.5	380447.7	59284.8	-0.2	-0.3	0.0
2023	471495.2	407490.3	64004.9	7.2	7.1	8.0

2-3 各地区社会消费品零售总额
Total Retail Sales of Consumer Goods by Region

单位：亿元
Unit: 100 million yuan

地区	Region	2022 社会消费品零售总额(亿元) Total Retail Sales of Consumer Goods (100 million yuan)	2022 比上年增长(%) Increase Over the Previous Year (%)	2023 社会消费品零售总额(亿元) Total Retail Sales of Consumer Goods (100 million yuan)	2023 比上年增长(%) Increase Over the Previous Year (%)
北 京	Beijing	13794.2	-7.2	14462.7	4.8
天 津	Tianjin	3572.0	-5.2	3820.7	7.0
河 北	Hebei	13720.1	1.6	15040.5	9.6
山 西	Shanxi	7562.7	-2.4	7981.8	5.5
内蒙古	Inner Mongolia	4971.4	-1.8	5374.3	8.1
辽 宁	Liaoning	9526.2	-2.6	10362.1	8.8
吉 林	Jilin	3807.7	-9.7	4150.4	9.0
黑龙江	Heilongjiang	5210.0	-6.0	5634.2	8.1
上 海	Shanghai	16442.1	-9.1	18515.5	12.6
江 苏	Jiangsu	42752.1	0.1	45547.5	6.5
浙 江	Zhejiang	30467.2	4.3	32550.2	6.8
安 徽	Anhui	21518.4	0.2	23008.3	6.9
福 建	Fujian	21050.1	3.3	22109.6	5.0
江 西	Jiangxi	12853.5	5.3	13659.8	6.3
山 东	Shandong	33236.2	-1.4	36141.8	8.7
河 南	Henan	24407.4	0.1	26004.4	6.5
湖 北	Hubei	22164.8	2.8	24041.9	8.5
湖 南	Hunan	19050.7	2.4	20203.3	6.1
广 东	Guangdong	44882.9	1.6	47494.9	5.8
广 西	Guangxi	8539.1	0.0	8651.6	1.3
海 南	Hainan	2268.4	-9.2	2511.3	10.7
重 庆	Chongqing	13926.1	-0.3	15130.3	8.6
四 川	Sichuan	24104.6	-0.1	26313.4	9.2
贵 州	Guizhou	8507.1	-4.5	9011.2	5.9
云 南	Yunnan	10838.8	1.0	11560.7	6.7
西 藏	Xizang	726.5	-10.3	879.8	21.1
陕 西	Shaanxi	10401.6	1.5	10759.0	3.4
甘 肃	Gansu	3922.2	-2.8	4329.7	10.4
青 海	Qinghai	842.1	-11.2	987.7	17.3
宁 夏	Ningxia	1338.4	0.2	1354.9	1.2
新 疆	Xinjiang	3240.5	-9.6	3849.7	18.8

2-4 各地区社会消费品零售总额构成
Composition of Total Retail Sales of Consumer Goods by Region

单位：亿元
Unit: 100 million yuan

地区	Region	社会消费品零售总额 Total Retail Sales of Consumer Goods	城镇 City	城区 Urban	镇区 Town	乡村 Village
全国	**National Total**	**471495.2**	**407490.3**	**290302.2**	**117188.1**	**64004.9**
北京	Beijing	14462.7	13792.3	11690.6	2101.7	670.4
天津	Tianjin	3820.7	3679.5	2980.6	698.9	141.2
河北	Hebei	15040.5	12657.8	6554.2	6103.6	2382.7
山西	Shanxi	7981.8	6588.0	4595.0	1993.0	1393.8
内蒙古	Inner Mongolia	5374.3	4739.6	3368.1	1371.5	634.7
辽宁	Liaoning	10362.1	8787.1	6469.6	2317.5	1575.0
吉林	Jilin	4150.4	3706.1	2434.9	1271.2	444.3
黑龙江	Heilongjiang	5634.2	4944.1	3561.2	1382.9	690.1
上海	Shanghai	18515.5	18231.9	17275.4	956.5	283.6
江苏	Jiangsu	45547.5	39637.7	27774.2	11863.5	5909.8
浙江	Zhejiang	32550.2	27760.9	20012.1	7748.8	4789.3
安徽	Anhui	23008.3	19339.1	12388.9	6950.2	3669.2
福建	Fujian	22109.6	19183.4	13436.4	5747.0	2926.2
江西	Jiangxi	13659.8	11480.4	6624.5	4855.9	2179.4
山东	Shandong	36141.8	30361.9	21400.1	8961.8	5779.9
河南	Henan	26004.4	21633.5	13414.0	8219.5	4370.9
湖北	Hubei	24041.9	20631.5	14216.5	6415.0	3410.4
湖南	Hunan	20203.3	17445.6	12061.9	5383.7	2757.7
广东	Guangdong	47494.9	41535.9	34583.2	6952.7	5959.0
广西	Guangxi	8651.6	7454.8	5175.2	2279.6	1196.8
海南	Hainan	2511.3	2099.2	1455.1	644.1	412.1
重庆	Chongqing	15130.3	12931.2	9145.1	3786.1	2199.1
四川	Sichuan	26313.4	21994.0	14694.8	7299.2	4319.4
贵州	Guizhou	9011.2	7821.7	5309.8	2511.9	1189.5
云南	Yunnan	11560.7	10053.2	6601.8	3451.4	1507.5
西藏	Xizang	879.8	716.7	516.6	200.1	163.1
陕西	Shaanxi	10759.0	9411.6	6467.9	2943.7	1347.4
甘肃	Gansu	4329.7	3544.2	2564.8	979.4	785.5
青海	Qinghai	987.7	803.9	520.3	283.6	183.8
宁夏	Ningxia	1354.9	1179.6	815.4	364.2	175.3
新疆	Xinjiang	3849.7	3325.2	2189.6	1135.6	524.5

2-5 分地区网上零售额(2023年)
Online Retail Sales by Region (2023)

地 区	Region	网上零售额(亿元) Online Retail Sales (100 million yuan)	增长(%) Growth Rate (%)	其中：实物商品网上零售额(亿元) Online Retail Sales in Goods (100 million yuan)	增长(%) Growth Rate (%)
全 国	**National Total**	**154264.2**	**11.0**	**130173.8**	**8.4**
北 京	Beijing	12017.4	-2.6	8700.0	-6.9
天 津	Tianjin	2053.9	3.4	1695.2	-3.7
河 北	Hebei	4654.6	10.6	4214.6	8.1
山 西	Shanxi	1094.5	22.1	876.1	18.4
内蒙古	Inner Mongolia	647.2	21.5	449.0	22.1
辽 宁	Liaoning	2439.3	10.5	2023.3	8.8
吉 林	Jilin	726.3	24.0	513.6	19.8
黑龙江	Heilongjiang	872.2	13.5	661.8	4.6
上 海	Shanghai	12680.8	11.2	10203.1	6.0
江 苏	Jiangsu	13091.1	9.5	11156.2	6.5
浙 江	Zhejiang	20867.8	10.6	18492.9	11.0
安 徽	Anhui	3985.4	14.5	3406.9	12.0
福 建	Fujian	8009.5	7.7	7267.1	6.3
江 西	Jiangxi	3107.6	13.8	2734.5	11.8
山 东	Shandong	7728.5	11.0	6723.1	8.6
河 南	Henan	4605.3	22.5	3813.0	21.0
湖 北	Hubei	4347.7	9.0	3657.3	6.7
湖 南	Hunan	3040.6	15.6	2432.0	12.1
广 东	Guangdong	31484.1	9.4	28410.4	7.5
广 西	Guangxi	1299.1	13.2	941.5	9.5
海 南	Hainan	1319.4	100.3	1088.1	108.9
重 庆	Chongqing	2066.8	22.8	1502.6	14.5
四 川	Sichuan	4855.0	12.8	3725.3	5.8
贵 州	Guizhou	897.7	40.8	660.3	48.9
云 南	Yunnan	1329.8	17.2	916.7	8.6
西 藏	Xizang	173.1	89.7	142.4	92.1
陕 西	Shaanxi	2142.0	28.7	1709.2	23.8
甘 肃	Gansu	370.6	22.5	235.6	3.2
青 海	Qinghai	149.8	72.0	102.5	84.5
宁 夏	Ningxia	174.9	2.1	108.8	-0.7
新 疆	Xinjiang	546.4	46.6	368.8	32.4
不分地区	Not Classified by Region	1485.8		1241.9	

2-6 亿元以上商品交易市场基本情况
Basic Statistics on Commodity Exchange Markets of Transaction Value over 100 Million Yuan

市 场	Market	市场数量（个） Number of Markets (unit)	摊位数（个） Number of Booths (unit)	营业面积（万平方米） Operating Area (10 000 sq.m)	成交额（亿元） Turnover (100 million yuan)
总 计	**Total**	**3555**	**2618959**	**29825.8**	**109570.7**
综合市场	**General Markets**	**1088**	**979229**	**8813.7**	**28176.9**
生产资料综合市场	Comprehensive Markets for Means of Production	36	54997	1084.7	1364.6
工业消费品综合市场	Industrial Consumable Comprehensive Markets	158	301839	2507.7	6948.7
农产品综合市场	Comprehensive Markets for Agricultural Products	621	348720	2754.3	15488.7
其他综合市场	Other Comprehensive Markets	273	273673	2467.0	4374.9
专业市场	**Specialized Markets**	**2467**	**1639730**	**21012.1**	**81393.8**
生产资料市场	Markets for Means of Production	425	229301	5130.0	27224.8
农业生产用具市场	Markets for Agricultural Production Equipment	7	3526	74.3	178.6
农用生产资料市场	Markets for Means of Agricultural Production	10	1710	30.5	29.2
煤炭市场	Coal and Charcoal Markets	1	32	304.8	22.0
木材市场	Wood Markets	22	7122	166.2	213.6
建材市场	Building Material Markets	164	96676	2023.7	1796.8
化工材料及制品市场	Chemical Materials and Products Markets	18	12854	148.4	4044.7
金属材料市场	Metal Materials Markets	140	65377	1888.6	18843.5
机械设备市场	Mechanical Equipment Markets	34	25987	299.1	738.3
其他生产资料市场	Others	29	16017	194.6	1358.1
农产品市场	Agricultural Products Markets	728	412436	4519.3	21453.4
粮油市场	Grain and Oil Markets	63	17223	283.4	1188.5
肉禽蛋市场	Meat, Poultry and Eggs Markets	81	36947	413.4	1922.3
水产品市场	Aquatic Products Markets	132	55404	525.2	3920.7
蔬菜市场	Vegetables Markets	196	134715	1419.7	4267.3
干鲜果品市场	Dried and Fresh Melons and Fruits Markets	111	68107	967.8	5978.4
棉麻土畜、烟叶市场	Markets for Cotton, Local & Livestock Products, and Tobacco Leaves	9	12307	115.6	399.6
其他农产品市场	Others	136	87733	794.3	3776.7
食品、饮料及烟酒市场	Markets for Food, Beverages, Tobacco and Alcohol	82	36755	333.2	1181.9
食品饮料市场	Food and Beverages Markets	22	7716	71.1	227.5
茶叶市场	Tea Markets	30	12666	135.3	455.1
烟酒市场	Tobacco and Alcohol Markets	5	1308	15.0	53.2
其他食品饮料及烟酒市场	Others	25	15065	111.8	446.1

2-6 续表 Continued

市 场	Market	市场数量(个) Number of Markets (unit)	摊位数(个) Number of Booths (unit)	营业面积(万平方米) Operating Area (10 000 sq.m)	成交额(亿元) Turnover (100 million yuan)
纺织、服装、鞋帽市场	Markets for Textiles, Clothing, Shoes and Hats	323	467027	3604.5	15759.3
布料及纺织品市场	Cloth and Textiles Markets	46	89527	1075.2	7979.8
服装市场	Clothing Markets	214	291685	1878.6	5881.8
鞋帽市场	Footwear and Hats Markets	25	16210	107.1	246.7
其他纺织服装鞋帽市场	Others	38	69605	543.5	1651.0
日用品及文化用品市场	Markets for Daily Use Articles and Cultural Goods	60	45367	358.0	858.1
小商品市场	Small Merchandise Markets	28	19405	150.7	287.0
箱包市场	Luggage Markets	3	8913	73.4	221.0
玩具市场	Toys Markets	3	1288	32.3	24.5
文具市场	Stationary Markets				
图书、报刊杂志市场	Markets for Books, Newspapers and Magazines	5	785	6.8	34.2
音像制品及电子出版物市场	Markets for Video and E-book Products	1	113	0.7	4.6
体育用品市场	Sports Article Markets				
其他日用品及文化用品市场	Others	20	14863	94.3	286.8
黄金、珠宝、玉器等首饰市场	Gold, Jewelry, Jade Markets	17	17926	186.4	855.7
电器、通讯器材、电子设备市场	Markets for Electrical Appliances, Communication Appliances and Electronical Appliances	74	33824	268.1	566.5
家电市场	Household Appliances Markets	18	7374	130.9	131.3
通讯器材市场	Communication Appliances Markets	12	7604	26.8	123.2
照相、摄像器材市场	Cameras and Video Equipments Markets	3	513	3.3	6.9
计算机及辅助设备市场	Computer and Auxiliary Equipments Markets	38	16642	99.0	285.8
其他电器、通讯器材、电子设备市场	Others	3	1691	8.2	19.4
医药、医疗用品及器材市场	Markets for Medicine, Medical Materials and Medical Instruments	22	52357	327.5	2027.4
中药材市场	Chinese Medicine Markets	20	51797	312.4	1986.9
其他医药、医疗用品及器材市场	Others	2	560	15.1	40.5
家具、五金及装饰材料市场	Markets for Furniture, Hardware and Decoration Materials	440	238445	4295.6	4420.1
家具市场	Furniture Markets	139	66683	1584.8	1266.1
装饰材料市场	Decoration Materials Markets	163	77135	1381.1	1321.7
灯具市场	Lamps Markets	10	5433	90.7	191.1
厨具、盥洗设备市场	Markets for Kitchen Utensils and Washing Equipment	3	1304	34.8	29.8
五金材料市场	Hardware Materials Markets	62	48785	616.9	1176.2
其他装修市场	Others	63	39105	587.4	435.2
汽车、摩托车及零配件市场	Markets for Cars, Motorcycles and Spare Parts	241	66658	1434.9	5551.7
汽车市场	Cars Markets	180	41510	1128.2	4789.2
摩托车市场	Motorcycles Markets	4	1076	8.9	8.0
机动车零配件市场	Vehicle Spare Parts Markets	57	24072	297.8	754.5
花、鸟、鱼、虫市场	Markets for Flower, Bird, Fish and Insects	21	19542	254.7	639.5
花卉市场	Flower Markets	18	18824	249.6	618.4
鸟市场	Bird Markets				
观赏鱼市场	Markets for Fish for Display				
其他花鸟鱼虫市场	Others	3	718	5.1	21.1
旧货市场	Second-hand Articles Markets	4	1529	7.5	12.8
古玩、古董、字画市场	Markets for Antiques, Calligraphy and Painting				
邮票、硬币市场	Stamps and Coins Markets				
其他旧货市场	Markets for Others Second-hand Articles	4	1529	7.5	12.8
其他专业市场	Other Specialized Markets	30	18563	292.3	842.5

2-7 按营业状态分亿元以上商品交易市场基本情况

Basic Statistics on Commodity Exchange Markets of Transaction Value over 100 Million Yuan by Operating Status

#常年营业 Perennial Open

市 场	Market	市场数量(个) Number of Markets (unit)	摊位数(个) Number of Booths (unit)	营业面积(万平方米) Operating Area (10 000 sq.m)	成交额(亿元) Turnover (100 million yuan)
总 计	**Total**	**3508**	**2605189**	**29488.7**	**108864.1**
1.综合市场	**General Markets**	**1082**	**977796**	**8801.6**	**28170.1**
生产资料综合市场	Comprehensive Markets for Means of Production	36	54997	1084.7	1364.6
工业消费品综合市场	Industrial Consumable Comprehensive Markets	158	301839	2507.7	6948.7
农产品综合市场	Comprehensive Markets for Agricultural Products	616	347498	2747.5	15484.4
其他综合市场	Other Comprehensive Markets	272	273462	2461.7	4372.4
2.专业市场	**Specialized Markets**	**2426**	**1627393**	**20687.1**	**80694.0**
生产资料市场	Markets for Means of Production	424	229167	5126.2	27217.1
农业生产用具市场	Markets for Agricultural Production Equipment	7	3526	74.3	178.6
农用生产资料市场	Markets for Means of Agricultural Production	10	1710	30.5	29.2
煤炭市场	Coal and Charcoal Markets	1	32	304.8	22.0
木材市场	Wood Markets	21	6988	162.3	205.9
建材市场	Building Material Markets	164	96676	2023.7	1796.8
化工材料及制品市场	Chemical Materials and Products Markets	18	12854	148.4	4044.7
金属材料市场	Metal Materials Markets	140	65377	1888.6	18843.5
机械设备市场	Mechanical Equipment Markets	34	25987	299.1	738.3
其他生产资料市场	Others	29	16017	194.6	1358.1
农产品市场	Agricultural Products Markets	697	402890	4226.5	20876.2
粮油市场	Grain and Oil Markets	62	17214	270.0	1186.8
肉禽蛋市场	Meat, Poultry and Eggs Markets	81	36947	413.4	1922.3
水产品市场	Aquatic Products Markets	127	54961	522.5	3877.7
蔬菜市场	Vegetables Markets	178	129277	1210.1	3867.5
干鲜果品市场	Dried and Fresh Melons and Fruits Markets	105	64704	908.1	5929.7
棉麻土畜、烟叶市场	Markets for Cotton, Local & Livestock Products, and Tobacco Leaves	9	12307	115.6	399.6
其他农产品市场	Others	135	87480	786.7	3692.7
食品、饮料及烟酒市场	Markets for Food, Beverages, Tobacco and Alcohol	79	36139	324.9	1108.4
食品饮料市场	Food and Beverages Markets	20	7404	69.6	221.2
茶叶市场	Tea Markets	29	12362	128.4	387.9
烟酒市场	Tobacco and Alcohol Markets	5	1308	15.0	53.2
其他食品饮料及烟酒市场	Others	25	15065	111.8	446.1
纺织、服装、鞋帽市场	Markets for Textiles, Clothing, Shoes and Hats	321	465910	3586.1	15729.9
布料及纺织品市场	Cloth and Textiles Markets	46	89527	1075.2	7979.8
服装市场	Clothing Markets	212	290568	1860.2	5852.3
鞋帽市场	Footwear and Hats Markets	25	16210	107.1	246.7
其他纺织服装鞋帽市场	Others	38	69605	543.5	1651.0
日用品及文化用品市场	Markets for Daily Use Articles and Cultural Goods	60	45367	358.0	858.1
小商品市场	Small Merchandise Markets	28	19405	150.7	287.0
箱包市场	Luggage Markets	3	8913	73.4	221.0

2-7 续表 1 Continued 1

#常年营业 Perennial Open

市 场	Market	市场数量(个) Number of Markets (unit)	摊位数(个) Number of Booths (unit)	营业面积(万平方米) Operating Area (10 000 sq.m)	成交额(亿元) Turnover (100 million yuan)
玩具市场	Toys Markets	3	1288	32.3	24.5
文具市场	Stationary Markets				
图书、报刊杂志市场	Markets for Books, Newspapers and Magazines	5	785	6.8	34.2
音像制品及电子出版物市场	Markets for Video and E-book Products	1	113	0.7	4.6
体育用品市场	Sports Article Markets				
其他日用品及文化用品市场	Others	20	14863	94.3	286.8
黄金、珠宝、玉器等首饰市场	Gold, Jewelry, Jade Markets	17	17926	186.4	855.7
电器、通讯器材、电子设备市场	Markets for Electrical Appliances, Communication Appliances and Electronical Appliances	74	33824	268.1	566.5
家电市场	Household Appliances Markets	18	7374	130.9	131.3
通讯器材市场	Communication Appliances Markets	12	7604	26.8	123.2
照相、摄像器材市场	Cameras and Video Equipments Markets	3	513	3.3	6.9
计算机及辅助设备市场	Computer and Auxiliary Equipments Markets	38	16642	99.0	285.8
其他电器、通讯器材、电子设备市场	Others	3	1691	8.2	19.4
医药、医疗用品及器材市场	Markets for Medicine, Medical Materials and Medical Instruments	21	52329	327.4	2026.3
中药材市场	Chinese Medicine Markets	19	51769	312.3	1985.8
其他医药、医疗用品及器材市场	Others	2	560	15.1	40.5
家具、五金及装饰材料市场	Markets for Furniture, Hardware and Decoration Materials	438	237550	4294.2	4411.2
家具市场	Furniture Markets	139	66683	1584.8	1266.1
装饰材料市场	Decoration Materials Markets	162	76790	1380.7	1317.7
灯具市场	Lamps Markets	10	5433	90.7	191.1
厨具、盥洗设备市场	Markets for Kitchen Utensils and Washing Equipment	3	1304	34.8	29.8
五金材料市场	Hardware Materials Markets	61	48235	615.9	1171.1
其他装修市场	Others	63	39105	587.4	435.2
汽车、摩托车及零配件市场	Markets for Cars, Motorcycles and Spare Parts	240	66657	1434.9	5549.7
汽车市场	Cars Markets	179	41509	1128.2	4787.2
摩托车市场	Motorcycles Markets	4	1076	8.9	8.0
机动车零配件市场	Vehicle Spare Parts Markets	57	24072	297.8	754.5
花、鸟、鱼、虫市场	Markets for Flower, Bird, Fish and Insects	21	19542	254.7	639.5
花卉市场	Flower Markets	18	18824	249.6	618.4
鸟市场	Bird Markets				
观赏鱼市场	Markets for Fish for Display				
其他花鸟鱼虫市场	Others	3	718	5.1	21.1
旧货市场	Second-hand Articles Markets	4	1529	7.5	12.8
古玩、古董、字画市场	Markets for Antiques, Calligraphy and Painting				
邮票、硬币市场	Stamps and Coins Markets				
其他旧货市场	Markets for Others Second-hand Articles	4	1529	7.5	12.8
其他专业市场	Other Specialized Markets	30	18563	292.3	842.5

2-7 续表 2 Continued 2

#季节性营业 Seasonal Open

市　场	Market	市场数量(个) Number of Markets (unit)	摊位数(个) Number of Booths (unit)	营业面积(万平方米) Operating Area (10 000 sq.m)	成交额(亿元) Turnover (100 million yuan)
总　计	**Total**	**42**	**13320**	**332.1**	**693.1**
1.综合市场	**General Markets**	**4**	**1390**	**11.8**	**5.9**
生产资料综合市场	Comprehensive Markets for Means of Production				
工业消费品综合市场	Industrial Consumable Comprehensive Markets				
农产品综合市场	Comprehensive Markets for Agricultural Products	3	1179	6.6	3.4
其他综合市场	Other Comprehensive Markets	1	211	5.3	2.5
2.专业市场	**Specialized Markets**	**38**	**11930**	**320.3**	**687.2**
生产资料市场	Markets for Means of Production				
农业生产用具市场	Markets for Agricultural Production Equipment				
农用生产资料市场	Markets for Means of Agricultural Production				
煤炭市场	Coal and Charcoal Markets				
木材市场	Wood Markets				
建材市场	Building Material Markets				
化工材料及制品市场	Chemical Materials and Products Markets				
金属材料市场	Metal Materials Markets				
机械设备市场	Mechanical Equipment Markets				
其他生产资料市场	Others				
农产品市场	Agricultural Products Markets	31	9546	292.9	577.2
粮油市场	Grain and Oil Markets	1	9	13.3	1.7
肉禽蛋市场	Meat, Poultry and Eggs Markets				
水产品市场	Aquatic Products Markets	5	443	2.7	43.0
蔬菜市场	Vegetables Markets	18	5438	209.6	399.8
干鲜果品市场	Dried and Fresh Melons and Fruits Markets	6	3403	59.7	48.7
棉麻土畜、烟叶市场	Markets for Cotton, Local & Livestock Products, and Tobacco Leaves				
其他农产品市场	Others	1	253	7.5	84.0
食品、饮料及烟酒市场	Markets for Food, Beverages, Tobacco and Alcohol	2	344	7.5	70.6
食品饮料市场	Food and Beverages Markets	1	40	0.6	3.4
茶叶市场	Tea Markets	1	304	6.9	67.2
烟酒市场	Tobacco and Alcohol Markets				
其他食品饮料及烟酒市场	Others				
纺织、服装、鞋帽市场	Markets for Textiles, Clothing, Shoes and Hats	2	1117	18.4	29.4
布料及纺织品市场	Cloth and Textiles Markets				
服装市场	Clothing Markets	2	1117	18.4	29.4
鞋帽市场	Footwear and Hats Markets				
其他纺织服装鞋帽市场	Others				
日用品及文化用品市场	Markets for Daily Use Articles and Cultural Goods				
小商品市场	Small Merchandise Markets				
箱包市场	Luggage Markets				

2-7 续表 3 Continued 3

#季节性营业 Seasonal Open

市 场	Market	市场数量(个) Number of Markets (unit)	摊位数(个) Number of Booths (unit)	营业面积(万平方米) Operating Area (10 000 sq.m)	成交额(亿元) Turnover (100 million yuan)
玩具市场	Toys Markets				
文具市场	Stationary Markets				
图书、报刊杂志市场	Markets for Books, Newspapers and Magazines				
音像制品及电子出版物市场	Markets for Video and E-book Products				
体育用品市场	Sports Article Markets				
其他日用品及文化用品市场	Others				
黄金、珠宝、玉器等首饰市场	Gold, Jewelry, Jade Markets				
电器、通讯器材、电子设备市场	Markets for Electrical Appliances, Communication Appliances and Electronical Appliances				
家电市场	Household Appliances Markets				
通讯器材市场	Communication Appliances Markets				
照相、摄像器材市场	Cameras and Video Equipments Markets				
计算机及辅助设备市场	Computer and Auxiliary Equipments Markets				
其他电器、通讯器材、电子设备市场	Others				
医药、医疗用品及器材市场	Markets for Medicine, Medical Materials and Medical Instruments	1	28	0.2	1.0
中药材市场	Chinese Medicine Markets	1	28	0.2	1.0
其他医药、医疗用品及器材市场	Others				
家具、五金及装饰材料市场	Markets for Furniture, Hardware and Decoration Materials	2	895	1.4	9.0
家具市场	Furniture Markets				
装饰材料市场	Decoration Materials Markets	1	345	0.4	3.9
灯具市场	Lamps Markets				
厨具、盥洗设备市场	Markets for Kitchen Utensils and Washing Equipment				
五金材料市场	Hardware Materials Markets	1	550	1.0	5.0
其他装修市场	Others				
汽车、摩托车及零配件市场	Markets for Cars, Motorcycles and Spare Parts				
汽车市场	Cars Markets				
摩托车市场	Motorcycles Markets				
机动车零配件市场	Vehicle Spare Parts Markets				
花、鸟、鱼、虫市场	Markets for Flower, Bird, Fish and Insects				
花卉市场	Flower Markets				
鸟市场	Bird Markets				
观赏鱼市场	Markets for Fish for Display				
其他花鸟鱼虫市场	Others				
旧货市场	Second-hand Articles Markets				
古玩、古董、字画市场	Markets for Antiques, Calligraphy and Painting				
邮票、硬币市场	Stamps and Coins Markets				
其他旧货市场	Markets for Others Second-hand Articles				
其他专业市场	Other Specialized Markets				

2-8 按经营方式分亿元以上商品交易市场基本情况

Basic Statistics on Commodity Exchange Markets of Transaction Value over 100 Million Yuan by Operating Mode

批发为主 Wholesale

市 场	Market	市场数量(个) Number of Markets (unit)	摊位数(个) Number of Booths (unit)	营业面积(万平方米) Operating Area (10 000 sq.m)	成交额(亿元) Turnover (100 million yuan)
总 计	**Total**	**2130**	**1988452**	**23695.2**	**98541.9**
1.综合市场	**General Markets**	**494**	**679498**	**7082.4**	**25068.3**
生产资料综合市场	Comprehensive Markets for Means of Production	32	50874	1044.5	1321.3
工业消费品综合市场	Industrial Consumable Comprehensive Markets	85	224648	1933.6	6262.4
农产品综合市场	Comprehensive Markets for Agricultural Products	257	227402	2338.1	13952.7
其他综合市场	Other Comprehensive Markets	120	176574	1766.3	3531.8
2.专业市场	**Specialized Markets**	**1636**	**1308954**	**16612.7**	**73473.6**
生产资料市场	Markets for Means of Production	401	220521	4979.0	27140.4
农业生产用具市场	Markets for Agricultural Production Equipment	7	3526	74.3	178.6
农用生产资料市场	Markets for Means of Agricultural Production	10	1710	30.5	29.2
煤炭市场	Coal and Charcoal Markets	1	32	304.8	22.0
木材市场	Wood Markets	22	7122	166.2	213.6
建材市场	Building Material Markets	140	87896	1872.6	1712.4
化工材料及制品市场	Chemical Materials and Products Markets	18	12854	148.4	4044.7
金属材料市场	Metal Materials Markets	140	65377	1888.6	18843.5
机械设备市场	Mechanical Equipment Markets	34	25987	299.1	738.3
其他生产资料市场	Others	29	16017	194.6	1358.1
农产品市场	Agricultural Products Markets	550	349469	4276.7	20761.4
粮油市场	Grain and Oil Markets	60	16408	277.7	1184.9
肉禽蛋市场	Meat, Poultry and Eggs Markets	41	21027	366.9	1760.7
水产品市场	Aquatic Products Markets	101	44932	493.8	3796.8
蔬菜市场	Vegetables Markets	178	130004	1375.7	4162.1
干鲜果品市场	Dried and Fresh Melons and Fruits Markets	110	67945	967.6	5975.2
棉麻土畜、烟叶市场	Markets for Cotton, Local & Livestock Products, and Tobacco Leaves	6	11272	101.1	383.6
其他农产品市场	Others	54	57881	693.8	3498.0
食品、饮料及烟酒市场	Markets for Food, Beverages, Tobacco and Alcohol	62	30840	293.2	1098.2
食品饮料市场	Food and Beverages Markets	15	5294	60.3	203.5
茶叶市场	Tea Markets	24	11080	113.4	418.4
烟酒市场	Tobacco and Alcohol Markets	4	1128	14.7	49.5
其他食品饮料及烟酒市场	Others	19	13338	104.8	426.8
纺织、服装、鞋帽市场	Markets for Textiles, Clothing, Shoes and Hats	232	389968	3150.6	15133.8
布料及纺织品市场	Cloth and Textiles Markets	42	86920	1062.0	7975.7
服装市场	Clothing Markets	146	240920	1512.9	5394.9
鞋帽市场	Footwear and Hats Markets	25	16210	107.1	246.7
其他纺织服装鞋帽市场	Others	19	45918	468.5	1516.5
日用品及文化用品市场	Markets for Daily Use Articles and Cultural Goods	49	39697	315.1	807.7
小商品市场	Small Merchandise Markets	22	15462	117.9	262.1
箱包市场	Luggage Markets	3	8913	73.4	221.0

2-8 续表 1 Continued 1

批发为主 Wholesale

市 场	Market	市场数量(个) Number of Markets (unit)	摊位数(个) Number of Booths (unit)	营业面积(万平方米) Operating Area (10 000 sq.m)	成交额(亿元) Turnover (100 million yuan)
玩具市场	Toys Markets	3	1288	32.3	24.5
文具市场	Stationary Markets				
图书、报刊杂志市场	Markets for Books, Newspapers and Magazines	3	265	4.3	15.9
音像制品及电子出版物市场	Markets for Video and E-book Products				
体育用品市场	Sports Article Markets				
其他日用品及文化用品市场	Others	18	13769	87.2	284.2
黄金、珠宝、玉器等首饰市场	Gold, Jewelry, Jade Markets	11	11368	111.8	826.0
电器、通讯器材、电子设备市场	Markets for Electrical Appliances, Communication Appliances and Electronical Appliances	34	20868	202.1	379.8
家电市场	Household Appliances Markets	13	6546	118.7	121.5
通讯器材市场	Communication Appliances Markets	8	5336	18.0	115.4
照相、摄像器材市场	Cameras and Video Equipments Markets	2	398	1.9	3.9
计算机及辅助设备市场	Computer and Auxiliary Equipments Markets	9	7282	56.4	120.6
其他电器、通讯器材、电子设备市场	Others	2	1306	7.2	18.3
医药、医疗用品及器材市场	Markets for Medicine, Medical Materials and Medical Instruments	21	49357	312.5	1912.4
中药材市场	Chinese Medicine Markets	19	48797	297.4	1871.9
其他医药、医疗用品及器材市场	Others	2	560	15.1	40.5
家具、五金及装饰材料市场	Markets for Furniture, Hardware and Decoration Materials	172	134293	2123.0	3007.6
家具市场	Furniture Markets	27	33092	720.2	809.6
装饰材料市场	Decoration Materials Markets	59	28423	472.0	669.8
灯具市场	Lamps Markets	6	4941	80.3	185.3
厨具、盥洗设备市场	Markets for Kitchen Utensils and Washing Equipment	2	1273	32.8	28.8
五金材料市场	Hardware Materials Markets	54	46184	579.2	1136.6
其他装修市场	Others	24	20380	238.5	177.4
汽车、摩托车及零配件市场	Markets for Cars, Motorcycles and Spare Parts	67	32184	395.0	989.8
汽车市场	Cars Markets	23	11083	158.8	299.8
摩托车市场	Motorcycles Markets	1	755	5.0	2.9
机动车零配件市场	Vehicle Spare Parts Markets	43	20346	231.2	687.1
花、鸟、鱼、虫市场	Markets for Flower, Bird, Fish and Insects	12	14206	195.4	606.4
花卉市场	Flower Markets	10	13693	191.6	591.5
鸟市场	Bird Markets				
观赏鱼市场	Markets for Fish for Display				
其他花鸟鱼虫市场	Others	2	513	3.9	14.9
旧货市场	Second-hand Articles Markets				
古玩、古董、字画市场	Markets for Antiques, Calligraphy and Painting				
邮票、硬币市场	Stamps and Coins Markets				
其他旧货市场	Markets for Others Second-hand Articles				
其他专业市场	Other Specialized Markets	25	16183	258.3	810.0

2-8 续表 2 Continued 2

零售为主 Retail

市　场	Market	市场数量(个) Number of Markets (unit)	摊位数(个) Number of Booths (unit)	营业面积(万平方米) Operating Area (10 000 sq.m)	成交额(亿元) Turnover (100 million yuan)
总　计	**Total**	**1425**	**630507**	**6130.6**	**11028.8**
1.综合市场	**General Markets**	**594**	**299731**	**1731.2**	**3108.6**
生产资料综合市场	Comprehensive Markets for Means of Production	4	4123	40.2	43.3
工业消费品综合市场	Industrial Consumable Comprehensive Markets	73	77191	574.1	686.3
农产品综合市场	Comprehensive Markets for Agricultural Products	364	121318	416.2	1536.0
其他综合市场	Other Comprehensive Markets	153	97099	700.7	843.1
2.专业市场	**Specialized Markets**	**831**	**330776**	**4399.4**	**7920.2**
生产资料市场	Markets for Means of Production	24	8780	151.0	84.4
农业生产用具市场	Markets for Agricultural Production Equipment				
农用生产资料市场	Markets for Means of Agricultural Production				
煤炭市场	Coal and Charcoal Markets				
木材市场	Wood Markets				
建材市场	Building Material Markets	24	8780	151.0	84.4
化工材料及制品市场	Chemical Materials and Products Markets				
金属材料市场	Metal Materials Markets				
机械设备市场	Mechanical Equipment Markets				
其他生产资料市场	Others				
农产品市场	Agricultural Products Markets	178	62967	242.7	691.9
粮油市场	Grain and Oil Markets	3	815	5.7	3.5
肉禽蛋市场	Meat, Poultry and Eggs Markets	40	15920	46.5	161.5
水产品市场	Aquatic Products Markets	31	10472	31.3	123.9
蔬菜市场	Vegetables Markets	18	4711	44.0	105.2
干鲜果品市场	Dried and Fresh Melons and Fruits Markets	1	162	0.2	3.1
棉麻土畜、烟叶市场	Markets for Cotton, Local & Livestock Products, and Tobacco Leaves	3	1035	14.5	16.0
其他农产品市场	Others	82	29852	100.4	278.7
食品、饮料及烟酒市场	Markets for Food, Beverages, Tobacco and Alcohol	20	5915	40.0	83.6
食品饮料市场	Food and Beverages Markets	7	2422	10.8	23.9
茶叶市场	Tea Markets	6	1586	21.9	36.7
烟酒市场	Tobacco and Alcohol Markets	1	180	0.3	3.6
其他食品饮料及烟酒市场	Others	6	1727	7.0	19.3
纺织、服装、鞋帽市场	Markets for Textiles, Clothing, Shoes and Hats	91	77059	453.9	625.6
布料及纺织品市场	Cloth and Textiles Markets	4	2607	13.2	4.2
服装市场	Clothing Markets	68	50765	365.7	486.9
鞋帽市场	Footwear and Hats Markets				
其他纺织服装鞋帽市场	Others	19	23687	75.0	134.5
日用品及文化用品市场	Markets for Daily Use Articles and Cultural Goods	11	5670	43.0	50.4
小商品市场	Small Merchandise Markets	6	3943	32.8	24.9
箱包市场	Luggage Markets				

零售为主 Retail

市 场	Market	市场数量（个）Number of Markets (unit)	摊位数（个）Number of Booths (unit)	营业面积（万平方米）Operating Area (10 000 sq.m)	成交额（亿元）Turnover (100 million yuan)
玩具市场	Toys Markets				
文具市场	Stationary Markets				
图书、报刊杂志市场	Markets for Books, Newspapers and Magazines	2	520	2.5	18.4
音像制品及电子出版物市场	Markets for Video and E-book Products	1	113	0.7	4.6
体育用品市场	Sports Article Markets				
其他日用品及文化用品市场	Others	2	1094	7.1	2.5
黄金、珠宝、玉器等首饰市场	Gold, Jewelry, Jade Markets	6	6558	74.6	29.7
电器、通讯器材、电子设备市场	Markets for Electrical Appliances, Communication Appliances and Electronical Appliances	40	12956	66.0	186.8
家电市场	Household Appliances Markets	5	828	12.2	9.8
通讯器材市场	Communication Appliances Markets	4	2268	8.8	7.8
照相、摄像器材市场	Cameras and Video Equipments Markets	1	115	1.4	3.0
计算机及辅助设备市场	Computer and Auxiliary Equipments Markets	29	9360	42.6	165.1
其他电器、通讯器材、电子设备市场	Others	1	385	1.0	1.1
医药、医疗用品及器材市场	Markets for Medicine, Medical Materials and Medical Instruments	1	3000	15.0	115.0
中药材市场	Chinese Medicine Markets	1	3000	15.0	115.0
其他医药、医疗用品及器材市场	Others				
家具、五金及装饰材料市场	Markets for Furniture, Hardware and Decoration Materials	268	104152	2172.6	1412.5
家具市场	Furniture Markets	112	33591	864.6	456.4
装饰材料市场	Decoration Materials Markets	104	48712	909.1	651.9
灯具市场	Lamps Markets	4	492	10.4	5.8
厨具、盥洗设备市场	Markets for Kitchen Utensils and Washing Equipment	1	31	2.0	1.0
五金材料市场	Hardware Materials Markets	8	2601	37.7	39.5
其他装修市场	Others	39	18725	348.8	257.8
汽车、摩托车及零配件市场	Markets for Cars, Motorcycles and Spare Parts	174	34474	1039.9	4562.0
汽车市场	Cars Markets	157	30427	969.4	4489.4
摩托车市场	Motorcycles Markets	3	321	3.9	5.1
机动车零配件市场	Vehicle Spare Parts Markets	14	3726	66.5	67.4
花、鸟、鱼、虫市场	Markets for Flower, Bird, Fish and Insects	9	5336	59.2	33.1
花卉市场	Flower Markets	8	5131	58.0	26.9
鸟市场	Bird Markets				
观赏鱼市场	Markets for Fish for Display				
其他花鸟鱼虫市场	Others	1	205	1.2	6.2
旧货市场	Second-hand Articles Markets	4	1529	7.5	12.8
古玩、古董、字画市场	Markets for Antiques, Calligraphy and Painting				
邮票、硬币市场	Stamps and Coins Markets				
其他旧货市场	Markets for Others Second-hand Articles	4	1529	7.5	12.8
其他专业市场	Other Specialized Markets	5	2380	34.0	32.5

2-9 按经营环境分亿元以上商品交易市场基本情况
Basic Statistics on Commodity Exchange Markets of Transaction Value over 100 Million Yuan by Operating Circumstance

露天式 Outdoor

市 场	Market	市场数量(个) Number of Markets (unit)	摊位数(个) Number of Booths (unit)	营业面积(万平方米) Operating Area (10 000 sq.m)	成交额(亿元) Turnover (100 million yuan)
总 计	**Total**	**478**	**240403**	**4097.3**	**13804.0**
1.综合市场	**General Markets**	**93**	**58486**	**650.5**	**2932.8**
生产资料综合市场	Comprehensive Markets for Means of Production	2	3863	16.3	21.2
工业消费品综合市场	Industrial Consumable Comprehensive Markets	6	2493	15.1	13.6
农产品综合市场	Comprehensive Markets for Agricultural Products	64	39521	483.1	2707.4
其他综合市场	Other Comprehensive Markets	21	12609	136.0	190.7
2.专业市场	**Specialized Markets**	**385**	**181917**	**3446.9**	**10871.2**
生产资料市场	Markets for Means of Production	99	37424	1434.6	5300.5
农业生产用具市场	Markets for Agricultural Production Equipment	3	2004	38.9	141.0
农用生产资料市场	Markets for Means of Agricultural Production				
煤炭市场	Coal and Charcoal Markets				
木材市场	Wood Markets	7	1572	60.5	120.2
建材市场	Building Material Markets	20	10322	275.5	579.8
化工材料及制品市场	Chemical Materials and Products Markets	2	1537	8.1	243.1
金属材料市场	Metal Materials Markets	57	18444	1010.9	3822.4
机械设备市场	Mechanical Equipment Markets	6	1994	28.5	198.6
其他生产资料市场	Others	4	1551	12.2	195.5
农产品市场	Agricultural Products Markets	162	91439	1054.4	3036.6
粮油市场	Grain and Oil Markets	12	2248	62.0	67.9
肉禽蛋市场	Meat, Poultry and Eggs Markets	10	4315	27.8	46.9
水产品市场	Aquatic Products Markets	20	9403	91.2	433.5
蔬菜市场	Vegetables Markets	67	34032	480.0	1199.2
干鲜果品市场	Dried and Fresh Melons and Fruits Markets	26	14959	172.5	591.0
棉麻土畜、烟叶市场	Markets for Cotton, Local & Livestock Products, and Tobacco Leaves	5	9430	58.3	108.8
其他农产品市场	Others	22	17052	162.7	589.4
食品、饮料及烟酒市场	Markets for Food, Beverages, Tobacco and Alcohol	5	2190	22.8	120.4
食品饮料市场	Food and Beverages Markets	3	830	8.1	12.7
茶叶市场	Tea Markets	2	1360	14.7	107.7
烟酒市场	Tobacco and Alcohol Markets				
其他食品饮料及烟酒市场	Others				
纺织、服装、鞋帽市场	Markets for Textiles, Clothing, Shoes and Hats	8	7249	59.9	444.2
布料及纺织品市场	Cloth and Textiles Markets	1	1800	20.0	378.0
服装市场	Clothing Markets	4	3483	8.3	14.3
鞋帽市场	Footwear and Hats Markets	2	1221	9.6	45.4
其他纺织服装鞋帽市场	Others	1	745	22.0	6.4
日用品及文化用品市场	Markets for Daily Use Articles and Cultural Goods	5	2627	20.0	52.5
小商品市场	Small Merchandise Markets	3	1567	13.8	5.3
箱包市场	Luggage Markets				

2-9 续表 1 Continued1

露天式 Outdoor

市　　场	Market	市场数量(个) Number of Markets (unit)	摊位数(个) Number of Booths (unit)	营业面积(万平方米) Operating Area (10 000 sq.m)	成交额(亿元) Turnover (100 million yuan)
玩具市场	Toys Markets				
文具市场	Stationary Markets				
图书、报刊杂志市场	Markets for Books, Newspapers and Magazines				
音像制品及电子出版物市场	Markets for Video and E-book Products				
体育用品市场	Sports Article Markets				
其他日用品及文化用品市场	Others	2	1060	6.2	47.2
黄金、珠宝、玉器等首饰市场	Gold, Jewelry, Jade Markets				
电器、通讯器材、电子设备市场	Markets for Electrical Appliances, Communication Appliances and Electronical Appliances				
家电市场	Household Appliances Markets				
通讯器材市场	Communication Appliances Markets				
照相、摄像器材市场	Cameras and Video Equipments Markets				
计算机及辅助设备市场	Computer and Auxiliary Equipments Markets				
其他电器、通讯器材、电子设备市场	Others				
医药、医疗用品及器材市场	Markets for Medicine, Medical Materials and Medical Instruments	2	3535	16.5	117.1
中药材市场	Chinese Medicine Markets	2	3535	16.5	117.1
其他医药、医疗用品及器材市场	Others				
家具、五金及装饰材料市场	Markets for Furniture, Hardware and Decoration Materials	17	6436	131.4	133.3
家具市场	Furniture Markets	1	155	29.7	2.1
装饰材料市场	Decoration Materials Markets	7	1998	35.4	100.6
灯具市场	Lamps Markets				
厨具、盥洗设备市场	Markets for Kitchen Utensils and Washing Equipment				
五金材料市场	Hardware Materials Markets	7	3420	42.1	27.3
其他装修市场	Others	2	863	24.2	3.2
汽车、摩托车及零配件市场	Markets for Cars, Motorcycles and Spare Parts	65	14265	410.7	1189.5
汽车市场	Cars Markets	56	11822	366.1	1149.7
摩托车市场	Motorcycles Markets	1	78	2.7	1.2
机动车零配件市场	Vehicle Spare Parts Markets	8	2365	41.8	38.6
花、鸟、鱼、虫市场	Markets for Flower, Bird, Fish and Insects	3	3859	58.8	207.0
花卉市场	Flower Markets	2	3654	57.6	200.8
鸟市场	Bird Markets				
观赏鱼市场	Markets for Fish for Display				
其他花鸟鱼虫市场	Others	1	205	1.2	6.2
旧货市场	Second-hand Articles Markets				
古玩、古董、字画市场	Markets for Antiques, Calligraphy and Painting				
邮票、硬币市场	Stamps and Coins Markets				
其他旧货市场	Markets for Others Second-hand Articles				
其他专业市场	Other Specialized Markets	19	12893	237.7	270.0

2-9 续表 2 Continued 2

封闭式 Indoor

市　场	Market	市场数量（个）Number of Markets (unit)	摊位数（个）Number of Booths (unit)	营业面积（万平方米）Operating Area (10 000 sq.m)	成交额（亿元）Turnover (100 million yuan)
总　计	**Total**	**2652**	**2082726**	**21647.9**	**79898.6**
1.综合市场	**General Markets**	**838**	**769416**	**6525.3**	**21289.9**
生产资料综合市场	Comprehensive Markets for Means of Production	26	25912	368.8	504.1
工业消费品综合市场	Industrial Consumable Comprehensive Markets	135	268665	2263.4	6603.1
农产品综合市场	Comprehensive Markets for Agricultural Products	474	249766	1774.3	10493.5
其他综合市场	Other Comprehensive Markets	203	225073	2118.7	3689.2
2.专业市场	**Specialized Markets**	**1814**	**1313310**	**15122.6**	**58608.8**
生产资料市场	Markets for Means of Production	277	164812	3049.1	15990.8
农业生产用具市场	Markets for Agricultural Production Equipment	3	1055	30.2	32.3
农用生产资料市场	Markets for Means of Agricultural Production	10	1710	30.5	29.2
煤炭市场	Coal and Charcoal Markets	1	32	304.8	22.0
木材市场	Wood Markets	9	3737	66.7	34.7
建材市场	Building Material Markets	126	73142	1356.3	1019.4
化工材料及制品市场	Chemical Materials and Products Markets	14	**9772**	126.1	2628.3
金属材料市场	Metal Materials Markets	64	37808	685.0	11292.9
机械设备市场	Mechanical Equipment Markets	28	23993	270.6	539.7
其他生产资料市场	Others	22	13563	179.0	392.2
农产品市场	Agricultural Products Markets	444	257942	2593.1	14622.6
粮油市场	Grain and Oil Markets	43	13955	179.5	907.3
肉禽蛋市场	Meat, Poultry and Eggs Markets	59	24812	274.6	1497.6
水产品市场	Aquatic Products Markets	92	39929	385.3	3239.4
蔬菜市场	Vegetables Markets	92	83770	680.3	2344.4
干鲜果品市场	Dried and Fresh Melons and Fruits Markets	64	37890	509.5	3936.4
棉麻土畜、烟叶市场	Markets for Cotton, Local & Livestock Products, and Tobacco Leaves	2	2492	49.5	280.7
其他农产品市场	Others	92	55094	514.5	2416.8
食品、饮料及烟酒市场	Markets for Food, Beverages, Tobacco and Alcohol	66	30793	253.6	917.7
食品饮料市场	Food and Beverages Markets	14	5654	51.5	202.4
茶叶市场	Tea Markets	27	10180	96.0	280.9
烟酒市场	Tobacco and Alcohol Markets	4	1052	7.0	52.0
其他食品饮料及烟酒市场	Others	21	13907	99.1	382.4
纺织、服装、鞋帽市场	Markets for Textiles, Clothing, Shoes and Hats	302	444709	3424.5	14956.5
布料及纺织品市场	Cloth and Textiles Markets	41	82308	1000.1	7404.2
服装市场	Clothing Markets	201	278552	1805.3	5706.4
鞋帽市场	Footwear and Hats Markets	23	14989	97.5	201.3
其他纺织服装鞋帽市场	Others	37	68860	521.5	1644.6
日用品及文化用品市场	Markets for Daily Use Articles and Cultural Goods	50	38743	298.4	661.8
小商品市场	Small Merchandise Markets	24	15838	131.2	176.8
箱包市场	Luggage Markets	3	8913	73.4	221.0

2-9 续表 3 Continued 3

封闭式 Indoor

市　场	Market	市场数量（个）Number of Markets (unit)	摊位数（个）Number of Booths (unit)	营业面积（万平方米）Operating Area (10 000 sq.m)	成交额（亿元）Turnover (100 million yuan)
玩具市场	Toys Markets	2	648	7.3	22.3
文具市场	Stationary Markets				
图书、报刊杂志市场	Markets for Books, Newspapers and Magazines	5	785	6.8	34.2
音像制品及电子出版物市场	Markets for Video and E-book Products	1	113	0.7	4.6
体育用品市场	Sports Article Markets				
其他日用品及文化用品市场	Others	15	12446	79.1	203.0
黄金、珠宝、玉器等首饰市场	Gold, Jewelry, Jade Markets	15	16567	116.2	851.6
电器、通讯器材、电子设备市场	Markets for Electrical Appliances, Communication Appliances and Electronical Appliances	72	29424	165.0	489.5
家电市场	Household Appliances Markets	16	2974	27.8	54.2
通讯器材市场	Communication Appliances Markets	12	7604	26.8	123.2
照相、摄像器材市场	Cameras and Video Equipments Markets	3	513	3.3	6.9
计算机及辅助设备市场	Computer and Auxiliary Equipments Markets	38	16642	99.0	285.8
其他电器、通讯器材、电子设备市场	Others	3	1691	8.2	19.4
医药、医疗用品及器材市场	Markets for Medicine, Medical Materials and Medical Instruments	17	47058	269.1	1780.3
中药材市场	Chinese Medicine Markets	16	46971	258.6	1758.1
其他医药、医疗用品及器材市场	Others	1	87	10.6	22.2
家具、五金及装饰材料市场	Markets for Furniture, Hardware and Decoration Materials	399	218437	3890.2	4052.2
家具市场	Furniture Markets	136	64796	1511.1	1254.6
装饰材料市场	Decoration Materials Markets	147	71036	1264.3	1169.0
灯具市场	Lamps Markets	8	4378	71.6	144.5
厨具、盥洗设备市场	Markets for Kitchen Utensils and Washing Equipment	3	1304	34.8	29.8
五金材料市场	Hardware Materials Markets	48	41101	489.3	1063.2
其他装修市场	Others	57	35822	519.0	391.0
汽车、摩托车及零配件市场	Markets for Cars, Motorcycles and Spare Parts	145	45641	858.0	3413.8
汽车市场	Cars Markets	100	25239	617.9	2731.0
摩托车市场	Motorcycles Markets	1	125	0.3	2.6
机动车零配件市场	Vehicle Spare Parts Markets	44	20277	239.9	680.2
花、鸟、鱼、虫市场	Markets for Flower, Bird, Fish and Insects	15	12145	154.9	295.6
花卉市场	Flower Markets	13	11632	151.0	280.7
鸟市场	Bird Markets				
观赏鱼市场	Markets for Fish for Display				
其他花鸟鱼虫市场	Others	2	513	3.9	14.9
旧货市场	Second-hand Articles Markets	3	1517	6.4	6.6
古玩、古董、字画市场	Markets for Antiques, Calligraphy and Painting				
邮票、硬币市场	Stamps and Coins Markets				
其他旧货市场	Markets for Others Second-hand Articles	3	1517	6.4	6.6
其他专业市场	Other Specialized Markets	9	5522	44.2	569.9

其他 Others

市 场	Market	市场数量(个) Number of Markets (unit)	摊位数(个) Number of Booths (unit)	营业面积(万平方米) Operating Area (10 000 sq.m)	成交额(亿元) Turnover (100 million yuan)
总 计	**Total**	**425**	**295830**	**4080.5**	**15868.1**
1.综合市场	**General Markets**	**157**	**151327**	**1637.9**	**3954.3**
生产资料综合市场	Comprehensive Markets for Means of Production	8	25222	699.5	839.3
工业消费品综合市场	Industrial Consumable Comprehensive Markets	17	30681	229.2	332.1
农产品综合市场	Comprehensive Markets for Agricultural Products	83	59433	497.0	2287.9
其他综合市场	Other Comprehensive Markets	49	35991	212.2	495.0
2.专业市场	**Specialized Markets**	**268**	**144503**	**2442.6**	**11913.8**
生产资料市场	Markets for Means of Production	49	27065	646.3	5933.5
农业生产用具市场	Markets for Agricultural Production Equipment	1	467	5.3	5.4
农用生产资料市场	Markets for Means of Agricultural Production				
煤炭市场	Coal and Charcoal Markets				
木材市场	Wood Markets	6	1813	38.9	58.6
建材市场	Building Material Markets	18	13212	391.9	197.5
化工材料及制品市场	Chemical Materials and Products Markets	2	1545	14.2	1173.3
金属材料市场	Metal Materials Markets	19	9125	192.7	3728.2
机械设备市场	Mechanical Equipment Markets				
其他生产资料市场	Others	3	903	3.3	770.4
农产品市场	Agricultural Products Markets	122	63055	871.8	3794.1
粮油市场	Grain and Oil Markets	8	1020	41.9	213.2
肉禽蛋市场	Meat, Poultry and Eggs Markets	12	7820	111.0	377.8
水产品市场	Aquatic Products Markets	20	6072	48.7	247.8
蔬菜市场	Vegetables Markets	37	16913	259.4	723.7
干鲜果品市场	Dried and Fresh Melons and Fruits Markets	21	15258	285.9	1451.0
棉麻土畜、烟叶市场	Markets for Cotton, Local & Livestock Products, and Tobacco Leaves	2	385	7.8	10.1
其他农产品市场	Others	22	15587	117.1	770.5
食品、饮料及烟酒市场	Markets for Food, Beverages, Tobacco and Alcohol	11	3772	56.9	143.7
食品饮料市场	Food and Beverages Markets	5	1232	11.5	12.3
茶叶市场	Tea Markets	1	1126	24.7	66.5
烟酒市场	Tobacco and Alcohol Markets	1	256	8.0	1.2
其他食品饮料及烟酒市场	Others	4	1158	12.7	63.7
纺织、服装、鞋帽市场	Markets for Textiles, Clothing, Shoes and Hats	13	15069	120.1	358.7
布料及纺织品市场	Cloth and Textiles Markets	4	5419	55.1	197.6
服装市场	Clothing Markets	9	9650	65.0	161.1
鞋帽市场	Footwear and Hats Markets				
其他纺织服装鞋帽市场	Others				
日用品及文化用品市场	Markets for Daily Use Articles and Cultural Goods	5	3997	39.6	143.8
小商品市场	Small Merchandise Markets	1	2000	5.6	105.0
箱包市场	Luggage Markets				

2-9 续表 5 Continued 5

其他 Others

市　　场	Market	市场数量(个) Number of Markets (unit)	摊位数(个) Number of Booths (unit)	营业面积(万平方米) Operating Area (10 000 sq.m)	成交额(亿元) Turnover (100 million yuan)
玩具市场	Toys Markets	1	640	25.0	2.2
文具市场	Stationary Markets				
图书、报刊杂志市场	Markets for Books, Newspapers and Magazines				
音像制品及电子出版物市场	Markets for Video and E-book Products				
体育用品市场	Sports Article Markets				
其他日用品及文化用品市场	Others	3	1357	9.0	36.6
黄金、珠宝、玉器等首饰市场	Gold, Jewelry, Jade Markets	2	1359	70.2	4.1
电器、通讯器材、电子设备市场	Markets for Electrical Appliances, Communication Appliances and Electronical Appliances	2	4400	103.1	77.1
家电市场	Household Appliances Markets	2	4400	103.1	77.1
通讯器材市场	Communication Appliances Markets				
照相、摄像器材市场	Cameras and Video Equipments Markets				
计算机及辅助设备市场	Computer and Auxiliary Equipments Markets				
其他电器、通讯器材、电子设备市场	Others				
医药、医疗用品及器材市场	Markets for Medicine, Medical Materials and Medical Instruments	3	1764	41.9	130.0
中药材市场	Chinese Medicine Markets	2	1291	37.4	111.7
其他医药、医疗用品及器材市场	Others	1	473	4.5	18.3
家具、五金及装饰材料市场	Markets for Furniture, Hardware and Decoration Materials	24	13572	274.0	234.7
家具市场	Furniture Markets	2	1732	44.0	9.3
装饰材料市场	Decoration Materials Markets	9	4101	81.3	52.1
灯具市场	Lamps Markets	2	1055	19.1	46.6
厨具、盥洗设备市场	Markets for Kitchen Utensils and Washing Equipment				
五金材料市场	Hardware Materials Markets	7	4264	85.5	85.6
其他装修市场	Others	4	2420	44.1	41.0
汽车、摩托车及零配件市场	Markets for Cars, Motorcycles and Spare Parts	31	6752	166.2	948.4
汽车市场	Cars Markets	24	4449	144.2	908.5
摩托车市场	Motorcycles Markets	2	873	5.9	4.2
机动车零配件市场	Vehicle Spare Parts Markets	5	1430	16.1	35.7
花、鸟、鱼、虫市场	Markets for Flower, Bird, Fish and Insects	3	3538	41.0	136.9
花卉市场	Flower Markets	3	3538	41.0	136.9
鸟市场	Bird Markets				
观赏鱼市场	Markets for Fish for Display				
其他花鸟鱼虫市场	Others				
旧货市场	Second-hand Articles Markets	1	12	1.1	6.3
古玩、古董、字画市场	Markets for Antiques, Calligraphy and Painting				
邮票、硬币市场	Stamps and Coins Markets				
其他旧货市场	Markets for Others Second-hand Articles	1	12	1.1	6.3
其他专业市场	Other Specialized Markets	2	148	10.4	2.7

2-10 亿元以上商品交易市场摊位分类情况
Classification of Booths of Commodity Exchange Markets of Transaction Value over 100 Million Yuan

类别	Classification	摊位数 (个) Number of Booths (unit)	成交额 (亿元) Turnover (100 million yuan)
总计	**Total**	**2618959**	**109570.7**
粮油、食品类	Grain and Oil, Food	779760	37211.8
#粮油类	Grain and Oil	74625	3911.5
肉禽蛋类	Meat, Poultry and Eggs	109560	4771.1
水产品类	Aquatic Products	111333	7105.1
蔬菜类	Vegetables	273217	9435.7
干鲜果品类	Dried and Fresh Melons and Fruits	147208	9887.4
饮料类	Beverages	37497	1356.9
烟酒类	Tobacco and Alcohol	22981	921.2
服装、鞋帽、针纺织品类	Clothing, Shoes, Hats and Textiles	632441	17877.7
服装类	Clothing	388834	6959.9
鞋帽类	Footwear and Hats	81817	1325.6
针纺织品类	Knitwear and Textiles	161790	9592.2
化妆品类	Cosmetics	16771	301.7
金银珠宝类	Gold, Silver and Jewellery	27519	1211.0
日用品类	Articles for Daily Use	115850	2437.6
五金、电料类	Hardware & Electrical Materials	107043	2372.2
体育、娱乐用品类	Sports & Recreational Articles	7887	125.7
#照相器材类	Photographic Equipment	867	9.3
书报杂志类	Newspapers and Magazines	2027	64.4
电子出版物及音像制品类	E-book and Video Products	1731	41.7
家用电器和音像器材类	Household Appliances and Audio-visual Equipments	27022	514.6
中西药品类	Traditional Chinese and Western Medicine	36231	2058.3
#西药类	Western Medicine	715	37.0
中草药及中成药类	Traditional Chinese Medicine	34387	1976.4
文化办公用品类	Cultural and Official Goods	39148	818.1
#计算机及其配套产品	Computer and Related Equipment	14303	286.5
家具类	Furniture	97176	1748.8
通讯器材类	Communication Appliances	16392	344.2
煤炭及制品类	Coal and Related Products	269	63.7
木材及制品类	Wood and Wooden Products	18899	450.8
石油及制品类	Petroleum and Related Products	766	1044.8
化工材料及制品类	Raw Chemical Materials and Related Products	20230	4268.9
#化肥类	Fertilizer	2044	31.0
金属材料类	Metal Materials	79425	19275.4
建筑及装潢材料类	Building and Decoration Materials	233929	3894.5
机电产品及设备类	Mechanical & Electrical Products	45002	1401.8
#农机类	Agricultural Machinery	3074	176.2
汽车类	Automobile	79185	5815.9
种子饲料类	Seed and Feedstuff	4476	94.3
棉麻类	Cotton and Hemp	1538	182.4
其他类	Others	167764	3671.5

2-11 按营业状态分亿元以上商品交易市场摊位分类情况

Classification of Booths of Commodity Exchange Markets of Transaction Value over 100 Million Yuan by Operating Status

#常年营业 Perennial Open

类　别	Classification	摊位数 (个) Number of Booths (unit)	成交额 (亿元) Turnover (100 million yuan)
总　计	**Total**	**2605189**	**108864.1**
1.粮油、食品类	Grain and Oil, Food	769099	36712.3
其中：粮油类	Grain and Oil	74613	3909.7
肉禽蛋类	Meat, Poultry and Eggs	109556	4771.0
水产品类	Aquatic Products	110888	7062.1
蔬菜类	Vegetables	267489	9032.5
干鲜果品类	Dried and Fresh Melons and Fruits	144088	9841.7
2.饮料类	Beverages	37144	1286.2
3.烟酒类	Tobacco and Alcohol	22950	920.9
4.服装、鞋帽、针纺织品类	Clothing, Shoes, Hats and Textiles	631310	17847.5
(1)服装类	Clothing	387857	6930.3
(2)鞋帽类	Footwear and Hats	81764	1325.4
(3)针纺织品类	Knitwear and Textiles	161689	9591.8
5.化妆品类	Cosmetics	16769	301.6
6.金银珠宝类	Gold, Silver and Jewellery	27518	1211.0
7.日用品类	Articles for Daily Use	115764	2437.1
8.五金、电料类	Hardware & Electrical Materials	106480	2367.1
9.体育、娱乐用品类	Sports & Recreational Articles	7861	125.7
其中：照相器材类	Photographic Equipment	867	9.3
10.书报杂志类	Newspapers and Magazines	2027	64.4
11.电子出版物及音像制品类	E-book and Video Products	1731	41.7
12.家用电器和音像器材类	Household Appliances and Audio-visual Equipments	27012	514.5
13.中西药品类	Traditional Chinese and Western Medicine	36203	2057.2
其中：西药类	Western Medicine	715	37.0
中草药及中成药类	Traditional Chinese Medicine	34359	1975.3
14.文化办公用品类	Cultural and Official Goods	39127	818.0
其中：计算机及其配套产品	Computer and Related Equipment	14303	286.5
15.家具类	Furniture	97160	1748.6
16.通讯器材类	Communication Appliances	16377	344.2
17.煤炭及制品类	Coal and Related Products	269	63.7
18.木材及制品类	Wood and Wooden Products	18754	443.1
19.石油及制品类	Petroleum and Related Products	766	1044.8
20.化工材料及制品类	Raw Chemical Materials and Related Products	20220	4268.8
其中：化肥类	Fertilizer	2034	30.9
21.金属材料类	Metal Materials	79384	19275.1
22.建筑及装潢材料类	Building and Decoration Materials	233584	3890.6
23.机电产品及设备类	Mechanical & Electrical Products	44971	1401.1
其中：农机类	Agricultural Machinery	3043	175.6
24.汽车类	Automobile	79184	5813.9
25.种子饲料类	Seed and Feedstuff	4476	94.3
26.棉麻类	Cotton and Hemp	1538	182.4
27.其他类	Others	167511	3587.5

2-11 续表 1 Continued 1

#季节性营业 Seasonal Open

类　　别	Classification	摊位数(个) Number of Booths (unit)	成交额(亿元) Turnover (100 million yuan)
总　计	**Total**	**13320**	**693.1**
1.粮油、食品类	Grain and Oil, Food	10444	496.6
其中：粮油类	Grain and Oil	9	1.7
肉禽蛋类	Meat, Poultry and Eggs		
水产品类	Aquatic Products	443	43.0
蔬菜类	Vegetables	5700	402.9
干鲜果品类	Dried and Fresh Melons and Fruits	3117	45.6
2.饮料类	Beverages	344	70.6
3.烟酒类	Tobacco and Alcohol	20	0.0
4.服装、鞋帽、针纺织品类	Clothing, Shoes, Hats and Textiles	1101	30.1
(1)服装类	Clothing	975	29.5
(2)鞋帽类	Footwear and Hats	49	0.3
(3)针纺织品类	Knitwear and Textiles	77	0.3
5.化妆品类	Cosmetics		
6.金银珠宝类	Gold, Silver and Jewellery	1	0.0
7.日用品类	Articles for Daily Use	60	0.3
8.五金、电料类	Hardware & Electrical Materials	563	5.1
9.体育、娱乐用品类	Sports & Recreational Articles	26	0.0
其中：照相器材类	Photographic Equipment		
10.书报杂志类	Newspapers and Magazines		
11.电子出版物及音像制品类	E-book and Video Products		
12.家用电器和音像器材类	Household Appliances and Audio-visual Equipments	10	0.0
13.中西药品类	Traditional Chinese and Western Medicine	28	1.0
其中：西药类	Western Medicine		
中草药及中成药类	Traditional Chinese Medicine	28	1.0
14.文化办公用品类	Cultural and Official Goods	1	0.0
其中：计算机及其配套产品	Computer and Related Equipment		
15.家具类	Furniture	16	0.2
16.通讯器材类	Communication Appliances	15	0.1
17.煤炭及制品类	Coal and Related Products		
18.木材及制品类	Wood and Wooden Products	11	0.1
19.石油及制品类	Petroleum and Related Products		
20.化工材料及制品类	Raw Chemical Materials and Related Products	10	0.1
其中：化肥类	Fertilizer	10	0.1
21.金属材料类	Metal Materials	41	0.3
22.建筑及装潢材料类	Building and Decoration Materials	345	3.9
23.机电产品及设备类	Mechanical & Electrical Products	31	0.6
其中：农机类	Agricultural Machinery	31	0.6
24.汽车类	Automobile		
25.种子饲料类	Seed and Feedstuff		
26.棉麻类	Cotton and Hemp		
27.其他类	Others	253	84.0

2-12 按经营方式分亿元以上商品交易市场摊位分类情况

Classification of Booths of Commodity Exchange Markets of Transaction Value over 100 Million Yuan by Operating Mode

批发为主 Wholesale

类 别	Classification	摊位数 (个) Number of Booths (unit)	成交额 (亿元) Turnover (100 million yuan)
总 计	**Total**	**1988452**	**98541.9**
1.粮油、食品类	Grain and Oil, Food	582756	34786.9
其中：粮油类	Grain and Oil	56514	3681.0
肉禽蛋类	Meat, Poultry and Eggs	64992	4052.4
水产品类	Aquatic Products	76079	6534.7
蔬菜类	Vegetables	211512	8939.7
干鲜果品类	Dried and Fresh Melons and Fruits	128472	9651.4
2.饮料类	Beverages	30108	1259.7
3.烟酒类	Tobacco and Alcohol	16855	836.3
4.服装、鞋帽、针纺织品类	Clothing, Shoes, Hats and Textiles	496493	16946.8
(1)服装类	Clothing	293954	6283.1
(2)鞋帽类	Footwear and Hats	60099	1176.5
(3)针纺织品类	Knitwear and Textiles	142440	9487.1
5.化妆品类	Cosmetics	11642	259.5
6.金银珠宝类	Gold, Silver and Jewellery	19406	1154.9
7.日用品类	Articles for Daily Use	86461	2215.0
8.五金、电料类	Hardware & Electrical Materials	90642	2177.2
9.体育、娱乐用品类	Sports & Recreational Articles	5680	103.7
其中：照相器材类	Photographic Equipment	618	4.8
10.书报杂志类	Newspapers and Magazines	1150	49.6
11.电子出版物及音像制品类	E-book and Video Products	846	28.8
12.家用电器和音像器材类	Household Appliances and Audio-visual Equipments	19885	449.7
13.中西药品类	Traditional Chinese and Western Medicine	32391	1916.1
其中：西药类	Western Medicine	477	17.2
中草药及中成药类	Traditional Chinese Medicine	31126	1859.7
14.文化办公用品类	Cultural and Official Goods	26411	651.7
其中：计算机及其配套产品	Computer and Related Equipment	6713	160.6
15.家具类	Furniture	52250	1173.0
16.通讯器材类	Communication Appliances	11260	292.5
17.煤炭及制品类	Coal and Related Products	164	62.4
18.木材及制品类	Wood and Wooden Products	15127	394.7
19.石油及制品类	Petroleum and Related Products	683	1043.2
20.化工材料及制品类	Raw Chemical Materials and Related Products	18445	4242.8
其中：化肥类	Fertilizer	1116	27.6
21.金属材料类	Metal Materials	77359	19218.9
22.建筑及装潢材料类	Building and Decoration Materials	160666	2976.6
23.机电产品及设备类	Mechanical & Electrical Products	41362	1368.5
其中：农机类	Agricultural Machinery	2618	168.0
24.汽车类	Automobile	45485	1210.3
25.种子饲料类	Seed and Feedstuff	3689	88.7
26.棉麻类	Cotton and Hemp	1308	180.8
27.其他类	Others	139928	3453.3

零售为主 Retail

类　　别	Classification	摊位数（个）Number of Booths (unit)	成交额（亿元）Turnover (100 million yuan)
总　计	**Total**	**630507**	**11028.8**
1.粮油、食品类	Grain and Oil, Food	197004	2425.0
其中：粮油类	Grain and Oil	18111	230.5
肉禽蛋类	Meat, Poultry and Eggs	44568	718.7
水产品类	Aquatic Products	35254	570.4
蔬菜类	Vegetables	61705	495.9
干鲜果品类	Dried and Fresh Melons and Fruits	18736	236.0
2.饮料类	Beverages	7389	97.3
3.烟酒类	Tobacco and Alcohol	6126	84.9
4.服装、鞋帽、针纺织品类	Clothing, Shoes, Hats and Textiles	135948	930.9
(1)服装类	Clothing	94880	676.8
(2)鞋帽类	Footwear and Hats	21718	149.1
(3)针纺织品类	Knitwear and Textiles	19350	105.0
5.化妆品类	Cosmetics	5129	42.2
6.金银珠宝类	Gold, Silver and Jewellery	8113	56.1
7.日用品类	Articles for Daily Use	29389	222.6
8.五金、电料类	Hardware & Electrical Materials	16401	195.0
9.体育、娱乐用品类	Sports & Recreational Articles	2207	22.0
其中：照相器材类	Photographic Equipment	249	4.6
10.书报杂志类	Newspapers and Magazines	877	14.8
11.电子出版物及音像制品类	E-book and Video Products	885	12.8
12.家用电器和音像器材类	Household Appliances and Audio-visual Equipments	7137	64.9
13.中西药品类	Traditional Chinese and Western Medicine	3840	142.2
其中：西药类	Western Medicine	238	19.8
中草药及中成药类	Traditional Chinese Medicine	3261	116.7
14.文化办公用品类	Cultural and Official Goods	12737	166.4
其中：计算机及其配套产品	Computer and Related Equipment	7590	125.9
15.家具类	Furniture	44926	575.8
16.通讯器材类	Communication Appliances	5132	51.7
17.煤炭及制品类	Coal and Related Products	105	1.4
18.木材及制品类	Wood and Wooden Products	3772	56.1
19.石油及制品类	Petroleum and Related Products	83	1.6
20.化工材料及制品类	Raw Chemical Materials and Related Products	1785	26.2
其中：化肥类	Fertilizer	928	3.4
21.金属材料类	Metal Materials	2066	56.5
22.建筑及装潢材料类	Building and Decoration Materials	73263	917.9
23.机电产品及设备类	Mechanical & Electrical Products	3640	33.2
其中：农机类	Agricultural Machinery	456	8.2
24.汽车类	Automobile	33700	4605.7
25.种子饲料类	Seed and Feedstuff	787	5.7
26.棉麻类	Cotton and Hemp	230	1.6
27.其他类	Others	27836	218.3

2-13 按经营环境分亿元以上商品交易市场摊位分类情况

Basic Statistics on Booths of Commodity Exchange Markets of Transaction Value over 100 Million Yuan by Operating Circumstance

露天式 Outdoor

类　　别	Classification	摊位数 (个) Number of Booths (unit)	成交额 (亿元) Turnover (100 million yuan)
总　计	**Total**	**240403**	**13804.0**
1.粮油、食品类	Grain and Oil, Food	115072	5518.6
其中：粮油类	Grain and Oil	8716	309.3
肉禽蛋类	Meat, Poultry and Eggs	12582	405.2
水产品类	Aquatic Products	13356	557.2
蔬菜类	Vegetables	49136	2284.4
干鲜果品类	Dried and Fresh Melons and Fruits	25496	1888.3
2.饮料类	Beverages	2964	152.9
3.烟酒类	Tobacco and Alcohol	2262	58.2
4.服装、鞋帽、针纺织品类	Clothing, Shoes, Hats and Textiles	11251	461.1
(1)服装类	Clothing	4925	22.9
(2)鞋帽类	Footwear and Hats	2972	53.0
(3)针纺织品类	Knitwear and Textiles	3354	385.3
5.化妆品类	Cosmetics	1503	10.7
6.金银珠宝类	Gold, Silver and Jewellery	35	0.2
7.日用品类	Articles for Daily Use	4709	67.1
8.五金、电料类	Hardware & Electrical Materials	4996	37.0
9.体育、娱乐用品类	Sports & Recreational Articles	171	1.5
其中：照相器材类	Photographic Equipment	15	0.0
10.书报杂志类	Newspapers and Magazines	86	0.6
11.电子出版物及音像制品类	E-book and Video Products	157	1.2
12.家用电器和音像器材类	Household Appliances and Audio-visual Equipments	678	5.5
13.中西药品类	Traditional Chinese and Western Medicine	3264	127.8
其中：西药类	Western Medicine	35	0.3
中草药及中成药类	Traditional Chinese Medicine	3124	116.8
14.文化办公用品类	Cultural and Official Goods	509	5.0
其中：计算机及其配套产品	Computer and Related Equipment	18	0.1
15.家具类	Furniture	968	7.9
16.通讯器材类	Communication Appliances	114	3.6
17.煤炭及制品类	Coal and Related Products	83	8.8
18.木材及制品类	Wood and Wooden Products	2215	126.2
19.石油及制品类	Petroleum and Related Products	3	85.4
20.化工材料及制品类	Raw Chemical Materials and Related Products	2744	253.8
其中：化肥类	Fertilizer	877	1.5
21.金属材料类	Metal Materials	18777	3814.5
22.建筑及装潢材料类	Building and Decoration Materials	13284	667.8
23.机电产品及设备类	Mechanical & Electrical Products	3633	283.1
其中：农机类	Agricultural Machinery	1278	113.7
24.汽车类	Automobile	15935	1286.8
25.种子饲料类	Seed and Feedstuff	684	5.7
26.棉麻类	Cotton and Hemp	56	0.7
27.其他类	Others	34250	812.2

封闭式 Indoor

类　　别	Classification	摊位数 (个) Number of Booths (unit)	成交额 (亿元) Turnover (100 million yuan)
总　计	**Total**	**2082726**	**79898.6**
1.粮油、食品类	Grain and Oil, Food	536321	25498.0
其中：粮油类	Grain and Oil	51755	2794.1
肉禽蛋类	Meat, Poultry and Eggs	75981	3433.4
水产品类	Aquatic Products	81036	5660.5
蔬菜类	Vegetables	180087	5594.5
干鲜果品类	Dried and Fresh Melons and Fruits	96166	6051.2
2.饮料类	Beverages	28964	1006.4
3.烟酒类	Tobacco and Alcohol	17437	779.6
4.服装、鞋帽、针纺织品类	Clothing, Shoes, Hats and Textiles	585879	16900.5
(1)服装类	Clothing	363839	6733.7
(2)鞋帽类	Footwear and Hats	73411	1212.9
(3)针纺织品类	Knitwear and Textiles	148629	8953.9
5.化妆品类	Cosmetics	13808	234.5
6.金银珠宝类	Gold, Silver and Jewellery	25984	1199.1
7.日用品类	Articles for Daily Use	99223	2123.9
8.五金、电料类	Hardware & Electrical Materials	87828	2034.1
9.体育、娱乐用品类	Sports & Recreational Articles	6920	114.4
其中：照相器材类	Photographic Equipment	740	9.0
10.书报杂志类	Newspapers and Magazines	1608	63.1
11.电子出版物及音像制品类	E-book and Video Products	1365	39.2
12.家用电器和音像器材类	Household Appliances and Audio-visual Equipments	22571	385.7
13.中西药品类	Traditional Chinese and Western Medicine	31309	1814.3
其中：西药类	Western Medicine	538	34.5
中草药及中成药类	Traditional Chinese Medicine	29837	1746.6
14.文化办公用品类	Cultural and Official Goods	35375	737.8
其中：计算机及其配套产品	Computer and Related Equipment	14162	284.5
15.家具类	Furniture	90627	1621.8
16.通讯器材类	Communication Appliances	15498	331.3
17.煤炭及制品类	Coal and Related Products	134	54.3
18.木材及制品类	Wood and Wooden Products	13337	234.4
19.石油及制品类	Petroleum and Related Products	427	189.3
20.化工材料及制品类	Raw Chemical Materials and Related Products	15493	2817.0
其中：化肥类	Fertilizer	1079	28.0
21.金属材料类	Metal Materials	48180	11595.3
22.建筑及装潢材料类	Building and Decoration Materials	196676	2823.8
23.机电产品及设备类	Mechanical & Electrical Products	35328	938.8
其中：农机类	Agricultural Machinery	1319	54.4
24.汽车类	Automobile	56536	3578.5
25.种子饲料类	Seed and Feedstuff	3165	83.0
26.棉麻类	Cotton and Hemp	1100	179.6
27.其他类	Others	111633	2520.3

其他 Others

类　　别	Classification	摊位数（个）Number of Booths (unit)	成交额（亿元）Turnover (100 million yuan)
总　计	**Total**	**295830**	**15868.1**
1.粮油、食品类	Grain and Oil, Food	128367	6195.2
其中：粮油类	Grain and Oil	14154	808.2
肉禽蛋类	Meat, Poultry and Eggs	20997	932.6
水产品类	Aquatic Products	16941	887.3
蔬菜类	Vegetables	43994	1556.8
干鲜果品类	Dried and Fresh Melons and Fruits	25546	1947.9
2.饮料类	Beverages	5569	197.6
3.烟酒类	Tobacco and Alcohol	3282	83.4
4.服装、鞋帽、针纺织品类	Clothing, Shoes, Hats and Textiles	35311	516.1
(1)服装类	Clothing	20070	203.3
(2)鞋帽类	Footwear and Hats	5434	59.8
(3)针纺织品类	Knitwear and Textiles	9807	253.1
5.化妆品类	Cosmetics	1460	56.5
6.金银珠宝类	Gold, Silver and Jewellery	1500	11.8
7.日用品类	Articles for Daily Use	11918	246.6
8.五金、电料类	Hardware & Electrical Materials	14219	301.0
9.体育、娱乐用品类	Sports & Recreational Articles	796	9.8
其中：照相器材类	Photographic Equipment	112	0.3
10.书报杂志类	Newspapers and Magazines	333	0.7
11.电子出版物及音像制品类	E-book and Video Products	209	1.3
12.家用电器和音像器材类	Household Appliances and Audio-visual Equipments	3773	123.3
13.中西药品类	Traditional Chinese and Western Medicine	1658	116.2
其中：西药类	Western Medicine	142	2.2
中草药及中成药类	Traditional Chinese Medicine	1426	112.9
14.文化办公用品类	Cultural and Official Goods	3264	75.3
其中：计算机及其配套产品	Computer and Related Equipment	123	1.8
15.家具类	Furniture	5581	119.0
16.通讯器材类	Communication Appliances	780	9.4
17.煤炭及制品类	Coal and Related Products	52	0.7
18.木材及制品类	Wood and Wooden Products	3347	90.2
19.石油及制品类	Petroleum and Related Products	336	770.2
20.化工材料及制品类	Raw Chemical Materials and Related Products	1993	1198.1
其中：化肥类	Fertilizer	88	1.5
21.金属材料类	Metal Materials	12468	3865.6
22.建筑及装潢材料类	Building and Decoration Materials	23969	402.9
23.机电产品及设备类	Mechanical & Electrical Products	6041	179.9
其中：农机类	Agricultural Machinery	477	8.1
24.汽车类	Automobile	6714	950.6
25.种子饲料类	Seed and Feedstuff	627	5.6
26.棉麻类	Cotton and Hemp	382	2.2
27.其他类	Others	21881	339.0

2-14 各地区亿元以上商品交易市场基本情况

Basic Statistics on Commodity Exchange Markets of Transaction Value over 100 Million Yuan by Region

地区 Region		市场数量(个) Number of Markets (unit)	摊位数(个) Number of Booths (unit)	营业面积(万平方米) Operating Area (10000 sq.m)	成交额(亿元) Turnover (100 million yuan)	批发 Wholesale Value	零售 Retail Value
北京	Beijing	67	43572	530.4	3178.5	2470.8	707.7
天津	Tianjin	42	26791	466.2	1271.2	1241.2	30.0
河北	Hebei	148	199639	2338.1	6028.7	5879.3	149.4
山西	Shanxi	29	20073	237.3	649.8	614.3	35.5
内蒙古	Inner Mongolia	39	21817	644.6	660.5	619.9	40.6
辽宁	Liaoning	118	99620	1049.1	3098.1	2820.9	277.2
吉林	Jilin	31	30926	288.9	398.7	345.4	53.3
黑龙江	Heilongjiang	27	16033	178.9	390.9	363.9	26.9
上海	Shanghai	87	37337	340.3	8464.3	7993.6	470.7
江苏	Jiangsu	334	283608	3466.4	20382.0	19094.8	1287.2
浙江	Zhejiang	593	344176	3156.1	18115.3	15610.7	2504.7
安徽	Anhui	86	93389	1159.6	2499.6	2213.4	286.2
福建	Fujian	95	37969	273.0	1160.3	976.8	183.5
江西	Jiangxi	101	78953	902.4	2413.4	2176.3	237.1
山东	Shandong	501	270551	4006.3	10018.0	9159.1	858.9
河南	Henan	84	75674	1146.3	3025.9	2749.9	276.0
湖北	Hubei	88	55778	652.0	2183.3	1898.2	285.1
湖南	Hunan	245	169073	1316.3	6065.8	5133.3	932.5
广东	Guangdong	247	180857	1740.2	5379.2	4764.6	614.6
广西	Guangxi	58	50615	360.2	1076.3	885.9	190.4
海南	Hainan	5	4282	88.6	126.9	122.6	4.3
重庆	Chongqing	125	77847	832.9	3355.5	2847.6	507.9
四川	Sichuan	102	133509	1203.2	3609.2	3444.5	164.7
贵州	Guizhou	42	34548	567.5	1084.6	936.1	148.5
云南	Yunnan	25	38262	206.1	378.0	336.2	41.8
西藏	Xizang	3	2217	3.9	23.4	19.7	3.7
陕西	Shaanxi	45	37523	534.5	1070.5	999.7	70.8
甘肃	Gansu	37	24221	282.8	440.8	289.7	151.2
青海	Qinghai	6	6076	47.2	105.3	99.5	5.8
宁夏	Ningxia	32	23396	284.6	365.9	341.0	24.9
新疆	Xinjiang	113	100627	1521.8	2551.0	2093.1	457.9

批发和零售业
WHOLESALE AND RETAIL TRADES

第3篇

3-1-1 限额以上批发和零售业企业基本情况

Basic Conditions of Enterprises above Designated Size of Wholesale and Retail Trades

项目	Item	法人单位数 (个) Number of Corporation Enterprises (unit)	年末从业人数 (人) Engaged Persons at Year-end (person)
总计	**Total**	**424885**	**13409133**
一、批发业	**Wholesale Trade**	**268609**	**6839205**
#国有控股	State-controlled Enterprises	15377	1201601
(一)按登记注册统计类别分	**By Registered Statistical Categories**		
1.内资企业	Domestic Invested Enterprises	257897	5877151
有限责任公司	Limited Liability Corporations	252591	5299303
股份有限公司	Share-holding Corporations Ltd.	2798	323227
非公司企业法人	Non Corporate Legal Entity	1093	237045
个人独资企业	Sole Proprietorship Enterprises	1214	14212
合伙企业	Partnership Enterprises	198	3322
其他内资企业	Other Domestic Invested Enterprises	NA	42
2.港澳台投资企业	Enterprises with Investment from Hong Kong, Macao and Taiwan	4350	395108
3.外商投资企业	Foreign Invested Enterprises	5351	549845
4.其他统计类别	Other Statistical Categories	1011	17101

注：NA表示小于或等于3(下表同)。
Note:NA refers to less than or equal to three. The same applies to the tables following.

项 目	Item	法人单位数（个）Number of Corporation Enterprises (unit)	年末从业人数（人）Engaged Persons at the Year-end (person)
(二)按国民经济行业分	**by Sector**		
农、林、牧、渔产品批发	Wholesale of Agricultural, Forestry, Livestock and Fishery Products	12211	216929
食品、饮料及烟草制品批发	Wholesale of Food, Beverages and Tobaccos	28900	1320868
米、面制品及食用油批发	Wholesale of Rice, Flour and Edible Oil	4418	144181
肉、禽、蛋、奶及水产品批发	Wholesale of Meal, Fowls, Eggs, Milk and Aquatic Products	6424	191511
酒、饮料及茶叶批发	Wholesale of Wine, Beverages and Teas	5642	336353
烟草制品批发	Wholesale of Tobaccos	499	244121
纺织、服装及家庭用品批发	Wholesale of Textiles, Wearing Apparel and Household Articles	26409	965752
服装批发	Wholesale of Garments	4672	248413
鞋帽批发	Wholesale of Shoes and Hats	1380	67264
日用家电批发	Wholesale of Household Electrical Appliances	3316	143201
文化、体育用品及器材批发	Wholesale of Culture, Sports Appliances and Equipments	6927	245719
文具用品批发	Wholesale of Stationeries	2767	53754
体育用品及器材批发	Wholesale of Sports Appliances and Equipments	551	21038
图书批发	Wholesale of Books	700	51400
医药及医疗器材批发	Wholesale of Medicines and Medical Appliances	17656	962780
西药批发	Wholesale of Western Medicine	5917	513723
中药批发	Wholesale of Chinese Traditional Medicine	2101	151782
矿产品、建材及化工产品批发	Wholesale of Mineral Products, Building Materials and Chemical Products	123349	1712082
煤炭及制品批发	Wholesale of Coal and Related Products	11700	198269
石油及制品批发	Wholesale of Petroleum and Related Products	10177	297795
金属及金属矿批发	Wholesale of Metal Materials	44438	444417
建材批发	Wholesale of Building Materials	22064	292142
化肥批发	Wholesale of Chemical Fertilizer	2257	46875
农药批发	Wholesale of Pesticides	836	30074
机械设备、五金产品及电子产品批发	Wholesale of Machinery, Hardware and Electronic Products	43902	1222203
汽车及零配件批发	Wholesale of Motor Vehicles and Their Parts	7863	204469
计算机、软件及辅助设备批发	Wholesale of Computer, Software and Assistant Appliances	4127	125927
通讯设备批发	Wholesale of Communication Equipments	2417	90999
贸易经纪与代理	Trade Broker and Agency	1171	26546
其他批发业	Other Wholesale Industries	8084	166326

3-1-1 续表 2 Continued 2

项 目	Item	法人单位数(个) Number of Corporation Enterprises (unit)	年末从业人数(人) Engaged Persons at the Year-end (person)	年末零售营业面积(平方米) Business Area of Retail Trade at the Year-end (sq.m)
二、零售业	**Retail Trade**	**156276**	**6569928**	**432081315**
#国有控股	State-controlled Enterprises	6542	753877	78715483
(一)按登记注册统计类别分	**By Registered Statistical Categories**			
1.内资企业	Domestic Invested Enterprises	152847	5780906	371752778
有限责任公司	Limited Liability Corporations	139150	5206818	320396722
股份有限公司	Share-holding Corporations Ltd.	1201	390112	35508388
非公司企业法人	Non Corporate Legal Entity	1297	46392	3976777
个人独资企业	Sole Proprietorship Enterprises	10222	123873	10596197
合伙企业	Partnership Enterprises	971	13532	1266026
其他内资企业	Other Domestic Invested Enterprises	6	179	8668
2.港澳台投资企业	Enterprises with Investment from Hong Kong, Macao and Taiwan	1762	431682	26184670
3.外商投资企业	Foreign Invested Enterprises	1170	350033	33463853
4.其他统计类别	Other Statistical Categories	497	7307	680014
(二)按国民经济行业分	**by Sector**			
综合零售	Integrated Retail	17136	1733504	146582220
百货零售	Retail of General Merchandise	6832	634750	79446589
超级市场零售	Retail of Supermarkets	8178	989594	61558893
食品、饮料及烟草制品专门零售	Special Retail of Food, Beverages and Tobaccos	17729	449982	17643969
粮油零售	Retail of Cereal and Oil	1913	29419	1952297
肉、禽、蛋、奶及水产品零售	Retail of Meat, Poultry, Eggs, Milk and Aquatic Products	3124	81415	2719852
酒、饮料及茶叶零售	Retail of Wine, Beverages and Teas	4605	77079	2235226
烟草制品零售	Retail of Tobaccos	423	12776	503853
纺织、服装及日用品专门零售	Special Retail of Textiles, Garments and Daily Consumer Articles	7206	521359	22381901
服装零售	Retail of Garments	2984	314808	16179974
文化、体育用品及器材专门零售	Special Retail of Culture, Sports Appliances and Equipments	6451	255035	8439376

项 目	Item	法人单位数(个) Number of Corporation Enterprises (unit)	年末从业人数(人) Engaged Persons at the Year-end (person)	年末零售营业面积(平方米) Business Area of Retail Trade at the Year-end (sq.m)
体育用品及器材零售	Retail of Sports Appliances and Equipments	353	19511	1027961
图书、报刊零售	Retail of Books, Newspapers and Magazines	1485	113944	3931661
医药及医疗器材专门零售	Special Retail of Medicines and Medical Appliances	6881	867882	26729209
西药零售	Retail of Western Medicines	5591	811395	25174101
汽车、摩托车、零配件和燃料及其他动力销售	Retail of Motor Vehicles, Motorcycles, Parts, Fuel and Other Powers	56592	1790943	172706452
汽车新车零售	Retail of New Motor Vehicles	36237	1288301	96064765
机动车燃油零售	Retail of Fuel Oil of Motor Vehicles	16245	433212	68800750
家用电器及电子产品专门零售	Special Retail of Household Electric Appliances and Electronic Products	16268	340817	15435151
日用家电零售	Retail of Household Electric Appliances	6869	124511	9113366
计算机、软件及辅助设备零售	Retail of Computer, Software and Assistant Appliances	3305	64635	935819
通信设备零售	Retail of Communication Equipments	3062	89787	1969940
五金、家具及室内装饰材料专门零售	Special Retail of Hardware, Furniture and Interior Decoration Materials	8723	128474	8955794
货摊、无店铺及其他零售业	Stalls, Non-shop and Other Retails	19290	481932	13207243
互联网零售	Retail on the Internet	16820	413655	6873558
(三)按零售业态分	**by Mode of Business Operation**			
有店铺零售	Store-based Retailing	123201	5802691	408431174
超市	Supermarket	17552	1611280	114231776
百货店	Department Store	12593	973951	96118670
专业店	Speciality Store	56836	2056470	131418255
品牌专卖店	Brand Store	41658	1791975	110734537
集合店	Collection Store	3291	84130	6160191
无店铺零售	Non-Store Selling	44867	1530035	69535283

3-1-2 各地区限额以上批发业企业基本情况
Basic Conditions of Enterprises above Designated Size of Wholesale Trade by Region

地 区	Region	批发业 Wholesale Trade		#国有控股 State-controlled Enterprises	
		法人单位数 (个) Number of Corporation Enterprises (unit)	年末从业人数 (人) Engaged Persons at the Year-end (person)	法人单位数 (个) Number of Corporation Enterprises (unit)	年末从业人数 (人) Engaged Persons at the Year-end (person)
全 国	**National Total**	**268609**	**6839205**	**15377**	**1201601**
北 京	Beijing	9223	432911	933	103849
天 津	Tianjin	8840	146216	409	18895
河 北	Hebei	4760	126059	307	25808
山 西	Shanxi	4513	122737	479	53498
内蒙古	Inner Mongolia	1946	53000	189	16041
辽 宁	Liaoning	5175	103788	317	28001
吉 林	Jilin	1282	48562	148	14170
黑龙江	Heilongjiang	2024	59144	259	22904
上 海	Shanghai	13534	718675	764	59858
江 苏	Jiangsu	36177	663150	1201	70837
浙 江	Zhejiang	26792	579777	897	57914
安 徽	Anhui	5343	150943	379	39230
福 建	Fujian	16263	316721	807	40680
江 西	Jiangxi	5722	128824	428	32072
山 东	Shandong	27394	485687	1342	76663
河 南	Henan	9280	205809	434	47055
湖 北	Hubei	7364	213807	423	38928
湖 南	Hunan	4807	157126	309	39829
广 东	Guangdong	45291	1145296	1109	110298
广 西	Guangxi	3876	94441	497	27243
海 南	Hainan	1603	36641	177	8944
重 庆	Chongqing	3873	113051	336	22240
四 川	Sichuan	8033	259384	985	65291
贵 州	Guizhou	2325	75809	436	33683
云 南	Yunnan	3278	99335	381	35617
西 藏	Xizang	140	8178	31	1528
陕 西	Shaanxi	3656	121111	414	43778
甘 肃	Gansu	1206	47683	203	15903
青 海	Qinghai	318	12205	71	5748
宁 夏	Ningxia	463	17361	42	7173
新 疆	Xinjiang	4108	95774	670	37923

3-1-3 各地区限额以上批发业企业基本情况(按登记注册统计类别分)

Basic Conditions of Enterprises above Designated Size of Wholesale Trade by Region and Registered Statistical Categories

地区	Region	内资企业 Domestic Funded Enterprises		#有限责任公司 Limited Liability Corporations	
		法人单位数(个) Number of Corporation Enterprises (unit)	年末从业人数(人) Engaged Persons at the Year-end (person)	法人单位数(个) Number of Corporation Enterprises (unit)	年末从业人数(人) Engaged Persons at the Year-end (person)
全　国	**National Total**	**257897**	**5877151**	**252591**	**5299303**
北　京	Beijing	8618	314753	8358	288048
天　津	Tianjin	8566	120125	8465	113236
河　北	Hebei	4739	124275	4607	110519
山　西	Shanxi	4502	122325	4303	107228
内蒙古	Inner Mongolia	1929	52057	1878	45157
辽　宁	Liaoning	5038	96462	4899	82774
吉　林	Jilin	1269	47886	1231	41007
黑龙江	Heilongjiang	2002	58711	1930	45826
上　海	Shanghai	10000	312651	9729	283367
江　苏	Jiangsu	34642	577175	34216	541661
浙　江	Zhejiang	26215	534621	25807	498307
安　徽	Anhui	5297	145025	5173	129010
福　建	Fujian	15895	299384	15703	282362
江　西	Jiangxi	5687	126364	5508	112839
山　东	Shandong	26778	468039	26322	437695
河　南	Henan	9245	199386	9079	168559
湖　北	Hubei	7259	190557	7052	169133
湖　南	Hunan	4760	153146	4607	123406
广　东	Guangdong	42977	991867	42131	910144
广　西	Guangxi	3828	89631	3745	76341
海　南	Hainan	1550	35536	1524	33387
重　庆	Chongqing	3840	105548	3726	91843
四　川	Sichuan	7969	251643	7791	224222
贵　州	Guizhou	2315	74772	2268	58481
云　南	Yunnan	3211	93941	3118	72779
西　藏	Xizang	137	7167	124	6350
陕　西	Shaanxi	3605	116181	3488	100975
甘　肃	Gansu	1195	46106	1148	39811
青　海	Qinghai	312	11111	286	7984
宁　夏	Ningxia	461	17274	438	13460
新　疆	Xinjiang	4056	93432	3937	83392

3-1-3 续表 1 Continued 1

地区	Region	股份有限公司 Share-holding Corporations Ltd 法人单位数(个) Number of Corporation Enterprises (unit)	股份有限公司 Share-holding Corporations Ltd 年末从业人数(人) Engaged Persons at the Year-end (person)	非公司企业法人 Non Corporate Legal Entity 法人单位数(个) Number of Corporation Enterprises (unit)	非公司企业法人 Non Corporate Legal Entity 年末从业人数(人) Engaged Persons at the Year-end (person)
全国	**National Total**	**2798**	**323227**	**1093**	**237045**
北京	Beijing	177	22609	73	3975
天津	Tianjin	61	4849	21	1798
河北	Hebei	51	3332	35	9854
山西	Shanxi	150	6934	22	7863
内蒙古	Inner Mongolia	20	1910	17	4830
辽宁	Liaoning	50	4650	32	8440
吉林	Jilin	21	2628	9	4142
黑龙江	Heilongjiang	32	6124	25	6688
上海	Shanghai	233	28867	12	225
江苏	Jiangsu	211	22877	63	10658
浙江	Zhejiang	300	25171	45	10426
安徽	Anhui	68	6237	29	9516
福建	Fujian	93	5578	50	10834
江西	Jiangxi	42	2826	48	9879
山东	Shandong	223	23067	49	5632
河南	Henan	58	9420	57	20884
湖北	Hubei	85	9551	35	10789
湖南	Hunan	79	10842	28	17966
广东	Guangdong	468	73176	141	4502
广西	Guangxi	38	5779	26	7356
海南	Hainan	16	919	6	1192
重庆	Chongqing	54	8333	44	5144
四川	Sichuan	60	12873	50	13724
贵州	Guizhou	18	1125	23	15106
云南	Yunnan	24	3382	33	17348
西藏	Xizang	5	362	8	455
陕西	Shaanxi	60	7617	35	7325
甘肃	Gansu	12	959	28	5219
青海	Qinghai	11	2044	12	1003
宁夏	Ningxia	10	2469	7	1211
新疆	Xinjiang	68	6717	30	3061

地　区	Region	个人独资企业 Sole Proprietorship Enterprises 法人单位数(个) Number of Corporation Enterprises (unit)	个人独资企业 Sole Proprietorship Enterprises 年末从业人数(人) Engaged Persons at the Year-end (person)	合伙企业 Partnership Enterprises 法人单位数(个) Number of Corporation Enterprises (unit)	合伙企业 Partnership Enterprises 年末从业人数(人) Engaged Persons at the Year-end (person)
全　国	**National Total**	**1214**	**14212**	**198**	**3322**
北　京	Beijing	9	116	NA	5
天　津	Tianjin	13	110	6	132
河　北	Hebei	41	535	5	35
山　西	Shanxi	24	273	NA	27
内蒙古	Inner Mongolia	13	139	NA	21
辽　宁	Liaoning	55	587	NA	11
吉　林	Jilin	8	109		
黑龙江	Heilongjiang	13	59	NA	14
上　海	Shanghai	22	137	4	55
江　苏	Jiangsu	144	1810	8	169
浙　江	Zhejiang	51	531	12	186
安　徽	Anhui	25	261	NA	NA
福　建	Fujian	44	588	5	22
江　西	Jiangxi	79	757	10	63
山　东	Shandong	173	1545	11	100
河　南	Henan	49	484	NA	39
湖　北	Hubei	77	983	10	101
湖　南	Hunan	37	648	9	284
广　东	Guangdong	149	2181	85	1822
广　西	Guangxi	17	119	NA	36
海　南	Hainan	NA	7	NA	31
重　庆	Chongqing	16	228		
四　川	Sichuan	59	722	9	102
贵　州	Guizhou	6	60		
云　南	Yunnan	36	432		
西　藏	Xizang				
陕　西	Shaanxi	19	245	NA	19
甘　肃	Gansu	5	76	NA	41
青　海	Qinghai	NA	80		
宁　夏	Ningxia	6	134		
新　疆	Xinjiang	20	256	NA	6

3-1-3 续表 3 Continued 3

地区	Region	港、澳、台商投资企业 Enterprises with Funds from Hongkong, Macao and Taiwan 法人单位数(个) Number of Corporation Enterprises (unit)	年末从业人数(人) Engaged Persons at the Year-end (person)
全　国	**National Total**	**4350**	**395108**
北　京	Beijing	191	43942
天　津	Tianjin	101	15233
河　北	Hebei	7	274
山　西	Shanxi	5	177
内蒙古	Inner Mongolia	8	348
辽　宁	Liaoning	37	2044
吉　林	Jilin	NA	50
黑龙江	Heilongjiang	5	56
上　海	Shanghai	1060	134525
江　苏	Jiangsu	430	26393
浙　江	Zhejiang	269	22724
安　徽	Anhui	24	2014
福　建	Fujian	268	12504
江　西	Jiangxi	10	323
山　东	Shandong	187	5761
河　南	Henan	17	2844
湖　北	Hubei	37	9576
湖　南	Hunan	14	2671
广　东	Guangdong	1555	98617
广　西	Guangxi	15	442
海　南	Hainan	32	763
重　庆	Chongqing	15	4035
四　川	Sichuan	25	2249
贵　州	Guizhou	8	1036
云　南	Yunnan	7	1126
西　藏	Xizang	NA	1011
陕　西	Shaanxi	9	3755
甘　肃	Gansu	NA	279
青　海	Qinghai	NA	2
宁　夏	Ningxia		
新　疆	Xinjiang	4	334

3-1-3 续表 4 Continued 4

地 区	Region	外商投资企业 Foreign Funded Enterprises 法人单位数 (个) Number of Corporation Enterprises (unit)	外商投资企业 Foreign Funded Enterprises 年末从业人数 (人) Engaged Persons at the Year-end (person)	其他统计类别 Other Statistical Categories 法人单位数 (个) Number of Corporation Enterprises (unit)	其他统计类别 Other Statistical Categories 年末从业人数 (人) Engaged Persons at the Year-end (person)
全 国	**National Total**	**5351**	**549845**	**1011**	**17101**
北 京	Beijing	409	74168	5	48
天 津	Tianjin	173	10858		
河 北	Hebei	12	1396	NA	114
山 西	Shanxi	4	204	NA	31
内 蒙 古	Inner Mongolia	8	579	NA	16
辽 宁	Liaoning	89	4970	11	312
吉 林	Jilin	10	626		
黑 龙 江	Heilongjiang	10	302	7	75
上 海	Shanghai	2473	271461	NA	38
江 苏	Jiangsu	553	51276	552	8306
浙 江	Zhejiang	303	22382	5	50
安 徽	Anhui	15	3685	7	219
福 建	Fujian	95	4768	5	65
江 西	Jiangxi	13	1958	12	179
山 东	Shandong	225	8880	204	3007
河 南	Henan	14	3533	4	46
湖 北	Hubei	39	12431	29	1243
湖 南	Hunan	21	886	12	423
广 东	Guangdong	744	54475	15	337
广 西	Guangxi	22	4117	11	251
海 南	Hainan	21	342		
重 庆	Chongqing	16	3454	NA	14
四 川	Sichuan	29	4823	10	669
贵 州	Guizhou	NA	1		
云 南	Yunnan	12	3573	48	695
西 藏	Xizang				
陕 西	Shaanxi	19	589	23	586
甘 肃	Gansu	4	1232	4	66
青 海	Qinghai	5	1092		
宁 夏	Ningxia	NA	82	NA	5
新 疆	Xinjiang	10	1702	38	306

3-1-4 各地区限额以上批发业企业基本情况(按国民经济行业分)

Basic Conditions of Enterprises above Designated Size of Wholesale Trade by Region and Sector

地区	Region	农、林、牧、渔产品批发 Wholesale of Agricultural, Forestry, Livestock and Fishery Products		食品、饮料及烟草制品批发 Wholesale of Food, Beverages and Tobaccos	
		法人单位数(个) Number of Corporation Enterprises (unit)	年末从业人数(人) Engaged Persons at the Year-end (person)	法人单位数(个) Number of Corporation Enterprises (unit)	年末从业人数(人) Engaged Persons at the Year-end (person)
全　国	**National Total**	**12211**	**216929**	**28900**	**1320868**
北　京	Beijing	213	8120	1307	66571
天　津	Tianjin	336	3537	805	32689
河　北	Hebei	235	3383	526	26212
山　西	Shanxi	99	1893	329	18432
内蒙古	Inner Mongolia	277	4307	158	10332
辽　宁	Liaoning	487	6125	569	21630
吉　林	Jilin	192	4689	136	10432
黑龙江	Heilongjiang	643	10373	220	15743
上　海	Shanghai	174	4092	1324	78576
江　苏	Jiangsu	1493	28230	2619	88930
浙　江	Zhejiang	433	4709	1344	76066
安　徽	Anhui	301	5824	851	39427
福　建	Fujian	589	8318	1928	77525
江　西	Jiangxi	195	5460	535	24925
山　东	Shandong	1834	21432	2807	102741
河　南	Henan	635	10138	1007	50700
湖　北	Hubei	645	11849	1078	53866
湖　南	Hunan	207	7809	711	48364
广　东	Guangdong	1062	18842	4970	206135
广　西	Guangxi	189	2544	682	24839
海　南	Hainan	74	1053	162	6034
重　庆	Chongqing	92	1990	648	25964
四　川	Sichuan	396	9067	1735	79010
贵　州	Guizhou	96	1470	483	38440
云　南	Yunnan	254	5009	685	37143
西　藏	Xizang	NA	26	27	1140
陕　西	Shaanxi	94	1909	531	24104
甘　肃	Gansu	127	2974	200	14933
青　海	Qinghai	5	70	60	2693
宁　夏	Ningxia	27	363	35	3195
新　疆	Xinjiang	805	21324	428	14077

3-1-4 续表 1 Continued 1

地 区	Region	纺织、服装及家庭用品批发 Wholesale of Textiles, Wearing Apparel and Household Articles		文化、体育用品及器材批发 Wholesale of Culture, Sports Appliances and Equipments	
		法人单位数 (个) Number of Corporation Enterprises (unit)	年末从业人数 (人) Engaged Persons at the Year-end (person)	法人单位数 (个) Number of Corporation Enterprises (unit)	年末从业人数 (人) Engaged Persons at the Year-end (person)
全 国	**National Total**	**26409**	**965752**	**6927**	**245719**
北 京	Beijing	723	58094	500	25841
天 津	Tianjin	399	13704	167	3705
河 北	Hebei	241	9332	87	3045
山 西	Shanxi	70	2196	52	1598
内 蒙 古	Inner Mongolia	24	1931	18	658
辽 宁	Liaoning	222	9090	76	2579
吉 林	Jilin	34	1444	18	1427
黑 龙 江	Heilongjiang	49	3461	24	1103
上 海	Shanghai	1697	151427	464	28670
江 苏	Jiangsu	3913	132434	939	21711
浙 江	Zhejiang	6322	167258	1022	26869
安 徽	Anhui	389	18826	86	2694
福 建	Fujian	3046	70870	390	9675
江 西	Jiangxi	304	5885	102	1771
山 东	Shandong	1506	52007	567	19344
河 南	Henan	382	9540	170	5288
湖 北	Hubei	328	13102	121	3816
湖 南	Hunan	301	9412	186	5153
广 东	Guangdong	5412	191416	1592	60537
广 西	Guangxi	148	4509	50	1158
海 南	Hainan	54	1772	24	1084
重 庆	Chongqing	118	4651	48	5672
四 川	Sichuan	343	14892	75	3016
贵 州	Guizhou	60	1991	16	534
云 南	Yunnan	70	1658	28	929
西 藏	Xizang	5	65	NA	10
陕 西	Shaanxi	132	10347	59	4678
甘 肃	Gansu	21	1162	13	1520
青 海	Qinghai	5	77	NA	314
宁 夏	Ningxia	9	285	4	148
新 疆	Xinjiang	82	2914	26	1172

3-1-4 续表 2 Continued 2

地 区	Region	医药及医疗器材批发 Wholesale of Medicines and Medical Appliances		矿产品、建材及化工产品批发 Wholesale of Mineral Products, Building Material and Chemical Products	
		法人单位数（个） Number of Corporation Enterprises (unit)	年末从业人数（人） Engaged Persons at the Year-end (person)	法人单位数（个） Number of Corporation Enterprises (unit)	年末从业人数（人） Engaged Persons at the Year-end (person)
全 国	**National Total**	**17656**	**962780**	**123349**	**1712082**
北 京	Beijing	1121	58675	2069	71991
天 津	Tianjin	317	13845	4889	43086
河 北	Hebei	487	27809	2442	40360
山 西	Shanxi	310	17463	2868	63971
内蒙古	Inner Mongolia	183	10630	990	18343
辽 宁	Liaoning	407	18501	2572	31261
吉 林	Jilin	306	15227	350	7397
黑龙江	Heilongjiang	261	12568	561	10673
上 海	Shanghai	813	100389	4940	117098
江 苏	Jiangsu	1286	66025	18739	188577
浙 江	Zhejiang	871	43729	12386	137139
安 徽	Anhui	572	27814	2057	28157
福 建	Fujian	538	20960	7159	80173
江 西	Jiangxi	778	32834	2557	38525
山 东	Shandong	1334	61090	14951	151308
河 南	Henan	906	46206	4632	55949
湖 北	Hubei	874	47058	3100	54909
湖 南	Hunan	493	34490	2070	33028
广 东	Guangdong	2502	115346	17986	252770
广 西	Guangxi	329	19005	1937	30311
海 南	Hainan	166	10500	957	11752
重 庆	Chongqing	481	25258	1872	28727
四 川	Sichuan	948	53787	3585	70557
贵 州	Guizhou	237	13279	1225	15252
云 南	Yunnan	251	18707	1649	27693
西 藏	Xizang	36	5627	49	699
陕 西	Shaanxi	344	21479	1856	42394
甘 肃	Gansu	187	9315	521	13448
青 海	Qinghai	35	2008	172	5200
宁 夏	Ningxia	35	2518	299	9465
新 疆	Xinjiang	248	10638	1909	31869

地 区	Region	机械设备、五金产品及电子产品批发 Wholesale of Machinery, Hardware and Electronic Products		贸易经纪与代理 Trade Broker and Agency		其他批发业 Other Wholesale not Classified Elsewhere	
		法人单位数(个) Number of Corporation Enterprises (unit)	年末从业人数(人) Engaged Persons at the Year-end (person)	法人单位数(个) Number of Corporation Enterprises (unit)	年末从业人数(人) Engaged Persons at the Year-end (person)	法人单位数(个) Number of Corporation Enterprises (unit)	年末从业人数(人) Engaged Persons at the Year-end (person)
全 国	**National Total**	**43902**	**1222203**	**1171**	**26546**	**8084**	**166326**
北 京	Beijing	3078	132048	49	2586	163	8985
天 津	Tianjin	1642	32054	66	353	219	3243
河 北	Hebei	618	13839	15	370	109	1709
山 西	Shanxi	624	13585	5	108	156	3491
内蒙古	Inner Mongolia	230	5139			66	1660
辽 宁	Liaoning	707	12343	17	278	118	1981
吉 林	Jilin	227	7370			19	576
黑龙江	Heilongjiang	229	4754	13	144	24	325
上 海	Shanghai	3807	227465	166	5306	149	5652
江 苏	Jiangsu	5724	112151	190	3730	1274	21362
浙 江	Zhejiang	3673	104645	68	1312	673	18050
安 徽	Anhui	777	23758	21	312	289	4131
福 建	Fujian	1768	35604	35	493	810	13103
江 西	Jiangxi	669	12357	49	661	533	6406
山 东	Shandong	3634	63930	64	1053	697	12782
河 南	Henan	1226	23582	16	131	306	4275
湖 北	Hubei	932	23697	17	210	269	5300
湖 南	Hunan	634	13909	27	337	178	4624
广 东	Guangdong	10288	264284	309	8403	1170	27563
广 西	Guangxi	405	9926	NA	17	133	2132
海 南	Hainan	121	3643			45	803
重 庆	Chongqing	478	17918	10	113	126	2758
四 川	Sichuan	757	22752	NA	32	192	6271
贵 州	Guizhou	184	3856	NA	13	23	974
云 南	Yunnan	236	6615	14	295	91	1286
西 藏	Xizang	16	503			NA	108
陕 西	Shaanxi	537	13821	8	192	95	2187
甘 肃	Gansu	114	3938	NA	39	21	354
青 海	Qinghai	32	941			8	902
宁 夏	Ningxia	31	830			23	557
新 疆	Xinjiang	504	10946	4	58	102	2776

3-1-5 各地区限额以上零售业企业基本情况
Basic Conditions of Enterprises above Designated Size of Retail Trade by Region

地区	Region	零售业 Retail Trade 法人单位数(个) Number of Corporation Enterprises (unit)	零售业 Retail Trade 年末从业人数(人) Engaged Persons at the Year-end (person)	#国有控股 State-controlled Enterprises 法人单位数(个) Number of Corporation Enterprises (unit)	#国有控股 State-controlled Enterprises 年末从业人数(人) Engaged Persons at the Year-end (person)
全国	**National Total**	**156276**	**6569928**	**6542**	**753877**
北京	Beijing	2803	213132	377	45620
天津	Tianjin	1326	87039	130	11720
河北	Hebei	3858	262810	143	29665
山西	Shanxi	3340	136111	147	20461
内蒙古	Inner Mongolia	1412	79250	70	16980
辽宁	Liaoning	2675	157711	147	27385
吉林	Jilin	1435	76676	122	14188
黑龙江	Heilongjiang	1962	90280	132	12439
上海	Shanghai	2922	350582	363	45735
江苏	Jiangsu	18488	550811	402	38740
浙江	Zhejiang	8719	367573	726	29549
安徽	Anhui	5742	233915	162	23834
福建	Fujian	8960	287824	227	26704
江西	Jiangxi	7112	196623	120	19123
山东	Shandong	12809	481533	314	40698
河南	Henan	9947	317631	268	24762
湖北	Hubei	10587	359664	201	48196
湖南	Hunan	8368	296147	164	28426
广东	Guangdong	12106	671373	611	71340
广西	Guangxi	3634	138584	177	12423
海南	Hainan	640	46598	51	17174
重庆	Chongqing	4274	179274	176	28405
四川	Sichuan	7030	343219	313	31521
贵州	Guizhou	2634	99093	230	15284
云南	Yunnan	3605	159118	209	18786
西藏	Xizang	299	8863	29	2663
陕西	Shaanxi	5373	187177	249	25814
甘肃	Gansu	1559	75177	94	13264
青海	Qinghai	294	14511	21	1761
宁夏	Ningxia	397	22768	25	1527
新疆	Xinjiang	1966	78861	142	9690

3-1-6 各地区限额以上零售业企业基本情况(按登记注册统计类别分)

Basic Conditions of Enterprises above Designated Size of Retail Trade by Region and Registered Statistical Categories

地区	Region	内资企业 Domestic Funded Enterprises		# 有限责任公司 Limited Liability Corporations	
		法人单位数(个) Number of Corporation Enterprises (unit)	年末从业人数(人) Engaged Persons at the Year-end (person)	法人单位数(个) Number of Corporation Enterprises (unit)	年末从业人数(人) Engaged Persons at the Year-end (person)
全国	**National Total**	**152847**	**5780906**	**139150**	**5206818**
北京	Beijing	2644	173004	2505	156942
天津	Tianjin	1269	53005	1210	50056
河北	Hebei	3823	252109	3405	230915
山西	Shanxi	3312	133761	2903	115828
内蒙古	Inner Mongolia	1395	77333	1342	67920
辽宁	Liaoning	2576	141662	2319	126457
吉林	Jilin	1407	73308	1320	63828
黑龙江	Heilongjiang	1916	85574	1790	77579
上海	Shanghai	2459	167591	2387	162249
江苏	Jiangsu	17862	475393	16983	450648
浙江	Zhejiang	8488	329906	8191	311514
安徽	Anhui	5666	215859	5355	199719
福建	Fujian	8811	258306	8418	239153
江西	Jiangxi	7049	187780	6576	171691
山东	Shandong	12613	455977	10547	400678
河南	Henan	9901	299068	8355	263770
湖北	Hubei	10504	331952	9535	294629
湖南	Hunan	8304	261512	6716	201232
广东	Guangdong	11578	547820	10676	499351
广西	Guangxi	3599	132368	3327	124945
海南	Hainan	625	43360	609	42999
重庆	Chongqing	4220	169665	3961	144632
四川	Sichuan	6917	308801	6303	272647
贵州	Guizhou	2596	90897	2148	81145
云南	Yunnan	3539	146908	3115	113242
西藏	Xizang	298	8796	263	7066
陕西	Shaanxi	5299	170863	4869	161967
甘肃	Gansu	1543	73836	1467	66775
青海	Qinghai	292	14248	277	13219
宁夏	Ningxia	392	22439	386	21215
新疆	Xinjiang	1950	77805	1892	72807

3-1-6 续表 1 Continued 1

地区	Region	股份有限公司 Share-holding Corporations Ltd. 法人单位数(个) Number of Corporation Enterprises (unit)	股份有限公司 Share-holding Corporations Ltd. 年末从业人数(人) Engaged Persons at the Year-end (person)	非公司企业法人 Non Corporate Legal Entity 法人单位数(个) Number of Corporation Enterprises (unit)	非公司企业法人 Non Corporate Legal Entity 年末从业人数(人) Engaged Persons at the Year-end (person)
全 国	**National Total**	**1201**	**390112**	**1297**	**46392**
北 京	Beijing	36	13434	99	2565
天 津	Tianjin	13	2199	33	506
河 北	Hebei	31	14481	43	1956
山 西	Shanxi	127	13457	31	610
内蒙古	Inner Mongolia	18	8806	5	90
辽 宁	Liaoning	27	11790	35	1053
吉 林	Jilin	20	8492	7	233
黑龙江	Heilongjiang	21	6201	36	973
上 海	Shanghai	27	4100	35	1083
江 苏	Jiangsu	78	14629	123	2409
浙 江	Zhejiang	64	14432	79	1801
安 徽	Anhui	49	12478	28	747
福 建	Fujian	27	14453	43	478
江 西	Jiangxi	32	8974	32	1368
山 东	Shandong	115	31827	115	7355
河 南	Henan	44	19609	46	1808
湖 北	Hubei	90	21079	40	4811
湖 南	Hunan	53	41684	57	3247
广 东	Guangdong	122	32397	165	6617
广 西	Guangxi	16	3496	26	628
海 南	Hainan	4	218	5	83
重 庆	Chongqing	50	22150	18	355
四 川	Sichuan	37	25942	42	739
贵 州	Guizhou	18	4418	15	745
云 南	Yunnan	21	25402	46	784
西 藏	Xizang	5	978	7	454
陕 西	Shaanxi	29	1905	64	1926
甘 肃	Gansu	9	4866	13	755
青 海	Qinghai	5	904	NA	6
宁 夏	Ningxia	NA	1165	NA	10
新 疆	Xinjiang	11	4146	7	197

3-1-6 续表 2 Continued 2

地 区	Region	个人独资企业 Sole Proprietorship Enterprises 法人单位数(个) Number of Corporation Enterprises (unit)	个人独资企业 Sole Proprietorship Enterprises 年末从业人数(人) Engaged Persons at the Year-end (person)	合伙企业 Partnership Enterprises 法人单位数(个) Number of Corporation Enterprises (unit)	合伙企业 Partnership Enterprises 年末从业人数(人) Engaged Persons at the Year-end (person)
全 国	**National Total**	**10222**	**123873**	**971**	**13532**
北 京	Beijing	4	63		
天 津	Tianjin	11	189	NA	55
河 北	Hebei	295	4228	48	423
山 西	Shanxi	239	3704	12	162
内蒙古	Inner Mongolia	27	427	NA	90
辽 宁	Liaoning	195	2362		
吉 林	Jilin	57	714	NA	41
黑龙江	Heilongjiang	63	710	6	111
上 海	Shanghai	8	83	NA	76
江 苏	Jiangsu	614	6999	64	708
浙 江	Zhejiang	127	1708	27	451
安 徽	Anhui	209	2554	25	361
福 建	Fujian	287	3637	36	585
江 西	Jiangxi	332	4621	76	1119
山 东	Shandong	1804	15819	32	298
河 南	Henan	1425	13596	31	285
湖 北	Hubei	794	10869	45	564
湖 南	Hunan	1194	12156	284	3193
广 东	Guangdong	546	7903	67	1498
广 西	Guangxi	197	2464	33	835
海 南	Hainan	6	48	NA	12
重 庆	Chongqing	183	2450	8	78
四 川	Sichuan	506	9073	29	400
贵 州	Guizhou	330	3494	84	1083
云 南	Yunnan	345	7290	12	190
西 藏	Xizang	23	298		
陕 西	Shaanxi	303	4304	33	761
甘 肃	Gansu	53	1431	NA	9
青 海	Qinghai	9	119		
宁 夏	Ningxia	NA	49		
新 疆	Xinjiang	33	511	7	144

3-1-6 续表 3 Continued 3

地区	Region	港、澳、台商投资企业 Enterprises with Funds from Hongkong, Macao and Taiwan 法人单位数（个）Number of Corporation Enterprises (unit)	年末从业人数（人）Engaged Persons at the Year-end (person)
全　国	**National Total**	**1762**	**431682**
北　京	Beijing	86	16595
天　津	Tianjin	31	27942
河　北	Hebei	16	2193
山　西	Shanxi	10	1125
内蒙古	Inner Mongolia	10	1148
辽　宁	Liaoning	57	9783
吉　林	Jilin	23	3090
黑龙江	Heilongjiang	24	3069
上　海	Shanghai	267	92662
江　苏	Jiangsu	205	46741
浙　江	Zhejiang	117	22909
安　徽	Anhui	55	10620
福　建	Fujian	90	14376
江　西	Jiangxi	19	4214
山　东	Shandong	87	13135
河　南	Henan	26	12070
湖　北	Hubei	36	12330
湖　南	Hunan	34	24322
广　东	Guangdong	353	72643
广　西	Guangxi	30	4630
海　南	Hainan	10	1346
重　庆	Chongqing	29	5749
四　川	Sichuan	57	15967
贵　州	Guizhou	18	2075
云　南	Yunnan	20	3660
西　藏	Xizang	NA	67
陕　西	Shaanxi	31	5193
甘　肃	Gansu	8	854
青　海	Qinghai	NA	263
宁　夏	Ningxia	4	309
新　疆	Xinjiang	6	602

地区	Region	外商投资企业 Foreign Funded Enterprises		其他统计类别 Other Statistical Categories	
		法人单位数（个）Number of Corporation Enterprises (unit)	年末从业人数（人）Engaged Persons at the Year-end (person)	法人单位数（个）Number of Corporation Enterprises (unit)	年末从业人数（人）Engaged Persons at the Year-end (person)
全国	**National Total**	**1170**	**350033**	**497**	**7307**
北京	Beijing	69	23480	4	53
天津	Tianjin	26	6092		
河北	Hebei	18	8488	NA	20
山西	Shanxi	5	962	13	263
内蒙古	Inner Mongolia	6	766	NA	3
辽宁	Liaoning	27	6053	15	213
吉林	Jilin	5	278		
黑龙江	Heilongjiang	14	1550	8	87
上海	Shanghai	196	90329		
江苏	Jiangsu	142	25511	279	3166
浙江	Zhejiang	105	14615	9	143
安徽	Anhui	20	7420	NA	16
福建	Fujian	55	15079	4	63
江西	Jiangxi	15	4039	29	590
山东	Shandong	53	11673	56	748
河南	Henan	20	6493		
湖北	Hubei	38	14915	9	467
湖南	Hunan	29	10190	NA	123
广东	Guangdong	171	50841	4	69
广西	Guangxi	4	1581	NA	5
海南	Hainan	5	1892		
重庆	Chongqing	20	3800	5	60
四川	Sichuan	45	18212	11	239
贵州	Guizhou	19	6114	NA	7
云南	Yunnan	23	8138	23	412
西藏	Xizang				
陕西	Shaanxi	28	10687	15	434
甘肃	Gansu	7	469	NA	18
青海	Qinghai				
宁夏	Ningxia			NA	20
新疆	Xinjiang	5	366	5	88

3-1-7 各地区限额以上零售业企业基本情况(按国民经济行业分)

Basic Conditions of Enterprises above Designated Size of Retail Trade by Region and Sector

地区	Region	综合零售 Integrated Retail		食品、饮料及烟草制品专门零售 Special Retail of Food, Beverages and Tobaccos	
		法人单位数(个) Number of Corporation Enterprises (unit)	年末从业人数(人) Engaged Persons at the Year-end (person)	法人单位数(个) Number of Corporation Enterprises (unit)	年末从业人数(人) Engaged Persons at the Year-end (person)
全国	**National Total**	**17136**	**1733504**	**17729**	**449982**
北京	Beijing	261	55201	310	16467
天津	Tianjin	101	17773	82	3611
河北	Hebei	586	125081	187	4262
山西	Shanxi	480	35253	287	7915
内蒙古	Inner Mongolia	152	19337	79	1891
辽宁	Liaoning	265	41975	228	7958
吉林	Jilin	171	18511	116	2609
黑龙江	Heilongjiang	213	27114	243	3244
上海	Shanghai	240	57925	232	27338
江苏	Jiangsu	1026	123767	2429	45660
浙江	Zhejiang	650	73616	705	24723
安徽	Anhui	942	75381	520	13648
福建	Fujian	809	50063	1160	25230
江西	Jiangxi	962	55135	898	18734
山东	Shandong	1225	164214	1295	21050
河南	Henan	1339	96171	816	16067
湖北	Hubei	1176	111017	2098	43726
湖南	Hunan	935	89234	807	18897
广东	Guangdong	800	114072	929	41594
广西	Guangxi	495	35357	541	10211
海南	Hainan	111	20675	36	1902
重庆	Chongqing	404	50863	689	16040
四川	Sichuan	1212	102755	796	28009
贵州	Guizhou	341	24262	332	9240
云南	Yunnan	586	34578	699	15633
西藏	Xizang	38	2966	28	626
陕西	Shaanxi	977	56208	687	13481
甘肃	Gansu	314	23657	162	3440
青海	Qinghai	54	5078	35	680
宁夏	Ningxia	33	8205	51	1250
新疆	Xinjiang	238	18060	252	4846

地 区	Region	纺织、服装及日用品专门零售 Special Retail of Textiles, Garments and Daily Consumer Articles		文化、体育用品及器材专门零售 Special Retail of Culture, Sports Appliances and Equipments	
		法人单位数 (个) Number of Corporation Enterprises (unit)	年末从业人数 (人) Engaged Persons at the Year-end (person)	法人单位数 (个) Number of Corporation Enterprises (unit)	年末从业人数 (人) Engaged Persons at the Year-end (person)
全 国	**National Total**	**7206**	**521359**	**6451**	**255035**
北 京	Beijing	261	22166	246	18979
天 津	Tianjin	72	26706	70	1804
河 北	Hebei	95	3269	80	8058
山 西	Shanxi	125	6167	95	4597
内蒙古	Inner Mongolia	45	2353	41	2538
辽 宁	Liaoning	125	8324	128	4294
吉 林	Jilin	26	1085	82	2738
黑龙江	Heilongjiang	47	2239	102	2550
上 海	Shanghai	537	143274	186	23324
江 苏	Jiangsu	1304	33109	1552	32757
浙 江	Zhejiang	303	27106	285	11014
安 徽	Anhui	202	8471	165	6741
福 建	Fujian	348	49235	240	6586
江 西	Jiangxi	269	6467	234	8638
山 东	Shandong	506	15420	379	10577
河 南	Henan	402	11358	358	14603
湖 北	Hubei	497	16123	452	14097
湖 南	Hunan	293	9303	251	15644
广 东	Guangdong	760	74246	506	22245
广 西	Guangxi	108	3153	116	4214
海 南	Hainan	37	1249	27	974
重 庆	Chongqing	179	12727	100	6109
四 川	Sichuan	275	18046	222	11345
贵 州	Guizhou	22	1560	33	1720
云 南	Yunnan	81	4941	115	5490
西 藏	Xizang	5	49	6	80
陕 西	Shaanxi	180	7112	270	6597
甘 肃	Gansu	46	2622	31	3156
青 海	Qinghai	11	706	11	422
宁 夏	Ningxia	5	114	18	378
新 疆	Xinjiang	40	2659	50	2766

3-1-7 续表 2 Continued 2

地区 Region	医药及医疗器材专门零售 Special Retail of Medicines and Medical Appliances		汽车、摩托车、零配件和燃料及其他动力销售 Retail of Motor Vehicles, Motorcycles, Parts and Fuel and Other Powers	
	法人单位数(个) Number of Corporation Enterprises (unit)	年末从业人数(人) Engaged Persons at the Year-end (person)	法人单位数(个) Number of Corporation Enterprises (unit)	年末从业人数(人) Engaged Persons at the Year-end (person)
全国 National Total	**6881**	**867882**	**56592**	**1790943**
北京 Beijing	138	8656	941	52406
天津 Tianjin	56	5050	697	25241
河北 Hebei	280	38052	1961	71659
山西 Shanxi	189	26223	1451	44504
内蒙古 Inner Mongolia	112	19612	781	28927
辽宁 Liaoning	208	40563	1269	44483
吉林 Jilin	139	20294	661	26983
黑龙江 Heilongjiang	185	22365	842	26517
上海 Shanghai	155	12818	837	43204
江苏 Jiangsu	594	62270	4521	135292
浙江 Zhejiang	352	33990	3668	121451
安徽 Anhui	233	32046	1749	58256
福建 Fujian	242	24756	1768	61620
江西 Jiangxi	203	21416	1727	45074
山东 Shandong	494	79134	5820	135335
河南 Henan	410	44035	4348	100831
湖北 Hubei	476	38157	2341	67854
湖南 Hunan	351	41282	3633	79679
广东 Guangdong	517	75904	5254	223951
广西 Guangxi	185	28021	1387	39421
海南 Hainan	15	3277	313	15191
重庆 Chongqing	175	21144	1386	46817
四川 Sichuan	374	44370	2416	93601
贵州 Guizhou	94	15032	1541	41714
云南 Yunnan	122	40518	1426	44424
西藏 Xizang	8	138	178	4230
陕西 Shaanxi	306	28681	1662	50919
甘肃 Gansu	81	14802	702	23332
青海 Qinghai	22	1766	119	4881
宁夏 Ningxia	37	4131	189	6602
新疆 Xinjiang	128	19379	1004	26544

3-1-7 续表 3 Continued 3

地区	Region	家用电器及电子产品专门零售 Special Retail of Household Electric Appliances and Electronic Products		五金、家具及室内装饰材料专门零售 Special Retail of Hardware, Furniture and Interior Decoration Materials		货摊、无店铺及其他零售业 Stall, Non-shop and Other Retails	
		法人单位数（个） Number of Corporation Enterprises (unit)	年末从业人数（人） Engaged Persons at the Year-end (person)	法人单位数（个） Number of Corporation Enterprises (unit)	年末从业人数（人） Engaged Persons at the Year-end (person)	法人单位数（个） Number of Corporation Enterprises (unit)	年末从业人数（人） Engaged Persons at the Year-end (person)
全　国	**National Total**	**16268**	**340817**	**8723**	**128474**	**19290**	**481932**
北　京	Beijing	232	17504	98	7911	316	13842
天　津	Tianjin	95	2525	32	1292	121	3037
河　北	Hebei	437	8444	47	666	185	3319
山　西	Shanxi	474	6578	66	1053	173	3821
内蒙古	Inner Mongolia	150	3456	7	79	45	1057
辽　宁	Liaoning	277	5913	43	1055	132	3146
吉　林	Jilin	167	3091	21	309	52	1056
黑龙江	Heilongjiang	172	4070	33	620	125	1561
上　海	Shanghai	214	10149	104	7852	417	24698
江　苏	Jiangsu	1971	37669	1977	18987	3114	61300
浙　江	Zhejiang	677	18030	115	3509	1964	54134
安　徽	Anhui	634	13038	237	3571	1060	22763
福　建	Fujian	621	10365	611	8007	3161	51962
江　西	Jiangxi	881	12006	799	8265	1139	20888
山　东	Shandong	1363	22482	484	6756	1243	26565
河　南	Henan	1349	19820	512	5064	413	9682
湖　北	Hubei	1411	27741	1113	14104	1023	26845
湖　南	Hunan	811	15212	510	6992	777	19904
广　东	Guangdong	1186	31851	378	11298	1776	76212
广　西	Guangxi	435	9721	124	1699	243	6787
海　南	Hainan	60	1861	8	73	33	1396
重　庆	Chongqing	485	10950	443	5255	413	9369
四　川	Sichuan	821	19916	402	6172	512	19005
贵　州	Guizhou	168	3139	31	307	72	2119
云　南	Yunnan	251	8377	152	2403	173	2754
西　藏	Xizang	20	557	7	61	9	156
陕　西	Shaanxi	515	8648	311	4232	465	11299
甘　肃	Gansu	155	2479	22	534	46	1155
青　海	Qinghai	32	764	NA	95	8	119
宁　夏	Ningxia	44	1420			20	668
新　疆	Xinjiang	160	3041	34	253	60	1313

3-2-1 限额以上批发和零售业企业商品购、销、存情况

项　　目	Item	商品购进额 Total Purchases Value	#进 口 Imports
总　　计	**Total**	**12357247988**	**694867287**
一、批发业	**Wholesale Trade**	**10919158828**	**661351812**
#国有控股	State-controlled Enterprises	3884289469	236289676
(一)按登记注册统计类别分	**By Registered Statistical Categories**		
1.内资企业	Domestic Invested Enterprises	9685409443	408941818
有限责任公司	Limited Liability Corporations	8972339481	379889800
股份有限公司	Share-holding Corporations Ltd.	496693313	27042890
非公司企业法人	Non Corporate Legal Entity	205999518	1910682
个人独资企业	Sole Proprietorship Enterprises	7231542	66884
合伙企业	Partnership Enterprises	3139446	31562
其他内资企业	Other Domestic Invested Enterprises	6143	
2.港澳台投资企业	Enterprises with Investment from Hong Kong, Macao and Taiwan	465700020	57617054
3.外商投资企业	Foreign Invested Enterprises	763830715	194773407
4.其他统计类别	Other Statistical Categories	4218650	19533

注：部分数据合计数由于单位取舍不同而产生的计算误差，未做机械调整(下表同)。
Note:Statistical discrepancies on totals figures due to rounding are not adjusted. The same applies to the tables following.

Total Purchases, Sales and Inventory of Enterprises above Designated Size of Wholesale and Retail Trades

单位：万元

Unit: 10 000 yuan

商品销售额 Total Sales Value	#出口 Exports	期末商品库存额 Inventory (year-end)
13074199099	**381354199**	**617143147**
11402853699	**380140044**	**485636016**
3976752801	80583043	173505837
10072210073	311700366	403680556
9297959884	297113381	368273835
498550622	14136923	23187881
263923950	361322	11798545
8189916	51114	284172
3579236	37626	134943
6464		
510418440	15432395	33848245
815465675	53003870	47991721
4759511	3413	115494

项　　目	Item	商品购进额 Total Purchases Value	#进　口 Imports
(二)按国民经济行业分	by Sector		
农、林、牧、渔产品批发	Wholesale of Agricultural, Forestry, Livestock and Fishery Products	355133316	34586461
食品、饮料及烟草制品批发	Wholesale of Food, Beverages and Tobaccos	748285923	50885527
米、面制品及食用油批发	Wholesale of Rice, Flour and Edible Oil	136921903	14342493
肉、禽、蛋、奶及水产品批发	Wholesale of Meal, Fowls, Eggs and Aquatic Products	117196589	21082700
酒、饮料及茶叶批发	Wholesale of Wine, Beverages and Teas	135881736	2168381
烟草制品批发	Wholesales of Tobaccos	160215412	389985
纺织、服装及家庭用品批发	Wholesale of Textiles, Wearing Apparel and Household Articles	629260441	31783567
服装批发	Wholesale of Garments	100965214	5911305
鞋帽批发	Wholesale of Shoes and Hats	25594584	2259391
日用家电批发	Wholesale of Household Electrical Appliances	168782304	1440420
文化、体育用品及器材批发	Wholesale of Culture, Sports Appliances and Equipments	159778026	6316162
文具用品批发	Wholesale of Stationeries	57263911	2460573
体育用品及器材批发	Wholesale of Sports Appliances and Equipments	9399840	554030
图书批发	Wholesale of Books	12239370	53414
医药及医疗器材批发	Wholesale of Medicines and Medical Appliances	454514054	34109920
西药批发	Wholesale of Western Medicines	282278338	15700380
中药批发	Wholesale of Chinese Traditional Medicines	54525138	425126
矿产品、建材及化工产品批发	Wholesale of Mineral Products, Building Materials and Chemical Products	6882564596	305276296
煤炭及制品批发	Wholesale of Coal and Related Products	794494504	27682535
石油及制品批发	Wholesale of Petroleum and Related Products	1190219171	79955556
金属及金属矿批发	Wholesale of Metal Materials	3295033105	133639482
建材批发	Wholesale of Building Materials	353453512	7782246
化肥批发	Wholesale of Chemical Fertilizer	83147160	7713488
农药批发	Wholesale of Pesticides	12396911	403642
机械设备、五金产品及电子产品批发	Wholesale of Machinery, Hardware and Electronic Products	1385906654	178603121
汽车及零配件批发	Wholesale of Motor Vehicles and Their Parts	516943076	46495507
计算机、软件及辅助设备批发	Wholesale of Computer, Software and Assistant Appliances	155690064	55752189
通讯设备批发	Wholesale of Communication Equipments	168912863	3842362
贸易经纪与代理	Trade Broker and Agency	51270496	14997088
其他批发业	Other Wholesale Industries	252445321	4793670

3-2-1 Continued 1

单位：万元
Unit: 10 000 yuan

商品销售额 Total Sales Value	#出 口 Exports	期末商品库存额 Inventory (year-end)
357606331	2425713	35501315
876391365	10515802	72817402
140862778	1246199	20632885
126122360	2451069	9244964
168101474	699908	20625865
227328887	487830	11559234
696342394	99430989	44876724
116720142	29938322	9746400
30632197	8038480	3270608
176256990	5729906	11717548
174346469	9763256	16313099
59945913	2320234	2822655
11543030	1687792	920183
13630603	157751	2539348
514476842	5846073	51884804
308693911	3204793	27768156
62462209	280703	5061050
6985336480	86583272	169457768
825544361	1784229	17814520
1169976915	13382371	34934437
3331411335	31341159	69182893
370823590	7508485	13571267
86243427	3213480	6555487
13546869	1882389	1186396
1479216833	147005849	84491075
553715907	43547716	30622569
161813800	10444527	10766255
172284353	12426534	5951228
53185316	7473238	2139076
265951668	11095852	8154754

项　目	Item	商品购进额 Total Purchases Value
二、零售业	**Retail Trade**	**1438089160**
#国有控股	State-controlled Enterprises	227121579
(一)按登记注册统计类别分	**By Registered Statistical Categories**	
1.内资企业	Domestic Invested Enterprises	1225888303
有限责任公司	Limited Liability Corporations	1115475723
股份有限公司	Share-holding Corporations Ltd.	85832154
非公司企业法人	Non Corporate Legal Entity	7645508
个人独资企业	Sole Proprietorship Enterprises	14931332
合伙企业	Partnership Enterprises	1974172
其他内资企业	Other Domestic Invested Enterprises	29414
2.港澳台投资企业	Enterprises with Investment from Hong Kong, Macao and Taiwan	100847813
3.外商投资企业	Foreign Invested Enterprises	110509990
4.其他统计类别	Other Statistical Categories	843054
(二)按国民经济行业分	**by Sector**	
综合零售	Integrated Retail	188423763
百货零售	Retail of General Merchandise	88170296
超级市场零售	Retail of Supermarkets	89096239
食品、饮料及烟草制品专门零售	Special Retail of Food, Beverages and Tobaccos	60614193
粮油零售	Retail of Cereal and Oil	4975631
肉、禽、蛋、奶及水产品零售	Retail of Meat, Poultry, Eggs, Milk and Aquatic Products	10210734
酒、饮料及茶叶零售	Retail of Wine, Beverages and Teas	19365771
烟草制品零售	Retail of Tobaccos	2525192
纺织、服装及日用品专门零售	Special Retail of Textiles, Garments and Daily Consumer Articles	54409621

3-2-1 Continued 2

单位：万元

Unit: 10 000 yuan

#进 口 Imports	商品销售额 Total Sales Value	期末商品库存额 Inventory (year-end)
33515475	**1671345400**	**131507131**
6084622	299042437	17213521
20022280	1368541965	112360573
19702622	1221551113	105809746
298648	115548049	5287804
9057	12279694	440134
9197	16881401	741272
2757	2250713	79189
	30995	2428
6712932	126897988	10247021
6777014	174869845	8872947
3249	1035602	26590
5922196	227390891	19514216
5512349	113827624	7643138
400233	99832619	7098862
293195	71871492	5502275
16614	5592775	417367
50702	11768478	432475
53367	22521615	2781583
81919	3013123	561289
4617464	84995193	11556207

项　　目	Item	商品购进额 Total Purchases Value
服装零售	Retail of Garments	29686172
文化、体育用品及器材专门零售	Special Retail of Culture, Sports Appliances and Equipments	35259026
体育用品及器材零售	Retail of Sports Appliances and Equipments	1947831
图书、报刊零售	Retail of Books, Newspaper and Magazines	13866885
医药及医疗器材专门零售	Special Retail of Medicines and Medical Appliances	49610701
西药零售	Retail of Western Medicines	45815448
汽车、摩托车、零配件和燃料及其他动力销售	Retail of Motor Vehicles, Motorcycles, Parts, Fuel and Other Powers	710817791
汽车新车零售	Retail of New Motor Vehicles	518053485
机动车燃油零售	Retail of Fuel Oil of Motor Vehicles	174561360
家用电器及电子产品专门零售	Special Retail of Household Electric Appliances and Electronic Products	71678696
日用家电零售	Retail of Household Electric Appliances	24066355
计算机、软件及辅助设备零售	Retail of Computer, Software and Assistant Appliances	16871844
通信设备零售	Retail of Communication Equipments	18983662
五金、家具及室内装饰材料专门零售	Special Retail of Hardware, Furniture and Interior Decoration Materials	16624711
货摊、无店铺及其他零售业	Stall, Non-shop and Other Retails	250650659
互联网零售	Retail on the Internet	241839790
(三)按零售业态分	**by Mode of Business Operation**	
有店铺零售	Store-based Retailing	1130275978
超市	Supermarket	155187736
百货店	Department Store	112658419
专业店	Speciality Store	407162545
品牌专卖店	Brand Store	516071292
集合店	Collection Store	15614487
无店铺零售	Non-Store Selling	461816233

3-2-1 Continued 3

单位：万元
Unit: 10 000 yuan

#进 口 Imports	商品销售额 Total Sales Value	期末商品库存额 Inventory (year-end)
3391511	47536753	7139538
1523565	43573924	8090283
183306	3157404	465581
583177	15976988	2340510
171105	62395697	7493080
72764	57317028	6939581
18980651	791162944	59047661
18830627	515759287	52336953
31617	255807742	5008025
466861	79220848	7234913
122662	25782937	3027419
44543	19829189	1168396
226097	20425350	1809774
177794	19853981	1846429
1362645	290880431	11222067
1070931	280116075	10620268
30187968	1312811144	113832984
668307	179172020	12462215
5532095	145577904	11644852
6540578	476291297	38198946
21147065	563988345	58828081
380034	17682971	1571219
7281863	538617934	33814498

3-2-2 各地区限额以上批发业企业商品购、销、存情况
Total Purchases, Sales and Inventory of Enterprises above Designated Size of Wholesale Trade by Region

单位：万元

Unit: 10 000 yuan

地区	Region	商品购进额 Total Purchases Value	#进口 Imports	商品销售额 Total Sales Value	#出口 Exports	期末商品库存额 Inventory (year-end)
全国	**National Total**	**10919158828**	**661351812**	**11402853699**	**380140044**	**485636016**
北京	Beijing	803922548	125205470	836484114	20851691	67511425
天津	Tianjin	435507386	11805815	448534293	6278170	13508753
河北	Hebei	199264912	1958127	208651472	2064597	6753542
山西	Shanxi	200514564	1955226	210977295	638497	6973370
内蒙古	Inner Mongolia	75120201	3440254	75724483	965043	4944812
辽宁	Liaoning	216250919	8155334	225639998	5924167	8857716
吉林	Jilin	39833677	326516	43767563	108757	3266636
黑龙江	Heilongjiang	80432815	3386618	88193229	713047	4329745
上海	Shanghai	1358510005	196329811	1448193305	58727096	74620026
江苏	Jiangsu	1020020141	42708468	1063214405	49606604	37937571
浙江	Zhejiang	1366447237	58368410	1397645923	81108826	39937342
安徽	Anhui	176641259	4824362	192435578	6305529	7642938
福建	Fujian	677496356	40518373	704264802	25915507	20490054
江西	Jiangxi	113309800	532313	124906312	3649765	4969829
山东	Shandong	757983848	27457294	788760532	25893987	29797009
河南	Henan	179416804	2116849	190612290	2440763	8933071
湖北	Hubei	203579056	2733890	218399388	4980769	9119300
湖南	Hunan	112193332	5674512	113515329	2981118	5757561
广东	Guangdong	1418562377	70142693	1460306379	57275665	59397517
广西	Guangxi	168342369	5590398	174719150	925838	5622448
海南	Hainan	211198202	9826411	216827469	2590327	4682695
重庆	Chongqing	163402625	6624815	172779627	7779803	6883125
四川	Sichuan	246580957	3489919	262020659	2608908	15949166
贵州	Guizhou	72136026	838326	84364514	318908	4882342
云南	Yunnan	123723661	4542394	134899268	3209223	6944748
西藏	Xizang	9704206		10949229	2477	533953
陕西	Shaanxi	199229619	3846951	208374706	4488921	10056118
甘肃	Gansu	91214605	649481	95105540	266802	2475540
青海	Qinghai	15695181	115670	17336191	31203	436853
宁夏	Ningxia	20398156	59142	16159558	5312	704972
新疆	Xinjiang	162525983	18127970	169091101	1482723	11715840

3-2-2 续表 Continued

国有控股
State-controlled Enterprises

单位：万元
Unit: 10 000 yuan

地　区	Region	商品购进额 Total Purchases Value	#进口 Imports	商品销售额 Total Sales Value	#出口 Exports	期末商品库存额 Inventory (year-end)
全　国	**National Total**	**3884289469**	**236289676**	**3976752801**	**80583043**	**173505837**
北　京	Beijing	429783959	77615755	434308314	13251883	36386347
天　津	Tianjin	141440501	2574546	144208476	1657967	4776414
河　北	Hebei	61772772	1438135	65635253	173663	2402101
山　西	Shanxi	113038295	1360419	119291068	217389	3007481
内蒙古	Inner Mongolia	42252381	557203	39982932	699829	2045318
辽　宁	Liaoning	123663047	2563337	129626484	1022436	4007826
吉　林	Jilin	24365014	20448	26686974	44576	2024190
黑龙江	Heilongjiang	45292865	2370666	47749875	124380	2208788
上　海	Shanghai	456117755	14870357	462559766	15348689	15180907
江　苏	Jiangsu	190529066	15091694	189344602	6782317	10891846
浙　江	Zhejiang	303132312	22647372	300895250	11249884	13463595
安　徽	Anhui	71765463	2904169	77772056	3701366	2814417
福　建	Fujian	288120911	32085469	293537581	4848275	9774958
江　西	Jiangxi	45105304	206016	49973028	1053822	1514297
山　东	Shandong	207719277	8087988	213053885	4546732	9202354
河　南	Henan	58605660	700108	61939854	304776	3117932
湖　北	Hubei	98160971	1673176	103312118	1666885	4353486
湖　南	Hunan	49231025	3214848	45367232	478857	2800868
广　东	Guangdong	355100831	13197168	354785351	6688986	11999503
广　西	Guangxi	89570179	4351567	89061470	68630	2152572
海　南	Hainan	75479248	4622038	76475313	611343	2301619
重　庆	Chongqing	43513050	406154	48031066	1939800	1644379
四　川	Sichuan	120036117	2443780	127115824	719242	6780296
贵　州	Guizhou	47462288	732883	57606236	177203	3601850
云　南	Yunnan	78775825	2427242	86097764	1101196	4459091
西　藏	Xizang	2757514		2980038		339743
陕　西	Shaanxi	126307536	1422259	131804386	1933195	2945937
甘　肃	Gansu	71630876	99914	74133970	79551	1354365
青　海	Qinghai	9399992	115370	10741472	5180	251622
宁　夏	Ningxia	12075731	1048	7377706		242002
新　疆	Xinjiang	102083703	16488551	105297456	84991	5459733

3-2-3 各地区限额以上批发业企业商品购、销、存情况（按登记注册统计类别分）

Total Purchases, Sales and Inventory of Enterprises above Designated Size of Wholesale Trade by Region and Registered Statistical Categories

内资企业 单位：万元

Domestic Funded Enterprises Unit: 10 000 yuan

地 区	Region	商品购进额 Total Purchases Value	#进 口 Imports	商品销售额 Total Sales Value	#出 口 Exports	期末商品库存额 Inventory (year-end)
全 国	**National Total**	**9685409443**	**408941818**	**10072210073**	**311700366**	**403680556**
北 京	Beijing	602820560	91243019	615990868	17238892	50684238
天 津	Tianjin	369246359	7897376	377786672	5319986	11821959
河 北	Hebei	195790871	1946557	204879850	2024632	6682394
山 西	Shanxi	200369433	1927988	210816646	637317	6946787
内 蒙 古	Inner Mongolia	72981229	2861250	73342818	964152	4792585
辽 宁	Liaoning	208345625	3984455	218368208	3391976	8217471
吉 林	Jilin	39574067	321366	43054313	108757	3226863
黑 龙 江	Heilongjiang	79996809	3381647	84810597	704594	4300521
上 海	Shanghai	884271708	32171296	908586428	30808263	34354332
江 苏	Jiangsu	927641617	27175738	971611600	37615333	32751297
浙 江	Zhejiang	1297382334	53754600	1331597539	76757097	37708787
安 徽	Anhui	161816552	4824256	175875118	6159940	6937231
福 建	Fujian	657492250	39715017	681544248	25113707	19375929
江 西	Jiangxi	112758516	516523	123068055	3531640	4903730
山 东	Shandong	718151856	22157149	746906684	20660124	28163387
河 南	Henan	172557752	2105595	183795707	2318125	8734559
湖 北	Hubei	169698113	2531091	181066633	4459305	8103760
湖 南	Hunan	102458568	5656401	110982532	2812692	5417573
广 东	Guangdong	1295958395	56414722	1338331404	51016238	52262599
广 西	Guangxi	158783468	5414697	165626726	912483	5483213
海 南	Hainan	183410547	8896340	188677398	1347571	4226502
重 庆	Chongqing	151643291	4616244	159696411	7596835	5954689
四 川	Sichuan	239291491	3209846	253914910	2459262	15328883
贵 州	Guizhou	71636871	835794	83840447	312482	4847874
云 南	Yunnan	118700538	4534001	127983225	3195242	6848474
西 藏	Xizang	9385902		10479338	2477	518213
陕 西	Shaanxi	196438231	1902982	205310281	2467566	9938583
甘 肃	Gansu	90754595	649481	94547791	266802	2419553
青 海	Qinghai	15108809	115670	16567183	31203	426700
宁 夏	Ningxia	20390634	59142	16148631	5312	704971
新 疆	Xinjiang	160552452	18121578	167001813	1460361	11596900

3-2-3 续表 1 Continued 1

有限责任公司
Limited Liability Corporations

单位：万元
Unit: 10 000 yuan

地区	Region	商品购进额 Total Purchases Value	#进口 Imports	商品销售额 Total Sales Value	#出口 Exports	期末商品库存额 Inventory (year-end)
全国	**National Total**	**8972339481**	**379889800**	**9297959884**	**297113381**	**368273835**
北京	Beijing	558792664	85476959	569293598	16375501	47511552
天津	Tianjin	362525578	7311003	370345302	4219978	11560331
河北	Hebei	183732212	1904683	189670409	1920644	6137975
山西	Shanxi	188973886	1863192	196279766	637317	6594325
内蒙古	Inner Mongolia	61802937	2718149	65784748	962256	4341485
辽宁	Liaoning	121861077	3930800	129175802	3345239	5864696
吉林	Jilin	35444637	317658	37693276	108697	3090686
黑龙江	Heilongjiang	74574030	3379812	77576731	695768	3992343
上海	Shanghai	816533284	31527612	840272954	29736991	31693321
江苏	Jiangsu	885489031	26276727	926389971	36311098	29897586
浙江	Zhejiang	1219411579	46896641	1249210611	72606683	34466893
安徽	Anhui	150827395	3733694	161743864	5088748	6245729
福建	Fujian	621910655	35791334	642961353	24384959	18309239
江西	Jiangxi	105744554	516523	113351770	3515467	4621301
山东	Shandong	700119191	21392352	727423350	18756761	26887496
河南	Henan	154275887	2104282	162586077	2243926	7469514
湖北	Hubei	160488866	2528892	168918338	4440305	7770796
湖南	Hunan	88950703	5598181	94887295	2752446	4779960
广东	Guangdong	1231164492	53229064	1272310910	49307347	49002727
广西	Guangxi	147877106	5408981	153606432	876698	4946535
海南	Hainan	178440327	8886402	182963075	1345153	4051943
重庆	Chongqing	134180745	1085902	136590337	7498518	4636094
四川	Sichuan	217552063	3192172	227654122	2443607	13289444
贵州	Guizhou	65006305	763755	74698523	310561	4125975
云南	Yunnan	100196063	4494455	104013054	3140427	4215751
西藏	Xizang	7194546		8153417	2477	413516
陕西	Shaanxi	175192289	1902982	181606403	2462345	9443603
甘肃	Gansu	79565642	649348	82275579	235208	2112149
青海	Qinghai	11745124	115670	12211958	31203	299411
宁夏	Ningxia	10899641	59142	11628917	5312	573679
新疆	Xinjiang	121866970	16833435	126681941	1351742	9927781

3-2-3 续表 2 Continued 2

股份有限公司
Share-holding Corporations Ltd.

单位：万元
Unit: 10 000 yuan

地 区	Region	商品购进额 Total Purchases Value	#进 口 Imports	商品销售额 Total Sales Value	#出 口 Exports	期末商品库存额 Inventory (year-end)
全 国	**National Total**	**496693313**	**27042890**	**498550622**	**14136923**	**23187881**
北 京	Beijing	**35553873**	4134539	37063622	794726	3008517
天 津	Tianjin	4583362	586373	4810343	1100009	165329
河 北	Hebei	5665225	40858	6019214	88222	221716
山 西	Shanxi	7411568	64796	9199691		116336
内蒙古	Inner Mongolia	8573679	143042	3927465		375722
辽 宁	Liaoning	34661159	20004	35600071	45211	570933
吉 林	Jilin	2074612	1525	2422673	60	44702
黑龙江	Heilongjiang	2825571	1124	3526162	8816	151503
上 海	Shanghai	67353272	621751	67873331	1071272	2634081
江 苏	Jiangsu	27421686	807995	26595871	1249382	2266947
浙 江	Zhejiang	66527140	6829073	66531585	4076772	2627590
安 徽	Anhui	5273596	1090501	5686388	1071192	531830
福 建	Fujian	29650634	3912322	29727861	643723	811052
江 西	Jiangxi	2179599		1932193	16173	112511
山 东	Shandong	15801085	763160	16467490	1890439	1048423
河 南	Henan	9052560		8330186	73337	397024
湖 北	Hubei	2542687		2834121	11414	93449
湖 南	Hunan	4904852	47781	3882187	54243	177931
广 东	Guangdong	56444540	3111846	56786327	1619044	2733336
广 西	Guangxi	5923934	5717	5191770	35159	311649
海 南	Hainan	1933189	9938	2031487	2418	92551
重 庆	Chongqing	10925263	3527770	13573419	96417	1082113
四 川	Sichuan	12544113	10811	13525896		1049934
贵 州	Guizhou	1181563		1249066		53535
云 南	Yunnan	8956377	23821	9614357	48479	636002
西 藏	Xizang	1959797		2018493		70930
陕 西	Shaanxi	15967756		16798144	2629	260390
甘 肃	Gansu	3991348		4206561	31594	34423
青 海	Qinghai	2199454		2939213		61891
宁 夏	Ningxia	8123657		2876370		82732
新 疆	Xinjiang	34486161	1288143	35309066	106193	1362800

3-2-3 续表 3 Continued 3

非公司企业法人

Non Corporate Legal Entity

单位：万元

Unit: 10 000 yuan

地　区	Region	商品购进额 Total Purchases Value	#进 口 Imports	商品销售额 Total Sales Value	#出 口 Exports	期末商品库存额 Inventory (year-end)
全　国	**National Total**	**205999518**	**1910682**	**263923950**	**361322**	**11798545**
北　京	Beijing	8201995	1631520	9351751	68664	146527
天　津	Tianjin	1958688		2440164		89866
河　北	Hebei	6209876	1016	8984803	15765	312720
山　西	Shanxi	3818535		5158079		231249
内蒙古	Inner Mongolia	2449236	60	3464496	1896	70759
辽　宁	Liaoning	51553052	33651	53303276	1526	1761858
吉　林	Jilin	2028091	2182	2908909		89247
黑龙江	Heilongjiang	2530143	710	3626918	10	147394
上　海	Shanghai	83576	8198	89773		6205
江　苏	Jiangsu	14082562	85755	17658696	52053	570460
浙　江	Zhejiang	10629744	20940	14977961	71648	598877
安　徽	Anhui	5605297	61	8299346		149096
福　建	Fujian	5240234	5687	8122108	76604	243872
江　西	Jiangxi	4472053		7387167		161739
山　东	Shandong	1346335		1941108	10776	210475
河　南	Henan	9062369	1314	12699871	862	864317
湖　北	Hubei	6137985	2199	8664676	7586	227298
湖　南	Hunan	8435130	10439	12021810		452991
广　东	Guangdong	5729041	26599	6403940	29719	346450
广　西	Guangxi	4079506		5889848	626	224711
海　南	Hainan	2957175		3544442		77935
重　庆	Chongqing	6505717	1317	9498440		236300
四　川	Sichuan	8919028	6864	12408160	15656	978906
贵　州	Guizhou	5431612	72039	7874422	1920	667604
云　南	Yunnan	9362012		14151156	3584	1979769
西　藏	Xizang	231559		307429		33767
陕　西	Shaanxi	5178281		6805252		230784
甘　肃	Gansu	7160800	133	8026578		272115
青　海	Qinghai	1142830		1391637		63113
宁　夏	Ningxia	1344085		1617657		47854
新　疆	Xinjiang	4112973		4904078	2426	304291

个人独资企业
Sole Proprietorship Enterprises

单位：万元
Unit: 10 000 yuan

地 区	Region	商品购进额 Total Purchases Value	#进 口 Imports	商品销售额 Total Sales Value	#出 口 Exports	期末商品库存额 Inventory (year-end)
全 国	**National Total**	**7231542**	**66884**	**8189916**	**51114**	**284172**
北 京	Beijing	268307		275234		16255
天 津	Tianjin	87237		87457		4042
河 北	Hebei	171315		192063		8743
山 西	Shanxi	124715		132151		4560
内蒙古	Inner Mongolia	151083		160906		4324
辽 宁	Liaoning	268572		282220		18918
吉 林	Jilin	26726		29455		2229
黑龙江	Heilongjiang	60641		73014		8472
上 海	Shanghai	83957	1340	114159		7941
江 苏	Jiangsu	614841	5260	924862	2801	15954
浙 江	Zhejiang	356791	7947	365458	1994	10535
安 徽	Anhui	96739		105696		9902
福 建	Fujian	565554	5674	592137	5790	862
江 西	Jiangxi	267155		285447		6348
山 东	Shandong	679249	1410	848052	2149	15463
河 南	Henan	159564		171766		3570
湖 北	Hubei	425149		480512		8226
湖 南	Hunan	136939		151176	6003	5984
广 东	Guangdong	1153985	28274	1289231	25133	95877
广 西	Guangxi	899021		934286		281
海 南	Hainan	7212		7316		195
重 庆	Chongqing	31566	1255	34214	1900	183
四 川	Sichuan	184037		194986		8834
贵 州	Guizhou	17392		18435		761
云 南	Yunnan	186086	15725	204658	2752	16952
西 藏	Xizang					
陕 西	Shaanxi	83946		84402	2592	3612
甘 肃	Gansu	26252		27803		132
青 海	Qinghai	21402		24375		2286
宁 夏	Ningxia	23251		25686		706
新 疆	Xinjiang	52861		72760		2028

3-2-3 续表 5 Continued 5

合伙企业

Partnership Enterprises

单位：万元

Unit: 10 000 yuan

地区	Region	商品购进额 Total Purchases Value	#进口 Imports	商品销售额 Total Sales Value	#出口 Exports	期末商品库存额 Inventory (year-end)
全国	**National Total**	**3139446**	**31562**	**3579236**	**37626**	**134943**
北京	Beijing	3721		6663		1387
天津	Tianjin	91494		103407		2391
河北	Hebei	12242		13361		1240
山西	Shanxi	40730		46959		318
内蒙古	Inner Mongolia	4294		5203		296
辽宁	Liaoning	1765		6839		1066
吉林	Jilin					
黑龙江	Heilongjiang	6424		7772		809
上海	Shanghai	217619	12395	236211		12785
江苏	Jiangsu	33496		42200		350
浙江	Zhejiang	457080		511924		4893
安徽	Anhui	13525		39823		674
福建	Fujian	125174		140788	2631	10905
江西	Jiangxi	95156		111478		1831
山东	Shandong	205995	227	226684		1530
河南	Henan	7373		7808		134
湖北	Hubei	103426		168986		3992
湖南	Hunan	30944		40064		707
广东	Guangdong	1460195	18940	1534531	34995	83030
广西	Guangxi	3901		4390		37
海南	Hainan	72645		131080		3877
重庆	Chongqing					
四川	Sichuan	92250		131747		1765
贵州	Guizhou					
云南	Yunnan					
西藏	Xizang					
陕西	Shaanxi	15958		16080		193
甘肃	Gansu	10553		11271		734
青海	Qinghai					
宁夏	Ningxia					
新疆	Xinjiang	33487		33968		

3-2-3 续表 6 Continued 6

港澳台投资企业 单位：万元

Enterprises with Investment from Hong Kong, Macao and Taiwan Unit: 10 000 yuan

地区	Region	商品购进额 Total Purchases Value	#进口 Imports	商品销售额 Total Sales Value	#出口 Exports	期末商品库存额 Inventory (year-end)
全国	**National Total**	**465700020**	**57617054**	**510418440**	**15432395**	**33848245**
北京	Beijing	107753707	3624925	110756958	252512	6935977
天津	Tianjin	10804760	575609	12348730	120845	595800
河北	Hebei	995116	8	1111141	16471	1920
山西	Shanxi	78807		83442	821	12999
内蒙古	Inner Mongolia	1613281	397034	1760865	891	141446
辽宁	Liaoning	2014614	133926	2135951	93505	116295
吉林	Jilin	4000		4195		438
黑龙江	Heilongjiang	35559	617	40120	111	3697
上海	Shanghai	125998712	32783463	143999818	4243183	13768979
江苏	Jiangsu	31791622	2666633	36803149	414785	2061709
浙江	Zhejiang	31128450	2188715	33484197	1247797	1187015
安徽	Anhui	11091854	107	11930463	119814	261201
福建	Fujian	14238903	598459	16141796	376571	878704
江西	Jiangxi	362464	15201	376311	6030	8215
山东	Shandong	22345186	5005941	23293387	4762849	1111005
河南	Henan	3509361	11254	3927743	12396	99060
湖北	Hubei	2991307	14208	4633657	5031	184812
湖南	Hunan	1899600	9416	2020568	69816	128385
广东	Guangdong	61716040	8043062	68989488	2556011	4769302
广西	Guangxi	1676083	175435	1719098	8617	21623
海南	Hainan	23178647	753604	23648958	970932	324966
重庆	Chongqing	3474115	333800	3898424	206	603058
四川	Sichuan	4831820	276228	4719146	128675	463324
贵州	Guizhou	288590	2532	318375	224	34356
云南	Yunnan	680959	6879	724443	3360	6271
西藏	Xizang	318305		469891		15741
陕西	Shaanxi	530304		712148	20943	56822
甘肃	Gansu	45308		65687		21211
青海	Qinghai	68407		68759		
宁夏	Ningxia					
新疆	Xinjiang	234143		231533		33916

外商投资企业
Foreign Invested Enterprises

单位：万元
Unit: 10 000 yuan

地 区	Region	商品购进额 Total Purchases Value	#进 口 Imports	商品销售额 Total Sales Value	#出 口 Exports	期末商品库存额 Inventory (year-end)
全 国	**National Total**	**763830715**	**194773407**	**815465675**	**53003870**	**47991721**
北 京	Beijing	93330707	30337527	109717041	3360287	9890161
天 津	Tianjin	55456267	3332830	58398891	837339	1090994
河 北	Hebei	2471563	11562	2650791	23495	68778
山 西	Shanxi	57002	27238	67647	359	13500
内 蒙 古	Inner Mongolia	508891	181970	603621		10707
辽 宁	Liaoning	5788481	4036954	5026045	2438686	523716
吉 林	Jilin	255609	5150	709055		39334
黑 龙 江	Heilongjiang	360186	4355	3300271	8343	18366
上 海	Shanghai	348236921	131375053	395604146	23675650	26496513
江 苏	Jiangsu	58272855	12866097	52158783	11573073	3092480
浙 江	Zhejiang	37921806	2425095	32548958	3103932	1041331
安 徽	Anhui	3648971		4534966	25775	442351
福 建	Fujian	5745158	204897	6558756	425229	234149
江 西	Jiangxi	128318	588	1390141	112095	56565
山 东	Shandong	16707294	274938	17721155	471014	507053
河 南	Henan	3338202		2877114	110242	99194
湖 北	Hubei	30637718	188591	32386013	516433	825292
湖 南	Hunan	7770092	8695	438416	98610	210323
广 东	Guangdong	60830771	5684909	52926128	3703417	2362399
广 西	Guangxi	7876580		7366224	4738	117505
海 南	Hainan	4609008	176468	4501112	271824	131227
重 庆	Chongqing	8284774	1674771	9184342	182762	325378
四 川	Sichuan	2414507	3845	3344776	20970	145685
贵 州	Guizhou	210565		205692	6203	112
云 南	Yunnan	4224620	1514	6060706	10622	84854
西 藏	Xizang					
陕 西	Shaanxi	2186691	1943969	2274614	2000411	57142
甘 肃	Gansu	397863		456869		34514
青 海	Qinghai	517966		700249		10153
宁 夏	Ningxia	5336		8739		1
新 疆	Xinjiang	1635991	6392	1744415	22362	61944

3-2-3 续表 8 Continued 8

其他统计类别
Other Statistical Categories

单位：万元
Unit: 10 000 yuan

地区	Region	商品购进额 Total Purchases Value	商品销售额 Total Sales Value	期末商品库存额 Inventory (year-end)
全国	**National Total**	**4218650**	**4759511**	**115495**
北京	Beijing	17574	19247	1049
天津	Tianjin			
河北	Hebei	7362	9690	451
山西	Shanxi	9323	9559	84
内蒙古	Inner Mongolia	16800	17179	74
辽宁	Liaoning	102199	109795	234
吉林	Jilin			
黑龙江	Heilongjiang	40262	42241	7161
上海	Shanghai	2663	2914	202
江苏	Jiangsu	2314047	2640873	32086
浙江	Zhejiang	14647	15228	209
安徽	Anhui	83881	95031	2155
福建	Fujian	20044	20002	1272
江西	Jiangxi	60502	71805	1319
山东	Shandong	779511	839306	15564
河南	Henan	11489	11727	257
湖北	Hubei	251919	313084	5435
湖南	Hunan	65072	73814	1281
广东	Guangdong	57172	59359	3217
广西	Guangxi	6239	7102	108
海南	Hainan			
重庆	Chongqing	445	450	
四川	Sichuan	43140	41827	11274
贵州	Guizhou			
云南	Yunnan	117544	130895	5149
西藏	Xizang			
陕西	Shaanxi	74393	77664	3571
甘肃	Gansu	16840	35192	263
青海	Qinghai			
宁夏	Ningxia	2186	2188	
新疆	Xinjiang	103398	113339	23080

3-2-4 各地区限额以上批发业企业商品购、销、存情况（按国民经济行业分）

Total Purchases, Sales and Inventory of Enterprises above Designated Size of Wholesale Trade by Region and Sector

农、林、牧、渔产品批发

Wholesale of Agricultural, Forestry, Livestock and Fishery Products

单位：万元

Unit: 10 000 yuan

地区	Region	商品购进额 Total Purchases Value	#进口 Imports	商品销售额 Total Sales Value	#出口 Exports	期末商品库存额 Inventory (year-end)
全　国	**National Total**	**355133316**	**34586461**	**357606331**	**2425713**	**35501315**
北　京	Beijing	48769279	13955343	45183918	14179	4992928
天　津	Tianjin	14510577	210965	14848090	37669	1156678
河　北	Hebei	5330909	45312	5322840	62834	486245
山　西	Shanxi	923832	1164	1008282	368	181823
内蒙古	Inner Mongolia	3937147	173007	4215210	106022	882482
辽　宁	Liaoning	14602314	164543	15478647	63293	1166103
吉　林	Jilin	4523474		4397427	591	959058
黑龙江	Heilongjiang	15746586	159085	16258853	59352	2102606
上　海	Shanghai	19068496	1811322	19672004	74213	1603842
江　苏	Jiangsu	32850510	8166651	34578398	104509	3479425
浙　江	Zhejiang	19231422	562717	19362015	185085	628458
安　徽	Anhui	4670756	43551	4606488	57036	318967
福　建	Fujian	29628818	4582586	30274678	345904	2126956
江　西	Jiangxi	1657388	1416	1801791	88867	127463
山　东	Shandong	28802325	935132	29802775	408070	1693805
河　南	Henan	10239016	73931	10645131	97327	1629134
湖　北	Hubei	6909901	47005	7204150	16038	379420
湖　南	Hunan	4896469	81181	5041025	34558	371351
广　东	Guangdong	31585668	2369106	29723130	432108	2190973
广　西	Guangxi	4285992	275050	4377062	25379	237745
海　南	Hainan	6147340	439606	5982765	37729	319707
重　庆	Chongqing	1430590	37710	1518199	20546	119059
四　川	Sichuan	13141432	18832	13190178	33012	907876
贵　州	Guizhou	1745703		1838135		146576
云　南	Yunnan	2406633	227555	2530056	34087	254403
西　藏	Xizang	7195		6511	2477	1111
陕　西	Shaanxi	922103	18702	969352	3273	135751
甘　肃	Gansu	1889381	17069	1972797	62662	351016
青　海	Qinghai	91282		94720		3308
宁　夏	Ningxia	832138		878091		43447
新　疆	Xinjiang	24348640	167921	24823614	18526	6503600

3-2-4 续表 1 Continued 1

食品、饮料及烟草制品批发

Wholesale of Food, Beverages and Tobaccos

单位：万元

Unit: 10 000 yuan

地 区	Region	商品购进额 Total Purchases Value	#进 口 Imports	商品销售额 Total Sales Value	#出 口 Exports	期末商品库存额 Inventory (year-end)
全 国	**National Total**	**748285923**	**50885527**	**876391365**	**10515802**	**72817402**
北 京	Beijing	44675083	8132779	46192271	679869	12135723
天 津	Tianjin	25989256	1949615	29718160	228605	1827928
河 北	Hebei	10955059	278890	14276464	215395	763894
山 西	Shanxi	9107883	224	11774562	29160	1491153
内 蒙 古	Inner Mongolia	4345724	385465	5547376	5101	541829
辽 宁	Liaoning	12586066	681810	14638103	89439	947038
吉 林	Jilin	3846390	157530	5179491	2177	226552
黑 龙 江	Heilongjiang	7822971	139092	9881027	32010	428727
上 海	Shanghai	85651849	13286476	96339522	629305	7009757
江 苏	Jiangsu	52053240	2430246	62621103	370196	4726877
浙 江	Zhejiang	48431066	1877258	56375430	1022541	3530600
安 徽	Anhui	18021130	2146261	23233322	151215	1224887
福 建	Fujian	37364108	1988933	43508035	1571665	2424616
江 西	Jiangxi	9479463	124445	11990566	28246	395169
山 东	Shandong	51016892	3271433	57298785	1673543	2962388
河 南	Henan	21233679	854657	26810935	262498	1709179
湖 北	Hubei	23853286	251018	28559241	33192	2124702
湖 南	Hunan	17722110	153568	22430713	172737	864322
广 东	Guangdong	109341097	9477580	120184609	1692962	9635751
广 西	Guangxi	22098502	718352	24442700	72378	761362
海 南	Hainan	6964052	197314	7863159	12518	358315
重 庆	Chongqing	16029987	97785	19760055	26156	570448
四 川	Sichuan	40083067	481205	46009812	181704	7807757
贵 州	Guizhou	24404200	557945	35043992	69903	3280451
云 南	Yunnan	19308022	693797	24726075	1054124	2716052
西 藏	Xizang	993806		1300825		168933
陕 西	Shaanxi	9325740	164796	11703617	77663	858479
甘 肃	Gansu	3756484	21179	5060051	32173	318118
青 海	Qinghai	1665283	11965	1974062		109963
宁 夏	Ningxia	1849589		2329513		83905
新 疆	Xinjiang	8310840	353908	9617788	99328	812528

3-2-4 续表 2 Continued 2

纺织、服装及家庭用品批发

Wholesale of Textiles, Wearing Apparel and Household Articles

单位：万元

Unit: 10 000 yuan

地 区	Region	商品购进额 Total Purchases Value	#进 口 Imports	商品销售额 Total Sales Value	#出 口 Exports	期末商品库存额 Inventory (year-end)
全 国	**National Total**	**629260441**	**31783567**	**696342394**	**99430989**	**44876724**
北 京	Beijing	93330168	2674619	96418404	719026	7280639
天 津	Tianjin	6931389	444827	7566153	1319880	614809
河 北	Hebei	3124054	47614	3443166	440067	318103
山 西	Shanxi	614640		632799	13036	91525
内蒙古	Inner Mongolia	299232		402733	4170	84416
辽 宁	Liaoning	2900075	259688	3090630	620369	249436
吉 林	Jilin	260225		316276	12512	43014
黑龙江	Heilongjiang	563211	124	731589	40386	90293
上 海	Shanghai	60267778	12897457	83948944	8683625	9937166
江 苏	Jiangsu	107082583	4891114	115799360	15441924	6296807
浙 江	Zhejiang	117550435	3252682	125054927	35425997	5215701
安 徽	Anhui	16246644	545374	17744498	1258099	1464476
福 建	Fujian	70664638	2153803	78581806	12147918	2623578
江 西	Jiangxi	2973477	2033	3192098	298713	184625
山 东	Shandong	32563298	1299009	33953256	5288121	1649192
河 南	Henan	4493527	35831	4843382	472249	325004
湖 北	Hubei	5107898	54072	5510618	550580	422545
湖 南	Hunan	2896715	93085	3343307	238712	203958
广 东	Guangdong	75091746	1644409	83257368	15616176	6015881
广 西	Guangxi	1772542	30062	1931996	243713	198825
海 南	Hainan	3673585	1412432	3905026	38774	301606
重 庆	Chongqing	7103425	1538	7701441	9940	357154
四 川	Sichuan	6582310	17975	7108962	261672	328618
贵 州	Guizhou	456897		498331	16822	49750
云 南	Yunnan	1788491	21467	1878777	216936	86689
西 藏	Xizang	77589		120680		8947
陕 西	Shaanxi	1756596	4354	2109306	24831	266608
甘 肃	Gansu	228480		267219		35115
青 海	Qinghai	67556		68121	14268	1867
宁 夏	Ningxia	106412		112466		15141
新 疆	Xinjiang	2684823		2808754	12472	115233

文化、体育用品及器材批发
Wholesale of Culture, Sports Appliances and Equipments

单位：万元
Unit: 10 000 yuan

地区	Region	商品购进额 Total Purchases Value	#进口 Imports	商品销售额 Total Sales Value	#出口 Exports	期末商品库存额 Inventory (year-end)
全国	**National Total**	**159778026**	**6316162**	**174346469**	**9763256**	**16313099**
北京	Beijing	16274201	1322770	18644471	236708	2714033
天津	Tianjin	3188432	64135	3392557	90423	296434
河北	Hebei	952254		1060392	27436	90586
山西	Shanxi	834157		891907	52412	121451
内蒙古	Inner Mongolia	365595		326253	4488	28175
辽宁	Liaoning	964169	17974	1032263	48195	124378
吉林	Jilin	409455	359	455961		69603
黑龙江	Heilongjiang	420121	8405	437882	858	30282
上海	Shanghai	28818887	1931548	32961238	594512	3227024
江苏	Jiangsu	13071701	438705	13889780	1408854	856565
浙江	Zhejiang	21595668	730873	22546360	3749615	1307744
安徽	Anhui	2203464	4828	2376943	84875	199850
福建	Fujian	13417172	544585	14191798	848073	484502
江西	Jiangxi	1018480	9809	1127581	120663	38944
山东	Shandong	11804267	504990	12524407	509303	916565
河南	Henan	3230876		3208298	67563	467706
湖北	Hubei	2324351	11170	2626931	12600	123035
湖南	Hunan	1800619	588	1986432	188322	160749
广东	Guangdong	24487204	678499	27153058	1588673	3930222
广西	Guangxi	985030	10639	1050798	20001	48229
海南	Hainan	3932192		4137931	2680	121301
重庆	Chongqing	1909009	4404	2200400	9102	408206
四川	Sichuan	1941152	26405	2089973	8696	171785
贵州	Guizhou	378169	5108	294628		64630
云南	Yunnan	510534		569405	2457	61933
西藏	Xizang	3189		4983		3626
陕西	Shaanxi	1834265	316	1970462	86748	118847
甘肃	Gansu	452463		506837		41788
青海	Qinghai	25323		26094		3137
宁夏	Ningxia	66679		64168		5509
新疆	Xinjiang	558948	54	596277		76260

3-2-4 续表 4 Continued 4

医药及医疗器材批发
Wholesale of Medicines and Medical Appliances

单位：万元
Unit: 10 000 yuan

地 区	Region	商品购进额 Total Purchases Value	#进 口 Imports	商品销售额 Total Sales Value	#出 口 Exports	期末商品库存额 Inventory (year-end)
全 国	**National Total**	**454514054**	**34109920**	**514476842**	**5846073**	**51884804**
北 京	Beijing	36973833	5973434	41434341	258296	5234889
天 津	Tianjin	8586403	183883	9650747	102230	722577
河 北	Hebei	15088141	619996	16052976	86242	1425317
山 西	Shanxi	7171039	59987	7870152	3540	764825
内蒙古	Inner Mongolia	3421011	752	3686212		652325
辽 宁	Liaoning	10046583	95515	11016312	99180	884121
吉 林	Jilin	5073226	18335	5783507	2807	482607
黑龙江	Heilongjiang	5481376	3316	6163040		559153
上 海	Shanghai	55966895	17012433	66954962	1953706	8891066
江 苏	Jiangsu	35987710	988934	42144145	808108	3346444
浙 江	Zhejiang	25602049	393775	28385817	1029972	2455863
安 徽	Anhui	12557172	526734	14616634	98208	1166139
福 建	Fujian	9923718	75866	10814863	36289	895533
江 西	Jiangxi	12787817	51969	16290012	29900	875840
山 东	Shandong	29866425	118251	32810522	273177	2296221
河 南	Henan	19878726	112094	21965924	13242	1587210
湖 北	Hubei	18019803	89350	20191594	89107	1533523
湖 南	Hunan	13112620	40298	14328261	91903	1177874
广 东	Guangdong	51821959	3627012	57124094	657307	5108200
广 西	Guangxi	8281427	65463	9033777	7134	664536
海 南	Hainan	3082264	71207	3998443	3511	265654
重 庆	Chongqing	14021423	3572669	16834687	22420	1813287
四 川	Sichuan	20088152	223356	22155274	149132	1822136
贵 州	Guizhou	4433288	73233	4926943		452838
云 南	Yunnan	7836894	39019	8618556	6538	955108
西 藏	Xizang	1463875		2206483		194151
陕 西	Shaanxi	9177361	67985	9745353	18308	4741775
甘 肃	Gansu	3132730	3092	3362412	4118	305719
青 海	Qinghai	538276		618092		54528
宁 夏	Ningxia	743514	1048	790863	455	91802
新 疆	Xinjiang	4348343	912	4901846	1244	463540

矿产品、建材及化工产品批发 单位：万元

Wholesale of Mineral Products, Building Materials and Chemical Products Unit: 10 000 yuan

地区	Region	商品购进额 Total Purchases Value	#进口 Imports	商品销售额 Total Sales Value	#出口 Exports	期末商品库存额 Inventory (year-end)
全国	**National Total**	**6882564596**	**305276296**	**6985336480**	**86583272**	**169457768**
北京	Beijing	347023943	61783497	354530604	9479733	17029800
天津	Tianjin	335861200	3804393	340584862	1869645	6146825
河北	Hebei	151726038	914631	155809301	653578	2616486
山西	Shanxi	168462755	1816414	175030610	416626	3504687
内蒙古	Inner Mongolia	57917521	2846763	56439335	711646	2345875
辽宁	Liaoning	162145056	2809518	167688121	1957036	4290455
吉林	Jilin	10743288	136950	11865151	36158	386764
黑龙江	Heilongjiang	46411498	2921141	47615805	184382	812932
上海	Shanghai	816103063	54674813	829893499	14914404	20855835
江苏	Jiangsu	627583894	10125579	632239178	10813370	11689023
浙江	Zhejiang	954207139	46907216	957029002	18336833	20097419
安徽	Anhui	70472262	1380191	73042603	862840	1846106
福建	Fujian	461495820	30306116	468064262	4143658	9917992
江西	Jiangxi	61183587	265375	65532384	217824	2739144
山东	Shandong	534950931	20108733	549852237	5779344	16150389
河南	Henan	102442125	983507	103989921	683246	2432618
湖北	Hubei	118391672	1347989	123249065	903351	3280919
湖南	Hunan	59454444	2856832	52818712	1486490	1975768
广东	Guangdong	776584073	20871780	778239121	7668335	18661292
广西	Guangxi	111862457	4299070	113853196	319915	3305588
海南	Hainan	179198939	7335218	182312331	1335147	2904889
重庆	Chongqing	78524058	982224	77510714	147329	1769009
四川	Sichuan	140194683	2452735	146171199	1397567	3423247
贵州	Guizhou	38041009	187435	38867989	160490	687921
云南	Yunnan	88090268	3437839	92606044	1525126	2593329
西藏	Xizang	3128122		3176816		109818
陕西	Shaanxi	161440856	1630455	166508239	317402	3127643
甘肃	Gansu	77784612	513247	79707084	117578	1276845
青海	Qinghai	12625779	103705	13811648	16935	239830
宁夏	Ningxia	15447824	58095	10626030	4858	394298
新疆	Xinjiang	113065682	17414834	116671418	122427	2845024

机械设备、五金产品及电子产品批发
Wholesale of Machinery, Hardware and Electronic Products

单位：万元
Unit: 10 000 yuan

地区	Region	商品购进额 Total Purchases Value	#进口 Imports	商品销售额 Total Sales Value	#出口 Exports	期末商品库存额 Inventory (year-end)
全国	**National Total**	**1385906654**	**178603121**	**1479216833**	**147005849**	**84491075**
北京	Beijing	199341456	30269198	215975712	7654275	16802636
天津	Tianjin	30615327	4793993	32777073	1883530	2274513
河北	Hebei	7719707	33848	7964935	427436	791546
山西	Shanxi	7351463	37811	7593763	115431	747788
内蒙古	Inner Mongolia	2146069	6366	2235945	125354	355450
辽宁	Liaoning	11427469	4070608	11043599	2959121	1105790
吉林	Jilin	14837452	12503	15609876	54512	1091519
黑龙江	Heilongjiang	2800303	37919	5854217	306453	264792
上海	Shanghai	282395077	93318407	307615356	30177680	22557050
江苏	Jiangsu	96032134	12662483	103626075	17959476	5454714
浙江	Zhejiang	150572506	3754748	157878740	19779463	5764343
安徽	Anhui	38571467	177095	42414279	3518086	1230416
福建	Fujian	32210674	660373	33888158	3459403	1660416
江西	Jiangxi	9599453	42392	9791228	2692873	283157
山东	Shandong	53770682	621110	56797515	10853404	3492921
河南	Henan	11820969	56813	12732884	556607	701118
湖北	Hubei	18461555	916534	19765860	3258516	1130414
湖南	Hunan	9493099	1955254	10444461	681571	851328
广东	Guangdong	308159367	20563712	321721232	25616480	12334396
广西	Guangxi	5795658	175426	6309617	201197	340057
海南	Hainan	6228441	123503	6527531	1159968	360780
重庆	Chongqing	39084695	1894012	41587501	7493970	1688522
四川	Sichuan	15530952	225482	15787258	545013	1234547
贵州	Guizhou	2340684	14604	2466036	71694	192795
云南	Yunnan	2469671	41065	2614246	282885	232646
西藏	Xizang	4016662		4112768		45433
陕西	Shaanxi	13554040	1944866	14122456	3913881	480158
甘肃	Gansu	1481615	2656	1564052	43646	130656
青海	Qinghai	227018		255914		23951
宁夏	Ningxia	660077		638768		57386
新疆	Xinjiang	7190914	190341	7499778	1213924	809835

3-2-4 续表 7 Continued 7

贸易经纪与代理
Trade Broker and Agency

单位：万元
Unit: 10 000 yuan

地区	Region	商品购进额 Total Purchases Value	#进口 Imports	商品销售额 Total Sales Value	#出口 Exports	期末商品库存额 Inventory (year-end)
全国	**National Total**	**51270496**	**14997088**	**53185316**	**7473238**	**2139076**
北京	Beijing	1641529	462688	1693457	266551	192623
天津	Tianjin	807994	23338	835572	195774	24019
河北	Hebei	136384	17782	181455	111289	6216
山西	Shanxi	39254	17796	40651	2547	742
内蒙古	Inner Mongolia					
辽宁	Liaoning	116834	17135	135475	16359	6139
吉林	Jilin					
黑龙江	Heilongjiang	149675	48066	171941	84541	4184
上海	Shanghai	7323813	1058679	7553123	1493188	333555
江苏	Jiangsu	12529621	2483476	13198285	957160	540993
浙江	Zhejiang	1311317	52216	1435205	591668	20915
安徽	Anhui	81873	323	116329	41971	2036
福建	Fujian	924485	29280	988466	631240	7538
江西	Jiangxi	1212573	28163	1260966	50270	119050
山东	Shandong	1055649	21913	1171925	539079	59336
河南	Henan	322843		337847	98749	3321
湖北	Hubei	87566	16741	140694	83895	5743
湖南	Hunan	857333	493707	769822	32213	117207
广东	Guangdong	20961310	10070585	21323998	2115762	648187
广西	Guangxi	16099		17639	17639	1079
海南	Hainan					
重庆	Chongqing	1227151	15352	1318231	45618	17865
四川	Sichuan	2354		2264		96
贵州	Guizhou	20096		17311		2785
云南	Yunnan	229992	44020	243619	41709	15727
西藏	Xizang					
陕西	Shaanxi	101428	3590	111613	44438	3320
甘肃	Gansu	97369	92238	101936	6625	5440
青海	Qinghai					
宁夏	Ningxia					
新疆	Xinjiang	15955		17493	4955	962

其他批发业
Other Wholesale not Classified Elsewhere

单位：万元
Unit: 10 000 yuan

地　区	Region	商品购进额 Total Purchases Value	#进口 Imports	商品销售额 Total Sales Value	#出口 Exports	期末商品库存额 Inventory (year-end)
全　国	**National Total**	**252445321**	**4793670**	**265951668**	**11095852**	**8154754**
北　京	Beijing	15893056	631141	16410937	1543054	1128153
天　津	Tianjin	9016805	330666	9161078	550415	444969
河　北	Hebei	4232367	54	4539942	40320	255149
山　西	Shanxi	6009542	21829	6134568	5380	69377
内蒙古	Inner Mongolia	2687902	27903	2871419	8263	54260
辽　宁	Liaoning	1462352	38544	1516848	71176	84256
吉　林	Jilin	140167	838	159874		7518
黑龙江	Heilongjiang	1037075	69470	1078874	5066	36778
上　海	Shanghai	2914148	338677	3254656	206463	204731
江　苏	Jiangsu	42828748	521279	45118080	1743008	1546723
浙　江	Zhejiang	27945635	836925	29578426	987653	916299
安　徽	Anhui	13816490	5	14284482	233198	190061
福　建	Fujian	21866924	176831	23952736	2731358	348924
江　西	Jiangxi	13397562	6711	13919686	122409	206437
山　东	Shandong	14153379	576724	14549111	569945	576192
河　南	Henan	5755044	16	6077969	189282	77780
湖　北	Hubei	10423024	12	11151234	33490	118999
湖　南	Hunan	1959923		2352596	54611	35004
广　东	Guangdong	20529953	840009	21579769	1887863	872614
广　西	Guangxi	13244662	16336	13702365	18483	65027
海　南	Hainan	1971390	247132	2100283		50442
重　庆	Chongqing	4072288	19121	4348399	4723	139575
四　川	Sichuan	9016854	43930	9505740	32111	253103
贵　州	Guizhou	315980		411150		4596
云　南	Yunnan	1083155	37631	1112489	45362	28861
西　藏	Xizang	13769		20164		1934
陕　西	Shaanxi	1117231	11888	1134310	2375	323538
甘　肃	Gansu	2391470		2563152		10843
青　海	Qinghai	454665		487538		269
宁　夏	Ningxia	691923		719660		13485
新　疆	Xinjiang	2001838		2154133	9847	88858

3-2-5 各地区限额以上零售业企业商品购、销、存情况

Total Purchases, Sales and Inventory of Enterprises above Designated Size of Retail Trade by Region

单位：万元

Unit: 10 000 yuan

地　区	Region	商品购进额 Total Purchases Value	#进口 Imports	商品销售额 Total Sales Value	期末商品库存额 Inventory (year-end)
全　国	**National Total**	**1438089160**	**33515475**	**1671345400**	**131507131**
北　京	Beijing	99754856	2427876	109506785	8619668
天　津	Tianjin	23244602	314821	25446181	2053015
河　北	Hebei	42176402	599196	46070318	4429849
山　西	Shanxi	22979468	265989	25678687	2421976
内蒙古	Inner Mongolia	14905770	132303	17395567	1416522
辽　宁	Liaoning	35229135	526841	38616101	3143894
吉　林	Jilin	13460167	220248	16891357	1383852
黑龙江	Heilongjiang	16666395	173563	18894150	1520126
上　海	Shanghai	95584694	9185492	127224244	12703060
江　苏	Jiangsu	140884683	2427703	159728874	10996066
浙　江	Zhejiang	112487887	2737383	132626765	8976643
安　徽	Anhui	41823517	423205	48445219	3603372
福　建	Fujian	57647341	894597	68084170	3821384
江　西	Jiangxi	32232181	322529	39627011	2497477
山　东	Shandong	88084796	1183175	100068403	8225691
河　南	Henan	52548779	730205	57765566	5505932
湖　北	Hubei	68316601	562233	78084487	9194729
湖　南	Hunan	43797106	518109	57706479	3161637
广　东	Guangdong	165289229	4125229	195276789	13577673
广　西	Guangxi	21008931	282312	22697666	2300287
海　南	Hainan	14138815	2068959	16055235	2433326
重　庆	Chongqing	38478080	500257	44400791	2635653
四　川	Sichuan	79424817	1462270	85841206	5394597
贵　州	Guizhou	23319018	352514	28909960	2479777
云　南	Yunnan	24547001	370982	30684674	2342054
西　藏	Xizang	2356370	10932	3146522	182775
陕　西	Shaanxi	33338685	434342	38996775	2979306
甘　肃	Gansu	12732424	103223	13997146	1103808
青　海	Qinghai	2323100	15941	2544503	278661
宁　夏	Ningxia	3521292	9751	3717330	438112
新　疆	Xinjiang	15787019	133298	17216440	1686211

3-2-5 续表 Continued

国有控股 单位：万元

State-controlled Enterprises Unit: 10 000 yuan

地 区	Region	商品购进额 Total Purchases Value	#进 口 Imports	商品销售额 Total Sales Value	期末商品库存额 Inventory (year-end)
全 国	**National Total**	**227121579**	**6084622**	**299042437**	**17213521**
北 京	Beijing	16951499	1025095	18100251	2187903
天 津	Tianjin	4478011	8491	4947403	305125
河 北	Hebei	6076689	54032	7254469	525093
山 西	Shanxi	3928578	5757	5205351	275948
内 蒙 古	Inner Mongolia	4857094	1579	6877173	203058
辽 宁	Liaoning	8495263		9914986	314191
吉 林	Jilin	2137446	34613	4500599	160269
黑 龙 江	Heilongjiang	4005859	248	5099060	231764
上 海	Shanghai	11277314	1607470	13884912	1030475
江 苏	Jiangsu	15884892	67395	19532174	1021200
浙 江	Zhejiang	11248105	186662	14286921	798110
安 徽	Anhui	8696741	16055	12254311	325773
福 建	Fujian	6744881	124783	9598494	393019
江 西	Jiangxi	3675207	24945	6624772	280960
山 东	Shandong	8803304	113374	12003629	595755
河 南	Henan	5653424	51366	8514818	481249
湖 北	Hubei	11226312	53770	13980877	902288
湖 南	Hunan	4934986	32297	11424496	283956
广 东	Guangdong	18583754	660266	31574798	1556489
广 西	Guangxi	3414188	622	3773805	225205
海 南	Hainan	7189219	1860745	8435038	1742165
重 庆	Chongqing	9963694	2632	12414310	568332
四 川	Sichuan	16822631	66581	18320616	923208
贵 州	Guizhou	8580451	52948	11536362	650420
云 南	Yunnan	7637944	2276	11426839	332146
西 藏	Xizang	1037661		1691540	47738
陕 西	Shaanxi	4984171	16844	5160976	383324
甘 肃	Gansu	4940862	10947	5472640	198265
青 海	Qinghai	580973	4	691313	39647
宁 夏	Ningxia	155244		188145	14784
新 疆	Xinjiang	4155180	2828	4351359	215664

3-2-6 各地区限额以上零售业企业商品购、销、存情况（按登记注册统计类别分）

Total Purchases, Sales and Inventory of Enterprises above Designated Size of Retail Trade by Region and Registered Statistical Categories

内资企业

Domestic Funded Enterprises

单位：万元

Unit: 10 000 yuan

地区	Region	商品购进额 Total Purchases Value	#进口 Imports	商品销售额 Total Sales Value	期末商品库存额 Inventory (year-end)
全国	**National Total**	**1225888303**	**20022280**	**1368541965**	**112360573**
北京	Beijing	79189299	1828108	84580980	7207732
天津	Tianjin	18001238	289695	19039522	1409717
河北	Hebei	37881387	525554	40217451	4162595
山西	Shanxi	21937160	201939	24710293	2385827
内蒙古	Inner Mongolia	13718778	128158	16364393	1375717
辽宁	Liaoning	31118062	349275	33993291	2807847
吉林	Jilin	12777160	220097	15998293	1324510
黑龙江	Heilongjiang	15747169	167426	17261171	1470473
上海	Shanghai	59384426	567696	68565424	5145983
江苏	Jiangsu	115520290	1951382	129671795	9817132
浙江	Zhejiang	96272109	1998453	105684517	7800292
安徽	Anhui	37235820	360761	40213750	3410542
福建	Fujian	52036350	859699	57858008	3475580
江西	Jiangxi	30484346	274361	35964739	2401596
山东	Shandong	80615201	958769	88899383	7729314
河南	Henan	47561878	691343	50410135	5247810
湖北	Hubei	60009691	553509	67551623	8528300
湖南	Hunan	39862023	364576	46507322	2873059
广东	Guangdong	135634386	2676225	158840192	11276840
广西	Guangxi	20003717	222631	21636931	2206475
海南	Hainan	11354943	2028637	13207864	2367771
重庆	Chongqing	35571834	314122	41116797	2484608
四川	Sichuan	69689118	1263112	74707936	4828143
贵州	Guizhou	19628307	343388	21925951	2195791
云南	Yunnan	21343227	315458	24271034	2131920
西藏	Xizang	2299495	10932	3091549	174362
陕西	Shaanxi	27866579	362371	30015825	2726621
甘肃	Gansu	12286499	75042	13525341	1067053
青海	Qinghai	2262830	15941	2485998	271692
宁夏	Ningxia	3370634	9751	3567231	425249
新疆	Xinjiang	15224348	93874	16657229	1630024

有限责任公司
Limited Liability Corporations

单位：万元
Unit: 10 000 yuan

地区	Region	商品购进额 Total Purchases Value	#进口 Imports	商品销售额 Total Sales Value	期末商品库存额 Inventory (year-end)
全国	**National Total**	**1115475723**	**19702622**	**1221551113**	**105809746**
北京	Beijing	74861767	1754503	79757201	6245102
天津	Tianjin	17167093	289695	18070541	1345722
河北	Hebei	35281550	479284	36773082	3950955
山西	Shanxi	18327346	201939	19489971	2216326
内蒙古	Inner Mongolia	9902254	127262	10993885	1250248
辽宁	Liaoning	24975171	349275	27110137	2616715
吉林	Jilin	11405855	220097	12432619	1249219
黑龙江	Heilongjiang	13007424	167426	13941683	1410924
上海	Shanghai	57374570	566000	66313053	4925088
江苏	Jiangsu	109192800	1916592	121120593	9461199
浙江	Zhejiang	92734369	1980818	101202528	7480206
安徽	Anhui	33227239	360761	35600323	3250395
福建	Fujian	49454352	859678	54307462	3247719
江西	Jiangxi	28965735	271698	33195367	2300984
山东	Shandong	72482467	890992	79015777	7199829
河南	Henan	43535644	688801	45759633	4930998
湖北	Hubei	54113703	552593	60337452	8304825
湖南	Hunan	34636005	320043	38473738	2547294
广东	Guangdong	123582323	2658961	137226466	10649053
广西	Guangxi	19336626	222631	20731102	2161837
海南	Hainan	11316157	2028637	13160956	2364008
重庆	Chongqing	28998898	312690	32380270	2284222
四川	Sichuan	58327589	1260425	62419337	4453872
贵州	Guizhou	17489953	343388	19298448	2109333
云南	Yunnan	17231882	310940	18738707	1803468
西藏	Xizang	1403845	10932	2029751	139826
陕西	Shaanxi	26865277	361956	28941527	2641192
甘肃	Gansu	10152509	75042	11200377	1007355
青海	Qinghai	2149889	15941	2358709	264497
宁夏	Ningxia	3334221	9751	3366782	415008
新疆	Xinjiang	14641213	93874	15803636	1582327

股份有限公司 单位：万元
Share-holding Corporations Ltd. Unit: 10 000 yuan

地 区	Region	商品购进额 Total Purchases Value	#进 口 Imports	商品销售额 Total Sales Value	期末商品库存额 Inventory (year-end)
全 国	**National Total**	**85832154**	**298648**	**115548049**	**5287804**
北 京	Beijing	3596997	72745	4026049	919818
天 津	Tianjin	673483		789578	52263
河 北	Hebei	2055921	46269	2827342	170096
山 西	Shanxi	3105948		4670227	142408
内蒙古	Inner Mongolia	3757118		5295240	121550
辽 宁	Liaoning	5681971		6363115	161447
吉 林	Jilin	1263930		3438511	70849
黑龙江	Heilongjiang	2518538		3074605	41558
上 海	Shanghai	1831817	1633	2030333	193324
江 苏	Jiangsu	4384143	34141	6269849	271902
浙 江	Zhejiang	2670517	17552	3496924	278842
安 徽	Anhui	3592550		4177653	143035
福 建	Fujian	1879572	21	2778524	197360
江 西	Jiangxi	804924		1314215	61566
山 东	Shandong	5875513	59529	6985758	364346
河 南	Henan	2110645	2542	2584876	216532
湖 北	Hubei	3579209	59	4523875	130446
湖 南	Hunan	2416870	39121	4879544	239334
广 东	Guangdong	9523195	17265	15964070	500295
广 西	Guangxi	284437		465817	21918
海 南	Hainan	5030		7540	2282
重 庆	Chongqing	6183050	1432	8228508	181893
四 川	Sichuan	10412934	2123	11199022	324993
贵 州	Guizhou	1048752		1442899	53688
云 南	Yunnan	3442688	4218	4794352	282734
西 藏	Xizang	684054		826696	15079
陕 西	Shaanxi	187737		217476	30383
甘 肃	Gansu	1693456		1871238	41872
青 海	Qinghai	98394		111253	5693
宁 夏	Ningxia	29504		192311	9734
新 疆	Xinjiang	439258		700652	40566

非公司企业法人 单位：万元
Non Corporate Legal Entity Unit: 10 000 yuan

地区	Region	商品购进额 Total Purchases Value	#进口 Imports	商品销售额 Total Sales Value	期末商品库存额 Inventory (year-end)
全国	**National Total**	**7645508**	**9057**	**12279694**	**440134**
北京	Beijing	719559	860	784297	41823
天津	Tianjin	120288		135056	4430
河北	Hebei	76819		86588	10665
山西	Shanxi	64436		71671	2978
内蒙古	Inner Mongolia	10066		14644	403
辽宁	Liaoning	89903		103445	8791
吉林	Jilin	20171		24552	656
黑龙江	Heilongjiang	65989		75684	12025
上海	Shanghai	163080	64	204479	26150
江苏	Jiangsu	640067	638	686167	26272
浙江	Zhejiang	450523		507747	13062
安徽	Anhui	56187		62694	4366
福建	Fujian	42210		45825	1865
江西	Jiangxi	130849		798841	8327
山东	Shandong	522666	7496	949336	56002
河南	Henan	594811		596416	30168
湖北	Hubei	1008154		1237964	35722
湖南	Hunan	312276		348934	8517
广东	Guangdong	827698		3672244	55600
广西	Guangxi	55210		64998	5803
海南	Hainan	22859		26444	925
重庆	Chongqing	68777		138538	2187
四川	Sichuan	102447		118212	3864
贵州	Guizhou	605931		628389	15200
云南	Yunnan	64505		69969	9388
西藏	Xizang	166881		180490	12819
陕西	Shaanxi	232194		230156	32101
甘肃	Gansu	320953		323411	8173
青海	Qinghai	691		779	20
宁夏	Ningxia	2093		2643	33
新疆	Xinjiang	87217		89080	1799

3-2-6 续表 4 Continued 4

个人独资企业　　　　单位：万元

Sole Proprietorship Enterprises　　　　Unit: 10 000 yuan

地　区	Region	商品购进额 Total Purchases Value	#进口 Imports	商品销售额 Total Sales Value	期末商品库存额 Inventory (year-end)
全　国	**National Total**	**14931332**	**9197**	**16881401**	**741272**
北　京	Beijing	10977		13433	989
天　津	Tianjin	27371		30370	6047
河　北	Hebei	397784		451772	26892
山　西	Shanxi	418899		457001	22385
内蒙古	Inner Mongolia	44880	896	51845	3042
辽　宁	Liaoning	371017		416594	20894
吉　林	Jilin	78715		92811	3707
黑龙江	Heilongjiang	93367		105778	5422
上　海	Shanghai	10257		11163	896
江　苏	Jiangsu	1166339	12	1418828	54066
浙　江	Zhejiang	314193	83	360080	25599
安　徽	Anhui	300230		304173	10957
福　建	Fujian	579686		638466	26545
江　西	Jiangxi	457201	2662	509278	23340
山　东	Shandong	1703247	752	1910005	108091
河　南	Henan	1268750		1411602	62806
湖　北	Hubei	1214696		1348169	52081
湖　南	Hunan	2039312	3512	2289654	63436
广　东	Guangdong	1408626		1649079	58149
广　西	Guangxi	236454		274663	14284
海　南	Hainan	8912		10708	524
重　庆	Chongqing	308571		354917	16171
四　川	Sichuan	793769	564	911061	44024
贵　州	Guizhou	353146		402557	13668
云　南	Yunnan	589594	300	651430	35257
西　藏	Xizang	44716		54612	6637
陕　西	Shaanxi	506133	415	548929	20020
甘　肃	Gansu	118881		129530	9608
青　海	Qinghai	13856		15257	1482
宁　夏	Ningxia	4816		5496	474
新　疆	Xinjiang	46937		52142	3779

3-2-6 续表 5 Continued 5

合伙企业
Partnership Enterprises

单位：万元
Unit: 10 000 yuan

地　区	Region	商品购进额 Total Purchases Value	#进口 Imports	商品销售额 Total Sales Value	期末商品库存额 Inventory (year-end)
全　国	**National Total**	**1974172**	**2757**	**2250713**	**78189**
北　京	Beijing				
天　津	Tianjin	13002		13978	1255
河　北	Hebei	56722		66498	1723
山　西	Shanxi	20532		21422	1729
内蒙古	Inner Mongolia	4461		8780	475
辽　宁	Liaoning				
吉　林	Jilin	8489		9800	79
黑龙江	Heilongjiang	61851		63421	544
上　海	Shanghai	4702		6397	526
江　苏	Jiangsu	136941		176358	3692
浙　江	Zhejiang	102508		117238	2583
安　徽	Anhui	59615		68907	1789
福　建	Fujian	80529		87730	2091
江　西	Jiangxi	124974		146355	7360
山　东	Shandong	31308		38507	1047
河　南	Henan	52029		57608	7306
湖　北	Hubei	93928	857	104162	5226
湖　南	Hunan	457560	1900	515453	14479
广　东	Guangdong	277655		311429	13630
广　西	Guangxi	90991		100351	2633
海　南	Hainan	1984		2217	32
重　庆	Chongqing	12538		14564	136
四　川	Sichuan	52378		60304	1390
贵　州	Guizhou	129255		152417	3872
云　南	Yunnan	14558		16576	1072
西　藏	Xizang				
陕　西	Shaanxi	75238		77737	2924
甘　肃	Gansu	701		786	44
青　海	Qinghai				
宁　夏	Ningxia				
新　疆	Xinjiang	9723		11719	1553

3-2-6 续表 6 Continued 6

港澳台投资企业 单位：万元

Enterprises with Investment from Hong Kong, Macao and Taiwan Unit: 10 000 yuan

地 区	Region	商品购进额 Total Purchases Value	#进 口 Imports	商品销售额 Total Sales Value	期末商品库存额 Inventory (year-end)
全 国	**National Total**	**100847813**	**6712932**	**126897988**	**10247021**
北 京	Beijing	4945722	161521	6289237	619478
天 津	Tianjin	2235454	21736	3161579	435533
河 北	Hebei	905109	37050	1072251	58386
山 西	Shanxi	375892	49195	402727	19179
内蒙古	Inner Mongolia	312769	4146	294496	24556
辽 宁	Liaoning	1770912	132637	2013645	133375
吉 林	Jilin	535534	151	692295	42336
黑龙江	Heilongjiang	453696	4206	469422	33692
上 海	Shanghai	21769347	3486761	34371324	4486464
江 苏	Jiangsu	11728939	440191	12653615	651040
浙 江	Zhejiang	9094790	188828	10415759	661617
安 徽	Anhui	2352423	62443	2514476	105113
福 建	Fujian	2831121	19231	3324017	240189
江 西	Jiangxi	1328192	46737	1335234	66376
山 东	Shandong	4268089	164580	4602281	312500
河 南	Henan	3168015	38696	3206946	121335
湖 北	Hubei	2753796	8724	3227447	114338
湖 南	Hunan	2080616	153532	2465011	197417
广 东	Guangdong	17858371	1126212	20480183	1245382
广 西	Guangxi	775767	59681	822886	59013
海 南	Hainan	425212	40322	462717	27304
重 庆	Chongqing	1054567	166896	1207064	68784
四 川	Sichuan	3237861	119811	3546169	217985
贵 州	Guizhou	533739	9126	580498	29592
云 南	Yunnan	947492	51372	1040428	72659
西 藏	Xizang	56874		54973	8413
陕 西	Shaanxi	2246975	71514	5367823	115613
甘 肃	Gansu	235513	28181	262872	20203
青 海	Qinghai	60270		58506	6969
宁 夏	Ningxia	145724		144191	12864
新 疆	Xinjiang	359034	19453	357915	39315

外商投资企业
PrivForeign Invested Enterprises

单位：万元
Unit: 10 000 yuan

地 区	Region	商品购进额 Total Purchases Value	#进 口 Imports	商品销售额 Total Sales Value	期末商品库存额 Inventory (year-end)
全 国	**National Total**	**110509990**	**6777014**	**174869845**	**8872947**
北 京	Beijing	15608230	438248	18623126	792319
天 津	Tianjin	3007910	3390	3245081	207765
河 北	Hebei	3384059	36592	4774600	208848
山 西	Shanxi	586890	14855	480365	16147
内 蒙 古	Inner Mongolia	873724		736083	16248
辽 宁	Liaoning	2323079	42223	2587673	202560
吉 林	Jilin	147473		200769	17006
黑 龙 江	Heilongjiang	437409	1932	1131857	15357
上 海	Shanghai	14430921	5131035	24287496	3070612
江 苏	Jiangsu	13225169	35618	16868881	519057
浙 江	Zhejiang	7094599	550102	16498071	512147
安 徽	Anhui	2233217		5714049	87715
福 建	Fujian	2774296	15668	6894098	105464
江 西	Jiangxi	374860	1432	2273333	27582
山 东	Shandong	3115014	59826	6465750	179943
河 南	Henan	1818887	166	4148485	136787
湖 北	Hubei	5532218		7280940	551614
湖 南	Hunan	1853285	1	8731820	91118
广 东	Guangdong	11794698	322791	15950931	1052074
广 西	Guangxi	228834		237210	34799
海 南	Hainan	2358660		2384654	38251
重 庆	Chongqing	1847969	19240	2072712	82185
四 川	Sichuan	6486610	79347	7574138	348357
贵 州	Guizhou	3156791		6403087	253982
云 南	Yunnan	2202268	4122	5314318	135849
西 藏	Xizang				
陕 西	Shaanxi	3208825	457	3593537	136732
甘 肃	Gansu	210390		208582	16542
青 海	Qinghai				
宁 夏	Ningxia				
新 疆	Xinjiang	193705	19971	188204	15887

3-2-6 续表 8 Continued 8

其他统计类别 单位：万元

Other Statistical Categories Unit: 10 000 yuan

地区	Region	商品购进额 Total Purchases Value	#进口 Imports	商品销售额 Total Sales Value	期末商品库存额 Inventory (year-end)
全国	**National Total**	**843054**	**3249**	**1035602**	**26590**
北京	Beijing	11605		13443	140
天津	Tianjin				
河北	Hebei	5847		6015	20
山西	Shanxi	79525		85303	824
内蒙古	Inner Mongolia	500		594	
辽宁	Liaoning	17082	2706	21491	111
吉林	Jilin				
黑龙江	Heilongjiang	28121		31701	604
上海	Shanghai				
江苏	Jiangsu	410285	512	534582	8837
浙江	Zhejiang	26389		28417	2587
安徽	Anhui	2057		2945	2
福建	Fujian	5575		8048	152
江西	Jiangxi	44783		53705	1922
山东	Shandong	86493		100990	3934
河南	Henan				
湖北	Hubei	20896		24477	478
湖南	Hunan	1183		2325	42
广东	Guangdong	1774		5484	3377
广西	Guangxi	612		639	
海南	Hainan				
重庆	Chongqing	3709		4218	75
四川	Sichuan	11229		12964	111
贵州	Guizhou	181		424	412
云南	Yunnan	54014	30	58894	1626
西藏	Xizang				
陕西	Shaanxi	16306		19590	340
甘肃	Gansu	23		352	10
青海	Qinghai				
宁夏	Ningxia	4935		5908	
新疆	Xinjiang	9931		13093	985

3-2-7 各地区限额以上零售业企业商品购、销、存情况（按国民经济行业分）

Total Purchases, Sales and Inventory of Enterprises above Designated Size of Retail Trade by Region and Sector

综合零售
Integrated Retail

单位：万元
Unit: 10 000 yuan

地区	Region	商品购进额 Total Purchases Value	#进口 Imports	商品销售额 Total Sales Value	期末商品库存额 Inventory (year-end)
全国	**National Total**	**188423763**	**5922196**	**227390891**	**19514216**
北京	Beijing	12155691	281700	14118723	699179
天津	Tianjin	1945853		2240455	146462
河北	Hebei	7537333	72214	9620936	864072
山西	Shanxi	2991570		3558418	341864
内蒙古	Inner Mongolia	1134822	2848	1657274	117484
辽宁	Liaoning	4741520	31034	5585967	450832
吉林	Jilin	1399861	1511	2272588	166919
黑龙江	Heilongjiang	2596935	3767	3199732	172178
上海	Shanghai	13373597	3226308	18414607	1274905
江苏	Jiangsu	17608030	35148	21485860	973904
浙江	Zhejiang	11821938	11612	13406722	749610
安徽	Anhui	6197388	6343	6960330	490456
福建	Fujian	6481982	3519	7575362	387560
江西	Jiangxi	5591496	10097	6274204	348113
山东	Shandong	15389163	62271	19259817	1244812
河南	Henan	7328204	793	8373726	684797
湖北	Hubei	11490168	2308	14098519	4789713
湖南	Hunan	6228719	721	7329102	334317
广东	Guangdong	14362162	289555	16644741	1182318
广西	Guangxi	2213495	153	2584247	223953
海南	Hainan	4046604	1861932	5304574	1562420
重庆	Chongqing	7187611	3842	7556368	368805
四川	Sichuan	10759836	8506	12527706	715800
贵州	Guizhou	2149242	1354	2267052	197485
云南	Yunnan	2453526	4237	2692304	263235
西藏	Xizang	225475	273	708299	23837
陕西	Shaanxi	5218130	142	6526540	371631
甘肃	Gansu	1334252	4	1803128	129621
青海	Qinghai	287331	4	387709	33528
宁夏	Ningxia	719175		823215	60294
新疆	Xinjiang	1452655		2132666	144110

3-2-7 续表 1 Continued 1

食品、饮料及烟草制品专门零售
Special Retail of Food, Beverages and Tobaccos

单位：万元
Unit: 10 000 yuan

地　区	Region	商品购进额 Total Purchases Value	#进口 Imports	商品销售额 Total Sales Value	期末商品库存额 Inventory (year-end)
全　国	**National Total**	**60614193**	**293195**	**71871492**	**5502275**
北　京	Beijing	2240998	9159	2916569	520634
天　津	Tianjin	430242	27207	541196	39843
河　北	Hebei	669761		902086	88070
山　西	Shanxi	1065887	336	1146840	107383
内蒙古	Inner Mongolia	320566		383950	46354
辽　宁	Liaoning	870619	5187	1041379	60835
吉　林	Jilin	392012	1466	473874	66423
黑龙江	Heilongjiang	576762	17849	660068	64182
上　海	Shanghai	2418131	29942	3253772	269379
江　苏	Jiangsu	8049018	15896	9228458	568019
浙　江	Zhejiang	3168596	16030	3735256	246786
安　徽	Anhui	1396631	53	1592403	126811
福　建	Fujian	3242366	15807	3778231	333825
江　西	Jiangxi	2059374	3525	2510792	126228
山　东	Shandong	2760346	17144	3152519	282767
河　南	Henan	1794347	2177	2078388	286760
湖　北	Hubei	5262548	4269	6239458	289778
湖　南	Hunan	2459019	930	2807459	101752
广　东	Guangdong	5114657	105766	6612081	598254
广　西	Guangxi	1402917	3688	1595365	111778
海　南	Hainan	247610		318702	48162
重　庆	Chongqing	2470101	6752	2753490	102426
四　川	Sichuan	2932087	307	3384205	194621
贵　州	Guizhou	4777204		5597424	353348
云　南	Yunnan	1573599	4391	1817593	158494
西　藏	Xizang	53707		62862	6660
陕　西	Shaanxi	1411166	1365	1649915	164985
甘　肃	Gansu	493049	1483	562698	46079
青　海	Qinghai	82931		86326	12273
宁　夏	Ningxia	167643		196247	13403
新　疆	Xinjiang	710299	2469	791883	65962

纺织、服装及日用品专门零售
Special Retail of Textiles, Garments and Daily Consumer Articles

单位：万元
Unit: 10 000 yuan

地区	Region	商品购进额 Total Purchases Value	#进口 Imports	商品销售额 Total Sales Value	期末商品库存额 Inventory (year-end)
全国	**National Total**	**54409621**	**4617464**	**84995193**	**11556207**
北京	Beijing	2018086	104753	3367330	649917
天津	Tianjin	1244587	1966	2230412	432911
河北	Hebei	384316	1468	459450	58030
山西	Shanxi	580490		752847	99402
内蒙古	Inner Mongolia	140168		193800	24541
辽宁	Liaoning	872625		1218252	249867
吉林	Jilin	65196		89460	15044
黑龙江	Heilongjiang	237694	248	310725	25830
上海	Shanghai	20838178	4323591	38627315	5376047
江苏	Jiangsu	3677994	13148	4728260	644404
浙江	Zhejiang	3026107	22036	4123640	650524
安徽	Anhui	842249	628	1052474	146857
福建	Fujian	4348943	20379	6057200	213287
江西	Jiangxi	863813	773	1003441	84220
山东	Shandong	1547179	8003	2017788	316753
河南	Henan	1117035	3302	1357384	137597
湖北	Hubei	1488159	5502	1934548	178584
湖南	Hunan	977327		1163304	99296
广东	Guangdong	5820421	88812	8712136	1450160
广西	Guangxi	272904		345172	47697
海南	Hainan	85749	160	114737	27805
重庆	Chongqing	1037435	15762	1250758	177480
四川	Sichuan	1504531	4273	1892369	228975
贵州	Guizhou	126416		156351	21076
云南	Yunnan	434035	2576	527182	46573
西藏	Xizang	11297		11873	1495
陕西	Shaanxi	440846	84	765349	94460
甘肃	Gansu	134923		181805	24298
青海	Qinghai	84718		99036	12678
宁夏	Ningxia	8764		10059	5788
新疆	Xinjiang	177435		240736	14611

3-2-7 续表 3 Continued 3

文化、体育用品及器材专门零售
Special Retail of Culture, Sports Appliances and Equipments

单位：万元
Unit: 10 000 yuan

地区	Region	商品购进额 Total Purchases Value	#进口 Imports	商品销售额 Total Sales Value	期末商品库存额 Inventory (year-end)
全国	**National Total**	**35259026**	**1523565**	**43573924**	**8090283**
北京	Beijing	5390294	720321	6618777	1658812
天津	Tianjin	234415	460	337700	57262
河北	Hebei	661974		740090	170062
山西	Shanxi	375070		432977	133578
内蒙古	Inner Mongolia	277450		298312	56148
辽宁	Liaoning	756600	1317	843713	144288
吉林	Jilin	220688	44	262105	60254
黑龙江	Heilongjiang	215987		258427	107683
上海	Shanghai	3566826	761234	5723424	1461408
江苏	Jiangsu	5211923	8500	6422662	1299352
浙江	Zhejiang	1346416	1116	1642036	353161
安徽	Anhui	994084	1284	1020900	136835
福建	Fujian	1170031	2895	1285573	162359
江西	Jiangxi	1298628	3069	1670384	98215
山东	Shandong	1695329	1994	1843871	316177
河南	Henan	1375032		1532163	161911
湖北	Hubei	1661281	4912	2270919	233025
湖南	Hunan	1594177	520	1777380	151952
广东	Guangdong	2201380	3370	2866904	499833
广西	Guangxi	705187	1365	739115	83896
海南	Hainan	77769		103773	19931
重庆	Chongqing	676573		768871	158108
四川	Sichuan	1240389	5545	1634546	175606
贵州	Guizhou	265303		288939	25902
云南	Yunnan	581428	5040	628990	43905
西藏	Xizang	22018		19862	3253
陕西	Shaanxi	669065	244	743681	139963
甘肃	Gansu	276881	220	278990	54416
青海	Qinghai	16164		17708	4067
宁夏	Ningxia	39635	115	38168	16703
新疆	Xinjiang	441028		462965	102219

医药及医疗器材专门零售
Special Retail of Medicines and Medical Appliances

单位：万元
Unit: 10 000 yuan

地 区	Region	商品购进额 Total Purchases Value	#进口 Imports	商品销售额 Total Sales Value	期末商品库存额 Inventory (year-end)
全 国	**National Total**	**49610701**	**171105**	**62395697**	**7493080**
北 京	Beijing	1053947	81529	1342141	190559
天 津	Tianjin	366367	1436	436156	60709
河 北	Hebei	1679699	854	2048954	339764
山 西	Shanxi	1086914		1283925	194330
内 蒙 古	Inner Mongolia	754416		1022103	154404
辽 宁	Liaoning	1688064		2317100	346647
吉 林	Jilin	946451	296	1221489	181682
黑 龙 江	Heilongjiang	1116593		1339380	184699
上 海	Shanghai	1359677		1623325	165155
江 苏	Jiangsu	4770136	4636	6040755	589876
浙 江	Zhejiang	3380914	3574	4218479	421178
安 徽	Anhui	1325551	3788	1546438	228351
福 建	Fujian	1272792	1910	1739778	166404
江 西	Jiangxi	1293335	213	1627019	158615
山 东	Shandong	4462840	1534	5140901	670426
河 南	Henan	2103753	301	2538968	344649
湖 北	Hubei	2609040	1218	3078238	270950
湖 南	Hunan	2385222	39121	3058071	243422
广 东	Guangdong	4565868	7972	6120122	681255
广 西	Guangxi	1147042	8554	1441768	304861
海 南	Hainan	112880		147307	38634
重 庆	Chongqing	1613339	1648	2002626	203012
四 川	Sichuan	2989489	10898	3483038	329094
贵 州	Guizhou	641818		827750	145996
云 南	Yunnan	1233838		2109666	284419
西 藏	Xizang	11714		15602	3722
陕 西	Shaanxi	1799974	1625	2107156	263817
甘 肃	Gansu	524959		684034	104196
青 海	Qinghai	114088		136966	21650
宁 夏	Ningxia	131597		173913	38275
新 疆	Xinjiang	1068385		1522530	162332

3-2-7 续表 5 Continued 5

汽车、摩托车、零配件和燃料及其他动力销售
Retail of Motor Vehicles, Motorcycles, Parts and Fuel and Other Powers

单位：万元
Unit: 10 000 yuan

地 区	Region	商品购进额 Total Purchases Value	#进口 Imports	商品销售额 Total Sales Value	期末商品库存额 Inventory (year-end)
全 国	**National Total**	**710817791**	**18980651**	**791162944**	**59047661**
北 京	Beijing	26354839	892783	26231280	2370996
天 津	Tianjin	12725437	277383	12731602	1049958
河 北	Hebei	25706863	519666	26693734	2587072
山 西	Shanxi	14138635	264082	15598190	1294447
内蒙古	Inner Mongolia	11399685	129455	12863060	898038
辽 宁	Liaoning	20422016	488551	21467587	1670955
吉 林	Jilin	9443037	216665	11524714	801923
黑龙江	Heilongjiang	10205171	150541	11307979	848787
上 海	Shanghai	26284317	586332	26697906	2213191
江 苏	Jiangsu	65312533	2250652	70983701	4923545
浙 江	Zhejiang	63681887	2540496	73093673	4582509
安 徽	Anhui	22805136	383991	26799037	1987092
福 建	Fujian	23162838	771158	26302880	1460735
江 西	Jiangxi	13895073	271295	18121319	1236605
山 东	Shandong	44546712	994599	49048054	3931339
河 南	Henan	32896584	696932	35293110	3337674
湖 北	Hubei	27480726	529483	30011156	2747988
湖 南	Hunan	22386533	465400	32472042	1784827
广 东	Guangdong	80168903	2883672	93009100	6262610
广 西	Guangxi	12556626	266771	12946301	1313161
海 南	Hainan	7052472	206867	7134727	496683
重 庆	Chongqing	18085675	376468	20705336	1233294
四 川	Sichuan	43960055	1426168	45184829	3059408
贵 州	Guizhou	14214314	351160	17872621	1607871
云 南	Yunnan	16405093	354016	20867446	1352695
西 藏	Xizang	1874394	10658	2143139	131815
陕 西	Shaanxi	19262466	419856	19192996	1646838
甘 肃	Gansu	9350961	100646	9780838	684538
青 海	Qinghai	1585633	15936	1645183	176000
宁 夏	Ningxia	2204988	8141	2166974	254265
新 疆	Xinjiang	11248191	130828	11272430	1100800

3-2-7 续表 6 Continued 6

家用电器及电子产品专门零售
Special Retail of Household Electric Appliances and Electronic Products

单位：万元
Unit: 10 000 yuan

地 区	Region	商品购进额 Total Purchases Value	#进 口 Imports	商品销售额 Total Sales Value	期末商品库存额 Inventory (year-end)
全 国	**National Total**	**71678696**	**466861**	**79220848**	**7234913**
北 京	Beijing	10241085	25425	12270108	562826
天 津	Tianjin	694064	2023	837745	53246
河 北	Hebei	1483581	7	1502267	222102
山 西	Shanxi	1183957		1268600	176344
内 蒙 古	Inner Mongolia	552279		600625	94494
辽 宁	Liaoning	1230655		1295131	138215
吉 林	Jilin	481618		512752	63345
黑 龙 江	Heilongjiang	706463		754400	82999
上 海	Shanghai	4589581	111911	4919776	413804
江 苏	Jiangsu	8474258	9814	9228445	842364
浙 江	Zhejiang	3534250	3335	3808828	406395
安 徽	Anhui	2268048	1969	2389187	184106
福 建	Fujian	1985584	10	2207816	157162
江 西	Jiangxi	1881836	9419	2100715	174685
山 东	Shandong	4288584	25474	4612574	528658
河 南	Henan	2779656	650	3025562	389640
湖 北	Hubei	4372735	1505	4708471	368365
湖 南	Hunan	2610085	5861	2890759	164854
广 东	Guangdong	7110120	261468	7854069	1065958
广 西	Guangxi	1073057		1184969	158874
海 南	Hainan	272461		291307	52690
重 庆	Chongqing	2481685	3818	2701123	140163
四 川	Sichuan	3187449	2576	3587179	240572
贵 州	Guizhou	455773		528876	76014
云 南	Yunnan	1101542		1212217	141409
西 藏	Xizang	86142		93834	9550
陕 西	Shaanxi	1432282	103	1533218	144661
甘 肃	Gansu	365878		430967	46561
青 海	Qinghai	128506		141499	17281
宁 夏	Ningxia	197915	1495	237427	44064
新 疆	Xinjiang	427566		490403	73517

五金、家具及室内装饰材料专门零售
Special Retail of Hardware, Furniture and Interior Decoration Materials

单位：万元
Unit: 10 000 yuan

地区	Region	商品购进额 Total Purchases Value	#进口 Imports	商品销售额 Total Sales Value	期末商品库存额 Inventory (year-end)
全国	**National Total**	**16624711**	**177794**	**19853981**	**1846429**
北京	Beijing	612530	40422	903175	132666
天津	Tianjin	164936	1180	204251	67978
河北	Hebei	76940		100674	14123
山西	Shanxi	93972		108313	20210
内蒙古	Inner Mongolia	7815		8945	1838
辽宁	Liaoning	139350	1	160641	21782
吉林	Jilin	30119		34943	12379
黑龙江	Heilongjiang	61196		76376	11336
上海	Shanghai	1004583	41894	1464409	205271
江苏	Jiangsu	3464717	9597	3953495	237985
浙江	Zhejiang	427329	30784	579242	79878
安徽	Anhui	306455	1442	357568	26895
福建	Fujian	1318624		1518435	240668
江西	Jiangxi	1081023	16215	1197791	60646
山东	Shandong	714584	3818	832565	100255
河南	Henan	473485	946	552514	49603
湖北	Hubei	1758935	6311	2025041	123473
湖南	Hunan	932571	5555	1114439	43295
广东	Guangdong	1170699	14651	1611983	160206
广西	Guangxi	147238	59	167092	19943
海南	Hainan	13360		17173	2779
重庆	Chongqing	818858	1399	893920	41561
四川	Sichuan	590611		698202	50659
贵州	Guizhou	24126		29282	6511
云南	Yunnan	518561		535959	33949
西藏	Xizang	3918		5962	522
陕西	Shaanxi	553140	3522	587832	58005
甘肃	Gansu	41035		41267	7749
青海	Qinghai	14714		14948	630
宁夏	Ningxia				
新疆	Xinjiang	59290		57543	13637

3-2-7 续表 8 Continued 8

货摊、无店铺及其他零售业
Stalls, Non-shop and Other Retails

单位：万元
Unit: 10 000 yuan

地区	Region	商品购进额 Total Purchases Value	#进口 Imports	商品销售额 Total Sales Value	期末商品库存额 Inventory (year-end)
全国	**National Total**	**250650659**	**1362645**	**290880431**	**11222067**
北京	Beijing	39687386	271785	41738681	1834078
天津	Tianjin	5438701	3167	5886665	144647
河北	Hebei	3975936	4986	4002126	86553
山西	Shanxi	1462974	1571	1528578	54418
内蒙古	Inner Mongolia	318569		367498	23222
辽宁	Liaoning	4507686	753	4686330	60473
吉林	Jilin	481186	266	499432	15884
黑龙江	Heilongjiang	949595	1158	987065	22432
上海	Shanghai	22149805	104279	26499710	1323899
江苏	Jiangsu	24316075	80312	27657239	916617
浙江	Zhejiang	22100450	108400	28018888	1486603
安徽	Anhui	5687975	23708	6726882	275970
福建	Fujian	14664181	78920	17618896	699385
江西	Jiangxi	4267604	7923	5121346	210149
山东	Shandong	12680060	68339	14160313	834505
河南	Henan	2680683	25105	3013751	113300
湖北	Hubei	12193009	6725	13718136	192853
湖南	Hunan	4223453		5093923	237922
广东	Guangdong	44775019	469964	51845653	1677080
广西	Guangxi	1490464	1722	1693636	36124
海南	Hainan	2229910		2622935	184220
重庆	Chongqing	4106802	90569	5768300	210804
四川	Sichuan	12260371	3999	13449133	399862
贵州	Guizhou	664822		1341664	45574
云南	Yunnan	245379	722	293316	17376
西藏	Xizang	67705		85089	1922
陕西	Shaanxi	2551616	7400	5890088	94945
甘肃	Gansu	210486	870	233420	6350
青海	Qinghai	9016		15128	555
宁夏	Ningxia	51574		71327	5321
新疆	Xinjiang	202169		245285	9026

3-3-1 限额以上批发和零售业企业年末资产负债

项　目	Item	流动资产合　计 Total Current Assets	#存 货 Stock
总　计	**Total**	**4558740143**	**618443682**
一、批发业	**Wholesale Trade**	**3994371047**	**489770277**
#国有控股	State-controlled Enterprises	1371084805	183782659
(一)按登记注册统计类别分	**By Registered Statistical Categories**		
1.内资企业	Domestic Invested Enterprises	3439700483	411006001
有限责任公司	Limited Liability Corporations	3131843921	374473631
股份有限公司	Share-holding Corporations Ltd.	241357493	24299590
非公司企业法人	Non Corporate Legal Entity	63411568	11757284
个人独资企业	Sole Proprietorship Enterprises	2003265	340075
合伙企业	Partnership Enterprises	1065881	134363
其他内资企业	Other Domestic Invested Enterprises	18355	1058
2.港澳台投资企业	Enterprises with Investment from Hong Kong, Macao and Taiwan	256888436	32137877
3.外商投资企业	Foreign Invested Enterprises	296638816	46445174
4.其他统计类别	Other Statistical Categories	1143313	181225

注：限额以上批发和零售业企业中包含视同法人企业，部分视同法人企业资产不等于负债与所有者权益之和(下表同)。

Assets and Liabilities of Enterprises above Designated Size of Wholesale and Retail Trades at the Year-end

单位：万元
Unit:10 000 yuan

固定资产原价 Original Value of Fixed Assets	累计折旧 Accumulated Depreciation	#本年折旧 Current Year Depreciation	资产总计 Total Assets	负债合计 Total Liabilities	所有者权益合计 Total Owners' Equities	实收资本 Paid-up Capitals
379010515	**165128915**	**26581224**	**5985362025**	**4334095170**	**1657069383**	**1147536363**
233470841	**99286926**	**16627484**	**5168056829**	**3725822051**	**1444136219**	**861691617**
97688614	40477671	5065070	1991590719	1319236045	674246421	329514252
194551836	80330445	13039277	4438220089	3251302918	1188818602	757105700
163652526	63910037	11443567	3917082827	2985061255	931925303	692710075
16764579	7749203	867478	442795889	240958949	203834746	60902173
13697409	8509634	689800	74724010	22569343	52154667	2860137
384917	140325	33596	2442831	1736735	706096	563451
49831	20578	4662	1153552	967484	185961	66837
2574	668	175	20981	9152	11829	3026
11545443	4989247	872894	328712987	220190127	108522859	50189268
26934055	13836416	2681310	399506542	253380188	146126365	54277943
439508	130819	34003	1617211	948818	668393	118706

Note: For the financial data of Wholesale and Retail Trades enterprises above designated size, total assets may not equal to liabities plus total owner's equities, due to the fact that there are some establishments which are regarded as enterprises. The same applies to the tables following.

项　　目	Item	流动资产合　　计 Total Current Assets	#存 货 Stock
(二)按国民经济行业分	**by Sector**		
农、林、牧、渔产品批发	Wholesale of Agricultural, Forestry, Livestock and Fishery Products	160414553	38858082
食品、饮料及烟草制品批发	Wholesale of Food, Beverages and Tobaccos	372030332	71037150
米、面制品及食用油批发	Wholesale of Rice, Flour and Edible Oil	67249848	21120347
肉、禽、蛋、奶及水产品批发	Wholesale of Meal, Fowls, Eggs, Milk and Aquatic Products	48427337	9567737
酒、饮料及茶叶批发	Wholesale of Wine, Beverages and Teas	103806852	19078772
烟草制品批发	Wholesale of Tobaccos	61454419	10047431
纺织、服装及家庭用品批发	Wholesale of Textiles, Wearing Apparel and Household Articles	300105013	44450222
服装批发	Wholesale of Garments	55247778	9487879
鞋帽批发	Wholesale of Shoes and Hats	18130194	3218212
日用家电批发	Wholesale of Household Electrical Appliances	79710897	11358969
文化、体育用品及器材批发	Wholesale of Culture, Sports Appliances and Equipments	85638442	16090649
文具用品批发	Wholesale of Stationeries	28966047	2910295
体育用品及器材批发	Wholesale of Sports Appliances and Equipments	7016846	901841
图书批发	Wholesale of Books	13867391	2507068
医药及医疗器材批发	Wholesale of Medicines and Medical Appliances	304415507	46698861
西药批发	Wholesale of Western Medicines	178018060	26947880
中药批发	Wholesale of Chinese Traditional Medicines	35356625	5031775
矿产品、建材及化工产品批发	Wholesale of Mineral Products, Building Materials and Chemical Products	1963710639	179163263
煤炭及制品批发	Wholesale of Coal and Related Products	293264346	20549018
石油及制品批发	Wholesale of Petroleum and Related Products	245466047	37459741
金属及金属矿批发	Wholesale of Metal Materials	818952792	68933566
建材批发	Wholesale of Building Materials	242465979	16577626
化肥批发	Wholesale of Chemical Fertilizer	32843634	6572841
农药批发	Wholesale of Pesticides	10743664	1215690
机械设备、五金产品及电子产品批发	Wholesale of Machinery, Hardware and Electronic Products	685651180	83108965
汽车及零配件批发	Wholesale of Motor Vehicles and Their Parts	238887993	29212359
计算机、软件及辅助设备批发	Wholesale of Computer, Software and Assistant Appliances	62279583	10106225
通讯设备批发	Wholesale of Communication Equipments	53627987	5835566
贸易经纪与代理	Trade Broker and Agency	38172047	2197073
其他批发业	Other Wholesale not Classified Elsewhere	84233334	8166011

3-3-1 Continued 1

单位：万元
Unit:10 000 yuan

固定资产原　价 Original Value of Fixed Assets	累计折旧 Accumulated Depreciation	#本年折旧 Current Year Depreciation	资产总计 Total Assets	负债合计 Total Liabilities	所有者权益合　计 Total Owners' Equities	实收资本 Paid-up Capitals
15587628	5290999	867478	216239761	163430856	52808905	32857228
37103466	17112111	2310067	456155773	293340510	162811205	84203359
6607935	2234223	339494	85751968	67794610	17954078	13419127
4557681	1514169	310675	60284303	48447469	11832985	11066783
4816628	2000682	447666	121481226	80107696	41374530	12940985
13423339	8522427	666402	73079951	14724098	58355854	2184672
16900633	7815455	1226006	372829690	272245968	100583007	71878906
3987233	1939431	285212	69832682	46789366	23043316	9155334
1014329	511249	106800	20286432	15451397	4835035	1357610
2247406	883084	124404	98039195	76239552	21798843	22506850
5186633	2105884	291795	114863686	75193614	39668051	20359258
1164847	533084	70949	41072209	28120731	12949456	8487142
476727	179880	33425	7800748	5492900	2307848	573083
1777305	570507	63512	21369551	12011343	9358207	2217415
17660482	8212032	1421014	358953034	259187329	99766415	47576961
7887333	3298757	550986	211377061	154096216	57281719	29846493
2322892	840595	142794	41640969	31935885	9705083	5631847
103377825	42379101	6697630	2674885492	1923337914	753471047	436960439
15021553	5717251	907822	459667487	301181869	158435446	77672849
37340186	17745177	2231166	341894727	247262793	96826987	60164152
23972972	8640358	1514802	1063395366	799304135	264088207	177696694
10545415	3212084	814934	293869515	228126330	65742668	41217804
1931583	589320	113852	46907044	32821521	14083689	6819230
473712	225700	34675	35598211	10339005	25259205	2449539
31502903	14107937	3305531	822851205	625102840	197763102	143647295
6745532	3081810	578767	285628420	233615595	52030056	58354337
1738594	681856	143806	69734318	53732779	16001202	12329055
872240	417519	57292	60502242	48351724	12148879	6788014
814262	341222	56866	45285452	34386149	10899304	4988063
5337009	1922185	451095	105992736	79596873	26365183	19220107

项目	Item	流动资产合计 Total Current Assets	#存货 Stock
二、零售业	**Retail Trade**	**564369095**	**128673405**
#国有控股	State-controlled Enterprises	**93442138**	**17833100**
(一)按登记注册统计类别分	**By Registered Statistical Categories**		
1.内资企业	**Domestic Invested Enterprises**	469081485	109781256
有限责任公司	Limited Liability Corporations	421183536	102257354
股份有限公司	Share-holding Corporations Ltd.	40700350	6125170
非公司企业法人	Non Corporate Legal Entity	3306228	492437
个人独资企业	Sole Proprietorship Enterprises	3417811	819304
合伙企业	Partnership Enterprises	463253	84498
其他内资企业	Other Domestic Invested Enterprises	10307	2492
2.港澳台投资企业	Enterprises with Investment from Hong Kong, Macao and Taiwan	47483780	9634007
3.外商投资企业	Foreign Invested Enterprises	47531545	9206764
4.其他统计类别	Other Statistical Categories	272286	51378
(二)按国民经济行业分	**by Sector**		
综合零售	Integrated Retail	112958663	15729927
百货零售	Retail of General Merchandise	65311455	7798306
超级市场零售	Retail of Supermarkets	41408199	7041426
食品、饮料及烟草制品专门零售	Special Retail of Food, Beverages and Tobaccos	34145556	6378003
粮油零售	Retail of Cereal and Oil	2786290	526147
肉、禽、蛋、奶及水产品零售	Retail of Meat, Poultry, Eggs, Milk and Aquatic Products	4984316	707746
酒、饮料及茶叶零售	Retail of Wine, Beverages and Teas	10748805	2941101
烟草制品零售	Retail of Tobaccos	1752496	525985
纺织、服装及日用品专门零售	Special Retail of Textiles, Garments and Daily Consumer Articles	40442607	12150207

单位：万元
Unit:10 000 yuan

固定资产原价 Original Value of Fixed Assets	累计折旧 Accumulated Depreciation	#本年折旧 Current Year Depreciation	资产总计 Total Assets	负债合计 Total Liabilities	所有者权益合计 Total Owners' Equities	实收资本 Paid-up Capitals
145539674	**65841989**	**9953739**	**817305196**	**608273119**	**212933165**	**285844746**
40016026	**18577130**	**2064298**	**174582534**	**102590467**	**75818922**	**37473574**
113593277	49981892	7994299	661568594	500052312	165512261	259321774
90727060	38894641	6841355	568207424	444719003	123784894	250074652
18700456	9566775	852527	81529280	50154304	35099340	7063467
1525184	664726	83500	5488620	1994406	3469976	429248
2340929	758116	194488	5565903	2781189	2784093	1172983
297649	96086	22262	766535	400886	365649	580309
1998	1549	166	10834	2525	8309	1116
12616227	6550652	835470	70687334	54185341	16501994	12402906
19139289	9249121	1108572	84579943	53827357	30657695	14037698
190881	60324	15398	469325	208110	261215	82368
47620169	22890552	2625631	197330183	150867500	46579577	52604515
30020878	13656345	1331292	120845260	83060690	37793363	27543339
16041334	8593212	1148251	67404772	59758610	7712695	22707142
7299685	2543435	560963	47730244	29835365	17894385	11826639
854135	252007	62773	4542488	2826110	1716378	1653171
1339082	403038	104692	7655527	5014860	2640667	1785730
1731011	534709	109446	13597538	7947330	5650209	3432163
294503	172250	18227	2301297	848231	1453066	311546
6608150	3012205	497436	53679345	40385169	13293980	16107411

项　　目	Item	流动资产合　　计 Total Current Assets	#存 货 Stock
服装零售	Retail of Garments	23714655	7740107
文化、体育用品及器材专门零售	Special Retail of Culture, Sports Appliances and Equipments	31678338	8005619
体育用品及器材零售	Retail of Sports Appliances and Equipments	1400163	450773
图书、报刊零售	Retail of Books, Newspapers and Magazines	16090879	2108495
医药及医疗器材专门零售	Special Retail of Medicines and Medical Appliances	29768154	8032197
西药零售	Retail of Western Medicines	27217563	7412101
汽车、摩托车、零配件和燃料及其他动力销售	Retail of Motor Vehicles, Motorcycles, Parts, Fuel and Other Powers	201813439	57126719
汽车新车零售	Retail of New Motor Vehicles	154631294	48690052
机动车燃油零售	Retail of Fuel Oil of Motor Vehicles	37977640	6589118
家用电器及电子产品专门零售	Special Retail of Household Electric Appliances and Electronic Products	34154832	7953535
日用家电零售	Retail of Household Electric Appliances	16018437	3354717
计算机、软件及辅助设备零售	Retail of Computer, Software and Assistant Appliances	5740899	1301527
通信设备零售	Retail of Communication Equipments	6779358	1841202
五金、家具及室内装饰材料专门零售	Special Retail of Hardware, Furniture and Interior Decoration Materials	9483130	1918198
货摊、无店铺及其他零售业	Stalls, Non-shop and Other Retails	69924376	11379001
互联网零售	Retail on the Internet	65126368	10623862
(三)按零售业态分	**by Mode of Business Operation**		
有店铺零售	Store-based Retailing	461044538	110557300
超市	Supermarket	77482034	12981530
百货店	Department Store	79211629	12002635
专业店	Speciality Store	155196365	38995218
品牌专卖店	Brand Store	186316189	57309638
集合店	Collection Store	6643044	1649759
无店铺零售	Non-Store Selling	172687637	33587280

单位：万元
Unit:10 000 yuan

固定资产原价 Original Value of Fixed Assets	累计折旧 Accumulated Depreciation	#本年折旧 Current Year Depreciation	资产总计 Total Assets	负债合计 Total Liabilities	所有者权益合计 Total Owners' Equities	实收资本 Paid-up Capitals
4288072	1920852	278214	32504725	24365745	8138980	12961534
6220915	2677214	352930	42934768	25269911	17664223	8969454
344585	184587	21886	1914833	1493065	421768	328836
4267289	1774766	187518	22675096	12413197	10261899	4306843
3335769	1534562	305348	40036228	30902674	9133554	4517815
3006300	1402476	275173	36700555	28512342	8188214	3975234
61363657	27952849	4547184	298684453	221902959	80585509	154949428
29240804	13375543	2634224	193275012	162070225	31204515	122987588
29317413	13474095	1658487	92144138	50062869	45111251	25235307
3287494	1487424	326190	41201666	30783290	10418606	8274527
1488830	623121	110755	19036435	14512933	4523181	3408946
595317	339456	104421	7950230	5065737	2884493	1595773
355721	176635	32714	7441617	6136525	1305643	2084831
3402533	1243645	244180	13673855	10530314	3143541	3550954
6401301	2500102	493876	82034454	67795938	14219790	25044003
4021216	1368161	334721	74681577	63128246	11553907	22494081
133637468	61467746	8944842	690825233	509524781	185073005	243217205
30875423	15380097	1961411	127592426	103459970	24209923	39871649
34225276	15362868	1618194	143935554	99421395	44522953	32332546
44601381	19773541	3069383	229614703	159513512	71512640	68328580
34129112	15741356	2856222	240555212	188436849	52333517	115073155
1690448	632935	130103	9351324	7342094	2018121	2952010
24027287	10021273	1890202	225419437	173189756	52415882	79654712

3-3-2 各地区限额以上批发业企业年末资产负债

Assets and Liabilities of Enterprises above Designated Size of Wholesale Trade by Region at the Year-end

单位：万元

Unit: 10 000 yuan

地 区	Region	资产总计 Total Assets	#流动资产合计 Total Current Assets	#固定资产净额 Net Value of Fixed Assets	负债合计 Total Liabilities	所有者权益合计 Total Owners' Equities
全 国	**National Total**	**5168056829**	**3994371047**	**98592271**	**3725822051**	**1444136219**
北 京	Beijing	597674075	402437549	8890691	388646364	209044849
天 津	Tianjin	139732683	119669698	1442666	110003390	29729494
河 北	Hebei	93290810	77492734	1601227	70132729	23157967
山 西	Shanxi	142899828	105317775	2628436	103789733	39109855
内蒙古	Inner Mongolia	47602706	29649130	1408005	29646696	17939275
辽 宁	Liaoning	68884870	56847231	4315163	51794610	16972972
吉 林	Jilin	27156337	20210115	1373681	19903105	7253232
黑龙江	Heilongjiang	38736904	30800574	1218844	29288895	9447846
上 海	Shanghai	586446508	454451566	6960258	393329455	193117053
江 苏	Jiangsu	502699886	402864111	11333625	382252783	120413342
浙 江	Zhejiang	499527522	403073611	7240865	380021904	119505618
安 徽	Anhui	92745485	76436467	1891953	70712745	22032623
福 建	Fujian	274779603	205377670	3736484	197344393	77435087
江 西	Jiangxi	64401535	53972846	1585638	48026829	16371811
山 东	Shandong	362401947	298450479	6996083	287380455	75019169
河 南	Henan	85653354	71710630	1894720	61425555	24168918
湖 北	Hubei	98619232	76530100	3066865	70720884	27893248
湖 南	Hunan	54520296	43045525	1455611	38777022	15839235
广 东	Guangdong	635498838	518499575	9402513	488221816	147276885
广 西	Guangxi	85339700	61544282	1921670	59832659	24725358
海 南	Hainan	58529094	45977906	681009	40615091	17914219
重 庆	Chongqing	69206154	57173260	2012145	48484910	21549145
四 川	Sichuan	159276577	119521388	4269697	106342072	52935388
贵 州	Guizhou	77722359	51951093	1091547	44046249	33406718
云 南	Yunnan	65896413	48719393	2067338	42735560	23160852
西 藏	Xizang	4373172	3984266	94227	2435719	1937453
陕 西	Shaanxi	73803244	58216295	1704891	50601456	23201334
甘 肃	Gansu	33036079	17688593	1903118	20938046	12098033
青 海	Qinghai	19377491	8655578	496256	10105300	9272191
宁 夏	Ningxia	6346576	4794826	358667	6736082	2075483
新 疆	Xinjiang	101877549	69306783	3548379	71529545	30131563

3-3-2 续表 Continued

国有控股

State-controlled Enterprises

单位：万元

Unit: 10 000 yuan

地　区	Region	资产总计 Total Assets	#流动资产合计 Total Current Assets	#固定资产净额 Net Value of Fixed Assets	负债合计 Total Liabilities	所有者权益合计 Total Owners' Equities
全　国	**National Total**	**1991590719**	**1371084805**	**46836014**	**1319236045**	**674246421**
北　京	Beijing	349745808	209540405	5425298	212378819	137366989
天　津	Tianjin	35422934	29394090	627361	25724058	9698875
河　北	Hebei	32301454	24140987	434389	21683095	10618359
山　西	Shanxi	100785843	72139764	1785410	71668428	29117415
内蒙古	Inner Mongolia	18181280	11030062	772987	9674389	8489283
辽　宁	Liaoning	23920555	19554870	886815	16458057	7345211
吉　林	Jilin	16437997	11456405	1086392	11356742	5081256
黑龙江	Heilongjiang	22003011	17393123	830852	16943304	5059707
上　海	Shanghai	146643398	94356445	1563421	87653009	58990389
江　苏	Jiangsu	164294866	126402364	5077742	129175555	35085355
浙　江	Zhejiang	108754006	82797200	2060594	76354254	32399752
安　徽	Anhui	40434925	29810794	808709	27184836	13250090
福　建	Fujian	123038443	78532570	934798	80818055	42220389
江　西	Jiangxi	34161060	27192862	892662	24827680	9333380
山　东	Shandong	117780759	93284347	2582334	90667968	27112791
河　南	Henan	30249247	24188112	884765	19882979	10307309
湖　北	Hubei	43847224	32905335	1412181	31750021	12097203
湖　南	Hunan	24941056	17737421	765913	16544118	8492899
广　东	Guangdong	126859803	84294822	4482178	83115287	43744516
广　西	Guangxi	44345298	30173308	1195043	29012072	14550607
海　南	Hainan	20422701	14994562	266641	12031106	8391595
重　庆	Chongqing	25032478	17868446	1207782	15607936	10252442
四　川	Sichuan	89632045	63702692	2827777	57216195	32415850
贵　州	Guizhou	63554742	39580384	849009	32962325	30322149
云　南	Yunnan	45731089	31605509	1391260	26868001	18863088
西　藏	Xizang	1207213	1036412	69941	473564	733649
陕　西	Shaanxi	45197200	33654525	1200242	29334559	15862641
甘　肃	Gansu	24323087	10335520	1508061	14056273	10266813
青　海	Qinghai	15357075	6291502	396294	7258227	8098848
宁　夏	Ningxia	1723023	1121045	227064	3360494	827562
新　疆	Xinjiang	55261100	34568922	2382101	37194640	17850010

3-3-3 各地区限额以上批发业企业年末资产负债(按登记注册统计类别分)

Assets and Liabilities of Enterprises above Designated Size of Wholesale Trade by Region and Registered Statistical Categories at the Year-end

内资企业
Domestic Funded Enterprises

单位：万元
Unit: 10 000 yuan

地区	Region	资产总计 Total Assets	#流动资产合计 Total Current Assets	#固定资产净额 Net Value of Fixed Assets	负债合计 Total Liabilities	所有者权益合计 Total Owners' Equities
全国	**National Total**	**4438220089**	**3439700483**	**82065176**	**3251302918**	**1188818602**
北京	Beijing	447539707	293661262	7580867	292892221	154664624
天津	Tianjin	123592071	105438253	1271439	98498023	25094248
河北	Hebei	90083818	75738619	1458423	68531035	21552669
山西	Shanxi	141677189	105075645	2625695	103307766	38369184
内蒙古	Inner Mongolia	46974292	29238219	1399190	29484255	17473301
辽宁	Liaoning	60183233	52581073	1355959	45900947	14164999
吉林	Jilin	26856879	20035558	1351444	19655547	7201332
黑龙江	Heilongjiang	38259066	30427329	1213454	28938020	9320883
上海	Shanghai	335090771	249618802	3347393	225405983	109684788
江苏	Jiangsu	443968233	357000147	9915100	344120303	99814169
浙江	Zhejiang	456915430	372981038	6241172	354765330	102150100
安徽	Anhui	82989960	68129872	1382179	61577559	21412284
福建	Fujian	258694236	194845355	3213795	187341777	71352336
江西	Jiangxi	62312281	52408421	1429574	46680175	15629210
山东	Shandong	331234220	274290761	6494523	269738085	61493812
河南	Henan	83281018	70028029	1770131	60202849	23019288
湖北	Hubei	81632718	64908847	2516665	58337851	23289767
湖南	Hunan	53688933	42389520	1445499	38129463	15655431
广东	Guangdong	549435906	455641656	7337964	433893808	115541960
广西	Guangxi	82709039	60319931	1650859	58139276	23788080
海南	Hainan	52899492	40887842	404312	36979549	15920158
重庆	Chongqing	62228197	51313122	1678654	43211893	19844204
四川	Sichuan	152759106	114825218	4107856	101964414	50795576
贵州	Guizhou	77358329	51755944	1088262	43786133	33302803
云南	Yunnan	62368506	47795865	1982108	41057848	21310658
西藏	Xizang	3928735	3592454	90606	2282989	1645746
陕西	Shaanxi	72672017	57163652	1683855	49913266	22758297
甘肃	Gansu	32785506	17570974	1863583	20822267	11963239
青海	Qinghai	16669987	6352482	377395	8394563	8275425
宁夏	Ningxia	6340472	4789914	357761	6735283	2070177
新疆	Xinjiang	101090744	68894680	3429458	70614440	30259853

有限责任公司
Limited Liability Corporations

单位：万元
Unit: 10 000 yuan

地 区	Region	资产总计 Total Assets	#流动资产合计 Total Current Assets	#固定资产净额 Net Value of Fixed Assets	负债合计 Total Liabilities	所有者权益合计 Total Owners' Equities
全 国	**National Total**	**3917082827**	**3131843921**	**69841722**	**2985061255**	**931925303**
北 京	Beijing	392436302	263424464	7063961	265708715	126744726
天 津	Tianjin	111263601	99991224	1089926	93914470	17349332
河 北	Hebei	70304841	63423398	1211485	58577640	11727088
山 西	Shanxi	129908917	97499738	2390037	95290574	34618103
内 蒙 古	Inner Mongolia	42968777	26810065	1242562	28457054	14512595
辽 宁	Liaoning	52352993	46643984	1077389	41529079	10823914
吉 林	Jilin	24017642	18329357	1179817	18147678	5869964
黑 龙 江	Heilongjiang	31251493	27021571	864288	25872316	5379013
上 海	Shanghai	266562110	219435210	2897736	199011106	67551004
江 苏	Jiangsu	397487606	327830985	8780375	317159594	80294251
浙 江	Zhejiang	415045026	346300820	5503925	332185784	82859242
安 徽	Anhui	69575286	60386638	1111766	54478019	15097150
福 建	Fujian	230121086	179823648	2941676	172191063	57929899
江 西	Jiangxi	57604184	49469043	1147684	44805182	12796107
山 东	Shandong	305204881	255040275	6162086	248236909	56965649
河 南	Henan	74176644	64166585	1260789	55829464	18347258
湖 北	Hubei	76282699	61235273	2105536	55652039	20625560
湖 南	Hunan	44973058	37959519	885210	34955777	10017282
广 东	Guangdong	484527618	419084166	5529005	399334228	85193359
广 西	Guangxi	75247038	56219582	1387354	56139164	19108810
海 南	Hainan	49821708	39161074	346772	35920667	13901256
重 庆	Chongqing	48909858	40271717	1343606	35833569	13076289
四 川	Sichuan	139626567	104823977	3565213	95825156	43802294
贵 州	Guizhou	72966583	48372364	793380	42234202	30462989
云 南	Yunnan	50975025	38719708	1357304	37089000	13886025
西 藏	Xizang	3467504	3234744	70543	2161895	1305608
陕 西	Shaanxi	67241257	53403614	1282094	46605678	20635125
甘 肃	Gansu	30871022	16139813	1681336	19911154	10959868
青 海	Qinghai	14146990	5203677	213605	7121676	7025315
宁 夏	Ningxia	5343488	4154166	268951	4324415	1433929
新 疆	Xinjiang	82401022	58263524	3086309	60557986	21626299

3-3-3 续表 2 Continued 2

股份有限公司
Share-holding Corporations Ltd.

单位：万元
Unit: 10 000 yuan

地 区	Region	资产总计 Total Assets	#流动资产合计 Total Current Assets	#固定资产净额 Net Value of Fixed Assets	负债合计 Total Liabilities	所有者权益合计 Total Owners' Equities
全 国	**National Total**	**442795889**	**241357493**	**7546740**	**240958949**	**203834746**
北 京	Beijing	51292864	26862658	379130	25450198	25842667
天 津	Tianjin	11047635	4267721	135823	4163719	6883916
河 北	Hebei	17496026	10406418	100598	9316296	8179730
山 西	Shanxi	10061633	6092698	85746	7387907	2673727
内 蒙 古	Inner Mongolia	2990851	1506685	94172	885563	2087679
辽 宁	Liaoning	3452999	2106826	102187	1768090	1567622
吉 林	Jilin	2191300	1172190	88051	1433237	758063
黑 龙 江	Heilongjiang	5604201	2154531	276523	2574576	3029624
上 海	Shanghai	68341754	30001440	449144	26265241	42076513
江 苏	Jiangsu	38313556	21468393	878216	24002137	14311420
浙 江	Zhejiang	36978571	22114688	586071	21235484	15743088
安 徽	Anhui	10829159	5427558	146257	6852984	3976175
福 建	Fujian	25477116	12322457	64865	14518553	10958563
江 西	Jiangxi	2287713	1104964	82684	1133864	1153849
山 东	Shandong	24919743	18309795	297977	20768305	4151438
河 南	Henan	5866413	3413458	190263	3222645	2584809
湖 北	Hubei	2280243	1157908	145525	1213250	1066993
湖 南	Hunan	5859852	2716834	165868	2804219	3151594
广 东	Guangdong	60815924	33295289	1667725	32698665	28117259
广 西	Guangxi	6084250	2964726	149720	1663891	3637740
海 南	Hainan	2145775	899817	32696	853606	1292169
重 庆	Chongqing	10828178	9055350	143642	6692763	4963314
四 川	Sichuan	8317548	6026137	299601	4738796	3578752
贵 州	Guizhou	1190662	701260	8982	834694	355968
云 南	Yunnan	3483966	2146590	224596	2249648	1234318
西 藏	Xizang	388690	311214	4653	97753	290937
陕 西	Shaanxi	3724073	2488098	212409	2724256	999817
甘 肃	Gansu	774517	522015	74048	507888	266629
青 海	Qinghai	2056925	753698	143344	1172789	884135
宁 夏	Ningxia	404122	161540	59939	2213877	240379
新 疆	Xinjiang	17289628	9424537	256287	9514053	7775861

非公司企业法人
Non Corporate Legal Entity

单位：万元
Unit: 10 000 yuan

地 区	Region	资产总计 Total Assets	#流动资产合计 Total Current Assets	#固定资产净额 Net Value of Fixed Assets	负债合计 Total Liabilities	所有者权益合计 Total Owners' Equities
全 国	**National Total**	**74724010**	**63411568**	**4514545**	**22569343**	**52154667**
北 京	Beijing	3752655	3322369	132681	1688244	2064411
天 津	Tianjin	1230835	1133386	45483	384212	846623
河 北	Hebei	2194088	1832021	142578	581315	1612774
山 西	Shanxi	1646280	1432581	148789	575770	1070510
内 蒙 古	Inner Mongolia	969238	878151	62179	104691	864547
辽 宁	Liaoning	4295117	3767693	174463	2541516	1753601
吉 林	Jilin	637382	524331	83096	65322	572060
黑 龙 江	Heilongjiang	1364699	1213455	72287	473613	891086
上 海	Shanghai	53261	51069	210	37132	16130
江 苏	Jiangsu	7889801	7470553	234077	2802681	5087119
浙 江	Zhejiang	4710750	4394032	146144	1178772	3531978
安 徽	Anhui	2545530	2279756	122262	217115	2328415
福 建	Fujian	2996581	2606626	205553	557038	2439542
江 西	Jiangxi	2230796	1688388	186046	620092	1610704
山 东	Shandong	880125	726704	26928	523098	357027
河 南	Henan	3186619	2413816	308287	1116349	2070270
湖 北	Hubei	2898934	2387618	241208	1360657	1538277
湖 南	Hunan	2786468	1658086	387817	322668	2463800
广 东	Guangdong	2911067	2240868	106616	914962	1996105
广 西	Guangxi	1307821	1066590	113369	268225	1039596
海 南	Hainan	868943	764102	24795	142353	726590
重 庆	Chongqing	2478295	1977497	189463	680730	1797565
四 川	Sichuan	4637596	3833464	235783	1270216	3367380
贵 州	Guizhou	3182388	2664005	285591	698629	2483760
云 南	Yunnan	7816291	6877640	396249	1685677	6130615
西 藏	Xizang	72541	46496	15409	23340	49200
陕 西	Shaanxi	1665607	1237523	188176	559756	1105851
甘 肃	Gansu	1126765	897624	107801	394032	732733
青 海	Qinghai	428363	374603	17424	71055	357308
宁 夏	Ningxia	582350	465340	28323	188755	393595
新 疆	Xinjiang	1376824	1185181	85457	521328	855496

个人独资企业
Sole Proprietorship Enterprises

单位：万元
Unit: 10 000 yuan

地　区	Region	资产总计 Total Assets	#流动资产合计 Total Current Assets	#固定资产净额 Net Value of Fixed Assets	负债合计 Total Liabilities	所有者权益合计 Total Owners' Equities
全　国	**National Total**	**2442831**	**2003265**	**144235**	**1736735**	**706096**
北　京	Beijing	54782	48668	5095	41879	12903
天　津	Tianjin	16079	15590	21	12717	3362
河　北	Hebei	83162	71944	3467	50419	32743
山　西	Shanxi	51910	42808	690	49273	2637
内蒙古	Inner Mongolia	43991	43013	277	36846	7145
辽　宁	Liaoning	79319	59884	1921	59950	19369
吉　林	Jilin	10555	9681	479	9310	1245
黑龙江	Heilongjiang	37217	36633	356	17509	19708
上　海	Shanghai	74545	73462	296	61194	13351
江　苏	Jiangsu	255643	210726	22432	135131	120511
浙　江	Zhejiang	122050	114697	3445	107565	14484
安　徽	Anhui	32987	28921	1895	23791	9196
福　建	Fujian	52582	45774	1697	31061	21521
江　西	Jiangxi	153954	110395	12860	90696	63258
山　东	Shandong	213784	198721	7354	195621	18163
河　南	Henan	47469	30573	10792	31218	16251
湖　北	Hubei	97041	57713	24325	41530	55511
湖　南	Hunan	45065	32240	5979	25948	19117
广　东	Guangdong	575792	472739	25153	455445	120348
广　西	Guangxi	65610	64963	391	64004	1606
海　南	Hainan	6133	5966		6170	-37
重　庆	Chongqing	11866	8558	1943	4830	7036
四　川	Sichuan	88555	66665	3182	52090	36466
贵　州	Guizhou	18696	18316	309	18609	87
云　南	Yunnan	93223	51927	3959	33523	59700
西　藏	Xizang					
陕　西	Shaanxi	37647	31693	698	21639	16009
甘　肃	Gansu	3944	2446	243	2011	1933
青　海	Qinghai	37709	20504	3023	29042	8667
宁　夏	Ningxia	10511	8867	547	8236	2275
新　疆	Xinjiang	21011	19179	1405	19480	1531

合伙企业

Partnership Enterprises

单位：万元

Unit: 10 000 yuan

地 区	Region	资产总计 Total Assets	#流动资产合计 Total Current Assets	#固定资产净额 Net Value of Fixed Assets	负债合计 Total Liabilities	所有者权益合计 Total Owners' Equities
全 国	**National Total**	**1153552**	**1065881**	**17928**	**967484**	**185961**
北 京	Beijing	3104	3104		3186	-82
天 津	Tianjin	33921	30332	185	22905	11015
河 北	Hebei	5700	4839	296	5366	334
山 西	Shanxi	8449	7820	433	4241	4207
内蒙古	Inner Mongolia	1436	305		100	1336
辽 宁	Liaoning	2805	2686		2313	492
吉 林	Jilin					
黑龙江	Heilongjiang	1457	1140		5	1452
上 海	Shanghai	59100	57622	9	31311	27790
江 苏	Jiangsu	21628	19489		20760	868
浙 江	Zhejiang	59033	56801	1587	57725	1308
安 徽	Anhui	6998	6998		5650	1349
福 建	Fujian	46872	46851	4	44061	2811
江 西	Jiangxi	35633	35633	300	30340	5293
山 东	Shandong	15686	15266	178	14152	1534
河 南	Henan	3874	3598		3174	700
湖 北	Hubei	73801	70336	70	70375	3426
湖 南	Hunan	24489	22840	625	20851	3638
广 东	Guangdong	584524	530240	9457	481357	103060
广 西	Guangxi	4320	4070	26	3991	329
海 南	Hainan	56932	56883	49	56752	180
重 庆	Chongqing					
四 川	Sichuan	88840	74974	4077	78156	10684
贵 州	Guizhou					
云 南	Yunnan					
西 藏	Xizang					
陕 西	Shaanxi	3433	2724	477	1938	1496
甘 肃	Gansu	9259	9075	156	7182	2077
青 海	Qinghai					
宁 夏	Ningxia					
新 疆	Xinjiang	2259	2259		1592	667

港澳台投资企业　　单位：万元

Enterprises with Investment from Hong Kong, Macao and Taiwan　　Unit: 10 000 yuan

地　区	Region	资产总计 Total Assets	#流动资产合计 Total Current Assets	#固定资产净额 Net Value of Fixed Assets	负债合计 Total Liabilities	所有者权益合计 Total Owners' Equities
全　国	**National Total**	**328712987**	**256888436**	**5263117**	**220190127**	**108522859**
北　京	Beijing	70586507	54920960	611374	53733517	16852990
天　津	Tianjin	9043219	8279349	35242	6405457	2637762
河　北	Hebei	1454301	1086599	2672	985886	468416
山　西	Shanxi	1097734	148346	83	455037	642697
内蒙古	Inner Mongolia	436283	351759	140	298304	137979
辽　宁	Liaoning	960900	844344	22111	740672	220228
吉　林	Jilin	4616	4611		8304	-3688
黑龙江	Heilongjiang	78493	21583	1335	22232	56261
上　海	Shanghai	92761701	72000483	1436164	60374582	32387119
江　苏	Jiangsu	27096438	21718287	617551	17509983	9586455
浙　江	Zhejiang	20075064	17016464	373716	12398653	7676410
安　徽	Anhui	7060715	5874963	454724	6395434	665281
福　建	Fujian	9698929	8100775	408569	6087059	3611870
江　西	Jiangxi	157174	117027	22615	120393	36781
山　东	Shandong	20088880	14221868	239403	11542046	8546833
河　南	Henan	1121290	924084	18089	804422	316867
湖　北	Hubei	5060356	4412574	51722	3960497	1099859
湖　南	Hunan	438684	387086	3652	301670	137014
广　东	Guangdong	50551925	36847548	616221	30981493	19570432
广　西	Guangxi	679312	669890	332	498885	180427
海　南	Hainan	4696191	4191106	258159	3199461	1496729
重　庆	Chongqing	2012621	1746550	59763	1244890	767730
四　川	Sichuan	1981489	1733610	9503	1360437	621052
贵　州	Guizhou	317948	194594	3283	236205	81742
云　南	Yunnan	271557	186406	605	138478	133079
西　藏	Xizang	444437	391812	3621	152730	291708
陕　西	Shaanxi	377996	361202	3766	125305	252691
甘　肃	Gansu	45882	35645	7441	21870	24013
青　海	Qinghai	252	252		-2	255
宁　夏	Ningxia					
新　疆	Xinjiang	112093	98661	1262	86224	25869

外商投资企业 单位：万元

Foreign Invested Enterprises Unit: 10 000 yuan

地区	Region	资产总计 Total Assets	#流动资产合计 Total Current Assets	#固定资产净额 Net Value of Fixed Assets	负债合计 Total Liabilities	所有者权益合计 Total Owners' Equities
全国	**National Total**	**399506542**	**296638816**	**11120333**	**253380188**	**146126365**
北京	Beijing	79533852	53845847	695184	42011770	37522082
天津	Tianjin	7097393	5952095	135985	5099910	1997484
河北	Hebei	1749186	665280	139325	613962	1135224
山西	Shanxi	121228	91309	2658	25162	96066
内蒙古	Inner Mongolia	190238	58120	8675	-137953	328190
辽宁	Liaoning	7729937	3416045	2936577	5149676	2580261
吉林	Jilin	294843	169946	22238	239254	55588
黑龙江	Heilongjiang	377695	337332	401	313283	64413
上海	Shanghai	158592567	132831069	2176701	107548353	51044214
江苏	Jiangsu	30791610	23503399	750453	20058316	10733294
浙江	Zhejiang	22531887	13072284	625873	12853953	9677934
安徽	Anhui	2675114	2421975	49214	2729302	-54188
福建	Fujian	6382139	2428300	113769	3913616	2468524
江西	Jiangxi	1863686	1396874	127668	1212288	651399
山东	Shandong	10864299	9773661	249045	5971147	4893152
河南	Henan	1245746	753852	106167	414499	831247
湖北	Hubei	11810034	7178401	457520	8398307	3411727
湖南	Hunan	378736	261621	5479	342180	36556
广东	Guangdong	35493361	25996117	1447522	23336194	12157167
广西	Guangxi	1938610	546894	269148	1193761	744849
海南	Hainan	933412	898958	18537	436081	497331
重庆	Chongqing	4965008	4113374	273728	4028094	936914
四川	Sichuan	4520709	2952219	150974	3014489	1506221
贵州	Guizhou	46083	554	3	23910	22173
云南	Yunnan	3182439	688733	80470	1496623	1685816
西藏	Xizang					
陕西	Shaanxi	706860	661693	10339	541255	165606
甘肃	Gansu	200757	78345	31983	93309	107448
青海	Qinghai	2707251	2302843	118861	1710739	996512
宁夏	Ningxia	5843	4838	906	667	5176
新疆	Xinjiang	576018	236837	114934	748044	-172015

3–3–3 续表 8 Continued 8

其他统计类别 单位：万元
Other Statistical Categories Unit: 10 000 yuan

地区	Region	资产总计 Total Assets	#流动资产合计 Total Current Assets	#固定资产净额 Net Value of Fixed Assets	负债合计 Total Liabilities	所有者权益合计 Total Owners' Equities
全国	**National Total**	**1617211**	**1143313**	**143645**	**948818**	**668393**
北京	Beijing	14008	9480	3267	8856	5153
天津	Tianjin					
河北	Hebei	3505	2236	807	1846	1659
山西	Shanxi	3677	2476		1768	1909
内蒙古	Inner Mongolia	1893	1032		2089	-196
辽宁	Liaoning	10800	5769	516	3315	7484
吉林	Jilin					
黑龙江	Heilongjiang	21650	14330	3654	15360	6289
上海	Shanghai	1469	1213		537	932
江苏	Jiangsu	843605	642278	50521	564181	279424
浙江	Zhejiang	5141	3825	104	3968	1173
安徽	Anhui	19697	9658	5836	10451	9246
福建	Fujian	4299	3240	351	1941	2358
江西	Jiangxi	68394	50524	5782	13973	54422
山东	Shandong	214549	164189	13111	129177	85371
河南	Henan	5300	4665	334	3785	1515
湖北	Hubei	116124	30277	40957	24229	91895
湖南	Hunan	13943	7298	982	3709	10235
广东	Guangdong	17646	14255	807	10320	7326
广西	Guangxi	12739	7567	1331	738	12002
海南	Hainan					
重庆	Chongqing	329	215		33	296
四川	Sichuan	15273	10341	1363	2733	12540
贵州	Guizhou					
云南	Yunnan	73911	48389	4155	42611	31300
西藏	Xizang					
陕西	Shaanxi	46370	29749	6932	21630	24740
甘肃	Gansu	3934	3629	111	600	3333
青海	Qinghai					
宁夏	Ningxia	262	74		132	130
新疆	Xinjiang	98695	76605	2725	80838	17857

3-3-4 各地区限额以上批发业企业年末资产负债(按国民经济行业分)

Assets and Liabilities of Enterprises above Designated Size of Wholesale Trade by Region and Sector at the Year-end

农、林、牧、渔产品批发　　　　　　　　单位：万元

Wholesale of Agricultural, Forestry, Livestock and Fishery Products　　　　Unit: 10 000 yuan

地　区	Region	资产总计 Total Assets	#流动资产合计 Total Current Assets	#固定资产净额 Net Value of Fixed Assets	负债合计 Total Liabilities	所有者权益合计 Total Owners' Equities
全　国	**National Total**	**216239761**	**160414553**	**7006496**	**163430856**	**52808905**
北　京	Beijing	44183113	29831875	251176	30295784	13887330
天　津	Tianjin	5714760	4693845	101814	4600533	1114227
河　北	Hebei	4010674	3465197	106343	3494587	516087
山　西	Shanxi	907984	730632	51348	492421	415564
内蒙古	Inner Mongolia	3331245	2058720	273631	2568153	763092
辽　宁	Liaoning	5702888	5006298	199075	4847733	855155
吉　林	Jilin	3880544	2211331	229407	3106282	774263
黑龙江	Heilongjiang	12325434	8939409	560606	8943231	3382204
上　海	Shanghai	9368561	7896558	74376	7411949	1956612
江　苏	Jiangsu	16600097	12817987	955847	13264066	3336031
浙　江	Zhejiang	11145978	7754924	155119	8450620	2695358
安　徽	Anhui	3249340	2297409	127506	2310067	939273
福　建	Fujian	12508373	10082262	243782	9933758	2574615
江　西	Jiangxi	2443964	1698230	125682	1622278	821686
山　东	Shandong	13489766	10299693	737858	11161048	2328718
河　南	Henan	7428947	6254476	218983	6004047	1424900
湖　北	Hubei	3142815	2403810	250242	2331967	810849
湖　南	Hunan	3353599	2225661	117528	2455912	897688
广　东	Guangdong	12213702	7967461	412208	7772258	4441445
广　西	Guangxi	2306423	1736738	61180	1560835	745588
海　南	Hainan	1840801	1552605	10284	1481191	359610
重　庆	Chongqing	1237093	608447	212987	533026	704067
四　川	Sichuan	7491654	5296471	297675	5407188	2084466
贵　州	Guizhou	2132828	1416910	37316	1613730	519097
云　南	Yunnan	1774571	1093018	99968	1138742	635829
西　藏	Xizang	4775	3332	5	2005	2770
陕　西	Shaanxi	904250	700446	48141	397199	507051
甘　肃	Gansu	1153684	930193	89559	807173	346511
青　海	Xinjiang	37387	30211	668	24383	13004
宁　夏	Ningxia	179018	153965	8356	134893	44126
新　疆	Xinjiang	22175489	18256437	947827	19263798	2911692

食品、饮料及烟草制品批发
Wholesale of Food, Beverages and Tobaccos

单位：万元
Unit: 10 000 yuan

地区	Region	资产总计 Total Assets	#流动资产合计 Total Current Assets	#固定资产净额 Net Value of Fixed Assets	负债合计 Total Liabilities	所有者权益合计 Total Owners' Equities
全国	**National Total**	**456155773**	**372030332**	**15013678**	**293340510**	**162811205**
北京	Beijing	44707633	36189264	549075	34517696	10189937
天津	Tianjin	10705409	9481503	176787	8399174	2306234
河北	Hebei	5008135	4322154	232021	2779503	2228633
山西	Shanxi	6082791	4893041	232157	3060953	3021838
内蒙古	Inner Mongolia	2438130	2020643	116373	1253256	1184874
辽宁	Liaoning	6194296	5102558	272590	3437883	2756413
吉林	Jilin	1312398	1079482	96933	606495	705903
黑龙江	Heilongjiang	6860969	5798760	145977	5226663	1634306
上海	Shanghai	46900371	35530205	729598	31168218	15732153
江苏	Jiangsu	36511998	31667367	1430558	26110793	10397925
浙江	Zhejiang	28360650	23629914	948952	17787594	10573055
安徽	Anhui	12156597	10407967	219443	7121504	5035093
福建	Fujian	24855549	19283918	842471	15861738	8993793
江西	Jiangxi	5256306	4216237	361448	2601544	2654762
山东	Shandong	23444483	19634625	1237292	17088437	6356046
河南	Henan	9490096	7714965	462864	5627217	3862879
湖北	Hubei	16305214	13493339	732945	10763335	5538029
湖南	Hunan	7742668	4994142	554126	3070726	4671942
广东	Guangdong	56637255	46754545	1569303	39044965	17594376
广西	Guangxi	12207673	10022513	416944	8743850	3464823
海南	Hainan	2474158	2213666	69149	1390760	1083398
重庆	Chongqing	6700697	5080245	552050	2804070	3896626
四川	Sichuan	32223991	25369875	1085763	19727472	12496520
贵州	Guizhou	22563287	20297104	411943	11478174	11085113
云南	Yunnan	13637621	11354313	653654	5400899	8236722
西藏	Xizang	642419	545458	64542	180891	461528
陕西	Shaanxi	5410210	4278967	211608	2813525	2596685
甘肃	Gansu	2228634	1494270	247908	1096492	1132142
青海	Xinjiang	878637	666965	25562	427008	451629
宁夏	Ningxia	786409	642673	37335	349331	437078
新疆	Xinjiang	5431093	3849655	326306	3400343	2030749

3-3-4 续表 2 Continued 2

纺织、服装及家庭用品批发 　　　　　　　　单位：万元

Wholesale of Textiles, Wearing Apparel and Household Articles 　　　　　　　　Unit: 10 000 yuan

地　区	Region	资产总计 Total Assets	#流动资产合计 Total Current Assets	#固定资产净额 Net Value of Fixed Assets	负债合计 Total Liabilities	所有者权益合计 Total Owners' Equities
全　国	**National Total**	**372829690**	**300105013**	**6967008**	**272245968**	**100583007**
北　京	Beijing	51802578	39363618	479769	36175296	15627281
天　津	Tianjin	4097405	3535660	119955	3552007	544598
河　北	Hebei	2040227	1718801	42788	1054853	985375
山　西	Shanxi	321623	312183	2854	308281	13341
内蒙古	Inner Mongolia	446959	353560	6523	354177	92782
辽　宁	Liaoning	1389497	1182354	33531	1009112	380385
吉　林	Jilin	223684	183393	1777	186840	36843
黑龙江	Heilongjiang	779966	508243	63191	222407	557558
上　海	Shanghai	54764945	43792868	974828	36136974	18627971
江　苏	Jiangsu	68596183	51184770	1766762	48804379	19791805
浙　江	Zhejiang	55727554	47512894	1010040	44356683	11370871
安　徽	Anhui	7094101	6579757	104200	6543336	550765
福　建	Fujian	29981362	23848048	868026	20734072	9247290
江　西	Jiangxi	1642781	1506615	19534	1297706	345075
山　东	Shandong	20588429	18570785	254814	17942500	2646014
河　南	Henan	3126056	2974239	35648	2720144	405912
湖　北	Hubei	3017498	2453750	71835	2104270	913228
湖　南	Hunan	1541714	1337770	58171	1155514	386200
广　东	Guangdong	50102474	41636674	838365	37906316	12196159
广　西	Guangxi	1210189	1096253	19622	962276	247913
海　南	Hainan	3936775	1880828	68412	1468277	2468498
重　庆	Chongqing	2294686	2178095	18655	1856921	437765
四　川	Sichuan	2824155	2477732	59992	2040830	783325
贵　州	Guizhou	241608	219011	3757	195809	45800
云　南	Yunnan	618452	587533	4237	519508	98944
西　藏	Xizang	332961	332598	14	75326	257635
陕　西	Shaanxi	1490597	1364135	15983	1153299	337298
甘　肃	Gansu	87171	78262	6781	62187	24984
青　海	Xinjiang	602481	199162	291	227965	374516
宁　夏	Ningxia	138355	74538	184	23361	114995
新　疆	Xinjiang	1767225	1060884	16470	1095343	671882

3-3-4 续表 3 Continued 3

文化、体育用品及器材批发 单位：万元

Wholesale of Culture, Sports Appliances and Equipments Unit: 10 000 yuan

地 区	Region	资产总计 Total Assets	#流动资产合计 Total Current Assets	#固定资产净额 Net Value of Fixed Assets	负债合计 Total Liabilities	所有者权益合计 Total Owners' Equities
全 国	**National Total**	**114863686**	**85638442**	**2481523**	**75193614**	**39668051**
北 京	Beijing	16434724	11504659	444210	9344064	7090660
天 津	Tianjin	2387921	2229089	17730	1372143	1015779
河 北	Hebei	1128282	839380	6152	710527	417755
山 西	Shanxi	804777	616405	21048	522637	282141
内蒙古	Inner Mongolia	516164	164725	34069	244219	271945
辽 宁	Liaoning	1264964	616864	4702	565927	699037
吉 林	Jilin	270203	215218	13312	182555	87648
黑龙江	Heilongjiang	769665	405809	47751	367475	402189
上 海	Shanghai	27471228	18005458	254988	16753444	10717783
江 苏	Jiangsu	12338437	8988994	392611	8302794	4035643
浙 江	Zhejiang	11185484	9565688	232276	8529618	2655866
安 徽	Anhui	2642173	2051804	45053	1554074	1088098
福 建	Fujian	4028169	3114322	49797	2923006	1105163
江 西	Jiangxi	580056	539011	12650	434896	145160
山 东	Shandong	7358258	5067676	323608	5217363	2138873
河 南	Henan	1483130	1072226	91579	946234	536896
湖 北	Hubei	1363197	1209696	39860	819030	544167
湖 南	Hunan	783500	670500	29615	493892	289608
广 东	Guangdong	13107429	11645944	186495	9958660	3148769
广 西	Guangxi	1145113	814079	13613	715206	429907
海 南	Hainan	1135386	1015958	27371	668277	467109
重 庆	Chongqing	1484183	1383225	4515	910148	574035
四 川	Sichuan	2124437	1865844	26934	1867505	256931
贵 州	Guizhou	581981	319606	23844	299458	282524
云 南	Yunnan	706435	481837	21560	422474	283961
西 藏	Xizang	6108	6031		1927	4182
陕 西	Shaanxi	822991	639640	21531	529869	293122
甘 肃	Gansu	146246	140840	650	124998	21249
青 海	Xinjiang	71727	48017	12390	46016	25711
宁 夏	Ningxia	63633	45110	1924	20882	42752
新 疆	Xinjiang	657685	354787	79683	344296	313388

3-3-4 续表 4 Continued 4

医药及医疗器材批发 单位：万元

Wholesale of Medicines and Medical Appliances Unit: 10 000 yuan

地 区	Region	资产总计 Total Assets	#流动资产合计 Total Current Assets	#固定资产净额 Net Value of Fixed Assets	负债合计 Total Liabilities	所有者权益合计 Total Owners' Equities
全 国	**National Total**	**358953034**	**304415507**	**6848648**	**259187329**	**99766415**
北 京	Beijing	36055655	28737914	388117	23109372	12946284
天 津	Tianjin	5673206	5139997	95240	4273030	1400176
河 北	Hebei	9022493	8092702	241175	7288058	1734435
山 西	Shanxi	4917359	4575203	57780	3887885	1029474
内 蒙 古	Inner Mongolia	2536004	2332475	46757	1960315	576562
辽 宁	Liaoning	7135735	6488726	153900	5524182	1611554
吉 林	Jilin	4203310	3976493	47764	3379701	823609
黑 龙 江	Heilongjiang	4340702	3999283	54036	3566336	774203
上 海	Shanghai	52171586	40802117	1198521	35603879	16567707
江 苏	Jiangsu	23702218	21677567	384879	18712955	4989263
浙 江	Zhejiang	16968675	13686828	361425	11107641	5861034
安 徽	Anhui	9272029	8249297	194584	7088040	2183989
福 建	Fujian	5936540	5012843	184358	4227633	1708907
江 西	Jiangxi	9357920	8557052	149886	7280948	2076972
山 东	Shandong	24900497	21406772	498382	19541295	5359202
河 南	Henan	14484794	13158503	202634	11425707	3059086
湖 北	Hubei	19162118	15047876	249257	13975455	5186663
湖 南	Hunan	8979604	7862730	226447	6775741	2203863
广 东	Guangdong	37510039	31599076	556623	26536557	10973482
广 西	Guangxi	6378380	5728313	170490	4840084	1538296
海 南	Hainan	3528804	2839197	11167	2454140	1074664
重 庆	Chongqing	13073901	11163694	170237	7816269	5257632
四 川	Sichuan	14422715	11917579	648595	10039951	4382765
贵 州	Guizhou	4036625	3513325	85042	2897179	1139446
云 南	Yunnan	5734836	4791127	136344	4211509	1523326
西 藏	Xizang	1853736	1720864	10267	1240152	613584
陕 西	Shaanxi	6580191	5990910	102137	5461773	1118418
甘 肃	Gansu	2277615	2060805	64111	1702575	575040
青 海	Xinjiang	490204	450329	4715	397857	92347
宁 夏	Ningxia	502458	449530	16558	374331	128127
新 疆	Xinjiang	3743085	3386385	137219	2486777	1256308

3-3-4 续表 5 Continued 5

矿产品、建材及化工产品批发 单位：万元

Wholesale of Mineral Products, Building Materials and Chemical Products Unit: 10 000 yuan

地　区	Region	资产总计 Total Assets	#流动资产合计 Total Current Assets	#固定资产净额 Net Value of Fixed Assets	负债合计 Total Liabilities	所有者权益合计 Total Owners' Equities
全　国	**National Total**	**2674885492**	**1963710639**	**44511128**	**1923337914**	**753471047**
北　京	Beijing	240559416	129562074	5027174	143515559	97043858
天　津	Tianjin	83979643	71744664	504777	67602545	16378009
河　北	Hebei	65573270	53935802	768640	49855749	15717407
山　西	Shanxi	123400436	89067258	2120425	90552021	32848175
内蒙古	Inner Mongolia	34808233	20025325	833236	20484684	14305940
辽　宁	Liaoning	34407916	30244751	790801	27636726	6653902
吉　林	Jilin	11866135	7876532	874011	8083101	3783034
黑龙江	Heilongjiang	10033999	8743176	264650	8505619	1528380
上　海	Shanghai	225058755	162699843	1827511	144186151	80872604
江　苏	Jiangsu	248816151	196889094	4848125	193528346	55287999
浙　江	Zhejiang	297603079	233852159	3376287	227539127	70063952
安　徽	Anhui	31433474	22520481	465666	21737058	9696299
福　建	Fujian	173722436	122820075	1193436	124727603	48994727
江　西	Jiangxi	35252488	28562067	751737	26781568	8468024
山　东	Shandong	231297789	188436016	2977961	182753475	48543814
河　南	Henan	40950755	33035246	730856	28306173	12585702
湖　北	Hubei	40506711	30437008	1523535	27368865	13136596
湖　南	Hunan	24025607	19167258	371696	17998711	6122857
广　东	Guangdong	270146344	213734163	4418125	211444856	58701419
广　西	Guangxi	50837791	35364241	1176331	35225021	14830087
海　南	Hainan	40356665	31748078	467403	28817352	11539528
重　庆	Chongqing	24570554	19475949	679174	17707076	7691378
四　川	Sichuan	88406454	62185560	1894980	58394653	30012685
贵　州	Guizhou	46382144	24676870	503876	26140958	19971793
云　南	Yunnan	41594537	28912651	1092313	29684413	11910124
西　藏	Xizang	1242008	1111730	14840	780221	461787
陕　西	Shaanxi	51209635	38871822	1080288	34503738	16705898
甘　肃	Gansu	26044840	12024362	1468628	16233145	9811695
青　海	Xinjiang	16828956	6909057	400629	8574920	8254037
宁　夏	Ningxia	4286203	3078270	276413	5517560	1233632
新　疆	Xinjiang	59683069	35999057	1787604	39150923	20315706

3-3-4 续表 6 Continued 6

机械设备、五金产品及电子产品批发 单位：万元

Wholesale of Machinery, Hardware and Electronic Products Unit: 10 000 yuan

地 区	Region	资产总计 Total Assets	#流动资产合计 Total Current Assets	#固定资产净额 Net Value of Fixed Assets	负债合计 Total Liabilities	所有者权益合计 Total Owners' Equities
全 国	**National Total**	**822851205**	**685651180**	**13298797**	**625102840**	**197763102**
北 京	Beijing	136697444	105037137	1492731	89534106	47180476
天 津	Tianjin	21606069	17474312	402089	15319910	6286250
河 北	Hebei	3978884	3484232	92777	3269325	709560
山 西	Shanxi	4845075	3994696	103692	3822106	1022969
内蒙古	Inner Mongolia	2031120	1679679	47841	1740637	290483
辽 宁	Liaoning	10982587	6567973	2836002	7833665	3148922
吉 林	Jilin	5163728	4488600	77664	4189470	974258
黑龙江	Heilongjiang	3362292	2163261	79098	2223529	1138762
上 海	Shanghai	164529826	141256485	1847571	118558836	45970991
江 苏	Jiangsu	71126589	56848508	1249075	53747520	17379069
浙 江	Zhejiang	67635564	57921963	989762	54123491	13512073
安 徽	Anhui	22622496	20587947	558323	20689737	1932759
福 建	Fujian	19484059	17350736	290798	15463045	4021014
江 西	Jiangxi	5363163	4934619	65620	4525248	837914
山 东	Shandong	36170607	30482016	834321	29639662	6531062
河 南	Henan	6970131	6214013	97915	5330199	1639932
湖 北	Hubei	8773356	7562084	144406	8144330	629026
湖 南	Hunan	7115842	5912633	77479	6235786	880056
广 东	Guangdong	167762559	145538241	1182012	136535295	31225108
广 西	Guangxi	8874545	4517353	42166	5479916	3394630
海 南	Hainan	4098560	3682287	7685	3638613	459946
重 庆	Chongqing	18386041	16100773	297587	15766998	2619043
四 川	Sichuan	7541680	6710986	188362	5862036	1679644
贵 州	Guizhou	1565064	1329503	19739	1287761	277303
云 南	Yunnan	1127950	939644	40273	850659	277291
西 藏	Xizang	280914	256181	3567	150016	130898
陕 西	Shaanxi	6518003	5894702	63763	5125303	1392246
甘 肃	Gansu	797467	717548	17782	655651	141816
青 海	Xinjiang	185063	160381	3965	145411	39652
宁 夏	Ningxia	248276	237015	6681	225825	22451
新 疆	Xinjiang	7006249	5605670	138053	4988751	2017498

3-3-4 续表 7 Continued 7

贸易经纪与代理
Trade Broker and Agency

单位：万元
Unit: 10 000 yuan

地 区	Region	资产总计 Total Assets	#流动资产合计 Total Current Assets	#固定资产净额 Net Value of Fixed Assets	负债合计 Total Liabilities	所有者权益合计 Total Owners' Equities
全 国	**National Total**	**45285452**	**38172047**	**343526**	**34386149**	**10899304**
北 京	Beijing	17323579	15083086	144769	14011316	3312262
天 津	Tianjin	191661	179269	432	142038	49623
河 北	Hebei	55893	52882	1283	44644	11249
山 西	Shanxi	44574	35331	4349	28652	15923
内 蒙 古	Inner Mongolia					
辽 宁	Liaoning	1018870	983790	2178	307881	710989
吉 林	Jilin					
黑 龙 江	Heilongjiang	36776	33398	364	30572	6203
上 海	Shanghai	4326110	3009354	11523	2470128	1855983
江 苏	Jiangsu	5357645	4965351	16008	4087616	1270029
浙 江	Zhejiang	336215	309964	5971	268102	68113
安 徽	Anhui	186161	176721	4124	125187	60974
福 建	Fujian	318137	277208	549	283044	35093
江 西	Jiangxi	965962	859542	3206	718445	247516
山 东	Shandong	604382	582799	879	545907	58475
河 南	Henan	143508	141304	288	117270	26237
湖 北	Hubei	88625	83480	1272	31775	56851
湖 南	Hunan	441360	425161	340	389049	52312
广 东	Guangdong	12989322	10256759	134679	10141628	2847694
广 西	Guangxi	6516	6475	12	5351	1165
海 南	Hainan					
重 庆	Chongqing	322893	317745	244	269253	53640
四 川	Sichuan	4386	1933		4988	-602
贵 州	Guizhou	14838	14838		13753	1084
云 南	Yunnan	389017	279272	10756	264875	124142
西 藏	Xizang					
陕 西	Shaanxi	79222	77854	248	59849	19373
甘 肃	Gansu	11265	10988		10883	383
青 海	Xinjiang					
宁 夏	Ningxia					
新 疆	Xinjiang	28536	7546	52	13943	14593

3-3-4 续表 8 Continued 8

其他批发业
Other Wholesale not Classified Elsewhere

单位：万元
Unit: 10 000 yuan

地　区	Region	资产总计 Total Assets	#流动资产合计 Total Current Assets	#固定资产净额 Net Value of Fixed Assets	负债合计 Total Liabilities	所有者权益合计 Total Owners' Equities
全　国	**National Total**	**105992736**	**84233334**	**2121469**	**79596873**	**26365183**
北　京	Beijing	9909932	7127924	113669	8143170	1766762
天　津	Tianjin	5376609	5191358	23843	4742010	634599
河　北	Hebei	2472950	1581585	110047	1635484	837467
山　西	Shanxi	1575208	1093028	34783	1114777	460431
内蒙古	Inner Mongolia	1494851	1014002	49575	1041255	453596
辽　宁	Liaoning	788116	653917	22382	631501	156616
吉　林	Jilin	236335	179066	32813	168660	67675
黑龙江	Heilongjiang	227103	209235	3170	203062	24040
上　海	Shanghai	1855125	1458677	41342	1039876	815249
江　苏	Jiangsu	19650568	17824472	289758	15694313	3925579
浙　江	Zhejiang	10564323	8839277	161032	7859028	2705296
安　徽	Anhui	4089115	3565085	173052	3543742	545373
福　建	Fujian	3944978	3588258	63267	3190495	754484
江　西	Jiangxi	3538896	3099475	95876	2764195	774701
山　东	Shandong	4547735	3970096	130969	3490767	1056965
河　南	Henan	1575937	1145657	53955	948564	627373
湖　北	Hubei	6259699	3839057	53513	5181858	1077841
湖　南	Hunan	536402	449670	20211	201692	334710
广　东	Guangdong	15029714	9366712	104704	8881280	6148433
广　西	Guangxi	2373071	2258318	21313	2300122	72950
海　南	Hainan	1157946	1045286	19538	696480	461466
重　庆	Chongqing	1136107	865088	76696	821149	314958
四　川	Sichuan	4237105	3695409	67396	2997450	1239655
贵　州	Guizhou	203985	163928	6030	119427	84558
云　南	Yunnan	312994	279998	8233	242482	70512
西　藏	Xizang	10252	8074	993	5182	5070
陕　西	Shaanxi	788144	397818	161193	556900	231244
甘　肃	Gansu	289156	231325	7699	244943	44213
青　海	Xinjiang	283036	191455	48035	261740	21296
宁　夏	Ningxia	142224	113724	11216	89900	52324
新　疆	Xinjiang	1385118	786362	115166	785371	599747

3-3-5 各地区限额以上零售业企业年末资产负债

Assets and Liabilities of Enterprises above Designated Size of Retail Trade by Region at the Year-end

单位：万元

Unit: 10 000 yuan

地区	Region	资产总计 Total Assets	#流动资产合计 Total Current Assets	#固定资产净额 Net Value of Fixed Assets	负债合计 Total Liabilities	所有者权益合计 Total Owners' Equities
全国	**National Total**	**817305196**	**564369095**	**53619141**	**608273119**	**212933165**
北京	Beijing	53135223	39969202	2302145	40704145	12431737
天津	Tianjin	12468380	8759051	970001	10050659	2416688
河北	Hebei	21796548	14813974	1926507	15708324	6067191
山西	Shanxi	12271194	8526012	969960	10865500	1405723
内蒙古	Inner Mongolia	6897839	4604433	761095	5959516	1036878
辽宁	Liaoning	21644504	14553076	1820617	16739956	4802885
吉林	Jilin	11168127	7719127	1208946	8112371	3064647
黑龙江	Heilongjiang	9113214	6550599	877433	7575768	1537446
上海	Shanghai	65901710	48487636	2752988	51867293	14034418
江苏	Jiangsu	80237715	55372874	4790516	56968178	23174040
浙江	Zhejiang	54976643	38380932	3494555	42227228	12749418
安徽	Anhui	23197573	16268224	1415572	16199728	6935753
福建	Fujian	27820552	18535829	1810205	19537098	8283490
江西	Jiangxi	18873927	13283507	1227266	12916321	5957607
山东	Shandong	53250558	37693963	3941239	45718948	8835241
河南	Henan	27675206	19956691	2080716	20904405	8033659
湖北	Hubei	36543696	23269768	3303932	26896209	9647487
湖南	Hunan	29959105	16317073	2391022	18902234	11056871
广东	Guangdong	97377131	71755030	3660491	72137903	25240074
广西	Guangxi	12932054	9134141	885127	9595890	3403857
海南	Hainan	9349900	6537572	511841	6492548	2857352
重庆	Chongqing	19368181	11963607	1658594	14327110	6512049
四川	Sichuan	36717859	23277121	2834362	25641010	11076952
贵州	Guizhou	17374974	11092236	1163871	10924449	6450526
云南	Yunnan	15794722	9741550	1267054	10677608	5117015
西藏	Xizang	1542603	1002290	168355	1001195	582976
陕西	Shaanxi	19709963	13450996	1335226	14788900	4918797
甘肃	Gansu	6478457	4289636	620579	4567473	1811111
青海	Qinghai	1525844	1036966	194771	1235714	318925
宁夏	Ningxia	2675215	1497942	239204	1904821	770394
新疆	Xinjiang	9526580	6528037	1034952	7124620	2401960

3-3-5 续表 Continued

国有控股
State-controlled Enterprises

单位：万元
Unit: 10 000 yuan

地区	Region	资产总计 Total Assets	#流动资产合计 Total Current Assets	#固定资产净额 Net Value of Fixed Assets	负债合计 Total Liabilities	所有者权益合计 Total Owners' Equities
全国	**National Total**	**174582534**	**93442138**	**17129499**	**102590467**	**75818922**
北京	Beijing	14687366	8711363	895291	7980937	6706429
天津	Tianjin	2320977	791402	389125	1470036	851004
河北	Hebei	3938051	2256789	544330	1512611	2405407
山西	Shanxi	2437413	1106281	340152	2588270	-150857
内蒙古	Inner Mongolia	1505404	576608	412955	1572535	31423
辽宁	Liaoning	5618620	3516800	414922	3953508	1563748
吉林	Jilin	2923190	1809970	479235	1380992	1542199
黑龙江	Heilongjiang	1653696	865936	300007	1175416	478280
上海	Shanghai	10040767	5613540	815910	6059299	3981468
江苏	Jiangsu	12939610	7716361	1022613	7303732	5473923
浙江	Zhejiang	7976739	3591243	757342	4613475	3363264
安徽	Anhui	6180665	3316350	592572	2591906	3531556
福建	Fujian	6416423	3207063	543131	3286814	3129609
江西	Jiangxi	4212432	2041431	356602	2143390	2069042
山东	Shandong	8656802	5527618	1018468	8135487	1824886
河南	Henan	3859978	1429015	502087	2195965	2927542
湖北	Hubei	11469882	6375285	1261937	8854931	2614951
湖南	Hunan	5315093	2176396	677669	2758610	2556482
广东	Guangdong	17982320	10098695	1252920	6633677	11348643
广西	Guangxi	2610017	1435706	311987	1393213	1276819
海南	Hainan	5521956	3381522	395468	3614974	1906982
重庆	Chongqing	6411568	3296953	684293	4550161	3332594
四川	Sichuan	9216181	4286045	1024010	4870389	4345792
贵州	Guizhou	7694087	4296173	491100	4296014	3398073
云南	Yunnan	4669423	1976384	410990	2574238	2095185
西藏	Xizang	717875	332942	136468	486172	273271
陕西	Shaanxi	3784302	1926995	380742	2444031	1340271
甘肃	Gansu	1340746	645864	286242	733485	507389
青海	Qinghai	254066	105054	49543	214770	68091
宁夏	Ningxia	185292	79449	22836	117960	67331
新疆	Xinjiang	2041593	950904	358552	1083468	958125

3-3-6 各地区限额以上零售业企业年末资产负债(按登记注册统计类别分)
Assets and Liabilities of Enterprises above Designated Size of Retail Trade by Region and Registered Statistical Categories at the Year-end

内资企业
Domestic Funded Enterprises

单位：万元
Unit: 10 000 yuan

地区	Region	资产总计 Total Assets	#流动资产合计 Total Current Assets	#固定资产净额 Net Value of Fixed Assets	负债合计 Total Liabilities	所有者权益合计 Total Owners' Equities
全国	**National Total**	**661568594**	**469081485**	**41900622**	**500052312**	**165512261**
北京	Beijing	40111394	30813637	1637630	31512729	8599324
天津	Tianjin	8780629	6623844	635893	7116654	1662942
河北	Hebei	19972008	14225066	1626211	15946109	4004867
山西	Shanxi	11943056	8341668	918091	10555768	1387316
内蒙古	Inner Mongolia	6617285	4539999	731354	5786988	928852
辽宁	Liaoning	18668651	12903944	1217047	14598255	3968732
吉林	Jilin	10432028	7219861	1194469	7390840	3050079
黑龙江	Heilongjiang	8409279	6287621	715720	7068618	1340662
上海	Shanghai	32444570	24087948	1302860	26641758	5802813
江苏	Jiangsu	63967260	46048551	3545282	46856353	17110301
浙江	Zhejiang	46526409	32956595	2937035	36535624	9990787
安徽	Anhui	19577852	14041674	1090918	14527961	4987798
福建	Fujian	22239732	15513350	1366228	16009288	6230480
江西	Jiangxi	15567431	10663768	1106399	10011198	5556233
山东	Shandong	47900914	34751660	3315106	40482241	8722304
河南	Henan	23661914	18193211	1412872	19194875	5729897
湖北	Hubei	32458348	21584574	2738328	23690046	8768302
湖南	Hunan	22267020	12534087	1685017	13847094	8419926
广东	Guangdong	75191680	56977809	2675367	55503867	19688658
广西	Guangxi	12352248	8857186	755251	9178833	3241108
海南	Hainan	8713906	6312299	331580	6118357	2595549
重庆	Chongqing	17448709	10990169	1428406	12917364	6002323
四川	Sichuan	31705211	20831304	2236127	22466096	9239218
贵州	Guizhou	14243740	9839774	841743	9371803	4871937
云南	Yunnan	13224854	8603870	1130112	9103874	4120881
西藏	Xizang	1528643	993290	168355	990832	579379
陕西	Shaanxi	15866637	11254843	1122784	12201530	3662840
甘肃	Gansu	6296096	4235954	584360	4336761	1859462
青海	Qinghai	1514286	1029779	192048	1227604	315477
宁夏	Ningxia	2637483	1473446	233453	1877858	759625
新疆	Xinjiang	9299322	6350704	1024577	6985133	2314190

3-3-6 续表 1 Continued 1

有限责任公司
Limited Liability Corporations

单位：万元
Unit: 10 000 yuan

地区	Region	资产总计 Total Assets	#流动资产合计 Total Current Assets	#固定资产净额 Net Value of Fixed Assets	负债合计 Total Liabilities	所有者权益合计 Total Owners' Equities
全国	**National Total**	**568207424**	**421183536**	**32850580**	**444719003**	**123784894**
北京	Beijing	33555297	27228803	1335982	28852366	4703590
天津	Tianjin	8395834	6474522	574050	6924410	1470391
河北	Hebei	17369164	12687422	1350635	13934961	3433203
山西	Shanxi	10022095	7497229	662660	8110800	1911324
内蒙古	Inner Mongolia	5962330	4423632	437682	4907314	1055016
辽宁	Liaoning	15468456	11213431	822794	12876855	2591621
吉林	Jilin	8660794	6037034	960449	6269031	2391763
黑龙江	Heilongjiang	7411419	5788127	529641	6001760	1409660
上海	Shanghai	29741839	22688085	1089193	25896123	3845716
江苏	Jiangsu	56809883	42872930	3021297	43712134	13097143
浙江	Zhejiang	43304572	31154171	2693597	35043666	8260907
安徽	Anhui	17144273	13017488	736860	13350677	3788657
福建	Fujian	19961038	14258020	1188737	14855329	5105745
江西	Jiangxi	14375755	10161857	885573	9390586	4985169
山东	Shandong	35747012	26192759	2602315	29660816	6222304
河南	Henan	21624258	17079878	1146210	16686304	4937954
湖北	Hubei	26792990	19595534	1988736	20324591	6468400
湖南	Hunan	14668998	10081986	1114579	9897712	4771286
广东	Guangdong	64384976	50243516	2169156	51983161	12402661
广西	Guangxi	11708119	8514508	580384	8741505	2974293
海南	Hainan	8672525	6286929	328970	6096124	2576401
重庆	Chongqing	12137756	8788487	706870	8952841	3332754
四川	Sichuan	26879129	18503988	1613574	20146823	6732410
贵州	Guizhou	12288122	8878905	650915	8420526	3867596
云南	Yunnan	10868791	7504569	932322	8062226	2806467
西藏	Xizang	1219373	864922	57814	773879	487063
陕西	Shaanxi	15351432	10879517	1083546	11876717	3472448
甘肃	Gansu	5782834	4001460	450331	4082972	1671388
青海	Qinghai	1422220	991580	158273	1116316	305904
宁夏	Ningxia	2069554	1347208	146535	1499225	570328
新疆	Xinjiang	8406586	5925037	830900	6271251	2135335

3-3-6 续表 2 Continued 2

股份有限公司 单位：万元

Share-holding Corporations Ltd Unit: 10 000 yuan

地区	Region	资产总计 Total Assets	#流动资产合计 Total Current Assets	#固定资产净额 Net Value of Fixed Assets	负债合计 Total Liabilities	所有者权益合计 Total Owners' Equities
全国	**National Total**	**81529280**	**40700350**	**7590229**	**50154304**	**35099340**
北京	Beijing	6311865	3377033	279267	2533226	3778640
天津	Tianjin	325134	96491	60018	164073	161060
河北	Hebei	2296513	1322682	240613	1817382	459099
山西	Shanxi	1716631	702500	237323	2306419	-589788
内蒙古	Inner Mongolia	627486	94334	292283	863466	-137425
辽宁	Liaoning	2929638	1503098	354192	1530020	1297934
吉林	Jilin	1724611	1151869	226411	1088597	644906
黑龙江	Heilongjiang	906499	434464	172294	1005087	-98588
上海	Shanghai	2441280	1230630	204889	683431	1757848
江苏	Jiangsu	6476572	2784653	462533	2786350	3690221
浙江	Zhejiang	2885989	1542614	215361	1296981	1589009
安徽	Anhui	2262643	916393	333325	1092536	1112904
福建	Fujian	2073873	1113603	158869	1050745	1023128
江西	Jiangxi	767545	336073	145219	470898	296647
山东	Shandong	10206770	7489056	407163	9418744	1979788
河南	Henan	1270923	695591	131348	2159158	375293
湖北	Hubei	4771267	1504489	618584	3053016	1718251
湖南	Hunan	6722847	2026059	423914	3657661	3065186
广东	Guangdong	9096004	5493870	429980	3791035	5304969
广西	Guangxi	480631	214301	161225	345381	195265
海南	Hainan	28190	12879	2359	19791	8399
重庆	Chongqing	5145420	2113353	688615	3919386	2549173
四川	Sichuan	4460072	2109640	560994	2141802	2318270
贵州	Guizhou	1506028	785965	136218	642444	863584
云南	Yunnan	2040121	896950	160262	866340	1173781
西藏	Xizang	119448	17755	72137	90233	29215
陕西	Shaanxi	156545	115144	11737	87930	68614
甘肃	Gansu	291104	71529	92365	122443	97261
青海	Qinghai	84637	31840	33642	105907	7525
宁夏	Ningxia	562876	121852	86739	377698	185178
新疆	Xinjiang	840117	393642	190349	666124	173992

3-3-6 续表 3 Continued 3

非公司企业法人

Non Corporate Legal Entity

单位：万元

Unit: 10 000 yuan

地 区	Region	资产总计 Total Assets	#流动资产合计 Total Current Assets	#固定资产净额 Net Value of Fixed Assets	负债合计 Total Liabilities	所有者权益合计 Total Owners' Equities
全 国	**National Total**	**5488620**	**3306228**	**641658**	**1994406**	**3469976**
北 京	Beijing	241725	205529	22348	124632	117093
天 津	Tianjin	46710	40758	1271	17720	28991
河 北	Hebei	96420	62157	24210	47277	49142
山 西	Shanxi	27448	18208	4174	16840	10608
内蒙古	Inner Mongolia	3946	3285	320	417	3528
辽 宁	Liaoning	136571	82218	33556	74475	62096
吉 林	Jilin	16819	12571	4095	13015	3803
黑龙江	Heilongjiang	46418	34279	7801	32937	13480
上 海	Shanghai	253735	163874	8778	55257	198478
江 苏	Jiangsu	215438	109020	24711	137740	77698
浙 江	Zhejiang	183681	134456	17765	79976	103705
安 徽	Anhui	34246	28398	1836	19391	14855
福 建	Fujian	21835	10863	1844	12026	9809
江 西	Jiangxi	189897	35016	46385	50195	139702
山 东	Shandong	1325847	703472	205370	1046806	254804
河 南	Henan	129000	62721	22563	91275	37725
湖 北	Hubei	338712	253102	19257	154162	184550
湖 南	Hunan	99424	51032	16918	49955	49468
广 东	Guangdong	1240857	853365	51455	-586025	1826882
广 西	Guangxi	27276	24174	1669	12031	15246
海 南	Hainan	7332	7011	229	332	6999
重 庆	Chongqing	77198	32167	25004	7023	70176
四 川	Sichuan	77045	54566	4534	41429	35617
贵 州	Guizhou	175401	20606	26160	169022	6379
云 南	Yunnan	52816	37074	3949	36273	16543
西 藏	Xizang	153155	82602	33349	99082	54072
陕 西	Shaanxi	157630	123708	5371	134768	22862
甘 肃	Gansu	79130	42742	25399	23880	55250
青 海	Qinghai	715	632		350	366
宁 夏	Ningxia	2035	1992	43	193	1841
新 疆	Xinjiang	30158	14630	1297	31949	-1791

3-3-6 续表 4 Continued 4

个人独资企业
Sole Proprietorship Enterprises

单位：万元
Unit: 10 000 yuan

地　区	Region	资产总计 Total Assets	#流动资产合计 Total Current Assets	#固定资产净额 Net Value of Fixed Assets	负债合计 Total Liabilities	所有者权益合计 Total Owners' Equities
全　国	**National Total**	**5565903**	**3417811**	**728971**	**2781189**	**2784093**
北　京	Beijing	2506	2273	33	2505	1
天　津	Tianjin	9531	8708	498	8044	1486
河　北	Hebei	170835	131920	9102	114232	56604
山　西	Shanxi	166250	115067	12376	113698	52552
内蒙古	Inner Mongolia	21360	17026	1068	14432	6929
辽　宁	Liaoning	133986	105198	6505	116905	17082
吉　林	Jilin	27648	16538	3230	18590	9058
黑龙江	Heilongjiang	40873	27181	5774	25499	15373
上　海	Shanghai	3197	3194		2546	651
江　苏	Jiangsu	419189	248674	32727	196510	222679
浙　江	Zhejiang	119271	104860	7619	90252	29020
安　徽	Anhui	120433	70152	16348	58604	61878
福　建	Fujian	162693	115639	14513	79537	83156
江　西	Jiangxi	180505	102282	21935	73925	106580
山　东	Shandong	605312	355005	97922	347291	258021
河　南	Henan	618308	338953	112053	241984	375654
湖　北	Hubei	521909	215115	105409	143494	378415
湖　南	Hunan	591374	288495	93490	181443	409931
广　东	Guangdong	382731	309385	21591	257836	124894
广　西	Guangxi	102331	78499	8718	63935	38396
海　南	Hainan	5549	5178	21	1966	3583
重　庆	Chongqing	85062	54456	7632	36469	48593
四　川	Sichuan	274898	153480	56451	132412	142485
贵　州	Guizhou	177511	107289	19318	86772	90739
云　南	Yunnan	251954	156342	32318	131266	120688
西　藏	Xizang	36668	28011	5055	27638	9029
陕　西	Shaanxi	164770	117329	19432	88412	76357
甘　肃	Gansu	142146	120085	16265	107324	34821
青　海	Qinghai	6713	5728	134	5031	1682
宁　夏	Ningxia	3019	2395	137	741	2278
新　疆	Xinjiang	17372	13356	1299	11895	5477

3-3-6 续表 5 Continued 5

合伙企业 单位：万元

Partnership Enterprises Unit: 10 000 yuan

地 区	Region	资产总计 Total Assets	#流动资产合计 Total Current Assets	#固定资产净额 Net Value of Fixed Assets	负债合计 Total Liabilities	所有者权益合计 Total Owners' Equities
全 国	**National Total**	**766535**	**463253**	**88996**	**400886**	**365649**
北 京	Beijing					
天 津	Tianjin	3420	3365	56	2407	1014
河 北	Hebei	36505	18381	1644	29930	6575
山 西	Shanxi	10631	8663	1558	8011	2620
内蒙古	Inner Mongolia	2163	1723		1359	805
辽 宁	Liaoning					
吉 林	Jilin	2156	1849	286	1607	550
黑龙江	Heilongjiang	4070	3569	209	3334	736
上 海	Shanghai	4521	2165		4400	120
江 苏	Jiangsu	46178	33274	4015	23619	22559
浙 江	Zhejiang	32895	20495	2693	24749	8146
安 徽	Anhui	16257	9243	2549	6753	9504
福 建	Fujian	20293	15224	2266	11651	8642
江 西	Jiangxi	53275	28131	7288	25529	27747
山 东	Shandong	15973	11368	2336	8585	7388
河 南	Henan	19426	16069	698	16154	3272
湖 北	Hubei	33470	16335	6342	14784	18686
湖 南	Hunan	184378	86515	36116	60323	124055
广 东	Guangdong	79484	70461	3004	57762	21722
广 西	Guangxi	33891	25704	3255	15982	17909
海 南	Hainan	309	302		144	166
重 庆	Chongqing	3272	1706	286	1645	1627
四 川	Sichuan	14067	9630	573	3631	10436
贵 州	Guizhou	96496	46826	9132	53003	43493
云 南	Yunnan	11172	8935	1263	7769	3403
西 藏	Xizang					
陕 西	Shaanxi	36261	19145	2697	13703	22558
甘 肃	Gansu	883	137		141	742
青 海	Qinghai					
宁 夏	Ningxia					
新 疆	Xinjiang	5090	4039	732	3913	1177

3-3-6 续表 6 Continued 6

港澳台投资企业 单位：万元

Enterprises with Investment from Hong Kong, Macao and Taiwan Unit: 10 000 yuan

地区	Region	资产总计 Total Assets	#流动资产合计 Total Current Assets	#固定资产净额 Net Value of Fixed Assets	负债合计 Total Liabilities	所有者权益合计 Total Owners' Equities
全 国	**National Total**	**70687334**	**47483780**	**4359792**	**54185341**	**16501994**
北 京	Beijing	3584990	2765338	231531	2639357	945633
天 津	Tianjin	2028738	1624489	75371	1564831	463907
河 北	Hebei	235384	145080	40931	116260	119124
山 西	Shanxi	130135	82088	7379	80674	49460
内蒙古	Inner Mongolia	68212	35106	13623	45714	22499
辽 宁	Liaoning	1812144	973365	521318	1349474	462669
吉 林	Jilin	624322	435445	10792	621640	2682
黑龙江	Heilongjiang	380318	186461	86212	400212	-19894
上 海	Shanghai	19794069	14040984	935328	16233475	3560594
江 苏	Jiangsu	6713682	3947420	374691	5012024	1701658
浙 江	Zhejiang	4693538	3032124	219082	3344217	1349321
安 徽	Anhui	1285336	940197	38097	862932	422405
福 建	Fujian	1772242	1099366	111398	1194920	577321
江 西	Jiangxi	384923	150985	33419	562988	-178065
山 东	Shandong	2614758	1634943	133024	1976482	638275
河 南	Henan	2337817	1589080	429820	1986474	351343
湖 北	Hubei	1081419	515012	131804	689752	391668
湖 南	Hunan	4731580	3239693	110544	3475321	1256258
广 东	Guangdong	10290413	6896453	264842	7824473	2465939
广 西	Guangxi	373314	235223	85217	219652	153662
海 南	Hainan	133177	113827	8574	76790	56387
重 庆	Chongqing	1183724	707087	170663	930153	253570
四 川	Sichuan	1480623	1093312	141186	1021377	459246
贵 州	Guizhou	430393	172125	86973	281713	148680
云 南	Yunnan	605990	477810	27975	358864	247126
西 藏	Xizang	13960	9001		10363	3597
陕 西	Shaanxi	1667337	1178599	43607	1149235	518102
甘 肃	Gansu	51248	32215	13469	32081	19167
青 海	Qinghai	11558	7187	2722	8110	3448
宁 夏	Ningxia	32941	19707	5752	22280	10662
新 疆	Xinjiang	139049	104060	4450	93500	45549

外商投资企业 单位：万元
Foreign Invested Enterprises Unit: 10 000 yuan

地区	Region	资产总计 Total Assets	#流动资产合计 Total Current Assets	#固定资产净额 Net Value of Fixed Assets	负债合计 Total Liabilities	所有者权益合计 Total Owners' Equities
全国	**National Total**	**84579943**	**47531545**	**7299123**	**53827357**	**30657695**
北京	Beijing	9435839	6388134	432487	6550656	2885184
天津	Tianjin	1659013	510718	258738	1369174	289839
河北	Hebei	1589082	443755	259366	-354100	1943182
山西	Shanxi	171863	79264	43216	223878	-52015
内蒙古	Inner Mongolia	210548	27535	16118	126175	84373
辽宁	Liaoning	1153283	671097	81002	788683	364600
吉林	Jilin	111778	63821	3685	99892	11886
黑龙江	Heilongjiang	312724	70494	74294	99904	212819
上海	Shanghai	13663071	10358705	514800	8992060	4671011
江苏	Jiangsu	9361892	5267740	848085	5016857	4250144
浙江	Zhejiang	3744273	2382636	336365	2339691	1404581
安徽	Anhui	2333806	1286169	286557	808637	1525169
福建	Fujian	3805510	1921172	332320	2332648	1472861
江西	Jiangxi	2902135	2457969	86557	2334775	567360
山东	Shandong	2660354	1265020	483824	3221996	-561642
河南	Henan	1675475	174400	238023	-276944	1952419
湖北	Hubei	2966385	1154267	425356	2505151	461234
湖南	Hunan	2958902	542600	594549	1579615	1379286
广东	Guangdong	11887527	7874400	719675	8803757	3083770
广西	Guangxi	206318	41558	44659	197405	8913
海南	Hainan	502818	111445	171687	297401	205416
重庆	Chongqing	734320	265501	59336	479056	255265
四川	Sichuan	3524502	1346106	456232	2147503	1376999
贵州	Guizhou	2700132	1079771	235084	1270905	1429227
云南	Yunnan	1935306	646833	101543	1200503	734803
西藏	Xizang					
陕西	Shaanxi	2162369	1011838	167261	1434127	728242
甘肃	Gansu	129529	20541	22379	197554	-68025
青海	Qinghai					
宁夏	Ningxia					
新疆	Xinjiang	81192	68056	5925	40396	40796

3-3-6 续表 8 Continued 8

其他统计类别
Other Statistical Categories

单位：万元
Unit: 10 000 yuan

地区	Region	资产总计 Total Assets	#流动资产合计 Total Current Assets	#固定资产净额 Net Value of Fixed Assets	负债合计 Total Liabilities	所有者权益合计 Total Owners' Equities
全国	**National Total**	**469325**	**272286**	**59604**	**208110**	**261215**
北京	Beijing	3000	2093	497	1403	1597
天津	Tianjin					
河北	Hebei	74	74		55	19
山西	Shanxi	26141	22993	1274	5179	20961
内蒙古	Inner Mongolia	1793	1793		639	1154
辽宁	Liaoning	10426	4670	1251	3543	6883
吉林	Jilin					
黑龙江	Heilongjiang	10894	6024	1207	7034	3860
上海	Shanghai					
江苏	Jiangsu	194881	109163	22457	82943	111937
浙江	Zhejiang	12423	9577	2073	7695	4729
安徽	Anhui	579	184		198	381
福建	Fujian	3069	1941	258	241	2828
江西	Jiangxi	19438	10785	891	7359	12078
山东	Shandong	74533	42340	9285	38229	36304
河南	Henan					
湖北	Hubei	37545	15916	8444	11261	26284
湖南	Hunan	1604	692	912	203	1400
广东	Guangdong	7511	6368	607	5804	1707
广西	Guangxi	174	174		1	174
海南	Hainan					
重庆	Chongqing	1428	850	189	536	892
四川	Sichuan	7523	6399	817	6034	1489
贵州	Guizhou	709	565	72	28	681
云南	Yunnan	28572	13038	7424	14366	14205
西藏	Xizang					
陕西	Shaanxi	13619	5716	1575	4007	9612
甘肃	Gansu	1584	927	371	1078	506
青海	Qinghai					
宁夏	Ningxia	4790	4789		4683	107
新疆	Xinjiang	7016	5216		5591	1425

3-3-7 各地区限额以上零售业企业年末资产负债(按国民经济行业分)

Assets and Liabilities of Enterprises above Designated Size of Retail Trade by Region and Sector at the Year-end

综合零售
Integrated Retail

单位：万元
Unit: 10 000 yuan

地区	Region	资产总计 Total Assets	#流动资产合计 Total Current Assets	#固定资产净额 Net Value of Fixed Assets	负债合计 Total Liabilities	所有者权益合计 Total Owners' Equities
全国	**National Total**	**197330183**	**112958663**	**17038983**	**150867500**	**46579577**
北京	Beijing	15113184	8863148	802187	10252581	4860603
天津	Tianjin	2117375	1025300	241047	2704384	-587009
河北	Hebei	7402498	4054472	1005651	5717277	1685221
山西	Shanxi	2313646	1482160	189209	2001815	311831
内蒙古	Inner Mongolia	1713702	1041424	142314	1409212	304490
辽宁	Liaoning	8660734	4633807	1131345	6377356	2283377
吉林	Jilin	3872745	1984882	744040	2944632	937004
黑龙江	Heilongjiang	2987835	2083224	285897	2626747	361088
上海	Shanghai	14800371	8377705	1238598	12150625	2649746
江苏	Jiangsu	20598959	11504104	1468559	14582985	6083037
浙江	Zhejiang	12867188	6999769	1065217	9389862	3477326
安徽	Anhui	5261640	3195129	344654	4381215	880425
福建	Fujian	3663471	2097868	261432	2995248	667871
江西	Jiangxi	2893864	1366479	294978	2334628	559236
山东	Shandong	20262646	13847731	1602066	16587889	3674757
河南	Henan	6203183	4287465	647792	5119783	1083401
湖北	Hubei	9953831	4173466	1306685	6868240	3085591
湖南	Hunan	8023762	2911173	599101	5009602	3014160
广东	Guangdong	16775397	10787245	695959	13137710	3637687
广西	Guangxi	2020004	1144400	369038	1558422	461582
海南	Hainan	5285542	3556298	149862	3391531	1894011
重庆	Chongqing	3786492	1790998	439443	2959117	827364
四川	Sichuan	6643269	3813776	512161	5299611	1343658
贵州	Guizhou	1710017	1014989	129403	1274321	435696
云南	Yunnan	1800790	1105464	125218	1306061	494631
西藏	Xizang	255316	197313	15125	252747	44137
陕西	Shaanxi	4812195	2708152	471018	3795103	1016925
甘肃	Gansu	1837619	1173559	149577	1370460	467159
青海	Qinghai	389869	159420	96723	396424	-6555
宁夏	Ningxia	1102278	338143	130479	781309	320968
新疆	Xinjiang	2200761	1239598	384206	1890603	310158

3-3-7 续表 1 Continued 1

食品、饮料及烟草制品专门零售
Special Retail of Food, Beverages and Tobaccos

单位：万元
Unit: 10 000 yuan

地 区	Region	资产总计 Total Assets	#流动资产合计 Total Current Assets	#固定资产净额 Net Value of Fixed Assets	负债合计 Total Liabilities	所有者权益合计 Total Owners' Equities
全 国	**National Total**	**47730244**	**34145556**	**2691898**	**29835365**	**17894385**
北 京	Beijing	3088203	2696188	121470	2063132	1025072
天 津	Tianjin	359626	290419	16334	224583	135044
河 北	Hebei	428588	363469	30556	255437	173151
山 西	Shanxi	701339	556308	35671	439361	261978
内蒙古	Inner Mongolia	338206	257112	10027	222269	115937
辽 宁	Liaoning	517768	410381	14899	405669	112099
吉 林	Jilin	376697	264622	13016	262522	114175
黑龙江	Heilongjiang	329169	273902	14963	219773	109396
上 海	Shanghai	2182056	1712936	49811	1748854	433202
江 苏	Jiangsu	4671116	3619515	253478	3337806	1333309
浙 江	Zhejiang	2643789	1968467	245289	1756550	887239
安 徽	Anhui	813799	659558	40009	528317	285482
福 建	Fujian	2000214	1308839	180247	908200	1092014
江 西	Jiangxi	1065077	673824	109610	553393	511683
山 东	Shandong	1842470	1396097	148036	1270400	572070
河 南	Henan	1258060	995703	60209	833082	424978
湖 北	Hubei	3834190	2543268	268905	2177050	1657140
湖 南	Hunan	1004684	683873	69346	621248	383436
广 东	Guangdong	5295128	3900493	210119	2954256	2340872
广 西	Guangxi	1240903	923715	50755	839448	400961
海 南	Hainan	337530	157964	8908	336551	980
重 庆	Chongqing	1093079	728289	51908	628573	464506
四 川	Sichuan	3834241	2276678	190815	2117474	1716767
贵 州	Guizhou	3555723	2530593	126443	1907497	1648226
云 南	Yunnan	2125662	1239470	191239	1514057	611605
西 藏	Xizang	336266	148577	12225	158093	178173
陕 西	Shaanxi	1009079	662605	62403	600436	408643
甘 肃	Gansu	311161	236589	16972	224647	86513
青 海	Qinghai	75535	46908	622	53019	22516
宁 夏	Ningxia	93907	78290	2853	58506	35400
新 疆	Xinjiang	966977	540903	84758	615160	351817

纺织、服装及日用品专门零售
Special Retail of Textiles, Garments and Daily Consumer Articles

单位：万元
Unit: 10 000 yuan

地 区	Region	资产总计 Total Assets	#流动资产合计 Total Current Assets	#固定资产净额 Net Value of Fixed Assets	负债合计 Total Liabilities	所有者权益合计 Total Owners' Equities
全 国	**National Total**	**53679345**	**40442607**	**2585761**	**40385169**	**13293980**
北 京	Beijing	2514270	2023417	188529	2325049	189221
天 津	Tianjin	1272082	987843	183085	564238	707844
河 北	Hebei	396879	256841	22384	322410	74469
山 西	Shanxi	730814	437972	61685	486577	244237
内蒙古	Inner Mongolia	111949	85309	3317	96352	15597
辽 宁	Liaoning	1539504	1314947	27570	1149599	389904
吉 林	Jilin	62087	42091	1927	47675	14412
黑龙江	Heilongjiang	223988	136374	61337	179573	44415
上 海	Shanghai	20892764	16110117	516752	14790239	6102525
江 苏	Jiangsu	3796383	2949390	195130	3098108	698274
浙 江	Zhejiang	2835150	2081321	150365	2130523	704627
安 徽	Anhui	578937	401979	13519	425629	153308
福 建	Fujian	2721823	1708469	59839	2141614	580209
江 西	Jiangxi	595939	419056	24559	392630	203309
山 东	Shandong	1553365	1058981	132495	1047787	505578
河 南	Henan	794742	581655	56720	605306	189436
湖 北	Hubei	984578	669639	154110	767720	216857
湖 南	Hunan	376693	273775	14605	253726	122967
广 东	Guangdong	6819638	5528838	89555	5768758	1050879
广 西	Guangxi	293479	178155	1577	256972	36506
海 南	Hainan	101646	88405	10157	79860	21786
重 庆	Chongqing	1291133	1018286	131295	1056586	234350
四 川	Sichuan	1011306	849565	44546	750852	260454
贵 州	Guizhou	191673	75422	59610	123435	68239
云 南	Yunnan	766604	410691	253054	578296	188307
西 藏	Xizang	4059	2086	7	3275	784
陕 西	Shaanxi	732212	454362	57990	491324	240888
甘 肃	Gansu	169816	124004	15988	134911	34905
青 海	Qinghai	74603	30580	18825	76553	-1950
宁 夏	Ningxia	14226	12268	609	8801	5425
新 疆	Xinjiang	227007	130768	34621	230788	-3782

文化、体育用品及器材专门零售 单位：万元

Special Retail of Culture, Sports Appliances and Equipments Unit: 10 000 yuan

地 区	Region	资产总计 Total Assets	#流动资产合计 Total Current Assets	#固定资产净额 Net Value of Fixed Assets	负债合计 Total Liabilities	所有者权益合计 Total Owners' Equities
全 国	**National Total**	**42934768**	**31678338**	**2903000**	**25269911**	**17664223**
北 京	Beijing	4793233	3909224	184035	2923979	1869254
天 津	Tianjin	433300	387583	30447	259168	174132
河 北	Hebei	890356	706518	77032	381997	508359
山 西	Shanxi	533286	403139	54620	307964	225321
内蒙古	Inner Mongolia	405962	318304	39041	313484	92477
辽 宁	Liaoning	605572	460393	56275	428846	176725
吉 林	Jilin	241655	195058	18334	190073	51582
黑龙江	Heilongjiang	357955	245433	71343	219025	138930
上 海	Shanghai	4011455	3177873	110391	3098703	912752
江 苏	Jiangsu	6567539	4598405	353510	3728531	2838377
浙 江	Zhejiang	1690359	1300742	205978	1128579	561779
安 徽	Anhui	859151	718735	22759	452471	406680
福 建	Fujian	1653046	1177243	88304	1059746	593300
江 西	Jiangxi	1928716	1229886	167537	631550	1297166
山 东	Shandong	1110143	889574	61543	829707	280435
河 南	Henan	1088638	805765	106932	541403	547234
湖 北	Hubei	3091051	2721573	168796	2447398	643653
湖 南	Hunan	1381772	1040178	108984	856451	525320
广 东	Guangdong	3059102	2117903	160864	1589739	1469361
广 西	Guangxi	844586	496837	43671	266799	577787
海 南	Hainan	189961	132833	36519	156934	33026
重 庆	Chongqing	1251542	845722	93988	569640	681903
四 川	Sichuan	2838477	1554092	224183	1346409	1492068
贵 州	Guizhou	704474	577811	100655	411004	293470
云 南	Yunnan	545883	364523	85280	236338	309545
西 藏	Xizang	12678	11555	511	5235	7444
陕 西	Shaanxi	802651	591342	112807	402058	400593
甘 肃	Gansu	399549	305484	36975	190930	208619
青 海	Qinghai	33865	24306	4784	20483	13382
宁 夏	Ningxia	80012	40931	15960	46382	33630
新 疆	Xinjiang	528800	329375	60942	228880	299920

3-3-7 续表 4 Continued 4

医药及医疗器材专门零售 单位：万元

Special Retail of Medicines and Medical Appliances Unit: 10 000 yuan

地 区	Region	资产总计 Total Assets	#流动资产合计 Total Current Assets	#固定资产净额 Net Value of Fixed Assets	负债合计 Total Liabilities	所有者权益合计 Total Owners' Equities
全 国	**National Total**	**40036228**	**29768154**	**1073597**	**30902674**	**9133554**
北 京	Beijing	698435	597434	9818	614479	83956
天 津	Tianjin	214573	168358	3282	211085	3489
河 北	Hebei	1381176	1119061	16095	1091441	289735
山 西	Shanxi	715140	514499	15602	540644	174497
内蒙古	Inner Mongolia	545926	437228	11273	448430	97496
辽 宁	Liaoning	1195474	916873	16064	934517	260957
吉 林	Jilin	976526	846864	16738	865758	110768
黑龙江	Heilongjiang	621925	551212	10409	506020	115904
上 海	Shanghai	940986	570230	49348	669245	271741
江 苏	Jiangsu	3475720	2666530	74631	2693526	782193
浙 江	Zhejiang	1664730	1347514	32857	1327089	337641
安 徽	Anhui	1182114	836247	18077	936894	245219
福 建	Fujian	779227	531952	24627	527702	251525
江 西	Jiangxi	1117462	847029	43018	871260	246202
山 东	Shandong	3146121	2347127	48090	2623311	522810
河 南	Henan	1427884	1151623	41752	1109973	317911
湖 北	Hubei	1664878	1243392	62931	1240002	424876
湖 南	Hunan	5384228	3670919	90795	3870388	1513839
广 东	Guangdong	3459898	2733702	244602	2869963	589935
广 西	Guangxi	928501	654204	32528	705919	222582
海 南	Hainan	126324	78400	429	93449	32875
重 庆	Chongqing	959069	690121	38334	738200	220869
四 川	Sichuan	1753801	1201551	40632	1310732	443068
贵 州	Guizhou	859827	660684	46848	738109	121718
云 南	Yunnan	1814975	1076783	14835	998059	816916
西 藏	Xizang	16651	16475	61	9866	6785
陕 西	Shaanxi	1543228	1192253	31588	1198874	344354
甘 肃	Gansu	442511	300287	10331	318736	123775
青 海	Qinghai	74360	57138	1201	53835	20525
宁 夏	Ningxia	171006	101425	10137	141011	29995
新 疆	Xinjiang	753555	641038	16664	644157	109398

3-3-7 续表 5 Continued 5

汽车、摩托车、零配件和燃料及其他动力销售 单位：万元

Retail of Motor Vehicles, Motorcycles, Parts and Fuel and Other Powers Unit: 10 000 yuan

地 区	Region	资产总计 Total Assets	#流动资产合计 Total Current Assets	#固定资产净额 Net Value of Fixed Assets	负债合计 Total Liabilities	所有者权益合计 Total Owners' Equities
全 国	**National Total**	**298684453**	**201813439**	**22842847**	**221902959**	**80585509**
北 京	Beijing	11084104	8502981	783577	9224206	1859898
天 津	Tianjin	5357333	3429674	448998	3790771	1565529
河 北	Hebei	9827103	7021302	741279	6708661	3097410
山 西	Shanxi	6109004	4147009	535387	6191849	-82816
内 蒙 古	Inner Mongolia	3288165	2075073	512947	3104108	282612
辽 宁	Liaoning	7503983	5437982	544659	6058975	1343665
吉 林	Jilin	5153538	3961352	401755	3453633	1699905
黑 龙 江	Heilongjiang	3922608	2741083	384266	3305991	616617
上 海	Shanghai	9979909	7374762	510918	7828296	2151613
江 苏	Jiangsu	25639137	17228050	1816820	17310603	8166605
浙 江	Zhejiang	21863625	14594844	1496924	16783047	5080581
安 徽	Anhui	10216594	6873420	842593	6099149	4055353
福 建	Fujian	10467449	6602299	791597	7097240	3370597
江 西	Jiangxi	7957833	5982068	462822	5929953	2027879
山 东	Shandong	18206501	12636640	1653972	17766731	1767639
河 南	Henan	13569183	9365542	985458	10229807	4602234
湖 北	Hubei	11055416	7269178	945509	9119223	1936192
湖 南	Hunan	10969157	5720254	1340919	6674740	4294417
广 东	Guangdong	40116448	27752701	1972589	27483727	12632721
广 西	Guangxi	6207637	4682210	294136	4918089	1357735
海 南	Hainan	2179165	1420678	300814	1542371	636795
重 庆	Chongqing	8570483	4950687	804612	6668048	3373621
四 川	Sichuan	15831185	9755970	1519362	11009731	4821454
贵 州	Guizhou	8155947	5002557	693550	5334763	2821184
云 南	Yunnan	7480475	4540345	525712	4993758	2486717
西 藏	Xizang	861088	578063	137234	539263	321825
陕 西	Shaanxi	8193094	5814483	469549	6323662	1867519
甘 肃	Gansu	2882453	1809475	353788	2042315	735628
青 海	Qinghai	733698	589031	70781	538084	224409
宁 夏	Ningxia	1001059	770389	76533	721605	279454
新 疆	Xinjiang	4301077	3183337	423787	3110560	1190517

家用电器及电子产品专门零售

Special Retail of Household Electric Appliances and Electronic Products

单位：万元

Unit: 10 000 yuan

地 区	Region	资产总计 Total Assets	#流动资产合计 Total Current Assets	#固定资产净额 Net Value of Fixed Assets	负债合计 Total Liabilities	所有者权益合计 Total Owners' Equities
全 国	**National Total**	**41201666**	**34154832**	**962981**	**30783290**	**10418606**
北 京	Beijing	5676545	4323000	43225	3569107	2107438
天 津	Tianjin	625383	591640	847	388960	236423
河 北	Hebei	908933	803999	23422	776903	132030
山 西	Shanxi	683584	631663	17522	527343	156242
内蒙古	Inner Mongolia	409935	319471	39735	303699	106236
辽 宁	Liaoning	603323	494644	18219	447885	155117
吉 林	Jilin	315716	277215	6606	210357	105359
黑龙江	Heilongjiang	359390	291999	4838	251683	107707
上 海	Shanghai	2498967	1949195	25244	2011207	487760
江 苏	Jiangsu	5680630	4848870	152817	4441974	1238656
浙 江	Zhejiang	1918584	1668789	57609	1562480	356104
安 徽	Anhui	1490076	1206788	54043	1250603	239473
福 建	Fujian	763265	617235	33017	445169	318096
江 西	Jiangxi	946885	816611	17640	612647	334238
山 东	Shandong	2541333	2203683	74936	2042998	498335
河 南	Henan	1923951	1668600	71064	1428799	495152
湖 北	Hubei	2215739	1776559	77735	1558355	657384
湖 南	Hunan	879788	655772	35895	578409	301378
广 东	Guangdong	4751394	4346654	47274	4287193	464752
广 西	Guangxi	752915	633757	21445	565292	187622
海 南	Hainan	180164	164856	986	148205	31959
重 庆	Chongqing	686590	549746	34521	497901	188689
四 川	Sichuan	1279968	918741	61095	849009	430959
贵 州	Guizhou	874399	460700	3412	345067	529332
云 南	Yunnan	717868	644592	10809	622325	95543
西 藏	Xizang	41248	34856	2987	20689	20559
陕 西	Shaanxi	662545	547706	13475	462395	200151
甘 肃	Gansu	241556	205747	4473	179250	62306
青 海	Qinghai	104576	95778	1130	67619	36957
宁 夏	Ningxia	159951	125262	636	118833	41118
新 疆	Xinjiang	306466	280702	6325	210934	95531

五金、家具及室内装饰材料专门零售 单位：万元

Special Retail of Hardware, Furniture and Interior Decoration Materials Unit: 10 000 yuan

地 区	Region	资产总计 Total Assets	#流动资产合计 Total Current Assets	#固定资产净额 Net Value of Fixed Assets	负债合计 Total Liabilities	所有者权益合计 Total Owners' Equities
全 国	**National Total**	**13673855**	**9483130**	**1394767**	**10530314**	**3143541**
北 京	Beijing	1012505	615701	62970	810005	202500
天 津	Tianjin	206313	98888	5102	216179	-9865
河 北	Hebei	75121	70388	642	60223	14898
山 西	Shanxi	120031	87675	16353	93117	26914
内蒙古	Inner Mongolia	7981	7865		5278	2704
辽 宁	Liaoning	119078	60658	1814	148335	-29257
吉 林	Jilin	30888	28625	854	24659	6229
黑龙江	Heilongjiang	109429	44315	38155	110058	-629
上 海	Shanghai	1162255	796902	191065	1110136	52119
江 苏	Jiangsu	2308399	1812068	180253	1821470	486929
浙 江	Zhejiang	491530	354498	84177	442766	48764
安 徽	Anhui	280942	179417	28423	194259	86683
福 建	Fujian	814932	560796	86334	526527	288405
江 西	Jiangxi	750597	646950	35588	489278	261319
山 东	Shandong	750733	512533	98039	554960	195774
河 南	Henan	524255	352758	38400	372775	151480
湖 北	Hubei	1076977	731196	142935	643085	433892
湖 南	Hunan	351805	227431	22821	205571	146234
广 东	Guangdong	1102269	769569	106871	938996	163272
广 西	Guangxi	222436	118352	40401	190658	31777
海 南	Hainan	10610	10495	51	10074	536
重 庆	Chongqing	490841	308109	45773	277775	213066
四 川	Sichuan	372998	213299	52745	285680	87318
贵 州	Guizhou	61302	59235	146	52646	8656
云 南	Yunnan	362609	224654	50864	300721	61888
西 藏	Xizang	4164	3168	27	3898	266
陕 西	Shaanxi	743201	485786	61804	549897	193305
甘 肃	Gansu	31396	28942	1539	24368	7029
青 海	Qinghai	25912	22187		21633	4279
宁 夏	Ningxia					
新 疆	Xinjiang	52346	50670	624	45286	7060

货摊、无店铺及其他零售业
Stalls, Non-shop and Other Retails

单位：万元
Unit: 10 000 yuan

地 区	Region	资产总计 Total Assets	#流动资产合计 Total Current Assets	#固定资产净额 Net Value of Fixed Assets	负债合计 Total Liabilities	所有者权益合计 Total Owners' Equities
全 国	**National Total**	**82034454**	**69924376**	**2125308**	**67795938**	**14219790**
北 京	Beijing	9154743	8438107	106334	8921607	233795
天 津	Tianjin	1882394	1779346	40860	1691293	191101
河 北	Hebei	485892	417925	9446	393974	91918
山 西	Shanxi	364349	265588	43911	276830	87520
内蒙古	Inner Mongolia	76013	62646	2442	56685	19328
辽 宁	Liaoning	899068	823390	9772	788772	110296
吉 林	Jilin	138276	118418	5676	113062	25213
黑龙江	Heilongjiang	200915	183057	6227	156897	44018
上 海	Shanghai	9432948	8417915	60860	8459989	972959
江 苏	Jiangsu	7499832	6145941	295317	5953173	1546659
浙 江	Zhejiang	9001690	8064987	156139	7706332	1295358
安 徽	Anhui	2514319	2196951	51495	1931190	583128
福 建	Fujian	4957125	3931128	284809	3835653	1121473
江 西	Jiangxi	1617555	1301604	71515	1100980	516575
山 东	Shandong	3837246	2801598	122060	2995165	817843
河 南	Henan	885311	747581	72389	663476	221835
湖 北	Hubei	2667036	2141497	176326	2075134	591902
湖 南	Hunan	1587218	1133697	108556	832097	755120
广 东	Guangdong	15997857	13817925	132658	13107559	2890595
广 西	Guangxi	421595	302511	31575	294290	127304
海 南	Hainan	938957	927642	4116	733573	205384
重 庆	Chongqing	1238952	1081648	18720	931270	307682
四 川	Sichuan	3152614	2693449	188823	2671511	481206
贵 州	Guizhou	1261612	710245	3805	737607	524005
云 南	Yunnan	179857	135026	10042	127993	51864
西 藏	Xizang	11133	10199	179	8129	3004
陕 西	Shaanxi	1211757	994306	54593	965151	246420
甘 肃	Gansu	162396	105550	30937	81855	85178
青 海	Qinghai	13426	11618	705	8063	5363
宁 夏	Ningxia	52777	31235	1998	28373	24404
新 疆	Xinjiang	189592	131646	23026	148252	41340

3-4-1 限额以上批发和零售业企业损益及分配

项　目	Item	营业收入 Business Revenue	营业成本 Business Cost
总　计	**Total**	**11658108408**	**10938144959**
一、批发业	**Wholesale Trade**	**10146988741**	**9629429907**
#国有控股	State-controlled Enterprises	3463542636	3315905974
(一)按登记注册统计类别分	**By Registered Statistical Categories**		
1.内资企业	Domestic Invested Enterprises	8914988251	8517435855
有限责任公司	Limited Liability Corporations	8248972498	7921428613
股份有限公司	Share-holding Corporations Ltd.	420651731	400292227
非公司企业法人	Non Corporate Legal Entity	234545652	185747404
个人独资企业	Sole Proprietorship Enterprises	7603164	7103312
合伙企业	Partnership Enterprises	3209320	2858740
其他内资企业	Other Domestic Invested Enterprises	5885	5559
2.港澳台投资企业	Enterprises with Investment from Hong Kong, Macao and Taiwan	466789962	421332526
3.外商投资企业	Foreign Invested Enterprises	760561702	686473840
4.其他统计类别	Other Statistical Categories	4648826	4187685

3-4-1 续表 1

项　目	Item	财务费用 Financial Expenses	#利息费用 Interest Expense
总　计	**Total**	**25622862**	**34978575**
一、批发业	**Wholesale Trade**	**19028676**	**30453097**
#国有控股	State-controlled Enterprises	8233677	15291008
(一)按登记注册统计类别分	**By Registered Statistical Categories**		
1.内资企业	Domestic Invested Enterprises	17635271	27185511
有限责任公司	Limited Liability Corporations	16851621	23433324
股份有限公司	Share-holding Corporations Ltd.	2162425	3645351
非公司企业法人	Non Corporate Legal Entity	-1400876	93470
个人独资企业	Sole Proprietorship Enterprises	17262	9758
合伙企业	Partnership Enterprises	4839	3609
其他内资企业	Other Domestic Invested Enterprises		
2.港澳台投资企业	Enterprises with Investment from Hong Kong, Macao and Taiwan	170833	1392616
3.外商投资企业	Foreign Invested Enterprises	1213302	1872373
4.其他统计类别	Other Statistical Categories	9271	2596

Income and Distribution of Enterprises above Designated Size of Wholesale and Retail Trades

单位：万元
Unit: 10 000 yuan

税金及附加 Taxes and Other Charges	其他业务利润 Profits from Other Business	销售费用 Selling Expenses	管理费用 Administrative Expenses
41005016	**23339435**	**321900953**	**160061222**
35975076	**11070047**	**201021695**	**115347341**
27569917	3741711	35199154	25383579
33704985	7385125	140378521	86186099
13243001	6381094	126968753	73660955
606446	507619	8813841	4575794
19820774	494052	4416428	7783910
27719	2057	134078	121349
7044	303	44919	43671
2		502	421
852172	915126	22366774	13966305
1407484	2769150	38202245	15107948
10435	646	74155	86989

3-4-1 Continued 1

单位：万元
Unit: 10 000 yuan

营业利润 Operating Profits	利润总额 Total Profits	所得税费用 Income Tax Expense	应付职工薪酬 Payables to Employees	应交增值税 VAT Payable
229914675	**235102307**	**37882124**	**181255828**	**86767828**
202788315	**206816101**	**32299219**	**118997654**	**68075576**
78627171	79552729	13943939	32139848	23196665
157889447	160445554	24606360	87068489	57351907
125618360	127917723	18662865	71801661	47885121
13028830	13332348	956160	6525939	2911676
18783348	18718765	4965277	8605650	6369948
199855	201726	18665	102479	138127
259652	276256	3391	32440	47001
-599	-1264	2	319	35
17090228	17573225	2496045	11404622	3780456
27540770	28530892	5188179	20418358	6929421
267871	266430	8635	106185	13791

项 目	Item	营业收入 Business Revenue	营业成本 Business Cost
(二)按国民经济行业分	**by Sector**		
农、林、牧、渔产品批发	Wholesale of Agricultural, Forestry, Livestock and Fishery Products	324787271	314843240
食品、饮料及烟草制品批发	Wholesale of Food, Beverages and Tobaccos	800600147	678304344
米、面制品及食用油批发	Wholesale of Rice, Flour and Edible Oil	129707626	123947638
肉、禽、蛋、奶及水产品批发	Wholesale of Meal, Fowls, Eggs, Milk and Aquatic Products	119077304	112208143
酒、饮料及茶叶批发	Wholesale of Wine, Beverages and Teas	151033314	116423121
烟草制品批发	Wholesale of Tobaccos	202361622	145786090
纺织、服装及家庭用品批发	Wholesale of Textiles, Wearing Apparel and Household Articles	634799954	560584970
服装批发	Wholesale of Garments	107628597	92369540
鞋帽批发	Wholesale of Shoes and Hats	28427688	23466048
日用家电批发	Wholesale of Household Electrical Appliances	158621850	144568448
文化、体育用品及器材批发	Wholesale of Culture, Sports Appliances and Equipments	158091812	144684687
文具用品批发	Wholesale of Stationeries	53671289	51260419
体育用品及器材批发	Wholesale of Sports Appliances and Equipments	10593700	8840950
图书批发	Wholesale of Books	13272607	10850571
医药及医疗器材批发	Wholesale of Medicines and Medical Appliances	465750688	403383918
西药批发	Wholesale of Western Medicines	279034942	248238175
中药批发	Wholesale of Chinese Traditional Medicines	56078422	47998186
矿产品、建材及化工产品批发	Wholesale of Mineral Products, Building Materials and Chemical Products	6154736676	6019992135
煤炭及制品批发	Wholesale of Coal and Related Products	715685788	693855245
石油及制品批发	Wholesale of Petroleum and Related Products	1064998179	1041886837
金属及金属矿批发	Wholesale of Metal Materials	2893990207	2855395262
建材批发	Wholesale of Building Materials	332610653	316334884
化肥批发	Wholesale of Chemical Fertilizer	77351996	74515311
农药批发	Wholesale of Pesticides	13038723	11748752
机械设备、五金产品及电子产品批发	Wholesale of Machinery, Hardware and Electronic Products	1317486577	1232235705
汽车及零配件批发	Wholesale of Motor Vehicles and Their Parts	493073563	469362800
计算机、软件及辅助设备批发	Wholesale of Computer, Software and Assistant Appliances	146971921	138326203
通讯设备批发	Wholesale of Communication Equipments	138790453	132990469
贸易经纪与代理	Trade Broker and Agency	46275910	43744488
其他批发业	Other Wholesale not Classified Elsewhere	244459705	231656419

单位：万元
Unit: 10 000 yuan

税金及附加 Taxes and Other Charges	其他业务利润 Profits from Other Business	销售费用 Selling Expenses	管理费用 Administrative Expenses
338808	328354	2982611	2890908
24911719	2386218	35025280	21170857
156285	236530	3167925	1665803
161235	172570	3787133	1979223
536236	399423	14444211	3777593
23748561	498630	4661287	9181364
1008900	1212250	39542625	18161438
198964	283002	7744999	3863062
61524	51703	1783023	2024716
210322	172224	7696642	4653982
316294	262604	5889773	3602120
59813	37613	1003621	882142
28275	14200	750343	383715
24746	37548	915392	814583
1214071	1100030	32017666	13705089
694673	609076	15460114	6117344
161752	117547	5277213	1398599
5530255	3761869	43388404	31106274
1085327	733047	7063193	4831304
819437	923106	10039636	4378777
2096714	1098359	8730375	8751611
511458	237933	5108685	3768113
104806	106364	1024083	585816
19117	12766	660149	424517
1999808	2268702	36534827	21535421
847995	642827	14715142	3991536
160769	202065	3117577	1766634
163563	395563	2610321	1315400
47096	247087	692618	595638
608124	-497066	4947892	2579596

项 目	Item	财务费用 Financial Expenses	#利息费用 Interest Expenses
(二)按国民经济行业分	**by Sector**		
农、林、牧、渔产品批发	Wholesale of Agricultural, Forestry, Livestock and Fishery Products	1657492	2119820
食品、饮料及烟草制品批发	Wholesale of Food, Beverages and Tobaccos	-463213	2068041
米、面制品及食用油批发	Wholesale of Rice, Flour and Edible Oil	433368	677251
肉、禽、蛋、奶及水产品批发	Wholesale of Meal, Fowls, Eggs, Milk and Aquatic Products	334194	319180
酒、饮料及茶叶批发	Wholesale of Wine, Beverages and Teas	-86275	435776
烟草制品批发	Wholesale of Tobaccos	-1626249	14204
纺织、服装及家庭用品批发	Wholesale of Textiles, Wearing Apparel and Household Articles	489432	1396714
服装批发	Wholesale of Garments	141627	295134
鞋帽批发	Wholesale of Shoes and Hats	-2037	31309
日用家电批发	Wholesale of Household Electrical Appliances	-227676	316429
文化、体育用品及器材批发	Wholesale of Culture, Sports Appliances and Equipments	309645	654611
文具用品批发	Wholesale of Stationeries	220522	342363
体育用品及器材批发	Wholesale of Sports Appliances and Equipments	-31997	27414
图书批发	Wholesale of Books	-96646	79624
医药及医疗器材批发	Wholesale of Medicines and Medical Appliances	1777724	2331542
西药批发	Wholesale of Western Medicines	1173476	1621257
中药批发	Wholesale of Chinese Traditional Medicines	190303	202923
矿产品、建材及化工产品批发	Wholesale of Mineral Products, Building Materials and Chemical Products	12963017	17970110
煤炭及制品批发	Wholesale of Coal and Related Products	2742045	3744237
石油及制品批发	Wholesale of Petroleum and Related Products	1690328	2009279
金属及金属矿批发	Wholesale of Metal Materials	5577139	7352763
建材批发	Wholesale of Building Materials	1761867	1647431
化肥批发	Wholesale of Chemical Fertilizer	285309	451784
农药批发	Wholesale of Pesticides	97302	126401
机械设备、五金产品及电子产品批发	Wholesale of Machinery, Hardware and Electronic Products	1782882	3157921
汽车及零配件批发	Wholesale of Motor Vehicles and Their Parts	-18403	833109
计算机、软件及辅助设备批发	Wholesale of Computer, Software and Assistant Appliances	604260	302987
通讯设备批发	Wholesale of Communication Equipments	127762	411882
贸易经纪与代理	Trade Broker and Agency	67327	249570
其他批发业	Other Wholesale not Classified Elsewhere	444371	504769

单位：万元
Unit: 10 000 yuan

营业利润 Operating Profits	利润总额 Total Profits	所得税费用 Income Tax Expenses	应付职工薪酬 Payables to Employees	应交增值税 VAT Payable
3758446	4015140	461077	2427254	1208727
46823691	47101888	10898277	23824658	14234596
1195991	1345642	216135	1838621	574658
968533	1033544	174643	2077890	595632
18113877	18182171	4016888	5078759	3916567
21424493	21278236	5712890	10120076	7389141
22753213	23274150	3041279	16333948	6086485
4337909	4489140	789751	4101414	1302234
1187767	1268541	290608	907214	411082
7176055	7223576	449234	2805364	1179434
4706467	4816237	611991	3896104	1038949
849296	866255	113894	786083	305856
662022	677500	153518	359805	170411
1218711	1217998	61369	877403	35382
15703137	15951308	2921856	15863920	7833825
8988224	9050670	1508556	7031398	3904262
1170875	1205248	235933	1800157	1078276
72711300	73999044	8132237	28346837	21900835
22969292	23295741	1976433	3482743	4468615
9112890	9250774	1341137	5939008	4235837
19727528	20298845	2360538	6965362	5962391
6041060	6082750	675827	3391608	2777151
1509724	1578408	118351	656598	530968
274364	298995	56233	474011	44484
29747984	30872197	5341341	25502691	10308960
6197776	6601704	1618840	4673853	3264662
2889895	2942081	591998	2718760	812160
1913677	1942153	263163	1673115	736917
1585052	1610330	276226	577895	280639
4999027	5175808	614933	2224347	5182560

3-4-1 续表 4

项 目	Item	营业收入 Business Revenue	营业成本 Business Cost
二、零售业	**Retail Trade**	**1511119667**	**1308715053**
#国有控股	State-controlled Enterprises	265210785	235239649
(一)按登记注册统计类别分	**By Registered Statistical Categories**		
1.内资企业	Domestic Invested Enterprises	1244304068	1091408485
有限责任公司	Limited Liability Corporations	1114386447	977208988
股份有限公司	Share-holding Corporations Ltd.	101843837	90168673
非公司企业法人	Non Corporate Legal Entity	10668426	9360841
个人独资企业	Sole Proprietorship Enterprises	15332722	12915474
合伙企业	Partnership Enterprises	2045152	1729286
其他内资企业	Other Domestic Invested Enterprises	27484	25224
2.港澳台投资企业	Enterprises with Investment from Hong Kong, Macao and Taiwan	117913786	92826170
3.外商投资企业	Foreign Invested Enterprises	147925305	123639338
4.其他统计类别	Other Statistical Categories	976508	841060

3-4-1 续表 5

项 目	Item	财务费用 Financial Expenses	#利息费用 Interest Expenses
二、零售业	**Retail Trade**	**6594186**	**4525478**
#国有控股	State-controlled Enterprises	865951	938076
(一)按登记注册统计类别分	**By Registered Statistical Categories**		
1.内资企业	Domestic Invested Enterprises	5443875	3640539
有限责任公司	Limited Liability Corporations	5008060	3212608
股份有限公司	Share-holding Corporations Ltd.	308566	367509
非公司企业法人	Non Corporate Legal Entity	41081	31747
个人独资企业	Sole Proprietorship Enterprises	77513	24850
合伙企业	Partnership Enterprises	8622	3822
其他内资企业	Other Domestic Invested Enterprises	33	NA
2.港澳台投资企业	Enterprises with Investment from Hong Kong, Macao and Taiwan	432863	347689
3.外商投资企业	Foreign Invested Enterprises	712670	534933
4.其他统计类别	Other Statistical Categories	4778	2317

3-4-1 Continued 4

单位：万元

Unit: 10 000 yuan

税金及附加 Taxes and Other Charges	其他业务利润 Profits from Other Business	销售费用 Selling Expenses	管理费用 Administrative Expenses
5029940	**12269387**	**120879258**	**44713881**
999018	3125769	16009305	4881752
3945560	9706509	90611176	35871974
3368753	8761627	82527802	32956992
369659	887487	6884840	1904008
101998	37343	501130	306269
94383	17638	608277	613340
10747	2402	88217	90358
20	13	909	1007
602588	412244	15625629	4479343
478612	2150337	14618857	4333467
3180	297	23596	29097

3-4-1 Continued 5

单位：万元

Unit: 10 000 yuan

营业利润 Operating Profits	利润总额 Total Profits	所得税费用 Income Tax Expenses	应付职工薪酬 Payables to Employees	应交增值税 VAT payable
27126359	**28286205**	**5582905**	**62258174**	**18692251**
8195238	8233971	1100125	10012809	3855404
18527136	19497242	3411702	50250851	14823685
14181597	15177168	3045901	44574951	12603490
2857153	2835294	245130	4412698	1772673
376669	382381	48576	498276	140127
994116	986499	64301	681232	273210
117311	115606	7742	82537	33937
291	295	52	1156	249
4241899	4365148	1220874	6665811	1817187
4283468	4344302	948379	5303392	2046724
73856	79513	1950	38120	4655

项　　目	Item	营业收入 Business Revenue	营业成本 Business Cost
(二)按国民经济行业分	**by Sector**		
综合零售	Integrated Retail	199616949	159338997
百货零售	Retail of General Merchandise	91760110	71069576
超级市场零售	Retail of Supermarkets	95034542	78249389
食品、饮料及烟草制品专门零售	Special Retail of Food, Beverages and Tobaccos	66509376	54439299
粮油零售	Retail of Cereal and Oil	5027693	4464036
肉、禽、蛋、奶及水产品零售	Retail of Meat, Poultry, Eggs, Milk and Aquatic Products	11156225	9599988
酒、饮料及茶叶零售	Retail of Wine, Beverages and Teas	20414313	16780957
烟草制品零售	Retail of Tobaccos	2780973	2216733
纺织、服装及日用品专门零售	Special Retail of Textiles, Garments and Daily Consumer Articles	75829597	47236894
服装零售	Retail of Garments	42441732	26074502
文化、体育用品及器材专门零售	Special Retail of Culture, Sports Appliances and Equipments	40915532	30876838
体育用品及器材零售	Retail of Sports Appliances and Equipments	2960094	1765859
图书、报刊零售	Retail of Books, Newspapers and Magazines	15690851	11557204
医药及医疗器材专门零售	Special Retail of Medicines and Medical Appliances	57563625	44401676
西药零售	Retail of Western Medicines	52903784	40921022
汽车、摩托车、零配件和燃料及其他动力销售	Retail of Motor Vehicles, Motorcycles, Parts, Fuel and Other Powers	717032891	666624959
汽车新车零售	Retail of New Motor Vehicles	476736162	447449919
机动车燃油零售	Retail of Fuel Oil of Motor Vehicles	221771814	202647541
家用电器及电子产品专门零售	Special Retail of Household Electric Appliances and Electronic Products	70950666	62725986
日用家电零售	Retail of Household Electric Appliances	22957277	20146212
计算机、软件及辅助设备零售	Retail of Computer, Software and Assistant Appliances	17402160	15291768
通信设备零售	Retail of Communication Equipments	18815764	17091086
五金、家具及室内装饰材料专门零售	Special Retail of Hardware, Furniture and Interior Decoration Materials	18322036	14647085
货摊、无店铺及其他零售业	Stalls, Non-shop and Other Retails	264378995	228423318
互联网零售	Retail on the Internet	254392800	220535329
(三)按零售业态分	**by Mode of Business Operation**		
有店铺零售	Store-based Retailing	1182806083	1024786443
超市	Supermarket	161866080	132263268
百货店	Department Store	120400454	92221835
专业店	Speciality Store	425891561	375491480
品牌专卖店	Brand Store	512155083	451185690
集合店	Collection Store	16084322	13985926
无店铺零售	Non-Store Selling	488704336	418970558

3-4-1 Continued 6

单位：万元

Unit: 10 000 yuan

税金及附加 Taxes and Other Charges	其他业务利润 Profits from Other Business	销售费用 Selling Expenses	管理费用 Administrative Expenses
1308936	4599206	23345386	9477359
998220	2308299	9618869	5357863
273463	1979655	11837221	3379753
277525	373560	5373025	2944150
13065	8704	197713	199610
27110	27853	744756	462424
73686	46125	1047260	670684
82152	10970	195453	156344
439967	562499	18071580	5052152
214003	392869	10590887	3242402
348035	258566	4851885	2591891
13720	6903	631080	222884
48588	196678	1771511	1311009
155667	496285	8850951	2552196
140525	407794	8169844	2263347
1791215	5077201	28282634	12975983
1320588	3668974	18099477	9873967
427956	1376470	9311876	2490269
146658	187190	4195326	2281162
53308	66968	1619990	812905
34228	10521	928332	518550
21242	74712	938983	518867
93443	93360	1639207	1150957
468494	621521	26269264	5688032
429910	582564	25263410	5130998
4319964	11417506	90152585	36375756
659698	3068064	18604978	6738375
1168236	2662994	14198029	6971543
1254134	3266529	27072639	11965686
1774557	3678984	36281085	14318915
53969	79224	1120529	566273
1243127	1990830	46760354	13705654

项　　目	Item	财务费用 Financial Expense	#利息费用 Interest Expenses
(二)按国民经济行业分	**by Sector**		
综合零售	Integrated Retail	1949728	1492899
百货零售	Retail of General Merchandise	1132022	908250
超级市场零售	Retail of Supermarkets	748894	478001
食品、饮料及烟草制品专门零售	Special Retail of Food, Beverages and Tobaccos	247898	162990
粮油零售	Retail of Cereal and Oil	24422	15494
肉、禽、蛋、奶及水产品零售	Retail of Meat, Poultry, Eggs, Milk and Aquatic Products	50790	31501
酒、饮料及茶叶零售	Retail of Wine, Beverages and Teas	69786	41929
烟草制品零售	Retail of Tobaccos	-4317	6241
纺织、服装及日用品专门零售	Special Retail of Textiles, Garments and Daily Consumer Articles	377929	191626
服装零售	Retail of Garments	241812	141700
文化、体育用品及器材专门零售	Special Retail of Culture, Sports Appliances and Equipments	83412	101365
体育用品及器材零售	Retail of Sports Appliances and Equipments	17146	10910
图书、报刊零售	Retail of Books, Newspapers and Magazines	-67972	23169
医药及医疗器材专门零售	Special Retail of Medicines and Medical Appliances	261079	151244
西药零售	Retail of Western Medicines	236223	139654
汽车、摩托车、零配件和燃料及其他动力销售	Retail of Motor Vehicles, Motorcycles, Parts, Fuel and Other Powers	2951663	1973407
汽车新车零售	Retail of New Motor Vehicles	2163597	1513336
机动车燃油零售	Retail of Fuel Oil of Motor Vehicles	698301	409615
家用电器及电子产品专门零售	Special Retail of Household Electric Appliances and Electronic Products	279084	157885
日用家电零售	Retail of Household Electric Appliances	125301	57986
计算机、软件及辅助设备零售	Retail of Computer, Software and Assistant Appliances	31923	39645
通信设备零售	Retail of Communication Equipments	66646	36527
五金、家具及室内装饰材料专门零售	Special Retail of Hardware, Furniture and Interior Decoration Materials	155416	93797
货摊、无店铺及其他零售业	Stalls, Non-shop and Other Retails	287976	200265
互联网零售	Retail on the Internet	250992	175675
(三)按零售业态分	**by Mode of Business Operation**		
有店铺零售	Store-based Retailing	6032967	4126762
超市	Supermarket	1215884	797398
百货店	Department Store	1294421	961082
专业店	Speciality Store	1742386	1144505
品牌专卖店	Brand Store	2248326	1539565
集合店	Collection Store	88242	58829
无店铺零售	Non-Store Selling	1133202	842872

单位：万元
Unit: 10 000 yuan

营业利润 Operating Profits	利润总额 Total Profits	所得税费用 Income Tax Expenses	应付职工薪酬 Payables to Employees	应交增值税 VAT payable
4809408	4953308	1162869	13312222	2963061
4121139	4229740	896188	5430203	1697522
596863	616642	242296	7065189	1076804
3392851	3481756	550526	3640235	1087575
145409	174067	13788	199673	66460
304252	314034	24591	581225	104673
1806282	1809179	352640	639995	386253
170760	182701	40138	197033	68646
4903090	5111712	1390924	6967667	2007522
2117962	2254132	701403	4362007	1033685
2352522	2379340	189703	3494839	565909
322961	323748	50649	315126	89304
1181439	1191530	-37345	1803585	92063
1607685	1645893	287217	5973703	1002883
1437556	1476551	258721	5521157	892762
5009617	5331731	1123343	19074587	7123256
-1879184	-1413186	451797	13527399	3590839
6466233	6349664	630486	4913119	3317620
1261900	1289609	178719	2900420	782697
224225	232351	32002	1011366	262387
560656	565376	112304	726999	231328
174273	185271	12873	669762	136951
581516	572593	59836	1129138	348165
3207770	3520263	639767	5765364	2811183
2714681	3003041	578502	5117844	2638079
23220862	24041665	4755820	53848262	14787237
2557411	2630768	583998	11528476	2191598
5223197	5358616	1070434	8346971	2280702
9104533	9278413	1105431	18374023	5230796
6998900	7572169	2340290	20563123	5630986
302158	304411	39286	719137	268034
7107293	7611935	1447489	16858198	6005613

3-4-2 各地区限额以上批发业企业损益及分配

地 区	Region	营业收入 Business Revenue	营业成本 Business Cost	税金及附加 Taxes and Other Charges	其他业务利润 Profits from Other Business	销售费用 Selling Expenses	管理费用 Administrative Expenses
全 国	**National Total**	**10146988741**	**9629429907**	**35975076**	**11070047**	**201021695**	**115347341**
北 京	Beijing	710723259	666459964	1285732	2289742	19148781	14178196
天 津	Tianjin	396877599	387542254	863198	121165	4256491	2389959
河 北	Hebei	184507615	175814280	1221635	110001	2089785	1561324
山 西	Shanxi	186201907	177857418	795218	168911	2328180	2071918
内蒙古	Inner Mongolia	68500950	64744698	603068	232616	1639575	863879
辽 宁	Liaoning	203347261	196840637	815397	62608	2295257	1560885
吉 林	Jilin	35600067	32690805	415132	18608	1298232	608695
黑龙江	Heilongjiang	79377723	75877199	498385	47430	1670106	769361
上 海	Shanghai	1283318322	1196964603	1912383	1629243	43850636	20617545
江 苏	Jiangsu	948901464	892302841	2801883	583336	17218494	11049963
浙 江	Zhejiang	1259550322	1218814369	2705771	1269621	17894504	9047290
安 徽	Anhui	174108005	162446611	1334995	141074	5788565	2217054
福 建	Fujian	604068062	578933304	1421110	415933	7648028	4466671
江 西	Jiangxi	115447159	105870614	945968	352075	3617569	1585857
山 东	Shandong	705196311	678752199	1896097	425704	9665046	6052983
河 南	Henan	171027346	159919718	1606228	219563	3461036	2468995
湖 北	Hubei	201556611	185050586	1298146	506893	4533760	2676404
湖 南	Hunan	104003765	94144437	1683925	125122	2729522	1933360
广 东	Guangdong	1319094795	1262708050	3374102	1268340	25346675	16686378
广 西	Guangxi	153975149	148572341	865179	106403	1615473	1199670
海 南	Hainan	187381206	182159803	401139	43012	1607656	806336
重 庆	Chongqing	155648750	143876691	1293291	180299	4186930	1598687
四 川	Sichuan	232441011	214922622	1632161	233547	5725735	2600565
贵 州	Guizhou	75810518	63493201	947966	59322	2255772	1127460
云 南	Yunnan	120459069	111502725	1137633	77259	2330354	1312226
西 藏	Xizang	8633477	7279817	144388	2448	783054	177991
陕 西	Shaanxi	186711971	179427763	884664	105227	2608180	1484168
甘 肃	Gansu	89515618	86766812	453347	139728	1047538	597138
青 海	Qinghai	17088063	16423141	123393	18781	303175	151290
宁 夏	Ningxia	14544982	13723445	133688	20818	336967	166534
新 疆	Xinjiang	153370384	147546958	479852	95217	1740617	1318560

Income and Distribution of Enterprises above Designated Size of Wholesale Trade by Region

单位：万元
Unit: 10 000 yuan

财务费用 Financial Expenses	#利息费用 Interest Expenses	营业利润 Operating Profits	利润总额 Total Profits	所得税费用 Income Tax Expenses	应付职工薪酬 Payables to Employees	应交增值税 VAT Payable
19028676	**30453097**	**202788315**	**206816101**	**32299219**	**118997654**	**68075576**
1580367	3834722	26346980	26585696	2702591	13101790	4092593
548428	656982	2356251	2591998	609687	2466053	1495808
612670	727113	2809694	2809602	545239	1394634	1070454
641888	1189871	5829106	5849357	731078	1591803	1153894
202584	296444	1871388	1836739	245800	817656	635975
501798	541750	1236857	1316605	360435	1403420	989262
249553	181997	412170	447311	137340	714068	588826
142443	504636	569124	600759	172547	827843	795648
1791491	2357945	25950908	27305892	5781519	24282792	7760180
2024813	2432298	25223004	24888290	3172724	9799550	7693925
2010955	3570732	17788975	18666332	3398463	9311196	4608060
253841	551557	2666320	2885527	652888	2349540	2639981
1357338	2045777	11333030	11573642	1184539	3983845	2582396
258553	340785	3142115	3399197	459508	1463044	2022464
1537755	1938647	7888255	8094202	1283732	5780943	3690742
412893	530991	3450935	3540330	586347	2421165	1828851
406420	524330	8469599	8489100	975149	3000105	3018450
315147	285459	3331283	3366893	576793	1887500	1959953
1844208	3002783	13472761	13658538	2376573	18216684	7345296
659532	872427	1508937	1534620	316855	1232017	1272912
144349	224637	2798615	2932128	458360	734965	748611
152353	334787	4546314	4640012	622385	1682645	1334931
788974	959566	7792988	7831255	1143629	3249232	2505363
51400	329834	8696579	8676924	2054432	1420397	1523217
237848	449302	4580176	4555156	783185	1727896	1130354
-304	18160	289114	294078	39923	182122	187532
-943610	540953	3746592	3636865	422876	1582908	1188240
215430	277929	954513	969963	107850	719984	764710
157931	32488	104551	152026	34633	212304	159210
31345	32825	268667	274415	38254	200477	134271
840288	865370	3352512	3412648	323884	1239077	1153465

国有控股
State-controlled Enterprises

地 区	Region	营业收入 Business Revenue	营业成本 Business Cost	税金及附加 Taxes and Other Charges	其他业务利润 Profits from Other Business	销售费用 Selling Expenses	管理费用 Administrative Expenses
全 国	**National Total**	**3463542636**	**3315905974**	**27569917**	**3741711**	**35199154**	**25383579**
北 京	Beijing	347362501	336009398	808479	961268	4116658	3580264
天 津	Tianjin	125772632	123732477	335845	42081	541322	407862
河 北	Hebei	58812532	55120418	1099560	21676	377928	499126
山 西	Shanxi	104215316	99311285	713806	107257	723020	1170223
内蒙古	Inner Mongolia	35696434	34171022	538763	112406	323122	338643
辽 宁	Liaoning	116692371	113916968	715667	14871	730001	462073
吉 林	Jilin	20143747	18625090	388246	5342	508675	248833
黑龙江	Heilongjiang	42868994	41294658	458139	17290	441922	370551
上 海	Shanghai	400086528	391098462	804968	233098	3860655	1578727
江 苏	Jiangsu	169664644	158785498	1831899	105764	2084232	1336049
浙 江	Zhejiang	273927394	264615399	1904721	370761	2084341	1363080
安 徽	Anhui	69915145	65288936	1091168	35965	1489056	690050
福 建	Fujian	231672626	225924125	1017926	181681	1141733	863902
江 西	Jiangxi	45744212	42730219	756860	314637	505778	503976
山 东	Shandong	187042276	180357643	1354333	70490	1546559	1474288
河 南	Henan	54340951	49604362	1408203	171131	727714	989175
湖 北	Hubei	94710655	89501165	1005849	36864	917351	820204
湖 南	Hunan	40938555	36423042	1366585	45618	713639	829363
广 东	Guangdong	323454592	310884087	2438243	388150	4639278	2144049
广 西	Guangxi	75883938	72974339	776377	71589	493197	552250
海 南	Hainan	60980025	59529491	288654	5269	212316	308017
重 庆	Chongqing	43532147	39915145	1120216	15046	635973	623613
四 川	Sichuan	109513271	102320881	1404696	57801	1423465	902401
贵 州	Guizhou	51698331	41251829	912940	38899	1259312	712993
云 南	Yunnan	76865994	70661099	1044019	78585	1035300	786545
西 藏	Xizang	1390827	1071252	119581	1820	70935	80576
陕 西	Shaanxi	117517859	113433848	788776	63174	1106542	645108
甘 肃	Gansu	70591084	68830970	425609	125064	455317	358943
青 海	Qinghai	11086332	10607793	117357	7936	210437	87156
宁 夏	Ningxia	6524113	6097947	119856	7215	142339	75500
新 疆	Xinjiang	94896608	91817129	412576	32964	681037	580040

3-4-2 Continued

单位：万元
Unit: 10 000 yuan

财务费用 Financial Expenses	#利息费用 Interest Expenses	营业利润 Operating Profits	利润总额 Total Profits	所得税费用 Income Tax Expenses	应付职工薪酬 Payables to Employees	应交增值税 VAT Payable
8233677	**15291008**	**78627171**	**79552729**	**13943939**	**32139848**	**23196665**
1299758	2521989	13129629	13174422	1051703	4238889	1389757
254189	318051	766965	790705	187546	571401	354592
226335	348089	1205458	1218801	279278	580744	492717
419524	989716	4387000	4389194	552065	1060871	685486
-3990	96742	863750	871383	150911	432336	360149
68695	136797	972770	1027763	217640	648231	446855
112905	72366	320456	344543	99927	362043	432018
26680	394205	391718	371230	99615	495024	555747
295867	772054	4191711	4251929	738494	2043425	1170409
579908	1037954	5592752	5577107	1134431	1685749	1608001
462673	944158	5074077	5207656	1082560	1786636	1227784
52473	387718	1702050	1737736	379941	971692	1056402
824205	1342616	2678343	2751845	517939	1039529	739501
95359	208505	1218147	1264717	245901	650914	543831
575605	810004	1962133	2193209	526428	1705506	1192795
119864	251524	1526771	1525518	336728	1018408	617714
179220	286122	3076022	3057408	450788	1046167	872571
111423	152712	1574900	1583445	389342	794641	902442
512971	1121254	4010974	4094958	941567	3578151	1928833
374891	500908	1127041	1134041	253505	670821	639755
80126	126272	1000999	1012173	146106	331705	135279
71862	185100	1162920	1171203	208624	687939	468590
389529	577112	3215533	3226676	654705	1228130	990913
-18100	259808	8273206	8284866	1941955	956185	1276408
145791	361985	3842900	3809139	712211	1177631	762306
-8481	2634	75421	75141	9931	83272	50184
227710	357214	2727930	2741338	278739	880954	784488
146533	219312	859680	874124	84687	478015	587845
152814	18493	33178	69440	28011	149802	126396
677	11257	193281	196094	25617	122940	87251
456663	478336	1469455	1524924	217042	662098	709645

3-4-3 各地区限额以上批发业企业损益及分配(按登记注册统计类别分)

内资企业

Domestic Funded Enterprises

地区	Region	营业收入 Business Revenue	营业成本 Business Cost	税金及附加 Taxes and Other Charges	其他业务利润 Profits from Other Business	销售费用 Selling Expenses	管理费用 Administr-ative Expenses
全国	**National Total**	**8914988251**	**8517435855**	**33704985**	**7385125**	**140378521**	**86186099**
北京	Beijing	513319682	489669511	1012574	1442432	9759880	7426959
天津	Tianjin	334711341	327441078	540596	105480	3131235	1980778
河北	Hebei	181088857	172519135	1217548	108461	2037197	1530911
山西	Shanxi	186056936	177732725	794895	168797	2323724	2065248
内蒙古	Inner Mongolia	66379933	62736010	519076	232076	1582618	845523
辽宁	Liaoning	194442526	188592963	784201	58832	2030375	1429901
吉林	Jilin	34965641	32095772	413966	17804	1273820	599114
黑龙江	Heilongjiang	76380180	72904821	496491	47337	1659850	762816
上海	Shanghai	788690531	762489289	1093080	581033	11969104	7168163
江苏	Jiangsu	866751709	819467376	2647543	511311	12904487	8362679
浙江	Zhejiang	1191072904	1154689348	2628197	1004405	15590938	8283516
安徽	Anhui	159180196	148252825	1304166	134067	4867622	1963878
福建	Fujian	583717081	560872060	1383690	357974	6458880	4127347
江西	Jiangxi	113738354	104363538	942480	350203	3555060	1549880
山东	Shandong	666725653	641418391	1859400	384153	9169148	5744900
河南	Henan	164899081	154440525	1595730	219102	3270086	2397734
湖北	Hubei	165368824	151430736	1259696	201828	3605900	2257583
湖南	Hunan	101719692	92034169	1665575	124357	2623145	1892836
广东	Guangdong	1195994896	1150966929	3139267	337670	19944889	13670175
广西	Guangxi	145856938	140773673	856594	91927	1449334	1129800
海南	Hainan	162074429	157470164	381158	9298	1470656	756105
重庆	Chongqing	144081282	133293487	1268726	175839	3404748	1524282
四川	Sichuan	225100447	208175328	1619311	232514	5466585	2517281
贵州	Guizhou	75335229	63079816	947113	59242	2222520	1105046
云南	Yunnan	114320300	105667483	1128320	47762	2214594	1259262
西藏	Xizang	8210664	7078716	140874	2429	630112	173767
陕西	Shaanxi	183765443	176665774	880041	105200	2531527	1450737
甘肃	Gansu	89016096	86356894	452106	139731	994273	586056
青海	Qinghai	15965850	15263042	121275	18781	238412	149401
宁夏	Ningxia	14534652	13715804	133642	20818	336191	166231
新疆	Xinjiang	151522906	145778475	477657	94261	1661611	1308192

Income and Distribution of Enterprises above Designated Size of Wholesale TrAEe by Registered Statistical Categories

单位：万元
Unit: 10 000 yuan

财务费用 Financial Expenses	#利息费用 Interest Expenses	营业利润 Operating Profits	利润总额 Total Profits	所得税费用 Income Tax Expenses	应付职工薪酬 Payables to Employees	应交增值税 VAT Payable
17635271	**27185511**	**157889447**	**160445554**	**24606360**	**87068489**	**57351907**
1864525	3134415	13838610	13925069	1504797	7981051	2679723
561682	611383	1581504	1772662	479792	1839145	1009205
609673	723616	2433841	2432996	537683	1366768	1059619
639605	1188843	5822471	5842467	729649	1586389	1151478
202404	293073	1838904	1804606	235182	803311	617044
251085	289578	1352091	1434362	317717	1258387	781912
248623	181142	411783	445404	133339	705052	565521
141125	504317	564069	594682	172379	823944	794789
787441	1354255	8173231	8620154	1536596	7256991	3019091
1920877	2249687	22610088	22259458	2675054	7876346	6770644
1999375	3303383	15273810	16076918	3085813	8403768	4235769
327871	545842	3061945	3254661	637346	2093081	2472738
1345412	1995333	10595090	10825397	1033083	3669575	2389980
254793	335455	3072349	3329472	459023	1420014	2007845
1420176	1745497	7771716	7796832	1202393	5506206	3568004
405445	531205	3000185	3087576	560017	2317454	1774703
369860	456622	7068909	7076240	757177	2595238	2687499
311307	282011	3324525	3361523	566990	1812908	1886801
1688506	2622755	8873869	9023543	1811731	14220770	6158613
644860	860087	1407573	1435812	312341	1141869	1238438
152377	208677	2344576	2473774	392396	682954	696527
148615	320865	4360939	4447220	587723	1538322	1240061
761515	928944	7582218	7621133	1111536	3140046	2424547
49079	328224	8688759	8669227	2051044	1393309	1520616
227899	425551	4253292	4228142	780231	1650597	1102110
910	17915	213978	218902	33147	157284	162178
-941316	540226	3594637	3483664	404312	1531921	1149837
214564	277260	931489	947188	104466	705200	757063
157331	32488	212282	260323	34256	186659	148714
31398	32825	267051	272797	37844	199836	134041
838255	864035	3363665	3423351	321303	1204093	1146798

有限责任公司

Limited Liability Corporations

地　区	Region	营业收入 Business Revenue	营业成本 Business Cost	税金及附加 Taxes and Other Charges	其他业务利润 Profits from Other Business	销售费用 Selling Expenses	管理费用 Administr-ative Expenses
全　国	**National Total**	**8248972498**	**7921428613**	**13243001**	**6381094**	**126968753**	**73660955**
北　京	Beijing	471786159	450549860	586033	1299268	8835062	6763393
天　津	Tianjin	327944102	321304591	366320	99512	3034606	1783603
河　北	Hebei	167595836	161617679	162085	99091	1864794	1177230
山　西	Shanxi	174312190	167488482	237117	167662	2162159	1691801
内蒙古	Inner Mongolia	59660950	56861177	101263	229561	1469904	677486
辽　宁	Liaoning	115792778	111802326	110010	54968	1732399	1114680
吉　林	Jilin	30244872	28235590	56328	15399	1127025	454435
黑龙江	Heilongjiang	69974392	67769053	66753	42628	1390746	508581
上　海	Shanghai	742782087	718995315	1035322	545590	10907739	6389553
江　苏	Jiangsu	829128797	788285995	976312	489536	11829266	7604759
浙　江	Zhejiang	1120546669	1089591881	914663	946987	14707364	7391740
安　徽	Anhui	146486152	138075011	320728	126771	4614996	1469963
福　建	Fujian	556864237	536434677	563863	274725	6218306	3632162
江　西	Jiangxi	104905884	97496577	229235	64392	3355014	1229142
山　东	Shandong	648701168	625050753	1645400	354342	8390909	5396591
河　南	Henan	145913138	138984331	234548	63301	2802623	1572219
湖　北	Hubei	153648592	142345247	328076	197158	3181514	1740042
湖　南	Hunan	86689650	80434413	349771	83063	2237316	1177828
广　东	Guangdong	1134574474	1093901296	2847172	266243	18035123	12781044
广　西	Guangxi	134887326	131617191	150235	88314	1236525	812516
海　南	Hainan	157142694	153146163	140714	6841	1431751	624219
重　庆	Chongqing	122762011	115794600	229109	174452	2902778	1069823
四　川	Sichuan	201754895	188764542	362165	198889	4738088	2051585
贵　州	Guizhou	67094747	56873478	229100	57211	1912203	719692
云　南	Yunnan	92780242	88404202	161190	80595	1468894	731015
西　藏	Xizang	7253474	6266580	103263	2104	546872	153458
陕　西	Shaanxi	163057828	157342055	451786	96551	2174782	1298502
甘　肃	Gansu	78089676	76441843	108651	136841	800973	421643
青　海	Qinghai	10945006	10663475	11152	15016	116504	89227
宁　夏	Ningxia	10573990	10049927	18119	16208	275444	115027
新　疆	Xinjiang	115078483	110840304	146517	87877	1467071	1017995

3-4-3 Continued 1

单位：万元

Unit: 10 000 yuan

财务费用 Financial Expenses	#利息费用 Interest Expenses	营业利润 Operating Profits	利润总额 Total Profits	所得税费用 Income Tax Expenses	应付职工薪酬 Payables to Employees	应交增值税 VAT Payable
16851621	**23433324**	**125618360**	**127917723**	**18662865**	**71801661**	**47885121**
1710532	2676369	12145679	12229077	1288659	7106465	2392400
586749	567135	1206636	1420768	426031	1651682	936814
386829	445006	1516339	1444379	309698	987109	715737
656538	1088892	5124969	5145580	601009	1238535	953265
232330	288134	1591781	1567278	148993	577700	447764
273254	245784	748949	834795	172040	863517	466065
240034	170702	180811	212242	72965	501590	406621
156925	472026	143429	191185	73102	463822	647504
696459	1083195	6960043	7326087	1504940	6440068	2799182
1680125	1807956	19035574	18663658	2021822	7022217	5870883
1915117	2920033	12040004	12778098	2492486	7344103	3544810
370210	390611	1954784	2142482	391555	1614503	2125419
1194852	1666076	9470303	9662702	822293	3196267	2093553
279967	316253	2283247	2479216	269944	1085723	1750912
1344143	1577103	7297316	7317245	1148267	4996806	3292068
431519	494483	2020920	2115367	308095	1504839	1333986
420601	447324	6238014	6250891	521120	1970427	2265739
348665	262268	2110774	2157637	222700	1170706	1456835
1418170	2092153	6829581	6951829	1580851	12571244	5538792
649019	800874	802329	828984	165122	761547	975158
158928	185554	2001338	2128828	333797	575037	613317
155567	228093	2481980	2575378	299863	1050870	762981
837943	884603	5807676	5854560	749509	2466925	1957616
87944	321861	8020619	8007275	1874995	818367	1262607
361319	399274	1911309	1922077	216578	794913	547916
-484	14492	210161	214758	30794	132580	137426
-975457	518961	3208270	3093551	310918	1259326	942517
223410	259961	610615	629360	48547	500024	616097
169683	22014	39607	88939	16073	91328	94052
39597	30759	89820	94428	16256	125945	85241
801132	755373	1535483	1589069	223846	917475	851843

股份有限公司
Share-holding Corporations Ltd.

地 区	Region	营业收入 Business Revenue	营业成本 Business Cost	税金及附加 Taxes and Other Charges	其他业务利润 Profits from Other Business	销售费用 Selling Expenses	管理费用 Administrative Expenses
全 国	**National Total**	**420651731**	**400292227**	**606446**	**507619**	**8813841**	**4575794**
北 京	Beijing	32967225	31573603	42424	139829	765865	537303
天 津	Tianjin	4458304	4247856	7385	4883	69129	130178
河 北	Hebei	5335930	5062387	8671	7944	51455	58286
山 西	Shanxi	6903003	6618765	8787	87	89760	133668
内蒙古	Inner Mongolia	3500874	3568730	7252	1910	39819	-6668
辽 宁	Liaoning	31176344	30922289	8512	2597	97435	48767
吉 林	Jilin	2113013	2013720	2838	2077	67350	10464
黑龙江	Heilongjiang	3109682	2801851	9390	4179	168977	49044
上 海	Shanghai	45515490	43148932	56764	35418	1048418	769310
江 苏	Jiangsu	21048363	18575467	47868	16764	901652	399352
浙 江	Zhejiang	56750768	55151865	64666	53575	695823	509981
安 徽	Anhui	5212832	4943908	9108	5746	129546	82415
福 建	Fujian	18849046	18495787	18676	80054	100624	161601
江 西	Jiangxi	1842738	1696532	3992	1372	63326	27163
山 东	Shandong	15320725	14153890	32770	28981	710128	200203
河 南	Henan	7501216	7107976	10217	1732	123001	82152
湖 北	Hubei	3348198	3120070	4793	702	107456	50610
湖 南	Hunan	4296081	4045225	53074	40482	150058	100909
广 东	Guangdong	53131978	49558733	90764	66780	1805231	726243
广 西	Guangxi	4821681	4560536	8705	1108	93191	51203
海 南	Hainan	1668611	1641995	1988	1187	15617	36008
重 庆	Chongqing	12790332	11095287	32366	2984	285610	81974
四 川	Sichuan	11954846	11145093	14570	27382	487277	71917
贵 州	Guizhou	1132765	1089709	1371		14946	14601
云 南	Yunnan	8582073	8355904	6336	-36627	72789	47649
西 藏	Xizang	684402	606374	1261	168	75881	3301
陕 西	Shaanxi	14640819	14306260	12626	4912	185674	40097
甘 肃	Gansu	3765969	3597026	2801	844	101621	17390
青 海	Qinghai	3762313	3554920	13928	61	110950	14144
宁 夏	Ningxia	2501974	2391990	2225	4865	45062	4154
新 疆	Xinjiang	31964138	31139547	20320	5627	140171	122374

3-4-3 Continued 2

单位：万元
Unit: 10 000 yuan

财务费用 Financial Expenses	#利息费用 Interest Expenses	营业利润 Operating Profits	利润总额 Total Profits	所得税费用 Income Tax Expenses	应付职工薪酬 Payables to Employees	应交增值税 VAT Payable
2162425	**3645351**	**13028830**	**13332348**	**956160**	**6525939**	**2911676**
223898	456318	1146256	1145945	95247	664367	153044
-1153	41912	187897	187081	12427	112186	18640
242883	272529	34475	105563	4152	48230	45408
20735	97426	299169	300382	14699	133631	34748
-2096	4495	-34943	-35629	7099	49227	49465
23895	33986	70555	71511	5533	74320	96393
22670	10251	22898	26681	829	36147	60486
14186	28861	151160	134560	21682	103810	28857
90873	270981	1188322	1268123	28465	811015	212985
389532	431927	1597079	1623938	182512	484908	379531
245299	379699	1264244	1326845	105194	597757	175468
44272	154883	278662	286170	14279	120022	50098
171835	326684	316386	357801	6877	120339	30021
14561	17276	66006	70147	1479	50015	18129
74895	160391	371787	376243	24132	378958	211336
30606	25781	220754	216296	22242	124513	48371
10096	5693	69578	69899	774	91854	20314
26803	19427	73601	75547	5149	168600	39092
297685	516518	1638012	1650107	143682	1481476	521173
30411	58295	100970	102182	9380	73083	41524
16681	22997	58235	60467	3131	26876	11395
46635	91487	1295577	1293727	164390	117844	212069
7334	37165	452699	456400	33607	208544	81683
679	3225	14653	14815	1411	14848	7116
28129	29159	235033	234812	7818	59159	36569
1405	3421	-2622	-1832	1512	10644	7048
28668	17121	66545	64849	9123	96348	52898
7572	12469	39513	40426	200	16248	14335
-1832	8199	89319	87851	2111	58611	28980
1226	2056	58425	59089		32159	18315
54040	104718	1658588	1662351	27022	160201	206185

3-4-3 续表 3

非公司企业法人

Non Corporate Legal Entity

地 区	Region	营业收入 Business Revenue	营业成本 Business Cost	税金及附加 Taxes and Other Charges	其他业务利润 Profits from Other Business	销售费用 Selling Expenses	管理费用 Administr-ative Expenses
全 国	**National Total**	**234545652**	**185747404**	**19820774**	**494052**	**4416428**	**7783910**
北 京	Beijing	8315821	7305439	383858	3103	152934	123599
天 津	Tianjin	2139043	1721974	166704	1085	24946	64058
河 北	Hebei	7970665	5662677	1046430	1399	117097	291221
山 西	Shanxi	4681718	3473675	548557	1048	70744	237547
内蒙古	Inner Mongolia	3069522	2164602	410354	468	70601	172009
辽 宁	Liaoning	47206541	45621162	665358	1118	189862	261619
吉 林	Jilin	2581331	1822351	354752	328	78666	133138
黑龙江	Heilongjiang	3233004	2272966	420313	531	98940	204795
上 海	Shanghai	81965	74426	134	25	2291	2621
江 苏	Jiangsu	15683674	11795051	1616882	4846	155324	345048
浙 江	Zhejiang	12996777	9224393	1647363	3843	182818	374028
安 徽	Anhui	7353486	5136231	973402	1548	120344	409870
福 建	Fujian	7307190	5291904	799456	2925	133750	322610
江 西	Jiangxi	6606558	4836143	706499	284438	126663	288051
山 东	Shandong	1739897	1310157	178438	814	51034	134422
河 南	Henan	11314467	8187546	1350459	154062	341868	740566
湖 北	Hubei	7784480	5490517	922975	3968	305539	459976
湖 南	Hunan	10551318	7399609	1259992	812	230725	608641
广 东	Guangdong	5684862	5026435	199021	4080	64953	113392
广 西	Guangxi	5238693	3693768	693892	2488	117287	265142
海 南	Hainan	3140685	2612454	237735	1271	22879	95146
重 庆	Chongqing	8496433	6375736	1007120	-1597	215648	371746
四 川	Sichuan	11093303	8004899	1241418	5989	235123	388229
贵 州	Guizhou	7092441	5102271	716625	2031	295256	370595
云 南	Yunnan	12765362	8744297	960597	3795	667873	476112
西 藏	Xizang	272788	205762	36350	158	7359	17008
陕 西	Shaanxi	5970760	4928423	415523	3697	168971	110235
甘 肃	Gansu	7125389	6284858	340617	2046	91032	146121
青 海	Qinghai	1234450	1024302	96081	3233	10168	44647
宁 夏	Ningxia	1433960	1251918	113254	-255	14664	45647
新 疆	Xinjiang	4379072	3701458	310617	757	51067	166068

单位：万元
Unit: 10 000 yuan

财务费用 Financial Expenses	#利息费用 Interest Expenses	营业利润 Operating Profits	利润总额 Total Profits	所得税费用 Income Tax Expenses	应付职工薪酬 Payables to Employees	应交增值税 VAT Payable
-1400876	**93470**	**18783348**	**18718765**	**4965277**	**8605650**	**6369948**
-69925	1689	545557	548877	120437	208875	133095
-23983	2300	189449	167103	41249	73509	52937
-20501	5786	882173	882275	223641	328460	297497
-38115	2038	394260	392147	112477	212847	160634
-28339	20	280686	271626	78536	175148	118655
-46390	9648	528868	524126	139427	317242	218263
-14279		207862	206269	59470	166695	98582
-30359	3080	269468	268944	77543	256001	118040
-43		2692	2978	585	3352	891
-150650	8877	1937220	1934103	468413	351350	499149
-162393	2321	1927171	1926438	487336	456481	506975
-86803	172	802924	800372	231162	357010	288786
-21801	1671	780791	775902	203295	346796	250296
-40775	1415	693776	747971	184868	276787	223051
131	7760	75776	76992	28867	119840	53462
-57008	10923	755647	753055	229428	685870	390842
-62760	3357	668614	663346	232927	524690	381310
-65478	114	1126954	1115143	338686	467626	386647
-33127	10612	378729	381818	85015	130058	78349
-34900	515	504440	504481	137792	306213	194918
-23167	116	232814	232297	55468	80631	65336
-53709	1266	580437	575162	123351	368271	264478
-84754	6651	1298956	1287482	327179	459279	379491
-39679	3104	652992	646631	174625	559831	250774
-161985	-3139	2087586	2051850	554858	794027	515446
-12	1	6439	5976	841	14060	17704
5269	3968	317123	322535	84057	174851	153711
-16428	4801	281060	277103	55709	188263	126466
-12300	579	83288	83338	16054	35534	25562
-9497		118587	119055	21571	41017	30298
-17116	3824	171008	173371	70413	125038	88303

个人独资企业

Sole Proprietorship Enterprises

地 区	Region	营业收入 Business Revenue	营业成本 Business Cost	税金及附加 Taxes and Other Charges	其他业务利润 Profits from Other Business	销售费用 Selling Expenses	管理费用 Administr-ative Expenses
全 国	**National Total**	**7603164**	**7103312**	**27719**	**2057**	**134078**	**121349**
北 京	Beijing	244579	236974	246	232	3901	2506
天 津	Tianjin	78148	75612	53		1271	1120
河 北	Hebei	174571	165077	335	27	3661	3958
山 西	Shanxi	118460	114950	338		799	1854
内蒙古	Inner Mongolia	143983	137213	198	138	2285	2410
辽 宁	Liaoning	260458	245487	284	148	6474	4646
吉 林	Jilin	26425	24111	48		780	1076
黑龙江	Heilongjiang	56202	54609	31		788	316
上 海	Shanghai	102091	77211	394		4617	5069
江 苏	Jiangsu	853812	779910	6358		15909	12465
浙 江	Zhejiang	325391	316870	558		3935	5622
安 徽	Anhui	94566	85882	622	3	2665	1606
福 建	Fujian	571490	530528	1509	270	6074	10268
江 西	Jiangxi	279819	251650	2435	1	7799	2919
山 东	Shandong	761906	718865	2341	17	16382	12774
河 南	Henan	162524	153282	490	7	2554	2611
湖 北	Hubei	436938	382586	2803		10525	6389
湖 南	Hunan	143752	120815	2233		4525	3949
广 东	Guangdong	1210547	1158439	963	430	18694	22058
广 西	Guangxi	905353	898657	3756	18	2030	906
海 南	Hainan	6475	6256	4			209
重 庆	Chongqing	32506	27864	132		712	739
四 川	Sichuan	179861	155817	902	255	5113	4287
贵 州	Guizhou	15276	14357	17		115	157
云 南	Yunnan	192624	163079	197		5037	4486
西 藏	Xizang						
陕 西	Shaanxi	80442	73606	102	41	2009	1825
甘 肃	Gansu	25004	23761	21		355	623
青 海	Qinghai	24082	20345	114	472	790	1383
宁 夏	Ningxia	24728	21969	43		1021	1403
新 疆	Xinjiang	71152	67533	191		3257	1716

单位：万元
Unit: 10 000 yuan

财务费用 Financial Expenses	#利息费用 Interest Expenses	营业利润 Operating Profits	利润总额 Total Profits	所得税费用 Income Tax Expenses	应付职工薪酬 Payables to Employees	应交增值税 VAT Payable
17262	**9758**	**199855**	**201726**	**18665**	**102479**	**138127**
20	38	1148	1201	453	1294	853
58	37	33	52	42	594	235
325	158	884	813	189	2819	908
406	446	138	418	129	1212	2182
497	423	1378	1331	551	1152	1136
325	159	3445	3648	717	3258	905
198	190	213	212	75	621	-168
372	350	85	70	49	231	295
170	61	14631	15408	2543	1974	3558
1804	926	37518	34956	2295	16774	20029
1365	1263	-2957	-1794	760	4102	2155
192	176	3589	3652	336	1530	5679
215	182	22971	24285	614	6019	15982
765	343	14511	16649	2629	7000	12363
1059	244	11243	10706	1087	9754	8714
325	18	2760	2758	251	1986	1438
2000	246	32675	31176	2352	7443	12611
924	191	11305	11320	411	4207	3609
2526	1408	6790	6879	792	16111	10894
283	356	-145	187	48	837	26807
2	2	4	4		26	2
122	19	2946	2953	119	1337	534
538	296	13281	13242	952	4410	3607
135	34	495	506	14	263	119
436	257	19364	19403	978	2498	2179
203	176	2707	2737	211	1328	694
33	25	212	217	10	456	90
1781	1696	68	195	18	1186	119
73	9	220	225	17	715	188
110	30	-1655	-1682	21	1343	413

3-4-3 续表 5

合伙企业
Partnership Enterprises

地 区	Region	营业收入 Business Revenue	营业成本 Business Cost	税金及附加 Taxes and Other Charges	其他业务利润 Profits from Other Business	销售费用 Selling Expenses	管理费用 Administr-ative Expenses
全 国	**National Total**	**3209320**	**2858740**	**7044**	**303**	**44919**	**43671**
北 京	Beijing	5897	3636	14		2118	159
天 津	Tianjin	91745	91043	134		1282	1819
河 北	Hebei	11855	11315	27		190	216
山 西	Shanxi	41565	36854	95		261	378
内蒙古	Inner Mongolia	4605	4287	9		9	286
辽 宁	Liaoning	6405	1699	37		4205	189
吉 林	Jilin						
黑龙江	Heilongjiang	6901	6341	5		398	79
上 海	Shanghai	208898	193406	466		6040	1610
江 苏	Jiangsu	37063	30953	123	165	2335	1055
浙 江	Zhejiang	453300	404340	946		997	2143
安 徽	Anhui	33159	11793	307		72	24
福 建	Fujian	125118	119165	186		126	705
江 西	Jiangxi	103355	82635	320		2257	2606
山 东	Shandong	201958	184727	451		696	910
河 南	Henan	7736	7389	15		40	186
湖 北	Hubei	150616	92316	1049		867	566
湖 南	Hunan	38891	34108	504		520	1509
广 东	Guangdong	1387150	1316467	1345	138	20386	27019
广 西	Guangxi	3885	3521	6		300	34
海 南	Hainan	115965	63297	717		409	522
重 庆	Chongqing						
四 川	Sichuan	117542	104977	257		984	1263
贵 州	Guizhou						
云 南	Yunnan						
西 藏	Xizang						
陕 西	Shaanxi	15596	15430	4		91	78
甘 肃	Gansu	10058	9407	16		292	278
青 海	Qinghai						
宁 夏	Ningxia						
新 疆	Xinjiang	30060	29634	12		46	38

3-4-3 Continued 5

单位：万元

Unit: 10 000 yuan

财务费用 Financial Expenses	#利息费用 Interest Expenses	营业利润 Operating Profits	利润总额 Total Profits	所得税费用 Income Tax Expenses	应付职工薪酬 Payables to Employees	应交增值税 VAT Payable
4839	**3609**	**259652**	**276256**	**3391**	**32440**	**47001**
		-30	-30		50	331
12		-2512	-2342	42	1174	579
136	136	-30	-34	3	150	70
41	42	3935	3941	1336	164	649
11		2	-1	3	85	24
1	1	274	281		51	285
		-74	-77	2	80	94
-17	18	7542	7560	62	584	2474
66		2697	2803	12	1097	1052
-14	68	45348	47331	36	1324	6361
		21986	21986	14	16	2756
310	720	4640	4707	4	153	128
275	168	14810	15488	103	489	3389
-53	1	15595	15646	41	848	2426
2		103	100	2	246	66
-77	2	60028	60927	5	824	7524
392	11	1892	1877	45	1769	618
3252	2065	21356	34174	1389	21562	9371
47	47	-21	-21		190	32
-65	8	52185	52178		383	6476
454	229	9606	9448	290	887	2150
		-8	-8	2	68	17
-24	4	89	82		209	76
89	89	241	241	1	37	55

港澳台投资企业

Enterprises with Investment from Hong Kong, Macao and Taiwan

地　区	Region	营业收入 Business Revenue	营业成本 Business Cost	税金及附加 Taxes and Other Charges	其他业务利润 Profits from Other Business	销售费用 Selling Expenses	管理费用 Administr-ative Expenses
全　国	**National Total**	**466789962**	**421332526**	**852172**	**915126**	**22366774**	**13966305**
北　京	Beijing	104134988	95182745	101034	85465	4221321	4221781
天　津	Tianjin	11263638	10188159	24518	2996	601280	167078
河　北	Hebei	984255	921575	1517	435	29399	11483
山　西	Shanxi	76364	67938	154	114	1584	3023
内蒙古	Inner Mongolia	1564683	1475991	82447	497	32408	7283
辽　宁	Liaoning	1994893	1835380	7488	94	53318	33011
吉　林	Jilin	3704	3499	4		133	280
黑龙江	Heilongjiang	35941	34472	18	83	685	746
上　海	Shanghai	131469866	114992438	228396	322121	8545105	4919709
江　苏	Jiangsu	32334799	28177781	65966	36382	1452900	1531547
浙　江	Zhejiang	30212301	27623251	43207	19718	1515928	349627
安　徽	Anhui	10772510	10857950	18855	79	188235	181819
福　建	Fujian	14432029	12679716	28079	56655	933743	219381
江　西	Jiangxi	350649	331632	858		9980	5710
山　东	Shandong	21779158	21099339	18848	32216	264167	149148
河　南	Henan	3507604	3247078	5514	-16	105997	43464
湖　北	Hubei	4140304	2853435	18273	10422	600333	239410
湖　南	Hunan	1813559	1657197	17290	765	78799	16082
广　东	Guangdong	62862445	56458272	147774	317223	3164674	1749337
广　西	Guangxi	1531659	1516465	1189	265	4767	7454
海　南	Hainan	21396779	20865805	16551	33669	111924	19872
重　庆	Chongqing	3514417	3253332	11265	2078	117061	22973
四　川	Sichuan	4270624	4080935	5151	-6452	85961	26628
贵　州	Guizhou	287733	246778	509	80	24007	4168
云　南	Yunnan	665915	634050	643	183	14208	7958
西　藏	Xizang	422814	201102	3514	19	152942	4223
陕　西	Shaanxi	632729	543809	2596	15	49801	17298
甘　肃	Gansu	63007	47343	134	-3	5178	1376
青　海	Qinghai	60848	60537	2		9	26
宁　夏	Ningxia						
新　疆	Xinjiang	209749	194526	380	22	926	4412

单位：万元
Unit: 10 000 yuan

财务费用 Financial Expenses	#利息费用 Interest Expenses	营业利润 Operating Profits	利润总额 Total Profits	所得税费用 Income Tax Expenses	应付职工薪酬 Payables to Employees	应交增值税 VAT Payable
170833	**1392616**	**17090228**	**17573225**	**2496045**	**11404622**	**3780456**
-259492	290459	5681484	5747548	165327	1687865	501133
-11499	25205	508979	537438	54150	313351	126308
-1035	5	170629	170579	6007	8442	6897
1849	689	1963	2207	66	2092	1295
-717	1733	45927	45952	9104	4867	6641
15620	8511	47006	49161	14233	36767	31134
2		-214	-127		259	18
-12	27	33	38	13	333	219
374888	451293	3639909	3892692	1110950	4953353	1169177
62487	63600	1048742	1091632	210032	621069	353998
-62936	90243	1631975	1636134	172672	459585	242661
-46014	5609	-421407	-394903	6204	124698	49574
1434	29881	581368	587111	117361	185456	137775
1214	3630	1022	1736	374	4669	1537
75910	147837	96493	107780	41624	114116	51752
5635	2725	125312	129684	22861	54459	28397
-25016	13604	480334	493649	126282	158164	123736
1391	350	43773	42587	9264	52420	65410
13106	207774	2612792	2627716	318337	2377578	734648
629	1323	4306	4511	1397	8550	2900
-2006	12649	416177	419800	61305	27078	41901
7366	11438	124802	130019	18421	64610	22502
17454	19382	51608	51413	10600	49917	15601
1374	1610	15653	15530	3388	11276	1537
1123	1758	8946	9027	1234	14607	2296
-1214	246	75136	75176	6777	24838	25354
-1182	411	79739	81375	4487	36106	33306
119	156	7878	7906	990	3833	566
		274	273	14	31	40
355	470	9588	9583	2573	4234	2145

外商投资企业
Foreign Invested Enterprises

地区	Region	营业收入 Business Revenue	营业成本 Business Cost	税金及附加 Taxes and Other Charges	其他业务利润 Profits from Other Business	销售费用 Selling Expenses	管理费用 Administr-ative Expenses
全国	**National Total**	**760561702**	**686473840**	**1407484**	**2769150**	**38202245**	**15107948**
北京	Beijing	93249379	81589445	172124	761846	5167354	2529144
天津	Tianjin	50902620	49913017	298085	12689	523976	242103
河北	Hebei	2424809	2364607	2567	580	22800	18695
山西	Shanxi	59837	48503	163		2747	3389
内蒙古	Inner Mongolia	540577	516925	1538	43	24549	10882
辽宁	Liaoning	6801912	6306877	23694	3682	211060	97254
吉林	Jilin	630722	591535	1163	805	24278	9302
黑龙江	Heilongjiang	2922301	2901702	1874	10	6962	4170
上海	Shanghai	363155012	319480173	590908	726088	23336388	8529550
江苏	Jiangsu	47295198	42377240	82553	35640	2829996	1118326
浙江	Zhejiang	38254359	36491319	34366	245498	787574	414058
安徽	Anhui	4059424	3242150	11933	6929	731973	70581
福建	Fujian	5899276	5362946	9341	1304	255212	119259
江西	Jiangxi	1287716	1120694	2606	1872	50499	22086
山东	Shandong	15859042	15458263	17337	9242	224268	139540
河南	Henan	2608948	2222823	4982	477	84727	27716
湖北	Hubei	31683033	30474026	16989	294643	318665	174004
湖南	Hunan	398688	397704	652		23791	22055
广东	Guangdong	60179408	55229318	87058	613447	2234742	1265652
广西	Guangxi	6579853	6276294	7394	14211	161140	62094
海南	Hainan	3909998	3823834	3431	45	25076	30359
重庆	Chongqing	8052614	7329475	13298	2382	665119	51408
四川	Sichuan	3030180	2635632	7691	7484	171712	55617
贵州	Guizhou	187557	166608	344		9246	18246
云南	Yunnan	5344335	5087871	8461	29314	97829	42444
西藏	Xizang						
陕西	Shaanxi	2247851	2160208	1995	12	23772	14015
甘肃	Gansu	401323	330515	976		47967	9512
青海	Qinghai	1061365	1099562	2116		64754	1863
宁夏	Ningxia	8142	5455	47		776	303
新疆	Xinjiang	1526225	1469121	1797	909	73296	4321

单位：万元
Unit: 10 000 yuan

财务费用 Financial Expenses	#利息费用 Interest Expenses	营业利润 Operating Profits	利润总额 Total Profits	所得税费用 Income Tax Expenses	应付职工薪酬 Payables to Employees	应交增值税 VAT Payable
1213302	**1872373**	**27540770**	**28530892**	**5188179**	**20418358**	**6929421**
-24736	409795	6826547	6912737	1032463	3432578	911732
-1755	20394	265768	281898	75745	313558	360295
4018	3481	205136	205910	1549	18774	3441
414	340	4563	4575	1359	3159	1090
896	1637	-13232	-13608	1512	9430	12298
235067	243645	-163615	-168319	28482	106720	176199
928	855	601	2034	4000	8757	23287
1262	245	6324	6491	155	3310	1027
629141	552375	14137741	14793034	3133973	12072272	3571913
36557	118270	1412713	1386736	281678	1248476	562893
74507	177096	883046	953130	139978	447587	129630
-28096	41	25225	25192	9316	130372	117645
10490	20560	156359	160922	34066	128271	54641
2523	1680	63286	62514	72	36299	12450
40814	45084	-7893	163420	38200	139581	69396
1743	-2955	323395	321006	3468	49024	25744
60197	53777	871644	870462	90960	238667	203117
2293	3067	-46736	-46938	482	19230	7338
142488	172210	1985281	2006419	246501	1617016	452032
14039	11017	96827	94044	3113	80682	31570
-6022	3311	37862	38554	4659	24934	10183
-3629	2483	60561	62762	16241	79632	72355
9967	11230	152691	152238	21360	56375	65143
946		-7833	-7833		15812	1065
8507	21800	309554	309495	1697	59284	25634
-1414	185	69816	69413	14072	12701	5033
718	510	12380	12101	2312	10535	7082
599		-108004	-108569	363	25614	10456
-53		1614	1616	411	633	221
894	243	-20850	-20543	-8	29078	4513

其他统计类别
Other Statistical Categories

地　区	Region	营业收入 Business Revenue	营业成本 Business Cost	税金及附加 Taxes and Other Charges	其他业务利润 Profits from Other Business	销售费用 Selling Expenses	管理费用 Administrative Expenses
全　国	**National Total**	**4648826**	**4187685**	**10435**	**646**	**74155**	**86989**
北　京	Beijing	19211	18264			226	312
天　津	Tianjin						
河　北	Hebei	9694	8963	3	525	389	236
山　西	Shanxi	8770	8252	6		126	259
内蒙古	Inner Mongolia	15759	15772	6			191
辽　宁	Liaoning	107929	105417	13		504	719
吉　林	Jilin						
黑龙江	Heilongjiang	39300	36204	1		2610	1629
上　海	Shanghai	2914	2703			40	123
江　苏	Jiangsu	2519759	2280444	5822	3	31112	37412
浙　江	Zhejiang	10758	10451	1		64	89
安　徽	Anhui	95876	93687	40		735	776
福　建	Fujian	19676	18581	1		194	685
江　西	Jiangxi	70440	54750	24		2030	8180
山　东	Shandong	832458	776205	513	93	7463	19395
河　南	Henan	11713	9293	2		226	81
湖　北	Hubei	364450	292389	3188		8861	5407
湖　南	Hunan	71827	55367	408		3786	2387
广　东	Guangdong	58047	53532	3		2370	1214
广　西	Guangxi	6699	5909	3		232	321
海　南	Hainan						
重　庆	Chongqing	437	397	2		2	25
四　川	Sichuan	39759	30727	8		1478	1039
贵　州	Guizhou						
云　南	Yunnan	128519	113322	209		3723	2563
西　藏	Xizang						
陕　西	Shaanxi	65947	57972	31		3079	2118
甘　肃	Gansu	35192	32060	133		120	195
青　海	Qinghai						
宁　夏	Ningxia	2188	2186				
新　疆	Xinjiang	111505	104837	19	25	4784	1635

单位：万元
Unit: 10 000 yuan

财务费用 Financial Expenses	#利息费用 Interest Expenses	营业利润 Operating Profits	利润总额 Total Profits	所得税费用 Income Tax Expenses	应付职工薪酬 Payables to Employees	应交增值税 VAT Payable
9271	**2596**	**267871**	**266430**	**8635**	**106185**	**13791**
70	54	340	341	4	297	6
14	11	89	117		650	498
19		109	109	4	164	30
1	1	-212	-211	3	47	-7
26	16	1375	1401	2	1547	17
69	47	-1301	-452		255	-387
21	21	28	11		177	
4893	741	151461	150465	5961	53658	6391
9	9	144	150		256	
80	64	558	577	21	1389	24
3	3	212	212	29	543	
23	20	5459	5476	38	2063	633
856	229	27939	26169	1514	21040	1589
71	17	2044	2064	1	228	7
1379	326	48712	48750	731	8036	4099
157	32	9721	9722	59	2943	404
107	43	820	860	4	1320	4
3	1	231	252	3	916	4
		11	11	1	81	13
37	11	6471	6471	133	2893	72
319	193	8384	8492	23	3408	314
302	131	2400	2414	5	2180	63
29	3	2767	2769	82	416	
		2	2		8	8
784	623	109	258	16	1671	9

3-4-4 各地区限额以上批发业企业损益及分配(按国民经济行业分)

农、林、牧、渔产品批发
Wholesale of Agricultural, Forestry, Livestock and Fishery Products

地　区	Region	营业收入 Business Revenue	营业成本 Business Cost	税金及附加 Taxes and Other Charges	其他业务利润 Profits from Other Business	销售费用 Selling Expenses	管理费用 Administr-ative Expenses
全　国	**National Total**	**324787271**	**314843240**	**338808**	**328354**	**2982611**	**2890908**
北　京	Beijing	33989859	32364882	43914	77059	220184	376770
天　津	Tianjin	13816179	13681704	9426	3130	108267	89602
河　北	Hebei	5025852	4918669	4332	4960	45144	46528
山　西	Shanxi	957406	861875	585	656	27251	21679
内蒙古	Inner Mongolia	3930680	3803350	3846	98880	114988	53668
辽　宁	Liaoning	14535174	14086371	9990	5140	145766	80812
吉　林	Jilin	4015968	3934397	6060	2212	87383	53775
黑龙江	Heilongjiang	14914381	14636237	13352	12243	209914	113489
上　海	Shanghai	17960516	17559317	11343	6979	183056	154900
江　苏	Jiangsu	32078035	31109734	40205	16092	191996	254489
浙　江	Zhejiang	17825474	17662691	9975	9831	69837	94799
安　徽	Anhui	4356732	4176077	5785	800	72342	51104
福　建	Fujian	27595157	27101420	20032	8466	194939	140670
江　西	Jiangxi	1721284	1610007	1984	2230	28746	37523
山　东	Shandong	27925087	27021647	18191	7164	252864	227659
河　南	Henan	10055612	9628126	12799	2740	128810	107222
湖　北	Hubei	7149666	6616264	17439	2484	114891	95320
湖　南	Hunan	5074080	4851078	42989	26403	60378	58824
广　东	Guangdong	27999024	27235147	15835	14539	232639	297260
广　西	Guangxi	4177696	4104255	2945	1061	32183	29065
海　南	Hainan	5306857	5212077	4501	1079	33457	28336
重　庆	Chongqing	1429466	1356320	2685	1308	22421	25141
四　川	Sichuan	11875824	11429729	10195	2110	80016	113538
贵　州	Guizhou	1738831	1659829	1594	14	20426	33162
云　南	Yunnan	2432095	2329821	2211	2361	29246	39286
西　藏	Xizang	6503	5030	13		966	292
陕　西	Shaanxi	922296	860604	770	117	18334	21997
甘　肃	Gansu	1869552	1783328	1478	1038	30361	36411
青　海	Qinghai	85468	83970	68		701	964
宁　夏	Ningxia	799117	767869	1259	11	23984	3310
新　疆	Xinjiang	23217401	22391414	23007	17248	201119	203311

Income and Distribution of Enterprises above Designated Size of Wholesale Trade by Region and Sector

单位：万元
Unit: 10 000 yuan

财务费用 Financial Expenses	#利息费用 Interest Expenses	营业利润 Operating Profits	利润总额 Total Profits	所得税费用 Income Tax Expenses	应付职工薪酬 Payables to Employees	应交增值税 VAT Payable
1657492	**2119820**	**3758446**	**4015140**	**461077**	**2427254**	**1208727**
194052	568056	1713324	1703816	208047	299640	192773
74419	76973	12649	25460	17648	61592	11020
23368	23827	-717	6516	-727	26913	5546
3663	3825	40274	41939	558	13040	924
34382	29481	-67876	-46901	2263	34146	4395
62131	52303	-35236	-29342	1078	63196	25218
44665	50398	-123876	-114319	-5727	42394	10568
88157	261411	-180999	-169369	-11265	74622	44598
82870	85990	128840	148605	38432	115915	38912
138286	119271	333596	331613	17712	268866	145360
104804	65036	-64253	-40848	12669	71688	26034
22722	13388	58388	68710	5038	52680	14104
128168	125310	111281	125358	26341	99939	36235
6586	4609	40733	73165	86	44022	8612
93952	108292	345956	364972	12557	188864	73074
30781	43973	165906	170294	6272	96710	19088
31314	17445	272887	275117	13297	104636	106023
42382	26136	16062	24906	8115	65725	131062
87760	84157	239122	239809	49174	249417	50315
19032	18113	589	4616	2254	22065	13023
14318	15464	-12175	-13908	3015	27429	8700
6418	7353	26932	27845	2025	21218	5206
54353	60429	200113	200138	18785	109658	69146
14835	17807	11473	11397	3772	20395	9657
8853	6908	41921	48794	1712	35789	6795
17		186	174		109	1
3983	6167	180977	185507	1736	13381	1964
4911	6084	15354	23322	2480	28283	1393
-340	539	-113	1024	27	516	73
9233	1391	2791	3574	918	7354	1257
227420	219683	284337	323157	22786	167051	147654

食品、饮料及烟草制品批发

Wholesale of Food, Beverages and Tobaccos

地 区	Region	营业收入 Business Revenue	营业成本 Business Cost	税金及附加 Taxes and Other Charges	其他业务利润 Profits from Other Business	销售费用 Selling Expenses	管理费用 Administrative Expenses
全 国	**National Total**	**800600147**	**678304344**	**24911719**	**2386218**	**35025280**	**21170857**
北 京	Beijing	42778405	38036844	452185	357104	2588386	913685
天 津	Tianjin	25582607	23647554	277311	20715	1031453	318518
河 北	Hebei	12842268	9969593	1054830	16707	477698	395985
山 西	Shanxi	10557028	8020810	567382	10222	481515	342192
内 蒙 古	Inner Mongolia	4999439	3947993	412968	8613	179720	216518
辽 宁	Liaoning	13383827	11551707	670075	9986	317956	380887
吉 林	Jilin	4673073	3561941	358888	2614	382704	174858
黑 龙 江	Heilongjiang	8842770	7131161	431397	13887	670347	273292
上 海	Shanghai	88234279	78544367	601287	155854	5298194	2429963
江 苏	Jiangsu	56933992	48253240	1695565	51497	2025651	977405
浙 江	Zhejiang	51575353	44315819	1711643	204103	2141115	1095422
安 徽	Anhui	20977965	16721192	1014837	16468	1246077	626850
福 建	Fujian	40482607	35424150	851065	125021	1468603	1019279
江 西	Jiangxi	11120377	8843149	714544	282757	280499	411252
山 东	Shandong	52487797	46906025	1301310	135504	1482434	1255825
河 南	Henan	24421196	19807533	1373818	170913	954553	953957
湖 北	Hubei	26722064	21072058	978298	20845	1530685	987685
湖 南	Hunan	20300928	15828505	1318019	3790	827818	815919
广 东	Guangdong	111602458	99435089	2232649	588457	4250293	3314963
广 西	Guangxi	22164204	20063261	707954	19012	342747	418751
海 南	Hainan	7112641	6293720	241885	5933	167689	145897
重 庆	Chongqing	18139007	15020466	1072700	26862	598540	552285
四 川	Sichuan	41865073	33787314	1340446	92544	2514786	924698
贵 州	Guizhou	31313362	20628725	891430	4336	1658098	658877
云 南	Yunnan	22558456	17814044	970451	17643	895250	633323
西 藏	Xizang	1158553	883981	118542	1678	29029	71750
陕 西	Shaanxi	10627796	8345471	662150	10760	625057	288217
甘 肃	Gansu	4609782	3621686	342516	6315	226455	190290
青 海	Qinghai	1764170	1505231	97130	3294	32351	56673
宁 夏	Ningxia	2069665	1743916	116282	967	52482	54801
新 疆	Xinjiang	8699007	7577798	332161	1819	247096	270838

3-4-4 Continued 1

单位：万元

Unit: 10 000 yuan

财务费用 Financial Expenses	#利息费用 Interest Expenses	营业利润 Operating Profits	利润总额 Total Profits	所得税费用 Income Tax Expenses	应付职工薪酬 Payables to Employees	应交增值税 VAT Payable
-463213	**2068041**	**46823691**	**47101888**	**10898277**	**23824658**	**14234596**
145201	256599	1138569	1144287	262430	1358345	481400
15686	40066	418514	426712	122722	535311	218151
10428	34349	940391	943714	254130	464463	364145
-24303	22171	1212225	1211621	323636	355803	310206
-22221	3620	272416	267169	82312	235569	149727
-37069	11295	713442	718773	149148	393722	237055
-10535	3186	209569	205821	66761	290455	126551
-39792	60424	393967	404571	108304	374476	202599
46598	189233	2007143	2091035	510438	2078770	842319
-41360	221472	4133711	4179024	850308	1281769	1061827
-181123	112039	3882309	3957413	775373	1338424	885097
-74455	67036	1471591	1486067	388668	794301	577155
9222	128131	1753636	1786276	363785	964263	493817
-24731	24866	911448	921645	220495	393589	270734
65379	139767	1476996	1459909	336564	1424889	575384
-25267	19594	1538289	1541489	358396	1003772	547875
-22406	66994	2094721	2103279	502694	994528	753677
-32832	25879	1615885	1607656	388394	773323	571069
74461	177776	3280031	3330657	772397	3366603	1352985
48521	116101	549304	560207	153585	459995	262430
-18854	5827	328775	330820	73398	128183	96848
-33843	18380	952477	956191	140692	571152	356019
38846	152223	3329012	3325563	715336	1224987	996847
-187927	70163	8148017	8117113	1977120	972778	1263290
-130819	30002	2386480	2340455	588187	989093	603248
-8641	113	80614	79925	7868	68161	45414
5541	16738	737063	745523	185707	386920	252765
-8177	10607	241444	242053	63825	249877	114575
-11833	1021	98313	99030	20609	50944	32634
-9955	157	217578	218702	30728	60255	49674
23048	42212	289764	299187	104265	239940	139080

纺织、服装及家庭用品批发

Wholesale of Textiles, Wearing Apparel and Household Articles

地 区	Region	营业收入 Business Revenue	营业成本 Business Cost	税金及附加 Taxes and Other Charges	其他业务利润 Profits from Other Business	销售费用 Selling Expenses	管理费用 Administrative Expenses
全 国	**National Total**	**634799954**	**560584970**	**1008900**	**1212250**	**39542625**	**18161438**
北 京	Beijing	88738471	80513869	98539	157577	3608909	3804096
天 津	Tianjin	6965342	6221599	10689	10279	509345	160069
河 北	Hebei	3150204	2930943	5346	2991	117390	76749
山 西	Shanxi	579696	536540	608	1636	25277	15880
内蒙古	Inner Mongolia	364559	270783	955	4155	67321	11781
辽 宁	Liaoning	2843293	2505111	4524	2570	195973	92179
吉 林	Jilin	292360	235444	829	515	35825	12748
黑龙江	Heilongjiang	642908	461504	3554	2403	88006	21257
上 海	Shanghai	76837850	55413296	241151	262877	14141687	3708781
江 苏	Jiangsu	101115109	91093223	147105	101420	4088525	3145054
浙 江	Zhejiang	115636836	106377398	116164	164708	4903342	2139520
安 徽	Anhui	15776084	13668852	34450	17444	1756140	177036
福 建	Fujian	72271289	65525645	79120	31012	2109433	991195
江 西	Jiangxi	3048749	2807980	4083	694	106927	35922
山 东	Shandong	31195189	29043288	45889	64408	1301878	498617
河 南	Henan	4386575	4061576	5897	2222	177188	70559
湖 北	Hubei	5095179	4560493	11002	7483	218948	98896
湖 南	Hunan	3256803	2721953	24098	8055	282392	82054
广 东	Guangdong	76736718	68006480	134932	355846	4708697	2636870
广 西	Guangxi	1758364	1565817	2830	778	87639	33444
海 南	Hainan	3676277	3346406	4621	172	127819	64309
重 庆	Chongqing	6842166	6273393	11598	2377	247854	73635
四 川	Sichuan	6400030	5864518	10553	5594	324082	97336
贵 州	Guizhou	440681	386825	671	198	36851	11025
云 南	Yunnan	1691514	1619326	2110		25500	10053
西 藏	Xizang	111498	63102	870		22276	928
陕 西	Shaanxi	1903311	1666675	4731	1707	165927	62477
甘 肃	Gansu	239120	208437	267	1	25921	2740
青 海	Qinghai	69512	65770	90	3063	553	1828
宁 夏	Ningxia	106589	100338	107		2451	3497
新 疆	Xinjiang	2627678	2468386	1518	64	32550	20903

3-4-4 Continued 2

单位：万元
Unit: 10 000 yuan

财务费用 Financial Expenses	#利息费用 Interest Expenses	营业利润 Operating Profits	利润总额 Total Profits	所得税费用 Income Tax Expenses	应付职工薪酬 Payables to Employees	应交增值税 VAT Payable
489432	**1396714**	**22753213**	**23274150**	**3041279**	**16333948**	**6086485**
-331996	83146	5680417	5714807	232690	1475535	534282
13569	13929	68167	76228	21630	161688	48709
9021	10128	227425	228724	52105	84354	31643
-48	446	-1521	-1904	932	14734	4669
5014	5722	16909	16349	947	21090	11219
1519	2082	49774	49930	10972	105709	35676
1413	1122	8487	8677	1247	12360	3822
-5419	811	74183	74983	20001	29573	16583
113270	115702	3864883	4114626	983824	4142616	1551282
321114	366115	3431904	3492198	495865	2183191	924623
256435	380407	2152869	2255514	418915	2302096	681320
-20221	13416	151233	160263	29016	321949	231763
37663	84706	3595633	3618883	279567	878957	381972
4068	7934	75640	78175	6483	54109	29996
-17716	87837	261554	280345	70625	722163	279299
302	12694	70696	74083	14823	77623	30688
-586	4820	203860	202723	15294	134301	69047
16969	12023	132637	136751	13339	93520	49218
61839	139146	1826042	1837807	270955	3063060	934459
-719	4897	73351	72811	7521	39121	16049
10997	10577	265881	266012	25685	44762	23317
-2563	5433	243071	232578	36612	55305	58823
-2697	6814	115598	115991	16571	143473	54689
945	738	4581	4181	1531	19930	4447
1545	1328	34997	35419	6015	17523	9985
-1641	2	27893	27940	2515	767	3991
6268	7312	3271	4501	4174	94125	45160
411	233	1217	1102	298	9117	2540
899	741	450	314	241	1043	6639
113	114	-496	-349	147	2798	3892
9667	16339	92606	94488	739	27361	6684

文化、体育用品及器材批发

Wholesale of Culture, Sports Appliances and Equipments

地 区	Region	营业收入 Business Revenue	营业成本 Business Cost	税金及附加 Taxes and Other Charges	其他业务利润 Profits from Other Business	销售费用 Selling Expenses	管理费用 Administr-ative Expenses
全 国	**National Total**	**158091812**	**144684687**	**316294**	**262604**	**5889773**	**3602120**
北 京	Beijing	16809498	14964709	26287	50156	815536	539538
天 津	Tianjin	3069950	2887033	4552	1873	69688	80251
河 北	Hebei	1033149	924238	1245	143	51580	29429
山 西	Shanxi	826519	768465	854	1891	24565	20449
内蒙古	Inner Mongolia	298342	274865	1214	654	6122	15095
辽 宁	Liaoning	944056	849186	5447	3758	46715	26721
吉 林	Jilin	418756	378050	760	1083	8654	17477
黑龙江	Heilongjiang	413740	381099	896	431	8550	16290
上 海	Shanghai	29730083	26219114	69723	100420	1623929	812410
江 苏	Jiangsu	12766378	11676356	28874	19444	437559	292949
浙 江	Zhejiang	20773951	19440158	20487	30508	604988	369286
安 徽	Anhui	1941160	1826390	4039	2968	59771	34413
福 建	Fujian	12564013	12100799	12748	379	232237	113999
江 西	Jiangxi	1060933	971878	1676	257	40905	17225
山 东	Shandong	11374193	10617049	15071	7487	276396	213648
河 南	Henan	2952455	2759041	4082	2837	67868	44222
湖 北	Hubei	2266438	2076813	8358	5818	75291	35691
湖 南	Hunan	1859466	1664214	9804	2747	65297	54329
广 东	Guangdong	24637587	22572206	71893	22057	1040276	641297
广 西	Guangxi	982995	922853	1139	66	24340	22553
海 南	Hainan	3731405	3503088	4559	1098	32878	25349
重 庆	Chongqing	2036085	1709446	11748	888	112991	33418
四 川	Sichuan	1982267	1921783	2061	1887	37985	19936
贵 州	Guizhou	290571	270828	277		6053	8368
云 南	Yunnan	532412	490821	1093	501	15009	12273
西 藏	Xizang	4433	3124	9		29	486
陕 西	Shaanxi	1752102	1568538	2705	1835	58168	77919
甘 肃	Gansu	452438	423235	2927		16431	5963
青 海	Qinghai	26686	18371	129	587	5060	2195
宁 夏	Ningxia	62375	53920	95		1310	3571
新 疆	Xinjiang	497376	447019	1543	832	23591	15371

3-4-4 Continued 3

单位：万元

Unit: 10 000 yuan

财务费用 Financial Expenses	#利息费用 Interest Expenses	营业利润 Operating Profits	利润总额 Total Profits	所得税费用 Income Tax Expenses	应付职工薪酬 Payables to Employees	应交增值税 VAT Payable
309645	**654611**	**4706467**	**4816237**	**611991**	**3896104**	**1038949**
33860	100345	557381	560233	102886	613913	95979
5592	3563	25235	23665	11808	40845	11519
-3153	1324	48954	49785	938	35015	4442
-654	822	20809	19858	3445	18425	2540
-922	10	36223	36245	145	10864	1019
15450	15925	-624	-279	4154	35423	7730
1087	1835	22371	21642	1036	17170	1584
-4991	360	17863	18037	76	9802	1332
140994	262867	1464811	1505429	225409	851512	266243
22538	51214	509967	517923	52747	278520	139025
52395	51447	445443	474592	42144	367519	75488
-23224	23850	84798	84741	667	35352	13966
11472	20744	143004	144897	10477	114983	27569
396	835	28538	28116	2493	21516	4791
23579	39964	243809	242674	13072	264485	43588
2846	2302	93882	96534	8404	54523	9882
288	4381	78981	81408	14748	50954	25981
4737	2938	61377	62354	2968	54439	17365
53817	46536	302517	310785	40797	748191	212179
-3735	5010	23215	21397	1336	17960	3007
-25340	831	195419	205511	27175	22187	19667
1518	2503	181719	187122	30583	72638	31565
1733	5963	6374	5938	1468	28262	7724
1166	1071	3876	4203	147	6414	485
-1560	538	45398	46061	2539	16838	2686
18		768	746	5	171	127
188	4975	43399	44615	6418	65673	5641
2238	2216	1769	1593	95	11450	3449
-137		2082	2667		5276	69
-413	1	3850	4002	3	3312	70
-2138	244	13258	13748	3809	22474	2237

医药及医疗器材批发

Wholesale of Medicines and Medical Appliances

地　区	Region	营业收入 Business Revenue	营业成本 Business Cost	税金及附加 Taxes and Other Charges	其他业务利润 Profits from Other Business	销售费用 Selling Expenses	管理费用 Administr-ative Expenses
全　国	**National Total**	**465750688**	**403383918**	**1214071**	**1100030**	**32017666**	**13705089**
北　京	Beijing	38429413	32647186	89124	194097	2784880	1585934
天　津	Tianjin	8630416	7618972	18016	8918	549906	208143
河　北	Hebei	14364680	13388726	26503	13938	399985	270548
山　西	Shanxi	6947684	6315576	14005	12985	321345	166684
内蒙古	Inner Mongolia	3291482	2956988	6784	2863	133743	94578
辽　宁	Liaoning	9860010	8906449	19023	11804	385828	236349
吉　林	Jilin	5181588	4529874	14229	7853	286594	146369
黑龙江	Heilongjiang	5502685	4894887	11503	6543	328754	134539
上　海	Shanghai	62257770	50868490	145704	293441	6339008	2742819
江　苏	Jiangsu	38098686	32281215	102395	43910	3683860	839277
浙　江	Zhejiang	25526005	22458656	52415	36415	1569577	630700
安　徽	Anhui	13114379	11016999	61436	14424	1106124	478903
福　建	Fujian	9664980	8777324	22091	16502	351389	232443
江　西	Jiangxi	14708049	11280676	75205	23177	2178280	527117
山　东	Shandong	29537284	26763620	60096	32877	1454213	662276
河　南	Henan	19546706	17600935	47305	8222	866175	428986
湖　北	Hubei	18316246	15959230	50513	63480	975919	519851
湖　南	Hunan	13040278	11629499	85459	42641	622581	326493
广　东	Guangdong	51215670	45153380	106230	159967	3049968	1612064
广　西	Guangxi	8055521	7342505	17450	26566	273258	177082
海　南	Hainan	3592735	2700665	12735	7660	595248	122154
重　庆	Chongqing	15532899	13208431	44081	20521	622924	272151
四　川	Sichuan	19855594	17602537	45679	42744	1081201	492433
贵　州	Guizhou	4430523	3964105	10853	12414	196793	125599
云　南	Yunnan	7700891	6758800	18857	-26402	536068	146977
西　藏	Xizang	1868163	998832	13075	273	656607	79821
陕　西	Shaanxi	8742414	7934912	21793	5304	367902	201291
甘　肃	Gansu	3045172	2745223	6080	4632	120067	87390
青　海	Qinghai	553171	497020	1331	5750	21965	14009
宁　夏	Ningxia	715316	650067	1932	2644	23662	18396
新　疆	Xinjiang	4424280	3932140	12168	3867	133843	123715

单位：万元
Unit: 10 000 yuan

财务费用 Financial Expenses	#利息费用 Interest Expenses	营业利润 Operating Profits	利润总额 Total Profits	所得税费用 Income Tax Expenses	应付职工薪酬 Payables to Employees	应交增值税 VAT Payable
1777724	**2331542**	**15703137**	**15951308**	**2921856**	**15863920**	**7833825**
24494	147976	1769079	1796379	346265	1673287	630765
31466	31040	184180	196142	44071	248260	114113
53577	64615	237736	237932	49129	227101	154145
43062	42519	81934	83449	25168	155344	95666
22873	18971	50629	44552	12668	95561	40755
59615	57460	251075	252120	59070	176448	125631
37314	38688	173040	176710	38560	128568	88820
38417	39165	81575	83179	22317	139821	75436
66730	220318	2790662	2935080	622117	4298073	985658
103938	160795	958472	944387	183271	1354765	796555
81009	121902	992747	985357	204591	708744	360232
82414	74755	401152	447788	81615	309450	322215
39952	56355	292685	292276	51365	220838	123640
72236	61736	637984	702574	99053	333958	566437
124060	165593	477332	474154	81708	684564	421578
89593	96068	470268	468688	86828	411649	290927
116293	169854	1003385	1004141	115699	566439	353582
79559	66089	330176	328006	67711	368405	196146
120058	203592	1512948	1499366	259644	1766262	747464
56494	47684	194380	192921	30217	159357	105152
36728	32955	160796	172114	24754	132723	103238
78994	120366	1326389	1326409	192905	285427	297219
93305	90160	531419	529607	80422	564498	293562
30588	37201	91334	89698	15237	142040	67612
31156	30343	191241	190008	32392	204222	112638
2632	5170	135704	139947	24273	89017	108348
91127	68361	121960	110728	25521	194138	110453
24951	18370	46813	46168	8287	76996	41275
10712	10155	4321	4506	1867	16390	10612
7500	7758	13892	14839	2674	22524	8350
26878	25527	187827	182083	32459	109052	85599

矿产品、建材及化工产品批发

Wholesale of Mineral Products, Building Materials and Chemical Products

地区	Region	营业收入 Business Revenue	营业成本 Business Cost	税金及附加 Taxes and Other Charges	其他业务利润 Profits from Other Business	销售费用 Selling Expenses	管理费用 Administr-ative Expenses
全国	**National Total**	**6154736676**	**6019992135**	**5530255**	**3761869**	**43388404**	**31106274**
北京	Beijing	298033327	291474825	302560	480328	2382800	2868526
天津	Tianjin	300095738	296972124	206288	58345	1161097	863408
河北	Hebei	136464532	132525923	117334	49561	798247	577937
山西	Shanxi	153992437	149496176	198430	131747	1294828	1313836
内蒙古	Inner Mongolia	50906215	49148111	170097	115998	926883	382215
辽宁	Liaoning	150325659	148236450	77033	20714	981190	497660
吉林	Jilin	10545075	10184089	16416	2882	157552	109218
黑龙江	Heilongjiang	42622508	42097959	32587	4967	299664	125493
上海	Shanghai	717647260	704162588	437185	395205	5344257	4861861
江苏	Jiangsu	561479060	541441212	523284	217987	3840566	3231142
浙江	Zhejiang	855595854	844951086	590852	579821	4119947	2814135
安徽	Anhui	65662016	63867409	89405	31291	617572	347399
福建	Fujian	388191668	380607912	333204	200361	1872134	1262150
江西	Jiangxi	59496868	57333072	85251	30022	538342	343908
山东	Shandong	485882050	475525983	378065	117036	3436657	2180817
河南	Henan	92183820	89405862	127450	20176	931009	613732
湖北	Hubei	113010236	107808570	154020	320047	912599	634765
湖南	Hunan	47960371	45903557	158931	31669	546635	393390
广东	Guangdong	703288093	690191650	518029	418776	6101953	3723311
广西	Guangxi	99305425	97364576	83303	48282	710582	403289
海南	Hainan	155132708	152758631	123560	26529	559356	345035
重庆	Chongqing	68700401	66426693	73381	20776	674966	378989
四川	Sichuan	127749234	122766859	166966	67847	1266376	684202
贵州	Guizhou	34969515	34148184	39454	37383	247916	241964
云南	Yunnan	81827216	79043677	137675	79375	693891	388432
西藏	Xizang	1814869	1729541	8060	329	49338	15236
陕西	Shaanxi	148501033	145416940	177018	69588	1108385	633101
甘肃	Gansu	75499104	74293078	73311	123337	533905	244231
青海	Qinghai	13911877	13605138	23952	3107	232063	60369
宁夏	Ningxia	9473156	9120093	12430	12919	219340	70696
新疆	Xinjiang	104469351	101984167	94726	45466	828358	495827

单位：万元
Unit: 10 000 yuan

财务费用 Financial Expenses	#利息费用 Interest Expenses	营业利润 Operating Profits	利润总额 Total Profits	所得税费用 Income Tax Expenses	应付职工薪酬 Payables to Employees	应交增值税 VAT Payable
12963017	**17970110**	**72711300**	**73999044**	**8132237**	**28346837**	**21900835**
1517237	2005676	8585416	8664619	365284	2887194	835776
377886	409549	656630	812226	250660	667267	577685
492719	563460	1125131	1107134	179998	413365	428788
580575	1089341	4401183	4405458	326814	876412	660334
151863	229262	1495759	1455929	134455	341493	383818
152107	144715	371161	435312	91580	441898	353318
89396	67346	12544	33676	10659	98791	123078
51492	129436	84508	100746	27167	144753	422839
817712	1002260	4362762	4627200	1051343	4661054	1490456
1203477	1188757	11582976	11210003	944677	2349471	2541541
1684240	2509101	7996130	8445468	1363144	2303383	1593267
185792	270872	939663	996638	119633	365920	426330
1094704	1536331	3796769	3924859	347462	1142603	917649
132901	191009	987487	1103534	94155	418721	621734
1122530	1251536	3927320	4107592	597999	1578758	1623362
273915	303279	942155	991130	85462	518252	640850
236215	204944	3928104	3889454	212066	708849	1019259
141580	130169	855036	878805	62781	334036	777450
1112564	1628370	3254892	3301696	635023	4037689	2262160
421461	529292	584554	584653	107784	415767	332426
124159	141783	1486668	1596357	257266	305344	441285
146131	131189	933549	951833	88840	335410	283864
505076	526619	2831373	2860682	260976	774043	736659
181813	194748	396296	408466	46434	209100	146454
324165	367673	1825330	1835806	141557	380951	361476
1335	6796	12951	14110	2939	15469	15252
-1062746	417262	2484475	2363449	166126	626782	690028
185362	234506	638371	625857	30083	304759	320933
160691	18266	-5716	37525	10745	121058	106107
22940	21109	28830	30093	2904	93337	67861
533724	525454	2188994	2198732	116221	474909	698796

3-4-4 续表 6

机械设备、五金产品及电子产品批发

Wholesale of Machinery, Hardware and Electronic Products

地　区	Region	营业收入 Business Revenue	营业成本 Business Cost	税金及附加 Taxes and Other Charges	其他业务利润 Profits from Other Business	销售费用 Selling Expenses	管理费用 Administr-ative Expenses
全　国	**National Total**	**1317486577**	**1232235705**	**1999808**	**2268702**	**36534827**	**21535421**
北　京	Beijing	175006388	160683969	251823	761432	6301677	3588674
天　津	Tianjin	29490148	27604260	323069	17677	703760	612361
河　北	Hebei	7318413	6931763	7754	21643	164531	134989
山　西	Shanxi	6849895	6457129	8634	9489	127482	151575
内蒙古	Inner Mongolia	2113090	1931803	4126	1088	62045	65520
辽　宁	Liaoning	9953618	9280277	26823	8332	194652	212465
吉　林	Jilin	10326037	9733474	17652	1134	332538	86594
黑龙江	Heilongjiang	5281831	5136730	4306	6792	54095	79340
上　海	Shanghai	280380574	254816685	393183	385737	10512820	5657791
江　苏	Jiangsu	94900110	88139164	159003	82894	1997466	1804772
浙　江	Zhejiang	144160263	137135293	168741	223922	3635501	1590851
安　徽	Anhui	38353039	37451057	56982	24028	873173	436042
福　建	Fujian	30249116	28277798	38488	28397	542463	532203
江　西	Jiangxi	9098632	8646287	9748	9018	242274	129893
山　东	Shandong	52081987	48907334	54167	55924	1135328	846739
河　南	Henan	11469962	10808594	13411	13681	292247	200550
湖　北	Hubei	18394883	17035332	28130	82369	650395	247502
湖　南	Hunan	9881407	9202764	34058	9319	216540	160925
广　东	Guangdong	286291642	274362402	264541	343651	5323872	3931153
广　西	Guangxi	5804342	5427286	8178	9659	127098	96676
海　南	Hainan	6858687	6513683	6968	473	65527	59229
重　庆	Chongqing	37821527	34943925	64385	106859	1851467	225867
四　川	Sichuan	14356568	13513206	18932	7819	354155	201470
贵　州	Guizhou	2236189	2115980	2445	4856	53459	41641
云　南	Yunnan	2399229	2173932	3811	1169	124556	68597
西　藏	Xizang	3651622	3581447	3765	168	24459	8708
陕　西	Shaanxi	13108932	12535422	13634	16097	240545	172057
甘　肃	Gansu	1427068	1288352	1728	3934	85269	25239
青　海	Qinghai	235406	211588	358	1557	8338	10506
宁　夏	Ningxia	571416	550286	653	4277	10671	6492
新　疆	Xinjiang	7414558	6838482	10311	25305	226423	149000

3-4-4 Continued 6

单位：万元

Unit: 10 000 yuan

财务费用 Financial Expenses	#利息费用 Interest Expenses	营业利润 Operating Profits	利润总额 Total Profits	所得税费用 Income Tax Expenses	应付职工薪酬 Payables to Employees	应交增值税 VAT Payable
1782882	**3157921**	**29747984**	**30872197**	**5341341**	**25502691**	**10308960**
53626	581712	6550380	6652886	1077013	4394550	1251589
17547	71040	868339	897398	108679	685805	417007
18086	21982	31781	31679	8210	126689	45884
30535	22351	58433	73096	46476	124806	52433
8547	2909	38457	34676	5991	59837	33046
245090	254958	-111874	-112569	40491	162537	191084
83904	17514	112477	116948	24700	119865	233910
12244	12758	96789	86382	5608	50346	30463
514437	465460	10981003	11524742	2282568	7832244	2515502
226058	248788	2654825	2669031	361186	1722495	1060958
-16814	285947	1961519	2112493	458906	1924091	707181
43700	48068	-542424	-502842	2991	424787	370114
7064	86432	886136	885490	83487	435510	144427
21222	23585	58648	61890	10649	135849	60039
91868	113748	951372	955456	143761	770785	451015
28507	43597	126273	127890	20940	215049	71743
37220	41193	385215	443056	58671	383398	290762
57616	19911	215002	218896	21554	137579	159160
167200	499385	2629627	2704584	295232	4505692	1564154
114168	135409	78312	80729	10283	98534	41594
-154	10050	182877	183892	32671	51835	40391
-52765	41445	808521	882926	127974	305306	275458
39535	48586	192636	194328	25251	323315	94214
9545	7978	13771	13967	3469	38980	20752
-1696	5171	34996	38580	9281	72530	24795
5971	6079	29102	29330	2106	7362	13688
1050	9932	181163	186663	31559	179261	72225
2516	2828	27647	27785	1974	34959	18712
2021	1752	2673	2141	312	7099	2087
1319	825	2061	3495	288	6997	1640
13714	26529	242248	247178	39060	164603	52932

贸易经纪与代理

Trade Broker and Agency

地区	Region	营业收入 Business Revenue	营业成本 Business Cost	税金及附加 Taxes and Other Charges	其他业务利润 Profits from Other Business	销售费用 Selling Expenses	管理费用 Administr-ative Expenses
全国	**National Total**	**46275910**	**43744488**	**47096**	**247087**	**692618**	**595638**
北京	Beijing	1791597	1484063	8208	203551	74709	148500
天津	Tianjin	772063	748505	431	1	9426	7184
河北	Hebei	176022	159563	61	11	9508	4840
山西	Shanxi	39221	37312	171		561	876
内蒙古	Inner Mongolia						
辽宁	Liaoning	135913	119365	739	8	7058	4754
吉林	Jilin						
黑龙江	Heilongjiang	168672	161395	68		2984	2650
上海	Shanghai	7216259	6721520	7145	14117	183264	143703
江苏	Jiangsu	10375533	9665912	13605	2393	100438	43285
浙江	Zhejiang	1371269	1309854	646	5618	32142	18794
安徽	Anhui	111431	81762	271	93	3846	4460
福建	Fujian	910762	873052	841	143	8955	6630
江西	Jiangxi	1135685	1079833	989	719	8195	11460
山东	Shandong	1181581	1126919	1047	4	33060	8786
河南	Henan	312918	301141	173		4316	4109
湖北	Hubei	132207	87960	213		4275	1924
湖南	Hunan	707722	688906	1451	223	5254	4014
广东	Guangdong	18079412	17536401	8926	19381	179237	162813
广西	Guangxi	17636	15662	-1		1548	281
海南	Hainan						
重庆	Chongqing	1175837	1104880	587		13499	4627
四川	Sichuan	2588	2096	11		165	251
贵州	Guizhou	16547	15923	12			250
云南	Yunnan	225958	218065	430	825	3167	5565
西藏	Xizang						
陕西	Shaanxi	106909	94627	577		2728	4114
甘肃	Gansu	94683	94166	52		3921	757
青海	Qinghai						
宁夏	Ningxia						
新疆	Xinjiang	17487	15608	442		363	1013

单位：万元
Unit: 10 000 yuan

财务费用 Financial Expenses	#利息费用 Interest Expenses	营业利润 Operating Profits	利润总额 Total Profits	所得税费用 Income Tax Expenses	应付职工薪酬 Payables to Employees	应交增值税 VAT Payable
67327	**249570**	**1585052**	**1610330**	**276226**	**577895**	**280639**
-66926	38718	384551	378162	58198	122222	20372
487	265	6060	6201	565	4205	2230
841	626	806	1041	60	3729	324
-64	53	380	370	55	1770	154
438	29	5516	6028	635	5527	3150
468	-213	1139	1347	111	1446	617
6594	11813	267350	271862	44216	162171	30705
-3495	16405	597035	609498	134117	67764	105728
491	1130	12055	12734	3024	18788	1866
62	95	20859	22388	7930	2627	3990
4685	1103	18519	19806	812	4909	505
13911	7416	29279	29384	2648	5433	2643
9628	12006	2116	3357	539	16637	12942
-622	-135	3461	3684	1070	3225	8220
355	65	37496	37688	177	2173	960
1045	1399	7853	9701	1142	3663	10977
92542	151306	138828	145068	20247	141864	71815
-117	28	264	264	17	136	5
2693	1914	49650	49483	-640	1560	649
182		-50	-66	10	314	13
267	33	95	95	24	204	-75
3898	5049	1695	1600	189	3882	582
-568	71	4777	5129	1042	2646	1197
133	36	-4347	-4221	37	447	900
399	359	-337	-273	4	553	171

其他批发业

Other Wholesale not Classified Elsewhere

地　区	Region	营业收入 Business Revenue	营业成本 Business Cost	税金及附加 Taxes and Other Charges	其他业务利润 Profits from Other Business	销售费用 Selling Expenses	管理费用 Administr-ative Expenses
全　国	**National Total**	**244459705**	**231656419**	**608124**	**-497066**	**4947892**	**2579596**
北　京	Beijing	15146301	14289617	13093	8438	371700	352472
天　津	Tianjin	8455157	8160501	13416	228	113550	50423
河　北	Hebei	4132496	4064862	4230	46	25702	24320
山　西	Shanxi	5452020	5363535	4550	287	25357	38747
内蒙古	Inner Mongolia	2597144	2410803	3078	365	148753	24505
辽　宁	Liaoning	1365709	1305721	1744	297	20120	29057
吉　林	Jilin	147210	133537	297	316	6983	7657
黑龙江	Heilongjiang	988228	976227	723	164	7793	3009
上　海	Shanghai	3053732	2659226	5662	14613	224421	105319
江　苏	Jiangsu	41154561	38642784	91847	47699	852434	461592
浙　江	Zhejiang	27085315	25163415	34848	14695	818055	293783
安　徽	Anhui	13815200	13636873	67789	33558	53520	60847
福　建	Fujian	22138471	20245205	63521	5653	867874	168103
江　西	Jiangxi	14056583	13297732	52488	3202	193401	71557
山　东	Shandong	13531143	12840333	22262	5300	292216	158615
河　南	Henan	5698102	5546909	21292	-1227	38870	45656
湖　北	Hubei	10469692	9833865	50173	4368	50757	54772
湖　南	Hunan	1922711	1653960	9115	275	102628	37412
广　东	Guangdong	19244192	18215296	21067	-654335	459739	366645
广　西	Guangxi	11708968	11766127	41380	978	16078	18529
海　南	Hainan	1969897	1831533	2312	68	25681	16027
重　庆	Chongqing	3971362	3833138	12125	710	42270	32574
四　川	Sichuan	8353833	8034580	37319	13003	66969	66701
贵　州	Guizhou	374299	302804	1230	120	36177	6574
云　南	Yunnan	1091299	1054240	994	1787	7666	7720
西　藏	Xizang	17836	14761	54		351	769
陕　西	Shaanxi	1047178	1004573	1286	-180	21133	22995
甘　肃	Gansu	2278699	2309308	24988	470	5209	4117
青　海	Qinghai	441775	436052	336	1422	2144	4745
宁　夏	Ningxia	747348	736955	931		3067	5771
新　疆	Xinjiang	2003245	1891945	3977	616	47274	38582

单位：万元
Unit: 10 000 yuan

财务费用 Financial Expenses	#利息费用 Interest Expenses	营业利润 Operating Profits	利润总额 Total Profits	所得税费用 Income Tax Expenses	应付职工薪酬 Payables to Employees	应交增值税 VAT Payable
444371	**504769**	**4999027**	**5175808**	**614933**	**2224347**	**5182560**
10820	52495	-32136	-29492	49778	277104	49656
11777	10559	116478	127966	31905	61080	95375
7783	6802	198186	203076	1396	13007	35536
9121	8343	15390	15469	3994	31469	26968
3047	6469	28871	28719	7019	19095	11996
2517	2983	-6377	-3369	3307	18960	10399
2310	1908	-2443	-1843	103	4464	493
1868	483	98	883	226	3004	1182
2285	4302	83455	87313	23170	140438	39103
54257	59482	1020517	934613	132842	292710	918309
29518	43724	410155	463609	119698	276464	277574
37051	40077	81060	121774	17331	42474	680344
24408	6665	735367	775797	21242	121845	456582
31963	18795	372357	400714	23446	55847	457479
24474	19905	201801	205743	26906	129799	210500
12838	9618	40005	66539	4153	40363	209578
7729	14635	464949	452235	42504	54828	399160
4091	915	97253	99821	10789	56811	47505
73966	72515	288754	288767	33105	337907	149765
4427	15893	4968	17021	3857	19082	499228
2496	7150	190374	191329	14397	22501	15166
5772	6204	24006	25624	3394	34628	26129
58641	68773	586513	599076	24812	80682	252508
169	95	27136	27805	6698	10557	10596
2305	2290	18117	18434	1315	7068	8150
6		1896	1906	218	1065	711
11548	10135	-10491	-9249	593	19984	8807
3085	3049	-13753	6304	772	4096	260934
-4081	13	2543	4820	831	9978	989
607	1471	161	59	592	3901	1527
7575	9021	53816	54347	4542	33133	20312

3-4-5 各地区限额以上零售业企业损益及分配

地区	Region	营业收入 Business Revenue	营业成本 Business Cost	税金及附加 Taxes and Other Charges	其他业务利润 Profits from Other Business	销售费用 Selling Expenses	管理费用 Administrative Expenses
全国	**National Total**	**1511119667**	**1308715053**	**5029940**	**12269387**	**120879258**	**44713881**
北京	Beijing	100176398	88039471	335087	1399112	8559453	2467308
天津	Tianjin	23394270	20291037	71043	301440	2232084	658079
河北	Hebei	41823006	37394850	139086	422461	2400987	1288440
山西	Shanxi	23202419	21228836	52116	148255	1263585	672067
内蒙古	Inner Mongolia	15681499	14102142	36064	154537	937715	398143
辽宁	Liaoning	32506731	29082946	118459	237144	2010674	1021218
吉林	Jilin	15129764	13431041	53058	143452	917810	557737
黑龙江	Heilongjiang	17100905	15338542	51133	168740	1002535	463060
上海	Shanghai	116514678	85781933	569676	644929	19979355	5789120
江苏	Jiangsu	142916832	125667620	365981	1488775	9229355	4016131
浙江	Zhejiang	113222824	99011167	336513	956966	9583470	3217632
安徽	Anhui	43995485	38863538	115566	170675	3145015	1156598
福建	Fujian	62911816	53550873	184957	406115	5405135	1800430
江西	Jiangxi	36066349	31350320	113888	108350	2222517	1015454
山东	Shandong	89592000	79075047	256652	802395	6068177	2596097
河南	Henan	53085491	46406716	155539	378369	3192200	1586057
湖北	Hubei	70368746	59903873	322923	449584	4797851	2039744
湖南	Hunan	52929602	45923416	296036	279795	3054333	1571343
广东	Guangdong	178757455	155010339	535360	1703913	16998118	5337808
广西	Guangxi	20785719	18362270	47557	168676	1590509	718188
海南	Hainan	14856334	12544240	181551	87818	1134950	437311
重庆	Chongqing	40728672	36026299	118589	254936	2618974	944395
四川	Sichuan	78556330	69822458	216925	584251	4852302	1754903
贵州	Guizhou	26106582	22959847	63210	100073	1330299	568751
云南	Yunnan	27850541	24619904	72853	188938	1913149	668096
西藏	Xizang	2904464	2613899	5067	7042	142750	70413
陕西	Shaanxi	35701487	31703882	110877	211507	2270192	988302
甘肃	Gansu	12856498	11493837	35940	78004	763399	280093
青海	Qinghai	2323057	2078931	8380	16547	137982	73871
宁夏	Ningxia	3261875	2835971	12817	139907	246929	103116
新疆	Xinjiang	15811840	14199808	47037	66680	877457	453976

Income and Distribution of Enterprises above Designated Size of Retail Trade by Region

单位：万元

Unit: 10 000 yuan

财务费用 Financial Expenses	#利息费用 Interest Expenses	营业利润 Operating Profits	利润总额 Total Profits	所得税费用 Income Tax Expenses	应付职工薪酬 Payables to Employees	应交增值税 VAT Payable
6594186	**4525478**	**27126359**	**28286205**	**5582905**	**62258174**	**18692251**
287865	287682	640207	726693	351536	3478896	918973
96788	70867	79399	115520	63101	1011850	252552
227310	133733	461845	455372	99858	1794867	428465
132494	72126	-157831	-118185	38546	806891	257838
68936	41313	154494	157094	25530	641325	409325
173538	121205	153059	183268	93721	1271228	323841
145406	99038	55791	68629	30700	559546	183038
103244	66123	172475	174329	54589	628847	330651
481588	334121	4169472	4506664	1530803	6742688	2025824
625284	383793	3297353	3320918	429670	5481490	1881748
385894	393599	863366	1061557	451986	4212630	1190625
184879	88014	592076	622745	88698	1803957	519803
260767	173747	1842482	1876523	204215	2666962	636789
143988	91220	1210303	1217922	87661	1418509	391479
423002	263524	1323006	1365952	191662	3739149	976397
244729	116108	1530539	1533723	251292	2129188	516120
323691	176606	2847779	2856933	236913	3214555	1454095
270415	199405	1944146	1960116	130385	2437535	725761
698555	517953	563224	682770	412869	7541043	2158692
102171	91964	-19498	-5444	37113	965164	199902
88569	72176	448010	457966	88468	487601	87643
136313	107065	915057	918589	81696	1602896	495000
323685	200457	1778008	1836130	185590	2852531	837120
149917	109065	1056508	1037336	201307	794439	306552
108339	89962	361309	362750	51431	1184923	302304
10230	8086	68287	68987	3482	96661	49926
190276	83580	400931	441776	80787	1271405	349788
60870	40516	230420	235565	33371	506271	153948
23418	14498	4805	9698	4995	110026	23132
43289	20837	19097	20265	5311	160162	29025
78736	57096	120239	134044	35621	644941	275897

3-4-5 续表

国有控股

State-controlled Enterprises

地　区	Region	营业收入 Business Revenue	营业成本 Business Cost	税金及附加 Taxes and Other Charges	其他业务利润 Profits from Other Business	销售费用 Selling Expenses	管理费用 Administrative Expenses
全　国	**National Total**	**265210785**	**235239649**	**999018**	**3125769**	**16009305**	**4881752**
北　京	Beijing	16437479	14398394	93466	283147	1141266	502703
天　津	Tianjin	4370729	3952393	12883	33257	300071	88431
河　北	Hebei	6148096	5257498	23891	30520	369669	192304
山　西	Shanxi	4700201	4362536	9768	15760	326782	94609
内蒙古	Inner Mongolia	6018022	5524058	10895	60900	317883	53294
辽　宁	Liaoning	6795216	6155616	24460	48536	392173	93233
吉　林	Jilin	3835592	3375859	14865	14725	293220	78526
黑龙江	Heilongjiang	4572700	4253240	8050	14495	212643	30894
上　海	Shanghai	11469363	9752862	63433	146824	1170519	462311
江　苏	Jiangsu	17396413	15519558	24608	1124465	1010972	277124
浙　江	Zhejiang	11559882	10309764	48931	117513	678714	201046
安　徽	Anhui	10420248	9459974	25445	33288	475910	189648
福　建	Fujian	11388880	10358561	25436	71691	554835	156187
江　西	Jiangxi	5859127	5061415	23120	25625	324585	171669
山　东	Shandong	9988932	8690407	40657	56043	739961	163644
河　南	Henan	7722182	6322707	19362	23659	408752	126508
湖　北	Hubei	12070273	10046991	119700	151936	1113944	295625
湖　南	Hunan	10578276	9487121	29364	9507	534089	217892
广　东	Guangdong	27336978	24512948	73803	512006	1717322	445584
广　西	Guangxi	3289974	2852367	12370	64944	223119	103381
海　南	Hainan	7921553	6521578	166478	31142	558331	149694
重　庆	Chongqing	12711698	11727957	22072	26556	643054	92210
四　川	Sichuan	16465306	14996795	22373	48853	719168	229000
贵　州	Guizhou	10221144	8887636	24612	30953	331818	130187
云　南	Yunnan	10088526	9220571	20022	33721	470175	101783
西　藏	Xizang	1567428	1427196	1959	509	73094	19949
陕　西	Shaanxi	4675466	4007383	14919	86517	426498	126777
甘　肃	Gansu	4889840	4500102	9544	21745	232083	25983
青　海	Qinghai	534663	480497	2539	201	27011	9529
宁　夏	Ningxia	158806	122985	1323	1824	17569	6753
新　疆	Xinjiang	4017792	3692682	8670	4905	204075	45274

3-4-5 Continued

单位：万元
Unit: 10 000 yuan

财务费用 Financial Expenses	#利息费用 Interest Expenses	营业利润 Operating Profits	利润总额 Total Profits	所得税费用 Income Tax Expenses	应付职工薪酬 Payables to Employees	应交增值税 VAT Payable
865951	**938076**	**8195238**	**8233971**	**1100125**	**10012809**	**3855404**
51098	98094	303524	331456	90904	845880	192010
21441	15762	6702	6165	5459	190993	43559
19656	13692	295567	290526	16868	306653	113306
17519	8436	-125156	-126232	9873	185192	36940
6699	5868	105755	104070	8909	213218	323706
25756	21761	122563	137649	21698	298981	74648
16523	13957	66800	72344	6468	146599	56205
6993	6141	75202	72045	5990	152792	189790
46207	57129	175579	202628	46394	696336	153227
56203	48989	574053	534306	-10954	548226	314218
63469	75814	349115	375223	96893	420175	121166
26001	13788	283039	273452	19082	299544	113007
28207	32999	377469	380088	72021	287959	85665
18125	16528	286079	269649	29394	255281	122606
52750	49110	354200	351287	45817	407368	189013
23839	8943	827700	818782	105937	244494	64217
53152	54309	454302	431815	25144	671358	336632
14299	83876	309192	306710	28690	439012	114471
93859	92677	637770	638092	99106	1140589	340111
14548	12979	84612	85706	12228	156709	30251
50223	54303	444095	445369	71467	236934	13703
2169	15321	205147	210012	17915	394008	157373
13064	30794	601918	603960	36549	439777	158297
57555	42913	795352	804083	170080	188619	142232
31742	27820	258355	260759	12072	240514	93689
6022	4790	42307	42528	964	47755	31028
33707	11715	83482	99815	29486	241707	44001
4562	5066	118994	120591	10760	152179	72098
4420	4478	10410	10529	1531	22407	5073
2462	2697	9274	10090	2113	15317	3870
3682	7326	61839	70474	11269	126229	119292

3-4-6 各地区限额以上零售业企业损益及分配(按登记注册统计类别分)

内资企业
Domestic Funded Enterprises

地　区	Region	营业收入 Business Revenue	营业成本 Business Cost	税金及附加 Taxes and Other Charges	其他业务利润 Profits from Other Business	销售费用 Selling Expenses	管理费用 Administrative Expenses
全　国	**National Total**	**1244304068**	**1091408485**	**3945560**	**9706509**	**90611176**	**35871974**
北　京	Beijing	78916171	70131561	238699	1177803	6534056	1890629
天　津	Tianjin	17550244	15565220	51363	232905	1408923	467320
河　北	Hebei	36728679	32803910	127607	405596	2159417	1235341
山　西	Shanxi	22340405	20433054	49033	143329	1216149	658143
内 蒙 古	Inner Mongolia	14749031	13251025	33394	154341	895694	391266
辽　宁	Liaoning	29404393	26477532	97078	213321	1733692	906501
吉　林	Jilin	14318811	12720670	47155	139703	857682	540867
黑 龙 江	Heilongjiang	15605134	14021160	45230	159907	899924	433609
上　海	Shanghai	62379286	52475644	238715	403596	7333182	2030896
江　苏	Jiangsu	115676755	101624706	287830	850988	7339522	3542600
浙　江	Zhejiang	96066115	84318136	246833	794844	8106647	2773505
安　徽	Anhui	36521512	32122512	97538	157959	2690498	1057555
福　建	Fujian	53083280	45136205	157125	315570	4503974	1598494
江　西	Jiangxi	32758846	28346937	108496	97487	2053254	979832
山　东	Shandong	78831825	69452610	218057	754660	5451691	2375353
河　南	Henan	46513955	41169853	125380	329481	2888907	1379966
湖　北	Hubei	60583521	51370272	301574	261717	4110929	1763675
湖　南	Hunan	42671809	36683991	270787	198122	2385684	1371978
广　东	Guangdong	145476001	127861512	403390	1318921	12363095	4085328
广　西	Guangxi	19800214	17532378	42822	143966	1473143	687278
海　南	Hainan	12323415	10184095	176922	64592	1042533	409398
重　庆	Chongqing	37789002	33469109	103777	192195	2436800	818708
四　川	Sichuan	68560190	60972173	179755	466452	4128647	1523210
贵　州	Guizhou	19957104	17399084	50432	95819	1098606	514790
云　南	Yunnan	22246308	19465491	59446	147796	1636659	593227
西　藏	Xizang	2854387	2567167	4181	7042	140804	69942
陕　西	Shaanxi	27512774	24350348	83603	187510	1751718	879097
甘　肃	Gansu	12416480	11059528	33754	75176	733307	273538
青　海	Qinghai	2267548	2027976	8283	14344	133605	73166
宁　夏	Ningxia	3123551	2707107	12094	136654	241309	101192
新　疆	Xinjiang	15277322	13707519	45204	64712	861125	445569

Income and Distribution of Enterprises above Designated Size of Retail Trade by Region and Registered Statistical Categories

单位：万元
Unit: 10 000 yuan

财务费用 Financial Expenses	#利息费用 Interest Expenses	营业利润 Operating Profits	利润总额 Total Profits	所得税费用 Income Tax Expenses	应付职工薪酬 Payables to Employees	应交增值税 VAT Payable
5443875	**3640539**	**18527136**	**19497242**	**3411702**	**50250851**	**14823685**
194976	194547	114367	202971	181286	2621135	616306
58466	36175	14637	32601	51041	569634	152975
207037	124125	284512	282677	96889	1666245	354914
130794	71170	-157936	-124100	35164	786479	248031
67517	40971	125664	128178	23553	621620	403028
158810	108259	63701	90314	65573	1134889	282812
120808	78224	62230	76315	30755	530519	178258
89472	54584	140924	146292	53134	577215	319068
205257	144679	185701	342371	241072	2525557	812368
514547	302491	2584899	2650272	331851	4562424	1571793
353236	362171	426827	605937	323892	3577824	952198
163859	82535	455894	484850	76897	1594582	440320
227686	135627	1490130	1526800	133279	2368983	513787
136349	87572	1121302	1129413	83877	1327588	371006
393416	237686	1085696	1107343	170526	3407887	829712
228095	106560	749050	764566	129445	1968469	443182
274145	147477	2600157	2605722	209425	2854501	1291820
240999	184858	1749598	1768370	117421	2005007	627673
529697	357816	558505	646402	325713	5882145	1687126
92570	82806	-11824	1264	35230	913269	185192
84051	69111	403505	412603	81464	443977	72138
113569	89844	873567	870198	70295	1498584	429736
272973	169015	1669907	1738052	163210	2487648	736833
133559	101444	776208	788479	196463	692339	261382
91396	71599	418882	421406	48116	1050835	259969
9967	7826	68786	69496	3559	95207	49877
144356	59866	259126	290218	56833	1100323	259118
60211	40103	264159	269461	32976	493638	150570
23303	14415	5461	10351	5040	107287	22612
43048	20635	18419	19538	5117	156501	28499
79703	56347	125081	138881	32607	628542	271383

有限责任公司

Limited Liability Corporations

地 区	Region	营业收入 Business Revenue	营业成本 Business Cost	税金及附加 Taxes and Other Charges	其他业务利润 Profits from Other Business	销售费用 Selling Expenses	管理费用 Administrative Expenses
全 国	**National Total**	**1114386447**	**977208988**	**3368753**	**8761627**	**82527802**	**32956992**
北 京	Beijing	74685996	66690105	186148	1051451	6154517	1711620
天 津	Tianjin	16700791	14784637	49269	232698	1362605	448000
河 北	Hebei	33872790	30341299	111254	401966	1999413	1107009
山 西	Shanxi	17640795	15957958	42195	140500	982829	579562
内蒙古	Inner Mongolia	10012001	8793828	26897	146019	693718	374823
辽 宁	Liaoning	24006799	21479061	78678	170444	1495214	848566
吉 林	Jilin	11219976	9907434	39034	124876	668100	512002
黑龙江	Heilongjiang	12639856	11230330	37428	141884	770854	421095
上 海	Shanghai	60402692	50744391	230803	395709	7156685	1969661
江 苏	Jiangsu	108912723	95792708	263603	762825	7024722	3281798
浙 江	Zhejiang	92182266	81089032	233457	743334	7707899	2660111
安 徽	Anhui	32667421	28676535	87995	128411	2471144	978026
福 建	Fujian	48864841	41354509	144942	298837	4245601	1533248
江 西	Jiangxi	30278225	26213189	94807	72180	1926631	918485
山 东	Shandong	70690477	62503383	185811	519220	4802943	2078096
河 南	Henan	42255268	37558957	110143	322242	2540314	1290117
湖 北	Hubei	54622228	46537222	187096	255136	3714227	1543142
湖 南	Hunan	35496308	30538907	220609	163774	2040047	1160696
广 东	Guangdong	126507312	111033882	339329	1287890	11100995	3724639
广 西	Guangxi	18997395	16861461	37585	98491	1424217	636598
海 南	Hainan	12282597	10150940	176757	64592	1039934	406455
重 庆	Chongqing	28812197	25510207	78836	189010	1889193	713872
四 川	Sichuan	57434958	51104078	151707	398886	3536596	1332778
贵 州	Guizhou	17606958	15308445	44998	81826	960086	458504
云 南	Yunnan	17196227	15112901	47063	138447	1219190	528221
西 藏	Xizang	1852396	1656235	2597	6675	92024	59965
陕 西	Shaanxi	26531279	23500644	79801	187359	1695761	842148
甘 肃	Gansu	10343150	9163586	29929	62753	646122	267079
青 海	Qinghai	2147112	1919852	7304	8112	123005	66343
宁 夏	Ningxia	3028876	2661436	8963	108612	220628	93823
新 疆	Xinjiang	14494538	13031835	33713	57469	822588	410510

3-4-6 Continued 1

单位：万元

Unit: 10 000 yuan

财务费用 Financial Expenses	#利息费用 Interest Expenses	营业利润 Operating Profits	利润总额 Total Profits	所得税费用 Income Tax Expenses	应付职工薪酬 Payables to Employees	应交增值税 VAT Payable
5008060	**3212608**	**14181597**	**15177168**	**3045901**	**44574951**	**12603490**
197439	169436	-110623	-22318	140553	2347544	556206
56293	34224	13109	30933	49935	529144	144767
185455	100406	211365	211372	82934	1525724	307055
111087	66292	-42628	-10228	35424	663404	227755
62488	38762	78521	82802	22955	497680	92203
145747	91928	-17582	-4292	55038	915319	234278
114221	73136	8254	18140	28708	427626	126714
87841	51636	103339	111717	49550	490291	145430
205679	139504	116586	272541	229475	2410669	792447
473055	260947	2268913	2333806	294040	4298098	1469346
346541	346362	225280	398466	286956	3359543	897278
150469	77935	336524	369415	70753	1451825	392705
201281	109684	1393417	1430470	117819	2210230	478864
128603	82543	988205	1000736	79275	1220873	346506
369003	198897	810225	832063	156823	2941660	712317
212397	101194	566812	583493	114943	1747290	393787
225204	110786	2241690	2275425	170511	2523937	1106015
195555	153447	1330364	1348324	90768	1527997	485926
460834	312384	63070	161745	292923	5131773	1404148
85846	77880	-28918	-18346	33144	865730	171339
83828	69080	402079	410878	80905	442035	71437
97096	63460	532044	526319	52232	1138664	280803
273361	149993	1140095	1202259	152773	2096912	600008
127491	94998	717197	730186	193170	604587	238864
83508	58136	225057	235654	36721	829540	213256
7367	5467	40079	40330	2986	62485	23627
140791	59012	229885	260509	54856	1056821	249055
56451	38642	187663	193355	27069	439336	133044
22829	14044	8081	12843	4948	98781	20661
32388	17323	14368	15600	6354	146790	24814
67913	45071	129125	142970	31359	572643	262834

股份有限公司
Share-holding Corporations Ltd.

地　区	Region	营业收入 Business Revenue	营业成本 Business Cost	税金及附加 Taxes and Other Charges	其他业务利润 Profits from Other Business	销售费用 Selling Expenses	管理费用 Administr-ative Expenses
全　国	**National Total**	**101843837**	**90168673**	**369659**	**887487**	**6884840**	**1904008**
北　京	Beijing	3494609	2792551	50883	115795	341676	150622
天　津	Tianjin	683954	634178	1707		40314	13027
河　北	Hebei	2301712	1975868	13744	1868	138359	99970
山　西	Shanxi	4192937	4017920	5684	2614	218814	56758
内蒙古	Inner Mongolia	4669087	4401219	6276	7283	197854	13117
辽　宁	Liaoning	4934349	4587549	16905	40541	222538	33253
吉　林	Jilin	2987343	2716143	7828	13489	185765	20900
黑龙江	Heilongjiang	2744597	2593767	7356	17342	120025	2424
上　海	Shanghai	1773747	1563896	6810	6587	161827	46206
江　苏	Jiangsu	4733913	4101413	17916	84566	243562	195316
浙　江	Zhejiang	3046338	2498439	11664	48664	360573	77481
安　徽	Anhui	3452667	3100227	7715	28176	204160	65645
福　建	Fujian	3506454	3176371	8882	16522	229116	39598
江　西	Jiangxi	1207914	1031853	10429	22269	83921	30972
山　东	Shandong	5762549	4947468	20010	222098	510991	192504
河　南	Henan	2373321	1943904	6474	6569	294111	29633
湖　北	Hubei	3563255	2953002	25399	3537	296712	117661
湖　南	Hunan	4241347	3717190	21396	31920	251519	103317
广　东	Guangdong	13933039	12409899	38807	27976	1017755	230798
广　西	Guangxi	412988	347351	4036	45432	28110	28556
海　南	Hainan	7179	4720	95		1402	1365
重　庆	Chongqing	8523202	7575427	23165	1879	523870	89475
四　川	Sichuan	10137418	9066176	23501	67502	541619	150622
贵　州	Guizhou	1310327	1156153	3107	13214	98312	24849
云　南	Yunnan	4373660	3783190	9656	8685	377359	36191
西　藏	Xizang	790695	725973	1061		38517	26
陕　西	Shaanxi	199354	157205	825	12	19080	10917
甘　肃	Gansu	1655122	1515407	2968	11543	72216	-974
青　海	Qinghai	106357	95748	949	6122	9939	6254
宁　夏	Ningxia	87442	39401	3114	28042	20557	6882
新　疆	Xinjiang	636962	539064	11300	7243	34266	30642

3-4-6 Continued 2

单位：万元

Unit: 10 000 yuan

财务费用 Financial Expenses	#利息费用 Interest Expenses	营业利润 Operating Profits	利润总额 Total Profits	所得税费用 Income Tax Expenses	应付职工薪酬 Payables to Employees	应交增值税 VAT Payable
308566	**367509**	**2857153**	**2835294**	**245130**	**4412698**	**1772673**
-4310	24196	208234	208398	38182	243368	53042
1864	1893	-4575	-4958	10	33916	6095
19301	22295	61247	60047	12494	111549	39692
18383	4036	-124830	-123523	-788	106341	15891
4685	1981	43191	41342	425	120033	309643
11299	15328	73584	84164	8112	199774	41713
6134	4807	52105	55762	1723	97750	49459
958	2711	34301	31686	3284	78781	169818
318	4986	55784	56094	9954	94786	17167
34739	38382	169644	172619	25917	188720	67098
3420	13383	172147	175833	30605	187372	42734
11866	4176	95838	91899	5213	123180	40981
24416	25345	49481	49668	12501	130364	24796
3737	3808	48365	45430	2116	63251	14635
-105	17640	178137	177240	8947	315955	69402
4382	3474	101003	100595	9286	150032	25817
38955	33218	142846	115979	9405	198093	104731
25828	26756	168227	168468	15216	370359	96023
51766	43250	289397	284026	13136	513649	218638
4717	3373	-3301	-1158	87	25626	7259
141	13	-858	-589		1021	22
14651	25400	316549	319023	17203	344013	136792
-4313	13928	445177	450281	5367	335462	123158
3332	4636	29693	28939	572	56123	11349
5660	11974	160453	152768	9722	179429	34474
260	121	24865	24252		22140	22781
1151	525	9900	10391	809	12083	3105
2724	1119	63944	63803	5720	41382	13660
381	346	-2971	-2861	17	7820	1658
10647	3307	3729	3620	-1272	9476	3430
11576	11104	-4153	-3946	1167	50850	7612

3-4-6 续表 3

非公司企业法人

Non Corporate Legal Entity

地 区	Region	营业收入 Business Revenue	营业成本 Business Cost	税金及附加 Taxes and Other Charges	其他业务利润 Profits from Other Business	销售费用 Selling Expenses	管理费用 Administr-ative Expenses
全 国	**National Total**	**10668426**	**9360841**	**101998**	**37343**	**501130**	**306269**
北 京	Beijing	723561	638242	1642	10556	37346	27665
天 津	Tianjin	126056	112118	184	208	4420	3900
河 北	Hebei	78070	66213	552	1185	4597	4943
山 西	Shanxi	73927	65983	89	21	1356	4477
内蒙古	Inner Mongolia	13105	10481	24	836	1198	619
辽 宁	Liaoning	94425	79481	187	944	5846	6785
吉 林	Jilin	21843	17850	55	1291	467	3321
黑龙江	Heilongjiang	71340	60788	176	575	5212	3637
上 海	Shanghai	187074	154217	1076	1300	13210	14058
江 苏	Jiangsu	613797	545702	1284	1865	24852	18067
浙 江	Zhejiang	448670	393792	851	1850	19929	17405
安 徽	Anhui	60609	51347	346	1370	3416	3256
福 建	Fujian	43140	37371	195	210	1825	2553
江 西	Jiangxi	643723	581979	867	3003	20016	6954
山 东	Shandong	624138	486085	4168	7043	75473	30320
河 南	Henan	537740	511371	1085	316	11105	7131
湖 北	Hubei	1060928	823374	77914	1060	41814	48637
湖 南	Hunan	325414	285618	2046	1594	11711	18233
广 东	Guangdong	3241739	2913318	5858	73	146608	50341
广 西	Guangxi	57306	46525	182		4165	3286
海 南	Hainan	22216	18614	49		780	633
重 庆	Chongqing	120086	107939	554	1236	4467	3603
四 川	Sichuan	108191	93084	471	-5	6221	6367
贵 州	Guizhou	549699	518783	492		16212	712
云 南	Yunnan	61047	51222	219	2	3934	4012
西 藏	Xizang	161356	142082	131	366	8524	6641
陕 西	Shaanxi	211809	187487	804	116	14612	5159
甘 肃	Gansu	296311	271658	416	329	10786	2043
青 海	Qinghai	690	621	4			63
宁 夏	Ningxia	2339	1964	3		20	113
新 疆	Xinjiang	88075	85529	77		1008	1335

单位：万元
Unit: 10 000 yuan

财务费用 Financial Expenses	#利息费用 Interest Expenses	营业利润 Operating Profits	利润总额 Total Profits	所得税费用 Income Tax Expenses	应付职工薪酬 Payables to Employees	应交增值税 VAT Payable
41081	**31747**	**376669**	**382381**	**48576**	**498276**	**140127**
1843	912	16684	16798	2544	29661	6833
-56	46	5492	6027	982	4793	1551
979	780	767	1413	118	8417	1237
58	38	1971	1781	86	2952	695
23		761	870	29	1186	318
395	394	1635	4680	970	7278	1605
91	105	57	577	33	1657	443
316		1352	1224	7	4812	771
-771	189	13186	13525	1611	18628	2532
1617	1561	22369	18987	2861	22519	8495
922	524	17438	20013	3706	15187	6308
134	73	2527	2525	141	3950	1451
165	34	1322	1402	46	2584	821
1419	220	33352	32180	843	12703	3722
20518	20222	6952	8830	2128	56873	11418
2483	591	5016	4800	465	11298	4504
-3968	935	73901	73608	19590	51913	31925
795	517	6931	7494	476	14529	2072
9043	1009	123956	121535	9053	172813	31645
196	77	2952	3344	703	3244	994
31	12	2109	2113	490	604	456
582	345	3187	3257	45	3004	8291
177	115	2191	3038	568	6582	1678
375	372	12864	13041	49	9083	2316
296	235	1300	1416	51	3659	1189
2206	2173	2061	3508	365	8287	2051
660	57	3082	3310	542	10580	1973
373	49	11066	10783	39	7705	2506
2		1			43	25
		239	239	12	46	54
179	161	-54	67	25	1689	249

个人独资企业
Sole Proprietorship Enterprises

地 区	Region	营业收入 Business Revenue	营业成本 Business Cost	税金及附加 Taxes and Other Charges	其他业务利润 Profits from Other Business	销售费用 Selling Expenses	管理费用 Administrative Expenses
全 国	**National Total**	**15332722**	**12915474**	**94383**	**17638**	**608277**	**613340**
北 京	Beijing	12005	10663	27		517	724
天 津	Tianjin	27072	23427	177		1102	1543
河 北	Hebei	404510	358086	1796	578	14739	19446
山 西	Shanxi	413591	373695	1026	194	12325	16793
内 蒙 古	Inner Mongolia	46798	40740	162	204	2357	2255
辽 宁	Liaoning	368820	331440	1307	1393	10094	17897
吉 林	Jilin	80940	71652	216	47	2975	4549
黑 龙 江	Heilongjiang	92390	83130	220	106	2603	4372
上 海	Shanghai	10056	8931	12		603	296
江 苏	Jiangsu	1260688	1054455	4401	1724	41561	40573
浙 江	Zhejiang	287535	250148	573	995	13598	14266
安 徽	Anhui	278988	240634	1270	2	9725	8837
福 建	Fujian	587965	496797	2619		25165	20756
江 西	Jiangxi	487015	397459	1645	36	17029	18538
山 东	Shandong	1719612	1485356	7885	6300	61718	72401
河 南	Henan	1296218	1108568	7520	354	42447	51281
湖 北	Hubei	1239925	974152	10260	1185	51703	50243
湖 南	Hunan	2125369	1746496	21778	103	66782	68948
广 东	Guangdong	1504921	1256484	18761	2748	80089	68972
广 西	Guangxi	245863	209482	888	32	11374	13170
海 南	Hainan	9461	8052	18		344	886
重 庆	Chongqing	319756	263577	1158	70	18660	11218
四 川	Sichuan	825119	663599	3866	13	41487	31151
贵 州	Guizhou	354019	300709	1378	206	16667	22029
云 南	Yunnan	600140	506004	2471	663	34735	23847
西 藏	Xizang	49940	42877	393		1740	3310
陕 西	Shaanxi	497269	441980	2000	24	19177	16176
甘 肃	Gansu	121201	108307	440	552	4168	5291
青 海	Qinghai	13388	11755	26	110	661	506
宁 夏	Ningxia	4895	4306	15		104	375
新 疆	Xinjiang	47253	42513	73		2031	2695

3–4–6 Continued 4

单位：万元
Unit: 10 000 yuan

财务费用 Financial Expenses	#利息费用 Interest Expenses	营业利润 Operating Profits	利润总额 Total Profits	所得税费用 Income Tax Expenses	应付职工薪酬 Payables to Employees	应交增值税 VAT Payable
77513	**24850**	**994116**	**986499**	**64301**	**681232**	**273210**
4	4	72	92	8	562	226
272	13	551	538	76	1279	340
907	366	9001	8382	1014	17793	5769
1240	791	7340	7670	438	13215	3542
318	229	966	951	144	1979	576
1368	608	6064	5762	1452	12518	5215
358	175	1190	1201	291	3252	1510
249	232	1597	1366	225	2890	2896
15		199	205	32	710	107
4719	1459	111506	112542	7362	47530	23574
1879	1592	7032	6839	1897	12126	3927
1268	344	17125	17113	584	13505	4138
1676	509	41457	40999	2536	22704	7833
2206	907	43960	43833	1418	24816	4604
3956	923	88476	87289	2617	91691	35710
8764	1285	74824	74316	4612	58593	18069
13379	2318	138986	138013	9772	76983	47421
15450	3121	200544	200764	9257	73674	35139
7334	1150	70612	67564	9262	51353	27754
1346	763	9933	9930	1105	12049	4648
50	7	118	145	70	241	201
1206	636	21232	21056	801	12468	3650
3657	4930	79144	79152	4289	46762	11234
1416	602	12771	12441	2400	17003	5928
1908	1239	31472	30973	1591	36886	10926
135	65	1781	1406	208	2295	1418
1634	251	14346	14457	563	18109	4509
663	294	1476	1510	145	5186	1353
91	25	349	369	74	643	269
13	4	83	79	22	190	201
32	10	-91	-460	37	2229	525

3-4-6 续表 5

合伙企业

Partnership Enterprises

地 区	Region	营业收入 Business Revenue	营业成本 Business Cost	税金及附加 Taxes and Other Charges	其他业务利润 Profits from Other Business	销售费用 Selling Expenses	管理费用 Administrative Expenses
全 国	**National Total**	**2045152**	**1729286**	**10747**	**2402**	**88217**	**90358**
北 京	Beijing						
天 津	Tianjin	12370	10860	25		482	850
河 北	Hebei	60804	51954	259		2309	3686
山 西	Shanxi	19155	17499	39		825	554
内 蒙 古	Inner Mongolia	8040	4756	36		568	452
辽 宁	Liaoning						
吉 林	Jilin	8711	7591	22		374	96
黑 龙 江	Heilongjiang	56950	53145	51		1230	2081
上 海	Shanghai	5717	4209	15		857	674
江 苏	Jiangsu	155635	130428	626	8	4824	6846
浙 江	Zhejiang	101307	86725	288	1	4648	4243
安 徽	Anhui	61827	53768	213		2053	1791
福 建	Fujian	80879	71157	488		2267	2339
江 西	Jiangxi	141343	121920	746		5653	4820
山 东	Shandong	35049	30317	184		566	2032
河 南	Henan	51407	47053	157		930	1803
湖 北	Hubei	97185	82521	904	800	6473	3991
湖 南	Hunan	483371	395780	4958	731	15625	20785
广 东	Guangdong	274017	234672	621	221	16813	9978
广 西	Guangxi	86663	67560	132	12	5277	5668
海 南	Hainan	1962	1770	3		73	58
重 庆	Chongqing	13761	11958	65		609	541
四 川	Sichuan	54505	45235	210	57	2724	2293
贵 州	Guizhou	135006	114054	454	574	7260	8639
云 南	Yunnan	15233	12175	37		1442	955
西 藏	Xizang						
陕 西	Shaanxi	73064	63032	173		3088	4697
甘 肃	Gansu	695	570	1		15	99
青 海	Qinghai						
宁 夏	Ningxia						
新 疆	Xinjiang	10495	8578	41		1231	388

单位：万元
Unit: 10 000 yuan

财务费用 Financial Expenses	#利息费用 Interest Expenses	营业利润 Operating Profits	利润总额 Total Profits	所得税费用 Income Tax Expenses	应付职工薪酬 Payables to Employees	应交增值税 VAT Payable
8622	**3822**	**117311**	**115606**	**7742**	**82537**	**33937**
92		61	61	38	502	223
395	277	2121	1454	329	2329	1124
27	13	212	201	4	567	148
2		2226	2214		743	288
5		623	634		235	133
108	5	336	299	68	441	153
15		-53	5		764	114
418	143	12466	12318	1671	5557	3280
473	311	4930	4787	727	3597	1952
122	7	3879	3898	207	2122	1046
148	55	4453	4262	378	3100	1473
384	94	7403	7217	224	5914	1533
45	4	1906	1922	10	1708	865
69	16	1395	1362	140	1256	1005
574	218	2733	2697	148	3575	1728
3371	1017	43531	43320	1705	18449	8513
690	22	11233	11301	1290	11915	4759
465	714	7512	7494	191	6620	951
2		57	56		76	22
34	3	555	543	14	435	199
91	50	3299	3321	214	1931	755
945	836	3657	3835	269	5495	2904
25	15	600	594	31	1321	124
120	22	1913	1550	63	2729	477
		10	10	1	29	7
3	1	253	251	20	1131	162

港澳台投资企业

Enterprises with Investment from Hong Kong, Macao and Taiwan

地　区	Region	营业收入 Business Revenue	营业成本 Business Cost	税金及附加 Taxes and Other Charges	其他业务利润 Profits from Other Business	销售费用 Selling Expenses	管理费用 Administr-ative Expenses
全　国	**National Total**	**117913786**	**92826170**	**602588**	**412244**	**15625629**	**4479343**
北　京	Beijing	5714480	4471274	39547	49814	775016	265031
天　津	Tianjin	2955325	2112000	13104	54760	633805	106894
河　北	Hebei	896832	814239	4603	11979	46131	15608
山　西	Shanxi	374704	329391	2458	3546	23963	7917
内蒙古	Inner Mongolia	278564	246489	1768	80	20502	3251
辽　宁	Liaoning	1826757	1617378	12476	8839	145901	57684
吉　林	Jilin	632183	548849	5080	3622	50270	13803
黑龙江	Heilongjiang	456530	383379	3932	1485	53832	13278
上　海	Shanghai	31773151	19886440	184965	30535	6958760	1881523
江　苏	Jiangsu	11612263	10136650	47791	-548322	1019983	186230
浙　江	Zhejiang	9741390	8253757	55354	87037	898877	256038
安　徽	Anhui	2390164	2020463	11053	9196	268637	56390
福　建	Fujian	3114756	2382008	15282	34030	546864	108552
江　西	Jiangxi	1228954	1144271	2312	3543	66399	12660
山　东	Shandong	4897976	4429404	19486	17227	313052	85392
河　南	Henan	2890861	2414554	21844	48151	160429	164570
湖　北	Hubei	3200210	2676890	7110	164286	266034	136560
湖　南	Hunan	2301912	1783468	10932	44775	374162	108235
广　东	Guangdong	18876732	15818731	80742	209508	2193591	697222
广　西	Guangxi	761370	648641	3466	19116	86454	18327
海　南	Hainan	412219	361064	1968	9631	27287	11175
重　庆	Chongqing	1176633	952437	11399	53392	95337	78392
四　川	Sichuan	3284188	2870546	22484	72889	226363	100055
贵　州	Guizhou	447662	365765	4028	168	34323	20914
云　南	Yunnan	955459	842239	4408	13348	65560	23934
西　藏	Xizang	50078	46732	886		1946	471
陕　西	Shaanxi	4883138	4553661	10021	-73	230316	39107
甘　肃	Gansu	246148	223019	1786	2280	19046	3385
青　海	Qinghai	55509	50956	96	2203	4377	705
宁　夏	Ningxia	132612	123457	718	3253	5540	1748
新　疆	Xinjiang	345026	318017	1491	1945	12870	4292

3–4–6 Continued 6

单位：万元

Unit: 10 000 yuan

财务费用 Financial Expenses	#利息费用 Interest Expenses	营业利润 Operating Profits	利润总额 Total Profits	所得税费用 Income Tax Expenses	应付职工薪酬 Payables to Employees	应交增值税 VAT Payable
432863	**347689**	**4241899**	**4365148**	**1220874**	**6665811**	**1817187**
18684	14104	157592	150546	32117	363727	89385
4157	7913	101509	123890	11756	345781	74011
2005	2261	15670	15779	5243	26089	8134
91	226	11193	11333	2822	9993	5522
734	245	6266	6390	1673	10700	3418
4414	4026	-4133	-907	5523	83077	15462
21246	20195	-6651	-8063	-223	26752	5265
9898	8565	-7386	-8593	1394	27525	5693
187335	119252	2734682	2809397	855765	2321367	639970
48787	48647	202649	202871	45539	564849	132349
11229	15690	254050	261734	76111	411700	163584
4719	1575	24217	27141	9946	122968	41219
5651	5046	74162	74023	20694	178710	71903
2313	2003	1399	2522	1346	36978	6637
12455	9731	40835	45375	8854	172169	41877
3089	4011	128748	121378	32548	95804	40809
4453	5756	146090	149693	19144	160150	48564
9543	3256	99275	99695	4677	203312	28962
41613	34341	76931	98341	42458	1053886	242540
3078	2811	2201	2978	1427	39777	11942
628	271	9776	9999	1984	15162	5169
12071	11771	33785	40256	7167	56531	28022
6888	6719	53273	37613	14305	175658	37241
2784	2442	20102	20402	4521	22760	7668
1639	1433	22219	22041	3957	43596	10898
263	259	-499	-510	-76	1455	49
12859	14199	35972	41700	7723	70550	44900
494	391	-1533	-1516	390	8704	1906
115	83	-656	-654	-44	2739	520
240	203	634	678	192	3584	504
-612	265	9529	9616	1943	9760	3064

外商投资企业

Foreign Invested Enterprises

地 区	Region	营业收入 Business Revenue	营业成本 Business Cost	税金及附加 Taxes and Other Charges	其他业务利润 Profits from Other Business	销售费用 Selling Expenses	管理费用 Administrative Expenses
全 国	**National Total**	**147925305**	**123639338**	**478612**	**2150337**	**14618857**	**4333467**
北 京	Beijing	15532305	13423877	56840	171495	1250264	311274
天 津	Tianjin	2888701	2613818	6576	13776	189355	83865
河 北	Hebei	4191479	3770853	6875	4887	195439	37344
山 西	Shanxi	406427	388493	604	1297	21544	5534
内蒙古	Inner Mongolia	653309	604423	902	116	21518	3621
辽 宁	Liaoning	1254700	969224	8900	14984	130604	56618
吉 林	Jilin	178769	161522	822	127	9858	3067
黑龙江	Heilongjiang	1007721	905612	1962	7348	48662	15645
上 海	Shanghai	22362241	13419849	145996	210799	5687413	1876701
江 苏	Jiangsu	15126069	13485708	28081	1185903	858308	274435
浙 江	Zhejiang	7387151	6413084	34322	75086	577585	187189
安 徽	Anhui	5080865	4718507	6975	3521	185540	42297
福 建	Fujian	6705935	6027523	12485	56516	353488	92539
江 西	Jiangxi	2026348	1815869	3008	7320	100987	20875
山 东	Shandong	5769021	5107927	18611	30508	302062	133698
河 南	Henan	3680676	2822309	8315	737	142865	41522
湖 北	Hubei	6561107	5836538	14149	23581	420112	138760
湖 南	Hunan	7953641	7454428	14317	36897	294362	90816
广 东	Guangdong	14399303	11326056	51225	175484	2441270	555122
广 西	Guangxi	223495	180638	1269	5593	30909	12563
海 南	Hainan	2120700	1999081	2661	13595	65130	16738
重 庆	Chongqing	1758872	1601794	3400	9349	86617	46928
四 川	Sichuan	6699239	5969421	14682	44910	496976	131154
贵 州	Guizhou	5701427	5194749	8750	4086	197276	32996
云 南	Yunnan	4598996	4267051	8917	27783	210191	48360
西 藏	Xizang						
陕 西	Shaanxi	3286868	2786585	17242	24071	286174	67365
甘 肃	Gansu	193519	210994	400	547	11046	3101
青 海	Qinghai						
宁 夏	Ningxia						
新 疆	Xinjiang	176421	163407	327	23	3306	3339

3-4-6 Continued 7

单位：万元

Unit: 10 000 yuan

财务费用 Financial Expenses	#利息费用 Interest Expenses	营业利润 Operating Profits	利润总额 Total Profits	所得税费用 Income Tax Expenses	应付职工薪酬 Payables to Employees	应交增值税 VAT Payable
712670	**534933**	**4283468**	**4344302**	**948379**	**5303392**	**2046724**
74202	79030	368057	372985	138133	493744	213282
34165	26780	-36747	-40972	305	96436	25566
18267	7347	161643	156897	-2275	102475	65418
1542	704	-11395	-12231	529	9577	4185
685	97	22181	22144	304	9005	2879
10293	8921	92124	92493	22625	52364	25565
3351	619	213	378	168	2275	-486
3839	2939	36745	34358	56	23777	5883
88997	70190	1249089	1354895	433966	1895765	573486
59620	32115	458417	416100	50677	335015	174378
21367	15680	182077	193402	51967	222276	74810
16289	3904	111931	110719	1854	86340	38264
27404	33073	277201	274711	50219	118947	51010
5163	1609	82944	82623	2329	51667	13759
15942	14728	192692	209448	12259	155085	104541
13545	5537	652740	647779	89299	64915	32129
44747	23293	99601	99597	8275	197230	113192
19872	11289	95002	91772	8286	228635	69125
127239	125795	-73284	-63037	44698	604601	229016
6524	6348	-9879	-9689	456	12096	2768
3890	2793	34729	35365	5019	28462	10336
10670	5449	7111	7566	4205	47457	37188
43765	24679	53383	59016	8072	188137	63011
13573	5180	260202	228461	324	79306	37466
15132	16902	-80894	-81807	-660	88806	31319
32863	9511	105323	109349	16230	99067	45706
160	17	-32189	-32379	5	3876	1472
-433	407	-15550	-15640	1056	6058	1455

3-4-6 续表 8

其他统计类别
Other Statistical Categories

地 区	Region	营业收入 Business Revenue	营业成本 Business Cost	税金及附加 Taxes and Other Charges	其他业务利润 Profits from Other Business	销售费用 Selling Expenses	管理费用 Administrative Expenses
全 国	**National Total**	**976508**	**841060**	**3180**	**297**	**23596**	**29097**
北 京	Beijing	13443	12758			117	373
天 津	Tianjin						
河 北	Hebei	6015	5847	1		1	146
山 西	Shanxi	80883	77897	22	82	1929	474
内 蒙 古	Inner Mongolia	594	205			1	5
辽 宁	Liaoning	20881	18812	5		477	414
吉 林	Jilin						
黑 龙 江	Heilongjiang	31521	28391	8		117	528
上 海	Shanghai						
江 苏	Jiangsu	501744	420557	2279	206	11543	12865
浙 江	Zhejiang	28167	26191	4		361	900
安 徽	Anhui	2945	2057			340	357
福 建	Fujian	7846	5138	66		808	845
江 西	Jiangxi	52202	43244	72		1877	2087
山 东	Shandong	93178	85107	499		1372	1653
河 南	Henan						
湖 北	Hubei	23907	20173	89		776	749
湖 南	Hunan	2239	1528	1		124	314
广 东	Guangdong	5419	4040	4		162	137
广 西	Guangxi	639	612			3	20
海 南	Hainan						
重 庆	Chongqing	4165	2959	13		220	368
四 川	Sichuan	12712	10318	4		316	484
贵 州	Guizhou	389	249			93	50
云 南	Yunnan	49779	45123	83	11	739	2575
西 藏	Xizang						
陕 西	Shaanxi	18707	13287	11		1984	2733
甘 肃	Gansu	351	296				68
青 海	Qinghai						
宁 夏	Ningxia	5712	5407	5		80	176
新 疆	Xinjiang	13071	10865	15		156	776

3–4–6 Continued 8

单位：万元
Unit: 10 000 yuan

财务费用 Financial Expenses	#利息费用 Interest Expenses	营业利润 Operating Profits	利润总额 Total Profits	所得税费用 Income Tax Expenses	应付职工薪酬 Payables to Employees	应交增值税 VAT Payable
4778	**2317**	**73856**	**79513**	**1950**	**38120**	**4655**
3	2	191	191		290	
1		20	20	1	59	
68	26	306	6812	31	842	100
		383	382			
22		1367	1368		897	2
35	35	2192	2272	6	330	7
2330	540	51389	51675	1603	19202	3228
63	58	412	485	17	831	35
11		35	35		67	
26	1	989	989	22	323	89
163	36	4659	3365	110	2275	77
1190	1379	3783	3786	23	4008	267
346	80	1931	1921	69	2674	519
	1	272	279	1	580	1
6	2	1071	1064		411	11
		4	4		22	
3	2	594	568	30	324	55
58	43	1445	1449	3	1088	34
		-3	-6		33	35
171	29	1102	1110	18	1686	118
198	3	511	509	3	1466	64
5	5	-18	-1		54	
		44	48	2	77	21
78	77	1180	1187	14	581	-5

3-4-7 各地区限额以上零售业企业损益及分配(按国民经济行业分)

综合零售

Integrated Retail

地区	Region	营业收入 Business Revenue	营业成本 Business Cost	税金及附加 Taxes and Other Charges	其他业务利润 Profits from Other Business	销售费用 Selling Expenses	管理费用 Administr-ative Expenses
全国	**National Total**	**199616949**	**159338997**	**1308936**	**4599206**	**23345386**	**9477359**
北京	Beijing	12502542	9773939	73083	706672	1883846	595373
天津	Tianjin	1944787	1537799	11593	128236	315329	112723
河北	Hebei	8411500	6559428	79610	237440	885718	611370
山西	Shanxi	3201061	2730935	10587	40264	250398	141571
内蒙古	Inner Mongolia	1337303	1005205	9563	50461	189437	97521
辽宁	Liaoning	3918815	2966800	46235	127083	438488	315841
吉林	Jilin	1730450	1271030	25668	85002	158592	210772
黑龙江	Heilongjiang	2771188	2169122	22163	100417	315993	131627
上海	Shanghai	16211390	12331725	75021	277238	2628786	889394
江苏	Jiangsu	18413061	14839757	85611	-163222	2028859	801793
浙江	Zhejiang	12505098	10393029	82348	280975	1281619	557364
安徽	Anhui	6050112	4895752	30927	51145	689567	311393
福建	Fujian	7037749	5978816	23739	78113	667981	229071
江西	Jiangxi	5660648	4758148	28416	41424	468373	182938
山东	Shandong	16261400	13266389	88545	485568	1713513	755574
河南	Henan	7787445	6097088	50532	103739	764900	510396
湖北	Hubei	12138646	9257645	77627	347742	1355130	540945
湖南	Hunan	6401247	5078538	63930	72903	572628	301270
广东	Guangdong	14883718	11837384	51529	840148	2266489	610946
广西	Guangxi	2380967	1888657	11752	86198	344196	138292
海南	Hainan	5102036	3826389	165977	29121	538487	155776
重庆	Chongqing	5778832	4591277	27987	87998	719648	238774
四川	Sichuan	11406588	9442971	68187	168720	1147946	336466
贵州	Guizhou	1997375	1563483	8783	36683	301891	78933
云南	Yunnan	2462730	2011979	7445	18195	270282	111854
西藏	Xizang	647349	569815	1033	3617	38979	16289
陕西	Shaanxi	6031063	4968409	38793	125235	606786	248449
甘肃	Gansu	1754439	1414947	13942	38739	185389	81458
青海	Qinghai	288921	219903	2986	7674	43550	19791
宁夏	Ningxia	610245	439546	6026	69699	99013	28795
新疆	Xinjiang	1988245	1653090	19294	35978	173573	114599

Income and Distribution of Enterprises above Designated Size of Retail Trade by Region and Sector

单位：万元
Unit: 10 000 yuan

财务费用 Financial Expenses	#利息费用 Interest Expenses	营业利润 Operating Profits	利润总额 Total Profits	所得税费用 Income Tax Expenses	应付职工薪酬 Payables to Employees	应交增值税 VAT Payable
1949728	**1492899**	**4809408**	**4953308**	**1162869**	**13312222**	**2963061**
112446	117258	274774	281667	79180	743139	176083
37797	24477	-86691	-83171	11663	155240	22977
95746	58681	247925	249608	58266	725529	140832
36293	13785	35655	40429	13339	152338	100990
23373	12405	20236	13985	7592	111607	18959
67358	54033	98802	90683	45111	306465	78624
70325	50935	19241	18267	14456	117558	38001
41820	22619	99639	94693	31490	164746	43207
146925	158638	160106	222933	174346	1060625	235668
167763	128614	575351	592676	147873	1120087	277182
53942	75664	196680	224201	84806	748495	155955
60011	23454	102439	109634	18682	467783	98990
66120	44130	71518	77684	6446	360133	54163
35699	16979	197639	189886	14038	323468	48576
104725	73606	445869	475271	66097	1133702	201422
50585	20165	331450	330927	72047	539142	100881
115249	82296	733432	716446	61812	938553	332058
76733	119464	375193	376105	25368	621245	142798
149782	141818	22111	29932	52303	1037633	180991
28869	19882	-30548	-31333	4327	189358	36995
57355	54889	324551	325838	56205	216953	7714
49248	31897	188490	190779	16283	442416	91513
111060	47297	324397	320222	44877	644312	162459
24875	16982	29932	27112	8325	146003	25696
14326	12155	-84221	-81490	1345	185636	31124
1348	1335	20154	20102	1706	24239	8190
69826	23858	99578	113512	29365	321460	72972
19926	12078	39577	34699	9332	108794	21509
9354	6247	-8858	-7337	1175	29715	5583
23769	8238	14330	13786	1379	46762	11129
27081	19020	-29345	-24436	3636	129088	39822

食品、饮料及烟草制品专门零售

Special Retail of Food, Beverages and Tobaccos

地 区	Region	营业收入 Business Revenue	营业成本 Business Cost	税金及附加 Taxes and Other Charges	其他业务利润 Profits from Other Business	销售费用 Selling Expenses	管理费用 Administr-ative Expenses
全 国	**National Total**	**66509376**	**54439299**	**277525**	**373560**	**5373025**	**2944150**
北 京	Beijing	2941179	2185830	8417	17806	443548	155518
天 津	Tianjin	493914	401858	1156	1245	36803	28263
河 北	Hebei	662202	560813	1891	704	33893	30186
山 西	Shanxi	1063633	964881	1678	11458	50739	35872
内蒙古	Inner Mongolia	370332	318921	710	50072	18498	17282
辽 宁	Liaoning	980004	826754	1489	3196	78826	51497
吉 林	Jilin	436119	351803	1591	612	43625	25611
黑龙江	Heilongjiang	609880	542930	643	832	29909	21488
上 海	Shanghai	3172898	2189797	9733	38265	732061	199263
江 苏	Jiangsu	8427944	7360109	16888	18094	397645	303432
浙 江	Zhejiang	3491640	2896997	5545	9760	327458	212399
安 徽	Anhui	1480034	1241459	3842	1851	134169	52803
福 建	Fujian	3552003	2871222	16573	3876	248443	164216
江 西	Jiangxi	2326816	1923597	5047	813	154753	102008
山 东	Shandong	2898793	2493423	6599	6738	135618	117892
河 南	Henan	1894894	1552528	7317	107621	148815	76475
湖 北	Hubei	5739856	4486243	102834	8569	382753	253484
湖 南	Hunan	2649283	2212116	19491	1411	150229	91906
广 东	Guangdong	5805136	4330101	19931	16045	950722	341946
广 西	Guangxi	1503903	1314270	2149	2021	74096	69255
海 南	Hainan	292415	231515	867	178	35239	29094
重 庆	Chongqing	2595643	2204917	7101	1425	119047	98365
四 川	Sichuan	3229999	2634818	10413	41809	251664	132402
贵 州	Guizhou	5057188	4201236	14917	21667	120170	92333
云 南	Yunnan	1729414	1474321	3434	4422	105479	87938
西 藏	Xizang	59161	50013	48		2386	10810
陕 西	Shaanxi	1484048	1237259	3346	1108	104497	72282
甘 肃	Gansu	540008	466490	1090	1203	26919	21352
青 海	Qinghai	77492	68289	80		4463	3688
宁 夏	Ningxia	184754	159034	447	2	8287	7029
新 疆	Xinjiang	758791	685757	2258	756	22269	38063

单位：万元
Unit: 10 000 yuan

财务费用 Financial Expenses	#利息费用 Interest Expenses	营业利润 Operating Profits	利润总额 Total Profits	所得税费用 Income Tax Expenses	应付职工薪酬 Payables to Employees	应交增值税 VAT Payable
247898	**162990**	**3392851**	**3481756**	**550526**	**3640235**	**1087575**
1516	5046	164360	166081	39489	238194	69244
907	441	24403	24539	6400	37879	8166
1350	1903	39167	39202	9324	24277	9484
2221	2679	8799	12220	3647	42317	11485
1399	1098	13396	16396	3939	12309	4039
2827	2914	17062	17248	6741	56989	10767
3727	2912	9507	8278	4004	23887	12019
1322	1189	14122	15913	2528	17446	5203
8609	6572	43974	60824	23999	340535	74422
29338	13531	325010	327137	33920	382168	91308
9610	13211	44274	50661	17951	212347	39200
6377	3670	38287	34526	5324	90068	19798
9542	3654	240255	241224	14666	188599	36710
13766	10472	123908	133653	6309	104571	17785
11196	6132	144126	143217	19126	151457	33737
11964	4279	94798	96181	18463	106234	31142
21576	8341	519292	520822	61506	364798	173824
11653	4065	158831	161709	12599	125814	47505
13547	16114	227452	238981	41477	427860	135023
8105	6083	37779	37972	5685	53248	15260
8013	1032	-8201	-7817	3650	17234	5901
8207	4078	160193	157385	13911	107948	27076
13180	8565	203051	215247	29993	206584	45968
17754	15090	608962	611207	148850	71482	99906
12222	8395	49555	52834	4013	92389	20215
2712	1985	-4111	-4097	23	6720	493
7334	3465	58180	59304	6341	74035	14058
2671	1481	19939	23209	3325	22693	5320
1178	871	-570	1075	66	4790	783
468	400	8676	9674	2058	7185	2317
3605	3323	8375	16952	1202	28179	19417

纺织、服装及日用品专门零售

Special Retail of Textiles, Garments and Daily Consumer Articles

地　区	Region	营业收入 Business Revenue	营业成本 Business Cost	税金及附加 Taxes and Other Charges	其他业务利润 Profits from Other Business	销售费用 Selling Expenses	管理费用 Administr-ative Expenses
全　国	**National Total**	**75829597**	**47236894**	**439967**	**562499**	**18071580**	**5052152**
北　京	Beijing	3117234	1771186	12497	42510	1098097	251573
天　津	Tianjin	1969918	1162180	12419	96301	633206	113724
河　北	Hebei	434553	351956	1417	1094	51958	25729
山　西	Shanxi	690034	548339	3440	6192	68107	50961
内 蒙 古	Inner Mongolia	192049	139764	1082	5681	33340	11563
辽　宁	Liaoning	1053626	792969	4792	705	162464	65406
吉　林	Jilin	81414	57483	235	32	20880	6213
黑 龙 江	Heilongjiang	288424	222700	2016	12283	39378	9799
上　海	Shanghai	34589336	18560605	249176	126173	9514548	2648079
江　苏	Jiangsu	4268947	3397929	17726	17384	431098	221679
浙　江	Zhejiang	3679881	2324492	15725	20441	1008148	188254
安　徽	Anhui	966442	769022	3173	861	130287	34268
福　建	Fujian	4904164	3226447	18703	57278	1160870	242127
江　西	Jiangxi	890847	672397	10034	303	88216	32417
山　东	Shandong	1811343	1401128	8931	4538	222820	94696
河　南	Henan	1236735	992627	4166	8735	142226	55354
湖　北	Hubei	1619592	1206200	8131	4924	199871	88258
湖　南	Hunan	1029133	803583	7723	1920	106263	53869
广　东	Guangdong	7915513	5097528	29769	62840	2114879	549927
广　西	Guangxi	317793	246555	1692	308	43348	18491
海　南	Hainan	105035	73144	271	229	23772	7153
重　庆	Chongqing	1161801	867192	5395	28762	169655	68706
四　川	Sichuan	1727872	1265373	7154	21074	295881	87368
贵　州	Guizhou	142533	110268	1311	2856	26191	6165
云　南	Yunnan	491039	323863	5477	9127	124933	33422
西　藏	Xizang	10790	8097	8		834	356
陕　西	Shaanxi	661049	483332	4208	17933	96907	43756
甘　肃	Gansu	171449	125551	738	1401	26362	18268
青　海	Qinghai	63861	54641	720	4471	5375	7004
宁　夏	Ningxia	8844	6623	28	2	1288	408
新　疆	Xinjiang	228349	173718	1810	6144	30380	17160

3-4-7 Continued 2

单位：万元

Unit: 10 000 yuan

财务费用 Financial Expenses	#利息费用 Interest Expenses	营业利润 Operating Profits	利润总额 Total Profits	所得税费用 Income Tax Expenses	应付职工薪酬 Payables to Employees	应交增值税 VAT Payable
377929	**191626**	**4903090**	**5111712**	**1390924**	**6967667**	**2007522**
14855	5413	1670	4463	16866	363039	93804
-1802	1504	56242	75009	12994	355163	78728
4196	3094	-557	231	823	22068	5654
5854	4757	13533	14066	4399	38385	12005
1495	133	3708	3956	992	18203	3971
8569	980	25941	25182	8145	68549	20998
220	86	-3442	-2363	60	8392	2203
285	77	14369	14966	3824	15902	6416
139546	56043	3569594	3682002	1092778	2942527	966770
34100	11515	158118	167528	20084	295812	90781
11662	12298	161334	166472	42109	342485	87340
6478	3711	21707	24230	5587	68766	24370
31489	18670	242943	246331	51107	664350	130716
2767	1174	87016	87585	15172	46801	15510
11596	9751	90067	90716	16863	126593	42213
5521	2494	43008	41840	10063	81994	19942
13709	4582	102634	104949	14834	127795	48276
3419	763	53451	53937	5464	68063	22924
47914	23749	106459	144326	36150	875030	204662
4288	3406	3105	3214	2239	22976	6374
1393	1012	-482	1965	248	11372	1870
8122	9901	52972	59905	8136	98994	21260
4874	3418	69731	70732	12062	155052	35633
629	436	939	545	209	11796	2926
2979	2235	4091	4666	4398	47087	34891
-2		-294	-264	6	346	74
7883	4398	24515	24778	3757	49040	14650
-673	611	1092	1140	461	13619	4052
2383	2209	-2102	-1803	24	6081	1302
161	147	338	208	17	685	164
4015	3058	1389	1202	1052	20702	7042

文化、体育用品及器材专门零售
Special Retail of Culture, Sports Appliances and Equipments

地 区	Region	营业收入 Business Revenue	营业成本 Business Cost	税金及附加 Taxes and Other Charges	其他业务利润 Profits from Other Business	销售费用 Selling Expenses	管理费用 Administr-ative Expenses
全 国	**National Total**	**40915532**	**30876838**	**348035**	**258566**	**4851885**	**2591891**
北 京	Beijing	6036866	4752258	72583	53150	602373	296477
天 津	Tianjin	310885	209878	3014	1749	38570	15702
河 北	Hebei	720952	508622	4445	14828	92593	61945
山 西	Shanxi	413410	320342	4929	3395	57731	19062
内蒙古	Inner Mongolia	293734	207986	2307	2635	22545	29407
辽 宁	Liaoning	763472	660924	5261	1289	53125	38073
吉 林	Jilin	249903	200392	1287	2346	22167	22430
黑龙江	Heilongjiang	244715	193092	1299	2147	25515	14745
上 海	Shanghai	5565292	3311012	81507	-1824	1484842	364764
江 苏	Jiangsu	5980288	4846691	28086	41968	456828	296332
浙 江	Zhejiang	1502922	1178960	11749	13612	187065	101854
安 徽	Anhui	978673	738533	3738	3094	91968	59158
福 建	Fujian	1128642	946672	5384	7401	89646	61996
江 西	Jiangxi	1646635	1290256	3664	8884	95759	119160
山 东	Shandong	1692749	1451547	16728	8250	104532	58068
河 南	Henan	1455946	1168546	8916	7827	131994	76511
湖 北	Hubei	2164423	1668124	10072	7668	164469	149065
湖 南	Hunan	1709593	1258843	9618	389	158690	128488
广 东	Guangdong	2706820	1978191	47454	26834	399350	263420
广 西	Guangxi	722302	570618	2057	10749	55303	49894
海 南	Hainan	99773	79509	588	1122	10201	6815
重 庆	Chongqing	552393	375777	4952	11454	77187	51765
四 川	Sichuan	1576413	1115318	5728	18166	178614	151005
贵 州	Guizhou	290475	234805	1261	-355	13133	22585
云 南	Yunnan	588847	423523	4228	6833	73442	39806
西 藏	Xizang	19526	16522	23		720	1304
陕 西	Shaanxi	727295	560088	2463	1529	73301	52452
甘 肃	Gansu	278867	210941	1735	266	47014	14249
青 海	Qinghai	17754	13613	150	203	3208	874
宁 夏	Ningxia	37730	27964	260	1122	4124	4507
新 疆	Xinjiang	438239	357287	2552	1837	35876	19980

3-4-7 Continued 3

单位：万元
Unit: 10 000 yuan

财务费用 Financial Expenses	#利息费用 Interest Expenses	营业利润 Operating Profits	利润总额 Total Profits	所得税费用 Income Tax Expenses	应付职工薪酬 Payables to Employees	应交增值税 VAT Payable
83412	**101365**	**2352522**	**2379340**	**189703**	**3494839**	**565909**
27406	23035	271145	268879	78639	415685	96454
1350	1138	41117	44199	12230	18982	8752
1206	241	55719	56004	1185	104457	5502
1118	433	10634	11653	3356	46383	2857
-370	657	33588	33030	241	35633	1805
3681	2927	3632	7926	1664	38850	6523
1721	1866	1886	2694	595	23094	2327
2230	1330	8086	8696	208	22527	2727
35305	14835	336344	343675	79745	557263	107933
8283	10066	343099	346032	-32589	392330	84994
-5563	3504	37763	49079	-3627	137464	20256
3393	3443	86070	83901	1551	85431	19705
5451	1826	50829	56534	1297	81361	6812
-7689	2079	143058	133629	1308	135496	5606
4049	7622	52123	51748	7270	89072	20203
7175	791	67478	68669	4191	123751	13139
4002	2058	159607	154980	5899	159904	50417
-15	2254	153029	151540	-2068	161757	19314
7930	4649	83520	83236	14238	292935	54311
185	439	46481	42968	478	59652	2925
962	434	3598	3844	-102	9092	847
-2391	4747	43727	47983	869	83633	5909
-12967	6490	181408	177570	-1342	170619	9214
-242	534	17142	23186	216	24225	725
55	1220	50362	52226	6586	77472	5257
-34		993	1490	21	959	55
-234	1600	38807	42407	1189	66573	6014
-3336	172	8916	9004	74	37086	1394
67	6	-56	122	5	2648	90
609	559	425	844	6	5589	51
73	411	21992	21593	6368	34915	3795

医药及医疗器材专门零售

Special Retail of Medicines and Medical Appliances

地 区	Region	营业收入 Business Revenue	营业成本 Business Cost	税金及附加 Taxes and Other Charges	其他业务利润 Profits from Other Business	销售费用 Selling Expenses	管理费用 Administrative Expenses
全 国	**National Total**	**57563625**	**44401676**	**155667**	**496285**	**8850951**	**2552196**
北 京	Beijing	1255249	938153	2886	32592	235528	56242
天 津	Tianjin	423378	344538	778	3570	63511	17233
河 北	Hebei	1840758	1433137	4554	1910	250399	111240
山 西	Shanxi	1153084	892432	2294	6445	187334	53603
内蒙古	Inner Mongolia	917165	678556	1865	2715	152162	54285
辽 宁	Liaoning	2170252	1694204	4870	11290	334266	113419
吉 林	Jilin	1134460	884829	3141	9203	170312	69737
黑龙江	Heilongjiang	1189667	964340	2720	6740	136643	72904
上 海	Shanghai	1497564	1165140	3966	20513	235653	73626
江 苏	Jiangsu	5459991	4281216	12257	33626	727529	232381
浙 江	Zhejiang	3893089	3244800	7978	11587	417786	138973
安 徽	Anhui	1430901	1065700	5945	2039	262745	69872
福 建	Fujian	1632334	1286383	4517	18464	232051	52863
江 西	Jiangxi	1520856	1189273	4252	2753	221636	56755
山 东	Shandong	4731692	3720102	9882	51230	698564	207758
河 南	Henan	2338758	1762542	6857	9541	384382	110095
湖 北	Hubei	2852754	2214711	9268	9304	351050	104287
湖 南	Hunan	2896290	2176346	14146	29123	429804	148582
广 东	Guangdong	5648008	4174456	12446	22893	1135603	230764
广 西	Guangxi	1362080	1016865	2977	5871	235850	77091
海 南	Hainan	146589	100188	491	97	36006	7944
重 庆	Chongqing	1768038	1384338	6036	61564	246605	72403
四 川	Sichuan	3212607	2507955	8593	66087	454530	120346
贵 州	Guizhou	790554	571660	3076	5411	144205	46702
云 南	Yunnan	2093868	1455566	7170	56466	480228	57329
西 藏	Xizang	15150	12197	38		2179	1028
陕 西	Shaanxi	1964986	1554839	6361	3950	260034	79137
甘 肃	Gansu	646238	459590	1818	6852	135162	27398
青 海	Qinghai	123771	105346	186	1354	13393	7263
宁 夏	Ningxia	168375	123811	660	796	30662	12202
新 疆	Xinjiang	1285118	998463	3637	2299	185138	68735

3-4-7 Continued 4

单位：万元

Unit: 10 000 yuan

财务费用 Financial Expenses	#利息费用 Interest Expenses	营业利润 Operating Profits	利润总额 Total Profits	所得税费用 Income Tax Expenses	应付职工薪酬 Payables to Employees	应交增值税 VAT Payable
261079	**151244**	**1607685**	**1645893**	**287217**	**5973703**	**1002883**
6577	6605	11949	9794	5412	102219	25110
1537	722	-4380	-4600	348	38435	6291
4155	3098	43928	45574	12376	227195	35444
6374	5319	16836	18761	5892	123690	16374
4414	3133	32520	33429	4064	122007	14751
5553	4300	26992	30587	9809	229949	34241
5501	3734	4109	4467	2547	115199	24163
3877	2404	12170	11934	4866	118280	24595
2961	1911	59605	61504	11513	156089	32499
29518	15939	204422	206716	33212	527655	97523
9382	5581	96571	98333	21425	299933	57570
8789	3363	23581	25099	5770	199789	21991
6686	5973	54684	55093	10073	164086	23581
6107	2698	40370	43183	5301	143004	22687
34316	14749	56523	55684	16755	519288	71900
10049	5956	63900	64767	13089	252969	45224
14974	5491	150998	153922	23078	272176	78769
15350	4356	196186	195056	10861	302464	50037
20915	10063	118113	123231	30044	621566	101225
7672	4414	23080	28967	4868	167257	27302
1375	1147	526	750	634	19106	2221
6577	5851	52435	53446	9441	146254	24442
14703	7818	118538	120361	8999	309437	44949
6687	3583	17865	22722	1563	109054	15286
5347	10547	89792	83011	15992	270971	24139
20	17	-169	-149	17	1983	511
9205	4046	60949	65448	7528	155480	33053
5464	3818	16810	17403	4143	87128	13182
850	495	-1897	-1700	74	11382	1919
1455	1422	127	539	513	26112	2369
4687	2694	20548	22562	7012	133545	29536

汽车、摩托车、零配件和燃料及其他动力销售
Retail of Motor Vehicles, Motorcycles, Parts and Fuel and Other Powers

地　区	Region	营业收入 Business Revenue	营业成本 Business Cost	税金及附加 Taxes and Other Charges	其他业务利润 Profits from Other Business	销售费用 Selling Expenses	管理费用 Administrative Expenses
全　国	**National Total**	**717032891**	**666624959**	**1791215**	**5077201**	**28282634**	**12975983**
北　京	Beijing	24731228	22969177	113812	401470	1168026	589980
天　津	Tianjin	11886816	11161441	30453	62630	496801	226264
河　北	Hebei	24715129	23185188	43684	162131	943977	367254
山　西	Shanxi	14065016	13379199	26417	76401	516500	295339
内蒙古	Inner Mongolia	11669646	10984681	18777	38250	454835	148725
辽　宁	Liaoning	18090963	17091801	51142	92496	590009	319152
吉　林	Jilin	10547874	9826452	19643	45304	439725	183479
黑龙江	Heilongjiang	10366311	9773770	19676	43604	350765	161766
上　海	Shanghai	25268044	23453548	100386	103763	1232681	583219
江　苏	Jiangsu	64007338	59201796	139786	1454890	2506198	1147120
浙　江	Zhejiang	59212495	55547173	154287	468103	2100248	1092166
安　徽	Anhui	24471147	22970532	45149	90324	867312	351506
福　建	Fujian	24883004	23014933	65917	155150	975874	429328
江　西	Jiangxi	16359376	15183049	35980	49312	561170	272146
山　东	Shandong	44405031	41155413	99405	215033	1723352	943545
河　南	Henan	32374810	29574222	64147	135331	1197840	558918
湖　北	Hubei	27222435	24935499	62316	51365	1147518	439682
湖　南	Hunan	29998942	27552275	119914	142647	1019203	549298
广　东	Guangdong	85718815	79652883	246333	572702	3871042	1873554
广　西	Guangxi	11728060	10915751	21162	53375	609850	255755
海　南	Hainan	6444893	5971063	10097	55983	266149	126226
重　庆	Chongqing	20543406	19137905	52103	61246	834796	233375
四　川	Sichuan	41295993	38364941	89662	254117	1528793	615168
贵　州	Guizhou	16092887	14792073	31822	32316	626244	274584
云　南	Yunnan	18625969	17306290	41141	90338	734006	264599
西　藏	Xizang	1979724	1810811	3673	3224	80502	34420
陕　西	Shaanxi	17559229	16402383	43799	57739	633624	329622
甘　肃	Gansu	8815500	8273266	15471	23865	295528	87005
青　海	Qinghai	1584597	1472233	3947	2861	61940	24534
宁　夏	Ningxia	1978828	1856066	4767	62587	68470	40553
新　疆	Xinjiang	10389385	9709145	16348	18643	379656	157702

3-4-7 Continued 5

单位：万元
Unit: 10 000 yuan

财务费用 Financial Expenses	#利息费用 Interest Expenses	营业利润 Operating Profits	利润总额 Total Profits	所得税费用 Income Tax Expenses	应付职工薪酬 Payables to Employees	应交增值税 VAT Payable
2951663	**1973407**	**5009617**	**5331731**	**1123343**	**19074587**	**7123256**
107985	91193	-197484	-168498	34820	856800	163349
49842	35585	-44375	-39524	6609	326589	68622
111124	61205	75848	62690	12929	612982	202744
67390	37076	-238755	-222977	6519	336925	90098
32906	21487	30502	34602	5260	304499	351364
74833	49110	-14454	11751	17214	469885	131697
58739	36205	21806	34322	8029	244151	93619
47111	33875	26808	29598	9633	253711	236300
72363	55296	-139467	-108568	42712	739718	193504
266981	156309	872628	871651	133975	1563640	818751
276630	244734	103513	200268	177421	1470952	379511
81883	40977	159370	172543	28304	564270	194979
93446	79709	391940	397759	77060	598617	180990
70971	45486	254018	258516	24043	400942	194092
215558	127447	292052	302803	35864	1254985	424036
134316	70446	850242	849547	123469	806715	249141
96518	57899	495118	508094	15276	725139	482761
119883	57848	639568	651686	52410	809352	318452
386027	258664	-197673	-164899	116309	2770299	805600
41828	49854	-104995	-95387	16002	362828	81113
19336	12696	56502	60491	15008	174076	44601
48178	39667	220185	212494	20007	531052	257925
167037	110754	621655	657189	55964	1009618	406342
70378	44591	308490	281002	18806	384130	132696
64557	48961	228090	227089	16616	414236	167725
5854	4596	48547	49766	1528	55687	38246
80946	41294	30257	37213	21685	449689	132039
30685	20900	120895	123972	11897	210649	99895
8614	4460	13458	14338	2361	47245	10660
14220	9168	-4606	-4894	1133	60964	9328
35527	25916	89936	87096	14481	264245	163077

家用电器及电子产品专门零售

Special Retail of Household Electric Appliances and Electronic Products

地 区	Region	营业收入 Business Revenue	营业成本 Business Cost	税金及附加 Taxes and Other Charges	其他业务利润 Profits from Other Business	销售费用 Selling Expenses	管理费用 Administr-ative Expenses
全 国	**National Total**	**70950666**	**62725986**	**146658**	**187190**	**4195326**	**2281162**
北 京	Beijing	10506164	9419507	14098	33412	735349	141218
天 津	Tianjin	765744	646366	1004	4606	43352	16155
河 北	Hebei	1343543	1218234	1814	4342	80024	46969
山 西	Shanxi	1136461	1043739	1219	1894	45331	39863
内蒙古	Inner Mongolia	561669	479178	1244	4229	36011	29144
辽 宁	Liaoning	1169454	1067192	1225	736	60502	46356
吉 林	Jilin	469295	414917	648	503	20957	24954
黑龙江	Heilongjiang	677089	615423	1038	2626	33020	29123
上 海	Shanghai	4589357	3942365	7138	7188	408356	134997
江 苏	Jiangsu	8110827	7205160	16805	31025	428545	317635
浙 江	Zhejiang	3481234	3118719	4255	8496	205019	138490
安 徽	Anhui	2176239	1944381	5264	12910	131386	68143
福 建	Fujian	2026011	1809769	4000	3829	76496	64235
江 西	Jiangxi	1872085	1641134	4364	1469	78922	57803
山 东	Shandong	4142066	3686589	6089	6107	204105	143347
河 南	Henan	2751113	2455175	6225	2792	133474	96198
湖 北	Hubei	4269548	3602695	15250	10865	220041	170434
湖 南	Hunan	2649644	2242907	23145	6209	123310	97661
广 东	Guangdong	7100787	6338428	8215	16042	486606	252209
广 西	Guangxi	1090528	966631	1788	4760	64667	49411
海 南	Hainan	267832	235777	193	1088	19028	11820
重 庆	Chongqing	2313489	2061559	5693	2553	119463	58267
四 川	Sichuan	3236079	2803481	9172	3979	178243	91795
贵 州	Guizhou	486846	445027	718	520	25938	17306
云 南	Yunnan	1088258	964166	1523	2131	79657	36869
西 藏	Xizang	90372	80477	86	200	4787	3194
陕 西	Shaanxi	1400283	1237445	2851	3395	78706	44540
甘 肃	Gansu	393022	355607	362	2876	17946	16118
青 海	Qinghai	138096	123640	221	-14	4816	8244
宁 夏	Ningxia	203879	171417	499	5700	21489	5890
新 疆	Xinjiang	443652	388879	514	720	29778	22772

3-4-7 Continued 6

单位：万元

Unit: 10 000 yuan

财务费用 Financial Expenses	#利息费用 Interest Expenses	营业利润 Operating Profits	利润总额 Total Profits	所得税费用 Income Tax Expenses	应付职工薪酬 Payables to Employees	应交增值税 VAT Payable
279084	**157885**	**1261900**	**1289609**	**178719**	**2900420**	**782697**
6225	25216	128438	132797	65438	323133	104405
1615	869	57226	59869	365	22242	9233
8168	3946	-12224	-12396	822	49696	11159
4466	1592	347	3878	650	36163	12251
5470	2165	10567	11416	1519	28527	9829
4259	949	-8250	-10437	313	41492	10981
3185	1388	5086	5057	638	18064	5206
2459	1045	-806	-1361	1029	22705	5700
19278	15240	75140	79660	32740	195936	60894
29741	15663	144370	138640	18664	375844	83876
13936	11297	5300	10068	4014	157691	31363
8968	4328	15925	17999	1293	107140	19623
5715	1504	64427	65688	1463	68288	11406
6333	3392	74338	76574	2175	81309	16189
16883	7949	89287	90272	3427	150795	39036
13658	5800	48701	49399	3858	115934	23634
22096	7111	238371	234982	12654	204891	87535
18379	4039	135764	135028	6029	104831	34243
36172	18953	-25095	-21214	2454	309789	67896
6149	3348	562	2085	844	56759	11666
1439	644	-100	186	111	12279	1319
7320	3289	60004	60760	2992	73543	17503
15118	7221	137240	140655	11295	147494	43349
3239	4097	-5466	-7738	216	20766	9602
4326	2551	2084	3358	704	61449	10988
252	98	1642	1405	155	4535	1061
6914	1956	17785	20499	1500	54944	28059
3273	710	-257	356	185	15808	2999
48	31	2259	2139	662	6785	1975
2078	494	-55	-207	189	9130	3248
1924	1000	-710	194	319	22456	6470

3-4-7 续表 7

五金、家具及室内装饰材料专门零售

Special Retail of Hardware, Furniture and Interior Decoration Materials

地 区	Region	营业收入 Business Revenue	营业成本 Business Cost	税金及附加 Taxes and Other Charges	其他业务利润 Profits from Other Business	销售费用 Selling Expenses	管理费用 Administr-ative Expenses
全 国	**National Total**	**18322036**	**14647085**	**93443**	**93360**	**1639207**	**1150957**
北 京	Beijing	972342	620707	6026	57366	235986	112196
天 津	Tianjin	190567	149020	1358	836	19544	27072
河 北	Hebei	92075	81625	119	7	3928	3541
山 西	Shanxi	94434	82721	212	110	3875	5887
内蒙古	Inner Mongolia	7920	6511	7		197	886
辽 宁	Liaoning	151954	116371	1074	16	11198	22694
吉 林	Jilin	31420	26104	59	198	1769	2906
黑龙江	Heilongjiang	67140	54121	919	38	5207	10103
上 海	Shanghai	1341880	900606	6491	11330	341051	117916
江 苏	Jiangsu	3569143	3111302	10606	6374	111609	163044
浙 江	Zhejiang	525184	385575	2686	2701	84045	50677
安 徽	Anhui	333465	254855	1590	113	45242	23396
福 建	Fujian	1401557	1158458	5959	122	62900	68830
江 西	Jiangxi	1113260	945460	3604	689	37938	44363
山 东	Shandong	758390	624268	3645	448	50431	57360
河 南	Henan	504069	411545	3904	75	26852	34974
湖 北	Hubei	1851370	1489739	12511	3822	89353	84644
湖 南	Hunan	1032592	844500	9098	2259	43983	49151
广 东	Guangdong	1495032	1076601	8167	3867	303290	111079
广 西	Guangxi	148081	125992	1200	881	11408	14084
海 南	Hainan	15278	12666	23		3174	314
重 庆	Chongqing	816683	668219	3805	91	42894	39287
四 川	Sichuan	648928	504235	5085	883	48721	44265
贵 州	Guizhou	27008	23161	31		1769	1681
云 南	Yunnan	494216	440172	1982	1072	17688	20417
西 藏	Xizang	5511	4550	2		121	754
陕 西	Shaanxi	527085	433919	3070	58	29307	33907
甘 肃	Gansu	39497	33206	92		4028	2163
青 海	Qinghai	13877	11475	62		380	1369
宁 夏	Ningxia						
新 疆	Xinjiang	52077	49403	52	3	1322	1998

单位：万元
Unit: 10 000 yuan

财务费用 Financial Expenses	#利息费用 Interest Expenses	营业利润 Operating Profits	利润总额 Total Profits	所得税费用 Income Tax Expenses	应付职工薪酬 Payables to Employees	应交增值税 VAT Payable
155416	**93797**	**581516**	**572593**	**59836**	**1129138**	**348165**
6516	4250	-42986	-40993	-264	125911	24230
4996	4875	-11277	-11167	210	12444	3324
625	280	2035	2118	98	3246	898
1646	689	129	1252	93	4838	1274
53		267	267	8	467	69
4080	3734	-3482	-3154	31	10512	3176
105	98	477	497	39	1866	689
3392	3098	-6701	-6495	27	4894	1026
10671	7204	-42185	-43167	6587	123342	34785
25119	13037	147030	132454	9567	150340	58824
7016	6233	-4436	-3525	3291	44819	12310
2579	1863	5399	5723	727	28136	7018
7833	5304	96324	96892	2283	57104	11643
4784	2060	76175	77578	1846	50368	11292
8524	7232	12879	12814	1522	50551	14627
6261	3360	19228	19818	1963	31502	8542
16620	4042	154653	154236	8256	107971	54838
8352	1157	76993	77014	3689	49368	18301
10015	8677	-19492	-19214	4694	128553	35198
4016	3849	-7581	-7570	73	10780	1438
48	45	-926	-947		540	207
5197	3718	58562	57590	2555	35619	13363
5488	3856	41440	41551	9413	44371	14302
208	68	162	183	14	1803	214
3670	3342	10724	10348	1269	18502	4281
7	1	77	131	1	459	24
5822	833	19898	20175	1745	25546	9609
283	152	-275	-361	48	2859	411
899	178	-308	-306		666	206
589	562	-1287	-1149	49	1762	2048

货摊、无店铺及其他零售业
Stalls, Non-shop and Other Retails

地　　区	Region	营业收入 Business Revenue	营业成本 Business Cost	税金及附加 Taxes and Other Charges	其他业务利润 Profits from Other Business	销售费用 Selling Expenses	管理费用 Administr-ative Expenses
全　国	**National Total**	**264378995**	**228423318**	**468494**	**621521**	**26269264**	**5688032**
北　京	Beijing	38113595	35608714	31684	54132	2156700	268731
天　津	Tianjin	5408260	4677956	9267	2267	584969	100944
河　北	Hebei	3602294	3495846	1552	4	58495	30205
山　西	Shanxi	1385286	1266248	1339	2097	83570	29909
内蒙古	Inner Mongolia	331680	281340	509	493	30690	9331
辽　宁	Liaoning	4208191	3865931	2371	332	281797	48779
吉　林	Jilin	448829	398032	785	252	39783	11634
黑龙江	Heilongjiang	886493	803043	658	54	66107	11506
上　海	Shanghai	24278917	19927135	36257	62284	3401377	777863
江　苏	Jiangsu	24679293	21423659	38216	48635	2141043	532714
浙　江	Zhejiang	24931282	19921422	51940	141291	3972081	737457
安　徽	Anhui	6108472	4983303	15938	8339	792339	186059
福　建	Fujian	16346354	13258173	40166	81883	1890874	487763
江　西	Jiangxi	4675826	3747005	18527	2702	515751	147864
山　东	Shandong	12890537	11276189	16828	24482	1215242	217857
河　南	Henan	2741721	2392442	3475	2706	261717	67138
湖　北	Hubei	12510122	11043016	24914	5325	887665	208945
湖　南	Hunan	4562878	3754307	28971	22935	450222	151119
广　东	Guangdong	47483626	40524768	111517	142542	5470138	1103963
广　西	Guangxi	1532004	1316932	2779	4512	151790	45915
海　南	Hainan	2382484	2013988	3044		202895	92170
重　庆	Chongqing	5198387	4735116	5518	-156	289679	83453
四　川	Sichuan	12221852	11183365	12931	9417	767911	176088
贵　州	Guizhou	1221717	1018133	1291	975	70758	28462
云　南	Yunnan	276201	220023	454	354	27436	15862
西　藏	Xizang	76880	61415	156		12244	2258
陕　西	Shaanxi	5346449	4826206	5987	560	387028	84158
甘　肃	Gansu	217477	154239	693	2802	25051	12082
青　海	Qinghai	14688	9793	28		856	1104
宁　夏	Ningxia	69219	51511	130		13595	3732
新　疆	Xinjiang	227983	184065	570	300	19465	12965

单位：万元
Unit: 10 000 yuan

财务费用 Financial Expenses	#利息费用 Interest Expenses	营业利润 Operating Profits	利润总额 Total Profits	所得税费用 Income Tax Expenses	应付职工薪酬 Payables to Employees	应交增值税 VAT Payable
287976	**200265**	**3207770**	**3520263**	**639767**	**5765364**	**2811183**
4338	9666	28341	72503	31956	310778	166295
547	1256	47134	50367	12283	44875	46459
740	1285	10004	12341	4034	25416	16749
7132	5797	-5011	2533	651	25852	10505
195	236	9710	10013	1916	8072	4538
2378	2259	6815	13482	4693	48538	26833
1881	1813	-2881	-2590	331	7336	4809
747	486	4788	6385	984	8636	5478
45931	18383	106361	207802	66384	626653	319349
34439	19121	527325	538084	64964	673615	278508
9280	21076	222365	266000	104595	798444	407121
6400	3206	139299	149090	21460	192574	113330
34487	12975	629561	639319	39819	484423	180768
11251	6879	213781	217319	17470	132550	59743
16156	9035	140081	143428	24737	262706	129224
5199	2816	11735	12574	4148	70948	24474
18946	4785	293675	308502	33598	313328	145618
16660	5459	155130	158040	16032	194641	72188
26252	35268	247829	268392	115199	1077379	573788
1060	689	12618	13640	2597	42305	16829
-1354	277	72541	73656	12714	26950	22964
5854	3916	78490	78248	7502	83437	36009
5193	5039	80549	92603	14329	165044	74903
26387	23684	78482	79119	23107	25180	19501
858	557	10832	10711	507	17180	3683
72	53	1448	603	26	1735	1272
2580	2131	50963	58439	7677	74638	39335
2577	595	23724	26142	3906	7636	5185
26		2880	3171	630	714	615
529	410	-138	315	17	3734	418
1236	1112	9342	10030	1501	10049	4692

3-5-1 大中型批发和零售业企业基本情况
Basic Conditions of Large and Medium-sized Enterprises of Wholesale and Retail Trades

项　目	Item	法人单位数 (个) Number of Corporation Enterprises (unit)	年末从业人数 (人) Employed Persons at Year-end (person)
总　计	**Total**	**74073**	**9346935**
一、批发业	**Wholesale Trade**	**48709**	**4687954**
#国有控股	State-controlled Enterprises	7414	1101400
(一)按登记注册统计类别分	**By Registered Statistical Categories**		
1.内资企业	**Domestic Invested Enterprises**	44404	3807200
有限责任公司	Limited Liability Corporations	42286	3276360
股份有限公司	Share-holding Corporations Ltd.	1449	300415
非公司企业法人	Non Corporate Legal Entity	565	225428
个人独资企业	Sole Proprietorship Enterprises	70	3342
合伙企业	Partnership Enterprises	34	1655
其他内资企业	Other Domestic Invested Enterprises		
2.港澳台投资企业	Enterprises with Investment from Hong Kong, Macao and Taiwan	1666	362052
3.外商投资企业	Foreign Invested Enterprises	2534	513919
4.其他统计类别	Other Statistical Categories	105	4783
(二)按国民经济行业分	**by Sector**		
农、林、牧、渔产品批发	Wholesale of Agricultural, Forestry, Livestock and Fishery Products	1830	118666
食品、饮料及烟草制品批发	Wholesale of Food, Beverages and Tobaccos	7283	1026398
米、面制品及食用油批发	Wholesale of Rice, Flour and Edible Oil	923	103910
肉、禽、蛋、奶及水产品批发	Wholesale of Meal, Fowls, Eggs, Milk and Aquatic Products	1364	129748
酒、饮料及茶叶批发	Wholesale of Wine, Beverages and Teas	1811	277225
烟草制品批发	Wholesale of Tobaccos	469	243449
纺织、服装及家庭用品批发	Wholesale of Textiles, Wearing Apparel and Household Articles	6107	718027
服装批发	Wholesale of Garments	1400	200561
鞋帽批发	Wholesale of Shoes and Hats	388	54179
日用家电批发	Wholesale of Household Electrical Appliances	851	111575

3-5-1 续表 1 Continued 1

项目	Item	法人单位数（个）Number of Corporation Enterprises (unit)	年末从业人数（人）Employed Persons at Year-end (person)
文化、体育用品及器材批发	Wholesale of Culture, Sports Appliances and Equipments	1833	179962
文具用品批发	Wholesale of Stationeries	501	30358
体育用品及器材批发	Wholesale of Sports Appliances and Equipments	171	15917
图书批发	Wholesale of Books	319	42825
医药及医疗器材批发	Wholesale of Medicines and Medical Appliances	7548	797116
西药批发	Wholesale of Western Medicines	3922	461984
中药批发	Wholesale of Chinese Traditional Medicines	1137	132003
矿产品、建材及化工产品批发	Wholesale of Mineral Products, Building Materials and Chemical Products	12202	911355
煤炭及制品批发	Wholesale of Coal and Related Products	1458	124829
石油及制品批发	Wholesale of Petroleum and Related Products	1849	229786
金属及金属矿批发	Wholesale of Metal Materials	3322	196389
建材批发	Wholesale of Building Materials	1779	121460
化肥批发	Wholesale of Chemical Fertilizer	415	29612
农药批发	Wholesale of Pesticides	253	22955
机械设备、五金产品及电子产品批发	Wholesale of Machinery, Hardware and Electronic Products	10296	819958
汽车及零配件批发	Wholesale of Motor Vehicles and Their Parts	1732	142061
计算机、软件及辅助设备批发	Wholesale of Computer, Software and Assistant Appliances	1052	85363
通讯设备批发	Wholesale of Communication Equipments	699	70229
贸易经纪与代理	Trade Broker and Agency	247	17266
其他批发业	Other Wholesale not Classified Elsewhere	1363	99206

3-5-1 续表 2 Continued 2

项　目	Item	法人单位数（个）Number of Corporation Enterprises (unit)	年末从业人数（人）Employed Persons at Year-end (person)	年末零售营业面积（平方米）Business Area of Retail Trade at Year-end (sq.m)
二、零售业	**Retail Trade**	**25364**	**4658981**	**280902789**
#国有控股	State-controlled Enterprises	2459	676647	67074098
(一)按登记注册统计类别分	**By Registered Statistical Categories**			
1.内资企业	**Domestic Invested Enterprises**	23352	3895921	226858124
有限责任公司	Limited Liability Corporations	22410	3468963	188886142
股份有限公司	Share-holding Corporations Ltd.	608	377405	34625115
非公司企业法人	Non Corporate Legal Entity	131	28563	2506627
个人独资企业	Sole Proprietorship Enterprises	182	18815	749257
合伙企业	Partnership Enterprises	20	2069	85930
其他内资企业	Other Domestic Invested Enterprises	NA	106	5053
2.港澳台投资企业	Enterprises with Investment from Hong Kong, Macao and Taiwan	1220	420887	24246946
3.外商投资企业	Foreign Invested Enterprises	776	340609	29773639
4.其他统计类别	Other Statistical Categories	16	1564	24080
(二)按国民经济行业分	**by Sector**			
综合零售	Integrated Retail	5808	1518402	123402294
百货零售	Retail of General Merchandise	2166	550604	67077699
超级市场零售	Retail of Supermarkets	3226	883589	52421034
食品、饮料及烟草制品专门零售	Special Retail of Food, Beverages and Tobaccos	1386	239021	5164041
粮油零售	Retail of Cereal and Oil	69	7123	147731
肉、禽、蛋、奶及水产品零售	Retail of Meat, Poultry, Eggs, Milk and Aquatic Products	254	43119	836299
酒、饮料及茶叶零售	Retail of Wine, Beverages and Teas	204	24034	489201
烟草制品零售	Retail of Tobaccos	57	7775	295342
纺织、服装及日用品专门零售	Special Retail of Textiles, Garments and Daily Consumer Articles	1462	439175	16023967
服装零售	Retail of Garments	867	280027	12119252

3-5-1 续表 3 Continued 3

项 目	Item	法人单位数(个) Number of Corporation Enterprises (unit)	年末从业人数(人) Employed Persons at Year-end (person)	年末零售营业面积(平方米) Business Area of Retail Trade at Year-end (sq.m)
文化、体育用品及器材专门零售	Special Retail of Culture, Sports Appliances and Equipments	906	173876	5408661
体育用品及器材零售	Retail of Sports Appliances and Equipments	51	15072	757288
图书、报刊零售	Retail of Books, Newspapers and Magazines	426	93999	3100349
医药及医疗器材专门零售	Special Retail of Medicines and Medical Appliances	2816	798015	23753021
西药零售	Retail of Western Medicines	2576	756360	22805333
汽车、摩托车、零配件和燃料及其他动力销售	Retail of Motor Vehicles, Motorcycles, Parts, Fuel and Other Powers	9977	1045409	91414679
汽车新车零售	Retail of New Motor Vehicles	9028	776270	47633427
机动车燃油零售	Retail of Fuel Oil of Motor Vehicles	764	246366	41529443
家用电器及电子产品专门零售	Special Retail of Household Electric Appliances and Electronic Products	1085	145264	7324089
日用家电零售	Retail of Household Electric Appliances	315	44285	4534597
计算机、软件及辅助设备零售	Retail of Computer, Software and Assistant Appliances	172	25636	241565
通信设备零售	Retail of Communication Equipments	408	51067	949151
五金、家具及室内装饰材料专门零售	Special Retail of Hardware, Furniture and Interior Decoration Materials	300	41622	2853748
货摊、无店铺及其他零售业	Stalls, Non-shop and Other Retails	1624	258197	5558289
互联网零售	Retail on the Internet	1360	223029	2468044
(三)按零售业态分	**by Mode of Business Operation**			
有店铺零售	Store-based Retailing	22580	4275502	271673041
超市	Supermarket	5264	1383223	94075472
百货店	Department Store	3121	822206	78591919
专业店	Speciality Store	7480	1382927	74238530
品牌专卖店	Brand Store	9207	1229556	62753421
集合店	Collection Store	354	43841	2965353
无店铺零售	Non-Store Selling	4996	1000484	42259973

3-5-2 各地区大中型批发和零售业企业基本情况
Basic Conditions of Large and Medium-sized Enterprises of Wholesale and Retail Trades by Region

地　区	Region	批发业 Wholesale Trade	
		法人单位数 (个) Number of Corporation Enterprises (unit)	年末从业人数 (人) Employed Persons at Year-end (person)
全　国	**National Total**	**48709**	**4687954**
北　京	Beijing	2917	350428
天　津	Tianjin	920	88258
河　北	Hebei	1011	90753
山　西	Shanxi	861	87391
内蒙古	Inner Mongolia	470	38204
辽　宁	Liaoning	829	66944
吉　林	Jilin	388	37076
黑龙江	Heilongjiang	449	43039
上　海	Shanghai	4880	631027
江　苏	Jiangsu	4629	388975
浙　江	Zhejiang	4707	405960
安　徽	Anhui	1046	103575
福　建	Fujian	2317	190777
江　西	Jiangxi	792	76972
山　东	Shandong	3238	285842
河　南	Henan	1355	129822
湖　北	Hubei	1525	140990
湖　南	Hunan	1014	106575
广　东	Guangdong	8161	733028
广　西	Guangxi	636	63579
海　南	Hainan	284	25581
重　庆	Chongqing	960	78400
四　川	Sichuan	1816	179879
贵　州	Guizhou	462	55846
云　南	Yunnan	624	69034
西　藏	Xizang	60	7339
陕　西	Shaanxi	849	88192
甘　肃	Gansu	389	36789
青　海	Qinghai	90	9437
宁　夏	Ningxia	113	13007
新　疆	Xinjiang	917	65235

3-5-2 续表 continued

地 区	Region	零售业 Retail Trade 法人单位数 (个) Number of Corporation Enterprises (unit)	年末从业人数 (人) Employed Persons at Year-end (person)
全 国	**National Total**	**25364**	**4658981**
北 京	Beijing	909	181011
天 津	Tianjin	304	71891
河 北	Hebei	1013	214279
山 西	Shanxi	599	92457
内蒙古	Inner Mongolia	338	59948
辽 宁	Liaoning	631	122178
吉 林	Jilin	354	58372
黑龙江	Heilongjiang	391	68291
上 海	Shanghai	1037	317600
江 苏	Jiangsu	2069	345301
浙 江	Zhejiang	1855	262576
安 徽	Anhui	945	157944
福 建	Fujian	870	180044
江 西	Jiangxi	711	110607
山 东	Shandong	1730	338624
河 南	Henan	1310	205632
湖 北	Hubei	1083	222812
湖 南	Hunan	908	189021
广 东	Guangdong	2950	520208
广 西	Guangxi	642	90596
海 南	Hainan	191	37994
重 庆	Chongqing	570	128486
四 川	Sichuan	1280	251052
贵 州	Guizhou	445	64908
云 南	Yunnan	578	110309
西 藏	Xizang	39	5289
陕 西	Shaanxi	769	119653
甘 肃	Gansu	310	51336
青 海	Qinghai	88	10437
宁 夏	Ningxia	88	16510
新 疆	Xinjiang	357	53615

3–6–1 大中型批发和零售业企业商品购、销、存情况

项　目	Item	商品购进额 Total Purchases Value	#进 口 Imports
总　计	**Total**	**6954431208**	**520903566**
一、批发业	**Wholesale Trade**	**6037377200**	**492866502**
#国有控股	State-controlled Enterprises	3122417044	194513758
(一)按登记注册统计类别分	**By Registered Statistical Categories**		
1.内资企业	Domestic Invested Enterprises	5017831151	283489650
有限责任公司	Limited Liability Corporations	4364486294	255108296
股份有限公司	Share-holding Corporations Ltd.	451324280	26458832
非公司企业法人	Non Corporate Legal Entity	199451381	1882240
个人独资企业	Sole Proprietorship Enterprises	1070538	13106
合伙企业	Partnership Enterprises	1498658	27176
其他内资企业	Other Domestic Invested Enterprises		
2.港澳台投资企业	Enterprises with Investment from Hong Kong, Macao and Taiwan	359742848	42357826
3.外商投资企业	Foreign Invested Enterprises	658776569	167019026
4.其他统计类别	Other Statistical Categories	1026632	
(二)按国民经济行业分	**by Sector**		
农、林、牧、渔产品批发	holesale of Agricultural, Forestry, Livestock and Fishery Products	166907518	20851654
食品、饮料及烟草制品批发	Wholesale of Food, Beverages and Tobaccos	526678570	34114110
米、面制品及食用油批发	Wholesale of Rice, Flour and Edible Oil	85011811	12978243
肉、禽、蛋、奶及水产品批发	Wholesale of Meal, Fowls, Eggs and Aquatic Products	58668270	12096129
酒、饮料及茶叶批发	Wholesale of Wine, Beverages and Teas	104616749	1167110
烟草制品批发	Wholesales of Tobaccos	158814770	364454
纺织、服装及家庭用品批发	Wholesale of Textiles, Wearing Apparel and Household Articles	400721636	24943882
服装批发	Wholesale of Garments	71289108	5185011
鞋帽批发	Wholesale of Shoes and Hats	18837496	2116010
日用家电批发	Wholesale of Household Electrical Appliances	137478134	1185657

Total Purchases, Sales and Inventory of Large and Medium-sized Enterprises of Wholesale and Retail Trades

单位：万元

Unit: 10 000 yuan

商品销售额 Total Sales Value	#出 口 Exports	期末商品库存额 Inventory (year-end)
7471425372	**231587442**	**422074220**
6384986337	**230742907**	**331918729**
3213322994	69996404	144754420
5272737191	185572991	259958717
4558589694	171737579	226923702
453180965	13628946	21624941
257945537	175921	11278856
1399182	23	52125
1621814	30521	79093
399332676	10961427	30036056
711706105	34207348	41906975
1210365	1141	16981
168169513	1183983	23442869
642410152	4979751	53368849
87471086	994858	17609869
65490539	1082288	4098914
132912638	390143	13611221
225642330	380446	11532887
455729203	55260822	34787871
84490471	20097056	8398305
23069953	4545723	2925858
143721206	3060867	9769401

3-6-1 续表 1

项　　目	Item	商品购进额 Total Purchases Value	#进 口 Imports
文化、体育用品及器材批发	Wholesale of Culture, Sports Appliances and Equipments	106836499	4203531
文具用品批发	Wholesale of Stationeries	31963091	1346825
体育用品及器材批发	Wholesale of Sports Appliances and Equipments	6122556	488465
图书批发	Wholesale of Books	10458958	44114
医药及医疗器材批发	Wholesale of Medicines and Medical Appliances	399405359	31319803
西药批发	Wholesale of Western Medicines	268356930	14839984
中药批发	Wholesale of Chinese Traditional Medicines	48908916	315718
矿产品、建材及化工产品批发	Wholesale of Mineral Products, Building Materials and Chemical Products	3363878418	210730693
煤炭及制品批发	Wholesale of Coal and Related Products	515556525	22215891
石油及制品批发	Wholesale of Petroleum and Related Products	849930058	55912776
金属及金属矿批发	Wholesale of Metal Materials	1324279424	91911713
建材批发	Wholesale of Building Materials	146611610	4067884
化肥批发	Wholesale of Chemical Fertilizer	57798264	6881278
农药批发	Wholesale of Pesticides	7917648	368915
机械设备、五金产品及电子产品批发	Wholesale of Machinery, Hardware and Electronic Products	924093794	150810146
汽车及零配件批发	Wholesale of Motor Vehicles and Their Parts	360900726	43142463
计算机、软件及辅助设备批发	Wholesale of Computer, Software and Assistant Appliances	120044984	48633742
通讯设备批发	Wholesale of Communication Equipments	104394208	3545085
贸易经纪与代理	Trade Broker and Agency	37583027	13446350
其他批发业	Other Wholesale not Classified Elsewhere	111272380	2446334

单位：万元
Unit: 10 000 yuan

商品销售额 Total Sales Value	#出口 Exports	期末商品库存额 Inventory (year-end)
118417477	5154902	12550671
33536143	1472570	1610002
7961868	738034	710065
11484257	112375	2270488
447855177	3222329	46209559
292151673	1721817	26157993
56034810	90881	4411546
3402102491	55561158	92839412
533685964	979545	11012847
829603022	10213974	19511937
1337789412	23022570	37957825
153521583	3345195	4732435
59951686	2544700	4989033
8802257	988003	885589
994091477	95696725	62745253
388098393	33478261	25664089
124872687	2519899	8443250
107348281	6166213	4106530
38874477	4220956	1503908
117336370	5462279	4470338

项　　目	Item	商品购进额 Total Purchases Value
二、零售业	**Retail Trade**	**917054008**
#国有控股	State-controlled Enterprises	190449406
(一)按登记注册统计类别分	**By Registered Statistical Categories**	
1.内资企业	**Domestic Invested Enterprises**	721480774
有限责任公司	Limited Liability Corporations	633150596
股份有限公司	Share-holding Corporations Ltd.	82706708
非公司企业法人	Non Corporate Legal Entity	4205138
个人独资企业	Sole Proprietorship Enterprises	1226531
合伙企业	Partnership Enterprises	179210
其他内资企业	Other Domestic Invested Enterprises	12591
2.港澳台投资企业	Enterprises with Investment from Hong Kong, Macao and Taiwan	91144399
3.外商投资企业	Foreign Invested Enterprises	104323565
4.其他统计类别	Other Statistical Categories	105270
(二)按国民经济行业分	**by Sector**	
综合零售	Integrated Retail	167016395
百货零售	Retail of General Merchandise	78438042
超级市场零售	Retail of Supermarkets	80750025
食品、饮料及烟草制品专门零售	Special Retail of Food, Beverages and Tobaccos	20113865
粮油零售	Retail of Cereal and Oil	488106
肉、禽、蛋、奶及水产品零售	Retail of Meat, Poultry, Eggs, Milk and Aquatic Products	3872812
酒、饮料及茶叶零售	Retail of Wine, Beverages and Teas	3388143
烟草制品零售	Retail of Tobaccos	1546183
纺织、服装及日用品专门零售	Special Retail of Textiles, Garments and Daily Consumer Articles	39580022
服装零售	Retail of Garments	24378248

3–6–1 Continued 2

单位：万元

Unit: 10 000 yuan

#进 口 Imports	商品销售额 Total Sales Value	期末商品库存额 Inventory (year-end)
28037064	**1086439034**	**90155491**
5757220	254086478	14732608
15403775	816121354	72146151
15100856	694561034	66886837
294499	111685725	4882721
8419	8333775	277872
	1334660	86586
	193991	9872
	12169	2264
6160648	115381073	9496445
6469935	154812546	8511301
2706	124061	1594
5881732	202431893	17901307
5490141	102286992	6937720
385996	90336127	6443289
152535	25613837	1953911
	580203	39052
21689	4659769	166273
7765	4020039	822611
79164	1913212	355354
4436512	65728665	9848796
3345295	40013585	6352930

3-6-1 续表 3

项　目	Item	商品购进额 Total Purchases Value
文化、体育用品及器材专门零售	Special Retail of Culture, Sports Appliances and Equipments	23231896
体育用品及器材零售	Retail of Sports Appliances and Equipments	1173915
图书、报刊零售	Retail of Books，Newspaper and Magazines	11463298
医药及医疗器材专门零售	Special Retail of Medicines and Medical Appliances	39806870
西药零售	Retail of Western Medicines	37888094
汽车、摩托车、零配件和燃料及其他动力销售	Retail of Motor Vehicles, Motorcycles, Parts, Fuel and Other Powers	484141854
汽车新车零售	Retail of New Motor Vehicles	350066193
机动车燃油零售	Retail of Fuel Oil of Motor Vehicles	126306043
家用电器及电子产品专门零售	Special Retail of Household Electric Appliances and Electronic Products	34909385
日用家电零售	Retail of Household Electric Appliances	10779877
计算机、软件及辅助设备零售	Retail of Computer, Software and Assistant Appliances	10479703
通信设备零售	Retail of Communication Equipments	8769786
五金、家具及室内装饰材料专门零售	Special Retail of Hardware, Furniture and Interior Decoration Materials	3164947
货摊、无店铺及其他零售业	Stall, Non-shop and Other Retails	105088773
互联网零售	Retail on the Internet	101447547
(三)按零售业态分	**by Mode of Business Operation**	
有店铺零售	Store-based Retailing	793942814
超市	Supermarket	132891390
百货店	Department Store	94246851
专业店	Speciality Store	256910103
品牌专卖店	Brand Store	357126796
集合店	Collection Store	7312717
无店铺零售	Non-Store Selling	243462506

3-6-1 Continued 3

单位：万元

Unit: 10 000 yuan

#进 口 Imports	商品销售额 Total Sales Value	期末商品库存额 Inventory (year-end)
1422815	29550937	5806682
169224	2195203	302720
579192	13189550	2015368
138037	51017866	6497118
57046	48365091	6153007
15040033	540691132	39320838
15028407	344316686	35013410
	188162473	3623132
335175	38897733	2974419
108014	11297081	1068440
	12657611	547549
216084	9477630	959305
81818	4467797	495870
548408	128039173	5356551
310260	123351043	4995032
26055635	935058010	81834459
606326	153841770	10589017
5485495	123738297	9906564
5196466	307858201	25177587
18183106	393104784	41170241
229289	8579525	784213
5530461	292556178	21031816

3–6–2 各地区大中型批发业企业商品购、销、存情况
Total Purchases, Sales and Inventory of Large and Medium-sized Enterprises of Wholesale Trade by Region

单位：万元
Unit: 10 000 yuan

地　区	Region	商品购进额 Total Purchases Value	#进口 Imports	商品销售额 Total Sales Value	#出口 Exports	期末商品库存额 Inventory (year-end)
全　国	**National Total**	**6037377200**	**492866502**	**6384986337**	**230742907**	**331918729**
北　京	Beijing	685246045	110676373	715548129	17082773	54580822
天　津	Tianjin	191491675	6070594	199457861	3116284	7774180
河　北	Hebei	96869927	1650706	102972512	1060319	4507890
山　西	Shanxi	141447632	1359534	149792771	305407	4561584
内蒙古	Inner Mongolia	52599822	1475599	51976269	801839	3387834
辽　宁	Liaoning	139346108	3516824	146759311	1843697	5619243
吉　林	Jilin	30991081	22922	34450709	32142	2677165
黑龙江	Heilongjiang	57803671	628195	61554525	495886	2644280
上　海	Shanghai	928173781	166691145	1007725382	43506670	60249080
江　苏	Jiangsu	425122738	23058339	447471582	27301985	22838629
浙　江	Zhejiang	598909388	36794602	613828471	48563665	24758051
安　徽	Anhui	106641280	4220263	119108860	4151089	5469593
福　建	Fujian	335450488	31835863	350244081	12128792	13411401
江　西	Jiangxi	47159870	262059	55048982	2363466	3161927
山　东	Shandong	335199112	9579037	350319353	14982697	16140718
河　南	Henan	100149930	1589762	107017643	1436292	5984585
湖　北	Hubei	136667539	2182967	148182981	2935620	6674040
湖　南	Hunan	66083932	4421245	72387561	2359113	4376124
广　东	Guangdong	692107888	50250049	715276034	30522841	35293762
广　西	Guangxi	79178035	3938530	90296764	301945	2730420
海　南	Hainan	51501493	3047327	54309816	1179488	2275291
重　庆	Chongqing	102978828	5821610	109978898	7312426	5117335
四　川	Sichuan	159339916	2375235	171542756	1639210	9416867
贵　州	Guizhou	46196161	290021	57213200	214669	3975442
云　南	Yunnan	82808988	1703171	92303032	1834985	5444061
西　藏	Xizang	4431889		5463593		436483
陕　西	Shaanxi	149790003	1551463	156946618	2221591	8504697
甘　肃	Gansu	69442720	163082	72668865	117243	1900480
青　海	Qinghai	8763130	11664	10141380		259732
宁　夏	Ningxia	14801990	48631	10301901		475780
新　疆	Xinjiang	100682138	17629693	104696498	930772	7271233

3-6-3 各地区大中型零售业企业商品购、销、存情况

Total Purchases, Sales and Inventory of Large and Medium-sized Enterprises of Retail Trade by Region

单位：万元

Unit: 10 000 yuan

地 区	Region	商品购进额 Total Purchases Value	#进 口 Imports	商品销售额 Total Sales Value	期末商品库存额 Inventory (year-end)
全 国	**National Total**	**917054008**	**28037064**	**1086439034**	**90155491**
北 京	Beijing	54625311	1996425	61472356	5747989
天 津	Tianjin	14455541	90584	16325076	1432088
河 北	Hebei	28891441	444992	32424409	3118227
山 西	Shanxi	14114335	236364	16271206	1452487
内蒙古	Inner Mongolia	9885173	109114	12231939	746701
辽 宁	Liaoning	24107457	476046	26559764	2186054
吉 林	Jilin	9128431	211751	12350474	912546
黑龙江	Heilongjiang	10782360	119817	12793965	954779
上 海	Shanghai	74165171	8756167	101991707	10745948
江 苏	Jiangsu	84337337	1770649	96563392	7042263
浙 江	Zhejiang	69706046	2390175	76859674	6092745
安 徽	Anhui	26217033	250711	31725221	2195058
福 建	Fujian	33634197	677310	36430790	2298232
江 西	Jiangxi	16808837	238162	22466269	1377761
山 东	Shandong	55232609	835254	64184010	4962144
河 南	Henan	33082687	512317	36924730	3211276
湖 北	Hubei	40966546	486358	47466995	7387566
湖 南	Hunan	22843735	454335	34250953	1972770
广 东	Guangdong	112026974	3159366	137164080	9693579
广 西	Guangxi	12168373	228752	13225545	1492557
海 南	Hainan	11174962	2021487	12687035	2168638
重 庆	Chongqing	26284041	360861	29782363	2001657
四 川	Sichuan	58353637	1211896	62877399	3933180
贵 州	Guizhou	13319014	262872	17388449	1476003
云 南	Yunnan	15906552	247705	21382716	1512637
西 藏	Xizang	1402844		2100048	72626
陕 西	Shaanxi	21731340	334639	26243859	1963064
甘 肃	Gansu	8310429	73976	9433492	616835
青 海	Qinghai	1718190	9031	1903433	201315
宁 夏	Ningxia	2212153	851	2355156	271310
新 疆	Xinjiang	9461252	69097	10602530	915457

3-7-1 大中型批发和零售业企业年末资产负债

项目	Item	流动资产合计 Total Current Assets	#存货 Stock
总计	**Total**	**2691974635**	**417213100**
一、批发业	**Wholesale Trade**	**2316133210**	**331753207**
#国有控股	State-controlled Enterprises	1023441008	150772916
(一)按登记注册统计类别分	**By Registered Statistical Categories**		
1.内资企业	Domestic Invested Enterprises	1866743231	262662146
有限责任公司	Limited Liability Corporations	1591411367	228746781
股份有限公司	Share-holding Corporations Ltd.	213507799	22549257
非公司企业法人	Non Corporate Legal Entity	61091562	11227653
个人独资企业	Sole Proprietorship Enterprises	251849	62663
合伙企业	Partnership Enterprises	480654	75793
其他内资企业	Other Domestic Invested Enterprises		
2.港澳台投资企业	Enterprises with Investment from Hong Kong, Macao and Taiwan	197128689	28276355
3.外商投资企业	Foreign Invested Enterprises	251923656	40765139
4.其他统计类别	Other Statistical Categories	337634	49567

注：限额以上批发和零售业企业中包含视同法人企业，部分视同法人企业资产不等于负债与所有者权益之和(下表同)。

Assets and Liabilities of Large and Medium-sized Enterprises of Wholesale and Retail Trades at Year-end

单位：万元

Unit：10 000 yuan

固定资产原价 Original Value of Fixed Assets	累计折旧 Accumulated Depreciation	#本年折旧 Current Year Depreciation	资产总计 Total Assets	负债合计 Total Liabilities	所有者权益合计 Total Owners' Equities	实收资本 Paid-up Capitals
264882613	**121675390**	**16675821**	**3786094674**	**2578052496**	**1213619425**	**617251588**
157174650	**70116157**	**9931945**	**3217650477**	**2159390102**	**1060307107**	**484995061**
79385929	35573039	4098669	1555686561	987054776	570681482	262779152
127413957	55073359	7736358	2612743175	1768020056	846769851	407909751
99230165	39874640	6291061	2146639203	1535432091	611402312	355088857
15006911	6908480	773716	393533885	211631059	183754359	50225119
13089944	8253216	664138	71711752	20313115	51398638	2522815
65770	27727	5210	322275	204986	117289	42766
21167	9297	2233	536059	438806	97253	30193
9306201	4148505	742328	257719046	173931036	83788009	34193792
20302377	10857644	1443987	346700930	217176311	129524619	42865270
152115	36649	9272	487326	262699	224628	26248

Note：For the financial data of Wholesale and Retail Trades enterprises above designated size, total assets may not equal to liabities plus total owner's equities, due to the fact that there are some establishments which are regarded as enterprises. The same applies to the tables following.

项 目	Item	流动资产合 计 Total Current Assets	#存 货 Stock
(二)按国民经济行业分	**by Sector**		
农、林、牧、渔产品批发	Wholesale of Agricultural, Forestry, Livestock and Fishery Products	94312149	26192650
食品、饮料及烟草制品批发	Wholesale of Food, Beverages and Tobaccos	267204188	52110369
米、面制品及食用油批发	Wholesale of Rice, Flour and Edible Oil	44502436	17723134
肉、禽、蛋、奶及水产品批发	Wholesale of Meal, Fowls, Eggs, Milk and Aquatic Products	23845218	4339697
酒、饮料及茶叶批发	Wholesale of Wine, Beverages and Teas	81782522	13200292
烟草制品批发	Wholesale of Tobaccos	60904511	10022522
纺织、服装及家庭用品批发	Wholesale of Textiles, Wearing Apparel and Household Articles	210824010	33848752
服装批发	Wholesale of Garments	41553302	8131518
鞋帽批发	Wholesale of Shoes and Hats	15096005	2881185
日用家电批发	Wholesale of Household Electrical Appliances	64515166	9211760
文化、体育用品及器材批发	Wholesale of Culture, Sports Appliances and Equipments	58615465	12351852
文具用品批发	Wholesale of Stationeries	16471877	1620952
体育用品及器材批发	Wholesale of Sports Appliances and Equipments	5193860	688316
图书批发	Wholesale of Books	12454719	2229250
医药及医疗器材批发	Wholesale of Medicines and Medical Appliances	257768384	40885433
西药批发	Wholesale of Western Medicines	166783484	25369118
中药批发	Wholesale of Chinese Traditional Medicines	31295707	4360401
矿产品、建材及化工产品批发	Wholesale of Mineral Products, Building Materials and Chemical Products	924860287	99551540
煤炭及制品批发	Wholesale of Coal and Related Products	193350081	13276377
石油及制品批发	Wholesale of Petroleum and Related Products	134791750	20751524
金属及金属矿批发	Wholesale of Metal Materials	340295557	39040684
建材批发	Wholesale of Building Materials	87824772	6311723
化肥批发	Wholesale of Chemical Fertilizer	24408678	4969865
农药批发	Wholesale of Pesticides	8150295	898597
机械设备、五金产品及电子产品批发	Wholesale of Machinery, Hardware and Electronic Products	443448396	60970434
汽车及零配件批发	Wholesale of Motor Vehicles and Their Parts	158374108	24535387
计算机、软件及辅助设备批发	Wholesale of Computer, Software and Assistant Appliances	44476467	7806112
通讯设备批发	Wholesale of Communication Equipments	29720280	4076962
贸易经纪与代理	Trade Broker and Agency	18656139	1535460
其他批发业	Other Wholesale not Classified Elsewhere	40444193	4306717

3−7−1 Continued 1

单位：万元
Unit：10 000 yuan

固定资产原价 Original Value of Fixed Assets	累计折旧 Accumulated Depreciation	#本年折旧 Current Year Depreciation	资产总计 Total Assets	负债合计 Total Liabilities	所有者权益合计 Total Owners' Equities	实收资本 Paid-up Capitals
9964174	3542307	503361	134879768	98684238	36195530	17647795
30343167	14766570	1811717	333214924	195078494	138132593	54902855
5158484	1744208	250085	57904754	44732882	13171872	7439485
3444874	1169208	225576	32360881	24443830	7913201	5821407
3456590	1470140	329502	96480998	62645204	33835794	7092504
13401030	8508665	665288	72517456	14608639	57908817	2170224
10910044	5380170	758093	267807110	190467597	77339514	35539688
2977004	1544860	223964	54111013	35005308	19105705	5734150
875871	435208	96630	16898498	12869891	4028607	850018
1757669	706048	92291	81840202	62043738	19796464	5342495
3931647	1581028	210003	83895285	51944064	31951221	15257852
665512	289936	39857	27231153	17717559	9513593	5957872
337342	145726	24770	5821627	3998225	1823403	458969
1643848	516696	57003	19666230	11107261	8558968	1896882
14803666	6956815	1161160	306381008	220376085	86005796	37640788
7118897	2957987	497029	198842381	144174226	54669029	26319075
1973724	699633	117852	37008349	28272374	8735974	3970909
66237719	28778993	3830070	1462146260	947801565	516394392	232157948
10922250	4152451	549502	341926598	209142419	132784179	58798160
29879338	14998550	1768110	210019155	140822769	71246083	36405246
12412197	4665598	688447	511082856	345511095	165571760	83157244
4062546	1161547	249387	117062600	84493691	32568909	17340130
1094558	347629	69693	36397806	25002607	11395199	5337811
284749	140476	17648	32399091	7698337	24700754	2052083
17286850	7750504	1386409	547496956	398624820	148872136	77265704
4886205	2265272	412171	196442147	152204935	44237212	31964088
1216847	450187	91164	49405807	39005946	10399862	8392848
634750	287218	39172	35171809	26771572	8400237	4028632
556111	218051	35798	23531372	16339923	7191450	2858513
3141272	1141719	235335	58297793	40073318	18224475	11723919

项　目	Item	流动资产合　计 Total Current Assets	#存 货 Stock
二、零售业	**Retail Trade**	**375841425**	**85459893**
#国有控股	State-controlled Enterprises	77108874	15503237
(一)按登记注册统计类别分	**By Registered Statistical Categories**		
1.内资企业	**Domestic Invested Enterprises**	287682763	67613996
有限责任公司	Limited Liability Corporations	246118822	61513175
股份有限公司	Share-holding Corporations Ltd.	38962980	5664047
非公司企业法人	Non Corporate Legal Entity	2214643	316753
个人独资企业	Sole Proprietorship Enterprises	340592	106916
合伙企业	Partnership Enterprises	43221	10941
其他内资企业	Other Domestic Invested Enterprises	2505	2164
2.港澳台投资企业	Enterprises with Investment from Hong Kong, Macao and Taiwan	42414219	8934938
3.外商投资企业	Foreign Invested Enterprises	45729424	8906593
4.其他统计类别	Other Statistical Categories	15019	4366
(二)按国民经济行业分	**by Sector**		
综合零售	Integrated Retail	99718334	13849459
百货零售	Retail of General Merchandise	58338183	7044977
超级市场零售	Retail of Supermarkets	37970414	6202443
食品、饮料及烟草制品专门零售	Special Retail of Food, Beverages and Tobaccos	13716087	2207750
粮油零售	Retail of Cereal and Oil	443700	66077
肉、禽、蛋、奶及水产品零售	Retail of Meat, Poultry, Eggs, Milk and Aquatic Products	1992788	278888
酒、饮料及茶叶零售	Retail of Wine, Beverages and Teas	2944593	843767
烟草制品零售	Retail of Tobaccos	1091859	325294
纺织、服装及日用品专门零售	Special Retail of Textiles, Garments and Daily Consumer Articles	30737172	10232213
服装零售	Retail of Garments	19507534	6810061

3-7-1 Continued 2

单位：万元
Unit：10 000 yuan

固定资产原价 Original Value of Fixed Assets	累计折旧 Accumulated Depreciation	#本年折旧 Current Year Depreciation	资产总计 Total Assets	负债合计 Total Liabilities	所有者权益合计 Total Owners' Equities	实收资本 Paid-up Capitals
107707962	**51559234**	**6743877**	**568444197**	**418662394**	**153312318**	**132256527**
35684381	17148389	1802387	145423464	85028153	63907877	28591149
77351825	36300644	4890041	423359874	318982266	108070077	109137949
57846599	26399212	3996680	340380041	268812386	71869265	103602225
18227150	9366563	823748	78428743	48600512	33243328	5182020
1088448	457083	56087	4017945	1205431	2788276	298750
156637	67271	11899	465474	323872	141602	52350
32664	10195	1615	65101	37738	27362	2424
327	320	12	2571	2327	245	180
11850093	6309317	792412	63203316	48372137	14831180	10107909
18485384	8945141	1060587	81844452	51294283	30388214	13005646
20660	4132	837	36555	13708	22847	5023
42723306	21115012	2296788	175186325	132289935	42946850	42521529
26999798	12584534	1166246	107504751	72094463	35419179	20849174
14709596	8043882	1030431	62561095	55483576	7077519	20181661
2953355	1202782	200875	19827207	12176735	7650472	2958796
90750	35732	5562	814209	506230	307980	131271
528507	163841	37962	3192107	1971984	1220123	491634
625243	173855	25360	4002690	2343136	1659554	799606
208297	135232	12215	1499364	466243	1033121	73067
4834943	2404586	378396	40785853	29876402	10909451	6917997
3207988	1570705	223285	26397869	19308107	7089762	4893161

项　目	Item	流动资产合计 Total Current Assets	#存货 Stock
文化、体育用品及器材专门零售	Special Retail of Culture, Sports Appliances and Equipments	22742785	5498912
体育用品及器材零售	Retail of Sports Appliances and Equipments	945255	272486
图书、报刊零售	Retail of Books, Newspapers and Magazines	14164784	1815823
医药及医疗器材专门零售	Special Retail of Medicines and Medical Appliances	25500111	6941382
西药零售	Retail of Western Medicines	24218430	6564698
汽车、摩托车、零配件和燃料及其他动力销售	Retail of Motor Vehicles, Motorcycles, Parts, Fuel and Other Powers	130785374	37893931
汽车新车零售	Retail of New Motor Vehicles	99597209	31946788
机动车燃油零售	Retail of Fuel Oil of Motor Vehicles	27095384	5212146
家用电器及电子产品专门零售	Special Retail of Household Electric Appliances and Electronic Products	14741083	3008937
日用家电零售	Retail of Household Electric Appliances	7872508	1078299
计算机、软件及辅助设备零售	Retail of Computer, Software and Assistant Appliances	1928257	551500
通信设备零售	Retail of Communication Equipments	2647527	926831
五金、家具及室内装饰材料专门零售	Special Retail of Hardware, Furniture and Interior Decoration Materials	2097251	489166
货摊、无店铺及其他零售业	Stalls, Non-shop and Other Retails	35803227	5338145
互联网零售	Retail on the Internet	33589410	4901658
(三)按零售业态分	**by Mode of Business Operation**		
有店铺零售	Store-based Retailing	329905062	77193017
超市	Supermarket	67827090	10766373
百货店	Department Store	68428438	10017005
专业店	Speciality Store	99440940	25463032
品牌专卖店	Brand Store	127747718	39317969
集合店	Collection Store	3128404	794349
无店铺零售	Non-Store Selling	99982589	20107858

单位：万元
Unit: 10 000 yuan

固定资产原价 Original Value of Fixed Assets	累计折旧 Accumulated Depreciation	#本年折旧 Current Year Depreciation	资产总计 Total Assets	负债合计 Total Liabilities	所有者权益合计 Total Owners' Equities	实收资本 Paid-up Capitals
4748083	2123070	249670	31714615	17781702	13932914	4906969
268657	151843	15279	1385671	1082821	302850	235727
3648430	1538111	159301	20114628	11028159	9086469	3366114
2787073	1328029	255238	35019280	27113251	7906029	3557749
2639509	1257922	241349	33207128	25703142	7503987	3289068
43332252	20578284	2941685	199958036	146146783	57315546	60565975
18956165	8850818	1659238	125621085	104274243	21355899	40030239
23397365	11321969	1217389	68416470	36669630	34467855	17969995
1260642	618759	94106	18977072	14502762	4474311	2229254
658792	294382	43937	9791514	7251908	2539605	1015170
169726	123909	16940	3329458	2393770	935688	496750
163953	88377	12723	3006016	2497425	508591	373223
1846693	725425	99193	4501399	4102699	398701	1490315
3221616	1463287	227925	42474410	34672127	7778045	7107943
1933498	756257	145945	38935466	32426231	6509235	5442951
102494049	49550384	6386046	511853310	374434274	140826298	119790264
27706719	14189678	1692584	113915709	93162565	20763726	33373411
29791060	13873659	1352345	124802270	84651156	40160005	22887682
30361805	14388076	1879031	153881453	106520776	48641209	25357066
24306831	11548455	1967216	168707406	130065659	38865442	40000852
891056	346211	59874	4657935	3792698	874127	774898
14620555	6656061	1000958	136138257	103462961	32856312	33365097

3-7-2 各地区大中型批发业企业年末资产负债

Assets and Liabilities of Large and Medium-sized Enterprises of Wholesale Trade by Region at Year-end

单位：万元

Unit: 10 000 yuan

地区	Region	资产总计 Total Assets	#流动资产合计 Total Current Assets	#固定资产净额 Net Value of Fixed Assets	负债合计 Total Liabilities	所有者权益合计 Total Owners' Equities
全国	**National Total**	**3217650477**	**2316133210**	**67370338**	**2159390102**	**1060307107**
北京	Beijing	498993015	323585471	5663219	312827325	186165690
天津	Tianjin	63283471	47877551	1034428	42242019	21041451
河北	Hebei	54023452	41356347	1286189	36618197	17405255
山西	Shanxi	118659274	83986518	2220614	83371800	35287474
内蒙古	Inner Mongolia	36879870	20809605	1054878	21328933	15534201
辽宁	Liaoning	31724651	26286544	1194485	21874201	9733162
吉林	Jilin	18394239	14048160	547560	14553862	3840377
黑龙江	Heilongjiang	27837913	22424901	938089	21336766	6501147
上海	Shanghai	439967561	327902029	5871277	282062052	157905509
江苏	Jiangsu	241390126	176448846	6535430	168956044	72434083
浙江	Zhejiang	254030520	188670065	5109188	177675154	76355366
安徽	Anhui	63587165	51033824	1282532	48187300	15399866
福建	Fujian	159318848	108687151	1869610	109045678	50273170
江西	Jiangxi	28402805	22917338	967074	19893342	8509463
山东	Shandong	171261069	136045920	4393312	134054247	37206821
河南	Henan	50230089	40493109	1294728	33713011	16458120
湖北	Hubei	73581843	56224540	2283341	53192523	20385470
湖南	Hunan	36547614	27519791	1158856	24782174	11861401
广东	Guangdong	362888120	268886162	7354509	251372352	111515779
广西	Guangxi	43630765	29353889	1584267	27817373	15030772
海南	Hainan	19880128	14028068	541564	10419102	9461026
重庆	Chongqing	46274529	36388568	1558625	30817387	16138769
四川	Sichuan	98876620	74651142	3205791	65208978	33667642
贵州	Guizhou	57384174	34591924	746309	28176202	29207972
云南	Yunnan	46538961	32794921	1491869	27966457	18572505
西藏	Xizang	2970187	2653379	88714	1693987	1276200
陕西	Shaanxi	53893446	41072544	1359899	35464298	18429148
甘肃	Gansu	26368939	12059637	1418874	15750864	10618075
青海	Qinghai	15559397	6401393	390924	7511916	8047480
宁夏	Ningxia	4229737	3324386	292946	5294450	1400320
新疆	Xinjiang	71041949	43609489	2631238	46182109	24643390

3-7-3 各地区大中型零售业企业年末资产负债

Assets and Liabilities of Large and Medium-sized Enterprises of Retail Trade by Region at Year-end

单位：万元

Unit: 10 000 yuan

地区	Region	资产总计 Total Assets	#流动资产合计 Total Current Assets	#固定资产净额 Net Value of Fixed Assets	负债合计 Total Liabilities	所有者权益合计 Total Owners' Equities
全国	**National Total**	**568444197**	**375841425**	**40505838**	**418662394**	**153312318**
北京	Beijing	39667473	28121740	1839447	28002058	11665415
天津	Tianjin	7864972	4973502	785296	6124464	1740508
河北	Hebei	16346239	10349440	1654469	11100381	5225826
山西	Shanxi	7659260	4760059	689867	7354151	305110
内蒙古	Inner Mongolia	4528410	2627274	648813	3944110	682855
辽宁	Liaoning	16067256	10276932	1546435	12199868	3766025
吉林	Jilin	8610960	5768204	1043755	5951771	2668081
黑龙江	Heilongjiang	6333179	4425672	673123	5199638	1133541
上海	Shanghai	53824325	39062589	2545742	41470089	12354236
江苏	Jiangsu	50798656	32256950	3454171	34424938	16211764
浙江	Zhejiang	34176082	24014522	2495052	26208697	7967385
安徽	Anhui	15782019	10303668	1074175	10433832	5290984
福建	Fujian	18418140	11828153	1116069	13406353	5011787
江西	Jiangxi	11985562	8064492	779909	8505093	3480469
山东	Shandong	37673798	25817332	2890589	33421900	5555469
河南	Henan	16776894	11371195	1452076	13037300	5003122
湖北	Hubei	24372616	14829297	2229365	19058352	5314264
湖南	Hunan	22346985	11397017	1719241	14764075	7582910
广东	Guangdong	70375148	51168055	3046636	49607735	20767413
广西	Guangxi	7978283	5471695	593168	6000715	2046640
海南	Hainan	7992452	5350948	441928	5354758	2637694
重庆	Chongqing	14859023	8725572	1298688	11216913	4803708
四川	Sichuan	26536643	16120237	2263174	18666720	7869924
贵州	Guizhou	10926855	6538065	768027	6979941	3946914
云南	Yunnan	10545774	6096316	875740	6888062	3657712
西藏	Xizang	928923	501309	135111	613594	356897
陕西	Shaanxi	12541256	8243670	880967	9723385	2817871
甘肃	Gansu	4175733	2526204	459852	2900649	1170574
青海	Qinghai	1045806	639254	162208	903526	171074
宁夏	Ningxia	1958304	932968	198067	1373313	584990
新疆	Xinjiang	5347172	3279095	744677	3826017	1521156

3-8-1 大中型批发和零售业企业损益及分配

项　目	Item	营业收入 Business Revenue	营业成本 Business Cost
总　计	**Total**	**6651421461**	**6121983513**
一、批发业	**Wholesale Trade**	**5657099892**	**5272608250**
#国有控股	State-controlled Enterprises	2796004086	2660786015
(一)按登记注册统计类别分	**By Registered Statistical Categories**		
1.内资企业	Domestic Invested Enterprises	4619849434	4344841120
有限责任公司	Limited Liability Corporations	4007192869	3800264801
股份有限公司	Share-holding Corporations Ltd.	380398296	361075478
非公司企业法人	Non Corporate Legal Entity	229515931	180966690
个人独资企业	Sole Proprietorship Enterprises	1281397	1187022
合伙企业	Partnership Enterprises	1460942	1347128
其他内资企业	Other Domestic Invested Enterprises		
2.港澳台投资企业	Enterprises with Investment from Hong Kong, Macao and Taiwan	364596142	323691454
3.外商投资企业	Foreign Invested Enterprises	671473204	603035744
4.其他统计类别	Other Statistical Categories	1181112	1039932

3-8-1 续表 1

项　目	Item	财务费用 Financial Expenses	#利息费用 Interest Expenses
总　计	**Total**	**16453676**	**24279560**
一、批发业	**Wholesale Trade**	**11995592**	**20953925**
#国有控股	State-controlled Enterprises	6159265	12343420
(一)按登记注册统计类别分	**By Registered Statistical Categories**		
1.内资企业	Domestic Invested Enterprises	11047336	18344526
有限责任公司	Limited Liability Corporations	10572549	14972454
股份有限公司	Share-holding Corporations Ltd.	1885043	3285418
非公司企业法人	Non Corporate Legal Entity	-1414961	83662
个人独资企业	Sole Proprietorship Enterprises	3040	2411
合伙企业	Partnership Enterprises	1664	582
其他内资企业	Other Domestic Invested Enterprises		
2.港澳台投资企业	Enterprises with Investment from Hong Kong, Macao and Taiwan	1824	1139795
3.外商投资企业	Foreign Invested Enterprises	943900	1468635
4.其他统计类别	Other Statistical Categories	2532	969

Income and Distribution of Large and Medium-sized Enterprises of Wholesale and Retail Trades

单位：万元
Unit: 10 000 yuan

税金及附加 Taxes and Other Charges	其他业务利润 Profits from Other Business	销售费用 Selling Expenses	管理费用 Administrative Expenses
35183651	**20105013**	**249213540**	**110197477**
31723702	**9555727**	**156800422**	**81029810**
26792029	3392744	32703811	23294257
29689236	6083677	100070798	54583725
9301358	5115909	87167382	42725941
573149	479909	8519463	4124987
19804826	487145	4334628	7686126
7497	713	25533	22730
2406		23792	23941
740323	855071	20677619	12901093
1288970	2616454	36030632	13523636
5173	525	21373	21356

3−8−1 Continued 1

单位：万元
Unit: 10 000 yuan

营业利润 Opreating Profits	利润总额 Total Profits	所得税费用 Income Tax Expenses	应付职工薪酬 Payables to Employees	应交增值税 VAT Payable
172217531	**175848232**	**30124566**	**144320506**	**58271126**
154624030	**157545347**	**25900649**	**96542741**	**45309059**
71675978	72376424	12763366	30445276	20052033
115310747	117005009	19113339	66541626	35881322
83551892	85052842	13212973	51769171	26826720
12896534	13211763	938942	6218645	2679355
18755557	18621016	4957995	8508958	6337763
35998	36259	2226	26576	23263
70766	83128	1204	18277	14219
15313498	15752347	2159725	10748720	3203716
23912894	24702285	4625184	19221105	6219730
86891	85706	2401	31290	4291

项　目	Item	营业收入 Business Revenue	营业成本 Business Cost
(二)按国民经济行业分	**by Sector**		
农、林、牧、渔产品批发	Wholesale of Agricultural, Forestry, Livestock and Fishery Products	148879617	143039564
食品、饮料及烟草制品批发	Wholesale of Food, Beverages and Tobaccos	583491004	473803938
米、面制品及食用油批发	Wholesale of Rice, Flour and Edible Oil	80434226	76001449
肉、禽、蛋、奶及水产品批发	Wholesale of Meal, Fowls, Eggs, Milk and Aquatic Products	61972516	56973994
酒、饮料及茶叶批发	Wholesale of Wine, Beverages and Teas	118862238	88608401
烟草制品批发	Wholesale of Tobaccos	200846857	144525629
纺织、服装及家庭用品批发	Wholesale of Textiles, Wearing Apparel and Household Articles	413201909	353342582
服装批发	Wholesale of Garments	77406741	64928735
鞋帽批发	Wholesale of Shoes and Hats	21183166	16835272
日用家电批发	Wholesale of Household Electrical Appliances	129114284	116846894
文化、体育用品及器材批发	Wholesale of Culture, Sports Appliances and Equipments	107194313	96585235
文具用品批发	Wholesale of Stationeries	30019867	28626534
体育用品及器材批发	Wholesale of Sports Appliances and Equipments	7286424	5814438
图书批发	Wholesale of Books	11108330	9031856
医药及医疗器材批发	Wholesale of Medicines and Medical Appliances	405440017	353263007
西药批发	Wholesale of Western Medicines	263846457	235703043
中药批发	Wholesale of Chinese Traditional Medicines	50252133	42920695
矿产品、建材及化工产品批发	Wholesale of Mineral Products, Building Materials and Chemical Products	2977484238	2904532870
煤炭及制品批发	Wholesale of Coal and Related Products	456246027	443359612
石油及制品批发	Wholesale of Petroleum and Related Products	764773875	746970509
金属及金属矿批发	Wholesale of Metal Materials	1132532592	1115157270
建材批发	Wholesale of Building Materials	137103164	130224913
化肥批发	Wholesale of Chemical Fertilizer	53140749	51204184
农药批发	Wholesale of Pesticides	8520611	7513933
机械设备、五金产品及电子产品批发	Wholesale of Machinery, Hardware and Electronic Products	881539704	816828154
汽车及零配件批发	Wholesale of Motor Vehicles and Their Parts	345804907	325994624
计算机、软件及辅助设备批发	Wholesale of Computer, Software and Assistant Appliances	112435959	105422125
通讯设备批发	Wholesale of Communication Equipments	81689426	77478962
贸易经纪与代理	Trade Broker and Agency	32783914	30914427
其他批发业	Other Wholesale not Classified Elsewhere	107085176	100298474

单位：万元
Unit: 10 000 yuan

税金及附加 Taxes and Other Charges	其他业务利润 Profits from Other Business	销售费用 Selling Expenses	管理费用 Administrative Expenses
182310	183962	1628073	1767272
24599640	2118529	30592519	17734816
109874	221739	2692370	1211884
73127	154327	3098433	1216048
463888	320803	12908910	2964408
23735522	498587	4651166	9165945
776061	1003160	34199517	14436707
152822	246071	6747150	3143945
54682	46677	1532825	1830608
170825	147564	6567344	4251806
262580	231290	4897483	2636765
39796	29617	668733	514733
24189	13661	647622	297194
22708	33343	777848	687658
1055575	1003897	27367330	10547218
655904	576373	13974882	5421430
144897	99746	4926723	1171714
3045865	3007044	25582411	17774727
740328	609581	3167146	3371187
573469	836861	8461310	3141861
980705	794219	4143689	4516053
226131	161151	2448669	1559767
58252	94773	734760	394774
14678	10685	547937	334033
1522373	1723516	29297264	14288581
721059	561708	11965503	2984192
123654	85506	2689805	1074924
114612	213368	2109346	841054
31367	169580	502523	384606
247931	114750	2733303	1459119

项　目	Item	财务费用 Financial Expenses	#利息费用 Interest Expenses
(二)按国民经济行业分	**by Sector**		
农、林、牧、渔产品批发	Wholesale of Agricultural, Forestry, Livestock and Fishery Products	1077169	1616792
食品、饮料及烟草制品批发	Wholesale of Food, Beverages and Tobaccos	-1131822	1363785
米、面制品及食用油批发	Wholesale of Rice, Flour and Edible Oil	271215	431235
肉、禽、蛋、奶及水产品批发	Wholesale of Meal, Fowls, Eggs, Milk and Aquatic Products	205790	225724
酒、饮料及茶叶批发	Wholesale of Wine, Beverages and Teas	-208940	300043
烟草制品批发	Wholesale of Tobaccos	-1612581	13978
纺织、服装及家庭用品批发	Wholesale of Textiles, Wearing Apparel and Household Articles	108766	1005587
服装批发	Wholesale of Garments	117408	255944
鞋帽批发	Wholesale of Shoes and Hats	-10118	22652
日用家电批发	Wholesale of Household Electrical Appliances	-277979	239073
文化、体育用品及器材批发	Wholesale of Culture, Sports Appliances and Equipments	146863	531504
文具用品批发	Wholesale of Stationeries	144155	275566
体育用品及器材批发	Wholesale of Sports Appliances and Equipments	-15733	22653
图书批发	Wholesale of Books	-97098	76193
医药及医疗器材批发	Wholesale of Medicines and Medical Appliances	1552189	2123058
西药批发	Wholesale of Western Medicines	1117775	1564387
中药批发	Wholesale of Chinese Traditional Medicines	165186	184945
矿产品、建材及化工产品批发	Wholesale of Mineral Products, Building Materials and Chemical Products	8797530	11744111
煤炭及制品批发	Wholesale of Coal and Related Products	2145861	3132768
石油及制品批发	Wholesale of Petroleum and Related Products	1150195	1284899
金属及金属矿批发	Wholesale of Metal Materials	3212764	4495403
建材批发	Wholesale of Building Materials	795871	807033
化肥批发	Wholesale of Chemical Fertilizer	232499	391420
农药批发	Wholesale of Pesticides	84221	116812
机械设备、五金产品及电子产品批发	Wholesale of Machinery, Hardware and Electronic Products	1065815	2042567
汽车及零配件批发	Wholesale of Motor Vehicles and Their Parts	-64874	538559
计算机、软件及辅助设备批发	Wholesale of Computer, Software and Assistant Appliances	532330	243566
通讯设备批发	Wholesale of Communication Equipments	94173	268018
贸易经纪与代理	Trade Broker and Agency	134516	207397
其他批发业	Other Wholesale not Classified Elsewhere	244566	319126

单位：万元
Unit: 10 000 yuan

营业利润 Opreating Profits	利润总额 Total Profits	所得税费用 Income Tax Expenses	应付职工薪酬 Payables to Employees	应交增值税 VAT Payable
2756049	2930494	341228	1622588	520744
42612220	42767977	10119783	21337149	12805285
943038	1068348	173698	1505913	385406
618734	667352	110121	1604157	402974
16158479	16194136	3576327	4530214	3430548
21194337	21048116	5656362	10105118	7358872
17599687	18027370	2473470	13683404	4723514
3350543	3479328	615036	3553132	1017671
1037484	1125257	259091	771482	362903
6770043	6806287	361284	2478088	941752
3993169	4075798	477693	3205998	770938
567642	581204	58376	546379	183237
559095	569556	126568	295529	145969
1127163	1130332	48063	773680	30461
13673912	13911351	2602219	13988030	6376964
8639912	8695075	1435652	6556939	3598092
1070342	1100207	219187	1648149	968050
47303360	48217208	4917162	20157788	10872221
19876433	19971293	1450219	2778523	2508973
6758791	7030168	938944	5271355	3092203
10178458	10475995	1130743	4534621	2135061
2417949	2454835	322771	1930803	1039290
1094438	1094214	76681	500134	434402
214363	233830	45860	392470	23368
22982118	23771433	4442709	20533283	7280375
6242488	6593011	1509257	4034159	2684867
2494794	2541084	536072	2205106	579996
1412015	1429845	184472	1369510	509072
1093845	1110036	216872	425026	180791
2609670	2733680	309512	1589475	1778225

3-8-1 续表 4

项 目	Item	营业收入 Business Revenue	营业成本 Business Cost
二、零售业	**Retail Trade**	**994321569**	**849375262**
#国有控股	State-controlled Enterprises	232958613	207114927
(一)按登记注册统计类别分	**By Registered Statistical Categories**		
1.内资企业	Domestic Invested Enterprises	743176603	645181151
有限责任公司	Limited Liability Corporations	635169160	549588999
股份有限公司	Share-holding Corporations Ltd.	99470523	88109180
非公司企业法人	Non Corporate Legal Entity	7104926	6268440
个人独资企业	Sole Proprietorship Enterprises	1245771	1063427
合伙企业	Partnership Enterprises	175429	140614
其他内资企业	Other Domestic Invested Enterprises	10793	10490
2.港澳台投资企业	Enterprises with Investment from Hong Kong, Macao and Taiwan	107083420	83684352
3.外商投资企业	Foreign Invested Enterprises	143946160	120405852
4.其他统计类别	Other Statistical Categories	115386	103907

3-8-1 续表 5

项 目	Item	财务费用 Financial Expenses	#利息费用 Interest Expenses
二、零售业	**Retail Trade**	**4458084**	**3325634**
#国有控股	State-controlled Enterprises	639101	726219
(一)按登记注册统计类别分	**By Registered Statistical Categories**		
1.内资企业	Domestic Invested Enterprises	3360213	2487309
有限责任公司	Limited Liability Corporations	3033399	2105926
股份有限公司	Share-holding Corporations Ltd.	290073	351543
非公司企业法人	Non Corporate Legal Entity	30826	26564
个人独资企业	Sole Proprietorship Enterprises	5348	2580
合伙企业	Partnership Enterprises	566	695
其他内资企业	Other Domestic Invested Enterprises	2	2
2.港澳台投资企业	Enterprises with Investment from Hong Kong, Macao and Taiwan	407858	315242
3.外商投资企业	Foreign Invested Enterprises	689581	522958
4.其他统计类别	Other Statistical Categories	432	125

3-8-1 Continued 4

单位：万元
Unit: 10 000 yuan

税金及附加 Taxes and Other Charges	其他业务利润 Profits from Other Business	销售费用 Selling Expenses	管理费用 Administrative Expenses
3459949	**10549286**	**92413118**	**29167667**
885611	2955406	14401147	4103453
2476913	8048454	63667248	21072264
2017737	7137700	56508987	19067383
363658	877744	6714860	1788880
91366	27007	343627	158919
3818	5947	84551	47647
331	57	15223	9148
2			288
548315	368589	14585717	4017127
434639	2132232	14156455	4075927
82	11	3698	2349

3-8-1 Continued 5

单位：万元
Unit: 10 000 yuan

营业利润 Opreating Profits	利润总额 Total Profits	所得税费用 Income Tax Expenses	应付职工薪酬 Payables to Employees	应交增值税 VAT payable
17593501	**18302884**	**4223917**	**47777765**	**12962067**
6718837	6686727	701975	9115103	3360388
8937047	9525858	2131939	36139893	9330095
5827412	6442507	1859330	31362817	7490488
2830848	2801397	240240	4312435	1741212
227951	230033	28085	358240	84053
41221	42240	3940	92678	12637
9603	9671	343	13290	1668
11	9		433	38
4107288	4195993	1170251	6472958	1663248
4544074	4576614	921656	5158690	1968175
5092	4419	71	6224	549

项 目	Item	营业收入 Business Revenue	营业成本 Business Cost
(二)按国民经济行业分	**by Sector**		
综合零售	Integrated Retail	176888413	140587912
百货零售	Retail of General Merchandise	81181738	62363923
超级市场零售	Retail of Supermarkets	86546390	71171897
食品、饮料及烟草制品专门零售	Special Retail of Food, Beverages and Tobaccos	23958015	18173867
粮油零售	Retail of Cereal and Oil	547323	454060
肉、禽、蛋、奶及水产品零售	Retail of Meat, Poultry, Eggs, Milk and Aquatic Products	4448351	3674301
酒、饮料及茶叶零售	Retail of Wine, Beverages and Teas	3640517	2803234
烟草制品零售	Retail of Tobaccos	1770620	1355751
纺织、服装及日用品专门零售	Special Retail of Textiles, Garments and Daily Consumer Articles	58429148	33673232
服装零售	Retail of Garments	35680311	20962379
文化、体育用品及器材专门零售	Special Retail of Culture, Sports Appliances and Equipments	27779674	19993661
体育用品及器材零售	Retail of Sports Appliances and Equipments	2081405	1063401
图书、报刊零售	Retail of Books, Newspapers and Magazines	12909026	9395344
医药及医疗器材专门零售	Special Retail of Medicines and Medical Appliances	47191050	35501927
西药零售	Retail of Western Medicines	44749366	33777342
汽车、摩托车、零配件和燃料及其他动力销售	Retail of Motor Vehicles, Motorcycles, Parts, Fuel and Other Powers	505044695	471878089
汽车新车零售	Retail of New Motor Vehicles	320195248	301282602
机动车燃油零售	Retail of Fuel Oil of Motor Vehicles	177102221	163709930
家用电器及电子产品专门零售	Special Retail of Household Electric Appliances and Electronic Products	34216462	30247655
日用家电零售	Retail of Household Electric Appliances	9862278	8653153
计算机、软件及辅助设备零售	Retail of Computer, Software and Assistant Appliances	10785367	9533136
通信设备零售	Retail of Communication Equipments	8799567	7916234
五金、家具及室内装饰材料专门零售	Special Retail of Hardware, Furniture and Interior Decoration Materials	4332678	2904470
货摊、无店铺及其他零售业	Stalls, Non-shop and Other Retails	116481434	96414450
互联网零售	Retail on the Internet	111980581	93054877
(三)按零售业态分	**by Mode of Business Operation**		
有店铺零售	Store-based Retailing	855243881	734062595
超市	Supermarket	138843513	112983214
百货店	Department Store	100433664	75725593
专业店	Speciality Store	279657889	245885206
品牌专卖店	Brand Store	360051135	313036689
集合店	Collection Store	7826224	6694237
无店铺零售	Non-Store Selling	265668200	220673287

单位：万元

Unit: 10 000 yuan

税金及附加 Taxes and Other Charges	其他业务利润 Profits from Other Business	销售费用 Selling Expenses	管理费用 Administrative Expenses
1178457	4386697	21676358	8188251
911844	2188386	8965673	4720490
242852	1931395	11215347	2912610
145799	273638	3604188	1282067
1677	1734	66761	38582
7415	21060	499132	189066
14372	30859	419443	153051
79330	8162	139841	100091
317157	483296	15787081	4154679
184427	330712	9540736	2814949
261178	252612	3955048	1877027
11489	5571	546504	172749
41709	180331	1500601	1092346
128927	476650	8214796	2104820
121287	391693	7718164	1954166
1089546	4116700	20026765	7271694
812698	2808729	12133856	6032326
264143	1296265	7397987	1045795
53567	136289	2568216	872261
16956	43413	933590	309482
17139	3266	681453	153436
8972	64069	558307	268106
35200	71308	938939	524729
250119	352097	15641727	2892139
235667	326654	14985979	2644017
3058774	10005301	74443014	25348766
571274	2934282	17154807	5581748
1035679	2512912	12942534	5884587
688583	2884895	20797139	7099926
1201416	2915871	29066636	9975785
21430	59364	713278	269603
839997	1561929	31975490	7937636

项　目	Item	财务费用 Financial Expense	#利息费用 Interest Expenses
(二)按国民经济行业分	**by Sector**		
综合零售	Integrated Retail	1645484	1319263
百货零售	Retail of General Merchandise	908399	774120
超级市场零售	Retail of Supermarkets	694771	448972
食品、饮料及烟草制品专门零售	Special Retail of Food, Beverages and Tobaccos	83546	75970
粮油零售	Retail of Cereal and Oil	3383	3749
肉、禽、蛋、奶及水产品零售	Retail of Meat, Poultry, Eggs, Milk and Aquatic Products	22238	14164
酒、饮料及茶叶零售	Retail of Wine, Beverages and Teas	19588	13998
烟草制品零售	Retail of Tobaccos	-5220	3945
纺织、服装及日用品专门零售	Special Retail of Textiles, Garments and Daily Consumer Articles	258378	133386
服装零售	Retail of Garments	182684	97227
文化、体育用品及器材专门零售	Special Retail of Culture, Sports Appliances and Equipments	19139	64535
体育用品及器材零售	Retail of Sports Appliances and Equipments	13523	9305
图书、报刊零售	Retail of Books, Newspapers and Magazines	-63575	21101
医药及医疗器材专门零售	Special Retail of Medicines and Medical Appliances	220840	131101
西药零售	Retail of Western Medicines	205933	124638
汽车、摩托车、零配件和燃料及其他动力销售	Retail of Motor Vehicles, Motorcycles, Parts, Fuel and Other Powers	1872575	1342168
汽车新车零售	Retail of New Motor Vehicles	1376883	1041197
机动车燃油零售	Retail of Fuel Oil of Motor Vehicles	467214	281663
家用电器及电子产品专门零售	Special Retail of Household Electric Appliances and Electronic Products	121547	80121
日用家电零售	Retail of Household Electric Appliances	57683	28221
计算机、软件及辅助设备零售	Retail of Computer, Software and Assistant Appliances	5320	22975
通信设备零售	Retail of Communication Equipments	35666	19908
五金、家具及室内装饰材料专门零售	Special Retail of Hardware, Furniture and Interior Decoration Materials	84976	68979
货摊、无店铺及其他零售业	Stalls, Non-shop and Other Retails	151599	110112
互联网零售	Retail on the Internet	145760	100408
(三)按零售业态分	**by Mode of Business Operation**		
有店铺零售	Store-based Retailing	4190768	3113014
超市	Supermarket	1070093	732728
百货店	Department Store	1024108	823694
专业店	Speciality Store	1007573	782602
品牌专卖店	Brand Store	1492591	1095675
集合店	Collection Store	46176	36283
无店铺零售	Non-Store Selling	682202	571293

3-8-1 Continued 7

Unit: 10 000 yuan

营业利润 Opreating Profits	利润总额 Total Profits	所得税费用 Income Tax Expenses	应付职工薪酬 Payables to Employees	应交增值税 VAT payable
4448392	4576452	1097953	12109661	2656917
3863525	3952232	855706	4927425	1537851
587567	615227	224576	6516261	975439
801642	833656	177492	2179538	478945
-14067	-10397	970	51550	8403
86764	90211	8401	330114	42761
227825	225914	56219	243462	96819
120950	132748	34720	142245	53516
4419153	4574500	1308850	6233917	1715062
2008219	2112696	665818	4048286	908087
1881784	1894889	143112	2779037	371094
280142	278305	43386	270157	67433
1051859	1051528	-46533	1569628	79604
1233132	1259251	248360	5488825	814718
1182295	1209109	234414	5155587	758720
3463486	3636693	729455	13170256	4929815
-1167938	-844642	361484	9260527	2282649
4490557	4388036	357274	3643848	2560778
326159	340814	119222	1550844	362845
-64453	-60769	15862	488947	114261
349123	354023	93616	425755	141931
14178	18150	4149	414440	61167
-197717	-191267	13733	501626	108284
1217471	1377897	385739	3764062	1524385
969099	1113801	344411	3365340	1440252
16330379	16870774	3744444	42749706	10867300
1891329	1959654	517800	10277504	1897051
4537089	4636026	996278	7417028	1979274
4814562	4882437	670136	13480227	3382722
5905253	6343321	1938865	16004881	4093568
110146	113054	22358	420309	163563
3782991	4083371	1010516	12343016	3760875

3-8-2 各地区大中型批发业企业损益及分配

地 区	Region	营业收入 Business Revenue	营业成本 Business Cost	税金及附加 Taxes and Other Charges	其他业务利润 Profits from Other Business	销售费用 Selling Expenses	管理费用 Administr-ative Expenses
全 国	**National Total**	**5657099892**	**5272608250**	**31723702**	**9555727**	**156800422**	**81029810**
北 京	Beijing	604978456	566274305	1174065	1848208	16707668	12070702
天 津	Tianjin	174256025	168511812	677709	67516	2761864	1267836
河 北	Hebei	92087312	85918623	1148710	92813	1510468	1115389
山 西	Shanxi	131191981	124451602	752794	144445	1619863	1611245
内蒙古	Inner Mongolia	46898994	44018059	570522	125408	1134895	626799
辽 宁	Liaoning	133192468	128494614	745047	38226	1512791	941296
吉 林	Jilin	27197098	24689453	403541	12921	1125767	442566
黑龙江	Heilongjiang	55241360	52354977	479856	33891	1346469	574777
上 海	Shanghai	888412050	811775895	1694037	1522330	40361802	17278804
江 苏	Jiangsu	397520146	363543452	2235201	348760	12260272	6628283
浙 江	Zhejiang	562195011	533551280	2249421	952153	13233015	5704242
安 徽	Anhui	107203512	98574977	1192393	82600	4282866	1604293
福 建	Fujian	285865264	271911912	1148605	354796	4697942	2581495
江 西	Jiangxi	50561784	44447093	821349	332794	2559926	968899
山 东	Shandong	312817239	297335867	1582544	289019	5980763	3415367
河 南	Henan	95233246	87105597	1476057	189268	2462716	1684966
湖 北	Hubei	136954853	124778437	1165197	481608	3561659	1929923
湖 南	Hunan	66612251	59092181	1495562	95356	2115099	1435216
广 东	Guangdong	651874085	610915969	2913235	1627142	18798444	10197559
广 西	Guangxi	77680134	73556266	779895	80832	1132854	806615
海 南	Hainan	46763608	44186220	294179	44685	987695	486617
重 庆	Chongqing	99302771	89854602	1222409	156174	3091278	1185796
四 川	Sichuan	150729643	137872109	1488924	200521	4531602	1793657
贵 州	Guizhou	51368180	40184540	878755	32432	1923051	848382
云 南	Yunnan	82162081	75301398	1049724	70910	1841066	1016157
西 藏	Xizang	3665192	2506538	137593	1877	685703	162830
陕 西	Shaanxi	140640056	134741279	842105	83700	2016761	1065001
甘 肃	Gansu	69545440	67144509	424364	132593	837029	476512
青 海	Qinghai	10679440	10132622	118760	15096	244773	115044
宁 夏	Ningxia	9181746	8557089	125953	17109	250819	121076
新 疆	Xinjiang	95088469	90824973	435195	80544	1223505	872468

Income and Distribution of Large and Medium-sized Enterprises of Wholesale Trade by Region

单位：万元

Unit: 10 000 yuan

财务费用 Financial Expenses	#利息费用 Interest Expenses	营业利润 Opreating Profits	利润总额 Total Profits	所得税费用 Income Tax Expenses	应付职工薪酬 Payables to Employees	应交增值税 VAT Payable
11995592	**20953925**	**154624030**	**157545347**	**25900649**	**96542741**	**45309059**
1253739	3219117	25189958	25393655	2447760	11572287	3390331
309895	375496	1726937	1814333	360951	1833765	849884
378608	472393	2054287	2063137	355411	1146720	749618
491065	1049493	5544521	5550840	638581	1339822	882755
134596	245517	1831735	1798558	212395	682115	514797
119891	182185	1402533	1439431	297842	1078667	634756
183165	117569	400588	410537	121501	623667	526265
50462	433848	547267	553760	146339	725509	511574
1491110	1889795	20826972	21871323	5008021	22207866	6779209
1024679	1436849	13154449	13267211	2189183	6962500	4206120
876816	2074923	13958049	14497444	2508760	7383466	2936748
111146	403604	1930283	2044217	518007	1938974	1547700
888861	1498192	5589829	5797349	858219	2821958	1509343
79491	180411	1769699	1838252	336440	1062837	915136
672714	1029321	4293547	4480817	768370	4111640	1949893
230699	340744	2549735	2560852	488043	1883526	1019693
244885	397877	6171489	6167971	802770	2333246	1854714
189283	210036	2427340	2435740	504373	1490245	1168162
1121634	2063653	11906275	12086892	1973260	13693630	4766848
345667	461286	1268270	1279227	263675	993943	531044
42146	101175	1244741	1263469	177641	535813	383666
59850	244374	3870359	3895987	546562	1382964	1030838
383801	580551	5623756	5647143	930452	2563091	1689441
-27337	257474	8281762	8254561	1951555	1224788	1362091
174313	373545	3360939	3326019	675722	1481522	863900
-5749	7814	213435	216718	33373	172123	160230
263301	397922	3273770	3297177	363316	1321230	959928
169825	227679	944451	937812	96219	636072	543625
155126	20953	43006	83821	27532	189930	128938
8790	18189	223878	225056	35761	170756	107495
573121	641941	3000170	3046038	262613	978067	834313

3-8-3 各地区大中型零售业企业损益及分配

地区	Region	营业收入 Business Revenue	营业成本 Business Cost	税金及附加 Taxes and Other Charges	其他业务利润 Profits from Other Business	销售费用 Selling Expenses	管理费用 Administrative Expenses
全国	**National Total**	**994321569**	**849375262**	**3459949**	**10549286**	**92413118**	**29167667**
北京	Beijing	56118379	47368342	252159	1258869	5985970	1814682
天津	Tianjin	14885141	12561021	51088	277093	1722630	480232
河北	Hebei	29487279	25855175	119828	367865	1964376	992202
山西	Shanxi	14715572	13418095	36395	118680	912088	398331
内蒙古	Inner Mongolia	10948124	9757785	29608	77767	728618	250730
辽宁	Liaoning	23124453	20495496	92515	211844	1632942	670509
吉林	Jilin	10953883	9632970	44523	130020	722581	393974
黑龙江	Heilongjiang	11487390	10178748	40674	150570	765235	288279
上海	Shanghai	93355044	66691196	425877	524144	17159085	4773776
江苏	Jiangsu	86052897	75235526	208101	1298855	6623047	2279967
浙江	Zhejiang	71026348	61061025	235155	693286	6872989	2039854
安徽	Anhui	28649033	25205770	77705	135827	2224703	690468
福建	Fujian	40094372	34343924	105309	355665	3986579	899819
江西	Jiangxi	20324195	17613928	62488	84792	1495734	526733
山东	Shandong	57092363	49899649	182001	702323	4384955	1618676
河南	Henan	34125036	29421395	100040	340819	2300303	999137
湖北	Hubei	42427623	35904574	205944	414398	3562384	1186790
湖南	Hunan	31335936	27499906	115184	227347	2152248	870580
广东	Guangdong	125461030	107302941	398727	1549195	13430233	3662548
广西	Guangxi	12340223	10748774	31828	146245	1142904	409708
海南	Hainan	11842668	9927097	177516	76305	877235	329790
重庆	Chongqing	27523617	24351164	75144	214621	2073954	571048
四川	Sichuan	57537854	51069672	150669	546396	3911893	1217739
贵州	Guizhou	15676751	13852176	34699	85562	931754	301309
云南	Yunnan	19388277	17070981	49913	163279	1495467	382062
西藏	Xizang	1942402	1755838	3464	6522	100028	29746
陕西	Shaanxi	24225746	21575378	72121	182801	1737117	574653
甘肃	Gansu	8690238	7700861	28178	61583	579147	152132
青海	Qinghai	1721052	1543465	5559	14210	107307	49276
宁夏	Ningxia	2026288	1706380	10421	81171	191494	61031
新疆	Xinjiang	9742354	8626011	37116	51232	638118	251887

Income and Distribution of Large and Medium-sized Enterprises of Retail Trade by Region

单位：万元

Unit: 10 000 yuan

财务费用 Financial Expenses	#利息费用 Interest Expenses	营业利润 Opreating Profits	利润总额 Total Profits	所得税费用 Income Tax Expenses	应付职工薪酬 Payables to Employees	应交增值税 VAT Payable
4458084	**3325634**	**17593501**	**18302884**	**4223917**	**47777765**	**12962067**
194492	205633	734212	780228	292643	2982248	687649
75623	60793	18534	44470	44595	855472	189491
175839	106992	479051	475721	84009	1499604	337042
88088	45440	-147467	-128228	30060	582574	192274
42887	27253	153595	150430	18841	500565	370333
128090	93868	156753	174017	75031	1012073	229663
109544	75904	76073	86914	24214	437302	145325
64185	37589	174657	174681	45682	496573	275522
372913	271447	4185303	4438008	1437592	6179508	1681441
377777	275823	1601584	1605974	257304	3745585	1154110
221123	218712	697459	804329	302487	3194045	804569
118043	57662	408306	426395	61847	1285757	332773
184007	141447	735046	762495	160574	1893158	427201
82349	55326	566674	560861	63403	893261	229759
293090	194843	858138	878353	140745	2701125	635921
137026	78411	1197768	1201736	213362	1471547	338307
189295	134482	1298177	1300604	132881	2206790	853438
139003	160448	741950	744925	68178	1724633	391740
547326	427989	426897	517679	292547	6112830	1570668
59835	61837	-51399	-42165	23476	689225	110640
80211	67128	428178	432949	76443	416242	52878
89122	77610	409282	407165	48735	1262515	360140
242091	154169	1093120	1134987	120895	2225236	627882
103456	76664	469662	445241	47289	556334	151015
74704	65530	329104	328188	36911	875791	200269
7776	6641	48351	47481	2224	64929	36739
124358	56340	146285	182951	61297	884130	233138
35397	26245	201925	197803	25376	368726	112279
19734	12758	1754	4301	2955	81959	16789
34717	16175	23510	23887	4482	115483	20441
45984	34477	131019	140506	27842	462547	192633

3-9-1 按业态分连锁零售企业基本情况
Basic Conditions of Chain Retail Enterprises by Business Categories

业　态	Business Categories	门店总数（个）Number of Stores (unit)	从业人员（万人）Employed Persons (10 000 persons)	营业面积（万平方米）Operating Area (10 000 sq.m)	商品销售额（亿元）Total Sales of Commodities (100 million yuan)	#零售额 Retail Value
总　计	**Total**	**398343**	**235.9**	**18671.9**	**42577.5**	**31472.7**
便利店	Convenience Store	45292	12.5	416.5	811.8	679.6
超市	Supermarket	26622	63.7	5113.9	7346.2	6718.2
折扣店	Discount Store	485	0.2	24.7	52.2	31.7
仓储会员店	Warehouse Club	971	3.0	124.4	406.3	363.3
百货店	Department Store	4523	13.2	2186.4	2048.0	1893.6
购物中心	Shopping Mall	418	1.2	231.4	257.6	239.0
专业店	Specialty Store	263336	108.1	9537.4	25561.8	17338.7
#加油站	Gas Station	34163	19.4	5463.2	17219.2	11003.4
品牌专卖店	Brand Exclusive Store	45740	27.4	877.7	4999.8	3869.3
集合店	Multi-brands Store	2283	1.1	66.7	83.0	72.0
无人值守商店	Unnanned Store					
其他	Other Store	8673	5.4	92.7	1010.8	267.3

注：2023年，根据第五次全国经济普查有关资料，更加全面掌握连锁企业的经营情况，统计单位增加较多。

Note: In 2023, according to the relevant data of the fifth national econominc census, a more comprehensive understanding of the operation of chain enterprises has been obtained and the number of statistical units have increased significantly.

3-9-2 按登记注册统计类别分连锁零售企业基本情况
Main Indincators of Chain Retail Enterprises by Registered Statistical Categories

项　　目	Item	门店总数（个）Number of Stores (unit)	从业人员（万人）Employed Persons (10 000 persons)	营业面积（万平方米）Operating Area (10 000 sq.m)	商品销售额（亿元）Total Sales of Commodities (100 million yuan)	#零售额 Retail Value
总　计	**Total**	**398343**	**235.9**	**18671.9**	**42577.5**	**31472.7**
内资企业	**Domestic Invested Enterprises**	**342281**	**175.8**	**12226.0**	**24448.5**	**17727.7**
有限责任公司	Limited Liability Corporations	294548	139.9	7639.8	14800.9	10824.5
股份有限公司	Share-holding Corporations Ltd.	45215	34.1	4352.4	8637.4	6441.8
非公司企业法人	Non Corporate Legal Entity	1581	1.4	220.7	988.0	441.2
个人独资企业	Sole Proprietorship Enterprises	558	0.2	9.1	15.7	13.7
合伙企业	Partnership Enterprises					
其他内资企业	Other Domestic Invested Enterprises	379	0.1	4.0	6.6	6.6
港澳台投资企业	**Enterprises with Investment from Hong Kong, Macao and Taiwan**	**22157**	**32.2**	**2489.2**	**4972.4**	**4444.0**
外商投资企业	**Foreign Invested Enterprises**	**33905**	**27.9**	**3956.7**	**13156.7**	**9301.0**
其他统计类别	**Other Statistical Categories**					

注：本表登记注册统计类别按《关于市场主体统计分类的划分规定》(国统字〔2023〕14号)执行。

Note: The registered statistical categories of this table is implemented in accordance with the Regulations on the Classification of Market Entity Statistics (Guotongzi [2023] No. 14).

3-9-3 按行业分连锁零售企业基本情况
Basic Conditions of Chain Retail Enterprises by Sector

项　目	Item	门店总数（个）Number of Stores (unit)	从业人员（万人）Employed Persons (10 000 persons)	营业面积（万平方米）Operating Area (10 000 sq.m)
总　计	**Total**	**398343**	**235.9**	**18671.9**
一、批发业	**Wholesale Trade**	**50730**	**23.8**	**3634.9**
农、林、牧、渔产品批发	Wholesale of Agricultural,Forestry,Livestock and Fishery Products	1165	0.4	18.5
食品、饮料及烟草制品批发	Wholesale of Food, Beverages and Tobaccos	13554	5.5	135.4
纺织、服装及家庭用品批发	Wholesale of Textiles, Wearing Apparel and Household Articles	4768	2.0	73.8
文化、体育用品及器材批发	Wholesale of Culture, Sports Appliances and Equipments	1115	1.3	52.7
医药及医疗器材批发	Wholesale of Medicines and Medical Appliances	10948	3.8	92.6
矿产品、建材及化工产品批发	Wholesale of Mineral Products, Building Materials and Chemical Products	17284	9.4	3243.2
机械设备、五金产品及电子产品批发	Wholesale of Machinery, Hardware and Electronic Products	520	0.3	5.9
贸易经纪及代理	Trade Broker and Agency			
其他批发业	Other Wholesale not Classified Elsewhere	1376	0.9	12.9
二、零售业	**Retail Trade**	**347613**	**212.1**	**15037.0**
综合零售	General Retail	77960	96.8	8388.5
食品、饮料及烟草制品专门零售	Special Retail of Food, Beverages and Tobaccos	21126	7.8	114.1
纺织、服装及日用品专门零售	Special Retail of Textiles, Garments and Daily Consumer Articles	23526	14.8	585.4
文化、体育用品及器材专门零售	Special Retail of Culture, Sports Appliances and Equipments	5921	5.6	288.5
医药及医疗器材专门零售	Special Retail of Medicines and Medical Appliances	195374	70.2	2096.5
汽车、摩托车、燃料及零配件专门零售	Special Retail of Motor Vehicles, Motorcycles, Fuel and Parts	18649	10.8	3047.0
家用电器及电子产品专门零售	Special Retail of Household Electric Appliances and Electronic Products	3915	5.0	428.5
五金、家具及室内装饰材料专门零售	Special Retail of Hardware, Furniture and Interior Decoration Materials	465	0.7	80.4
货摊、无店铺及其他零售业	Stalls, Non-Shop and Other Retails	677	0.3	8.1

项　目	Item	商品销售额(亿元) Total Sales of Commodities (100 million yuan)	#零售额 Retail Sales
总　计	**Total**	**42577.5**	**31472.7**
一、批发业	**Wholesale Trade**	**11046.8**	**5564.8**
农、林、牧、渔产品批发	Wholesale of Agricultural,Forestry,Livestock and Fishery Products	43.5	2.2
食品、饮料及烟草制品批发	Wholesale of Food, Beverages and Tobaccos	868.3	123.5
纺织、服装及家庭用品批发	Wholesale of Textiles, Wearing Apparel and Household Articles	156.9	38.7
文化、体育用品及器材批发	Wholesale of Culture, Sports Appliances and Equipments	334.2	122.4
医药及医疗器材批发	Wholesale of Medicines and Medical Appliances	235.9	191.9
矿产品、建材及化工产品批发	Wholesale of Mineral Products, Building Materials and Chemical Products	8725.0	4957.7
机械设备、五金产品及电子产品批发	Wholesale of Machinery, Hardware and Electronic Products	347.6	41.0
贸易经纪及代理	Trade Broker and Agency		
其他批发业	Other Wholesale not Classified Elsewhere	335.5	87.5
二、零售业	**Retail Trade**	**31530.7**	**25907.9**
综合零售	General Retail	11534.0	10594.7
食品、饮料及烟草制品专门零售	Special Retail of Food, Beverages and Tobaccos	669.5	576.4
纺织、服装及日用品专门零售	Special Retail of Textiles, Garments and Daily Consumer Articles	2115.2	1977.3
文化、体育用品及器材专门零售	Special Retail of Culture, Sports Appliances and Equipments	1348.4	643.4
医药及医疗器材专门零售	Special Retail of Medicines and Medical Appliances	4130.6	3752.8
汽车、摩托车、燃料及零配件专门零售	Special Retail of Motor Vehicles, Motorcycles, Fuel and Parts	9252.8	6215.0
家用电器及电子产品专门零售	Special Retail of Household Electric Appliances and Electronic Products	2262.3	1993.9
五金、家具及室内装饰材料专门零售	Special Retail of Hardware, Furniture and Interior Decoration Materials	129.5	71.3
货摊、无店铺及其他零售业	Stalls, Non-Shop and Other Retails	88.3	83.2

3-9-4 各地区连锁零售企业基本情况

Basic Conditions of Chain Retail Enterprises by Region

地 区	Region	门店总数(个) Number of Stores (unit)	从业人数(万人) Employed Persons (10 000 persons)	营业面积(万平方米) Operating Area (10 000 sq.m)	商品销售额(亿元) Total Sales of Commodities (100 million yuan)	#零售额 Retail Sales
北 京	Beijing	9545	10.0	743.9	3112.0	2612.9
天 津	Tianjin	3506	2.5	131.7	519.5	394.0
河 北	Hebei	14859	7.4	714.2	1152.8	777.2
山 西	Shanxi	11235	5.6	267.0	451.0	373.5
内蒙古	Inner Mongolia	4051	1.6	62.8	83.4	76.7
辽 宁	Liaoning	13047	6.1	455.2	831.8	645.6
吉 林	Jilin	5606	2.3	87.9	261.6	180.9
黑龙江	Heilongjiang	6395	3.2	100.8	431.0	237.8
上 海	Shanghai	24359	22.6	1459.8	5128.5	3821.7
江 苏	Jiangsu	25511	15.1	1638.2	3489.1	2830.7
浙 江	Zhejiang	22688	10.3	1033.2	2850.8	1587.3
安 徽	Anhui	12838	6.7	645.2	1270.8	1169.6
福 建	Fujian	18403	18.2	1348.7	2304.4	2016.7
江 西	Jiangxi	7199	4.4	308.1	1030.5	778.1
山 东	Shandong	30354	20.5	2601.2	2890.7	2089.3
河 南	Henan	14852	8.7	638.4	1099.5	946.9
湖 北	Hubei	16303	11.1	530.3	1726.1	1335.7
湖 南	Hunan	18616	10.3	895.4	1713.6	1439.5
广 东	Guangdong	46734	24.4	1487.5	4696.0	3062.6
广 西	Guangxi	13962	5.3	580.4	1077.4	567.2
海 南	Hainan	2207	0.9	122.9	329.4	157.9
重 庆	Chongqing	8323	6.1	455.7	1057.4	819.9
四 川	Sichuan	27169	12.1	516.4	1387.6	1272.7
贵 州	Guizhou	3699	1.5	78.8	164.6	130.3
云 南	Yunnan	13230	4.7	268.0	590.7	467.7
西 藏	Xizang	139	0.1	3.5	5.3	4.1
陕 西	Shaanxi	8749	6.1	439.3	960.0	652.3
甘 肃	Gansu	3601	1.9	130.3	353.6	289.7
青 海	Qinghai	552	0.3	14.5	21.5	15.8
宁 夏	Ningxia	2278	1.7	235.2	412.7	194.5
新 疆	Xinjiang	8333	3.9	677.5	1174.1	523.7

注：门店总数全国总计中包括开设在港澳台地区和国外的门店(以下相关表同)。

Note: Total number of stores includes those located in Hong Kong, Macao and Taiwan province and foreign countries.(The same applies to the tables following.)

地 区	Region	商品购进总额（亿元）Total Purchases Value (100 million yuan)	统一配送商品购进额（亿元）Centralized Purchase and Delivery (100 million yuan)	自有配送中心配送商品购进额 Self Centralized Purchase and Delivery	非自有配送中心配送商品购进额 Non-self Centralized Purchase and Delivery
北 京	Beijing	2601.9	1413.7	974.7	281.9
天 津	Tianjin	459.7	351.8	265.4	66.2
河 北	Hebei	940.4	691.0	436.4	45.5
山 西	Shanxi	365.4	236.0	138.4	6.8
内蒙古	Inner Mongolia	64.4	64.3	26.0	14.5
辽 宁	Liaoning	661.9	476.5	98.1	40.6
吉 林	Jilin	107.7	83.9	32.9	8.3
黑龙江	Heilongjiang	396.5	227.4	100.5	100.6
上 海	Shanghai	4457.4	2619.9	1854.1	724.9
江 苏	Jiangsu	3199.3	2876.0	2262.6	163.7
浙 江	Zhejiang	2594.9	2306.5	1808.9	280.7
安 徽	Anhui	1108.2	1042.7	284.4	42.1
福 建	Fujian	1774.1	519.6	176.6	29.3
江 西	Jiangxi	410.7	343.4	216.5	35.7
山 东	Shandong	2409.1	1395.1	742.3	270.5
河 南	Henan	874.6	557.8	309.4	65.4
湖 北	Hubei	1356.1	1041.6	756.4	214.7
湖 南	Hunan	1081.1	844.6	467.2	246.4
广 东	Guangdong	3296.2	2063.1	752.5	341.2
广 西	Guangxi	960.3	931.0	534.8	332.8
海 南	Hainan	315.4	307.9	236.8	4.3
重 庆	Chongqing	967.2	732.1	557.4	148.0
四 川	Sichuan	1177.8	892.2	461.9	120.5
贵 州	Guizhou	161.6	156.2	138.3	18.0
云 南	Yunnan	309.8	283.6	102.9	18.7
西 藏	Xizang	2.9	2.8	0.2	0.1
陕 西	Shaanxi	772.3	541.7	342.8	26.3
甘 肃	Gansu	304.7	254.1	34.3	5.2
青 海	Qinghai	16.4	12.1	2.7	0.2
宁 夏	Ningxia	350.2	209.7	68.8	41.5
新 疆	Xinjiang	1010.8	980.6	442.0	413.4

住宿和餐饮业

HOTELS AND CATERING SERVICES

第4篇

4-1-1 限额以上住宿和餐饮业企业基本情况
Basic Conditions of Enterprises above Designated Size of Hotels and Catering Services

项　目	Item	法人单位数（个）Number of Corporation Enterprises (unit)	年末从业人数（人）Engaged Persons at the Year-end (person)	年末餐饮营业面积（平方米）Business Area of Catering Services at the Year-end (sq.m)
总　计	**Total**	**97971**	**5287153**	**234084290**
一、住宿业	**Hotels**	**36317**	**1785144**	**118881255**
#国有控股	State-controlled Enterprises	3354	418993	18835172
(一)按登记注册统计类别分	**By Registered Statistical Categories**			
1.内资企业	Domestic Invested Enterprises	35575	1664216	113921170
有限责任公司	Limited Liability Corporations	33179	1546007	108136731
股份有限公司	Share-holding Corporations Ltd.	148	17099	795680
非公司企业法人	Non Corporate Legal Entity	628	62863	2123680
个人独资企业	Sole Proprietorship Enterprises	1403	31717	2408587
合伙企业	Partnership Enterprises	215	6466	454792
其他内资企业	Other Domestic Invested Enterprises	NA	64	1700
2.港澳台投资企业	Enterprises with Investment from Hong Kong, Macao and Taiwan	508	81174	3141367
3.外商投资企业	Foreign Invested Enterprises	230	39681	1813008
4.其他统计类别	Other Statistical Categories	4	73	5710
(二)按国民经济行业分	**by Sector**			
旅游饭店	Tourist Hotel	14902	1156897	69491811
一般旅馆	Fonda	19313	564909	43984530
民宿服务	Home Lodging Services	751	12338	959569
露营地服务	Campground Services	37	764	254766
其他住宿业	Others	1314	50236	4190579

注：NA表示小于或等于3(下表同)。
Note:NA refers to less than or equal to three. The same applies to the tables following.

4-1-1 续表 Continued

项　目	Item	法人单位数（个）Number of Corporation Enterprises (unit)	年末从业人数（人）Engaged Persons at the Year-end (person)	年末餐饮营业面积（平方米）Business Area of Catering Services at the Year-end (sq.m)
二、餐饮业	**Catering Services**	**61654**	**3502009**	**115203035**
#国有控股	State-controlled Enterprises	1480	159033	7579192
（一）按登记注册统计类别分	**By Registered Statistical Categories**			
1.内资企业	Domestic Invested Enterprises	60496	2665542	104269854
有限责任公司	Limited Liability Corporations	54360	2483889	95803896
股份有限公司	Share-holding Corporations Ltd.	195	57492	2480080
非公司企业法人	Non Corporate Legal Entity	271	15286	746242
个人独资企业	Sole Proprietorship Enterprises	4770	89057	4614634
合伙企业	Partnership Enterprises	897	19730	621822
其他内资企业	Other Domestic Invested Enterprises	NA	88	3180
2.港澳台投资企业	Enterprises with Investment from Hong Kong, Macao and Taiwan	767	426355	6208661
3.外商投资企业	Foreign Invested Enterprises	380	409722	4715572
4.其他统计类别	Other Statistical Categories	11	390	8948
（二）按国民经济行业分	**by Sector**			
正餐服务	Dinner	53687	2220018	94511367
快餐服务	Snack	2762	736051	10984934
饮料及冷饮服务	Beverage and Cold Drinks	1384	168902	3447100
餐饮配送及外卖送餐服务	Catering Distribution and Delivery Services	2410	204394	2792832
其他餐饮业	Others	1411	172644	3466802

4-1-2 各地区限额以上住宿业企业基本情况
Basic Conditions of Enterprises above Designated Size of Hotels by Region

地区	Region	住宿业 Hotels 法人单位数（个）Number of Corporation Enterprises (unit)	住宿业 Hotels 年末从业人数（人）Engaged Persons at the Year-end (person)	#国有控股 State-controlled Enterprises 法人单位数（个）Number of Corporation Enterprises (unit)	#国有控股 State-controlled Enterprises 年末从业人数（人）Engaged Persons at the Year-end (person)
全国	**National Total**	**36317**	**1785144**	**3354**	**418993**
北京	Beijing	1262	86715	328	43909
天津	Tianjin	419	15789	49	4400
河北	Hebei	713	45876	105	12665
山西	Shanxi	714	37756	60	11203
内蒙古	Inner Mongolia	428	20549	39	3621
辽宁	Liaoning	594	29297	73	7034
吉林	Jilin	253	15835	43	5027
黑龙江	Heilongjiang	307	13741	52	4594
上海	Shanghai	1089	71996	176	28468
江苏	Jiangsu	2577	117704	249	32894
浙江	Zhejiang	2338	141250	200	24289
安徽	Anhui	965	45722	45	9236
福建	Fujian	1518	91486	133	22047
江西	Jiangxi	1589	53063	124	10648
山东	Shandong	2376	102094	222	32169
河南	Henan	2018	77740	112	12040
湖北	Hubei	1838	62078	79	7403
湖南	Hunan	1599	65702	70	7630
广东	Guangdong	4105	223763	224	34827
广西	Guangxi	1115	50172	76	8861
海南	Hainan	375	40975	52	7489
重庆	Chongqing	729	35956	58	7394
四川	Sichuan	2258	100088	177	20765
贵州	Guizhou	1017	39145	126	8991
云南	Yunnan	1161	56972	112	12961
西藏	Xizang	142	5237	26	1500
陕西	Shaanxi	1406	72321	121	16149
甘肃	Gansu	532	25171	64	5823
青海	Qinghai	153	5957	18	1334
宁夏	Ningxia	101	4649	7	1184
新疆	Xinjiang	626	30345	134	12438

4-1-3 各地区限额以上住宿业企业基本情况(按登记注册统计类别分)

Basic Conditions of Enterprises above Designated Size of Hotels by Region and Registered Statistical Categories

地区	Region	内资企业 Domestic Funded Enterprises		有限责任公司 Limited Liability Corporations	
		法人单位数(个) Number of Corporation Enterprises (unit)	年末从业人数(人) Engaged Persons at the Year-end (person)	法人单位数(个) Number of Corporation Enterprises (unit)	年末从业人数(人) Engaged Persons at the Year-end (person)
全国	**National Total**	**35575**	**1664216**	**33179**	**1546007**
北京	Beijing	1217	74164	1095	62152
天津	Tianjin	409	14465	397	14140
河北	Hebei	709	45242	646	40369
山西	Shanxi	714	37756	667	31577
内蒙古	Inner Mongolia	425	19767	406	18858
辽宁	Liaoning	567	26028	520	23521
吉林	Jilin	249	15103	222	12036
黑龙江	Heilongjiang	300	12297	269	10011
上海	Shanghai	1033	59642	1004	58446
江苏	Jiangsu	2515	111207	2376	106473
浙江	Zhejiang	2269	129474	2141	121571
安徽	Anhui	958	44186	938	43144
福建	Fujian	1433	79523	1267	73792
江西	Jiangxi	1575	52217	1455	48240
山东	Shandong	2354	98843	2235	88507
河南	Henan	2008	76364	1879	69682
湖北	Hubei	1822	60059	1691	57008
湖南	Hunan	1585	63243	1452	58662
广东	Guangdong	3914	194923	3634	181316
广西	Guangxi	1098	47246	1046	45420
海南	Hainan	356	34910	346	34376
重庆	Chongqing	720	34021	662	32518
四川	Sichuan	2238	98255	2076	93747
贵州	Guizhou	1015	39080	942	37400
云南	Yunnan	1144	54778	1020	50867
西藏	Xizang	140	4788	132	4491
陕西	Shaanxi	1399	70960	1326	67585
甘肃	Gansu	530	24792	503	23217
青海	Qinghai	152	5889	145	5666
宁夏	Ningxia	101	4649	95	3806
新疆	Xinjiang	626	30345	592	27409

4-1-3 续表 1 Continued 1

地 区	Region	股份有限公司 Share-holding Corporations Ltd. 法人单位数（个）Number of Corporation Enterprises (unit)	股份有限公司 Share-holding Corporations Ltd. 年末从业人数（人）Engaged Persons at the Year-end (person)	非公司企业法人 Non Corporate Legal Entity 法人单位数（个）Number of Corporation Enterprises (unit)	非公司企业法人 Non Corporate Legal Entity 年末从业人数（人）Engaged Persons at the Year-end (person)
全 国	**National Total**	**148**	**17099**	**628**	**62863**
北 京	Beijing	NA	184	105	11491
天 津	Tianjin	NA	15	NA	92
河 北	Hebei			45	3750
山 西	Shanxi	4	220	19	5126
内 蒙 古	Inner Mongolia	NA	37	5	415
辽 宁	Liaoning	NA	325	16	1315
吉 林	Jilin	NA	72	20	2910
黑 龙 江	Heilongjiang	5	470	16	1537
上 海	Shanghai	NA	522	4	338
江 苏	Jiangsu	7	1360	14	1347
浙 江	Zhejiang	21	3440	32	2534
安 徽	Anhui	8	604	NA	163
福 建	Fujian	5	777	22	1453
江 西	Jiangxi	4	40	25	2222
山 东	Shandong	11	640	56	9050
河 南	Henan	6	925	49	4116
湖 北	Hubei	8	450	19	1021
湖 南	Hunan	4	178	16	1892
广 东	Guangdong	25	4091	51	3282
广 西	Guangxi	NA	226	12	550
海 南	Hainan	NA	292	5	151
重 庆	Chongqing	4	487	7	318
四 川	Sichuan	4	253	13	1108
贵 州	Guizhou	NA	129	5	301
云 南	Yunnan	NA	510	12	1303
西 藏	Xizang	NA	35	4	223
陕 西	Shaanxi	NA	39	19	1408
甘 肃	Gansu	NA	128	8	620
青 海	Qinghai	NA	40	NA	67
宁 夏	Ningxia	NA	85	NA	687
新 疆	Xinjiang	NA	525	21	2073

4-1-3 续表 2 Continued 2

地区	Region	个人独资企业 Sole Proprietorship Enterprises 法人单位数(个) Number of Corporation Enterprises (unit)	年末从业人数(人) Engaged Persons at the Year-end (person)	合伙企业 Partnership Enterprises 法人单位数(个) Number of Corporation Enterprises (unit)	年末从业人数(人) Engaged Persons at the Year-end (person)
全国	**National Total**	**1403**	**31717**	**215**	**6466**
北京	Beijing	14	337		
天津	Tianjin	7	178	NA	40
河北	Hebei	18	1123		
山西	Shanxi	23	812	NA	21
内蒙古	Inner Mongolia	11	397	NA	60
辽宁	Liaoning	27	818	NA	49
吉林	Jilin	5	85		
黑龙江	Heilongjiang	8	181	NA	98
上海	Shanghai	20	309	NA	
江苏	Jiangsu	110	1866	8	161
浙江	Zhejiang	50	1231	25	698
安徽	Anhui	9	235	NA	40
福建	Fujian	114	2340	25	1161
江西	Jiangxi	65	1063	26	652
山东	Shandong	50	609	NA	37
河南	Henan	70	1571	4	70
湖北	Hubei	97	1335	7	245
湖南	Hunan	92	1906	21	605
广东	Guangdong	169	5023	35	1211
广西	Guangxi	25	789	12	261
海南	Hainan	NA	91		
重庆	Chongqing	45	667	NA	31
四川	Sichuan	127	2712	17	398
贵州	Guizhou	57	971	10	279
云南	Yunnan	108	2012	NA	86
西藏	Xizang	NA	39		
陕西	Shaanxi	46	1672	6	256
甘肃	Gansu	17	827		
青海	Qinghai	4	116		
宁夏	Ningxia	NA	71		
新疆	Xinjiang	9	331	NA	7

4-1-3 续表 3 Continued 3

地 区	Region	港澳台投资企业 Enterprises with Investment from Hong Kong, Macao and Taiwan 法人单位数(个) Number of Corporation Enterprises (unit)	港澳台投资企业 年末从业人数(人) Engaged Persons at the Year-end (person)	外商投资企业 Foreign Funded Enterprises 法人单位数(个) Number of Corporation Enterprises (unit)	外商投资企业 年末从业人数(人) Engaged Persons at the Year-end (person)
全 国	**National Total**	**508**	**81174**	**230**	**39681**
北 京	Beijing	26	8596	18	3955
天 津	Tianjin	5	392	5	932
河 北	Hebei	4	634		
山 西	Shanxi				
内蒙古	Inner Mongolia	NA	639	NA	143
辽 宁	Liaoning	11	2240	16	1029
吉 林	Jilin	NA	137	NA	595
黑龙江	Heilongjiang	5	894	NA	550
上 海	Shanghai	30	4891	25	7447
江 苏	Jiangsu	42	4064	20	2433
浙 江	Zhejiang	45	8328	24	3448
安 徽	Anhui	6	1353	NA	183
福 建	Fujian	66	9169	19	2794
江 西	Jiangxi	9	614	4	187
山 东	Shandong	11	1904	10	1335
河 南	Henan	6	934	4	442
湖 北	Hubei	11	1798	5	221
湖 南	Hunan	10	2036	4	423
广 东	Guangdong	153	20488	38	8352
广 西	Guangxi	14	2504	NA	422
海 南	Hainan	15	5248	4	817
重 庆	Chongqing	4	1107	5	828
四 川	Sichuan	11	626	9	1207
贵 州	Guizhou	NA	65		
云 南	Yunnan	12	1610	5	584
西 藏	Xizang	NA	196	NA	253
陕 西	Shaanxi	4	565	NA	796
甘 肃	Gansu	NA	142	NA	237
青 海	Qinghai			NA	68
宁 夏	Ningxia				
新 疆	Xinjiang				

4-1-4 各地区限额以上住宿业企业基本情况(按国民经济行业分)

Basic Conditions of Enterprises above Designated Size of Hotels by Region and Sector

地区	Region	旅游饭店 Tourist Hotel		一般旅馆 Fonda		民宿服务 Home Lodging Services	
		法人单位数(个) Number of Corporation Enterprises (unit)	年末从业人数(人) Employed Persons at Year-end (person)	法人单位数(个) Number of Corporation Enterprises (unit)	年末从业人数(人) Employed Persons at Year-end (person)	法人单位数(个) Number of Corporation Enterprises (unit)	年末从业人数(人) Employed Persons at Year-end (person)
全 国	**National Total**	**14902**	**1156897**	**19313**	**564909**	**751**	**12338**
北 京	Beijing	539	61860	665	23075	11	169
天 津	Tianjin	103	8179	294	6903	NA	11
河 北	Hebei	308	28523	385	15740	NA	34
山 西	Shanxi	248	19188	438	17343	NA	62
内蒙古	Inner Mongolia	224	13132	194	7054		
辽 宁	Liaoning	244	18955	317	8291		
吉 林	Jilin	150	11560	87	3798	NA	44
黑龙江	Heilongjiang	145	9415	144	3949	NA	17
上 海	Shanghai	390	46740	684	24767	6	116
江 苏	Jiangsu	800	74432	1617	39340	31	439
浙 江	Zhejiang	1124	107388	1083	31823	118	1735
安 徽	Anhui	343	29622	569	14693	29	407
福 建	Fujian	816	69851	628	19712	43	622
江 西	Jiangxi	558	27612	845	19868	60	699
山 东	Shandong	847	66260	1410	31363	39	570
河 南	Henan	664	41174	1254	33086	32	542
湖 北	Hubei	538	30315	1149	27593	45	616
湖 南	Hunan	646	38543	784	22720	60	960
广 东	Guangdong	1766	151869	2138	65641	64	1298
广 西	Guangxi	497	30432	581	18655	10	193
海 南	Hainan	286	36608	70	3564	NA	23
重 庆	Chongqing	308	22702	375	12166	11	290
四 川	Sichuan	919	59776	1245	37300	49	797
贵 州	Guizhou	542	26341	423	11305	20	473
云 南	Yunnan	434	30463	591	22726	74	1487
西 藏	Xizang	70	2528	56	2169		
陕 西	Shaanxi	604	46097	724	22972	19	391
甘 肃	Gansu	315	18673	204	6199		
青 海	Qinghai	87	4013	61	1720		
宁 夏	Ningxia	56	3656	38	923	6	54
新 疆	Xinjiang	331	20990	260	8451	15	289

地区	Region	露营地服务 Campground Services 法人单位数(个) Number of Corporation Enterprises (unit)	露营地服务 Campground Services 年末从业人数(人) Employed Persons at Year-end (person)	其他住宿业 Others 法人单位数(个) Number of Corporation Enterprises (unit)	其他住宿业 Others 年末从业人数(人) Employed Persons at Year-end (person)
全国	**National Total**	**37**	**764**	**1314**	**50236**
北京	Beijing			47	1611
天津	Tianjin			21	696
河北	Hebei			19	1579
山西	Shanxi	NA	81	23	1082
内蒙古	Inner Mongolia			10	363
辽宁	Liaoning	NA	8	32	2043
吉林	Jilin			14	433
黑龙江	Heilongjiang			17	360
上海	Shanghai	NA	33	8	340
江苏	Jiangsu	NA	28	128	3465
浙江	Zhejiang	4	87	9	217
安徽	Anhui	NA	70	23	930
福建	Fujian	NA	22	29	1279
江西	Jiangxi	5	74	121	4810
山东	Shandong			80	3901
河南	Henan	NA	40	66	2898
湖北	Hubei	4	76	102	3478
湖南	Hunan	NA	8	108	3471
广东	Guangdong	NA	21	136	4934
广西	Guangxi	NA	61	25	831
海南	Hainan			18	780
重庆	Chongqing			35	798
四川	Sichuan			45	2215
贵州	Guizhou	NA	42	30	984
云南	Yunnan	NA	38	61	2258
西藏	Xizang			16	540
陕西	Shaanxi	NA	52	56	2809
甘肃	Gansu			13	299
青海	Qinghai			5	224
宁夏	Ningxia			NA	16
新疆	Xinjiang	4	23	16	592

4-1-5 各地区限额以上餐饮业企业基本情况
Basic Conditions of Enterprises above Designated Size of Catering Services by Region

地区	Region	餐饮业 Catering Services		#国有控股 State-controlled Enterprises	
		法人单位数(个) Number of Corporation Enterprises (unit)	年末从业人数(人) Engaged Persons at the Year-end (person)	法人单位数(个) Number of Corporation Enterprises (unit)	年末从业人数(人) Engaged Persons at the Year-end (person)
全　国	**National Total**	**61654**	**3502009**	**1480**	**159033**
北　京	Beijing	2531	292634	114	11716
天　津	Tianjin	720	64568	18	2435
河　北	Hebei	900	44163	41	3387
山　西	Shanxi	1109	66056	48	8010
内蒙古	Inner Mongolia	330	26979	21	3030
辽　宁	Liaoning	564	70165	14	1201
吉　林	Jilin	248	14449	14	1467
黑龙江	Heilongjiang	280	10137	8	326
上　海	Shanghai	2413	318813	61	7699
江　苏	Jiangsu	6452	340114	182	18082
浙　江	Zhejiang	3480	214551	74	10006
安　徽	Anhui	2092	117523	41	4352
福　建	Fujian	2902	126737	31	4699
江　西	Jiangxi	2553	69843	65	4460
山　东	Shandong	5161	199664	176	17663
河　南	Henan	2132	70227	28	2268
湖　北	Hubei	4981	177024	32	1905
湖　南	Hunan	2627	97318	38	1812
广　东	Guangdong	8142	585683	85	16198
广　西	Guangxi	1119	53844	32	5195
海　南	Hainan	179	12709	NA	348
重　庆	Chongqing	1547	61662	16	778
四　川	Sichuan	3699	230397	85	5926
贵　州	Guizhou	910	32136	78	5302
云　南	Yunnan	1477	52821	46	5868
西　藏	Xizang	33	1886	4	663
陕　西	Shaanxi	1907	93106	37	6525
甘　肃	Gansu	590	28342	43	3552
青　海	Qinghai	65	3146	NA	54
宁　夏	Ningxia	91	4183	NA	119
新　疆	Xinjiang	420	21129	43	3987

4-1-6 各地区限额以上餐饮业企业基本情况(按登记注册统计类别分)

Basic Conditions of Enterprises above Designated Size of Catering Services by Region and Registered Statistical Categories

地 区	Region	内资企业 Domestic Funded Enterprises		# 有限责任公司 Limited Liability Corporations	
		法人单位数 (个) Number of Corporation Enterprises (unit)	年末从业人数 (人) Engaged Persons at the Year-end (person)	法人单位数 (个) Number of Corporation Enterprises (unit)	年末从业人数 (人) Engaged Persons at the Year-end (person)
全 国	**National Total**	**60496**	**2665542**	**54360**	**2483889**
北 京	Beijing	2399	158205	2294	153506
天 津	Tianjin	700	36480	681	35926
河 北	Hebei	896	43980	818	38171
山 西	Shanxi	1106	59637	1022	55811
内蒙古	Inner Mongolia	328	26586	311	25353
辽 宁	Liaoning	537	25296	412	22736
吉 林	Jilin	246	12409	238	12209
黑龙江	Heilongjiang	275	9419	251	8984
上 海	Shanghai	2154	144372	2083	137334
江 苏	Jiangsu	6370	277714	5884	267403
浙 江	Zhejiang	3452	175992	3124	161314
安 徽	Anhui	2085	112937	1998	94691
福 建	Fujian	2849	95873	2591	89104
江 西	Jiangxi	2546	65817	2259	60718
山 东	Shandong	5131	187816	4517	176224
河 南	Henan	2127	66439	2040	64259
湖 北	Hubei	4956	135932	4118	121873
湖 南	Hunan	2615	79668	2315	73814
广 东	Guangdong	7760	417784	7040	393519
广 西	Guangxi	1109	47077	1043	45291
海 南	Hainan	174	12473	170	12330
重 庆	Chongqing	1540	57606	1231	50572
四 川	Sichuan	3678	201752	3079	187994
贵 州	Guizhou	907	31996	800	30031
云 南	Yunnan	1470	47985	1130	42960
西 藏	Xizang	33	1886	33	1886
陕 西	Shaanxi	1893	81354	1786	73231
甘 肃	Gansu	589	26035	544	24107
青 海	Qinghai	65	3146	64	3115
宁 夏	Ningxia	90	4139	89	4111
新 疆	Xinjiang	416	17737	395	15312

4-1-6 续表 1 Continued 1

地　区	Region	股份有限公司 Share-holding Corporations Ltd. 法人单位数(个) Number of Corporation Enterprises (unit)	股份有限公司 Share-holding Corporations Ltd. 年末从业人数(人) Engaged Persons at the Year-end (person)	非公司企业法人 Non Corporate Legal Entity 法人单位数(个) Number of Corporation Enterprises (unit)	非公司企业法人 Non Corporate Legal Entity 年末从业人数(人) Engaged Persons at the Year-end (person)
全　国	**National Total**	**195**	**57492**	**271**	**15286**
北　京	Beijing	4	2223	49	1486
天　津	Tianjin	NA	287		
河　北	Hebei	4	2766	12	951
山　西	Shanxi	11	1392	9	600
内蒙古	Inner Mongolia	NA	396	NA	83
辽　宁	Liaoning			4	151
吉　林	Jilin	NA	65		
黑龙江	Heilongjiang	NA	17	NA	101
上　海	Shanghai	16	5660	18	662
江　苏	Jiangsu	6	1045	12	756
浙　江	Zhejiang	19	6837	9	757
安　徽	Anhui	10	16203	NA	166
福　建	Fujian	NA	235	4	366
江　西	Jiangxi	9	838	7	250
山　东	Shandong	10	655	22	1811
河　南	Henan	NA	170	NA	300
湖　北	Hubei	15	4004	9	382
湖　南	Hunan	13	587	NA	67
广　东	Guangdong	25	2662	58	2260
广　西	Guangxi	NA	192	NA	106
海　南	Hainan	NA	53		
重　庆	Chongqing	5	3195	5	358
四　川	Sichuan	6	321	9	1784
贵　州	Guizhou	NA	359	10	152
云　南	Yunnan	NA	56	NA	328
西　藏	Xizang				
陕　西	Shaanxi	15	5762	5	142
甘　肃	Gansu	4	95	7	601
青　海	Qinghai				
宁　夏	Ningxia				
新　疆	Xinjiang	5	1417	5	666

4-1-6 续表 2 Continued 2

地 区	Region	个人独资企业 Sole Proprietorship Enterprises 法人单位数(个) Number of Corporation Enterprises (unit)	个人独资企业 Sole Proprietorship Enterprises 年末从业人数(人) Engaged Persons at the Year-end (person)	合伙企业 Partnership Enterprises 法人单位数(个) Number of Corporation Enterprises (unit)	合伙企业 Partnership Enterprises 年末从业人数(人) Engaged Persons at the Year-end (person)
全 国	**National Total**	**4770**	**89057**	**897**	**19730**
北 京	Beijing	16	407	36	583
天 津	Tianjin	10	209	7	58
河 北	Hebei	51	1899	11	193
山 西	Shanxi	59	1737	5	97
内蒙古	Inner Mongolia	15	754		
辽 宁	Liaoning	43	1257	78	1152
吉 林	Jilin	4	111	NA	24
黑龙江	Heilongjiang	4	69	17	248
上 海	Shanghai	28	439	9	277
江 苏	Jiangsu	443	7805	25	705
浙 江	Zhejiang	268	5712	32	1372
安 徽	Anhui	68	1683	6	194
福 建	Fujian	224	5138	27	1030
江 西	Jiangxi	215	2879	56	1132
山 东	Shandong	195	2775	387	6351
河 南	Henan	70	1565	12	145
湖 北	Hubei	795	9206	19	467
湖 南	Hunan	251	4396	34	804
广 东	Guangdong	549	15673	86	3582
广 西	Guangxi	54	1417	7	71
海 南	Hainan	NA	90		
重 庆	Chongqing	296	3409	NA	72
四 川	Sichuan	561	11064	23	589
贵 州	Guizhou	90	1163	5	291
云 南	Yunnan	333	4583	NA	58
西 藏	Xizang				
陕 西	Shaanxi	78	1984	8	235
甘 肃	Gansu	34	1232		
青 海	Qinghai	NA	31		
宁 夏	Ningxia	NA	28		
新 疆	Xinjiang	11	342		

4-1-6 续表 3 Continued 3

地　区	Region	港澳台投资企业 Enterprises with Investment from Hong Kong, Macao and Taiwan		外商投资企业 Foreign Funded Enterprises	
		法人单位数 (个) Number of Corporation Enterprises (unit)	年末从业人数 (人) Engaged Persons at the Year-end (person)	法人单位数 (个) Number of Corporation Enterprises (unit)	年末从业人数 (人) Engaged Persons at the Year-end (person)
全　国	**National Total**	**767**	**426355**	**380**	**409722**
北　京	Beijing	73	68041	59	66388
天　津	Tianjin	7	9441	13	18647
河　北	Hebei	NA	111	NA	72
山　西	Shanxi	NA	2024	NA	4395
内蒙古	Inner Mongolia	NA	150	NA	243
辽　宁	Liaoning	16	9813	11	35056
吉　林	Jilin	NA	2025	NA	15
黑龙江	Heilongjiang	4	531	NA	187
上　海	Shanghai	156	76774	98	97359
江　苏	Jiangsu	48	31047	34	31353
浙　江	Zhejiang	13	16482	15	22077
安　徽	Anhui	6	4511	NA	75
福　建	Fujian	39	13102	14	17762
江　西	Jiangxi	5	3913	NA	113
山　东	Shandong	17	4836	13	7012
河　南	Henan	NA	41	NA	3747
湖　北	Hubei	17	34503	8	6589
湖　南	Hunan	5	5548	5	12077
广　东	Guangdong	305	104659	77	63240
广　西	Guangxi	9	1619	NA	5148
海　南	Hainan	5	236		
重　庆	Chongqing	4	2667	NA	1382
四　川	Sichuan	14	23193	7	5452
贵　州	Guizhou	NA	140		
云　南	Yunnan	NA	4426	NA	410
西　藏	Xizang				
陕　西	Shaanxi	6	4116	7	7587
甘　肃	Gansu	NA	2307		
青　海	Qinghai				
宁　夏	Ningxia	NA	44		
新　疆	Xinjiang	NA	55	NA	3336

4-1-7 各地区限额以上餐饮业企业基本情况(按国民经济行业分)

Basic Conditions of Enterprises above Designated Size of Catering Services by Region and Sector

地区	Region	正餐服务 Dinner		快餐服务 Snack		饮料及冷饮服务 Beverage and Cold Drink	
		法人单位数(个) Number of Corporation Enterprises (unit)	年末从业人数(人) Employed Persons at Year-end (person)	法人单位数(个) Number of Corporation Enterprises (unit)	年末从业人数(人) Employed Persons at Year-end (person)	法人单位数(个) Number of Corporation Enterprises (unit)	年末从业人数(人) Employed Persons at Year-end (person)
全　国	**National Total**	**53687**	**2220018**	**2762**	**736051**	**1384**	**168902**
北　京	Beijing	2031	147051	141	79432	53	19447
天　津	Tianjin	501	21315	43	29652	22	1118
河　北	Hebei	817	40585	34	925	9	415
山　西	Shanxi	1068	55903	20	7821	6	323
内蒙古	Inner Mongolia	319	24424	6	2390	NA	46
辽　宁	Liaoning	393	18178	80	44277	18	2296
吉　林	Jilin	185	7319	13	2789	NA	41
黑龙江	Heilongjiang	213	5471	27	2831	4	345
上　海	Shanghai	1978	188790	148	59495	84	46350
江　苏	Jiangsu	5487	220219	303	75752	238	10655
浙　江	Zhejiang	3064	149190	184	49351	93	6543
安　徽	Anhui	1880	82256	95	24283	37	2496
福　建	Fujian	2528	74647	121	36387	69	5872
江　西	Jiangxi	2374	57734	46	5399	41	813
山　东	Shandong	4091	139399	692	34807	71	2768
河　南	Henan	1828	52245	110	10040	25	822
湖　北	Hubei	4718	126645	73	35204	90	6331
湖　南	Hunan	2389	71897	42	18897	106	2340
广　东	Guangdong	6707	329928	276	138115	224	43703
广　西	Guangxi	935	39233	77	9756	24	1019
海　南	Hainan	147	8288	4	2554	16	597
重　庆	Chongqing	1463	47050	24	9869	32	2267
四　川	Sichuan	3498	125298	58	27311	56	7561
贵　州	Guizhou	831	25289	27	745	13	739
云　南	Yunnan	1381	40981	23	5044	19	1157
西　藏	Xizang	30	1279	NA	401		
陕　西	Shaanxi	1793	76193	43	12915	19	2203
甘　肃	Gansu	557	23963	20	3841	4	277
青　海	Qinghai	62	2943	NA	13		
宁　夏	Ningxia	78	3533	NA	59	5	202
新　疆	Xinjiang	341	12772	27	5696	NA	156

4-1-7 续表 Continued

地区	Region	餐饮配送及外卖送餐服务 Catering Distribution and Delivery Service 法人单位数(个) Number of Corporation Enterprises (unit)	餐饮配送及外卖送餐服务 Catering Distribution and Delivery Service 年末从业人数(人) Employed Persons at Year-end (person)	其他餐饮业 Others 法人单位数(个) Number of Corporation Enterprises (unit)	其他餐饮业 Others 年末从业人数(人) Employed Persons at Year-end (person)
全　国	**National Total**	**2410**	**204394**	**1411**	**172644**
北　京	Beijing	107	16719	199	29985
天　津	Tianjin	113	4783	41	7700
河　北	Hebei	32	2065	8	173
山　西	Shanxi	8	459	7	1550
内蒙古	Inner Mongolia	NA	84	NA	35
辽　宁	Liaoning	48	3639	25	1775
吉　林	Jilin	42	3798	6	502
黑龙江	Heilongjiang	30	1404	6	86
上　海	Shanghai	135	17087	68	7091
江　苏	Jiangsu	316	25721	108	7767
浙　江	Zhejiang	96	6782	43	2685
安　徽	Anhui	65	8131	15	357
福　建	Fujian	125	6684	59	3147
江　西	Jiangxi	51	4462	41	1435
山　东	Shandong	252	18171	55	4519
河　南	Henan	129	6225	40	895
湖　北	Hubei	50	6586	50	2258
湖　南	Hunan	37	2441	53	1743
广　东	Guangdong	547	48307	388	25630
广　西	Guangxi	49	2956	34	880
海　南	Hainan	4	618	8	652
重　庆	Chongqing	16	2190	12	286
四　川	Sichuan	29	1879	58	68348
贵　州	Guizhou	27	4819	12	544
云　南	Yunnan	36	5175	18	464
西　藏	Xizang	NA	164	NA	42
陕　西	Shaanxi	25	1208	27	587
甘　肃	Gansu	5	156	4	105
青　海	Qinghai			NA	190
宁　夏	Ningxia	NA	169	NA	220
新　疆	Xinjiang	32	1512	18	993

4-2-1 限额以上住宿和餐饮业企业经营情况

项　目	Item	营业额 Turnover	客房收入 from Hotel Rooms
总　计	**Total**	**159665133**	**35104078**
一、住宿业	**Hotels**	**53139903**	**32026387**
#国有控股	State-controlled Enterprises	12851793	5810843
(一)按登记注册统计类别分	**By Registered Statistical Categories**		
1.内资企业	Domestic Invested Enterprises	48127608	29441047
有限责任公司	Limited Liability Corporations	45024865	27878961
股份有限公司	Share-holding Corporations Ltd.	494344	234456
非公司企业法人	Non Corporate Legal Entity	1565256	662239
个人独资企业	Sole Proprietorship Enterprises	876318	559364
合伙企业	Partnership Enterprises	165916	105600
其他内资企业	Other Domestic Invested Enterprises	910	428
2.港澳台投资企业	Enterprises with Investment from Hong Kong, Macao and Taiwan	3282300	1698561
3.外商投资企业	Foreign Invested Enterprises	1728722	885787
4.其他统计类别	Other Statistical Categories	1273	993
(二)按国民经济行业分	**by Sector**		
旅游饭店	Tourist Hotel	34954206	18283878
一般旅馆	Fonda	16470784	12624401
民宿服务	Home Lodging Services	331340	238827
露营地服务	Campground Services	19413	11395
其他住宿业	Others	1364160	867885

注：部分数据合计数由于单位取舍不同而产生的计算误差，未做机械调整(下表同)。

Business of Enterprises above Designated Size of Hotels and Catering Services

单位：万元

Unit: 10 000 yuan

			客房数 (间) Hotel Rooms (unit)	床位数 (个) Hotel Beds (unit)	餐位数 (位) Seats for Meal (unit)
餐费收入 from Meals	商品销售额 from Commodities	其他收入 Others			
112054604	**4694393**	**7812058**	**6660526**	**10258648**	**47114342**
14800423	**1135670**	**5177423**	**5754712**	**8796312**	**8414004**
4182694	542551	2315706	966325	1488036	1702356
13400094	960532	4325935	5519077	8455840	7963338
12380379	871008	3894516	5203034	7972216	7426106
153797	24733	81359	30188	46975	61810
552644	36811	313562	93938	153337	238062
266010	25439	25504	170722	250068	205877
46886	2512	10918	21085	33043	31033
378	28	76	110	201	450
1001822	50641	531277	160590	226702	326337
398246	124481	320209	74576	113162	123529
262	16	2	469	608	800
11740065	871156	4059107	2959069	4580645	6057339
2613876	223355	1009152	2524664	3781323	2045397
76465	4800	11248	79673	112386	80679
4769	593	2656	2674	5074	6457
365247	35767	95261	188632	316884	224132

Note:Statistical discrepancies on totals figures due to rounding are not adjusted. The same applies to the tables following.

项 目	Item	营业额 Business Revenue	客房收入 from Hotel Rooms
二、餐饮业	**Catering Services**	**106525230**	**3077691**
#国有控股	State-controlled Enterprises	4586818	468182
(一)按登记注册统计类别分	**By Registered Statistical Categories**		
1.内资企业	Domestic Invested Enterprises	84714290	3027398
有限责任公司	Limited Liability Corporations	78177472	2840965
股份有限公司	Share-holding Corporations Ltd.	2511314	18718
非公司企业法人	Non Corporate Legal Entity	467060	39819
个人独资企业	Sole Proprietorship Enterprises	2930681	113539
合伙企业	Partnership Enterprises	623074	14357
其他内资企业	Other Domestic Invested Enterprises	4688	
2.港澳台投资企业	Enterprises with Investment from Hong Kong, Macao and Taiwan	11227099	44041
3.外商投资企业	Foreign Invested Enterprises	10569420	5851
4.其他统计类别	Other Statistical Categories	14420	401
(二)按国民经济行业分	**by Sector**		
正餐服务	Dinner	68020007	3040476
快餐服务	Snack	19332844	6868
饮料及冷饮服务	Beverage and Cold Drinks	7414326	1237
餐饮配送及外卖送餐服务	Catering Distribution and Delivery Services	6495710	8719
其他餐饮业	Others	5262343	20391

单位：万元

Unit: 10 000 yuan

餐费收入 from Meals	商品销售额 from Commodities	其他收入 Others	客房数 (间) Hotel Rooms (unit)	床位数 (个) Hotel Beds (unit)	餐位数 (位) Seats for Meal (unit)
97254181	**3558723**	**2634635**	**905814**	**1462336**	**38700338**
3384612	350893	383132	90643	151043	1464045
76760613	2877560	2048719	895889	1445594	35801907
70919722	2526168	1890618	849188	1365863	32650031
2148266	228816	115515	6089	11827	1102339
371783	34792	20667	8861	15756	139936
2714555	82897	19690	27014	45336	1714057
602315	4172	2230	4737	6812	194994
3973	715				550
10343157	448175	391725	8312	13427	1558996
10139882	230408	193279	1474	3030	1336833
10528	2579	912	139	285	2602
61743957	1727740	1507834	888244	1410410	31648327
18267146	550699	508130	4431	14406	3996561
6748146	454471	210472	474	724	753306
5620035	596438	270519	1664	5689	697878
4874897	229374	137681	11001	31107	1604266

4-2-2 各地区限额以上住宿业企业经营情况

Business of Enterprises above Designated Size of Hotels by Region

单位：万元

Unit: 10 000 yuan

地区	Region	营业额 Turnover	客房收入 from Hotel Rooms	餐费收入 from Meals	商品销售额 from Commodities	其他收入 Others
全国	**National Total**	**53139903**	**32026387**	**14800423**	**1135670**	**5177423**
北京	Beijing	4557928	2674682	880332	44131	958783
天津	Tianjin	492227	346857	100683	7947	36740
河北	Hebei	994381	476611	387120	28967	101684
山西	Shanxi	700148	397633	211840	7167	83508
内蒙古	Inner Mongolia	477986	295378	143980	5713	32915
辽宁	Liaoning	798961	476092	204486	11912	106471
吉林	Jilin	362657	214268	100435	10891	37064
黑龙江	Heilongjiang	315384	204461	69656	9002	32264
上海	Shanghai	3926172	2331668	796424	142518	655563
江苏	Jiangsu	3815026	2249175	1247378	67932	250541
浙江	Zhejiang	4587655	2529568	1518943	62612	476533
安徽	Anhui	1052276	561043	328798	84270	78165
福建	Fujian	3010916	1602769	1172904	60430	174812
江西	Jiangxi	1378051	881916	406365	36046	53724
山东	Shandong	2782502	1672913	819902	63193	226493
河南	Henan	1497386	845280	508294	36375	107437
湖北	Hubei	1757205	1172592	451923	41232	91458
湖南	Hunan	1921310	1157180	632639	51922	79569
广东	Guangdong	6744073	4126610	1646214	141709	829540
广西	Guangxi	1080320	748982	238606	17159	75573
海南	Hainan	1477391	993173	333499	12956	137764
重庆	Chongqing	1093883	702460	305147	26850	59426
四川	Sichuan	2616822	1634107	770418	68465	143831
贵州	Guizhou	855239	610548	166620	24332	53740
云南	Yunnan	1378114	968328	279181	24672	105933
西藏	Xizang	142963	107549	22537	704	12173
陕西	Shaanxi	1802913	1012958	677677	23222	89056
甘肃	Gansu	551538	371584	154969	3012	21973
青海	Qinghai	126039	99189	20916	1671	4264
宁夏	Ningxia	99877	57428	27943	7627	6879
新疆	Xinjiang	742560	503385	174595	11032	53548

4-2-2 续表 Continued

国有控股 单位：万元

State-controlled Enterprises Unit: 10 000 yuan

地 区	Region	营业额 Business Revenue	客房收入 from Hotel Rooms	餐费收入 from Meals	商品销售额 from Commodities	其他收入 Others
全 国	**National Total**	**12851793**	**5810843**	**4182694**	**542551**	**2315706**
北 京	Beijing	2145913	991593	543318	30200	580801
天 津	Tianjin	125939	65327	44922	2265	13425
河 北	Hebei	254002	82935	118006	18873	34188
山 西	Shanxi	195570	65210	75884	981	53494
内 蒙 古	Inner Mongolia	63724	24572	31687	253	7212
辽 宁	Liaoning	157704	60477	55846	3815	37565
吉 林	Jilin	103802	47080	34807	8769	13146
黑 龙 江	Heilongjiang	78482	30897	23113	7313	17159
上 海	Shanghai	1561309	718011	361728	124118	357453
江 苏	Jiangsu	1042336	447745	436086	25002	133502
浙 江	Zhejiang	825390	387324	307143	16750	114173
安 徽	Anhui	222734	51361	60457	65062	45854
福 建	Fujian	675489	318465	253446	20889	82690
江 西	Jiangxi	269250	111143	108178	14267	35663
山 东	Shandong	833844	359876	316798	40575	116595
河 南	Henan	220489	87436	90580	7190	35283
湖 北	Hubei	215218	103987	70363	9551	31317
湖 南	Hunan	194526	84261	78425	4948	26892
广 东	Guangdong	1219716	543167	367260	50199	259089
广 西	Guangxi	172260	76534	56819	9026	29881
海 南	Hainan	280176	183989	65798	2448	27941
重 庆	Chongqing	186245	86911	66452	7894	24989
四 川	Sichuan	469233	212128	173519	24752	58835
贵 州	Guizhou	217557	117787	56794	16770	26207
云 南	Yunnan	279403	144363	77741	10050	47249
西 藏	Xizang	36468	21391	6753	101	8223
陕 西	Shaanxi	360564	156356	151994	7065	45148
甘 肃	Gansu	120367	69923	37152	413	12879
青 海	Qinghai	25486	13141	8427	1429	2489
宁 夏	Ningxia	29354	11326	7043	6921	4065
新 疆	Xinjiang	269245	136128	96155	4661	32301

4-2-3 各地区限额以上住宿业企业经营情况(按登记注册统计类别分)

Business of Enterprises above Designated Size of Hotels by Region and Registered Statistical Categories

内资企业
Domestic Funded Enterprises

单位：万元
Unit: 10 000 yuan

地区	Region	营业额 Turnover	客房收入 from Hotel Rooms	餐费收入 from Meals	商品销售额 from Commodities	其他收入 Others
全国	**National Total**	**48127608**	**29441047**	**13400094**	**960532**	**4325935**
北京	Beijing	3677869	2195072	746948	35248	700600
天津	Tianjin	440284	304070	94189	7946	34079
河北	Hebei	977569	467269	380979	28948	100373
山西	Shanxi	700148	397633	211840	7167	83508
内蒙古	Inner Mongolia	454866	285681	134041	4666	30478
辽宁	Liaoning	689321	417543	169244	7171	95363
吉林	Jilin	340558	205162	92072	10861	32463
黑龙江	Heilongjiang	278108	185614	54920	8417	29157
上海	Shanghai	3029001	1918431	632307	30623	447640
江苏	Jiangsu	3606698	2145981	1162583	63534	234601
浙江	Zhejiang	4100168	2342536	1331684	59069	366880
安徽	Anhui	1010951	541444	310663	83660	75184
福建	Fujian	2614794	1399239	1011836	53835	149885
江西	Jiangxi	1357247	870527	397835	35932	52953
山东	Shandong	2667185	1615765	778106	62239	211075
河南	Henan	1469682	832706	496139	36322	104515
湖北	Hubei	1690340	1137454	432705	40032	80150
湖南	Hunan	1860914	1123934	608366	51626	76987
广东	Guangdong	5842947	3675430	1354777	117887	694853
广西	Guangxi	1010724	713284	212836	15265	69338
海南	Hainan	1181285	775042	267978	12609	125656
重庆	Chongqing	1024055	660563	283816	25388	54288
四川	Sichuan	2531388	1577446	745960	67464	140516
贵州	Guizhou	854369	609698	166620	24332	53720
云南	Yunnan	1326454	932290	267783	24139	102242
西藏	Xizang	124732	95160	17774	395	11403
陕西	Shaanxi	1755112	990548	660132	22416	82016
甘肃	Gansu	543250	366194	152696	3012	21347
青海	Qinghai	125155	98516	20729	1671	4240
宁夏	Ningxia	99877	57428	27943	7627	6879
新疆	Xinjiang	742560	503385	174595	11032	53548

4-2-3 续表 1 Continued 1

有限责任公司
Limited Liability Corporations

单位：万元
Unit: 10 000 yuan

地区	Region	营业额 Turnover	客房收入 from Hotel Rooms	餐费收入 from Meals	商品销售额 from Commodities	其他收入 Others
全国	**National Total**	**45024865**	**27878961**	**12380379**	**871008**	**3894516**
北京	Beijing	3191751	1974210	635806	27313	554422
天津	Tianjin	433503	299416	92399	7901	33787
河北	Hebei	902826	439904	343917	28246	90759
山西	Shanxi	594134	365007	169585	6417	53125
内蒙古	Inner Mongolia	440216	277376	128262	4648	29931
辽宁	Liaoning	641458	394257	151738	6951	88512
吉林	Jilin	292801	179758	76651	9918	26476
黑龙江	Heilongjiang	234043	165893	42395	1073	24682
上海	Shanghai	2989269	1893358	619420	30616	445875
江苏	Jiangsu	3444320	2065209	1098200	60689	220222
浙江	Zhejiang	3861909	2216122	1248495	54772	342520
安徽	Anhui	991750	529348	307624	82774	72004
福建	Fujian	2438195	1298656	950473	51746	137319
江西	Jiangxi	1234788	800592	351694	33486	49015
山东	Shandong	2387701	1505630	674004	45231	162837
河南	Henan	1363904	790704	449337	31275	92587
湖北	Hubei	1585506	1069218	402008	36632	77648
湖南	Hunan	1701018	1045024	543895	42596	69503
广东	Guangdong	5486591	3483449	1264395	102512	636235
广西	Guangxi	979260	691348	206518	15181	66213
海南	Hainan	1171030	768122	265659	12507	124742
重庆	Chongqing	981609	633650	270111	24989	52859
四川	Sichuan	2423812	1515608	708985	64181	135038
贵州	Guizhou	823096	587791	160197	23908	51200
云南	Yunnan	1234265	868319	250224	21364	94358
西藏	Xizang	117155	90004	16561	353	10237
陕西	Shaanxi	1674815	959332	615717	20753	79013
甘肃	Gansu	513888	352357	138030	2828	20673
青海	Qinghai	121593	95469	20315	1669	4140
宁夏	Ningxia	85081	50391	23400	7533	3757
新疆	Xinjiang	683577	473440	154365	10947	44825

股份有限公司
Share-holding Corporations Ltd.

单位：万元
Unit: 10 000 yuan

地 区	Region	营业额 Turnover	客房收入 from Hotel Rooms	餐费收入 from Meals	商品销售额 from Commodities	其他收入 Others
全 国	**National Total**	**494344**	**234456**	**153797**	**24733**	**81359**
北 京	Beijing	8405	6665	267	11	1461
天 津	Tianjin	275	273		1	2
河 北	Hebei					
山 西	Shanxi	2542	1328	860	27	327
内蒙古	Inner Mongolia	416	416			
辽 宁	Liaoning	7468	2975	2435	2	2057
吉 林	Jilin	1283	1199	37	3	44
黑龙江	Heilongjiang	16898	4768	4131	7241	758
上 海	Shanghai	17996	12605	4480	1	910
江 苏	Jiangsu	51012	19738	23452	970	6852
浙 江	Zhejiang	86367	41714	30885	2441	11327
安 徽	Anhui	13607	8505	1330	726	3046
福 建	Fujian	21573	11286	7885	88	2315
江 西	Jiangxi	1021	809	212		
山 东	Shandong	30381	7401	10218	379	12384
河 南	Henan	16760	5588	6234	1743	3195
湖 北	Hubei	10486	4825	3425	1010	1225
湖 南	Hunan	4065	2723	1019	22	301
广 东	Guangdong	140415	61834	40051	9395	29136
广 西	Guangxi	4202	2118	1441		643
海 南	Hainan	6733	5025	809	82	818
重 庆	Chongqing	9435	5077	4235	43	80
四 川	Sichuan	3896	1836	1402	28	630
贵 州	Guizhou	4092	2342	1197		553
云 南	Yunnan	14738	10787	2719	438	794
西 藏	Xizang	1158	1111	7	41	
陕 西	Shaanxi	590	590			
甘 肃	Gansu	3069	1404	1607		58
青 海	Qinghai	430	430			
宁 夏	Ningxia	674	389	286		
新 疆	Xinjiang	14359	8698	3175	42	2444

4-2-3 续表 3 Continued 3

非公司企业法人
Non Corporate Legal Entity

单位：万元
Unit: 10 000 yuan

地 区	Region	营业额 Turnover	客房收入 from Hotel Rooms	餐费收入 from Meals	商品销售额 from Commodities	其他收入 Others
全 国	**National Total**	**1565256**	**662239**	**552644**	**36811**	**313562**
北 京	Beijing	463770	201712	109989	7896	144173
天 津	Tianjin	1458	290	1136	32	
河 北	Hebei	53336	18013	27380	675	7269
山 西	Shanxi	88161	22685	35481	318	29677
内 蒙 古	Inner Mongolia	6863	2782	3927	6	148
辽 宁	Liaoning	21082	7176	10543	168	3196
吉 林	Jilin	45021	22885	15340	940	5856
黑 龙 江	Heilongjiang	22158	10592	7842	22	3702
上 海	Shanghai	10257	1750	7736	1	771
江 苏	Jiangsu	35143	16400	12373	168	6202
浙 江	Zhejiang	104056	53311	37742	1196	11807
安 徽	Anhui	1336	617	616	2	101
福 建	Fujian	37332	20849	12848	29	3606
江 西	Jiangxi	54468	22638	27510	825	3494
山 东	Shandong	231158	86496	92496	16570	35597
河 南	Henan	64015	23256	30661	2372	7725
湖 北	Hubei	34591	18831	14338	214	1208
湖 南	Hunan	45209	17332	18783	2619	6475
广 东	Guangdong	74655	36879	19579	1166	17031
广 西	Guangxi	8839	5236	1266		2337
海 南	Hainan	1670	589	970	20	91
重 庆	Chongqing	8200	4401	2732		1067
四 川	Sichuan	31262	14680	12872	862	2847
贵 州	Guizhou	5819	2447	2553	11	808
云 南	Yunnan	21050	9383	6582	47	5038
西 藏	Xizang	5270	3176	1017		1077
陕 西	Shaanxi	25353	9862	12527	508	2455
甘 肃	Gansu	11796	4967	6230	10	589
青 海	Qinghai	714	673	41		
宁 夏	Ningxia	13179	6229	3734	94	3122
新 疆	Xinjiang	38036	16105	15799	39	6092

4-2-3 续表 4 Continued 4

个人独资企业 单位：万元
Sole Proprietorship Enterprises Unit: 10 000 yuan

地 区	Region	营业额 Turnover	客房收入 from Hotel Rooms	餐费收入 from Meals	商品销售额 from Commodities	其他收入 Others
全 国	**National Total**	**876318**	**559364**	**266010**	**25439**	**25504**
北 京	Beijing	13944	12486	886	27	545
天 津	Tianjin	4181	3345	562	12	263
河 北	Hebei	21407	9353	9682	28	2344
山 西	Shanxi	15050	8514	5913	401	220
内蒙古	Inner Mongolia	6384	4321	1742	10	312
辽 宁	Liaoning	18298	12193	4517	46	1541
吉 林	Jilin	1454	1321	44	1	88
黑龙江	Heilongjiang	3234	2610	544	80	
上 海	Shanghai	11167	10614	546		8
江 苏	Jiangsu	71235	39788	28520	1682	1245
浙 江	Zhejiang	34499	21588	11531	627	752
安 徽	Anhui	3595	2528	975	69	22
福 建	Fujian	84229	52785	27957	1573	1914
江 西	Jiangxi	46336	31437	13627	1215	57
山 东	Shandong	16476	14782	1388	59	247
河 南	Henan	23520	12660	9434	866	560
湖 北	Hubei	52451	40703	9506	2176	66
湖 南	Hunan	86861	46169	34535	5624	533
广 东	Guangdong	116057	75892	26439	4762	8964
广 西	Guangxi	14570	11458	2900	74	138
海 南	Hainan	1851	1306	540		5
重 庆	Chongqing	24034	17219	6391	355	71
四 川	Sichuan	63122	38519	20738	2027	1838
贵 州	Guizhou	15455	12576	1517	270	1093
云 南	Yunnan	54176	41851	8051	2291	1984
西 藏	Xizang	1149	870	190		89
陕 西	Shaanxi	47845	18213	28352	985	294
甘 肃	Gansu	14496	7466	6830	174	26
青 海	Qinghai	2418	1944	373	1	100
宁 夏	Ningxia	943	420	523		
新 疆	Xinjiang	5882	4436	1256	4	186

4-2-3 续表 5 Continued 5

合伙企业
Partnership Enterprises

单位：万元
Unit: 10 000 yuan

地 区	Region	营业额 Business Revenue	客房收入 from Hotel Rooms	餐费收入 from Meals	商品销售额 from Commodities	其他收入 Others
全 国	**National Total**	**165916**	**105600**	**46886**	**2512**	**10918**
北 京	Beijing					
天 津	Tianjin	867	747	91		28
河 北	Hebei					
山 西	Shanxi	262	99		4	158
内蒙古	Inner Mongolia	988	787	111	3	88
辽 宁	Liaoning	1015	943	12	4	57
吉 林	Jilin					
黑龙江	Heilongjiang	1776	1750	9	2	16
上 海	Shanghai					
江 苏	Jiangsu	4987	4846	38	25	80
浙 江	Zhejiang	13338	9801	3030	34	473
安 徽	Anhui	664	445	118	90	11
福 建	Fujian	33465	15663	12673	398	4731
江 西	Jiangxi	20634	15051	4792	405	386
山 东	Shandong	1468	1458			11
河 南	Henan	1483	498	473	65	448
湖 北	Hubei	7306	3877	3427		2
湖 南	Hunan	23761	12688	10134	765	175
广 东	Guangdong	25228	17376	4312	53	3487
广 西	Guangxi	3852	3125	711	10	7
海 南	Hainan					
重 庆	Chongqing	777	218	347	1	212
四 川	Sichuan	8696	6480	1711	343	163
贵 州	Guizhou	5907	4543	1156	143	65
云 南	Yunnan	2226	1951	207		68
西 藏	Xizang					
陕 西	Shaanxi	6509	2551	3535	169	254
甘 肃	Gansu					
青 海	Qinghai					
宁 夏	Ningxia					
新 疆	Xinjiang	706	706			

4-2-3 续表 6 Continued 6

港澳台投资企业
Enterprises with Investment from Hong Kong, Macao and Taiwan

单位：万元
Unit: 10 000 yuan

地 区	Region	营业额 Business Revenue	客房收入 from Hotel Rooms	餐费收入 from Meals	商品销售额 from Commodities	其他收入 Others
全 国	**National Total**	**3282300**	**1698561**	**1001822**	**50641**	**531277**
北 京	Beijing	618183	333537	98348	8032	178267
天 津	Tianjin	11005	8918	1781		306
河 北	Hebei	16812	9342	6141	18	1311
山 西	Shanxi					
内蒙古	Inner Mongolia	19372	7246	8931	953	2243
辽 宁	Liaoning	72741	33348	25339	4526	9529
吉 林	Jilin	3554	1444	347	30	1733
黑龙江	Heilongjiang	20182	9604	7838	557	2184
上 海	Shanghai	395513	198563	98143	1840	96967
江 苏	Jiangsu	131670	66322	54430	2126	8792
浙 江	Zhejiang	361745	132431	144751	2471	82092
安 徽	Anhui	38077	18273	16322	606	2877
福 建	Fujian	290918	145786	126721	3875	14536
江 西	Jiangxi	16487	8244	7727	89	427
山 东	Shandong	68177	30302	26244	849	10782
河 南	Henan	22511	9996	11002	1	1513
湖 北	Hubei	62346	32335	17635	1110	11266
湖 南	Hunan	51247	29623	18980	286	2358
广 东	Guangdong	611085	298765	213810	20266	78244
广 西	Guangxi	58976	30115	21389	1535	5937
海 南	Hainan	262972	195175	57826	296	9674
重 庆	Chongqing	36300	25028	9659	392	1221
四 川	Sichuan	36846	25285	9621	224	1717
贵 州	Guizhou	870	850			20
云 南	Yunnan	36464	25818	7442	389	2816
西 藏	Xizang	8418	6078	1882		458
陕 西	Shaanxi	25660	12733	8750	171	4006
甘 肃	Gansu	4168	3402	764		2
青 海	Qinghai					
宁 夏	Ningxia					
新 疆	Xinjiang					

4–2–3 续表 7 Continued 7

外商投资企业
Foreign Invested Enterprises

单位：万元
Unit: 10 000 yuan

地 区	Region	营业额 Business Revenue	客房收入 from Hotel Rooms	餐费收入 from Meals	商品销售额 from Commodities	其他收入 Others
全 国	**National Total**	**1728722**	**885787**	**398246**	**124481**	**320209**
北 京	Beijing	261785	146001	35019	851	79914
天 津	Tianjin	40938	33868	4713	2	2355
河 北	Hebei					
山 西	Shanxi					
内蒙古	Inner Mongolia	3747	2451	1008	93	194
辽 宁	Liaoning	36898	25201	9903	215	1580
吉 林	Jilin	18545	7661	8016		2867
黑龙江	Heilongjiang	17093	9244	6898	29	923
上 海	Shanghai	501179	214194	65974	110055	110956
江 苏	Jiangsu	76658	36871	30366	2273	7148
浙 江	Zhejiang	125741	54601	42508	1072	27561
安 徽	Anhui	3247	1326	1813	5	104
福 建	Fujian	105204	57745	34348	2720	10391
江 西	Jiangxi	3758	2847	558	9	345
山 东	Shandong	46999	26705	15552	106	4636
河 南	Henan	5194	2578	1153	53	1410
湖 北	Hubei	4520	2803	1583	90	43
湖 南	Hunan	9150	3623	5293	10	224
广 东	Guangdong	290042	152416	77627	3555	56443
广 西	Guangxi	10620	5583	4381	359	298
海 南	Hainan	33135	22956	7695	51	2433
重 庆	Chongqing	33528	16870	11672	1070	3917
四 川	Sichuan	48588	31376	14837	778	1597
贵 州	Guizhou					
云 南	Yunnan	15196	10221	3957	144	874
西 藏	Xizang	9813	6311	2880	309	313
陕 西	Shaanxi	22142	9676	8796	635	3035
甘 肃	Gansu	4120	1988	1508		624
青 海	Qinghai	883	673	187		24
宁 夏	Ningxia					
新 疆	Xinjiang					

4-2-4 各地区限额以上住宿业企业经营情况(按国民经济行业分)

Business of Enterprises above Designated Size of Hotels by Region and Sector

旅游饭店
Tourist Hotel

单位：万元
Unit: 10 000 yuan

地区 Region	营业额 Turnover	客房收入 from Hotel Rooms	餐费收入 from Meals	商品销售额 from Commodities	其他收入 Others
全国 National Total	**34954206**	**18283878**	**11740065**	**871156**	**4059107**
北京 Beijing	3167121	1609315	740033	37553	780220
天津 Tianjin	261744	160720	78238	1748	21038
河北 Hebei	647682	282583	274861	21777	68461
山西 Shanxi	362686	173670	126892	3410	58714
内蒙古 Inner Mongolia	300227	168191	105165	3584	23287
辽宁 Liaoning	460612	224695	146677	8659	80581
吉林 Jilin	274436	152730	82283	9375	30048
黑龙江 Heilongjiang	205586	115587	55017	8433	26549
上海 Shanghai	2579364	1309185	663002	121015	486161
江苏 Jiangsu	2365634	1079653	1036870	45937	203174
浙江 Zhejiang	3465576	1646088	1360464	55191	403832
安徽 Anhui	686324	285103	260188	75494	65539
福建 Fujian	2293306	1100483	996782	48198	147843
江西 Jiangxi	754211	414028	269512	28949	41722
山东 Shandong	1821346	904507	685774	49761	181304
河南 Henan	811306	391033	312941	26758	80574
湖北 Hubei	856330	484692	276547	22095	72996
湖南 Hunan	1130368	606560	433833	35304	54671
广东 Guangdong	4619584	2471436	1401074	104618	642456
广西 Guangxi	677768	417681	187500	14101	58486
海南 Hainan	1373277	909847	317759	12693	132979
重庆 Chongqing	672713	387169	230211	21832	33500
四川 Sichuan	1610975	881980	577038	41859	110098
贵州 Guizhou	591697	389051	139228	21047	42371
云南 Yunnan	747728	490438	172886	15921	68484
西藏 Xizang	65911	50162	12032	168	3548
陕西 Shaanxi	1075530	516885	473363	14529	70753
甘肃 Gansu	408882	252993	134633	2376	18879
青海 Qinghai	85018	62679	17292	1635	3412
宁夏 Ningxia	78855	40927	25720	7154	5053
新疆 Xinjiang	502410	303808	146248	9982	42371

一般旅馆
Fonda

单位：万元
Unit: 10 000 yuan

地　区	Region	营业额 Business Revenue	客房收入 from Hotel Rooms	餐费收入 from Meals	商品销售额 from Commodities	其他收入 Others
全　国	**National Total**	**16470784**	**12624401**	**2613876**	**223355**	**1009152**
北　京	Beijing	1285664	995947	123972	5927	159818
天　津	Tianjin	213760	173870	19804	5723	14363
河　北	Hebei	314361	182744	99761	6252	25604
山　西	Shanxi	318960	211011	80344	3641	23963
内蒙古	Inner Mongolia	169285	121439	37336	2095	8415
辽　宁	Liaoning	280148	217574	40758	1660	20157
吉　林	Jilin	76781	52403	16667	1200	6511
黑龙江	Heilongjiang	96640	77982	13758	543	4356
上　海	Shanghai	1322254	1006241	127456	21287	167270
江　苏	Jiangsu	1323379	1077841	180804	20933	43801
浙　江	Zhejiang	1058929	838834	144278	6888	68928
安　徽	Anhui	332148	255983	58990	7918	9257
福　建	Fujian	645057	455629	153839	10928	24661
江　西	Jiangxi	500729	392052	96225	5121	7331
山　东	Shandong	859965	706085	104932	12350	36599
河　南	Henan	624741	418381	173598	8498	24264
湖　北	Hubei	783696	613990	139114	15903	14689
湖　南	Hunan	643178	464444	144934	14050	19750
广　东	Guangdong	1938696	1520243	219513	27700	171240
广　西	Guangxi	382298	315805	48774	2929	14789
海　南	Hainan	91547	74903	12500	162	3981
重　庆	Chongqing	387990	290071	67754	4537	25627
四　川	Sichuan	932380	710106	176143	15839	30292
贵　州	Guizhou	236894	198774	24388	3192	10541
云　南	Yunnan	548334	411791	93293	8063	35187
西　藏	Xizang	62951	45143	8743	530	8536
陕　西	Shaanxi	634556	452202	159341	7645	15368
甘　肃	Gansu	136694	114228	18888	594	2985
青　海	Qinghai	36928	33732	2710	36	450
宁　夏	Ningxia	18037	13595	2157	463	1821
新　疆	Xinjiang	213804	181356	23099	749	8599

4-2-4 续表 2 Continued 2

民宿服务 单位：万元

Home Lodging Services Unit: 10 000 yuan

地 区	Region	营业额 Turnover	客房收入 from Hotel Rooms	餐费收入 from Meals	商品销售额 from Commodities	其他收入 Others
全 国	**National Total**	**331340**	**238827**	**76465**	**4800**	**11248**
北 京	Beijing	4968	3793	771	51	352
天 津	Tianjin	343	172	153		19
河 北	Hebei	398	321	75	2	
山 西	Shanxi	1476	1213	200	18	46
内蒙古	Inner Mongolia					
辽 宁	Liaoning					
吉 林	Jilin	809	727	46	25	10
黑龙江	Heilongjiang	503	461	43		
上 海	Shanghai	5897	4115	1185	180	417
江 苏	Jiangsu	16459	13076	2876	368	140
浙 江	Zhejiang	54008	38318	12560	512	2617
安 徽	Anhui	9982	6576	2809	566	31
福 建	Fujian	22472	14273	7620	345	234
江 西	Jiangxi	19056	13810	4785	313	148
山 东	Shandong	17277	12303	2929	66	1978
河 南	Henan	8707	5277	3249	83	98
湖 北	Hubei	15944	11625	3845	330	144
湖 南	Hunan	34739	19622	14597	318	202
广 东	Guangdong	26770	19796	4873	763	1338
广 西	Guangxi	3513	2937	401	23	153
海 南	Hainan	392	108	284		
重 庆	Chongqing	4104	2576	1174	185	169
四 川	Sichuan	21385	15578	4773	373	662
贵 州	Guizhou	9074	7447	1588	7	33
云 南	Yunnan	34488	30453	3190	117	728
西 藏	Xizang					
陕 西	Shaanxi	8475	5867	2328	122	158
甘 肃	Gansu					
青 海	Qinghai					
宁 夏	Ningxia	2622	2547	65	5	5
新 疆	Xinjiang	7480	5838	46	29	1567

4-2-4 续表 3 Continued 3

露营地服务
Campground Services

单位：万元
Unit: 10 000 yuan

地 区	Region	营业额 Business Revenue	客房收入 from Hotel Rooms	餐费收入 from Meals	商品销售额 from Commodities	其他收入 Others
全 国	**National Total**	**19413**	**11395**	**4769**	**593**	**2656**
北 京	Beijing					
天 津	Tianjin					
河 北	Hebei					
山 西	Shanxi	1367	977	316	41	34
内 蒙 古	Inner Mongolia					
辽 宁	Liaoning	227	136	91		
吉 林	Jilin					
黑 龙 江	Heilongjiang					
上 海	Shanghai	1336	1336			
江 苏	Jiangsu	555	175	142	19	218
浙 江	Zhejiang	1479	842	625	8	5
安 徽	Anhui	2143	647	362	132	1003
福 建	Fujian	584	106	425	53	
江 西	Jiangxi	1881	1520	119	127	115
山 东	Shandong					
河 南	Henan	850	426	407		17
湖 北	Hubei	1550	706	621	37	187
湖 南	Hunan	678	678			
广 东	Guangdong	216	117	44	2	53
广 西	Guangxi	2136	748	358	70	961
海 南	Hainan					
重 庆	Chongqing					
四 川	Sichuan					
贵 州	Guizhou	733	613	70	6	43
云 南	Yunnan	812	455	344		13
西 藏	Xizang					
陕 西	Shaanxi	1368	695	571	95	7
甘 肃	Gansu					
青 海	Qinghai					
宁 夏	Ningxia					
新 疆	Xinjiang	1498	1220	275	3	

4-2-4 续表 4　Continued 4

其他住宿业　　　　　　　　　　　　　　　　　　　　　　单位：万元

Others　　　　　　　　　　　　　　　　　　　　　　Unit: 10 000 yuan

地　区	Region	营业额 Business Revenue	客房收入 from Hotel Rooms	餐费收入 from Meals	商品销售额 from Commodities	其他收入 Others
全　国	**National Total**	**1364160**	**867885**	**365247**	**35767**	**95261**
北　京	Beijing	100175	65627	15556	599	18393
天　津	Tianjin	16380	12096	2489	476	1320
河　北	Hebei	31940	10963	12423	936	7618
山　西	Shanxi	15659	10763	4089	56	752
内 蒙 古	Inner Mongolia	8474	5748	1480	33	1213
辽　宁	Liaoning	57973	33687	16960	1593	5734
吉　林	Jilin	10631	8407	1438	291	495
黑 龙 江	Heilongjiang	12654	10431	838	26	1359
上　海	Shanghai	17321	10791	4780	36	1714
江　苏	Jiangsu	108999	78431	26685	676	3208
浙　江	Zhejiang	7663	5485	1015	13	1151
安　徽	Anhui	21679	12735	6449	161	2334
福　建	Fujian	49497	32278	14238	907	2074
江　西	Jiangxi	102175	60505	35724	1536	4410
山　东	Shandong	83914	50018	26267	1016	6613
河　南	Henan	51782	30163	18099	1036	2485
湖　北	Hubei	99685	61580	31796	2867	3442
湖　南	Hunan	112347	65876	39275	2251	4945
广　东	Guangdong	158808	115018	20710	8627	14453
广　西	Guangxi	14606	11812	1574	36	1184
海　南	Hainan	12176	8315	2956	101	804
重　庆	Chongqing	29076	22644	6008	296	129
四　川	Sichuan	52082	26444	12465	10394	2779
贵　州	Guizhou	16841	14664	1345	81	752
云　南	Yunnan	46751	35192	9468	572	1520
西　藏	Xizang	14101	12244	1762	6	90
陕　西	Shaanxi	82984	37309	42074	831	2771
甘　肃	Gansu	5961	4363	1447	42	109
青　海	Qinghai	4093	2778	914		402
宁　夏	Ningxia	364	358		5	
新　疆	Xinjiang	17369	11164	4926	268	1010

4-2-5 各地区限额以上餐饮业企业经营情况

Business of Enterprises above Designated Size of Catering Services by Region

单位：万元
Unit: 10 000 yuan

地 区	Region	营业额 Turnover	客房收入 from Hotel Rooms	餐费收入 from Meals	商品销售额 from Commodities	其他收入 Others
全 国	**National Total**	**106525230**	**3077691**	**97254181**	**3558723**	**2634635**
北 京	Beijing	10935931	35876	10086325	323070	490660
天 津	Tianjin	1827519	21359	1645239	42072	118850
河 北	Hebei	1242985	90124	1034038	53395	65428
山 西	Shanxi	1363623	113913	1194657	17248	37806
内蒙古	Inner Mongolia	591877	67515	471679	23293	29390
辽 宁	Liaoning	1544068	36878	1395990	57420	53780
吉 林	Jilin	387588	14562	359888	3702	9435
黑龙江	Heilongjiang	252714	7692	234374	4408	6240
上 海	Shanghai	12559186	22242	11891740	412098	233105
江 苏	Jiangsu	10674652	567514	9664151	237525	205462
浙 江	Zhejiang	7372594	329722	6620858	220736	201277
安 徽	Anhui	3447382	168355	3031345	184401	63280
福 建	Fujian	4665978	64779	4388538	130135	82526
江 西	Jiangxi	2198861	99539	2018361	55157	25805
山 东	Shandong	5287318	329313	4669294	127123	161588
河 南	Henan	1681924	31284	1590704	28823	31113
湖 北	Hubei	5113287	206622	4662416	184429	59820
湖 南	Hunan	3184341	139533	2881253	105985	57570
广 东	Guangdong	16562329	146653	15211691	832517	371468
广 西	Guangxi	1259922	36445	1096970	69461	57046
海 南	Hainan	368721	5171	329723	23472	10355
重 庆	Chongqing	2220945	105508	1992193	80496	42748
四 川	Sichuan	5901402	193427	5474018	142676	91281
贵 州	Guizhou	702763	15901	642842	31440	12580
云 南	Yunnan	1354528	21569	1249511	46597	36851
西 藏	Xizang	49837	7326	39530	1675	1306
陕 西	Shaanxi	2437088	102369	2206814	86561	41345
甘 肃	Gansu	637880	46989	558738	16527	15625
青 海	Qinghai	56385	11386	43337	309	1353
宁 夏	Ningxia	86204	7961	71134	1159	5949
新 疆	Xinjiang	555400	30162	496833	14812	13593

4-2-5 续表 Continued

国有控股
State-controlled Enterprises

单位：万元
Unit: 10 000 yuan

地　区	Region	营业额 Business Revenue	客房收入 from Hotel Rooms	餐费收入 from Meals	商品销售额 from Commodities	其他收入 Others
全　国	**National Total**	**4586818**	**468182**	**3384612**	**350893**	**383132**
北　京	Beijing	535500	7080	438929	43434	46057
天　津	Tianjin	60381	2132	47558	5330	5362
河　北	Hebei	75153	16078	43662	1603	13810
山　西	Shanxi	120487	23619	84612	1655	10601
内 蒙 古	Inner Mongolia	51901	13993	29373	494	8041
辽　宁	Liaoning	20631	3787	15682	484	678
吉　林	Jilin	22974	1212	21712	2	48
黑 龙 江	Heilongjiang	5058	1965	2752	19	321
上　海	Shanghai	345809	9412	269929	35174	31295
江　苏	Jiangsu	558415	115948	367717	15922	58828
浙　江	Zhejiang	358512	36044	243288	44466	34714
安　徽	Anhui	97905	16497	72752	4968	3688
福　建	Fujian	100909	3828	77692	15140	4249
江　西	Jiangxi	124934	19063	96883	7149	1840
山　东	Shandong	446100	70580	313791	25268	36461
河　南	Henan	51706	6037	41013	1425	3231
湖　北	Hubei	65446	2974	39240	12241	10992
湖　南	Hunan	54453	9541	41780	1658	1475
广　东	Guangdong	582171	19587	455536	59413	47635
广　西	Guangxi	119318	8369	82097	19542	9310
海　南	Hainan	5875	1007	2583	88	2196
重　庆	Chongqing	21356	5950	13215	782	1409
四　川	Sichuan	177373	23812	134155	9526	9880
贵　州	Guizhou	111520	3792	94204	9221	4303
云　南	Yunnan	133267	2576	109278	6688	14726
西　藏	Xizang	21747	6758	13496	1237	257
陕　西	Shaanxi	132800	6901	108148	9600	8151
甘　肃	Gansu	89032	13058	54508	11700	9766
青　海	Qinghai	345	60	285		
宁　夏	Ningxia	1700	313	1367	15	5
新　疆	Xinjiang	94039	16211	67376	6648	3805

4-2-6 各地区限额以上餐饮业企业经营情况(按登记注册统计类别分)

Business of Enterprises above Designated Size of Catering Services by Region and Registered Statistical Categories

内资企业 单位：万元

Domestic Funded Enterprises Unit: 10 000 yuan

地 区	Region	营业额 Turnover	客房收入 from Hotel Rooms	餐费收入 from Meals	商品销售额 from Commodities	其他收入 Others
全 国	**National Total**	**84714290**	**3027398**	**76760613**	**2877560**	**2048719**
北 京	Beijing	7410326	35321	6940615	167699	266691
天 津	Tianjin	1259029	20479	1099583	30370	108596
河 北	Hebei	1238983	89659	1031858	52918	64548
山 西	Shanxi	1229491	113913	1063232	16069	36278
内蒙古	Inner Mongolia	563008	67515	464866	4665	25962
辽 宁	Liaoning	804115	36630	685998	41208	40278
吉 林	Jilin	358269	14562	332348	2842	8517
黑龙江	Heilongjiang	232129	7692	214525	3672	6240
上 海	Shanghai	6931681	21842	6598972	175776	135091
江 苏	Jiangsu	9023148	547359	8082715	224616	168458
浙 江	Zhejiang	6211019	327290	5498874	194668	190187
安 徽	Anhui	3384852	165215	2973197	184401	62038
福 建	Fujian	4054476	63905	3810511	116432	63629
江 西	Jiangxi	2091043	98416	1911670	55157	25800
山 东	Shandong	4840144	326725	4233469	121292	158657
河 南	Henan	1559968	31284	1468751	28819	31113
湖 北	Hubei	4147276	206157	3726323	162936	51859
湖 南	Hunan	2799140	139533	2519464	102198	37945
广 东	Guangdong	12436184	139322	11322682	704820	269359
广 西	Guangxi	1126467	27979	977656	68798	52034
海 南	Hainan	355789	5171	317253	23472	9893
重 庆	Chongqing	2142669	105508	1914313	80496	42352
四 川	Sichuan	5145233	193223	4756859	123353	71798
贵 州	Guizhou	700731	15901	641241	31063	12526
云 南	Yunnan	1228364	21569	1128314	46183	32298
西 藏	Xizang	49837	7326	39530	1675	1306
陕 西	Shaanxi	2162165	102369	1941205	79365	39227
甘 肃	Gansu	595655	46989	516513	16527	15625
青 海	Qinghai	56385	11386	43337	309	1353
宁 夏	Ningxia	85727	7961	70657	1159	5949
新 疆	Xinjiang	490988	29195	434078	14601	13114

4-2-6 续表 1 Continued 1

有限责任公司
Limited Liability Corporations

单位：万元
Unit: 10 000 yuan

地　区	Region	营业额 Turnover	客房收入 from Hotel Rooms	餐费收入 from Meals	商品销售额 from Commodities	其他收入 Others
全　国	**National Total**	**78177472**	**2840965**	**70919722**	**2526168**	**1890618**
北　京	Beijing	7189509	30744	6741784	158480	258501
天　津	Tianjin	1240463	20404	1087495	27332	105232
河　北	Hebei	932868	82412	788170	25946	36339
山　西	Shanxi	1164289	103417	1013311	15257	32303
内蒙古	Inner Mongolia	535952	65236	440987	4563	25165
辽　宁	Liaoning	729840	35543	614094	40913	39291
吉　林	Jilin	354334	14076	329075	2842	8341
黑龙江	Heilongjiang	225450	6864	208678	3668	6240
上　海	Shanghai	6603045	20528	6332319	128115	122082
江　苏	Jiangsu	8617650	529623	7710250	214756	163021
浙　江	Zhejiang	5799894	321042	5109330	190502	179019
安　徽	Anhui	2724979	162731	2458675	71124	32449
福　建	Fujian	3118589	60200	2899404	101936	57049
江　西	Jiangxi	1924249	86431	1761623	51511	24684
山　东	Shandong	4540751	311271	3955409	117711	156360
河　南	Henan	1522893	28954	1435975	27611	30352
湖　北	Hubei	3622710	189710	3241791	140628	50581
湖　南	Hunan	2548627	124104	2291978	96116	36429
广　东	Guangdong	11814165	129461	10749725	684504	250475
广　西	Guangxi	1092415	25091	947217	68435	51672
海　南	Hainan	352846	5108	314406	23440	9893
重　庆	Chongqing	1909878	90790	1707317	70218	41553
四　川	Sichuan	4738767	176609	4400425	93346	68387
贵　州	Guizhou	656990	14261	600334	29931	12463
云　南	Yunnan	1047290	14975	961522	39966	30827
西　藏	Xizang	49837	7326	39530	1675	1306
陕　西	Shaanxi	1973041	95690	1783026	66597	27728
甘　肃	Gansu	563615	42744	489772	16035	15063
青　海	Qinghai	55474	11386	42427	308	1353
宁　夏	Ningxia	84992	7961	69953	1128	5949
新　疆	Xinjiang	442069	26270	393718	11573	10509

4-2-6 续表 2 Continued 2

股份有限公司
Share-holding Corporations Ltd.

单位：万元
Unit: 10 000 yuan

地　区	Region	营业额 Turnover	客房收入 from Hotel Rooms	餐费收入 from Meals	商品销售额 from Commodities	其他收入 Others
全　国	**National Total**	**2511314**	**18718**	**2148266**	**228816**	**115515**
北　京	Beijing	107505		92580	8920	6005
天　津	Tianjin	11908		5543	3002	3364
河　北	Hebei	243331		190282	26473	26577
山　西	Shanxi	26557	2622	19734	670	3531
内蒙古	Inner Mongolia	14419		14069		350
辽　宁	Liaoning					
吉　林	Jilin	752	55	680		17
黑龙江	Heilongjiang	131		127	4	
上　海	Shanghai	266309		208743	47661	9904
江　苏	Jiangsu	59564	663	56704	241	1955
浙　江	Zhejiang	167751		158569	1031	8151
安　徽	Anhui	606047	408	467789	108370	29479
福　建	Fujian	555364		552384		2980
江　西	Jiangxi	9297	1244	7667	157	229
山　东	Shandong	18080	3731	11059	2180	1111
河　南	Henan	3422		2512	910	
湖　北	Hubei	102956	1906	100979	70	
湖　南	Hunan	16271	811	12851	1793	816
广　东	Guangdong	89137		70570	10950	7617
广　西	Guangxi	2984	213	2770		1
海　南	Hainan	457	63	362	32	
重　庆	Chongqing	45401	1585	38426	5224	166
四　川	Sichuan	8093	484	7485	109	14
贵　州	Guizhou	5961	760	5202		
云　南	Yunnan	1692		1686	5	
西　藏	Xizang					
陕　西	Shaanxi	115338	3775	90184	10009	11370
甘　肃	Gansu	2010	398	1588	9	14
青　海	Qinghai					
宁　夏	Ningxia					
新　疆	Xinjiang	30580		27721	996	1864

4-2-6 续表 3 Continued 3

非公司企业法人
Non Corporate Legal Entity

单位：万元
Unit: 10 000 yuan

地 区	Region	营业额 Turnover	客房收入 from Hotel Rooms	餐费收入 from Meals	商品销售额 from Commodities	其他收入 Others
全 国	**National Total**	**467060**	**39819**	**371783**	**34792**	**20667**
北 京	Beijing	62918	4577	56013	226	2102
天 津	Tianjin					
河 北	Hebei	19568	2137	16746	68	617
山 西	Shanxi	8343	3118	4932		293
内蒙古	Inner Mongolia	610	481	130		
辽 宁	Liaoning	2686	259	1695		731
吉 林	Jilin					
黑龙江	Heilongjiang	1057	608	449		
上 海	Shanghai	38431	633	34693		3104
江 苏	Jiangsu	32228	4654	25738	161	1675
浙 江	Zhejiang	24504	1420	21271	1526	286
安 徽	Anhui	2342	372	1917	17	36
福 建	Fujian	9367	579	4134	4649	5
江 西	Jiangxi	7413	773	6441	195	4
山 东	Shandong	32944	7650	24187	285	822
河 南	Henan	2142	689	1453		
湖 北	Hubei	31126	862	26630	3392	242
湖 南	Hunan	2280	793	1447	40	
广 东	Guangdong	80659	1445	68062	3957	7196
广 西	Guangxi	3776	74	3377	147	177
海 南	Hainan					
重 庆	Chongqing	10240		10240		
四 川	Sichuan	53871	1969	32461	17449	1991
贵 州	Guizhou	6687		6251	435	1
云 南	Yunnan	5984	1807	3712	177	287
西 藏	Xizang					
陕 西	Shaanxi	5987	617	5367	2	
甘 肃	Gansu	9393	2013	6967	55	358
青 海	Qinghai					
宁 夏	Ningxia					
新 疆	Xinjiang	12505	2289	7469	2010	738

4-2-6 续表 4 Continued 4

个人独资企业
Sole Proprietorship Enterprises

单位：万元
Unit: 10 000 yuan

地区	Region	营业额 Turnover	客房收入 from Hotel Rooms	餐费收入 from Meals	商品销售额 from Commodities	其他收入 Others
全国	**National Total**	**2930681**	**113539**	**2714555**	**82897**	**19691**
北京	Beijing	12969		12812	73	84
天津	Tianjin	3999	75	3924		
河北	Hebei	37994	4446	32233	408	907
山西	Shanxi	27713	4756	22664	142	151
内蒙古	Inner Mongolia	12027	1799	9680	102	446
辽宁	Liaoning	27547	828	26188	295	235
吉林	Jilin	2504	431	1914		159
黑龙江	Heilongjiang	1108	221	887		
上海	Shanghai	16673	350	16323		
江苏	Jiangsu	288370	12160	265322	9270	1619
浙江	Zhejiang	172721	3708	165533	1318	2162
安徽	Anhui	47757	1705	41099	4881	73
福建	Fujian	327147	2714	311071	9848	3514
江西	Jiangxi	104520	6435	95656	1735	695
山东	Shandong	80028	4074	74474	1116	364
河南	Henan	28433	1231	26338	190	673
湖北	Hubei	381815	13145	348876	18762	1032
湖南	Hunan	195656	10051	181485	3444	677
广东	Guangdong	352980	7858	336877	5096	3148
广西	Guangxi	26009	2600	23024	205	181
海南	Hainan	2486		2486		
重庆	Chongqing	175323	12897	156739	5054	633
四川	Sichuan	322570	12400	296679	12088	1403
贵州	Guizhou	23505	388	22678	377	62
云南	Yunnan	171909	4786	159909	6031	1184
西藏	Xizang					
陕西	Shaanxi	58799	2011	54713	1979	97
甘肃	Gansu	20638	1834	18186	428	190
青海	Qinghai	911		910	1	
宁夏	Ningxia	735		704	31	
新疆	Xinjiang	5834	636	5172	24	3

4-2-6 续表 5 Continued 5

合伙企业
Partnership Enterprise

单位：万元
Unit: 10 000 yuan

地 区	Region	营业额 Business Revenue	客房收入 from Hotel Rooms	餐费收入 from Meals	商品销售额 from Commodities	其他收入 Others
全 国	**National Total**	**623074**	**14357**	**602315**	**4172**	**2230**
北 京	Beijing	37426		37426		
天 津	Tianjin	2658		2621	37	
河 北	Hebei	5221	664	4427	23	108
山 西	Shanxi	2591		2591		
内蒙古	Inner Mongolia					
辽 宁	Liaoning	44041		44021		21
吉 林	Jilin	678		678		
黑龙江	Heilongjiang	4384		4384		
上 海	Shanghai	7225	331	6894		
江 苏	Jiangsu	25336	259	24701	188	188
浙 江	Zhejiang	46148	1119	44170	291	568
安 徽	Anhui	3726		3716	9	2
福 建	Fujian	44011	411	43518		82
江 西	Jiangxi	45565	3533	40285	1559	188
山 东	Shandong	168341		168341		
河 南	Henan	3079	410	2474	108	87
湖 北	Hubei	8668	535	8046	84	3
湖 南	Hunan	36305	3775	31702	805	23
广 东	Guangdong	97120	558	95326	313	923
广 西	Guangxi	1282		1268	11	3
海 南	Hainan					
重 庆	Chongqing	1827	235	1592		
四 川	Sichuan	21932	1760	19809	360	2
贵 州	Guizhou	7587	492	6776	320	
云 南	Yunnan	1489		1486	3	
西 藏	Xizang					
陕 西	Shaanxi	6435	276	6065	62	32
甘 肃	Gansu					
青 海	Qinghai					
宁 夏	Ningxia					
新 疆	Xinjiang					

4-2-6 续表 6 Continued 6

港澳台投资企业 单位：万元

Enterprises with Investment from Hong Kong, Macao and Taiwan Unit: 10 000 yuan

地 区	Region	营业额 Business Revenue	客房收入 from Hotel Rooms	餐费收入 from Meals	商品销售额 from Commodities	其他收入 Others
全 国	**National Total**	**11227099**	**44041**	**10343157**	**448175**	**391725**
北 京	Beijing	2188898	555	1864806	147779	175757
天 津	Tianjin	180885	880	168995	5874	5136
河 北	Hebei	1842	396	1402		44
山 西	Shanxi	39465		36758	1179	1528
内蒙古	Inner Mongolia	3583		3583		
辽 宁	Liaoning	256220	248	242393	8101	5478
吉 林	Jilin	29076		27314	860	901
黑龙江	Heilongjiang	16292		15557	736	
上 海	Shanghai	2689148		2505184	117830	66134
江 苏	Jiangsu	632529	18242	584390	8868	21029
浙 江	Zhejiang	315472	1969	297633	7480	8391
安 徽	Anhui	60179	3140	55798		1242
福 建	Fujian	274443	820	246546	12790	14287
江 西	Jiangxi	104136	1123	103008		5
山 东	Shandong	124523	2538	115852	3369	2764
河 南	Henan	1765		1762	4	
湖 北	Hubei	771510	465	743258	20801	6987
湖 南	Hunan	89711		84552	2396	2763
广 东	Guangdong	2532128	4996	2363439	97859	65834
广 西	Guangxi	36172	8466	26362	663	682
海 南	Hainan	12932		12470		462
重 庆	Chongqing	54224		54224		
四 川	Sichuan	559737	204	548821	4562	6150
贵 州	Guizhou	2032		1601	377	54
云 南	Yunnan	100599		96551		4048
西 藏	Xizang					
陕 西	Shaanxi	106142		97442	6650	2050
甘 肃	Gansu	42224		42224		
青 海	Qinghai					
宁 夏	Ningxia	477		477		
新 疆	Xinjiang	756		756		

4-2-6 续表 7 Continued 7

外商投资企业
Foreign Invested Enterprises

单位：万元
Unit: 10 000 yuan

地区	Region	营业额 Turnover	客房收入 from Hotel Rooms	餐费收入 from Meals	商品销售额 from Commodities	其他收入 Others
全 国	**National Total**	**10569420**	**5851**	**10139882**	**230408**	**193279**
北 京	Beijing	1336707		1280903	7592	48212
天 津	Tianjin	387606		376661	5827	5118
河 北	Hebei	2160	70	777	477	836
山 西	Shanxi	94667		94667		
内蒙古	Inner Mongolia	25285		3229	18628	3428
辽 宁	Liaoning	483734		467599	8111	8024
吉 林	Jilin	243		226		17
黑龙江	Heilongjiang	4292		4292		
上 海	Shanghai	2929033		2781824	116241	30968
江 苏	Jiangsu	1018975	1912	997046	4041	15976
浙 江	Zhejiang	846103	464	824351	18589	2699
安 徽	Anhui	2351		2351		
福 建	Fujian	337059	54	331481	913	4611
江 西	Jiangxi	3682		3682		
山 东	Shandong	322651	49	319973	2462	167
河 南	Henan	120191		120191		
湖 北	Hubei	194501		192835	692	974
湖 南	Hunan	294218		275976	1380	16862
广 东	Guangdong	1594017	2335	1525569	29838	36275
广 西	Guangxi	97283		92952		4330
海 南	Hainan					
重 庆	Chongqing	23369		22973		396
四 川	Sichuan	196433		168338	14762	13333
贵 州	Guizhou					
云 南	Yunnan	22897		21978	414	505
西 藏	Xizang					
陕 西	Shaanxi	168324		168026	230	69
甘 肃	Gansu					
青 海	Qinghai					
宁 夏	Ningxia					
新 疆	Xinjiang	63639	967	61983	210	479

4-2-7 各地区限额以上餐饮业企业经营情况(按国民经济行业分)

Business of Enterprises above Designated Size of Catering Services by Region and Sector

正餐服务
Dinner

单位：万元
Unit: 10 000 yuan

地 区	Region	营业额 Turnover	客房收入 from Hotel Rooms	餐费收入 from Meals	商品销售额 from Commodities	其他收入 Others
全 国	**National Total**	**68020007**	**3040476**	**61743957**	**1727740**	**1507834**
北 京	Beijing	5675702	35693	5344750	95104	200155
天 津	Tianjin	708445	16670	642670	16088	33016
河 北	Hebei	1121151	89927	925631	40923	64669
山 西	Shanxi	1158964	108399	1005444	12999	32122
内蒙古	Inner Mongolia	546216	67504	426476	23293	28943
辽 宁	Liaoning	523754	33576	456890	16840	16448
吉 林	Jilin	209925	14562	187204	1904	6255
黑龙江	Heilongjiang	125507	7692	113639	2268	1908
上 海	Shanghai	7325248	21930	7074962	110830	117526
江 苏	Jiangsu	7154358	563288	6280562	162253	148254
浙 江	Zhejiang	5213807	326990	4583588	152305	150924
安 徽	Anhui	2196261	168022	1926140	63205	38893
福 建	Fujian	2883531	64347	2717903	74755	26525
江 西	Jiangxi	1884377	99273	1717153	48728	19224
山 东	Shandong	3609475	328187	3089886	69644	121758
河 南	Henan	1218445	30767	1148383	16249	23046
湖 北	Hubei	3749282	206325	3363204	132301	47453
湖 南	Hunan	2542788	137157	2295401	77584	32647
广 东	Guangdong	9546100	145168	9006833	224429	169670
广 西	Guangxi	885782	36426	760921	53759	34676
海 南	Hainan	244484	5108	226148	4924	8304
重 庆	Chongqing	1747690	105293	1546597	68567	27233
四 川	Sichuan	3171346	193221	2811239	103222	63663
贵 州	Guizhou	553843	15889	500348	26140	11467
云 南	Yunnan	1050400	21390	961759	39481	27770
西 藏	Xizang	29910	7326	20840	438	1306
陕 西	Shaanxi	1961887	101044	1757995	72361	30488
甘 肃	Gansu	531097	46989	464390	7860	11858
青 海	Qinghai	53826	10486	41728	299	1313
宁 夏	Ningxia	72884	7961	61655	1051	2217
新 疆	Xinjiang	323523	23865	283619	7938	8101

快餐服务
Snack

单位：万元
Unit: 10 000 yuan

地 区	Region	营业额 Business Revenue	客房收入 from Hotel Rooms	餐费收入 from Meals	商品销售额 from Commodities	其他收入 Others
全 国	**National Total**	**19332844**	**6868**	**18267146**	**550699**	**508130**
北 京	Beijing	2457073		2184922	140325	131827
天 津	Tianjin	617547		595362	11433	10752
河 北	Hebei	26018		25263	563	192
山 西	Shanxi	157134	13	151870	3394	1857
内 蒙 古	Inner Mongolia	41682	11	41224		447
辽 宁	Liaoning	714564		688419	12601	13544
吉 林	Jilin	48138		45894	860	1383
黑 龙 江	Heilongjiang	67213		62308	1728	3178
上 海	Shanghai	2179084	313	2031803	76698	70271
江 苏	Jiangsu	1995903	2688	1925364	23834	44017
浙 江	Zhejiang	1473133	1835	1416319	28219	26760
安 徽	Anhui	810156	20	674560	112567	23009
福 建	Fujian	1287799	14	1240923	20774	26088
江 西	Jiangxi	161092		159205	1237	650
山 东	Shandong	1061874	467	1026220	24162	11025
河 南	Henan	236560	97	227354	6516	2592
湖 北	Hubei	781724		764758	8637	8329
湖 南	Hunan	399313	323	376259	4015	18716
广 东	Guangdong	2981435		2862896	40121	78418
广 西	Guangxi	211894		204164	1236	6495
海 南	Hainan	51536		51381	38	117
重 庆	Chongqing	311535		304977	1330	5228
四 川	Sichuan	623527		601613	14849	7064
贵 州	Guizhou	16420	12	13840	1917	651
云 南	Yunnan	121755		117542	1747	2465
西 藏	Xizang	12909		12909		
陕 西	Shaanxi	278873	108	268623	1408	8734
甘 肃	Gansu	85370		73927	8471	2972
青 海	Qinghai	377		377		
宁 夏	Ningxia	1409		1387		22
新 疆	Xinjiang	119798	967	115483	2021	1327

饮料及冷饮服务
Beverage and Cold Drink

单位：万元
Unit: 10 000 yuan

地　区	Region	营业额 Turnover	客房收入 from Hotel Rooms	餐费收入 from Meals	商品销售额 from Commodities	其他收入 Others
全　国	**National Total**	**7414326**	**1237**	**6748146**	**454471**	**210472**
北　京	Beijing	920688		790096	51657	78935
天　津	Tianjin	56245		54717	681	848
河　北	Hebei	17127		16714	210	202
山　西	Shanxi	13952		13591	169	192
内蒙古	Inner Mongolia	1037		1037		
辽　宁	Liaoning	97918		91520	5231	1166
吉　林	Jilin	2104		2102	2	
黑龙江	Heilongjiang	16427		15671	411	345
上　海	Shanghai	2094309		1865211	190981	38117
江　苏	Jiangsu	523142		505825	12547	4770
浙　江	Zhejiang	351036	50	332037	11787	7163
安　徽	Anhui	87666		84751	1800	1115
福　建	Fujian	219250		202172	14855	2223
江　西	Jiangxi	21505	202	16675	3905	723
山　东	Shandong	125411		112104	10825	2483
河　南	Henan	36785		35632	539	614
湖　北	Hubei	366347	193	339770	22735	3649
湖　南	Hunan	122398	404	109516	10050	2428
广　东	Guangdong	1529460	67	1384503	88896	55994
广　西	Guangxi	39389		37639	618	1133
海　南	Hainan	24438	63	23298	803	273
重　庆	Chongqing	113762		101041	10600	2122
四　川	Sichuan	386508	173	378508	5405	2422
贵　州	Guizhou	31680		30840	386	455
云　南	Yunnan	41924	85	39609	875	1355
西　藏	Xizang					
陕　西	Shaanxi	150225		140588	8199	1439
甘　肃	Gansu	14290		13877	197	215
青　海	Qinghai					
宁　夏	Ningxia	6377		6174	109	95
新　疆	Xinjiang	2929		2929		

4-2-7 续表 3 Continued 3

餐饮配送与外卖送餐服务

Catering Distribution and Delivery Service

单位：万元

Unit: 10 000 yuan

地 区	Region	营业额 Business Revenue	客房收入 from Hotel Rooms	餐费收入 from Meals	商品销售额 from Commodities	其他收入 Others
全 国	**National Total**	**6495710**	**8719**	**5620035**	**596438**	**270519**
北 京	Beijing	619319		579444	8081	31794
天 津	Tianjin	258659		207382	8570	42707
河 北	Hebei	69275	197	57204	11510	364
山 西	Shanxi	9042		8355	686	
内蒙古	Inner Mongolia	2315		2315		
辽 宁	Liaoning	153811		109685	21996	22130
吉 林	Jilin	120778		118121	860	1797
黑龙江	Heilongjiang	40357		39687		669
上 海	Shanghai	624208		590501	28862	4845
江 苏	Jiangsu	703358	156	674330	22534	6337
浙 江	Zhejiang	212276	848	170911	24361	16157
安 徽	Anhui	342071	13	335194	6602	262
福 建	Fujian	176749	418	137093	15400	23839
江 西	Jiangxi	93184		87771	295	5118
山 东	Shandong	419213	462	375235	20439	23078
河 南	Henan	166794		156734	5435	4626
湖 北	Hubei	180219	105	160430	19492	192
湖 南	Hunan	63273	356	48076	11511	3330
广 东	Guangdong	1665321	836	1269899	345104	49482
广 西	Guangxi	99901		75551	11260	13091
海 南	Hainan	36447		19454	16950	42
重 庆	Chongqing	38205		30041		8165
四 川	Sichuan	67605		66148	1249	208
贵 州	Guizhou	88871		86893	1970	8
云 南	Yunnan	120768	9	111066	4491	5203
西 藏	Xizang	6525		5289	1237	
陕 西	Shaanxi	26800		23829	2812	159
甘 肃	Gansu	4783		4203		580
青 海	Qinghai					
宁 夏	Ningxia	3617				3617
新 疆	Xinjiang	81968	5320	69194	4732	2721

4-2-7 续表 4 Continued 4

其他餐饮业
Others

单位：万元
Unit: 10 000 yuan

地 区	Region	营业额 Turnover	客房收入 from Hotel Rooms	餐费收入 from Meals	商品销售额 from Commodities	其他收入 Others
全 国	**National Total**	**5262343**	**20391**	**4874897**	**229374**	**137681**
北 京	Beijing	1263148	183	1187113	27904	47949
天 津	Tianjin	186624	4689	145109	5300	31527
河 北	Hebei	9414		9225	189	
山 西	Shanxi	24532	5501	15397		3634
内 蒙 古	Inner Mongolia	628		628		
辽 宁	Liaoning	54021	3302	49475	752	493
吉 林	Jilin	6643		6567	76	
黑 龙 江	Heilongjiang	3210		3069	1	140
上 海	Shanghai	336337		329263	4728	2346
江 苏	Jiangsu	297891	1381	278070	16357	2083
浙 江	Zhejiang	122342		118003	4065	274
安 徽	Anhui	11227	299	10700	227	1
福 建	Fujian	98649		90446	4352	3851
江 西	Jiangxi	38704	63	37557	993	91
山 东	Shandong	71345	196	65849	2054	3245
河 南	Henan	23341	420	22601	84	235
湖 北	Hubei	35715		34253	1265	197
湖 南	Hunan	56569	1295	52001	2824	449
广 东	Guangdong	840012	582	687560	133967	17904
广 西	Guangxi	22956	19	18697	2589	1651
海 南	Hainan	11817		9442	756	1619
重 庆	Chongqing	9753	215	9538		
四 川	Sichuan	1652417	33	1616510	17951	17924
贵 州	Guizhou	11950		10922	1028	
云 南	Yunnan	19682	86	19535	2	59
西 藏	Xizang	492		492		
陕 西	Shaanxi	19303	1217	15779	1782	525
甘 肃	Gansu	2340		2340		
青 海	Qinghai	2182	900	1232	10	40
宁 夏	Ningxia	1918		1918		
新 疆	Xinjiang	27182	11	25608	120	1444

4-3-1 限额以上住宿和餐饮业企业年末资产负债

项 目	Item	流动资产合 计 Total Current Assets	#存 货 Stock	固定资产原 价 Original Value of Fixed Assets
总 计	**Total**	**119488304**	**7292880**	**133624419**
一、住宿业	**Hotels**	**73324031**	**4285589**	**102679878**
#国有控股	State-controlled Enterprises	18806636	1001953	36254992
(一)按登记注册统计类别分	**By Registered Statistical Categories**			
1.内资企业	Domestic Invested Enterprises	60516811	3878028	84608937
有限责任公司	Limited Liability Corporations	57554687	3760500	77498664
股份有限公司	Share-holding Corporations Ltd.	998986	19159	1370719
非公司企业法人	Non Corporate Legal Entity	1399196	61633	4687022
个人独资企业	Sole Proprietorship Enterprises	451542	31666	870442
合伙企业	Partnership Enterprises	111875	5042	182032
其他内资企业	Other Domestic Invested Enterprises	524	27	59
2.港澳台投资企业	Enterprises with Investment from Hong Kong, Macao and Taiwan	7214304	337226	12532890
3.外商投资企业	Foreign Invested Enterprises	5591622	70329	5537038
4.其他统计类别	Other Statistical Categories	1296	6	1013
(二)按国民经济行业分	**by Sector**			
旅游饭店	Tourist Hotel	54399011	3112786	83614486
一般旅馆	Fonda	16683816	1078758	16555498
民宿服务	Home Lodging Services	441668	40341	366946
露营地服务	Campground Services	86539	738	58521
其他住宿业	Others	1712997	52966	2084428

Assets and Liabilities of Enterprises above Designated Size of Hotels and Catering Services at the Year-end

单位：万元
Unit:10 000 yuan

累计折旧 Accumulation Depreciation	#本年折旧 Current Year Depreciation	资产总计 Total Assets	负债合计 Total liabilities	所有者权益合计 Total Owners' Equities	实收资本 Paid-up Capitals
61340578	**6461526**	**267488185**	**212591716**	**54974503**	**146566302**
47781135	**4296870**	**179375355**	**145379602**	**34017522**	**104886657**
17231146	1261279	58431756	38140409	20292650	19659480
38017658	3746741	149398701	124017353	25403117	94475234
34358595	3443991	140535260	118990246	21565713	90002102
704369	48242	2982305	1234271	1748034	1206431
2528361	189227	4466319	2951473	1515917	1255185
338768	54195	1167419	676927	490492	244953
87549	11078	246553	163846	82707	1766514
16	8	845	590	255	50
6942692	376280	17257519	13848479	3409040	7081683
2820426	173822	12717837	7513419	5204417	3329735
359	27	1298	351	948	5
40279537	3202401	137191471	110046892	27150751	73299828
6698881	952703	36541642	31096721	5460520	28916419
73730	22711	1045448	564712	480735	471809
13744	2967	187994	123582	64413	46631
715243	116087	4408799	3547696	861104	2151971

项 目	Item	流动资产合 计 Total Current Assets	#存 货 Stock	固定资产原 价 Original Value of Fixed Assets
二、餐饮业	**Catering Services**	**46164273**	**3007292**	**30944541**
#国有控股	State-controlled Enterprises	6373806	300311	4171138
(一)按登记注册统计类别分	**By Registered Statistical Categories**			
1.内资企业	Domestic Invested Enterprises	39237807	2684191	25590425
有限责任公司	Limited Liability Corporations	36172987	2434111	23456145
股份有限公司	Share-holding Corporations Ltd.	1865039	130443	657467
非公司企业法人	Non Corporate Legal Entity	302650	20076	294007
个人独资企业	Sole Proprietorship Enterprises	748283	85174	1057335
合伙企业	Partnership Enterprises	148586	14388	125209
其他内资企业	Other Domestic Invested Enterprises	263		262
2.港澳台投资企业	Enterprises with Investment from Hong Kong, Macao and Taiwan	3572419	158906	3596994
3.外商投资企业	Foreign Invested Enterprises	3343932	161908	1741998
4.其他统计类别	Other Statistical Categories	10115	2287	15124
(二)按国民经济行业分	**by Sector**			
正餐服务	Dinner	32963810	2302626	25338887
快餐服务	Snack	4349814	316163	3635874
饮料及冷饮服务	Beverage and Cold Drinks	3383158	114135	855353
餐饮配送及外卖送餐服务	Catering Distribution and Delivery Services	3034359	173973	727408
其他餐饮业	Others	2433131	100395	387020

4-3-1 Continued

单位：万元
Unit:10 000 yuan

累计折旧 Accumulation Depreciation	#本年折旧 Current Year Depreciation	资产总计 Total Assets	负债合计 Total Liabilities	所有者权益合计 Total Owners' Equities	实收资本 Paid-up Capitals
13559444	**2164656**	**88112830**	**67212114**	**20956981**	**41679645**
1552710	199433	13203284	8542024	4657270	2981279
10756500	1814442	71033186	55833061	15254393	37530675
9886885	1678632	64905555	52511763	12445952	36387675
318790	30445	3537775	1857337	1680438	522148
149815	13244	565360	450589	117409	69591
359771	83594	1765133	845302	919301	503215
40991	8526	259005	167496	91510	47743
248	1	358	574	-217	303
1830824	208854	9511638	6245316	3266323	2528173
965546	140898	7546853	5124533	2424317	1611398
6574	462	21153	9204	11948	9399
10718323	1692015	63579309	49908719	13707893	36293673
1873117	264984	11722212	8549500	3172694	2308264
478851	88964	5463858	3488517	1994064	1230228
278321	75145	3901574	2795356	1106219	942595
210832	43547	3445877	2470022	976111	904885

4-3-2 各地区限额以上住宿和餐饮业企业年末资产负债
Assets and Liabilities of Enterprises above Designated Size of Hotels and Catering Services by Region at the Year-end

单位：万元
Unit: 10 000 yuan

地　区	Region	资产总计 Total Assets	#流动资产合计 Total Current Assets	#固定资产净额 Net Value of Fixed Assets	负债合计 Total Liabilities	所有者权益合计 Total Owners' Equities
全　国	**National Total**	**267488185**	**119488304**	**44467551**	**212591716**	**54974503**
北　京	Beijing	23076031	9684122	4411280	17487181	5594524
天　津	Tianjin	3941528	2007162	503306	3575769	361767
河　北	Hebei	5615377	2595227	921437	5610950	4304
山　西	Shanxi	4442896	1758516	948037	4091364	346740
内蒙古	Inner Mongolia	2198612	820759	540025	1955411	243201
辽　宁	Liaoning	3712402	1503790	684990	3782970	-37568
吉　林	Jilin	1975651	862477	526845	1726892	249113
黑龙江	Heilongjiang	1357088	490629	439783	1122616	234473
上　海	Shanghai	23849883	12752939	2426250	18423328	5426557
江　苏	Jiangsu	23262395	10412865	3297390	17942596	5321108
浙　江	Zhejiang	21846353	8657588	4344219	18504555	3345264
安　徽	Anhui	6539517	2877106	883080	4596282	1950709
福　建	Fujian	12132275	5274329	2016742	7615856	4516312
江　西	Jiangxi	5463403	2102278	1017489	3968522	1494882
山　东	Shandong	12830991	5907763	2463998	10752216	2078773
河　南	Henan	5834420	2574231	998715	4248883	1585515
湖　北	Hubei	7938663	3118921	1452452	5419959	2518462
湖　南	Hunan	6383710	2281119	1058573	4579283	1804427
广　东	Guangdong	35027946	18589683	4116072	30676555	4375591
广　西	Guangxi	4970476	2067577	849389	3936555	1045586
海　南	Hainan	7527977	2877811	2447709	6809762	718215
重　庆	Chongqing	5617889	2708426	777464	3911686	1706203
四　川	Sichuan	14603661	6621403	2468905	11365129	3238613
贵　州	Guizhou	4756061	2376878	611992	3766626	990018
云　南	Yunnan	6235282	2527209	1064355	4484038	1751244
西　藏	Xizang	774312	205390	167776	324709	449603
陕　西	Shaanxi	8043045	2921270	1455165	6613942	1428609
甘　肃	Gansu	2778853	1207910	570885	1887201	891651
青　海	Qinghai	712336	283019	149261	509930	202406
宁　夏	Ningxia	405964	139041	146673	322964	83001
新　疆	Xinjiang	3633188	1280869	707294	2577988	1055200

4-3-3 各地区限额以上住宿业企业年末资产负债
Assets and Liabilities of Enterprises above Designated Size of Hotels by Region at the Year-end

单位：万元
Unit: 10000 yuan

地区	Region	资产总计 Total Assets	#流动资产合计 Total Current Assets	#固定资产净额 Net Value of Fixed Assets	负债合计 Total Liabilities	所有者权益合计 Total Owners' Equities
全国	**National Total**	**179375355**	**73324031**	**35125520**	**145379602**	**34017522**
北京	Beijing	16676124	5843597	3938042	11897876	4778477
天津	Tianjin	2736754	1387503	410395	2588682	148188
河北	Hebei	3792438	1549551	788660	3816025	-23709
山西	Shanxi	2530333	795907	657072	2415859	114519
内蒙古	Inner Mongolia	1324886	442007	366234	1180561	144324
辽宁	Liaoning	2514157	964546	523037	2586731	-72574
吉林	Jilin	1602646	659989	461942	1391263	211736
黑龙江	Heilongjiang	1150656	390568	404053	969904	180752
上海	Shanghai	15018595	7183096	2029953	11756097	3262501
江苏	Jiangsu	13180124	5319677	2211140	10358247	2823231
浙江	Zhejiang	15363131	5731064	3581294	12678641	2684490
安徽	Anhui	3341456	1354934	605824	2440417	908971
福建	Fujian	10018718	4211392	1752985	6197770	3820948
江西	Jiangxi	3623477	1240013	711070	2834958	788520
山东	Shandong	7273097	3262048	1410250	6251668	1021429
河南	Henan	4510999	1864638	836876	3415291	1095708
湖北	Hubei	4162110	1525364	869868	3181680	980430
湖南	Hunan	4230295	1364442	783920	3211426	1018869
广东	Guangdong	22326854	11165651	3209119	20610260	1722383
广西	Guangxi	3715730	1435419	677665	2983798	736905
海南	Hainan	7265558	2719016	2423526	6600564	664994
重庆	Chongqing	3809267	1852191	575218	2919759	889508
四川	Sichuan	8669335	3595243	1784058	7258857	1410478
贵州	Guizhou	3539387	1546187	568534	2748502	791954
云南	Yunnan	5075503	1818681	950819	3821498	1254005
西藏	Tibet	618860	166859	133144	273802	345058
陕西	Shaanxi	6022480	1938234	1191468	5240108	782403
甘肃	Gansu	1987646	842448	431724	1302766	684880
青海	Qinghai	615349	239537	123160	421531	193819
宁夏	Ningxia	298747	96721	125451	245527	53220
新疆	Xinjiang	2380644	817511	589018	1779538	601106

4-3-3 续表 Continued

国有控股

State-controlled Enterprises

单位：万元

Unit: 10000 yuan

地 区	Region	资产总计 Total Assets	#流动资产合计 Total Current Assets	#固定资产净额 Net Value of Fixed Assets	负债合计 Total Liabilities	所有者权益合计 Total Owners' Equities
全 国	**National Total**	**58431756**	**18806636**	**14074355**	**38140409**	**20292650**
北 京	Beijing	9860950	2727843	2623345	5590739	4270440
天 津	Tianjin	1419583	525579	303694	1208620	210963
河 北	Hebei	1073438	259142	331279	630012	443426
山 西	Shanxi	957445	113463	305712	940921	16524
内 蒙 古	Inner Mongolia	269647	59004	86575	173116	96531
辽 宁	Liaoning	558847	142840	101949	671571	-112725
吉 林	Jilin	547437	125115	194260	374515	172923
黑 龙 江	Heilongjiang	404852	83848	234465	307813	97040
上 海	Shanghai	5450376	1925645	1088334	3399316	2051063
江 苏	Jiangsu	5433705	2063782	1061302	3563986	1869720
浙 江	Zhejiang	4119466	1364922	1128114	2648832	1470634
安 徽	Anhui	725532	307043	124578	338216	387316
福 建	Fujian	1965679	738006	457860	1005392	960287
江 西	Jiangxi	933685	225122	131536	586638	347046
山 东	Shandong	2883016	1222288	534298	2240726	642291
河 南	Henan	1095187	303183	342048	710531	384656
湖 北	Hubei	1094092	305293	291628	649327	444765
湖 南	Hunan	1088627	288225	261870	552956	535671
广 东	Guangdong	4224839	1350691	590337	2288480	1936359
广 西	Guangxi	1193380	246430	210970	627507	565874
海 南	Hainan	2106712	622499	944630	1778206	328506
重 庆	Chongqing	1776691	891209	292442	1193694	582997
四 川	Sichuan	2129110	856494	425023	1606712	522398
贵 州	Guizhou	1193669	542359	238803	835505	359234
云 南	Yunnan	1441937	495380	350046	1217293	224643
西 藏	Tibet	313927	70990	53736	88611	225315
陕 西	Shaanxi	1947082	301798	627790	1795084	151998
甘 肃	Gansu	847012	316923	264870	369998	477014
青 海	Qinghai	184968	31766	72945	83354	101614
宁 夏	Ningxia	114102	19088	85403	49327	64775
新 疆	Xinjiang	1076764	280665	314516	613411	463353

4-3-4 各地区限额以上住宿业企业年末资产负债(按登记注册统计类别分)

Assets and Liabilities of Enterprises above Designated Size of Hotels by Region and Registered Statistical Categories at the Year-end

内资企业
Domestic Funded Enterprises

单位：万元
Unit: 10 000 yuan

地区	Region	资产总计 Total Assets	#流动资产合计 Total Current Assets	#固定资产净额 Net Value of Fixed Assets	负债合计 Total Liabilities	所有者权益合计 Total Owners' Equities
全国	**National Total**	**149398701**	**60516811**	**29095869**	**124017353**	**25403117**
北京	Beijing	10646567	4083323	3130207	8893627	1753168
天津	Tianjin	2419931	1173896	372843	2268802	151244
河北	Hebei	3655010	1540547	669066	3667227	-12340
山西	Shanxi	2530333	795907	657072	2415859	114519
内蒙古	Inner Mongolia	1224489	433250	276561	1108482	116007
辽宁	Liaoning	2066331	847318	310937	2252363	-186033
吉林	Jilin	1514132	599493	434881	1317330	197155
黑龙江	Heilongjiang	973510	353989	317493	817057	156453
上海	Shanghai	8605325	3448090	1144506	6902538	1702790
江苏	Jiangsu	12083921	4983404	1817191	9232239	2853035
浙江	Zhejiang	13166980	4788708	2959932	10859398	2307582
安徽	Anhui	3071013	1297858	501952	2153721	925224
福建	Fujian	6220937	2389900	1419977	4267362	1953575
江西	Jiangxi	3540787	1224735	686762	2763406	777382
山东	Shandong	6552138	2942938	1219081	5836357	715781
河南	Henan	4385963	1817460	804696	3280840	1105123
湖北	Hubei	3940698	1427316	846963	2968177	972521
湖南	Hunan	3990274	1315737	767893	2963062	1027212
广东	Guangdong	18129421	9003461	2259091	16799678	1335532
广西	Guangxi	3394948	1316337	588453	2710657	689264
海南	Hainan	5554804	2191618	1864168	5315563	239242
重庆	Chongqing	3591589	1758304	549131	2785806	805783
四川	Sichuan	8358553	3535619	1603643	7118140	1240413
贵州	Guizhou	3535358	1544270	568534	2747872	788556
云南	Yunnan	4692629	1687644	804240	3554453	1138176
西藏	Xizang	571180	157602	94729	269751	301428
陕西	Shaanxi	5733765	1878601	1165081	5013159	720637
甘肃	Gansu	1970349	835366	423157	1287948	682401
青海	Qinghai	598374	229887	123160	421416	176958
宁夏	Ningxia	298747	96721	125451	245527	53220
新疆	Xinjiang	2380644	817511	589018	1779538	601106

有限责任公司
Limited Liability Corporations

单位：万元
Unit: 10 000 yuan

地 区	Region	资产总计 Total Assets	#流动资产合计 Total Current Assets	#固定资产净额 Net Value of Fixed Assets	负债合计 Total Liabilities	所有者权益合计 Total Owners' Equities
全 国	**National Total**	**140535260**	**57554687**	**26736578**	**118990246**	**21565713**
北 京	Beijing	9397177	3596930	2618724	8163923	1233483
天 津	Tianjin	2412738	1169006	372457	2261023	151831
河 北	Hebei	3447680	1479450	619833	3503378	-55821
山 西	Shanxi	2299171	744152	554774	2164311	134905
内 蒙 古	Inner Mongolia	1197300	416720	270833	1066841	130459
辽 宁	Liaoning	1935481	815310	273560	2127459	-191978
吉 林	Jilin	1347724	570246	351101	1261482	86594
黑 龙 江	Heilongjiang	739687	321361	175781	651556	88131
上 海	Shanghai	8464517	3414390	1067745	6806303	1658216
江 苏	Jiangsu	11682683	4843194	1724183	9078473	2605564
浙 江	Zhejiang	12367194	4540658	2777025	10429665	1937530
安 徽	Anhui	2939015	1249338	494333	2093528	853417
福 建	Fujian	5362084	2109771	1287388	3996818	1365266
江 西	Jiangxi	3345901	1171672	650512	2671601	674300
山 东	Shandong	5790732	2652606	1074409	5483358	307374
河 南	Henan	3990005	1670443	704268	3081723	908282
湖 北	Hubei	3778756	1354570	818764	2897564	881192
湖 南	Hunan	3788534	1238959	740207	2861704	926830
广 东	Guangdong	17112679	8571798	2099590	16070744	1047723
广 西	Guangxi	3298026	1279713	579262	2645516	657483
海 南	Hainan	5461262	2170832	1853508	5269619	191643
重 庆	Chongqing	3480717	1737269	540771	2736391	744327
四 川	Sichuan	8029764	3444851	1464675	6872227	1157538
贵 州	Guizhou	3406220	1510949	531316	2658734	747485
云 南	Yunnan	4524505	1640887	777723	3434814	1089691
西 藏	Xizang	541746	147284	93388	254647	287099
陕 西	Shaanxi	5473546	1799631	1127005	4888460	585116
甘 肃	Gansu	1910156	809866	406246	1248968	661188
青 海	Qinghai	580298	224627	122198	400183	180115
宁 夏	Ningxia	199042	83888	45013	218682	-19640
新 疆	Xinjiang	2230921	774314	519986	1690551	540370

4-3-4 续表 2 Continued 2

股份有限公司

Share-holding Corporations Ltd.

单位：万元

Unit: 10 000 yuan

地 区	Region	资产总计 Total Assets	#流动资产合计 Total Current Assets	#固定资产净额 Net Value of Fixed Assets	负债合计 Total Liabilities	所有者权益合计 Total Owners' Equities
全 国	**National Total**	**2982305**	**998986**	**451310**	**1234271**	**1748034**
北 京	Beijing	12997	11803	487	19043	-6046
天 津	Tianjin	1104	436	43	1451	-347
河 北	Hebei					
山 西	Shanxi	40367	16226	18054	38434	1933
内蒙古	Inner Mongolia	3753	3753		4275	-522
辽 宁	Liaoning	24210	3195	17319	22857	1353
吉 林	Jilin	3825	3682	5	597	3228
黑龙江	Heilongjiang	29255	15162	5914	14227	15028
上 海	Shanghai	119950	23508	76545	87938	32012
江 苏	Jiangsu	239226	73285	39603	67715	171511
浙 江	Zhejiang	533027	142823	85677	290401	242625
安 徽	Anhui	104669	43274	3131	49153	55516
福 建	Fujian	649706	217503	79088	129937	519770
江 西	Jiangxi	3772	224	30	3466	306
山 东	Shandong	107062	50042	19269	38182	68880
河 南	Henan	180385	81950	13202	58836	121550
湖 北	Hubei	39877	16983	5954	7150	32727
湖 南	Hunan	8823	3740	3	17085	-8262
广 东	Guangdong	528195	208514	27781	156643	371551
广 西	Guangxi	32871	5259		29912	2960
海 南	Hainan	83735	17427	7157	40160	43575
重 庆	Chongqing	55417	8074	1851	18956	36461
四 川	Sichuan	44083	32591		9962	34120
贵 州	Guizhou	23642	2572	14364	25902	-2260
云 南	Yunnan	46260	5818		60378	-14118
西 藏	Xizang	2937	953	2	2723	215
陕 西	Shaanxi	1784	1645		1229	556
甘 肃	Gansu	9444	3166	2142	6561	2883
青 海	Qinghai	6492	104		14724	-8231
宁 夏	Ningxia	5728	-63	5765	1909	3818
新 疆	Xinjiang	39710	5336	27927	14466	25245

4-3-4 续表 3 Continued 3

非公司企业法人　　　　单位：万元

Non Corporate Legal Entity　　　　Unit: 10 000 yuan

地　区	Region	资产总计 Total Assets	#流动资产合计 Total Current Assets	#固定资产净额 Net Value of Fixed Assets	负债合计 Total Liabilities	所有者权益合计 Total Owners' Equities
全　国	**National Total**	**4466319**	**1399196**	**1621018**	**2951473**	**1515917**
北　京	Beijing	1232383	471223	510768	706936	525447
天　津	Tianjin	396	370	26	1275	-878
河　北	Hebei	186407	49447	46738	150697	35710
山　西	Shanxi	168162	22895	80741	189738	-21577
内蒙古	Inner Mongolia	4354	3161	5	17619	-13265
辽　宁	Liaoning	74680	18781	10619	74881	-200
吉　林	Jilin	147411	20930	74184	50147	97264
黑龙江	Heilongjiang	194135	15988	134748	143656	50479
上　海	Shanghai	15449	6199	10	946	14503
江　苏	Jiangsu	79760	40969	28860	31430	48331
浙　江	Zhejiang	204158	77896	86612	78631	125527
安　徽	Anhui	10157	554		1440	8717
福　建	Fujian	107088	16894	42589	91364	15724
江　西	Jiangxi	121828	23879	14937	60520	61307
山　东	Shandong	611495	234983	103420	280278	331217
河　南	Henan	176207	52766	78038	124143	52064
湖　北	Hubei	65739	37833	11750	38730	27009
湖　南	Hunan	99395	42882	12373	47258	52137
广　东	Guangdong	271693	108121	99335	404992	-133299
广　西	Guangxi	21234	8979	3969	15218	6016
海　南	Hainan	3473	959	1315	2242	1231
重　庆	Chongqing	26555	6689	2742	16477	10078
四　川	Sichuan	153802	21132	109765	180121	-26320
贵　州	Guizhou	41037	5796	438	42175	-68
云　南	Yunnan	39466	15411	11782	20628	18837
西　藏	Xizang	19136	7980	1130	6773	12363
陕　西	Shaanxi	188539	29869	31199	91817	96722
甘　肃	Gansu	25151	13098	8496	17712	7439
青　海	Qinghai	2638	1801	832	2323	315
宁　夏	Ningxia	92743	12659	74673	24476	68267
新　疆	Xinjiang	81650	29052	38925	36829	44820

个人独资企业
Sole Proprietorship Enterprises

单位：万元
Unit: 10 000 yuan

地 区	Region	资产总计 Total Assets	#流动资产合计 Total Current Assets	#固定资产净额 Net Value of Fixed Assets	负债合计 Total Liabilities	所有者权益合计 Total Owners' Equities
全 国	**National Total**	**1167419**	**451542**	**237641**	**676927**	**490492**
北 京	Beijing	4010	3366	229	3725	285
天 津	Tianjin	4766	3229	317	4358	408
河 北	Hebei	20923	11649	2495	13151	7772
山 西	Shanxi	22414	12443	3503	23375	-961
内蒙古	Inner Mongolia	13448	8057	2455	16767	-3319
辽 宁	Liaoning	31012	9699	9440	27099	3913
吉 林	Jilin	15172	4635	9591	5103	10069
黑龙江	Heilongjiang	4503	849	615	1202	3301
上 海	Shanghai	5134	3718	206	7279	-2145
江 苏	Jiangsu	75242	20699	24543	46956	28286
浙 江	Zhejiang	42441	18893	8212	40065	2376
安 徽	Anhui	13565	4595	4158	7334	6232
福 建	Fujian	71581	26064	10042	39824	31757
江 西	Jiangxi	39011	14924	9463	15312	23699
山 东	Shandong	40953	5193	21759	32239	8714
河 南	Henan	37444	11372	8356	15573	21872
湖 北	Hubei	39506	12457	9761	14994	24513
湖 南	Hunan	67766	22081	11648	26596	41170
广 东	Guangdong	175727	91122	20665	114750	60977
广 西	Guangxi	31541	18634	3814	15833	15708
海 南	Hainan	6335	2399	2187	3541	2793
重 庆	Chongqing	25379	5652	3761	13606	11773
四 川	Sichuan	118477	30542	27655	45675	72802
贵 州	Guizhou	51654	19832	17999	17185	34469
云 南	Yunnan	76604	24153	10810	32499	44105
西 藏	Xizang	7361	1384	210	5609	1752
陕 西	Shaanxi	62984	42891	6055	30518	32467
甘 肃	Gansu	25598	9236	6273	14707	10891
青 海	Qinghai	8946	3354	129	4186	4759
宁 夏	Ningxia	1234	237	1	459	775
新 疆	Xinjiang	26689	8180	1289	37406	-10717

4-3-4 续表 5 Continued 5

合伙企业

Partnership Enterprises

单位：万元

Unit: 10 000 yuan

地 区	Region	资产总计 Total Assets	#流动资产合计 Total Current Assets	#固定资产净额 Net Value of Fixed Assets	负债合计 Total Liabilities	所有者权益合计 Total Owners' Equities
全 国	**National Total**	**246553**	**111875**	**49323**	**163846**	**82707**
北 京	Beijing					
天 津	Tianjin	927	854		695	231
河 北	Hebei					
山 西	Shanxi	220	191		1	220
内蒙古	Inner Mongolia	5634	1560	3268	2980	2655
辽 宁	Liaoning	948	333		69	879
吉 林	Jilin					
黑龙江	Heilongjiang	5931	629	436	6416	-485
上 海	Shanghai					
江 苏	Jiangsu	7011	5257	2	7666	-656
浙 江	Zhejiang	20160	8438	2407	20635	-476
安 徽	Anhui	3608	98	330	2266	1342
福 建	Fujian	30478	19668	871	9419	21058
江 西	Jiangxi	30275	14037	11820	12506	17770
山 东	Shandong	1895	114	225	2300	-404
河 南	Henan	1922	928	831	566	1356
湖 北	Hubei	16820	5473	735	9740	7080
湖 南	Hunan	25755	8074	3663	10418	15337
广 东	Guangdong	41129	23905	11719	52549	-11420
广 西	Guangxi	11276	3753	1408	4179	7096
海 南	Hainan					
重 庆	Chongqing	3522	622	6	376	3145
四 川	Sichuan	11859	6252	1548	9635	2223
贵 州	Guizhou	12805	5122	4418	3875	8930
云 南	Yunnan	5794	1374	3925	6133	-339
西 藏	Xizang					
陕 西	Shaanxi	6911	4564	821	1136	5776
甘 肃	Gansu					
青 海	Qinghai					
宁 夏	Ningxia					
新 疆	Xinjiang	1675	629	891	286	1389

4-3-4 续表 6 Continued 6

港澳台投资企业

Enterprises with Investment from Hong Kong,Macao and Taiwan

单位：万元

Unit: 10 000 yuan

地 区	Region	资产总计 Total Assets	#流动资产合计 Total Current Assets	#固定资产净额 Net Value of Fixed Assets	负债合计 Total Liabilities	所有者权益合计 Total Owners' Equities
全 国	**National Total**	**17257519**	**7214304**	**4022434**	**13848479**	**3409040**
北 京	Beijing	2861354	1088579	521507	1849190	1012164
天 津	Tianjin	72067	19034	27111	95714	-23647
河 北	Hebei	137428	9004	119594	148798	-11369
山 西	Shanxi					
内 蒙 古	Inner Mongolia	64289	7550	54772	47942	16348
辽 宁	Liaoning	323148	78870	167373	219873	103275
吉 林	Jilin	4222	455	3814	5675	-1454
黑 龙 江	Heilongjiang	129347	12025	63505	142200	-12853
上 海	Shanghai	3871484	2285538	282883	2824837	1046647
江 苏	Jiangsu	749010	246295	268161	787035	-38025
浙 江	Zhejiang	1623164	736530	401427	1334660	288503
安 徽	Anhui	259104	55856	103872	272920	-13815
福 建	Fujian	1051028	414429	294350	883038	167990
江 西	Jiangxi	67495	12696	16688	58904	8591
山 东	Shandong	350226	143746	129446	187221	163005
河 南	Henan	79598	36231	13026	78013	1584
湖 北	Hubei	210354	92512	21037	205968	4386
湖 南	Hunan	214695	47765	9990	224777	-10081
广 东	Guangdong	2615252	1130129	705764	2539731	75521
广 西	Guangxi	270383	112924	77711	217496	52886
海 南	Hainan	1653518	484746	545061	1212572	440946
重 庆	Chongqing	48591	13771	18185	109307	-60715
四 川	Sichuan	71276	16896	31024	56540	14736
贵 州	Guizhou	4029	1917		630	3399
云 南	Yunnan	275467	112217	139905	190171	85295
西 藏	Xizang	2086	2077		2569	-483
陕 西	Shaanxi	242401	47550	6228	151024	91377
甘 肃	Gansu	6503	4963		1673	4830
青 海	Qinghai					
宁 夏	Ningxia					
新 疆	Xinjiang					

4-3-4 续表 7 Continued 7

外商投资企业　　　　单位：万元

Foreign Invested Enterprises　　　　Unit: 10 000 yuan

地　区	Region	资产总计 Total Assets	#流动资产合计 Total Current Assets	#固定资产净额 Net Value of Fixed Assets	负债合计 Total Liabilities	所有者权益合计 Total Owners' Equities
全　国	**National Total**	**12717837**	**5591622**	**2006566**	**7513419**	**5204417**
北　京	Beijing	3168203	671695	286328	1155058	2013145
天　津	Tianjin	244756	194574	10442	224166	20590
河　北	Hebei					
山　西	Shanxi					
内蒙古	Inner Mongolia	36107	1206	34901	24138	11969
辽　宁	Liaoning	124678	38358	44727	114495	10183
吉　林	Jilin	84292	60042	23248	68258	16035
黑龙江	Heilongjiang	47798	24554	23055	10647	37151
上　海	Shanghai	2541447	1449133	602564	2028457	512990
江　苏	Jiangsu	347193	89978	125788	338972	8221
浙　江	Zhejiang	572987	205825	219935	484583	88404
安　徽	Anhui	11338	1219		13776	-2438
福　建	Fujian	2746753	1407062	38657	1047370	1699382
江　西	Jiangxi	14239	1626	6970	12562	1677
山　东	Shandong	370729	175360	61723	228090	142639
河　南	Henan	45438	10947	19154	56437	-11000
湖　北	Hubei	11057	5535	1867	7534	3524
湖　南	Hunan	25326	941	6038	23588	1738
广　东	Guangdong	1582180	1032062	244264	1270851	311330
广　西	Guangxi	50400	6158	11501	55645	-5245
海　南	Hainan	57236	42651	14297	72429	-15194
重　庆	Chongqing	169086	80116	7902	24647	144440
四　川	Sichuan	239506	42728	149391	84177	155329
贵　州	Guizhou					
云　南	Yunnan	107408	18820	6674	76874	30534
西　藏	Xizang	45595	7179	38415	1482	44112
陕　西	Shaanxi	46314	12083	20159	75924	-29610
甘　肃	Gansu	10794	2119	8567	13145	-2350
青　海	Qinghai	16975	9650		115	16861
宁　夏	Ningxia					
新　疆	Xinjiang					

4-3-5 各地区限额以上住宿业企业年末资产负债(按国民经济行业分)

Assets and Liabilities of Enterprises above Designated Size of Hotels by Region and Sector at the Year-end

旅游饭店
Tourist Hotel

单位：万元
Unit: 10 000 yuan

地 区	Region	资产总计 Total Assets	#流动资产合计 Total Current Assets	#固定资产净额 Net Value of Fixed Assets	负债合计 Total Liabilities	所有者权益合计 Total Owners' Equities
全 国	**National Total**	**137191471**	**54399011**	**29181236**	**110046892**	**27150751**
北 京	Beijing	13807256	4290504	3472942	9678829	4128656
天 津	Tianjin	2082361	1072261	376536	1835741	246621
河 北	Hebei	2592962	1038394	549579	2549281	43681
山 西	Shanxi	1385990	380029	327100	1517717	-131728
内蒙古	Inner Mongolia	869202	292982	254700	689553	179649
辽 宁	Liaoning	1731773	659491	368657	1859725	-127952
吉 林	Jilin	1182050	480893	433308	993455	188947
黑龙江	Heilongjiang	926043	275257	378958	743539	182504
上 海	Shanghai	12273406	5733862	1865613	9346475	2926931
江 苏	Jiangsu	9167786	3592245	1939435	6845138	2322059
浙 江	Zhejiang	13157454	4842497	3115614	10653299	2504155
安 徽	Anhui	2436769	978475	480327	1809326	627451
福 建	Fujian	8721436	3552663	1588868	5409728	3311709
江 西	Jiangxi	2430546	823890	521197	2025340	405206
山 东	Shandong	5235996	2271408	1121682	4405077	830919
河 南	Henan	2707888	1102759	522903	2207836	500052
湖 北	Hubei	2588004	882573	608361	2080592	507412
湖 南	Hunan	2801791	930555	584110	2364230	437560
广 东	Guangdong	17517726	8316663	2637473	15958857	1558869
广 西	Guangxi	2676692	985395	538235	2061875	619789
海 南	Hainan	6965117	2609698	2372115	6239659	725458
重 庆	Chongqing	2982213	1536348	507449	2244461	737752
四 川	Sichuan	6180804	2553791	1314056	5049179	1131624
贵 州	Guizhou	2631356	1159494	440979	2111914	520511
云 南	Yunnan	3148480	1142399	715612	2455066	693414
西 藏	Xizang	353596	86547	65726	179363	174233
陕 西	Shaanxi	4506975	1341454	1030479	3874259	632844
甘 肃	Gansu	1595323	650808	352022	1025345	569978
青 海	Qinghai	442037	156466	112316	277627	164411
宁 夏	Ningxia	250372	72930	115337	202924	47447
新 疆	Xinjiang	1842071	586282	469548	1351482	490589

4-3-5 续表 1 Continued 1

一般旅馆
Fonda

单位：万元
Unit: 10 000 yuan

地区	Region	资产总计 Total Assets	#流动资产合计 Total Current Assets	#固定资产净额 Net Value of Fixed Assets	负债合计 Total Liabilities	所有者权益合计 Total Owners' Equities
全国	**National Total**	**36541642**	**16683816**	**4969857**	**31096721**	**5460520**
北京	Beijing	2612615	1453658	429208	2004894	607720
天津	Tianjin	535115	284303	21755	600655	-65424
河北	Hebei	1089453	458134	229200	1173546	-84216
山西	Shanxi	1104289	403054	317605	860919	243415
内蒙古	Inner Mongolia	426816	126567	111325	461050	-34234
辽宁	Liaoning	580894	238393	78484	580105	789
吉林	Jilin	293371	154851	26586	271926	21445
黑龙江	Heilongjiang	196231	107546	20700	210032	-13800
上海	Shanghai	2716164	1433793	156169	2361490	354677
江苏	Jiangsu	3206791	1400811	187456	2780971	427762
浙江	Zhejiang	2021951	842317	389241	1933391	88560
安徽	Anhui	746103	314494	108015	564206	189821
福建	Fujian	982389	489875	141792	727180	255209
江西	Jiangxi	935063	333938	129142	677377	257686
山东	Shandong	1628943	806915	230295	1429087	199855
河南	Henan	1599796	716433	233671	1065319	534477
湖北	Hubei	1293577	528011	199736	894223	399353
湖南	Hunan	1276163	382221	180615	738512	537650
广东	Guangdong	4314442	2579177	479523	4181049	139181
广西	Guangxi	956347	415260	133457	852654	103693
海南	Hainan	212181	77229	20200	250340	-38159
重庆	Chongqing	739826	293220	50952	635548	104278
四川	Sichuan	2299102	948198	422072	2067041	232061
贵州	Guizhou	641916	339045	69206	541433	100483
云南	Yunnan	1585293	516442	222277	1178804	406488
西藏	Xizang	238054	64233	65011	73872	164182
陕西	Shaanxi	1320238	512339	121331	1191565	128576
甘肃	Gansu	373783	185747	79625	266412	107371
青海	Qinghai	139687	75545	10393	125618	14069
宁夏	Ningxia	43364	20387	10077	40463	2901
新疆	Xinjiang	431686	181679	94738	357034	74651

4-3-5 续表 2 Continued 2

民宿服务
Home Lodging Services

单位：万元
Unit: 10 000 yuan

地 区	Region	资产总计 Total Assets	#流动资产合计 Total Current Assets	#固定资产净额 Net Value of Fixed Assets	负债合计 Total Liabilities	所有者权益合计 Total Owners' Equities
全 国	**National Total**	**1045448**	**441668**	**182288**	**564712**	**480735**
北 京	Beijing	20595	5467	4359	25493	-4898
天 津	Tianjin	2276	314	128	1473	803
河 北	Hebei	2564	167		3000	-436
山 西	Shanxi	3678	2201	94	2969	709
内蒙古	Inner Mongolia					
辽 宁	Liaoning					
吉 林	Jilin	2319	196	1806	2587	-268
黑龙江	Heilongjiang	445	69		460	-15
上 海	Shanghai	4444	2645	37	4162	282
江 苏	Jiangsu	30614	9607	10471	21297	9317
浙 江	Zhejiang	166400	38762	71175	79740	86660
安 徽	Anhui	29372	15573	3722	19942	9431
福 建	Fujian	260824	150236	19200	36193	224631
江 西	Jiangxi	36779	10298	7578	20879	15899
山 东	Shandong	47258	14585	14607	45685	1573
河 南	Henan	19764	6638	388	8201	11563
湖 北	Hubei	33323	13824	10544	17902	15421
湖 南	Hunan	41602	17850	4885	25346	16256
广 东	Guangdong	54642	31974	3310	52153	2489
广 西	Guangxi	20328	2314	1301	13277	7052
海 南	Hainan	78	38	37	43	35
重 庆	Chongqing	22010	7742	6758	14673	7337
四 川	Sichuan	52517	23448	8300	32504	20014
贵 州	Guizhou	62121	24603	1128	33645	28476
云 南	Yunnan	58429	17517	4637	40061	18368
西 藏	Xizang					
陕 西	Shaanxi	25089	5502	5982	20178	4910
甘 肃	Gansu					
青 海	Qinghai					
宁 夏	Ningxia	4553	2964	37	2019	2534
新 疆	Xinjiang	43425	37133	1802	40832	2593

4-3-5 续表 3 Continued 3

露营地服务

Campground Services

单位：万元

Unit: 10 000 yuan

地 区	Region	资产总计 Total Assets	#流动资产合计 Total Current Assets	#固定资产净额 Net Value of Fixed Assets	负债合计 Total Liabilities	所有者权益合计 Total Owners' Equities
全 国	**National Total**	**187994**	**86539**	**17745**	**123582**	**64413**
北 京	Beijing					
天 津	Tianjin					
河 北	Hebei					
山 西	Shanxi	8916	631	59	5489	3427
内 蒙 古	Inner Mongolia					
辽 宁	Liaoning	7016	7016		7244	-228
吉 林	Jilin					
黑 龙 江	Heilongjiang					
上 海	Shanghai	696	595		352	344
江 苏	Jiangsu	2872	1222	549	10964	-8093
浙 江	Zhejiang	7448	1608	5153	2033	5416
安 徽	Anhui	68050	27705	2887	21878	46172
福 建	Fujian	54	48	2	6	48
江 西	Jiangxi	4247	1656	198	3110	1137
山 东	Shandong					
河 南	Henan	1551	1347		722	829
湖 北	Hubei	8544	1044	6368	6858	1686
湖 南	Hunan	418	55			418
广 东	Guangdong	519	37		443	76
广 西	Guangxi	35559	18599	515	28958	6601
海 南	Hainan					
重 庆	Chongqing					
四 川	Sichuan					
贵 州	Guizhou	4734	2512	89	4482	252
云 南	Yunnan	1326	736		397	929
西 藏	Xizang					
陕 西	Shaanxi	33068	20471	1139	28108	4960
甘 肃	Gansu					
青 海	Qinghai					
宁 夏	Ningxia					
新 疆	Xinjiang	2978	1259	786	2538	440

4-3-5 续表 4 Continued 4

其他住宿业
Others

单位：万元
Unit: 10 000 yuan

地 区	Region	资产总计 Total Assets	#流动资产合计 Total Current Assets	#固定资产净额 Net Value of Fixed Assets	负债合计 Total Liabilities	所有者权益合计 Total Owners' Equities
全 国	**National Total**	**4408799**	**1712997**	**774394**	**3547696**	**861104**
北 京	Beijing	235659	93968	31533	188659	46999
天 津	Tianjin	117001	30626	11977	150813	-33811
河 北	Hebei	107459	52855	9881	90198	17261
山 西	Shanxi	27460	9992	12215	28765	-1305
内 蒙 古	Inner Mongolia	28867	22457	209	29958	-1091
辽 宁	Liaoning	194474	59646	75895	139658	54817
吉 林	Jilin	124906	24050	242	123294	1612
黑 龙 江	Heilongjiang	27937	7696	4396	15873	12064
上 海	Shanghai	23886	12201	8134	43619	-19733
江 苏	Jiangsu	772061	315793	73229	699875	72186
浙 江	Zhejiang	9878	5879	111	10179	-301
安 徽	Anhui	61162	18687	10872	25066	36097
福 建	Fujian	54014	18569	3122	24663	29351
江 西	Jiangxi	216844	70232	52954	108251	108592
山 东	Shandong	360900	169139	43666	371819	-10919
河 南	Henan	181999	37461	79914	133213	48786
湖 北	Hubei	238663	99912	44859	182105	56558
湖 南	Hunan	110323	33762	14310	83337	26985
广 东	Guangdong	439526	237800	88814	417757	21769
广 西	Guangxi	26803	13851	4156	27034	-230
海 南	Hainan	88181	32051	31174	110522	-22340
重 庆	Chongqing	65218	14882	10059	25077	40141
四 川	Sichuan	136912	69806	39629	110133	26779
贵 州	Guizhou	199261	20534	57133	57028	142233
云 南	Yunnan	281976	141587	8292	147170	134806
西 藏	Xizang	27209	16078	2408	20567	6643
陕 西	Shaanxi	137112	58469	32538	125998	11114
甘 肃	Gansu	18540	5892	78	11009	7531
青 海	Qinghai	33625	7526	451	18286	15339
宁 夏	Ningxia	458	440		120	338
新 疆	Xinjiang	60484	11159	22145	27651	32834

4-3-6 各地区限额以上餐饮业企业年末资产负债

Assets and Liabilitiest of Enterprises above Designated Size of Catering Services by Region at the Year-end

单位：万元

Unit: 10 000 yuan

地 区	Region	资产总计 Total Assets	#流动资产合计 Total Current Assets	#固定资产净额 Net Value of Fixed Assets	负债合计 Total Liabilities	所有者权益合计 Total Owners' Equities
全 国	**National Total**	**88112830**	**46164273**	**9342032**	**67212114**	**20956981**
北 京	Beijing	6399907	3840525	473238	5589305	816047
天 津	Tianjin	1204774	619659	92911	987087	213579
河 北	Hebei	1822939	1045676	132777	1794925	28014
山 西	Shanxi	1912563	962609	290965	1675505	232220
内 蒙 古	Inner Mongolia	873726	378753	173791	774850	98877
辽 宁	Liaoning	1198245	539244	161954	1196239	35006
吉 林	Jilin	373006	202488	64903	335629	37376
黑 龙 江	Heilongjiang	206432	100061	35730	152712	53721
上 海	Shanghai	8831287	5569843	396298	6667231	2164056
江 苏	Jiangsu	10082271	5093189	1086250	7584349	2497877
浙 江	Zhejiang	6483222	2926524	762925	5825914	660774
安 徽	Anhui	3198061	1522172	277256	2155865	1041739
福 建	Fujian	2113557	1062937	263757	1418086	695364
江 西	Jiangxi	1839926	862265	306419	1133564	706362
山 东	Shandong	5557894	2645715	1053748	4500548	1057344
河 南	Henan	1323422	709593	161839	833592	489808
湖 北	Hubei	3776554	1593557	582584	2238279	1538032
湖 南	Hunan	2153415	916676	274652	1367857	785559
广 东	Guangdong	12701091	7424031	906953	10066295	2653209
广 西	Guangxi	1254746	632158	171724	952757	308681
海 南	Hainan	262420	158795	24183	209198	53221
重 庆	Chongqing	1808622	856235	202246	991927	816695
四 川	Sichuan	5934326	3026160	684847	4106273	1828135
贵 州	Guizhou	1216674	830691	43458	1018124	198063
云 南	Yunnan	1159778	708527	113537	662540	497238
西 藏	Xizang	155452	38531	34631	50907	104546
陕 西	Shaanxi	2020565	983036	263697	1373835	646205
甘 肃	Gansu	791206	365463	139161	584435	206771
青 海	Qinghai	96987	43482	26101	88399	8588
宁 夏	Ningxia	107217	42320	21222	77437	29780
新 疆	Xinjiang	1252544	463357	118276	798451	454093

4-3-6 续表 Continued

国有控股
State-controlled Enterprises

单位：万元
Unit: 10 000 yuan

地 区	Region	资产总计 Total Assets	#流动资产合计 Total Current Assets	#固定资产净额 Net Value of Fixed Assets	负债合计 Total Liabilities	所有者权益合计 Total Owners' Equities
全 国	**National Total**	**13203284**	**6373806**	**1839354**	**8542024**	**4657270**
北 京	Beijing	644399	332723	80497	350918	293481
天 津	Tianjin	62923	30177	12049	41578	17355
河 北	Hebei	338604	196718	52161	271134	67470
山 西	Shanxi	415036	163239	134974	234315	180720
内 蒙 古	Inner Mongolia	187145	43288	79911	43375	143770
辽 宁	Liaoning	26242	22104	2233	16377	9864
吉 林	Jilin	25062	13406	9819	22310	2752
黑 龙 江	Heilongjiang	7554	5316	2144	5332	2222
上 海	Shanghai	498584	315685	47922	251001	247583
江 苏	Jiangsu	2056435	1270211	219052	1737705	318731
浙 江	Zhejiang	778674	306311	84944	644755	133919
安 徽	Anhui	198259	92460	45850	179310	18950
福 建	Fujian	81037	33665	2249	60326	20711
江 西	Jiangxi	376973	176727	90172	275340	101633
山 东	Shandong	1399106	556356	327698	755248	643858
河 南	Henan	90514	45140	6724	58424	32090
湖 北	Hubei	88006	48581	14096	59842	28164
湖 南	Hunan	92779	49231	25573	93032	-253
广 东	Guangdong	2210142	1144263	205921	1086052	1124090
广 西	Guangxi	387814	139053	45705	275057	112757
海 南	Hainan	2800	2645	129	2736	64
重 庆	Chongqing	465330	151174	5738	197071	268258
四 川	Sichuan	785985	425285	75155	558500	227484
贵 州	Guizhou	574759	383234	6198	504872	69887
云 南	Yunnan	147753	88590	17566	80377	67376
西 藏	Xizang	100102	18065	33538	25073	75029
陕 西	Shaanxi	350459	84963	88349	253260	97199
甘 肃	Gansu	157946	65572	42986	118110	39837
青 海	Qinghai	151	125	20	350	-199
宁 夏	Ningxia	6027	315	183	1267	4761
新 疆	Xinjiang	646684	169186	79801	338977	307706

4-3-7 各地区限额以上餐饮业企业年末资产负债(按登记注册统计类别分)

Assets and Liabilities of Enterprises above Designated Size of Catering Services by Region and Registered Statistical Categories at the Year-end

内资企业 单位：万元

Domestic Funded Enterprises Unit: 10 000 yuan

地区	Region	资产总计 Total Assets	#流动资产合计 Total Current Assets	#固定资产净额 Net Value of Fixed Assets	负债合计 Total Liabilities	所有者权益合计 Total Owners' Equities
全国	**National Total**	**71033186**	**39237807**	**7621540**	**55833061**	**15254393**
北京	Beijing	4143743	2944692	256817	4003457	143734
天津	Tianjin	889138	578115	41013	735013	150017
河北	Hebei	1811547	1037906	130451	1793548	17999
山西	Shanxi	1829261	956257	272648	1614256	210168
内蒙古	Inner Mongolia	832513	353307	173605	731725	100788
辽宁	Liaoning	797745	418300	105948	837873	-7128
吉林	Jilin	348289	199270	58188	316260	32029
黑龙江	Heilongjiang	182475	82183	35514	137353	45123
上海	Shanghai	4073571	2921737	123982	3663195	410376
江苏	Jiangsu	8800807	4807926	925727	6836239	1964523
浙江	Zhejiang	5622119	2778886	616412	5170429	455156
安徽	Anhui	3157745	1513259	269965	2125338	1031950
福建	Fujian	1739113	1000276	192396	1109622	629384
江西	Jiangxi	1792284	853275	302278	1099481	692803
山东	Shandong	5260179	2541826	1000844	4207015	1053162
河南	Henan	1273195	699704	148048	799465	473708
湖北	Hubei	3199600	1419966	515751	1891743	1307615
湖南	Hunan	1937239	893443	221359	1187230	750010
广东	Guangdong	9403298	6191602	539285	7855088	1566622
广西	Guangxi	1114803	599794	113394	869313	252182
海南	Hainan	246763	149264	21191	201798	44966
重庆	Chongqing	1781359	848390	198300	969309	812050
四川	Sichuan	4388502	2077889	643457	3220251	1168332
贵州	Guizhou	1204313	827297	41528	1012693	191134
云南	Yunnan	1111819	689188	108296	624501	487318
西藏	Xizang	155452	38531	34631	50907	104546
陕西	Shaanxi	1870812	928679	240219	1297022	573265
甘肃	Gansu	767755	362780	135577	568426	199328
青海	Qinghai	96987	43482	26101	88399	8588
宁夏	Ningxia	107068	42170	21221	77297	29771
新疆	Xinjiang	1093690	438411	107394	738814	354876

有限责任公司
Limited Liability Corporations

单位：万元
Unit: 10 000 yuan

地 区	Region	资产总计 Total Assets	#流动资产合计 Total Current Assets	#固定资产净额 Net Value of Fixed Assets	负债合计 Total Liabilities	所有者权益合计 Total Owners' Equities
全 国	**National Total**	**64905555**	**36172987**	**7049000**	**52511763**	**12445952**
北 京	Beijing	3852297	2830168	225396	3850839	2268
天 津	Tianjin	866426	563001	40958	723753	138566
河 北	Hebei	1489208	791444	126397	1500047	-10839
山 西	Shanxi	1731427	918995	254334	1532618	193971
内 蒙 古	Inner Mongolia	772873	330527	170320	686245	86628
辽 宁	Liaoning	742058	400091	103637	807585	-32527
吉 林	Jilin	341739	193876	57498	306810	34929
黑 龙 江	Heilongjiang	172310	80998	33464	136288	36022
上 海	Shanghai	3456251	2496900	116534	3380092	76159
江 苏	Jiangsu	8441118	4605252	904603	6580853	1860221
浙 江	Zhejiang	5368075	2652391	598049	5005516	366069
安 徽	Anhui	2409917	1199164	240468	1753733	655727
福 建	Fujian	1502388	830207	173559	997260	505021
江 西	Jiangxi	1614684	796401	274319	1024596	590088
山 东	Shandong	5079354	2438254	972043	4070582	1008770
河 南	Henan	1199909	685958	126409	770618	429270
湖 北	Hubei	2796638	1275030	433254	1749636	1046759
湖 南	Hunan	1758857	845768	200405	1127002	631855
广 东	Guangdong	8595577	5645702	498552	7415684	1198305
广 西	Guangxi	1079861	581033	104922	848830	237722
海 南	Hainan	237646	142871	21191	192269	45377
重 庆	Chongqing	1548060	772395	157429	863294	684765
四 川	Sichuan	4104994	1970191	584164	3121240	983845
贵 州	Guizhou	1163405	795757	39927	984331	178587
云 南	Yunnan	1008006	646761	84816	586804	421203
西 藏	Xizang	155452	38531	34631	50907	104546
陕 西	Shaanxi	1552117	810283	203967	1130167	421902
甘 肃	Gansu	708349	339771	126684	531730	176619
青 海	Qinghai	96696	43455	26101	88109	8588
宁 夏	Ningxia	106442	41544	21221	77297	29145
新 疆	Xinjiang	953419	410264	93749	617029	336390

4-3-7 续表 2 Continued 2

股份有限公司 单位：万元

Share-holding Corporations Ltd. Unit: 10 000 yuan

地 区	Region	资产总计 Total Assets	#流动资产合计 Total Current Assets	#固定资产净额 Net Value of Fixed Assets	负债合计 Total Liabilities	所有者权益合计 Total Owners' Equities
全 国	**National Total**	**3537775**	**1865039**	**210265**	**1857337**	**1680438**
北 京	Beijing	219234	57773	24771	82059	137175
天 津	Tianjin	20574	13116		9507	11067
河 北	Hebei	238543	211022		211740	26803
山 西	Shanxi	42391	16347	2512	28775	13616
内蒙古	Inner Mongolia	17595	3434		7498	10097
辽 宁	Liaoning					
吉 林	Jilin	1696	784	541	2912	-1217
黑龙江	Heilongjiang	187	187		2	185
上 海	Shanghai	546165	372092	6316	228100	318065
江 苏	Jiangsu	76170	58099	2102	73213	2957
浙 江	Zhejiang	144915	62960	6370	68734	76181
安 徽	Anhui	684350	289451	24090	339780	344570
福 建	Fujian	139201	114689	3212	79433	59768
江 西	Jiangxi	30178	4554	15404	19624	10554
山 东	Shandong	56356	25799	10842	66710	-10354
河 南	Henan	28952	1728	44	2761	26191
湖 北	Hubei	99435	42304	22254	43136	56299
湖 南	Hunan	86652	16119	3411	33809	52844
广 东	Guangdong	533394	367745	17661	219016	314379
广 西	Guangxi	4219	3965	61	2961	1259
海 南	Hainan	7464	5344		8631	-1167
重 庆	Chongqing	161036	49151	26764	87757	73279
四 川	Sichuan	23624	11298	1350	16189	7435
贵 州	Guizhou	17998	17312	273	16351	1647
云 南	Yunnan	603	210	393	296	306
西 藏	Xizang					
陕 西	Shaanxi	270959	101152	33798	145982	124978
甘 肃	Gansu	5568	2506		2693	2875
青 海	Qinghai					
宁 夏	Ningxia					
新 疆	Xinjiang	80317	15896	8097	59669	20649

4-3-7 续表 3 Continued 3

非公司企业法人 单位：万元

Non Corporate Legal Entity Unit: 10 000 yuan

地 区	Region	资产总计 Total Assets	#流动资产合计 Total Current Assets	#固定资产净额 Net Value of Fixed Assets	负债合计 Total Liabilities	所有者权益合计 Total Owners' Equities
全 国	**National Total**	**565360**	**302650**	**69042**	**450589**	**117409**
北 京	Beijing	42631	29624	6253	43029	2240
天 津	Tianjin					
河 北	Hebei	31327	9563	1716	29529	1798
山 西	Shanxi	21630	5457	12284	19310	2320
内 蒙 古	Inner Mongolia	378	-155		141	236
辽 宁	Liaoning	1003	781	8	1333	-331
吉 林	Jilin					
黑 龙 江	Heilongjiang	2607	559	2047	506	2101
上 海	Shanghai	43889	32614	981	36888	7000
江 苏	Jiangsu	111316	71572	1385	97572	13744
浙 江	Zhejiang	12663	6945	5331	10468	2194
安 徽	Anhui	4047	895	205	2726	1321
福 建	Fujian	9164	5595	422	3078	6086
江 西	Jiangxi	6663	4415	1643	6610	53
山 东	Shandong	39483	24884	9035	26761	12722
河 南	Henan	1981	978		3831	-1850
湖 北	Hubei	50602	18311	7990	35677	14924
湖 南	Hunan	1215	590	491	474	741
广 东	Guangdong	47347	30397	1018	37107	10241
广 西	Guangxi	2607	498	1727	2255	352
海 南	Hainan					
重 庆	Chongqing	1769	807	203	545	1224
四 川	Sichuan	59969	37450	9663	25218	34751
贵 州	Guizhou	2202	1393	130	1524	677
云 南	Yunnan	3008	2277	711	1989	1019
西 藏	Xizang					
陕 西	Shaanxi	2960	477	91	640	2320
甘 肃	Gansu	8955	6443	338	6822	2133
青 海	Qinghai					
宁 夏	Ningxia					
新 疆	Xinjiang	55947	10280	5370	56554	-606

4-3-7 续表 4 Continued 4

个人独资企业 单位：万元

Sole Proprietorship Enterprises Unit: 10 000 yuan

地区	Region	资产总计 Total Assets	#流动资产合计 Total Current Assets	#固定资产净额 Net Value of Fixed Assets	负债合计 Total Liabilities	所有者权益合计 Total Owners' Equities
全 国	**National Total**	**1765133**	**748283**	**247319**	**845302**	**919301**
北 京	Beijing	14321	14097	225	15186	-865
天 津	Tianjin	1392	1261	55	998	394
河 北	Hebei	49678	24497	1277	51597	-1918
山 西	Shanxi	33533	15307	3518	33260	273
内蒙古	Inner Mongolia	41667	19501	3285	37841	3826
辽 宁	Liaoning	48215	12309	2098	22266	25949
吉 林	Jilin	4812	4593	149	6496	-1684
黑龙江	Heilongjiang	7014	126		200	6814
上 海	Shanghai	23837	17099		15264	8573
江 苏	Jiangsu	166793	68949	17531	80970	85823
浙 江	Zhejiang	61685	43466	4284	55225	6417
安 徽	Anhui	57304	22304	4572	27877	29427
福 建	Fujian	73805	40115	13869	20041	53763
江 西	Jiangxi	117051	35449	7098	38345	78706
山 东	Shandong	42673	17908	8713	26041	16632
河 南	Henan	27184	10222	7486	6596	20588
湖 北	Hubei	247739	80802	51714	60442	187297
湖 南	Hunan	76746	26887	12944	21727	55020
广 东	Guangdong	178987	117652	13987	143203	35785
广 西	Guangxi	27130	14065	6573	14964	12166
海 南	Hainan	1653	1048		898	755
重 庆	Chongqing	68153	24672	13619	16006	52148
四 川	Sichuan	187043	55435	40522	56287	130746
贵 州	Guizhou	14797	8569	986	7729	7068
云 南	Yunnan	99303	39714	22261	33648	65655
西 藏	Xizang					
陕 西	Shaanxi	42813	15554	1818	19162	23173
甘 肃	Gansu	44882	14059	8555	27181	17701
青 海	Qinghai	290	27		290	
宁 夏	Ningxia	626	626			626
新 疆	Xinjiang	4007	1971	177	5563	-1556

4-3-7 续表 5 Continued 5

合伙企业

Foreign Funded Enterprises

单位：万元

Unit: 10 000 yuan

地　区	Region	资产总计 Total Assets	#流动资产合计 Total Current Assets	#固定资产净额 Net Value of Fixed Assets	负债合计 Total Liabilities	所有者权益合计 Total Owners' Equities
全　国	**National Total**	**259005**	**148586**	**45902**	**167496**	**91510**
北　京	Beijing	15261	13030	172	12345	2917
天　津	Tianjin	746	738		755	-10
河　北	Hebei	2792	1379	1061	635	2156
山　西	Shanxi	280	150		292	-12
内蒙古	Inner Mongolia					
辽　宁	Liaoning	6470	5119	205	6688	-218
吉　林	Jilin	41	16		41	
黑龙江	Heilongjiang	357	313	2	357	
上　海	Shanghai	3430	3031	151	2852	578
江　苏	Jiangsu	5410	4054	105	3632	1778
浙　江	Zhejiang	34782	13124	2378	30486	4296
安　徽	Anhui	2128	1445	631	1223	905
福　建	Fujian	14556	9670	1335	9810	4746
江　西	Jiangxi	23708	12456	3815	10305	13403
山　东	Shandong	42313	34982	211	16921	25393
河　南	Henan	15169	818	14109	15660	-491
湖　北	Hubei	5186	3519	539	2852	2334
湖　南	Hunan	13768	4080	4109	4218	9551
广　东	Guangdong	47635	29842	8053	39505	8130
广　西	Guangxi	987	232	110	303	683
海　南	Hainan					
重　庆	Chongqing	2341	1365	285	1707	634
四　川	Sichuan	12871	3516	7757	1316	11555
贵　州	Guizhou	5912	4266	212	2757	3154
云　南	Yunnan	899	227	115	1764	-865
西　藏	Xizang					
陕　西	Shaanxi	1964	1214	546	1071	892
甘　肃	Gansu					
青　海	Qinghai					
宁　夏	Ningxia					
新　疆	Xinjiang					

4-3-7 续表 6 Continued 6

港澳台投资企业 单位：万元

Enterprises with Investment from Hong Kong, Macao and Taiwan Unit: 10 000 yuan

地 区	Region	资产总计 Total Assets	#流动资产合计 Total Current Assets	#固定资产净额 Net Value of Fixed Assets	负债合计 Total Liabilities	所有者权益合计 Total Owners' Equities
全 国	**National Total**	**9511638**	**3572419**	**1117386**	**6245316**	**3266323**
北 京	Beijing	1400132	580266	144875	780036	620097
天 津	Tianjin	121322	19873	26353	87410	33912
河 北	Hebei	9869	6276	2326	633	9237
山 西	Shanxi	35651	2446	10014	25865	9786
内 蒙 古	Inner Mongolia	1963	1581	186	790	1173
辽 宁	Liaoning	180363	68946	25946	203536	-23173
吉 林	Jilin	24456	3090	6715	19322	5134
黑 龙 江	Heilongjiang	21027	14959	216	12575	8452
上 海	Shanghai	2434328	1196365	170916	1716560	717768
江 苏	Jiangsu	811104	147026	103524	437300	373803
浙 江	Zhejiang	322458	60460	85792	282359	40098
安 徽	Anhui	39214	8652	7140	29917	9297
福 建	Fujian	215024	43308	42894	165018	50007
江 西	Jiangxi	45981	8565	3788	33219	12762
山 东	Shandong	162700	64596	50370	217683	-54983
河 南	Henan	4527	3327	29	11170	-6643
湖 北	Hubei	497504	125760	64093	289730	207774
湖 南	Hunan	81818	4610	21677	75301	6518
广 东	Guangdong	2344176	977690	233149	1461288	882888
广 西	Guangxi	106091	29529	50111	62470	43621
海 南	Hainan	15656	9531	2993	7401	8256
重 庆	Chongqing	25445	6243	3938	17041	8404
四 川	Sichuan	347830	121468	37650	186900	160930
贵 州	Guizhou	12361	3394	1931	5431	6930
云 南	Yunnan	40591	17695	5157	32746	7845
西 藏	Xizang					
陕 西	Shaanxi	74217	33855	12003	31395	42822
甘 肃	Gansu	23452	2683	3584	16009	7443
青 海	Qinghai					
宁 夏	Ningxia	149	149	1	140	10
新 疆	Xinjiang	112228	10077	17	36072	76156

4-3-7 续表 7 Continued 7

外商投资企业

Foreign Invested Enterprises

单位：万元

Unit: 10 000 yuan

地 区	Region	资产总计 Total Assets	#流动资产合计 Total Current Assets	#固定资产净额 Net Value of Fixed Assets	负债合计 Total Liabilities	所有者权益合计 Total Owners' Equities
全 国	**National Total**	**7546853**	**3343932**	**602525**	**5124533**	**2424317**
北 京	Beijing	856032	315568	71545	805813	52216
天 津	Tianjin	194315	21671	25545	164664	29650
河 北	Hebei	1522	1494		744	778
山 西	Shanxi	47650	3906	8303	35384	12266
内蒙古	Inner Mongolia	39251	23865		42334	-3084
辽 宁	Liaoning	220137	51998	30060	154830	65307
吉 林	Jilin	261	128		47	214
黑龙江	Heilongjiang	2930	2919		2785	146
上 海	Shanghai	2303895	1442506	100820	1278500	1025395
江 苏	Jiangsu	470360	138237	56999	310809	159551
浙 江	Zhejiang	538645	87178	60721	373126	165519
安 徽	Anhui	1101	261	150	610	492
福 建	Fujian	159420	19353	28467	143446	15974
江 西	Jiangxi	1661	424	353	865	796
山 东	Shandong	135015	39293	2534	75849	59166
河 南	Henan	45700	6563	13762	22957	22743
湖 北	Hubei	79450	47831	2740	56807	22643
湖 南	Hunan	133669	18208	31616	105164	28506
广 东	Guangdong	953617	254739	134519	749919	203698
广 西	Guangxi	33852	2834	8219	20974	12878
海 南	Hainan					
重 庆	Chongqing	1619	1423	8	5576	-3957
四 川	Sichuan	1197994	826803	3741	699122	498872
贵 州	Guizhou					
云 南	Yunnan	7368	1644	84	5293	2075
西 藏	Xizang					
陕 西	Shaanxi	74778	20232	11474	45352	29426
甘 肃	Gansu					
青 海	Qinghai					
宁 夏	Ningxia					
新 疆	Xinjiang	46614	14856	10865	23565	23049

4-3-8 各地区限额以上餐饮业企业年末资产负债(按国民经济行业)
Assets and Liabilities of Enterprises above Designated Size of Catering Services by Region and Sector at the Year-end

正餐服务　　单位：万元

Dinner　　Unit: 10 000 yuan

地区	Region	资产总计 Total Assets	#流动资产合计 Total Current Assets	#固定资产净额 Net Value of Fixed Assets	负债合计 Total Liabilities	所有者权益合计 Total Owners' Equities
全国	**National Total**	**63579309**	**32963810**	**7395914**	**49908719**	**13707893**
北京	Beijing	3341515	2147931	227242	3298078	46649
天津	Tianjin	624536	366999	20613	527668	92761
河北	Hebei	1750883	1003524	129614	1738479	12404
山西	Shanxi	1721023	898513	264394	1542995	173190
内蒙古	Inner Mongolia	840402	364936	173393	755881	84522
辽宁	Liaoning	688054	343126	98664	756795	-35742
吉林	Jilin	251252	140221	44511	239081	12171
黑龙江	Heilongjiang	141665	66464	30196	96202	45463
上海	Shanghai	4462616	2860961	219797	3811611	651005
江苏	Jiangsu	8272559	4188036	920185	6196447	2076068
浙江	Zhejiang	5174801	2427431	623836	4758247	420019
安徽	Anhui	2478642	1097729	257584	1697435	780749
福建	Fujian	1327726	697381	174540	842635	484985
江西	Jiangxi	1634935	768888	292221	1000713	634222
山东	Shandong	4558973	2027153	1002785	3800229	758742
河南	Henan	1026564	548742	117246	615424	411140
湖北	Hubei	2939093	1255434	508892	1710810	1228040
湖南	Hunan	1810567	808260	208817	1111089	699478
广东	Guangdong	8178197	4889771	514529	6927337	1252488
广西	Guangxi	1037074	511865	149603	807707	236094
海南	Hainan	172672	110152	9799	158466	14207
重庆	Chongqing	1582515	733447	178168	859491	723024
四川	Sichuan	3704906	1742330	607523	2643649	1061339
贵州	Guizhou	1113471	751554	34525	934484	178500
云南	Yunnan	964492	590571	95083	528369	436122
西藏	Xizang	112843	24573	31384	39435	73408
陕西	Shaanxi	1749497	853764	235568	1208999	539973
甘肃	Gansu	731948	346197	125879	535048	196899
青海	Qinghai	70684	31479	17096	60041	10643
宁夏	Ningxia	97521	39216	17805	69437	28084
新疆	Xinjiang	1017685	327166	64425	636438	381247

4-3-8 续表 1 Continued 1

快餐服务
Snack

单位：万元
Unit: 10 000 yuan

地 区	Region	资产总计 Total Assets	#流动资产合计 Total Current Assets	#固定资产净额 Net Value of Fixed Assets	负债合计 Total Liabilities	所有者权益合计 Total Owners' Equities
全 国	**National Total**	**11722212**	**4349814**	**1351396**	**8549500**	**3172694**
北 京	Beijing	1562714	592891	170807	1056893	505879
天 津	Tianjin	341557	62194	54326	271703	69854
河 北	Hebei	12610	11634	133	9752	2858
山 西	Shanxi	115836	30540	20470	88774	27062
内蒙古	Inner Mongolia	30459	11353	295	17069	13390
辽 宁	Liaoning	370474	102804	53009	345025	25449
吉 林	Jilin	31363	6628	6775	22734	8629
黑龙江	Heilongjiang	33835	14971	424	34029	-195
上 海	Shanghai	1653480	768314	112580	1363223	290258
江 苏	Jiangsu	1004572	355480	137135	767051	237521
浙 江	Zhejiang	920348	241691	127924	726249	194099
安 徽	Anhui	523335	274239	6588	322652	200683
福 建	Fujian	520291	207264	76591	381594	138697
江 西	Jiangxi	71271	22477	4485	38361	32910
山 东	Shandong	522159	265688	27125	340225	181934
河 南	Henan	112236	37043	22109	72762	39453
湖 北	Hubei	418269	97278	32129	327904	90366
湖 南	Hunan	220726	33320	55462	178491	42235
广 东	Guangdong	2216005	784001	311586	1530289	685716
广 西	Guangxi	102936	41278	10430	64861	38020
海 南	Hainan	37739	15589	8147	16851	20888
重 庆	Chongqing	163324	90416	22494	75460	87863
四 川	Sichuan	334712	118604	28817	250655	84056
贵 州	Guizhou	11394	10183	217	10490	904
云 南	Yunnan	87524	45871	5262	64329	23195
西 藏	Xizang	24371	5609	947	3513	20857
陕 西	Shaanxi	149328	60268	23051	87670	61658
甘 肃	Gansu	39962	12715	6207	30089	9874
青 海	Qinghai	693	693		900	-207
宁 夏	Ningxia	3938	417	3380	4049	-112
新 疆	Xinjiang	84753	28362	22490	45852	38901

4-3-8 续表 2 Continued 2

饮料及冷饮服务 单位：万元

Beverage and Cold Drink Unit: 10 000 yuan

地 区	Region	资产总计 Total Assets	#流动资产合计 Total Current Assets	#固定资产净额 Net Value of Fixed Assets	负债合计 Total Liabilities	所有者权益合计 Total Owners' Equities
全 国	**National Total**	**5463858**	**3383158**	**227772**	**3488517**	**1994064**
北 京	Beijing	583392	319291	41733	558777	26554
天 津	Tianjin	17023	6628	376	35723	-18700
河 北	Hebei	9330	2825	131	8383	947
山 西	Shanxi	7696	2146	363	7486	210
内 蒙 古	Inner Mongolia	631	617		496	136
辽 宁	Liaoning	52110	26059	2959	26482	25629
吉 林	Jilin	540	350	48	302	238
黑 龙 江	Heilongjiang	6014	1292	38	5115	899
上 海	Shanghai	2199594	1488274	49418	1110315	1089279
江 苏	Jiangsu	303572	195095	6160	276161	27411
浙 江	Zhejiang	245335	145869	5103	230761	14574
安 徽	Anhui	30075	13116	2773	19194	10881
福 建	Fujian	85593	31583	2287	79425	6168
江 西	Jiangxi	22782	18861	1087	10592	12190
山 东	Shandong	62258	28906	5166	47570	14688
河 南	Henan	15190	3866	56	21247	-6057
湖 北	Hubei	276966	140547	35328	119960	157006
湖 南	Hunan	57711	33165	1720	32779	24932
广 东	Guangdong	1058271	698358	43562	665146	409910
广 西	Guangxi	23234	11213	3442	13413	9822
海 南	Hainan	20343	11760	1643	14830	5513
重 庆	Chongqing	48388	22521	1155	49665	-1278
四 川	Sichuan	214188	116485	17665	84180	130008
贵 州	Guizhou	10875	5213	688	7977	2898
云 南	Yunnan	13165	5898	935	6394	6770
西 藏	Xizang					
陕 西	Shaanxi	89436	50234	3575	48907	40529
甘 肃	Gansu	5812	1338	291	4427	1385
青 海	Qinghai					
宁 夏	Ningxia	3945	1347	33	2427	1518
新 疆	Xinjiang	391	300	41	386	5

餐饮配送及外卖送餐服务
Catering Distribution and Delivery Service

单位：万元
Unit: 10 000 yuan

地区	Region	资产总计 Total Assets	#流动资产合计 Total Current Assets	#固定资产净额 Net Value of Fixed Assets	负债合计 Total Liabilities	所有者权益合计 Total Owners' Equities
全国	**National Total**	**3901574**	**3034359**	**261622**	**2795356**	**1106219**
北京	Beijing	314917	270764	12382	197706	117211
天津	Tianjin	141927	113555	14800	90576	51351
河北	Hebei	47909	25648	2899	36781	11127
山西	Shanxi	22165	12874	5239	16304	5861
内蒙古	Inner Mongolia	2012	1707	92	1039	974
辽宁	Liaoning	60559	44497	6189	49246	11314
吉林	Jilin	84817	50446	13411	68511	16306
黑龙江	Heilongjiang	23588	16075	5038	16424	7164
上海	Shanghai	366608	320107	12918	257867	108742
江苏	Jiangsu	349728	265976	12230	219996	129733
浙江	Zhejiang	84889	73705	4491	64868	20021
安徽	Anhui	158232	132040	10123	112278	45954
福建	Fujian	97345	68015	4354	60066	37279
江西	Jiangxi	89131	39309	5071	70479	18652
山东	Shandong	381300	294431	17668	287314	93985
河南	Henan	155252	110107	21192	114036	41216
湖北	Hubei	112002	79802	3239	57754	54249
湖南	Hunan	42632	31191	4622	31602	11030
广东	Guangdong	878640	743167	29030	686075	192564
广西	Guangxi	78274	61297	6379	60961	17312
海南	Hainan	25616	15819	4423	14961	10655
重庆	Chongqing	8065	6590	363	4660	3405
四川	Sichuan	32858	19549	4822	17846	15012
贵州	Guizhou	71533	57635	7274	58552	12981
云南	Yunnan	86409	60319	12092	58399	28010
西藏	Xizang	18045	8155	2300	7326	10719
陕西	Shaanxi	18733	11928	1029	12236	6497
甘肃	Gansu	12993	4941	6775	14449	-1456
青海	Qinghai					
宁夏	Ningxia	728	701		689	39
新疆	Xinjiang	134667	94010	31174	106353	28314

其他餐饮业

Others

地　区	Region	资产总计 Total Assets	#流动资产合计 Total Current Assets
全　国	**National Total**	**3445877**	**2433131**
北　京	Beijing	597369	509648
天　津	Tianjin	79732	70283
河　北	Hebei	2208	2045
山　西	Shanxi	45843	18536
内蒙古	Inner Mongolia	222	141
辽　宁	Liaoning	27048	22758
吉　林	Jilin	5035	4843
黑龙江	Heilongjiang	1331	1260
上　海	Shanghai	148989	132186
江　苏	Jiangsu	151840	88602
浙　江	Zhejiang	57849	37828
安　徽	Anhui	7778	5049
福　建	Fujian	82602	58694
江　西	Jiangxi	21807	12730
山　东	Shandong	33204	29537
河　南	Henan	14180	9836
湖　北	Hubei	30223	20496
湖　南	Hunan	21779	10740
广　东	Guangdong	369979	308736
广　西	Guangxi	13228	6505
海　南	Hainan	6049	5476
重　庆	Chongqing	6331	3261
四　川	Sichuan	1647662	1029193
贵　州	Guizhou	9401	6107
云　南	Yunnan	8188	5868
西　藏	Xizang	194	194
陕　西	Shaanxi	13571	6842
甘　肃	Gansu	492	271
青　海	Qinghai	25609	11309
宁　夏	Ningxia	1086	639
新　疆	Xinjiang	15049	13519

Continued 4

单位：万元

Unit: 10 000 yuan

#固定资产净额 Net Value of Fixed Assets	负债合计 Total Liabilities	所有者权益合计 Total Owners' Equities
105327	**2470022**	**976111**
21074	477852	119753
2796	61417	18315
	1530	678
499	19947	25897
11	366	-144
1132	18692	8356
159	5001	34
34	942	389
1584	124216	24773
10540	124695	27145
1572	45788	12061
187	4306	3471
5986	54366	28236
3555	13419	8388
1005	25209	7995
1235	10124	4056
2996	21851	8372
4031	13896	7884
8246	257448	112531
1870	5815	7434
172	4091	1958
65	2650	3681
26020	1109942	537720
755	6620	2781
165	5048	3141
	632	-438
473	16022	-2452
9	424	69
9005	27458	-1849
5	834	252
146	9422	5627

4-4-1 限额以上住宿和餐饮业企业损益及分配

项　目	Item	营业收入 Business Revenue	营业成本 Business Cost
总　计	**Total**	**152512936**	**81172371**
一、住宿业	**Hotels**	**51270096**	**23798084**
#国有控股	State-controlled Enterprises	12495223	6252364
(一)按登记注册统计类别分	**By Registered Statistical Categories**		
1.内资企业	Domestic Invested Enterprises	46446800	22001886
有限责任公司	Limited Liability Corporations	43471057	20628192
股份有限公司	Share-holding Corporations Ltd.	483684	225401
非公司企业法人	Non Corporate Legal Entity	1495596	562244
个人独资企业	Sole Proprietorship Enterprises	837917	501707
合伙企业	Partnership Enterprises	157650	83797
其他内资企业	Other Domestic Invested Enterprises	896	546
2.港澳台投资企业	Enterprises with Investment from Hong Kong, Macao and Taiwan	3133787	1137172
3.外商投资企业	Foreign Invested Enterprises	1688357	658578
4.其他统计类别	Other Statistical Categories	1152	448
(二)按国民经济行业分	**by Sector**		
旅游饭店	Tourist Hotel	33781691	14991784
一般旅馆	Fonda	15823094	7871657
民宿服务	Home Lodging Services	324909	191410
露营地服务	Campground Services	19099	14269
其他住宿业	Others	1321303	728965

Income and Distribution of Enterprises above Designated Size of Hotels and Catering Services

单位：万元

Unit: 10 000 yuan

税金及附加 Taxes and Other Charges	其他业务利润 Profits from Other Business	销售费用 Selling Expenses	管理费用 Administrative Expenses
976917	**945124**	**38490506**	**26824536**
703507	**507053**	**11490213**	**14522233**
274379	159547	2588142	3596937
570955	400523	10439869	12994629
515427	371048	9742477	12134153
9462	5369	108573	154189
35698	21365	443173	542812
8770	2449	113181	132040
1595	292	32465	31131
3			305
91455	71320	760557	960071
41095	35210	289690	567214
2		97	319
574951	391689	8002077	9875812
112091	103697	3199784	4254896
2185	7029	40001	81354
79	1	2802	7262
14201	4637	245550	302908

4-4-1 续表 1

项 目	Item	财务费用 Financial Expenses	#利息费用 Interest Expenses
总 计	**Total**	**3432038**	**2034046**
一、住宿业	**Hotels**	**2599963**	**1548174**
#国有控股	State-controlled Enterprises	416055	416682
(一)按登记注册统计类别分	**By Registered Statistical Categories**		
1.内资企业	Domestic Invested Enterprises	2258686	1262728
有限责任公司	Limited Liability Corporations	2222630	1224590
股份有限公司	Share-holding Corporations Ltd.	7936	12386
非公司企业法人	Non Corporate Legal Entity	13362	18439
个人独资企业	Sole Proprietorship Enterprises	12444	6239
合伙企业	Partnership Enterprises	2313	1074
其他内资企业	Other Domestic Invested Enterprises	1	
2.港澳台投资企业	Enterprises with Investment from Hong Kong, Macao and Taiwan	224704	235870
3.外商投资企业	Foreign Invested Enterprises	116567	49576
4.其他统计类别	Other Statistical Categories	7	
(二)按国民经济行业分	**by Sector**		
旅游饭店	Tourist Hotel	2209512	1305987
一般旅馆	Fonda	349705	208567
民宿服务	Home Lodging Services	4144	4921
露营地服务	Campground Services	493	1016
其他住宿业	Others	36109	27684

4–4–1 Continued 1

单位：万元

Unit: 10 000 yuan

营业利润 Operating Profits	利润总额 Total Profits	所得税费用 Income Tax Expenses	应付职工薪酬 Payables to Employees	应交增值税 VAT Payable
3607893	**4198545**	**1037266**	**36707416**	**2075386**
-705673	**-393144**	**318363**	**13589238**	**1089631**
-327717	-252825	130494	4264920	311815
-827007	-553374	248541	12320407	966674
-728242	-476652	227923	11351380	894094
5788	-4877	4698	165828	10627
-180068	-149155	10577	606515	45420
68940	70553	5024	161998	13872
6533	6711	317	34345	2609
42	46	2	342	52
81610	85898	44570	860448	78494
39444	74048	25251	408078	44453
280	284	1	305	10
-807107	-542707	233052	9532378	754266
94509	122601	80430	3650008	306515
5195	7186	1519	77925	4839
-5509	-3656	-1044	6690	313
7239	23433	4406	322238	23697

项　目	Item	营业收入 Business Revenue	营业成本 Business Cost
二、餐饮业	**Catering Services**	**101242841**	**57374286**
#国有控股	State-controlled Enterprises	4526960	3138357
(一)按登记注册统计类别分	**By Registered Statistical Categories**		
1.内资企业	Domestic Invested Enterprises	80643879	47976138
有限责任公司	Limited Liability Corporations	74464720	43781698
股份有限公司	Share-holding Corporations Ltd.	2368123	1691675
非公司企业法人	Non Corporate Legal Entity	438165	263432
个人独资企业	Sole Proprietorship Enterprises	2782925	1923336
合伙企业	Partnership Enterprises	587925	315132
其他内资企业	Other Domestic Invested Enterprises	2021	865
2.港澳台投资企业	Enterprises with Investment from Hong Kong, Macao and Taiwan	10598490	4247910
3.外商投资企业	Foreign Invested Enterprises	9989297	5143169
4.其他统计类别	Other Statistical Categories	11175	7069
(二)按国民经济行业分	**by Sector**		
正餐服务	Dinner	64761961	36730982
快餐服务	Snack	18205169	9745754
饮料及冷饮服务	Beverage and Cold Drink	7109651	3229328
餐饮配送及外卖送餐服务	Catering Distribution and Delivery Services	6161838	4796339
其他餐饮业	Others	5004221	2871884

4-4-1 Continued 2

单位：万元
Unit: 10 000 yuan

税金及附加 Taxes and Other Charges	其他业务利润 Profits from Other Business	销售费用 Selling Expenses	管理费用 Administrative Expenses
273410	**438072**	**27000293**	**12302303**
40593	24792	698756	715984
257105	386397	18846960	10536868
224017	382061	17870372	9945880
8028	283	420957	187118
3285	967	108711	73585
19799	2060	279132	265894
1973	1027	166952	64067
2		837	325
9261	37979	4975449	832134
6993	13695	3175217	932015
51	1	2667	1286
237695	316195	16415252	8894901
14401	65371	5810938	1529724
5120	40521	2831845	627119
10095	9139	550127	721881
6099	6846	1392130	528677

项　目	Item	财务费用 Financial Expenses	#利息费用 Interest Expenses
二、餐饮业	**Catering Services**	**832075**	**485872**
#国有控股	State-controlled Enterprises	52425	57514
(一)按登记注册统计类别分	**By Registered Statistical Categories**		
1.内资企业	Domestic Invested Enterprises	652076	381715
有限责任公司	Limited Liability Corporations	609000	360023
股份有限公司	Share-holding Corporations Ltd.	16681	12970
非公司企业法人	Non Corporate Legal Entity	2002	737
个人独资企业	Sole Proprietorship Enterprises	20883	7148
合伙企业	Partnership Enterprises	3386	837
其他内资企业	Other Domestic Invested Enterprises	125	
2.港澳台投资企业	Enterprises with Investment from Hong Kong, Macao and Taiwan	106248	40075
3.外商投资企业	Foreign Invested Enterprises	73574	63989
4.其他统计类别	Other Statistical Categories	177	93
(二)按国民经济行业分	**by Sector**		
正餐服务	Dinner	627730	372981
快餐服务	Snack	154506	66947
饮料及冷饮服务	Beverage and Cold Drink	10988	7052
餐饮配送及外卖送餐服务	Catering Distribution and Delivery Services	20374	12749
其他餐饮业	Others	18477	26142

4-4-1 Continued 3

单位：万元

Unit: 10 000 yuan

营业利润 Operating Profits	利润总额 Total Profits	所得税费用 Income Tax Expenses	应付职工薪酬 Payables to Employees	应交增值税 VAT Payable
4313565	**4591689**	**718903**	**23118177**	**985755**
89915	121296	13024	1334865	88064
2795286	3026198	402672	17154914	927378
2336100	2546886	370773	16003627	849797
166421	169836	15961	448309	18916
-11373	-621	2550	105760	12223
268301	272084	12285	474205	38948
35968	38136	1104	122508	7481
-131	-122		504	14
485809	520329	127632	3093195	63248
1032429	1045025	188534	2867542	-5055
41	137	65	2526	184
2233162	2447518	309067	14286794	825293
1063927	1081985	225897	4351195	47106
447622	463818	121103	2140366	-13252
65299	86907	19301	1203013	79149
503555	511462	43534	1136808	47459

4-4-2 各地区限额以上住宿和餐饮业企业损益及分配

地 区	Region	营业收入 Business Revenue	营业成本 Business Cost	税金及附加 Taxes and Other Charges	其他业务利润 Profits from Other Business	销售费用 Selling Expenses
全 国	**National Total**	**152512936**	**81172371**	**976917**	**945124**	**38490506**
北 京	Beijing	14589262	6721826	124750	192816	4739053
天 津	Tianjin	2228294	1180323	10960	31186	580764
河 北	Hebei	2135348	1205432	22050	5610	521275
山 西	Shanxi	1970846	1137890	17217	19492	497455
内蒙古	Inner Mongolia	1020229	440090	8624	7591	298254
辽 宁	Liaoning	2263947	1164060	18629	3828	566061
吉 林	Jilin	720433	390808	8078	2478	170160
黑龙江	Heilongjiang	545689	241628	6851	529	158250
上 海	Shanghai	15800405	7391958	68448	85253	5408677
江 苏	Jiangsu	13890446	7456362	38510	68662	3390996
浙 江	Zhejiang	11058685	5396856	62865	123184	3192405
安 徽	Anhui	4315781	2502574	20270	10976	988873
福 建	Fujian	7491905	4590208	50529	18952	1363363
江 西	Jiangxi	3473270	2149037	21944	8648	486204
山 东	Shandong	7708868	4326516	52437	28938	1670639
河 南	Henan	3058895	1637389	21881	10155	681856
湖 北	Hubei	6594865	3840670	42845	15296	1320358
湖 南	Hunan	4889870	3027157	54650	10177	723634
广 东	Guangdong	22175907	11624197	100361	181078	6134399
广 西	Guangxi	2249529	1209250	15009	11440	537025
海 南	Hainan	1766835	679930	37412	15473	461675
重 庆	Chongqing	3150412	2003497	24983	7031	434937
四 川	Sichuan	8237510	4307043	42287	38189	2152269
贵 州	Guizhou	1540038	932994	11751	6997	221096
云 南	Yunnan	2631328	1568934	28709	9047	359260
西 藏	Xizang	187495	96566	689	1499	28445
陕 西	Shaanxi	4041789	2337772	33774	21903	867522
甘 肃	Gansu	1147668	649625	10683	3936	229515
青 海	Qinghai	177061	96464	2757	379	43051
宁 夏	Ningxia	177710	95273	1468	644	41015
新 疆	Xinjiang	1272618	770044	15496	3739	222018

Income and Distribution of Enterprises above Designated Size of Hotels and Catering Services by Region

单位：万元

Unit: 10 000 yuan

管理费用 Administr-ative Expenses	财务费用 Financial Expenses	#利息费用 Interest Expenses	营业利润 Operating Profits	利润总额 Total Profits	所得税费用 Income Tax Expenses	应付职工薪酬 Payables to Employees	应交增值税 VAT Payable
26824536	**3432038**	**2034046**	**3607893**	**4198545**	**1037266**	**36707416**	**2075386**
2376656	233636	243871	564154	604535	133221	3601329	182903
420210	44262	34575	27094	46878	26884	544930	20589
490442	90638	63983	-178949	-191843	3487	503352	38364
424789	53893	40048	-131938	-116775	5567	522605	30763
285440	19522	13324	-28204	-12526	1957	275835	22049
457538	52333	21524	10854	25885	18473	509044	32895
163524	27243	17595	-37521	-30098	1458	175358	15441
150132	14483	11695	-24643	-17770	2184	119568	9611
2447171	276446	185722	303537	405090	140195	3977581	112876
2416814	213631	119758	512360	546879	121190	3327208	196859
2332410	281556	225938	-84514	-57517	85527	2718746	99112
639524	53658	28406	153320	171970	23504	1017897	52047
1113261	103082	65301	295460	303199	31552	1436115	74097
545915	60245	38577	206166	217757	11986	651566	41921
1355566	109770	66670	288731	308157	32399	1945282	114939
588056	57881	32932	87414	96713	17435	799098	55824
840244	78534	33564	537495	595337	59295	1654649	133428
653676	81752	41015	360061	370321	27003	974468	78507
4254176	388342	260948	-206645	-112597	128283	5659701	313256
509172	58867	42193	-66245	-57695	5676	548869	36238
521940	133938	71994	-2296	8264	15124	423800	42372
438915	46637	35026	202097	210429	14175	599578	45759
1164988	149020	115503	733365	761306	79954	2002429	120642
371972	36293	28000	-27885	-21351	3664	391258	27845
527353	47414	38651	108466	103300	10044	625121	56228
57922	2720	2450	3855	4235	1120	62460	5364
702638	86465	66181	38728	50848	23688	931762	56530
210310	582789	54993	13705	20366	4727	285002	22565
50906	8429	3584	-24564	-20287	428	53434	4638
42782	2350	1875	-5131	-3464	461	47083	4193
270091	36207	28152	-20434	-11001	6608	322287	27531

4-4-3 各地区限额以上住宿业企业损益及分配

地　区	Region	营业收入 Business Revenue	营业成本 Business Cost	税金及附加 Taxes and Other Charges	其他业务利　润 Profits from Other Business	销售费用 Selling Expenses	管理费用 Administr-ative Expenses
全　国	**National Total**	**51270096**	**23798084**	**703507**	**507053**	**11490213**	**14522233**
北　京	Beijing	4321614	1693443	112724	64992	1015387	1187826
天　津	Tianjin	484746	176246	7940	14621	151691	192337
河　北	Hebei	951470	426953	17226	1856	285625	307015
山　西	Shanxi	672976	358580	11173	11844	177139	233500
内蒙古	Inner Mongolia	454657	167802	5612	6292	136334	157829
辽　宁	Liaoning	799253	336873	14546	2623	198755	267306
吉　林	Jilin	345533	148865	7044	1660	92431	120135
黑龙江	Heilongjiang	302484	103421	6333	462	93592	117163
上　海	Shanghai	3800379	1675867	60016	56381	751762	1105406
江　苏	Jiangsu	3686011	1675653	15703	22143	841601	1150707
浙　江	Zhejiang	4344672	1703604	47587	79528	1320250	1382104
安　徽	Anhui	1015753	494199	9317	2558	241771	257491
福　建	Fujian	2993633	1560107	40308	13228	595934	686648
江　西	Jiangxi	1346501	726420	12058	5279	232027	293716
山　东	Shandong	2657515	1223486	28125	15251	648187	690782
河　南	Henan	1452641	699632	16547	4799	324444	384967
湖　北	Hubei	1685776	886534	17789	6746	307703	374298
湖　南	Hunan	1844060	1064640	29989	3182	241256	365066
广　东	Guangdong	6441000	2980855	73518	104267	1520797	2008349
广　西	Guangxi	1040463	451646	10859	8037	277649	341501
海　南	Hainan	1420308	497817	36818	13082	351876	476904
重　庆	Chongqing	1077966	553052	14301	3244	192236	258254
四　川	Sichuan	2555338	1302337	25302	25545	481017	628789
贵　州	Guizhou	858292	461203	9934	5977	128335	260608
云　南	Yunnan	1332023	684597	24080	6253	195007	370254
西　藏	Xizang	138031	70098	570	1463	18946	47137
陕　西	Shaanxi	1756586	894308	24910	19628	382086	468777
甘　肃	Gansu	537823	269018	7325	2476	106237	127031
青　海	Qinghai	125272	66643	2545	379	29378	40898
宁　夏	Ningxia	95410	48991	1054	736	22146	27390
新　疆	Xinjiang	731911	395193	12253	2518	128614	192044

Income and Distribution of Enterprises above Designated Size of Hotels by Region

单位：万元
Unit: 10 000 yuan

财务费用 Financial Expenses	#利息费用 Interest Expenses	营业利润 Operating Profits	利润总额 Total Profits	所得税费用 Income Tax Expenses	应付职工薪酬 Payables to Employees	应交增值税 VAT Payable
2599963	**1548174**	**-705673**	**-393144**	**318363**	**13589238**	**1089631**
173352	194477	271754	294858	68416	1163447	101738
32865	24261	-49851	-34564	6006	127086	8056
68623	48587	-146925	-167657	1531	276120	20613
31731	24101	-112616	-105206	664	206585	13019
12518	8051	-25635	-16551	790	128369	12202
30067	12844	-48244	-34199	1287	196203	17857
23289	15206	-43840	-37942	-42	103045	9140
13217	11315	-29590	-24904	814	76164	7286
207576	150556	34643	83266	44850	926937	72116
123816	76295	-56260	-39373	19296	991420	75321
199848	173081	-253246	-248484	20197	1197216	64466
26746	17134	-10243	-1261	2813	297271	22016
83400	56399	47249	46627	9119	704670	46688
43464	29204	34516	39650	3736	299080	22578
69086	49443	16386	24009	7949	745351	54046
46368	28994	-14912	-10425	5104	433972	34202
35371	20648	71135	128521	10064	428237	43345
47505	28897	99836	105137	7403	395081	35162
274812	191006	-358355	-315174	49085	1855046	145733
44843	31373	-77306	-71820	1143	288043	23906
130962	70324	-9543	-5493	13121	348683	39129
32138	25733	29901	35662	5046	253490	24013
101402	78059	30570	45816	16169	651557	62591
30823	24598	-26587	-22148	2543	237391	18859
41639	31511	19240	14130	5225	355041	36880
2594	2304	1397	1739	715	42958	4386
64407	52488	-59791	-52263	8447	445936	34795
573346	47021	2861	6459	2424	141145	13601
6288	1848	-19955	-18004	406	37096	3330
1683	1413	-5427	-4192	163	26779	2652
26183	21002	-16832	-9357	3881	209819	19906

4-4-3 续表

国有控股

State-controlled Enterprises

地区	Region	营业收入 Business Revenue	营业成本 Business Cost	税金及附加 Taxes and Other Charges	其他业务利润 Profits from Other Business	销售费用 Selling Expenses	管理费用 Administrative Expenses
全国	**National Total**	**12495223**	**6252364**	**274379**	**159547**	**2588142**	**3596937**
北京	Beijing	2050123	871885	76133	22849	360709	601757
天津	Tianjin	120346	51516	4707	13515	32572	51119
河北	Hebei	242688	105204	7469	893	95639	80304
山西	Shanxi	186949	148494	6652	6245	42503	68587
内蒙古	Inner Mongolia	60605	27572	1839		19721	21375
辽宁	Liaoning	176773	90723	4248	946	39743	47534
吉林	Jilin	98507	47882	3894	290	23287	40419
黑龙江	Heilongjiang	75330	31449	2983	12	25634	35907
上海	Shanghai	1486081	722690	28781	29394	228025	419162
江苏	Jiangsu	1027557	439091	3775	5489	267629	361364
浙江	Zhejiang	797952	319053	17098	28521	237021	244157
安徽	Anhui	213684	96243	2104	584	77436	41265
福建	Fujian	657823	362492	7479	1821	129757	158781
江西	Jiangxi	259629	146524	2725	981	55144	57730
山东	Shandong	802885	400322	11437	7605	192707	198159
河南	Henan	217643	91035	3786	1219	61367	71016
湖北	Hubei	202989	120535	4422	564	32698	50516
湖南	Hunan	188771	109864	5752	439	27864	51003
广东	Guangdong	1154977	608981	20688	15611	234216	328679
广西	Guangxi	168576	106729	3699	414	31881	50364
海南	Hainan	279426	112123	11948	784	48315	104275
重庆	Chongqing	211988	112798	4319	1555	40945	56397
四川	Sichuan	452179	252868	5215	8239	86237	113469
贵州	Guizhou	250014	169129	3064	4254	23506	60738
云南	Yunnan	273305	165524	7165	2092	38942	68821
西藏	Xizang	35096	18240	199	1392	5908	14585
陕西	Shaanxi	352655	223712	10549	1421	58395	101905
甘肃	Gansu	119772	75301	3362	892	18011	25129
青海	Qinghai	27573	20343	1062		6558	8400
宁夏	Ningxia	27709	24237	501	367	1929	4970
新疆	Xinjiang	275617	179804	7322	1158	43846	59051

单位：万元
Unit: 10 000 yuan

财务费用 Financial Expenses	#利息费用 Interest Expenses	营业利润 Operating Profits	利润总额 Total Profits	所得税费用 Income Tax Expenses	应付职工薪酬 Payables to Employees	应交增值税 VAT Payable
416055	**416682**	**-327717**	**-252825**	**130494**	**4264920**	**311815**
71165	83272	189906	198881	38382	677199	55115
10483	7667	-10231	-8144	5390	43060	2162
8249	6728	-53035	-46651	905	96070	6024
16680	14531	-63601	-61367	42	83551	3382
1453	1262	-10630	-7582	20	22740	2018
1959	1774	-5479	-3329	12	55588	4864
6611	4474	-21886	-20726	16	37198	3462
3300	3270	-22790	-20394	449	30830	2075
45919	31685	54489	59537	21984	441742	29054
30204	30258	-31266	-23154	7918	353395	23835
48215	54965	-30141	-32772	7825	267206	15636
3384	5351	-6049	-5615	624	77586	6888
7814	10174	-7290	-5428	1932	219237	14229
10260	7263	-9850	-8039	324	71583	7449
15054	15195	-165	3174	2405	294672	17749
8027	7489	-13085	-12597	402	83713	8262
4675	4480	1966	-744	2237	65958	4959
3851	3676	-6145	-4601	1564	59944	4365
20813	24306	-99025	-86784	21684	430692	31923
3807	4189	-21430	-19275	247	68417	6116
16557	17170	-10995	-12076	6098	70091	7401
8549	7856	-8528	-5762	403	68421	5227
21510	23426	-22020	-19143	3720	165116	13187
6882	6286	-11556	-11301	617	71078	5311
15980	16753	-21927	-21468	1753	98585	6436
1653	1872	-2639	-3715	290	14795	1297
9400	8233	-47988	-45083	143	135256	8113
6437	5734	-7138	-6081	1580	40150	4870
774	6	-9355	-8874	31	12446	1213
32	25	-3651	-3241	56	9169	900
6361	7316	-16184	-10470	1440	99430	8291

4-4-4 各地区限额以上住宿业企业损益及分配(按登记注册统计类别分)

内资企业

Domestic Funded Enterprises

地　区	Region	营业收入 Business Revenue	营业成本 Business Cost	税金及附加 Taxes and Other Charges	其他业务利润 Profits from Other Business	销售费用 Selling Expenses	管理费用 Administr-ative Expenses
全　国	**National Total**	**46446800**	**22001886**	**570955**	**400523**	**10439869**	**12994629**
北　京	Beijing	3488713	1453107	77814	29597	803805	984320
天　津	Tianjin	422050	165375	7036	4727	125422	165359
河　北	Hebei	935604	416620	16247	1856	283517	296382
山　西	Shanxi	672976	358580	11173	11844	177139	233500
内蒙古	Inner Mongolia	433037	153594	4737	6292	133169	152317
辽　宁	Liaoning	694787	292208	9441	2523	174546	226863
吉　林	Jilin	324596	135110	6564	1660	88736	114931
黑龙江	Heilongjiang	267259	95502	5072	462	82641	98639
上　海	Shanghai	2912085	1290155	35373	51950	675320	850501
江　苏	Jiangsu	3487013	1596456	13961	20187	781462	1081637
浙　江	Zhejiang	3905758	1587076	40452	66505	1171077	1226977
安　徽	Anhui	976253	483311	9174	2448	234311	233781
福　建	Fujian	2611096	1417340	31451	10539	499608	559610
江　西	Jiangxi	1326162	716051	11804	5279	228013	287798
山　东	Shandong	2548550	1180386	24041	12617	629015	650060
河　南	Henan	1425587	689306	15523	4799	315069	376798
湖　北	Hubei	1621986	862694	15775	6258	292948	352675
湖　南	Hunan	1785430	1042521	29225	2736	228781	342395
广　东	Guangdong	5582257	2637126	57860	77113	1314049	1714525
广　西	Guangxi	973227	436000	8863	7656	255688	308358
海　南	Hainan	1116345	365481	25730	13081	304254	407224
重　庆	Chongqing	1013449	519522	12878	3191	184078	242369
四　川	Sichuan	2472707	1264914	22944	17927	474366	602415
贵　州	Guizhou	857458	460766	9913	5977	127792	260441
云　南	Yunnan	1282488	668558	22048	6100	183185	348441
西　藏	Xizang	120373	62326	547	1463	18007	38513
陕　西	Shaanxi	1707789	873382	22605	19628	371032	454454
甘　肃	Gansu	530003	267679	6993	2476	103240	123881
青　海	Qinghai	124438	66555	2406	379	28838	40031
宁　夏	Ningxia	95410	48991	1054	736	22146	27390
新　疆	Xinjiang	731911	395193	12253	2518	128614	192044

Income and Distribution of Enterprises above Designated Size of Hotels by Region and Registered Statistical Categories

单位：万元

Unit: 10 000 yuan

财务费用 Financial Expenses	#利息费用 Interest Expenses	营业利润 Operating Profits	利润总额 Total Profits	所得税费用 Income Tax Expenses	应付职工薪酬 Payables to Employees	应交增值税 VAT Payable
2258686	**1262728**	**-827007**	**-553374**	**248541**	**12320407**	**966674**
129156	138781	102462	122656	48212	938437	77174
32228	24261	-56188	-54024	3402	116319	6335
68318	48301	-138448	-159253	1531	271100	20318
31731	24101	-112616	-105206	664	206585	13019
11463	7931	-22440	-13537	790	121274	11900
24943	11472	-29875	-17198	1183	165275	15619
23776	15696	-42187	-36496	-42	96182	8625
11040	8757	-23983	-19678	807	66513	7047
84667	49946	-9534	19599	30015	751627	46239
110875	68306	-35971	-19154	18517	932643	70227
177072	153316	-237212	-236417	14450	1074823	54258
24534	15078	-5609	3060	2813	284518	20631
59875	45704	60753	62853	7086	603298	38718
43637	29845	34555	39698	3730	294248	22319
62890	42465	19308	26734	6744	714041	51864
45738	28374	-12510	-8116	5102	423177	33562
33117	17834	74937	131388	10031	408820	41897
42973	25533	104449	109359	6988	377807	33541
230448	162515	-316231	-278113	38299	1600286	127174
39180	26650	-66733	-61252	1115	266567	22187
95090	36883	-60422	-57232	8710	278824	29935
31098	24966	25841	31917	3725	235686	22892
100336	77202	21165	35180	12132	638022	60168
30820	24598	-26250	-21814	2543	237114	18839
38387	28449	24409	27203	5214	336048	35295
2607	2336	1082	2163	715	37932	4011
64809	52149	-60822	-52715	7199	431826	33744
573335	47016	2870	6165	2417	138164	13296
6675	1848	-19547	-17596	406	36655	3282
1683	1413	-5427	-4192	163	26779	2652
26183	21002	-16832	-9357	3881	209819	19906

有限责任公司

Limited Liability Corporations

地　区	Region	营业收入 Business Revenue	营业成本 Business Cost	税金及附加 Taxes and Other Charges	其他业务利润 Profits from Other Business	销售费用 Selling Expenses	管理费用 Administrative Expenses
全　国	**National Total**	**43471057**	**20628192**	**515427**	**371048**	**9742477**	**12134153**
北　京	Beijing	3022738	1353078	60510	22893	648836	814039
天　津	Tianjin	415623	163410	7027	4727	122708	163587
河　北	Hebei	865605	383218	14694	1661	260229	267042
山　西	Shanxi	572667	291553	8590	4907	165154	203349
内蒙古	Inner Mongolia	419182	148066	4659	6158	128734	148032
辽　宁	Liaoning	651624	273993	8452	2453	161801	211388
吉　林	Jilin	279226	119812	4438	585	74987	93845
黑龙江	Heilongjiang	225335	80707	3818	462	68191	80806
上　海	Shanghai	2874402	1274133	34771	51950	662677	838590
江　苏	Jiangsu	3333794	1526552	13435	20142	743980	1040146
浙　江	Zhejiang	3685217	1508383	37771	61912	1105204	1147159
安　徽	Anhui	957511	474592	9061	2448	228332	228822
福　建	Fujian	2426877	1316434	29036	9547	464283	519918
江　西	Jiangxi	1206542	640200	10599	5267	211336	273231
山　东	Shandong	2277406	1057424	20550	10130	551971	581804
河　南	Henan	1325592	645819	14367	3393	285164	350477
湖　北	Hubei	1523605	802259	14332	6123	283134	338376
湖　南	Hunan	1628627	944989	27536	2691	213628	316408
广　东	Guangdong	5248199	2457016	51893	75758	1237701	1601512
广　西	Guangxi	942367	422587	8403	7305	248952	300530
海　南	Hainan	1106425	361492	25453	13081	300571	403655
重　庆	Chongqing	972957	493359	12091	3182	181206	236029
四　川	Sichuan	2365734	1206610	21927	17882	455560	573660
贵　州	Guizhou	828867	444608	9172	5933	124267	251469
云　南	Yunnan	1193058	618399	20739	5536	173850	330415
西　藏	Xizang	113097	59109	521	196	17838	34908
陕　西	Shaanxi	1631234	834777	21377	18821	360852	431622
甘　肃	Gansu	501343	254454	6435	2448	98179	115866
青　海	Qinghai	120809	64407	2286	379	28225	39015
宁　夏	Ningxia	81331	36623	798	736	21316	23356
新　疆	Xinjiang	674063	370128	10684	2345	113611	175096

单位：万元
Unit: 10 000 yuan

财务费用 Financial Expenses	#利息费用 Interest Expenses	营业利润 Operating Profits	利润总额 Total Profits	所得税费用 Income Tax Expenses	应付职工薪酬 Payables to Employees	应交增值税 VAT Payable
2222630	**1224590**	**-728242**	**-476652**	**227923**	**11351380**	**894094**
131532	137963	75022	90874	40139	764493	61957
32144	24257	-56068	-53913	3370	114638	6234
67546	47640	-120381	-149205	1433	242803	18242
30822	23910	-100538	-92860	640	161760	11722
10493	6981	-20999	-12130	778	116115	11587
24112	10770	-25064	-14359	1120	151219	14429
23451	15457	-34927	-29994	-45	74548	7048
7832	5733	-13483	-9436	748	52477	6047
82109	49902	-3712	25132	29989	740783	45678
110021	67530	-48095	-31443	17911	886974	68118
173115	148473	-233522	-222888	13792	1000525	50396
24054	14390	-3907	4629	2795	277182	20250
59512	42017	44544	46557	5296	562021	35305
42696	29628	24220	28815	3583	271405	20808
63118	41047	14678	18413	5708	613820	45156
44278	27204	-12970	-10392	4728	383937	31369
32104	17236	62344	119775	9397	387510	38777
40926	24872	90413	93417	6470	351574	31467
225369	155891	-181118	-151183	34087	1463298	113873
38370	26143	-68603	-63176	832	258251	21294
95006	36802	-58688	-53043	8709	274104	29696
30121	24234	22902	29000	3629	227779	22475
94620	71988	26742	40694	11600	609338	58334
29508	23239	-24085	-20065	2514	228813	18267
37104	27628	14857	17463	5008	314066	33334
2657	2295	774	1737	674	34878	3745
63089	50993	-62809	-55156	7117	413164	32068
572983	46679	1618	4487	2192	129761	12825
6493	1714	-19096	-17265	132	35613	3152
1661	1402	-2219	-1473	162	21688	2147
25784	20574	-16073	-9663	3417	186843	18294

股份有限公司

Share-holding Corporations Ltd.

地 区	Region	营业收入 Business Revenue	营业成本 Business Cost	税金及附加 Taxes and Other Charges	其他业务利润 Profits from Other Business	销售费用 Selling Expenses	管理费用 Administr-ative Expenses
全 国	**National Total**	**483684**	**225401**	**9462**	**5369**	**108573**	**154189**
北 京	Beijing	7997	1012	48	36	3127	3315
天 津	Tianjin	260	273			25	19
河 北	Hebei						
山 西	Shanxi	2536	1167	5		1226	553
内蒙古	Inner Mongolia	411	18				249
辽 宁	Liaoning	7103	3325	275		546	2602
吉 林	Jilin	1230	45	1	748	1012	133
黑龙江	Heilongjiang	15987	5122	178		3646	4003
上 海	Shanghai	17045	5849	414		6819	6110
江 苏	Jiangsu	48460	14271	72	23	14085	19556
浙 江	Zhejiang	84310	33826	1715	4095	28278	29610
安 徽	Anhui	13298	6331	81		4631	3487
福 建	Fujian	30594	11217	917		4875	14511
江 西	Jiangxi	910	675	10		151	37
山 东	Shandong	28564	12638	115	432	8512	6276
河 南	Henan	16911	3908	297		8235	7146
湖 北	Hubei	9473	5496	178	36	664	2700
湖 南	Hunan	3868	1891	96		809	726
广 东	Guangdong	132696	85804	2993		13184	34123
广 西	Guangxi	4191	1385	171		1204	1713
海 南	Hainan	6404	2729	214		2176	2820
重 庆	Chongqing	9090	5198	468		328	3096
四 川	Sichuan	4866	2386	36		1152	744
贵 州	Guizhou	3852	2897	151		81	710
云 南	Yunnan	14265	7547	353		371	6108
西 藏	Xizang	1077	257	4			707
陕 西	Shaanxi	590	213	2		375	143
甘 肃	Gansu	3069	2672	41		25	277
青 海	Qinghai	429	727	102			150
宁 夏	Ningxia	663	271	1		302	491
新 疆	Xinjiang	13536	6251	527		2737	2075

单位：万元

Unit: 10 000 yuan

财务费用 Financial Expenses	#利息费用 Interest Expenses	营业利润 Operating Profits	利润总额 Total Profits	所得税费用 Income Tax Expenses	应付职工薪酬 Payables to Employees	应交增值税 VAT Payable
7936	**12386**	**5788**	**-4877**	**4698**	**165828**	**10627**
51	44	458	475		1981	154
23		-83	-84	-1	111	
627	38	-1044	-1024	1	836	7
472	471	-328	-327		144	4
37	30	316	398	8	2126	262
2	1	38	42		361	3
70	-1	2164	2375	42	3186	511
2537		-4498	-4500		5304	317
544	686	6635	6728	370	19654	769
3654	3982	-5373	-14089	102	31118	1416
218	486	-1323	-1256		5111	279
-560	3099	9973	9766	1524	8118	966
3	2	34	36	2	234	1
392	302	649	615	189	4925	478
-605	463	961	1346	84	7995	412
-58		635	411	14	3737	149
322	255	24	92	23	804	73
-1891	586	-1260	-1122	1972	51452	3238
30	2	-306	-311		1107	129
56	79	-1643	-4104		3658	164
578	554	-572	-591	2	3038	54
100	91	485	227	40	1508	105
536	532	-522	-510		912	174
418	417	-532	-531		3392	377
10	10	99	167	11	223	74
75		-219	-217	1	174	1
3		56	54	5	727	73
3	2	-553	-465		293	21
1	1	-402	-393		365	
290	256	1920	1915	311	3234	418

4-4-4 续表 3

非公司企业法人

Non Corporate Legal Entity

地　区	Region	营业收入 Business Revenue	营业成本 Business Cost	税金及附加 Taxes and Other Charges	其他业务利润 Profits from Other Business	销售费用 Selling Expenses	管理费用 Administr-ative Expenses
全　国	**National Total**	**1495596**	**562244**	**35698**	**21365**	**443173**	**542812**
北　京	Beijing	444747	93498	17209	6186	147385	164173
天　津	Tianjin	1379	511	5		613	199
河　北	Hebei	49659	24076	1350	195	19137	23349
山　西	Shanxi	82599	56989	2435	6213	6308	27371
内蒙古	Inner Mongolia	6405	2083	23		2253	2608
辽　宁	Liaoning	21046	9760	472		7965	6984
吉　林	Jilin	42694	14237	2117	327	12632	20861
黑龙江	Heilongjiang	21034	7777	1061		8577	12980
上　海	Shanghai	9407	3090	176		3767	3306
江　苏	Jiangsu	32992	7980	18	21	15840	11611
浙　江	Zhejiang	93640	23763	689	470	25854	39962
安　徽	Anhui	1308	187	6		668	800
福　建	Fujian	35999	14739	512	991	12143	12666
江　西	Jiangxi	52864	30537	562		10261	8555
山　东	Shandong	225274	98779	3306	2017	66411	59997
河　南	Henan	60241	26009	615	1404	19237	16470
湖　北	Hubei	32726	15697	613	29	5572	6915
湖　南	Hunan	45525	26217	577		5083	12956
广　东	Guangdong	68688	29060		535	34265	47660
广　西	Guangxi	8853	3277	140	351	2171	3289
海　南	Hainan	1626	623	11		995	287
重　庆	Chongqing	7661	4422	16		1469	1521
四　川	Sichuan	32331	13606	254		10300	16550
贵　州	Guizhou	5142	2768	252		780	3111
云　南	Yunnan	19997	9922	489	532	4415	4882
西　藏	Xizang	5050	2245	21	1268	144	2520
陕　西	Shaanxi	24206	10929	564	818	4780	8288
甘　肃	Gansu	11308	3095	216		2163	5875
青　海	Qinghai	815	229	8		98	642
宁　夏	Ningxia	12524	11370	249		529	3367
新　疆	Xinjiang	37859	14768	913	9	11360	13060

4-4-4 Continued 3

单位：万元

Unit: 10 000 yuan

财务费用 Financial Expenses	#利息费用 Interest Expenses	营业利润 Operating Profits	利润总额 Total Profits	所得税费用 Income Tax Expenses	应付职工薪酬 Payables to Employees	应交增值税 VAT Payable
13362	**18439**	**-180068**	**-149155**	**10577**	**606515**	**45420**
-2487	725	26622	30952	8057	169431	14831
6		45	51	6	495	45
741	649	-18624	-10643	38	23199	1554
159	72	-10414	-10715	-1	40426	1109
17	1	-579	-552	11	2879	176
356	329	-4469	-2617	4	8256	662
254	172	-7452	-6697	-1	20889	1555
2869	2874	-12310	-12362	14	9694	405
-28		-862	-604		3260	166
-587	45	455	495		13716	366
-414	294	3159	1792	485	32569	1710
1		-675	-613	1	987	19
155	115	-3833	-3623	44	12305	1093
340	11	2498	3314	15	13822	929
-730	1113	2504	6168	800	91673	5745
1557	554	-3586	-2171	26	24441	1438
460	427	4505	3737	352	7105	1269
-71	45	812	2533	51	13516	557
5097	5291	-137023	-129176	457	50382	7474
-2	75	201	232	10	3211	393
1	2	-291	-288		640	56
70	22	195	199	2	1749	81
4408	4380	-12801	-12674	22	11352	538
426	538	-2191	-2268		2219	97
105	-62	242	385		8869	581
-61	32	181	230	29	2561	185
809	702	-1158	-784	5	9698	754
-30	16	-215	70	1	4467	30
		-162	-164		275	12
8	5	-2775	-2304		4412	483
-64	11	-2065	-1056	148	18020	1107

4-4-4 续表 4

个人独资企业
Sole Proprietorship Enterprises

地　区	Region	营业收入 Business Revenue	营业成本 Business Cost	税金及附加 Taxes and Other Charges	其他业务利润 Profits from Other Business	销售费用 Selling Expenses	管理费用 Administrative Expenses
全　国	**National Total**	**837917**	**501707**	**8770**	**2449**	**113181**	**132040**
北　京	Beijing	13231	5520	47	483	4457	2793
天　津	Tianjin	3953	1019	3		1863	1193
河　北	Hebei	20340	9326	202		4151	5991
山　西	Shanxi	14918	8718	142	724	4447	2226
内蒙古	Inner Mongolia	6094	3090	53	53	2183	777
辽　宁	Liaoning	14036	4753	239		3957	5410
吉　林	Jilin	1446	1016	8		106	93
黑龙江	Heilongjiang	3165	1530	16		806	773
上　海	Shanghai	10900	6816	12		2057	2430
江　苏	Jiangsu	66897	44242	431	1	6720	8790
浙　江	Zhejiang	31090	15317	224		9204	6644
安　徽	Anhui	3473	1779	25		652	603
福　建	Fujian	84993	57733	646	1	10043	8923
江　西	Jiangxi	45632	30108	470	12	3816	4612
山　东	Shandong	15839	10058	66	38	2097	1945
河　南	Henan	22094	13301	240	2	2017	2657
湖　北	Hubei	49373	34456	546	71	2471	4210
湖　南	Hunan	84438	57564	786		5220	8248
广　东	Guangdong	108361	55396	1744	752	22474	23304
广　西	Guangxi	14352	7028	124		2720	2248
海　南	Hainan	1891	638	53		512	462
重　庆	Chongqing	22964	15994	302	9	1060	1547
四　川	Sichuan	60786	38419	657	45	6089	8668
贵　州	Guizhou	13985	7207	262	45	1530	4344
云　南	Yunnan	52999	32121	420	33	4227	5965
西　藏	Xizang	1149	715	1		25	378
陕　西	Shaanxi	46200	24617	635	-11	3983	13134
甘　肃	Gansu	14283	7458	301	28	2873	1862
青　海	Qinghai	2385	1192	9		515	225
宁　夏	Ningxia	892	727	7			176
新　疆	Xinjiang	5757	3851	100	164	907	1410

单位：万元
Unit: 10 000 yuan

财务费用 Financial Expenses	#利息费用 Interest Expenses	营业利润 Operating Profits	利润总额 Total Profits	所得税费用 Income Tax Expenses	应付职工薪酬 Payables to Employees	应交增值税 VAT Payable
12444	**6239**	**68940**	**70553**	**5024**	**161998**	**13872**
60	49	361	355	17	2531	231
50	4	-175	-163	27	864	47
31	11	558	595	60	5099	521
123	81	-717	-703	24	3466	181
437	435	-445	-444	1	1866	112
437	342	-570	-532	52	3394	244
70	66	154	154	3	383	20
51	2	-12	81	4	647	38
50	44	-461	-428	27	2080	61
886	35	5919	5964	219	11352	925
580	479	-862	-681	52	7045	482
119	61	295	299	17	1095	81
658	382	6961	7014	201	13426	756
260	107	6353	6041	104	5538	444
109	2	1564	1623	47	3373	496
503	153	3077	3091	260	6598	334
503	59	7232	7244	261	9499	1570
1679	353	10536	10648	375	8423	884
1364	710	3981	4105	1677	28373	2153
613	271	1647	1666	261	3147	338
27		199	204	1	422	20
307	154	3300	3322	92	2889	275
1104	695	5874	6043	445	13715	1070
316	276	277	743	22	3894	207
682	395	9758	9852	206	9287	913
1		29	29	2	270	7
680	451	3145	3222	72	7653	896
380	320	1411	1554	219	3209	368
179	133	264	296	274	474	97
14	6	-31	-22	1	314	22
172	160	-683	-620	5	1672	80

合伙企业
Partnership Enterprises

地区	Region	营业收入 Business Revenue	营业成本 Business Cost	税金及附加 Taxes and Other Charges	其他业务利润 Profits from Other Business	销售费用 Selling Expenses	管理费用 Administr-ative Expenses
全国	**National Total**	**157650**	**83797**	**1595**	**292**	**32465**	**31131**
北京	Beijing						
天津	Tianjin	836	161	1		212	362
河北	Hebei						
山西	Shanxi	256	154	1		4	1
内蒙古	Inner Mongolia	945	337	2	81		652
辽宁	Liaoning	978	377	3	70	278	479
吉林	Jilin						
黑龙江	Heilongjiang	1737	365	1		1421	77
上海	Shanghai						
江苏	Jiangsu	4871	3411	6		837	1533
浙江	Zhejiang	11501	5787	52	28	2536	3603
安徽	Anhui	664	422	1		29	69
福建	Fujian	32633	17218	341		8264	3593
江西	Jiangxi	20215	14530	163		2449	1363
山东	Shandong	1468	1488	4		24	38
河南	Henan	749	270	4		416	47
湖北	Hubei	6809	4787	106		1107	475
湖南	Hunan	22972	11860	231	44	4042	4056
广东	Guangdong	24314	9850	411	68	6426	7926
广西	Guangxi	3464	1724	23		642	579
海南	Hainan						
重庆	Chongqing	777	549	1		14	176
四川	Sichuan	8425	3614	68		1265	2552
贵州	Guizhou	5611	3286	76		1135	809
云南	Yunnan	2170	569	46		321	1072
西藏	Xizang						
陕西	Shaanxi	5560	2846	28	1	1042	1267
甘肃	Gansu						
青海	Qinghai						
宁夏	Ningxia						
新疆	Xinjiang	696	195	28			404

4-4-4 Continued 5

单位：万元

Unit: 10 000 yuan

财务费用 Financial Expenses	#利息费用 Interest Expenses	营业利润 Operating Profits	利润总额 Total Profits	所得税费用 Income Tax Expenses	应付职工薪酬 Payables to Employees	应交增值税 VAT Payable
2313	**1074**	**6533**	**6711**	**317**	**34345**	**2609**
6		93	85		211	8
1		97	97		97	
43	43	-88	-84		269	22
2		-88	-87		280	22
217	150	-343	-336		509	45
11	8	-886	-898	17	947	50
137	90	-613	-551	21	3566	254
142	141	1	1		144	3
110	91	3107	3140	21	7428	598
339	97	1450	1492	26	3249	137
	1	-87	-86		251	-11
4		8	11	3	205	9
109	112	221	221	7	970	131
119	9	2665	2669	68	3491	561
509	37	-810	-736	106	6781	437
169	159	328	336	13	851	33
22	3	16	-13		230	7
104	48	822	843	22	1969	88
35	12	271	286	8	1276	93
78	71	84	35		434	90
157	3	220	220	4	1136	26
1		68	68		50	7

4–4–4 续表 6

港澳台投资企业

Enterprises with Investment from Hong Kong, Macao and Taiwan

地 区	Region	营业收入 Business Revenue	营业成本 Business Cost	税金及附加 Taxes and Other Charges	其他业务利润 Profits from Other Business	销售费用 Selling Expenses	管理费用 Administr-ative Expenses
全 国	**National Total**	**3133787**	**1137172**	**91455**	**71320**	**760557**	**960071**
北 京	Beijing	586050	156301	24186	18454	167222	135398
天 津	Tianjin	10381	4081	516	46	2606	4367
河 北	Hebei	15866	10333	979		2108	10633
山 西	Shanxi						
内蒙古	Inner Mongolia	18089	12774	489		1079	4662
辽 宁	Liaoning	69010	30827	4558	98	14971	23128
吉 林	Jilin	3480	4304	6		147	213
黑龙江	Heilongjiang	19152	4014	833		6868	11708
上 海	Shanghai	378609	158406	15671	34	39680	99046
江 苏	Jiangsu	124494	50048	546	1824	40179	40213
浙 江	Zhejiang	319333	75747	5119	11644	117842	109773
安 徽	Anhui	36329	10090	134		6582	21912
福 建	Fujian	281046	100124	4667	2535	75268	93318
江 西	Jiangxi	16130	8470	138		2401	4346
山 东	Shandong	64584	22508	3467	2241	10694	25285
河 南	Henan	21843	7566	679		8412	5889
湖 北	Hubei	59590	21906	1955	457	13659	19763
湖 南	Hunan	49511	19725	673		10080	18565
广 东	Guangdong	591941	239843	11150	26413	153276	201742
广 西	Guangxi	57066	13266	1974	381	17588	30099
海 南	Hainan	271411	123790	10564	1	39898	61231
重 庆	Chongqing	34711	18181	354	53	6555	9597
四 川	Sichuan	30571	20114	171	7087	2766	4569
贵 州	Guizhou	835	437	21		543	167
云 南	Yunnan	34789	12065	1118	51	8798	13492
西 藏	Xizang	8418	3400			375	1947
陕 西	Shaanxi	26615	8411	1395		9419	7532
甘 肃	Gansu	3932	443	93		1539	1479
青 海	Qinghai						
宁 夏	Ningxia						
新 疆	Xinjiang						

4-4-4 Continued 6

单位：万元

Unit: 10 000 yuan

财务费用 Financial Expenses	#利息费用 Interest Expenses	营业利润 Operating Profits	利润总额 Total Profits	所得税费用 Income Tax Expenses	应付职工薪酬 Payables to Employees	应交增值税 VAT Payable
224704	**235870**	**81610**	**85898**	**44570**	**860448**	**78494**
34318	45246	128378	129086	15506	151630	16619
194		-1376	-1282	225	3746	222
305	287	-8478	-8404		5020	296
658		-1572	-1428		5831	202
3011	1360	-7095	-5814	79	18823	1507
-557	-561	-597	-451		594	157
2418	2441	-6689	-6362		4256	116
56612	85006	25518	28864	6370	88829	10068
8362	6902	-11876	-11813	393	35606	3544
19056	17069	-12257	-8677	4302	88679	8143
2146	2056	-4258	-3947		11793	1321
20627	8893	-10482	-14006	1432	77150	6111
654	204	127	112	5	3355	230
4093	4500	-1243	-1090	1284	18363	1324
644	621	-1269	-1338		8834	501
2238	2814	-3045	-2855	14	18078	1314
4347	3198	-4560	-4257	414	14843	1058
25797	16542	-37238	-33583	8475	180243	13031
4837	4723	-10169	-9249	29	18561	1496
34043	33439	45377	46185	4407	64761	8291
1001	767	-976	-893	127	9626	316
339	27	2798	2963	776	7977	699
3		-336	-334		278	20
291	333	-864	-8792	8	13836	912
18		2679	1881		2425	178
-757		743	734	719	6289	639
5	5	372	648	7	1023	182

外商投资企业
Foreign Invested Enterprises

地　区	Region	营业收入 Business Revenue	营业成本 Business Cost	税金及附加 Taxes and Other Charges	其他业务利润 Profits from Other Business	销售费用 Selling Expenses	管理费用 Administrative Expenses
全　国	**National Total**	**1688357**	**658578**	**41095**	**35210**	**289690**	**567214**
北　京	Beijing	246851	84034	10725	16941	44360	68108
天　津	Tianjin	52314	6790	388	9848	23663	22611
河　北	Hebei						
山　西	Shanxi						
内蒙古	Inner Mongolia	3530	1434	387		2085	850
辽　宁	Liaoning	35456	13838	547	2	9238	17315
吉　林	Jilin	17458	9451	474		3548	4991
黑龙江	Heilongjiang	16073	3905	429		4083	6816
上　海	Shanghai	509232	227085	8972	4398	36756	155692
江　苏	Jiangsu	74504	29149	1196	132	19960	28857
浙　江	Zhejiang	119581	40782	2017	1379	31332	45355
安　徽	Anhui	3171	798	8	111	878	1798
福　建	Fujian	101490	42644	4190	154	21057	33720
江　西	Jiangxi	3651	1722	115		1523	1515
山　东	Shandong	44240	20543	617	393	8477	15346
河　南	Henan	5211	2760	346		963	2281
湖　北	Hubei	4199	1934	59	32	1096	1859
湖　南	Hunan	9119	2394	92	446	2394	4106
广　东	Guangdong	266802	103886	4508	742	53472	92083
广　西	Guangxi	10170	2380	22		4373	3043
海　南	Hainan	32552	8547	525		7724	8448
重　庆	Chongqing	29805	15349	1069		1603	6289
四　川	Sichuan	52060	17309	2186	531	3885	21805
贵　州	Guizhou						
云　南	Yunnan	14746	3974	915	102	3024	8321
西　藏	Xizang	9240	4372	23		564	6677
陕　西	Shaanxi	22182	12515	909		1635	6791
甘　肃	Gansu	3888	896	239		1457	1672
青　海	Qinghai	834	88	139		540	867
宁　夏	Ningxia						
新　疆	Xinjiang						

4-4-4 Continued 7

单位：万元
Unit: 10 000 yuan

财务费用 Financial Expenses	#利息费用 Interest Expenses	营业利润 Operating Profits	利润总额 Total Profits	所得税费用 Income Tax Expenses	应付职工薪酬 Payables to Employees	应交增值税 VAT Payable
116567	**49576**	**39444**	**74048**	**25251**	**408078**	**44453**
9878	10450	40914	43115	4698	73380	7945
442		7713	20742	2379	7021	1499
398	120	-1623	-1586		1265	100
2112	13	-11274	-11188	26	12106	732
71	71	-1056	-996		6270	358
-241	118	1082	1136	7	5396	123
66296	15605	18603	34744	8465	86380	15802
4579	1087	-8412	-8406	386	23171	1550
3720	2697	-3778	-3391	1445	33714	2066
65		-377	-374		959	63
2898	1801	-3022	-2220	601	24222	1859
-833	-845	-390	-383		1333	27
2103	2477	-1679	-1636	-79	12887	857
-14		-1133	-971	2	1961	139
15		-757	-12	19	1339	133
185	165	-53	35	1	2430	562
18567	11949	-4886	-3478	2311	74517	5528
826		-404	-1319		2914	223
1829	2	5502	5553	4	5098	903
39		5036	4639	1193	8179	806
727	829	6608	7674	3262	5558	1724
2961	2730	-4305	-4281	3	5157	673
-32	-32	-2365	-2306		2601	197
354	340	288	-282	530	7821	412
6		-381	-354		1958	124
-386		-408	-408		441	47

4-4-5 各地区限额以上住宿业企业损益及分配(按国民经济行业分)

旅游饭店

Tourist Hotel

地　区	Region	营业收入 Business Revenue	营业成本 Business Cost	税金及附加 Taxes and Other Charges	其他业务利润 Profits from Other Business	销售费用 Selling Expenses	管理费用 Administrative Expenses
全　国	**National Total**	**33781691**	**14991784**	**574951**	**391689**	**8002077**	**9875812**
北　京	Beijing	3004085	1120600	100850	47781	682036	891934
天　津	Tianjin	264943	79853	6305	14468	93202	112331
河　北	Hebei	614435	263752	12211	1506	192672	211428
山　西	Shanxi	354917	222842	8540	8522	87268	114730
内蒙古	Inner Mongolia	285055	106020	3974	4013	90047	97578
辽　宁	Liaoning	477267	189355	11205	1520	125021	174093
吉　林	Jilin	260970	110430	6535	1411	69958	89341
黑龙江	Heilongjiang	198177	65571	5534	332	64536	82716
上　海	Shanghai	2491165	1059476	52684	41940	461436	746036
江　苏	Jiangsu	2293128	939514	10482	18531	602789	776922
浙　江	Zhejiang	3303182	1243912	42525	62217	1043091	1033651
安　徽	Anhui	662089	298483	7324	1465	184660	170846
福　建	Fujian	2286179	1176129	34648	9898	468227	542875
江　西	Jiangxi	736403	374777	7270	2623	150392	166347
山　东	Shandong	1735993	766195	23856	12398	453070	449526
河　南	Henan	785438	352643	9468	3304	194406	221525
湖　北	Hubei	820013	392741	11582	4859	178070	213496
湖　南	Hunan	1078711	601053	20689	2419	149734	236085
广　东	Guangdong	4399879	1961807	61979	90366	1114459	1343422
广　西	Guangxi	652303	262878	7816	3302	178100	216896
海　南	Hainan	1320318	461460	35598	12752	321366	443670
重　庆	Chongqing	679031	342627	10679	2451	126481	166983
四　川	Sichuan	1577731	789641	17414	22251	311854	402489
贵　州	Guizhou	606913	333392	8088	5074	90575	181093
云　南	Yunnan	720507	361047	17091	4652	111010	212237
西　藏	Xizang	63753	32261	285	70	12307	19961
陕　西	Shaanxi	1052092	524252	20581	6155	237579	294360
甘　肃	Gansu	398721	205356	6476	2336	73303	92584
青　海	Qinghai	84768	46872	1906	111	19676	27406
宁　夏	Ningxia	74795	41315	928	634	17299	20531
新　疆	Xinjiang	498731	265532	10426	2330	97455	122719

Income and Distribution of Enterprises above Designated Size of Hotels by Region and Sector

单位：万元

Unit: 10 000 yuan

财务费用 Financial Expenses	#利息费用 Interest Expenses	营业利润 Operating Profits	利润总额 Total Profits	所得税费用 Income Tax Expenses	应付职工薪酬 Payables to Employees	应交增值税 VAT Payable
2209512	**1305987**	**-807107**	**-542707**	**233052**	**9532378**	**754266**
147233	166925	162291	182372	44326	906982	74417
30968	23121	-29182	-13570	5450	73186	5106
48813	36079	-108219	-98541	930	185761	13948
19353	13859	-70886	-68484	186	119381	6444
6786	4863	-19161	-12193	81	82496	8547
21534	10176	-44807	-31099	351	133232	11073
21736	14112	-35171	-29482	-77	78323	6929
11412	10421	-30223	-28091	587	55029	4724
181423	142103	14200	37092	32803	683726	50405
99650	68531	-76537	-65099	15463	679966	49414
176632	157208	-187973	-178797	19006	944175	49474
20131	12982	-15560	-7254	1977	205434	17006
77147	51374	384	-1481	6291	559179	39257
31542	22612	4097	7833	2669	164232	15089
50438	37003	10353	13682	5821	527061	37819
29489	18379	-20895	-17535	1766	244794	20198
25012	15534	7393	62892	3778	224127	21044
32516	19984	43958	49462	4387	241676	22188
223624	161466	-251490	-219363	38295	1325208	98884
32342	23495	-40433	-36233	715	186401	16917
128422	69125	-6112	-2005	13057	322212	36036
27075	21800	7756	12022	3828	168932	16389
66179	51625	5590	15205	13916	412721	41168
25503	20849	-26267	-23977	1816	170435	14302
23131	20454	-2962	-9943	3998	203445	23491
2176	2032	-2048	-1218	303	20572	2211
52941	46345	-59327	-54012	5933	304239	21584
569482	44255	-1095	2038	2016	110393	11075
4560	1274	-15271	-13887	379	26485	2684
1286	1038	-6138	-5016	103	21820	2154
20978	16964	-13372	-8024	2898	150757	14288

4-4-5 续表 1

一般旅馆

Fonda

地 区	Region	营业收入 Business Revenue	营业成本 Business Cost	税金及附加 Taxes and Other Charges	其他业务利润 Profits from Other Business	销售费用 Selling Expenses	管理费用 Administr-ative Expenses
全 国	**National Total**	**15823094**	**7871657**	**112091**	**103697**	**3199784**	**4254896**
北 京	Beijing	1222824	515328	10689	16437	318703	276309
天 津	Tianjin	203733	88770	826	153	54721	73812
河 北	Hebei	304893	148259	4739	262	84228	88605
山 西	Shanxi	300032	128018	2467	3150	82881	113724
内蒙古	Inner Mongolia	161536	57505	1591	2280	44916	57666
辽 宁	Liaoning	265318	125940	1754	1103	55910	78456
吉 林	Jilin	73349	34793	438	249	19447	25773
黑龙江	Heilongjiang	91829	32367	717	130	27055	29523
上 海	Shanghai	1285353	604271	7275	14442	281871	354667
江 苏	Jiangsu	1266819	668080	4684	3563	215213	339364
浙 江	Zhejiang	986278	428711	4448	11146	267307	328062
安 徽	Anhui	321000	177261	1839	764	51814	77705
福 建	Fujian	630268	336206	5080	3206	121186	127050
江 西	Jiangxi	489755	279753	3640	1952	65326	105823
山 东	Shandong	821914	400364	3403	2641	172160	214512
河 南	Henan	603458	314052	6312	1495	118881	151035
湖 北	Hubei	752884	430376	5148	1754	110390	141801
湖 南	Hunan	624007	368094	7724	639	78286	114113
广 东	Guangdong	1860046	912495	10306	12795	374288	616932
广 西	Guangxi	366329	177729	2998	4593	94805	118938
海 南	Hainan	88402	32030	1085	339	24821	29437
重 庆	Chongqing	366826	190799	2918	698	63945	83280
四 川	Sichuan	907577	474530	7542	2926	159733	213427
贵 州	Guizhou	226747	113544	1554	784	34607	70708
云 南	Yunnan	530942	280101	6108	1083	72001	137484
西 藏	Xizang	61297	31449	248	1390	4522	22994
陕 西	Shaanxi	615596	323344	3469	13034	126240	151838
甘 肃	Gansu	133286	60004	798	140	32062	32762
青 海	Qinghai	36006	16442	564	268	9292	12735
宁 夏	Ningxia	17597	6662	124	102	4378	6359
新 疆	Xinjiang	207195	114380	1606	179	28797	60003

4-4-5 Continued 1

单位：万元

Unit: 10 000 yuan

财务费用 Financial Expenses	#利息费用 Interest Expenses	营业利润 Operating Profits	利润总额 Total Profits	所得税费用 Income Tax Expenses	应付职工薪酬 Payables to Employees	应交增值税 VAT Payable
349705	**208567**	**94509**	**122601**	**80430**	**3650008**	**306515**
22495	24267	106082	107499	23345	238014	26118
1838	1135	-15910	-16110	519	48706	2752
17268	11504	-37380	-70052	406	82175	5762
12012	9937	-39481	-34698	462	82005	6184
5487	2955	-6023	-3963	702	43770	3726
6656	2016	-2532	-2486	540	50473	5436
961	548	-7611	-7460	30	20820	1915
1581	845	821	3257	214	18497	2341
26057	8427	21980	47335	12027	238775	21419
20290	4917	23747	26736	3422	282611	24919
21662	14574	-56805	-62202	2236	239335	14209
6154	3048	5933	6328	824	81748	4497
8779	4460	39340	40605	2160	132171	7002
8423	5174	24716	25781	726	106566	6007
13126	8515	19075	22940	2027	187712	14803
14933	9210	1955	2861	2790	172267	11963
9614	4046	54015	56253	5513	173278	19775
13388	7949	42123	43790	2632	129869	10464
44037	21542	-102959	-96416	10869	479266	43020
11873	7330	-36771	-35748	406	96448	6578
2085	761	-625	-646	62	22374	2699
4465	3488	20798	22428	1072	77797	6779
33518	25221	17699	23157	1952	216813	20569
4432	3272	2353	4163	687	59416	4131
17368	10408	19059	14749	989	129434	11690
190	58	3555	2820	376	18806	1696
10483	5687	198	2143	2081	124728	11773
3745	2687	3815	4300	394	29307	2417
1675	574	-4558	-4005	17	9574	553
395	377	-317	-212	17	4481	473
4717	3637	-1782	-545	936	52768	4846

民宿服务

Home Lodging Services

地 区	Region	营业收入 Business Revenue	营业成本 Business Cost	税金及附加 Taxes and Other Charges	其他业务利 润 Profits from Other Business	销售费用 Selling Expenses	管理费用 Administr-ative Expenses
全 国	**National Total**	**324909**	**191410**	**2185**	**7029**	**40001**	**81354**
北 京	Beijing	4557	2683	14		660	2153
天 津	Tianjin	333	380	1		10	32
河 北	Hebei	379	494	2		3	262
山 西	Shanxi	1421	665	1		687	431
内 蒙 古	Inner Mongolia						
辽 宁	Liaoning						
吉 林	Jilin	768	454			7	610
黑 龙 江	Heilongjiang	498	247			177	58
上 海	Shanghai	5747	4045	7		157	1235
江 苏	Jiangsu	16018	10189	22	43	2129	4067
浙 江	Zhejiang	46344	24814	597	6165	8053	17765
安 徽	Anhui	9927	5656	30	330	1008	2973
福 建	Fujian	27689	15807	270	1	1903	6078
江 西	Jiangxi	18783	12464	68	7	1013	3345
山 东	Shandong	18593	8591	48		3840	4578
河 南	Henan	8175	4853	63		1588	1214
湖 北	Hubei	15544	9344	131	7	1359	2564
湖 南	Hunan	32864	23119	266	51	1507	3466
广 东	Guangdong	27109	15788	45	63	4152	8351
广 西	Guangxi	3593	1847	7		542	763
海 南	Hainan	388	278				104
重 庆	Chongqing	4704	2811	64		251	2727
四 川	Sichuan	20225	13659	142	5	2048	2911
贵 州	Guizhou	8249	3871	21		527	3816
云 南	Yunnan	34366	18023	307	45	6067	8417
西 藏	Xizang						
陕 西	Shaanxi	8255	5689	66	314	919	1198
甘 肃	Gansu						
青 海	Qinghai						
宁 夏	Ningxia	2658	809	3		469	470
新 疆	Xinjiang	7722	4831	9		927	1768

4–4–5　Continued 2

单位：万元

Unit: 10 000 yuan

财务费用 Financial Expenses	#利息费用 Interest Expenses	营业利润 Operating Profits	利润总额 Total Profits	所得税费用 Income Tax Expenses	应付职工薪酬 Payables to Employees	应交增值税 VAT Payable
4144	**4921**	**5195**	**7186**	**1519**	**77925**	**4839**
176	117	-1112	-1184	3	1213	185
1		-91	-85		104	10
79		-461	-468		160	27
24	23	-385	-367		444	56
59	52	-362	-362		208	
12		4	9		106	5
8		304	486	13	946	114
381	351	-643	-571	-6	3487	297
1363	1098	-6534	-5597	54	11466	588
187	112	83	342	5	3141	124
-2688	493	5725	5676	632	4398	129
242	70	1461	1623	81	3673	166
858	813	668	652	21	2904	420
100	9	376	377	12	2285	81
281	131	1942	1965	144	3764	391
586	314	3925	3938	202	5530	576
564	380	-1808	-1768	41	8909	274
38	6	400	418	10	841	67
		6	6		68	1
25	6	-1074	-1175	25	2056	93
324	34	824	924	54	5278	253
377	157	-264	-68	16	2693	146
648	359	1213	1236	109	9864	614
216	190	188	258	21	1684	144
3	-1	904	911	36	404	22
282	208	-95	7	45	2299	57

4-4-5 续表 3

露营地服务

Campground Services

地　区	Region	营业收入 Business Revenue	营业成本 Business Cost	税金及附加 Taxes and Other Charges	其他业务利润 Profits from Other Business	销售费用 Selling Expenses	管理费用 Administr-ative Expenses
全　国	**National Total**	**19099**	**14269**	**79**	**1**	**2802**	**7262**
北　京	Beijing						
天　津	Tianjin						
河　北	Hebei						
山　西	Shanxi	1312	652	7		883	361
内蒙古	Inner Mongolia						
辽　宁	Liaoning	225	103			16	551
吉　林	Jilin						
黑龙江	Heilongjiang						
上　海	Shanghai	1261	1129				
江　苏	Jiangsu	522	237			390	1134
浙　江	Zhejiang	1480	1519	4		115	1547
安　徽	Anhui	2143	1483	13		320	987
福　建	Fujian	581	414	2		12	34
江　西	Jiangxi	1881	1810	5	1	95	450
山　东	Shandong						
河　南	Henan	843	400	11		13	98
湖　北	Hubei	1755	1339	2		157	158
湖　南	Hunan	678	438	30		17	28
广　东	Guangdong	213	104			47	33
广　西	Guangxi	2019	1477	4		231	174
海　南	Hainan						
重　庆	Chongqing						
四　川	Sichuan						
贵　州	Guizhou	721	547			43	344
云　南	Yunnan	761	528	1		173	107
西　藏	Xizang						
陕　西	Shaanxi	1212	971			214	580
甘　肃	Gansu						
青　海	Qinghai						
宁　夏	Ningxia						
新　疆	Xinjiang	1493	1119	1		78	680

4-4-5 Continued 3

单位：万元

Unit: 10 000 yuan

财务费用 Financial Expenses	#利息费用 Interest Expenses	营业利润 Operating Profits	利润总额 Total Profits	所得税费用 Income Tax Expenses	应付职工薪酬 Payables to Employees	应交增值税 VAT Payable
493	**1016**	**-5509**	**-3656**	**-1044**	**6690**	**313**
236	234	-824	-808		424	32
		-446	-446		119	2
		144	150		302	8
150	160	-1387	498	14	282	15
-10		-1695	-1714	-1102	752	11
-310	472	-315	-318		1136	53
11	9	108	108	2	116	1
12		-429	-503	3	559	67
11	4	308	336	18	193	10
126	111		-75	4	540	38
26		141	141	17	60	10
25	25	5	5		90	1
3		232	212		700	13
34		-247	-149		235	7
		-43	-38		248	
178		-674	-672		568	32
		-385	-385	1	367	14

其他住宿业

Others

地 区	Region	营业收入 Business Revenue	营业成本 Business Cost	税金及附加 Taxes and Other Charges	其他业务利润 Profits from Other Business	销售费用 Selling Expenses	管理费用 Administrative Expenses
全 国	**National Total**	**1321303**	**728965**	**14201**	**4637**	**245550**	**302908**
北 京	Beijing	90148	54832	1171	775	13989	17430
天 津	Tianjin	15737	7244	806		3758	6162
河 北	Hebei	31763	14448	274	88	8722	6719
山 西	Shanxi	15295	6403	158	172	5421	4255
内 蒙 古	Inner Mongolia	8067	4277	48		1371	2584
辽 宁	Liaoning	56443	21475	1587		17808	14206
吉 林	Jilin	10445	3188	71		3019	4412
黑 龙 江	Heilongjiang	11980	5237	82		1824	4865
上 海	Shanghai	16853	6945	50		8299	3468
江 苏	Jiangsu	109524	57633	516	6	21081	29219
浙 江	Zhejiang	7388	4648	13		1685	1080
安 徽	Anhui	20593	11316	111		3970	4981
福 建	Fujian	48917	31552	307	124	4607	10611
江 西	Jiangxi	99679	57616	1075	697	15201	17751
山 东	Shandong	81016	48336	819	213	19118	22167
河 南	Henan	54727	27685	693		9557	11096
湖 北	Hubei	95580	52734	926	126	17726	16279
湖 南	Hunan	107800	71936	1279	73	11712	11375
广 东	Guangdong	153753	90662	1189	1044	27851	39612
广 西	Guangxi	16220	7715	34	143	3971	4730
海 南	Hainan	11200	4049	135	-9	5689	3693
重 庆	Chongqing	27405	16815	640	95	1559	5264
四 川	Sichuan	49805	24508	204	362	7383	9962
贵 州	Guizhou	15662	9849	270	120	2584	4648
云 南	Yunnan	45447	24897	573	473	5756	12010
西 藏	Xizang	12980	6388	37	3	2117	4181
陕 西	Shaanxi	79432	40052	794	125	17134	20802
甘 肃	Gansu	5817	3658	52		872	1686
青 海	Qinghai	4497	3329	75		410	757
宁 夏	Ningxia	360	206	1			30
新 疆	Xinjiang	16771	9331	211	9	1356	6874

4-4-5 Continued 4

单位：万元
Unit: 10 000 yuan

财务费用 Financial Expenses	#利息费用 Interest Expenses	营业利润 Operating Profits	利润总额 Total Profits	所得税费用 Income Tax Expenses	应付职工薪酬 Payables to Employees	应交增值税 VAT Payable
36109	**27684**	**7239**	**23433**	**4406**	**322238**	**23697**
3449	3167	4493	6172	743	17237	1018
57	6	-4668	-4800	37	5090	187
2464	1004	-865	1405	196	8024	875
107	48	-1041	-849	15	4332	303
245	233	-451	-396	8	2103	-71
1877	652	-460	-169	397	12380	1346
534	493	-696	-639	4	3694	296
212	49	-192	-79	13	2532	217
89	26	-1984	-1798	8	3189	169
3345	2336	-1440	-937	403	25074	675
201	202	-239	-174	2	1489	184
583	521	-384	-359	7	5812	336
150	64	1691	1718	34	8805	299
3246	1348	4671	4916	257	24050	1249
4665	3112	-13710	-13265	80	27673	1004
1836	1394	3345	3535	518	14434	1951
338	826	7786	7487	624	26526	2097
990	650	9689	7806	166	17945	1925
6562	7593	-2103	2369	-120	41572	3554
587	543	-734	-470	12	3652	331
455	439	-2813	-2848	2	4029	393
572	439	2420	2387	121	4705	752
1382	1179	6458	6531	248	16746	601
476	320	-2161	-2118	24	4613	273
493	290	1973	8125	129	12051	1085
228	214	-111	137	36	3579	478
589	265	-176	19	412	14718	1262
120	80	142	121	13	1445	109
53		-127	-112	10	1037	93
		124	124	6	74	3
206	194	-1199	-409	1	3629	701

4-4-6 各地区限额以上餐饮业企业损益及分配

地区	Region	营业收入 Business Revenue	营业成本 Business Cost	税金及附加 Taxes and Other Charges	其他业务利润 Profits from Other Business	销售费用 Selling Expenses	管理费用 Administrative Expenses
全国	**National Total**	**101242841**	**57374286**	**273410**	**438072**	**27000293**	**12302303**
北京	Beijing	10267648	5028383	12026	127824	3723666	1188830
天津	Tianjin	1743548	1004077	3020	16565	429073	227873
河北	Hebei	1183878	778479	4824	3754	235650	183427
山西	Shanxi	1297869	779310	6045	7648	320317	191289
内蒙古	Inner Mongolia	565572	272288	3011	1298	161920	127612
辽宁	Liaoning	1464694	827187	4082	1205	367306	190233
吉林	Jilin	374900	241943	1034	818	77729	43389
黑龙江	Heilongjiang	243205	138207	518	67	64659	32969
上海	Shanghai	12000026	5716091	8432	28871	4656915	1341765
江苏	Jiangsu	10204435	5780709	22807	46519	2549395	1266107
浙江	Zhejiang	6714013	3693251	15277	43656	1872154	950306
安徽	Anhui	3300028	2008375	10953	8418	747102	382033
福建	Fujian	4498272	3030100	10220	5723	767429	426613
江西	Jiangxi	2126770	1422617	9887	3369	254177	252199
山东	Shandong	5051353	3103030	24312	13687	1022452	664784
河南	Henan	1606254	937756	5333	5356	357412	203089
湖北	Hubei	4909089	2954136	25056	8550	1012656	465947
湖南	Hunan	3045810	1962517	24661	6994	482378	288610
广东	Guangdong	15734907	8643341	26843	76810	4613602	2245827
广西	Guangxi	1209066	757604	4151	3402	259376	167672
海南	Hainan	346527	182113	594	2391	109799	45036
重庆	Chongqing	2072446	1450445	10682	3788	242701	180661
四川	Sichuan	5682172	3004706	16985	12644	1671251	536199
贵州	Guizhou	681745	471791	1818	1020	92761	111364
云南	Yunnan	1299305	884337	4629	2794	164253	157099
西藏	Xizang	49464	26468	118	36	9500	10785
陕西	Shaanxi	2285203	1443465	8865	2275	485436	233861
甘肃	Gansu	609845	380607	3357	1460	123279	83279
青海	Qinghai	51789	29821	212		13674	10007
宁夏	Ningxia	82300	46282	413	-92	18868	15391
新疆	Xinjiang	540707	374851	3243	1221	93405	78047

Income and Distribution of Enterprises above Designated Size of Catering Services by Region

单位：万元
Unit: 10 000 yuan

财务费用 Financial Expenses	#利息费用 Interest Expenses	营业利润 Operating Profits	利润总额 Total Profits	所得税费用 Income Tax Expenses	应付职工薪酬 Payables to Employees	应交增值税 VAT Payable
832075	**485872**	**4313565**	**4591689**	**718903**	**23118177**	**985755**
60284	49394	292401	309677	64805	2437883	81165
11397	10313	76945	81442	20878	417845	12534
22015	15396	-32024	-24186	1956	227231	17751
22162	15947	-19322	-11569	4903	316020	17744
7003	5274	-2569	4025	1167	147466	9846
22267	8679	59098	60084	17185	312841	15038
3954	2389	6319	7844	1501	72312	6300
1266	380	4947	7134	1370	43404	2325
68870	35166	268894	321824	95344	3050643	40760
89815	43463	568620	586252	101894	2335789	121539
81708	52857	168732	190966	65330	1521530	34645
26913	11272	163564	173231	20690	720626	30031
19682	8902	248212	256572	22433	731445	27409
16781	9373	171650	178107	8250	352486	19343
40683	17228	272346	284147	24450	1199931	60892
11513	3937	102326	107139	12331	365126	21623
43163	12916	466360	466816	49231	1226413	90084
34247	12119	260225	265184	19600	579387	43346
113531	69942	151710	202577	79197	3804656	167523
14025	10820	11061	14125	4533	260826	12333
2977	1670	7247	13757	2003	75117	3242
14499	9293	172196	174767	9129	346088	21746
47618	37445	702795	715490	63785	1350872	58051
5470	3402	-1299	797	1121	153867	8986
5776	7139	89226	89171	4819	270079	19349
126	146	2458	2496	405	19502	979
22058	13693	98519	103111	15241	485826	21735
9442	7972	10845	13907	2303	143857	8963
2141	1736	-4609	-2282	22	16338	1308
667	461	297	728	298	20304	1541
10025	7150	-3602	-1644	2727	112468	7625

国有控股

State-controlled Enterprises

地区	Region	营业收入 Business Revenue	营业成本 Business Cost	税金及附加 Taxes and Other Charges	其他业务利润 Profits from Other Business	销售费用 Selling Expenses	管理费用 Administr-ative Expenses
全国	**National Total**	**4526960**	**3138357**	**40593**	**24792**	**698756**	**715984**
北京	Beijing	567712	434463	3469	6794	50379	58668
天津	Tianjin	57793	41317	262	8	7074	10104
河北	Hebei	71952	44924	1283	14	19705	20384
山西	Shanxi	118388	83603	2322	135	13389	25692
内蒙古	Inner Mongolia	49891	29929	1018	48	12491	12689
辽宁	Liaoning	19374	16486	105		265	3950
吉林	Jilin	22727	18100	208		4213	2226
黑龙江	Heilongjiang	5257	3000	28		1288	1266
上海	Shanghai	333194	196531	2275	1917	77946	48544
江苏	Jiangsu	572573	311675	1420	2978	125265	142457
浙江	Zhejiang	349862	211746	2088	5854	91458	51549
安徽	Anhui	94151	63269	469	53	15544	18671
福建	Fujian	100588	64816	254	77	24793	12317
江西	Jiangxi	124468	91850	1088	78	9820	17420
山东	Shandong	434083	309237	10257	778	53230	63651
河南	Henan	49782	30465	354	6	5777	13066
湖北	Hubei	66445	51283	483		4571	7338
湖南	Hunan	53136	33256	1849		9141	11540
广东	Guangdong	546284	419421	3661	3309	65753	76080
广西	Guangxi	112367	74687	859	795	20070	23871
海南	Hainan	5540	4233	34			1028
重庆	Chongqing	21675	15081	378		3499	5358
四川	Sichuan	177731	130644	794	498	19933	18944
贵州	Guizhou	120726	96582	567	438	10087	15072
云南	Yunnan	122570	101040	804	908	5289	13317
西藏	Xizang	20582	8906	55	36	3772	5894
陕西	Shaanxi	128461	101578	970		29860	10229
甘肃	Gansu	84773	71048	1443	54	7172	10196
青海	Qinghai	345	103			188	301
宁夏	Ningxia	1688	1545	20		162	305
新疆	Xinjiang	92844	77541	1776	15	6624	13857

4-4-6 Continued

单位：万元

Unit: 10 000 yuan

财务费用 Financial Expenses	#利息费用 Interest Expenses	营业利润 Operating Profits	利润总额 Total Profits	所得税费用 Income Tax Expenses	应付职工薪酬 Payables to Employees	应交增值税 VAT Payable
52425	**57514**	**89915**	**121296**	**13024**	**1334865**	**88064**
251	2151	27849	28351	5548	175605	10685
42	91	62	229	140	17737	1014
876	672	-11814	-11011	161	23176	1671
4036	4065	-10363	-8091	247	42083	3757
-86	93	-5781	-2349	262	18888	1433
569	554	-1996	-1651	12	5294	639
182	202	-2231	-2131	32	7158	208
38	40	-352	-240	24	1562	193
1789	1974	33754	34506	3417	97010	5485
8238	7083	-8639	-7089	929	167566	8640
6224	4204	29946	30973	1438	102545	3922
3672	2086	-6913	-5862	50	31169	1292
804	625	-1552	-883	316	34401	1147
1118	718	4417	5659	357	23852	3013
3567	3654	64407	66199	3462	128085	6978
1063	276	-1003	-643	157	15242	1559
-111	103	2850	3287	599	17408	1659
309	193	-2497	326	40	12036	885
-1116	11312	12383	18786	-7042	171697	11537
4584	4484	-8640	-7914	462	31752	1952
		256	265	13	2421	260
40	98	-2636	-2585	59	5301	409
3138	2507	5498	5853	810	38677	3801
2335	1098	-3794	-3723	285	24938	2832
643	401	7340	7529	377	38995	5414
11	12	1857	2118	148	8893	667
4686	3917	-17477	-17300	114	46642	1796
324	335	-4644	-2117	142	19851	2063
2	2	-249	-199		169	3
		-343	-328	3	318	109
5201	4568	-9780	-8670	463	24393	3041

4-4-7 各地区限额以上餐饮业企业损益及分配(按登记注册统计类别分)

内资企业
Domestic Funded Enterprises

地区	Region	营业收入 Business Revenue	营业成本 Business Cost	税金及附加 Taxes and Other Charges	其他业务利润 Profits from Other Business	销售费用 Selling Expenses	管理费用 Administrative Expenses
全国	**National Total**	**80643879**	**47976138**	**257105**	**386397**	**18846960**	**10536868**
北京	Beijing	7035023	3685737	10121	111251	2280217	936123
天津	Tianjin	1197669	733669	2734	12592	256542	176810
河北	Hebei	1179928	775893	4788	3754	234229	183045
山西	Shanxi	1171811	717659	5983	7648	279888	181903
内蒙古	Inner Mongolia	538935	255282	2850	1298	158064	122457
辽宁	Liaoning	768760	483114	3623	1205	143871	128504
吉林	Jilin	347234	232449	1007	818	63625	42187
黑龙江	Heilongjiang	223752	130467	485	67	56237	31381
上海	Shanghai	6587280	3436385	5720	13995	2182680	889764
江苏	Jiangsu	8645533	4963559	21910	46295	2097366	1123753
浙江	Zhejiang	5611717	3153959	14205	41744	1520040	857658
安徽	Anhui	3240539	1978115	10802	8418	731004	372594
福建	Fujian	3921344	2734368	9781	2716	563631	380422
江西	Jiangxi	2025097	1367334	9747	3369	230588	242386
山东	Shandong	4630690	2888208	23515	10525	903693	627331
河南	Henan	1491287	871791	5264	5357	330306	191787
湖北	Hubei	3998591	2549365	24312	8227	661486	400385
湖南	Hunan	2682750	1761869	24069	6994	380139	258751
广东	Guangdong	11842220	6945209	23550	72088	2904547	1910304
广西	Guangxi	1078365	692373	3210	3402	226241	146858
海南	Hainan	335727	179106	525	651	104394	41910
重庆	Chongqing	1997525	1399195	10655	3788	230339	173465
四川	Sichuan	4978750	2653266	16581	12601	1429479	462003
贵州	Guizhou	675094	466640	1744	1003	91774	110450
云南	Yunnan	1183790	807908	4424	2794	147390	145879
西藏	Xizang	49464	26468	118	36	9500	10785
陕西	Shaanxi	2025988	1324509	8478	2275	398611	216202
甘肃	Gansu	567620	356829	3347	1460	114404	80017
青海	Qinghai	51789	29821	212		13674	10007
宁夏	Ningxia	81823	45969	413	-92	18728	15369
新疆	Xinjiang	477784	329622	2931	122	84274	66377

Income and Distribution of Enterprises above Designated Size of Catering Services by Region and Registered Statistical Categories

单位：万元
Unit: 10 000 yuan

财务费用 Financial Expenses	#利息费用 Interest Expenses	营业利润 Operating Profits	利润总额 Total Profits	所得税费用 Income Tax Expenses	应付职工薪酬 Payables to Employees	应交增值税 VAT Payable
652076	**381715**	**2795286**	**3026198**	**402672**	**17154914**	**927378**
31010	21045	115495	127879	30598	1459635	67030
4578	3443	24868	28785	7634	242637	12111
22005	15396	-31593	-23713	1902	226234	17633
20370	14148	-33699	-25966	1358	272860	18074
6904	5274	-3202	3257	1160	142830	9242
13633	8625	-1645	-2198	2427	138883	10329
3462	2389	3658	5188	868	64158	4882
1058	234	3483	5484	1035	39867	2105
33507	11719	78250	103914	30516	1306698	27970
79156	39953	419878	436582	64796	1931253	111314
68775	43385	22755	45705	36496	1234796	50924
26683	11267	160319	169938	20021	702982	30584
12133	6271	222651	230027	16684	583909	25449
15987	9372	159292	165519	5043	333405	19288
32895	15604	227236	239164	12713	1097930	57064
11148	3931	91756	96367	9556	339390	21621
36216	12694	383157	386388	27871	892045	87259
30252	11975	233044	238225	12367	486851	43347
77518	63093	25257	67116	39449	2775143	150619
12076	9275	1501	4577	2682	232044	11509
2735	1669	8296	9512	1947	72372	3179
13911	9164	168828	171320	8671	327330	21643
43669	22708	384044	397363	50769	1160860	56635
5470	3401	-825	1266	1121	152684	8943
5258	6719	78525	78447	3087	243084	17759
126	146	2458	2496	405	19502	979
20130	12321	63006	67259	8466	409947	20864
8923	7453	4835	7883	1385	128658	8963
2141	1736	-4609	-2282	22	16338	1308
666	461	294	726	298	20180	1525
9682	6843	-12030	-10028	1326	100408	7224

4-4-7 续表 1

有限责任公司

Limited Liability Corporations

地 区	Region	营业收入 Business Revenue	营业成本 Business Cost	税金及附加 Taxes and Other Charges	其他业务利润 Profits from Other Business	销售费用 Selling Expenses	管理费用 Administr-ative Expenses
全 国	**National Total**	**74464720**	**43781698**	**224017**	**382061**	**17870372**	**9945880**
北 京	Beijing	6826847	3574866	9156	111132	2220589	908970
天 津	Tianjin	1177437	723564	2518	12592	252643	174251
河 北	Hebei	884456	535272	3751	3754	213638	150414
山 西	Shanxi	1109791	682376	5706	7523	263744	171161
内蒙古	Inner Mongolia	513219	242696	2750	1297	149321	119545
辽 宁	Liaoning	696948	447299	3180	1205	126171	116037
吉 林	Jilin	343404	230595	993	811	62445	41423
黑龙江	Heilongjiang	216855	127229	442	65	53973	29757
上 海	Shanghai	6277534	3260337	4155	14013	2087843	852395
江 苏	Jiangsu	8262271	4706617	20015	46284	2042565	1090833
浙 江	Zhejiang	5258905	2962781	13468	41154	1414381	812069
安 徽	Anhui	2623283	1580966	9340	8419	580617	325934
福 建	Fujian	3035704	1977660	7690	2715	512297	339439
江 西	Jiangxi	1861573	1257587	8680	3279	217596	225494
山 东	Shandong	4346811	2733370	22048	10446	817118	605726
河 南	Henan	1456580	851217	4825	5357	324853	187763
湖 北	Hubei	3495363	2172814	18775	7981	641635	370891
湖 南	Hunan	2440418	1588177	20930	6161	366400	242078
广 东	Guangdong	11254651	6586397	20530	71376	2783990	1802006
广 西	Guangxi	1047997	672298	2964	3349	222159	142523
海 南	Hainan	332902	177771	493	651	103607	41415
重 庆	Chongqing	1770432	1236310	9753	3536	215894	158463
四 川	Sichuan	4584249	2388611	13447	11516	1387169	426433
贵 州	Guizhou	639299	443293	1608	967	86662	105278
云 南	Yunnan	1008174	682410	3793	2679	135953	130098
西 藏	Xizang	49464	26468	118	36	9500	10785
陕 西	Shaanxi	1850663	1197698	7430	2275	369508	203628
甘 肃	Gansu	537139	337917	2323	1460	106498	75794
青 海	Qinghai	51718	29761	212		13674	9976
宁 夏	Ningxia	81093	45677	412	-92	18728	15250
新 疆	Xinjiang	429538	301663	2514	122	69201	60051

4-4-7 Continued 1

单位：万元

Unit: 10 000 yuan

财务费用 Financial Expenses	#利息费用 Interest Expenses	营业利润 Operating Profits	利润总额 Total Profits	所得税费用 Income Tax Expenses	应付职工薪酬 Payables to Employees	应交增值税 VAT Payable
609000	**360023**	**2336100**	**2546886**	**370773**	**16003627**	**849797**
29475	19775	103474	115358	29777	1401461	64245
4671	3440	21304	25468	7633	239132	11781
17606	11841	-28438	-21863	1586	189709	14071
19090	13775	-31971	-25746	1242	256929	17092
6417	5118	-4278	2405	1130	135286	8867
13206	8559	-6635	-7505	2196	123337	9180
3265	2206	3830	5308	856	63091	4849
1020	225	3785	5604	1014	38684	2013
30011	10453	55122	78102	28737	1236205	26350
75732	38376	386193	402367	62393	1863703	105065
66936	42434	5469	27299	33780	1145434	47143
23610	10748	131726	140254	14897	576523	28555
11695	5974	184164	190625	12820	544261	22828
13134	8002	139754	145348	4733	307845	17588
32533	15560	207978	218814	12363	1031617	54052
10272	3581	88100	92641	9361	330079	21098
31816	11667	315751	319029	23318	793658	72187
28039	11209	201041	206027	11390	451186	40322
77978	61598	-37400	1930	36105	2613237	138478
11754	9082	558	3650	2642	224362	11036
2404	1381	8452	9658	1946	71811	3030
11687	7808	138202	140109	7890	288298	18348
41675	22055	338552	349572	47631	1092289	50674
5302	3337	-2699	-720	1026	143138	8512
4595	6560	57291	57305	2505	218885	16214
126	146	2458	2496	405	19502	979
15683	9113	61956	66571	8523	360725	18034
8326	7073	6916	8261	1343	119700	8441
2141	1736	-4588	-2261	22	16259	1308
666	461	-24	408	298	20036	1524
8135	6731	-9943	-9625	1211	87246	5934

4-4-7 续表 2

股份有限公司

Share-holding Corporations Ltd.

地 区	Region	营业收入 Business Revenue	营业成本 Business Cost	税金及附加 Taxes and Other Charges	其他业务利润 Profits from Other Business	销售费用 Selling Expenses	管理费用 Administr-ative Expenses
全 国	**National Total**	**2368123**	**1691675**	**8028**	**283**	**420957**	**187118**
北 京	Beijing	101249	58619	697		24284	12792
天 津	Tianjin	13594	6665	167		2374	993
河 北	Hebei	235776	206310	339		2453	23937
山 西	Shanxi	26227	14698	134		6849	3388
内蒙古	Inner Mongolia	13603	5895	16		5623	301
辽 宁	Liaoning						
吉 林	Jilin	737	360			162	236
黑龙江	Heilongjiang	128	38	3		63	29
上 海	Shanghai	250726	146568	1486	-18	73880	27794
江 苏	Jiangsu	55266	35904	157		9412	5644
浙 江	Zhejiang	158945	62184	135	266	73178	15277
安 徽	Anhui	564944	363969	817	-1	142675	41270
福 建	Fujian	515154	486469	949		15004	2956
江 西	Jiangxi	9282	4535	94		1471	2189
山 东	Shandong	16007	9236	1119		2874	3200
河 南	Henan	3181	1563	25		883	527
湖 北	Hubei	97771	82982	214		3916	3235
湖 南	Hunan	16143	10975	226	1	1803	2056
广 东	Guangdong	84753	58046	516		9038	20288
广 西	Guangxi	2842	2585	7		87	425
海 南	Hainan	440	178	9		53	123
重 庆	Chongqing	45318	29591	61		7121	6703
四 川	Sichuan	7889	4410	29		2216	1222
贵 州	Guizhou	5714	3949	12	34	930	732
云 南	Yunnan	1688	1327	1		6	264
西 藏	Xizang						
陕 西	Shaanxi	109097	79682	604		22572	8230
甘 肃	Gansu	1338	820	6		8	370
青 海	Qinghai						
宁 夏	Ningxia						
新 疆	Xinjiang	30312	14115	206		12025	2939

4-4-7 Continued 2

单位：万元

Unit: 10 000 yuan

财务费用 Financial Expenses	#利息费用 Interest Expenses	营业利润 Operating Profits	利润总额 Total Profits	所得税费用 Income Tax Expenses	应付职工薪酬 Payables to Employees	应交增值税 VAT Payable
16681	**12970**	**166421**	**169836**	**15961**	**448309**	**18916**
50	504	8722	8781	53	36195	1064
-124		3540	3286		2013	173
3791	3389	-667	308	266	23598	2393
985	320	173	390	64	5611	433
145	57	1806	841	8	3537	207
183	183	-204	-152		277	6
		-5	-4		74	
3226	1243	24071	25321	1687	57847	1209
1202	1137	3013	3170	971	10266	1896
649	97	17060	16549	2034	42235	398
2169	245	24066	25064	4870	115188	1105
-327	14	16595	16918	3061	2830	418
485	25	523	799	10	2305	99
26		-338	-345	14	4208	292
173	172	10	24		978	110
562	203	6940	7026	1365	33284	2669
229	101	755	871	61	3273	193
-3482	383	66009	66258	1431	29549	1823
24	22	-270	-270		1030	63
287	287	-211	-204		154	2
1211	1135	622	787	131	21200	1316
-188	172	-717	-641		2774	227
15		78	81	2	1435	28
		89	89	4	281	9
3916	3069	-5894	-5896	-166	39883	2342
112	113	22	24		424	80
1362	101	632	760	94	7861	360

4-4-7 续表 3

非公司企业法人

Non Corporate Legal Entity

地　　区	Region	营业收入 Business Revenue	营业成本 Business Cost	税金及附加 Taxes and Other Charges	其他业务利　润 Profits from Other Business	销售费用 Selling Expenses	管理费用 Administr-ative Expenses
全　　国	**National Total**	**438165**	**263432**	**3285**	**967**	**108711**	**73585**
北　京	Beijing	58984	32057	208	39	18191	6154
天　津	Tianjin						
河　北	Hebei	18930	10580	312		5913	4451
山　西	Shanxi	6731	3419	31	117	1634	2902
内蒙古	Inner Mongolia	601	987	1			329
辽　宁	Liaoning	2515	2031	5		13	343
吉　林	Jilin						
黑龙江	Heilongjiang	1408	663	7		242	806
上　海	Shanghai	36481	16725	59		15204	5647
江　苏	Jiangsu	31062	14259	39		9853	5539
浙　江	Zhejiang	22765	18128	89	1	1271	2943
安　徽	Anhui	2237	1250	5		512	703
福　建	Fujian	8751	3693	65		2590	2058
江　西	Jiangxi	7143	3494	9	53	2262	547
山　东	Shandong	31529	19083	133		7337	6660
河　南	Henan	1925	1138	45		82	507
湖　北	Hubei	30841	26104	62	241	1393	2650
湖　南	Hunan	2228	1696	68		244	199
广　东	Guangdong	75799	45180	460	503	19012	19367
广　西	Guangxi	1428	979	7		128	353
海　南	Hainan						
重　庆	Chongqing	10106	9847	4		18	35
四　川	Sichuan	51848	28873	455	13	14492	6378
贵　州	Guizhou	2530	2047	12		345	392
云　南	Yunnan	5677	1947	33		1984	1424
西　藏	Xizang						
陕　西	Shaanxi	5613	4619	62		591	318
甘　肃	Gansu	8711	4410	926		3960	1017
青　海	Qinghai						
宁　夏	Ningxia						
新　疆	Xinjiang	12322	10224	189		1439	1863

单位：万元
Unit: 10 000 yuan

财务费用 Financial Expenses	#利息费用 Interest Expenses	营业利润 Operating Profits	利润总额 Total Profits	所得税费用 Income Tax Expenses	应付职工薪酬 Payables to Employees	应交增值税 VAT Payable
2002	**737**	**-11373**	**-621**	**2550**	**105760**	**12223**
455	237	1981	2256	752	13191	1271
128	97	-2454	-2070	1	4428	733
29	22	-1168	45	12	2153	236
4		-719	-4		481	6
10		117	107		692	61
2		-312	-206		367	38
118	1	-876	446	66	7404	450
341		1100	1193	61	6298	653
-45	2	379	523	33	4168	666
2		-143	-64		1177	70
28	26	318	718		3204	370
28	12	629	643		1471	113
30	8	-1353	-1093	3	11296	668
144		10	50		1228	55
170	165	461	486	4	2845	1127
		21	180		312	53
273	34	-8463	-7529	585	21161	2684
		-39	-42	1	487	37
4		198	198		1831	3
83	110	1994	3447	873	11541	1633
	1	-259	-257		1022	72
5		283	272	126	1889	153
2	1	21	22	14	854	75
50	23	-1584	44	5	2922	212
143	-1	-1514	12	12	3339	787

个人独资企业

Sole Proprietorship Enterprises

地 区	Region	营业收入 Business Revenue	营业成本 Business Cost	税金及附加 Taxes and Other Charges	其他业务利润 Profits from Other Business	销售费用 Selling Expenses	管理费用 Administr-ative Expenses
全 国	**National Total**	**2782925**	**1923336**	**19799**	**2060**	**279132**	**265894**
北 京	Beijing	12481	6433	18	81	4826	1929
天 津	Tianjin	4022	2261	47		633	1036
河 北	Hebei	35738	20086	330		11668	3628
山 西	Shanxi	26488	16078	109	8	6771	3985
内蒙古	Inner Mongolia	11512	5703	84	1	3120	2283
辽 宁	Liaoning	26298	14366	376		4633	5909
吉 林	Jilin	2416	1205	13	7	814	392
黑龙江	Heilongjiang	1011	671	29		257	60
上 海	Shanghai	15610	8327	16		4545	2635
江 苏	Jiangsu	273309	195049	1640	11	27972	18741
浙 江	Zhejiang	134970	91133	279	323	21390	20837
安 徽	Anhui	46376	30185	627		5689	4456
福 建	Fujian	318647	239557	966	1	27841	27138
江 西	Jiangxi	101907	68041	510	37	6402	11307
山 东	Shandong	76400	54443	168	6	5807	8296
河 南	Henan	26608	16419	355		3797	2476
湖 北	Hubei	366225	262740	5227	4	13310	22651
湖 南	Hunan	188722	135557	2604	232	9674	11080
广 东	Guangdong	334532	206549	1776	158	64789	53932
广 西	Guangxi	24912	15752	232	53	3588	3465
海 南	Hainan	2386	1157	23		734	373
重 庆	Chongqing	169851	122457	812	252	6920	8089
四 川	Sichuan	313654	216828	2432	772	23503	26113
贵 州	Guizhou	20789	14717	69	1	1426	3214
云 南	Yunnan	166835	121658	593	115	8683	13695
西 藏	Xizang						
陕 西	Shaanxi	54382	38311	347		4793	3663
甘 肃	Gansu	20432	13682	93		3938	2836
青 海	Qinghai	71	60				32
宁 夏	Ningxia	730	292	1			119
新 疆	Xinjiang	5611	3620	22		1609	1524

4-4-7 Continued 4

单位：万元

Unit: 10 000 yuan

财务费用 Financial Expenses	#利息费用 Interest Expenses	营业利润 Operating Profits	利润总额 Total Profits	所得税费用 Income Tax Expenses	应付职工薪酬 Payables to Employees	应交增值税 VAT Payable
20883	**7148**	**268301**	**272084**	**12285**	**474205**	**38948**
461	455	-1178	-1156	7	2781	99
7	3	38	42		1086	91
477	68	-184	-245	32	7666	384
250	32	-846	-785	40	7693	293
338	99	-11	15	22	3527	162
158	50	878	1008	222	6774	545
3		-4	-4	12	619	19
11	9	-8	-8	21	307	8
131	22	-44	37	26	3332	-171
1771	390	28407	28559	1212	45832	3352
719	471	551	1786	536	33539	1816
887	274	4485	4494	251	8955	820
668	246	20402	20525	673	27861	1402
2041	1307	13406	13738	224	15377	1186
253	69	7298	7389	245	13618	801
470	177	3405	3419	189	6394	334
3614	659	58620	58452	3077	59629	11191
1609	482	27544	27445	748	27305	2187
2048	976	5002	5972	1232	86412	5773
292	171	1203	1180	36	5896	364
44	2	55	58		408	148
994	221	29765	30185	646	15675	1952
1917	363	42021	42757	2211	51461	3907
82	49	1288	1334	35	5280	167
645	158	21190	21100	452	21567	1345
516	138	6446	6112	88	7415	398
435	245	-518	-446	38	5612	230
		-21	-21		79	1
		318	318		144	1
42	11	-1205	-1174	9	1963	143

合伙企业

Partnership Enterprises

地 区	Region	营业收入 Business Revenue	营业成本 Business Cost	税金及附加 Taxes and Other Charges	其他业务利润 Profits from Other Business	销售费用 Selling Expenses	管理费用 Administr-ative Expenses
全 国	**National Total**	**587925**	**315132**	**1973**	**1027**	**166952**	**64067**
北 京	Beijing	35461	13763	42		12327	6278
天 津	Tianjin	2616	1179	2		893	531
河 北	Hebei	5029	3646	57		557	616
山 西	Shanxi	2574	1087	3		890	467
内蒙古	Inner Mongolia						
辽 宁	Liaoning	42999	19418	62		13054	6214
吉 林	Jilin	676	289			204	136
黑龙江	Heilongjiang	4350	1866	4	1	1702	728
上 海	Shanghai	6929	4429	3		1207	1293
江 苏	Jiangsu	23625	11730	59		7564	2995
浙 江	Zhejiang	36131	19733	235		9819	6533
安 徽	Anhui	3700	1746	13		1511	230
福 建	Fujian	43088	26991	110		5900	8831
江 西	Jiangxi	45193	33675	454		2857	2850
山 东	Shandong	159943	72077	49	74	70556	3450
河 南	Henan	2993	1453	14		692	514
湖 北	Hubei	8391	4726	33		1233	958
湖 南	Hunan	35240	25463	243	600	2018	3339
广 东	Guangdong	90465	48172	266	52	26882	14386
广 西	Guangxi	1186	758	1		280	93
海 南	Hainan						
重 庆	Chongqing	1818	989	24		385	175
四 川	Sichuan	21109	14544	218	300	2099	1857
贵 州	Guizhou	6762	2634	44		2412	833
云 南	Yunnan	1416	564	4		765	399
西 藏	Xizang						
陕 西	Shaanxi	6234	4199	35		1146	362
甘 肃	Gansu						
青 海	Qinghai						
宁 夏	Ningxia						
新 疆	Xinjiang						

4-4-7 Continued 5

单位：万元

Unit: 10 000 yuan

财务费用 Financial Expenses	#利息费用 Interest Expenses	营业利润 Operating Profits	利润总额 Total Profits	所得税费用 Income Tax Expenses	应付职工薪酬 Payables to Employees	应交增值税 VAT Payable
3386	**837**	**35968**	**38136**	**1104**	**122508**	**7481**
569	74	2496	2639	8	6005	350
24		-13	-11		407	67
3	2	150	156	16	833	52
15		113	130		475	20
259	16	3994	4193	9	8081	543
11		36	36		171	7
26		24	98		435	46
21		-23	8		1910	132
110	50	1166	1294	160	5155	349
517	381	-704	-453	112	9420	902
15	1	185	190	3	1139	35
70	11	1173	1241	130	5754	432
299	26	4980	4991	76	6408	302
53	-34	13650	14399	88	37191	1250
89		231	233	5	711	24
54		1384	1396	106	2628	84
375	184	3683	3702	169	4775	592
576	102	240	607	96	24280	1848
4		50	60	2	269	9
17		42	42	4	327	24
182	9	2194	2228	55	2794	194
71	15	768	827	59	1809	165
13	2	-329	-318		462	38
14		478	449	7	1071	15

港澳台投资企业

Enterprises with Investment from Hong Kong,Macao and Taiwan

地区	Region	营业收入 Business Revenue	营业成本 Business Cost	税金及附加 Taxes and Other Charges	其他业务利润 Profits from Other Business	销售费用 Selling Expenses	管理费用 Administr-ative Expenses
全国	**National Total**	**10598490**	**4247910**	**9261**	**37979**	**4975449**	**832134**
北京	Beijing	1967459	662181	1080	12260	1033800	127759
天津	Tianjin	170509	58956	74		86590	11683
河北	Hebei	1937	744	34		1344	304
山西	Shanxi	37227	12035	23		20670	1611
内蒙古	Inner Mongolia	3376	1188			1579	247
辽宁	Liaoning	240930	89918	130		118521	17219
吉林	Jilin	27427	9415	24		14103	1114
黑龙江	Heilongjiang	15377	5450	20		7569	724
上海	Shanghai	2627729	1174067	1113	15479	1209596	223452
江苏	Jiangsu	595970	271910	369	216	236793	64115
浙江	Zhejiang	298334	101854	451	33	167551	19555
安徽	Anhui	57268	29386	149		14485	9315
福建	Fujian	257939	102683	177		130004	15289
江西	Jiangxi	98232	54041	111		22244	8897
山东	Shandong	116590	51517	559	3162	45681	11045
河南	Henan	1722	609		-1	1045	95
湖北	Hubei	726864	337225	649	63	267355	57908
湖南	Hunan	84679	27586	69		49012	5091
广东	Guangdong	2389319	868664	2318	3867	1215806	183218
广西	Guangxi	39217	13443	907		12628	13011
海南	Hainan	10800	3007	69	1741	5405	3126
重庆	Chongqing	52401	31926	17		12308	4744
四川	Sichuan	531327	220465	322	44	222062	35571
贵州	Guizhou	6652	5151	74	17	987	914
云南	Yunnan	93878	59817	195		16114	9380
西藏	Xizang						
陕西	Shaanxi	99757	29149	65		52822	3368
甘肃	Gansu	42224	23778	11		8875	3262
青海	Qinghai						
宁夏	Ningxia	477	312			140	22
新疆	Xinjiang	2869	1434	251	1099	359	96

4-4-7 Continued 6

单位：万元

Unit: 10 000 yuan

财务费用 Financial Expenses	#利息费用 Interest Expenses	营业利润 Operating Profits	利润总额 Total Profits	所得税费用 Income Tax Expenses	应付职工薪酬 Payables to Employees	应交增值税 VAT Payable
106248	**40075**	**485809**	**520329**	**127632**	**3093195**	**63248**
11931	11494	143458	145530	22667	663017	15767
2472	2480	12475	12764	3018	42760	1347
10		-454	-501	52	677	86
658	670	2848	2860	660	13768	269
-13		375	456		1007	40
4736	54	11052	12315	2091	65250	2277
492		2593	2589	632	8086	1416
127	145	1487	1656	335	2436	105
24406	14429	4440	22216	16322	653827	6562
7834	1523	20189	20637	5273	197967	4514
7906	1411	2104	1271	1446	115842	2950
185	5	3639	3692	669	17115	-553
4821	225	6377	6770	2035	85003	2030
650	1	12594	12790	3207	18264	31
5934	1623	3240	2602	1200	28547	3082
7	7	-69	-230	1	580	
6572	9	59258	57052	15658	284692	1309
2122	1	1550	1622	407	32562	510
19288	4009	116387	125293	33361	628016	16960
1418	1017	-2198	-2104	30	9713	824
242		-1049	4246	57	2745	63
458		2819	2853	450	11745	28
2590	33	53130	54116	12339	142855	1176
-1		-474	-469		1183	42
421	420	8371	8381	1127	22423	1529
461		14926	15167	3626	27260	762
520	519	6010	6024	919	15199	
1		2	2		124	16
		732	732	53	533	106

4-4-7 续表 7

外商投资企业

Foreign Invested Enterprises

地区	Region	营业收入 Business Revenue	营业成本 Business Cost	税金及附加 Taxes and Other Charges	其他业务利润 Profits from Other Business	销售费用 Selling Expenses	管理费用 Administr-ative Expenses
全国	**National Total**	**9989297**	**5143169**	**6993**	**13695**	**3175217**	**932015**
北京	Beijing	1265166	680465	825	4314	409650	124949
天津	Tianjin	375370	211453	212	3974	85941	39379
河北	Hebei	2012	1841	2		77	78
山西	Shanxi	88831	49616	39		19758	7775
内蒙古	Inner Mongolia	23260	15818	161		2277	4907
辽宁	Liaoning	455004	254155	329		104914	44510
吉林	Jilin	240	79	3		2	88
黑龙江	Heilongjiang	4076	2290	13		853	863
上海	Shanghai	2776036	1100264	1576	-603	1262026	227424
江苏	Jiangsu	962932	545241	528	9	215236	78239
浙江	Zhejiang	803962	437439	621	1880	184564	73092
安徽	Anhui	2221	874	2		1614	125
福建	Fujian	318990	193049	263	3007	73794	30902
江西	Jiangxi	3440	1243	28		1345	916
山东	Shandong	304073	163305	237		73078	26408
河南	Henan	113245	65357	69		26060	11207
湖北	Hubei	183634	67545	95	260	83814	7653
湖南	Hunan	277329	172317	498		53201	24746
广东	Guangdong	1503367	829467	975	855	493249	152305
广西	Guangxi	91484	51788	34		20506	7803
海南	Hainan						
重庆	Chongqing	21844	18688	10		49	2426
四川	Sichuan	172096	130975	82		19711	38625
贵州	Guizhou						
云南	Yunnan	21638	16612	10		749	1840
西藏	Xizang						
陕西	Shaanxi	159011	89513	320		33980	14178
甘肃	Gansu						
青海	Qinghai						
宁夏	Ningxia						
新疆	Xinjiang	60037	43775	61		8772	11574

4-4-7 Continued 7

单位：万元

Unit: 10 000 yuan

财务费用 Financial Expenses	#利息费用 Interest Expenses	营业利润 Operating Profits	利润总额 Total Profits	所得税费用 Income Tax Expenses	应付职工薪酬 Payables to Employees	应交增值税 VAT Payable
73574	**63989**	**1032429**	**1045025**	**188534**	**2867542**	**-5055**
17344	16856	33448	36268	11541	315232	-1632
4347	4390	39602	39894	10227	132447	-924
		23	27	2	321	31
1134	1129	11529	11537	2886	29392	-600
112		258	313	7	3628	565
3898	1	49692	49968	12667	108709	2432
		68	68	1	69	2
81		-24	-6		1102	116
10794	8930	186404	195799	48462	1088018	6062
2825	1987	128553	129033	31825	206568	5710
5027	8061	143874	143990	27389	170892	-19229
44		-394	-399		528	
2728	2407	19183	19776	3714	62533	-70
145		-236	-202		817	24
1854	1	41870	42381	10538	73454	746
358		10638	11002	2774	25156	2
376	212	23946	23376	5702	49676	1516
1862	142	25406	25112	6813	59816	-525
16725	2840	10065	10169	6387	401497	-56
531	528	11757	11652	1821	19069	
129	128	541	585	2	6959	74
1360	14703	265620	264011	677	47158	241
96		2331	2343	605	4572	61
1464	1367	20574	20672	3148	48405	104
343	307	7700	7656	1348	11526	296

4-4-8 各地区限额以上餐饮业企业损益及分配(按国民经济行业分)

正餐服务

Dinner

地　区	Region	营业收入 Business Revenue	营业成本 Business Cost	税金及附加 Taxes and Other Charges	其他业务利润 Profits from Other Business	销售费用 Selling Expenses	管理费用 Administrative Expenses
全　国	**National Total**	**64761961**	**36730982**	**237695**	**316195**	**16415252**	**8894901**
北　京	Beijing	5377934	2465244	7684	98592	2034015	726343
天　津	Tianjin	678275	367786	1988	11766	180772	109791
河　北	Hebei	1069005	698167	4691	3754	221798	165316
山　西	Shanxi	1103626	672590	5650	7647	269495	169327
内蒙古	Inner Mongolia	520399	255682	2921	1282	139470	123763
辽　宁	Liaoning	500166	286261	3397	1165	121492	87105
吉　林	Jilin	204894	117586	792	815	53834	26505
黑龙江	Heilongjiang	121451	68480	414	67	27431	23369
上　海	Shanghai	6931633	3236304	5721	15104	2716274	870909
江　苏	Jiangsu	6852604	3754618	20392	43690	1755126	951674
浙　江	Zhejiang	4705479	2577869	14173	39586	1324465	757902
安　徽	Anhui	2111805	1237044	8963	1249	444768	299062
福　建	Fujian	2805867	1834367	7438	2501	464138	296396
江　西	Jiangxi	1825496	1226000	9482	3261	203603	219547
山　东	Shandong	3458063	2060622	22288	14040	700383	529102
河　南	Henan	1162328	661209	4452	5255	272202	143199
湖　北	Hubei	3601300	2226896	23331	8262	651395	354686
湖　南	Hunan	2435383	1596004	23145	5953	339773	239379
广　东	Guangdong	9108614	4872079	20742	25661	2675766	1531322
广　西	Guangxi	849477	537924	3789	3144	179481	129320
海　南	Hainan	228326	117496	488	2184	72880	33779
重　庆	Chongqing	1649701	1130972	10145	3557	196460	153621
四　川	Sichuan	3106731	1858563	15620	9242	619137	383143
贵　州	Guizhou	530854	360559	1622	968	75330	94092
云　南	Yunnan	1013948	695608	3821	2784	114777	128132
西　藏	Xizang	30278	15489	69		5703	9045
陕　西	Shaanxi	1834866	1204311	8216	2084	362943	192241
甘　肃	Gansu	506493	316067	3240	1460	101925	75159
青　海	Qinghai	49336	26592	200		13488	9438
宁　夏	Ningxia	69807	38740	398	-92	17333	12825
新　疆	Xinjiang	317823	213854	2424	1216	59595	49409

Income and Distribution of Enterprises above Designated Size of Catering Services by Region and Sector

单位：万元

Unit: 10 000 yuan

财务费用 Financial Expenses	#利息费用 Interest Expenses	营业利润 Operating Profits	利润总额 Total Profits	所得税费用 Income Tax Expenses	应付职工薪酬 Payables to Employees	应交增值税 VAT Payable
627730	**372981**	**2233162**	**2447518**	**309067**	**14286794**	**825293**
36092	26350	126867	132651	26956	1218011	49658
3645	3107	15788	17318	4971	144978	6962
21725	15266	-34362	-26796	1463	210677	16985
20126	13963	-32868	-25675	1238	254695	17315
6571	5265	-4229	2390	1166	137146	9819
12707	8392	-8463	-8617	1262	98181	8521
2428	1521	3404	4283	498	40515	3281
751	285	1116	2927	299	22805	1729
47793	17386	85451	121271	31685	1448985	32180
75042	38997	334323	349986	57493	1568229	100137
67247	45292	16127	37218	30854	1066961	48729
23949	10358	133179	140937	14486	512751	24424
10345	5463	190594	196513	12162	457825	19232
15512	9129	150918	152795	4133	299456	16536
31880	14359	174722	179888	8472	840003	46932
9345	3469	83129	88222	8912	274623	17411
34841	11984	366889	370099	26067	808620	82290
28791	11850	213831	218923	10777	438544	41280
70078	58658	-18922	17884	30529	2291485	132413
11491	8556	-9134	-6442	1026	194397	10523
2308	1228	1716	8274	1474	51745	2786
12534	8022	141555	144250	5533	257111	22019
35233	18091	197012	211096	15820	701710	53066
4971	3046	-5656	-3544	289	126190	8092
4711	6354	70904	70597	2185	208158	15170
142	28	-146	-113	21	10185	571
18521	11395	53715	57797	7534	378129	20671
8196	6946	2290	5748	878	119864	8072
1930	1548	-2859	-625	17	15573	1298
570	401	-468	-124	116	17278	1488
8255	6277	-13261	-11613	751	71963	5700

4-4-8 续表 1

快餐服务

Snack

地区	Region	营业收入 Business Revenue	营业成本 Business Cost	税金及附加 Taxes and Other Charges	其他业务利润 Profits from Other Business	销售费用 Selling Expenses	管理费用 Administrative Expenses
全国	**National Total**	**18205169**	**9745754**	**14401**	**65371**	**5810938**	**1529724**
北京	Beijing	2238484	944915	1286	24809	1025109	148511
天津	Tianjin	592503	298622	368	4597	181984	58614
河北	Hebei	25560	16471	16		3993	3033
山西	Shanxi	147998	76138	85		44695	12676
内蒙古	Inner Mongolia	41540	14420	80	17	22081	2625
辽宁	Liaoning	673411	340306	437		207889	63934
吉林	Jilin	45737	21061	40		16677	4228
黑龙江	Heilongjiang	63926	23387	32		33975	3815
上海	Shanghai	2081777	1027786	846	1943	798694	187976
江苏	Jiangsu	1891783	1054850	1081	2251	490802	163397
浙江	Zhejiang	1375063	708143	582	3663	412937	122096
安徽	Anhui	762531	503532	1433	260	190194	55454
福建	Fujian	1217783	875208	1535	3135	219118	72442
江西	Jiangxi	153636	93722	200	83	28630	13448
山东	Shandong	1010889	598677	1166	-595	258909	78019
河南	Henan	227880	120693	221		65857	26054
湖北	Hubei	741980	427740	519	238	196157	65202
湖南	Hunan	377719	212453	668		106355	29653
广东	Guangdong	2818554	1362705	2355	21315	1077528	275338
广西	Guangxi	201305	106612	133	152	62157	17730
海南	Hainan	48788	14957			26192	5483
重庆	Chongqing	270313	214108	293	49	23935	13611
四川	Sichuan	586396	345510	271	3401	164454	41480
贵州	Guizhou	16563	12441	38	53	961	2101
云南	Yunnan	114305	57742	48		35376	10350
西藏	Xizang	12909	6939	13		3206	1167
陕西	Shaanxi	266981	144630	428		66135	27368
甘肃	Gansu	83055	50133	54		19283	5720
青海	Qinghai	355	166			75	89
宁夏	Ningxia	1582	699	4		469	321
新疆	Xinjiang	113865	70990	170		27114	17791

4-4-8 Continued 1

单位：万元

Unit: 10 000 yuan

财务费用 Financial Expenses	#利息费用 Interest Expenses	营业利润 Operating Profits	利润总额 Total Profits	所得税费用 Income Tax Expenses	应付职工薪酬 Payables to Employees	应交增值税 VAT Payable
154506	**66947**	**1063927**	**1081985**	**225897**	**4351195**	**47106**
20813	19727	109944	115847	22877	507526	5888
6912	6907	53324	53948	13768	183779	684
91	62	1974	2092	66	4090	448
2070	1978	13774	14008	3659	47747	-276
430		1787	1816		8995	-96
8827	27	55103	55476	13386	167704	4462
499	3	3040	3161	673	10792	1476
321	21	2395	2575	632	12460	251
17689	11211	55155	57913	11728	491471	3401
9948	3327	185524	187801	37727	465954	12996
11911	6833	132991	133385	31220	328472	-14078
1967	641	13107	14072	2496	146285	3336
6725	2602	47356	48960	8697	178659	3930
791	17	17161	17442	3704	25095	843
5537	1081	82273	83593	13299	208651	7662
852	82	14660	13918	2922	48296	690
7249	553	46139	45976	11041	280311	3191
3882	56	26450	26276	5999	95560	945
36018	5623	72630	75646	22416	739345	6783
1494	1416	14395	14339	2191	39954	591
106	2	2133	2074	60	12087	93
1147	1101	20425	20232	2894	53196	456
4549	264	33032	32745	5907	147658	1392
15	13	1084	863	19	2542	171
531	530	10755	10498	1459	23240	228
32	105	1630	1625	250	4933	
2285	1412	28174	28442	4225	73086	996
889	824	7337	6964	1107	20079	757
22		5	5	5	4	
61	60	29	40		157	24
846	471	10141	10252	1470	23068	-140

4-4-8 续表 2

饮料及冷饮服务

Beverage and Cold Drink

地　区	Region	营业收入 Business Revenue	营业成本 Business Cost	税金及附加 Taxes and Other Charges	其他业务利润 Profits from Other Business	销售费用 Selling Expenses	管理费用 Administrative Expenses
全　国	**National Total**	**7109651**	**3229328**	**5120**	**40521**	**2831845**	**627119**
北　京	Beijing	867138	336107	665	85	394390	88676
天　津	Tianjin	53016	34683	17	128	9524	6162
河　北	Hebei	16135	10083	5		3044	1944
山　西	Shanxi	13161	8633	4		2593	1297
内蒙古	Inner Mongolia	988	423	1		168	260
辽　宁	Liaoning	92037	47942	41	32	28358	7362
吉　林	Jilin	1976	631	1		760	333
黑龙江	Heilongjiang	15494	11948	3		815	1148
上　海	Shanghai	2079025	792079	1173	12441	1013296	168860
江　苏	Jiangsu	500694	273201	224	69	161578	42193
浙　江	Zhejiang	329128	208806	227	49	66085	37202
安　徽	Anhui	83044	41868	115	2	27512	7699
福　建	Fujian	208531	120060	465	90	65327	15882
江　西	Jiangxi	20902	9629	35		8222	3459
山　东	Shandong	117189	64549	66	31	35721	10634
河　南	Henan	32784	24032	15		5279	2052
湖　北	Hubei	345449	143682	439	50	146967	20200
湖　南	Hunan	116080	70177	209	679	25888	7518
广　东	Guangdong	1450897	639534	656	26586	600628	138422
广　西	Guangxi	37367	23529	100	88	7160	4444
海　南	Hainan	23053	13970	16		5462	2138
重　庆	Chongqing	106157	68834	78	182	20536	8523
四　川	Sichuan	365461	160784	366	1	136809	31569
贵　州	Guizhou	31267	18078	11		7882	3194
云　南	Yunnan	39563	26246	73	9	5602	4320
西　藏	Xizang						
陕　西	Shaanxi	141102	64788	103		49622	9637
甘　肃	Gansu	13561	9466	5		1225	1314
青　海	Qinghai						
宁　夏	Ningxia	5605	3897	5		398	498
新　疆	Xinjiang	2847	1671			996	180

4-4-8 Continued 2

单位：万元
Unit: 10 000 yuan

财务费用 Financial Expenses	#利息费用 Interest Expenses	营业利润 Operating Profits	利润总额 Total Profits	所得税费用 Income Tax Expenses	应付职工薪酬 Payables to Employees	应交增值税 VAT Payable
10988	**7052**	**447622**	**463818**	**121103**	**2140366**	**-13252**
948	607	47691	49924	8043	357090	3242
210	13	2375	2297	137	11108	-1101
69	4	1066	1059	94	3514	-50
82		574	574	-3	2641	-156
1	9	136	136		147	7
187	3	8114	8561	1946	18039	-47
3		249	244	20	304	
64		1523	1599	393	2870	-116
976	4485	125807	132646	47304	906057	-838
1971	170	38008	38116	6320	105366	-2829
1909	169	14751	15593	2459	68163	-3025
266	1	5913	5874	1581	19406	266
1346	111	1785	1671	1370	40060	-16
57	10	-497	-366	11	4969	91
439	11	6027	6441	1050	31371	-281
198		1285	1279	3	7250	61
621	16	34229	31071	9453	70848	5
600	6	11893	11849	2551	21474	-3
-542	789	73816	80942	20920	312905	-7682
260	117	1960	1968	898	8453	-84
348	295	2523	2473	366	4622	-93
641	165	7587	7526	521	21895	-1175
-200	28	36243	37441	10329	76414	993
92	8	2013	2027	673	5985	-204
173	1	3148	3232	743	7737	113
117	20	17156	17338	3428	27675	-259
99		1467	1458	314	2297	12
35		799	857	179	930	-57
18	14	-17	-10		776	-25

餐饮配送及外卖送餐服务

Catering Distribution and Delivery Service

地 区	Region	营业收入 Business Revenue	营业成本 Business Cost	税金及附加 Taxes and Other Charges	其他业务利润 Profits from Other Business	销售费用 Selling Expenses	管理费用 Administrative Expenses
全 国	**National Total**	**6161838**	**4796339**	**10095**	**9139**	**550127**	**721881**
北 京	Beijing	586449	464388	528	148	61639	61493
天 津	Tianjin	243176	198633	277		16877	26357
河 北	Hebei	66544	49064	97		6683	11412
山 西	Shanxi	8497	5418	57	1	1951	1955
内蒙古	Inner Mongolia	2079	1344	6			844
辽 宁	Liaoning	145391	113102	134	4	4813	25300
吉 林	Jilin	115719	98192	175	3	4431	11309
黑龙江	Heilongjiang	38846	32048	54		2280	3952
上 海	Shanghai	588402	465303	472	-792	52015	74023
江 苏	Jiangsu	681835	541840	794	330	42897	83422
浙 江	Zhejiang	188980	131880	240	306	30444	24945
安 徽	Anhui	331542	218654	365	6907	82107	19198
福 建	Fujian	170859	130786	596	-2	11330	24518
江 西	Jiangxi	89852	68444	105		8552	8974
山 东	Shandong	397749	321886	685	212	23980	41589
河 南	Henan	160378	117649	593	101	12549	27061
湖 北	Hubei	172594	131221	623		5989	18791
湖 南	Hunan	61915	48984	244		3420	6822
广 东	Guangdong	1555199	1212770	1973	1726	141816	188904
广 西	Guangxi	99399	76615	117		5898	13222
海 南	Hainan	34833	27663	76		3580	2284
重 庆	Chongqing	36768	29144	156		875	4565
四 川	Sichuan	64569	53119	210		3825	5751
贵 州	Guizhou	91701	72652	114		8123	9824
云 南	Yunnan	112384	91990	666		5044	13163
西 藏	Xizang	5813	3851	36	36	144	574
陕 西	Shaanxi	23540	19048	29	160	2931	1548
甘 肃	Gansu	4416	3290	56		269	864
青 海	Qinghai						
宁 夏	Ningxia	3473	1542	3		669	1386
新 疆	Xinjiang	78937	65818	614		4998	7831

4-4-8 Continued 3

单位：万元

Unit: 10 000 yuan

财务费用 Financial Expenses	#利息费用 Interest Expenses	营业利润 Operating Profits	利润总额 Total Profits	所得税费用 Income Tax Expenses	应付职工薪酬 Payables to Employees	应交增值税 VAT Payable
20374	**12749**	**65299**	**86907**	**19301**	**1203013**	**79149**
-17	590	-158	792	1717	122179	4170
479	191	577	1181	428	28651	2446
130	65	-772	-644	330	8380	323
10	2	-1135	-886		2196	15
		-84	-138		1006	97
344	106	1728	1898	182	19684	1406
963	818	642	876	307	18897	1486
125	73	-55	64	45	4975	428
1512	1010	-5595	860	2489	140149	3740
1931	830	11615	11659	1279	142102	8571
304	273	1231	1589	307	38008	2556
700	271	10786	11757	2134	40125	1828
660	228	3893	4257	249	37182	3233
269	118	4182	4929	340	17329	1434
2797	1753	7802	12632	1621	88526	5717
974	347	1032	1362	236	30566	3174
277	277	15456	15810	2616	50809	4193
355	106	2008	1752	53	12455	529
5643	3729	2362	5809	3041	296228	23853
757	697	2853	3241	357	12769	1261
190	138	447	528	16	2782	330
154	6	1753	1884	164	11975	430
134	49	1613	1776	251	11304	1080
254	242	750	956	120	16837	738
247	246	2792	3212	390	27811	3755
-50	12	1147	1154	134	4137	404
110	4	-118	-66	24	3912	94
259	202	-117	-135	1	1249	110
		-127	-107		947	11
863	366	-1211	-1094	470	9843	1737

其他餐饮业

Others

地 区	Region	营业收入 Business Revenue	营业成本 Business Cost	税金及附加 Taxes and Other Charges	其他业务利润 Profits from Other Business	销售费用 Selling Expenses	管理费用 Administr-ative Expenses
全 国	**National Total**	**5004221**	**2871884**	**6099**	**6846**	**1392130**	**528677**
北 京	Beijing	1197643	817729	1862	4191	208513	163807
天 津	Tianjin	176578	104354	370	74	39916	26949
河 北	Hebei	6633	4693	15		132	1723
山 西	Shanxi	24587	16531	249		1583	6034
内蒙古	Inner Mongolia	565	419	5		201	119
辽 宁	Liaoning	53689	39575	73	4	4754	6532
吉 林	Jilin	6574	4471	26		2028	1015
黑龙江	Heilongjiang	3487	2344	15		158	685
上 海	Shanghai	319189	194618	220	176	76636	39997
江 苏	Jiangsu	277520	156201	316	180	98991	25420
浙 江	Zhejiang	115363	66554	55	52	38223	8160
安 徽	Anhui	11106	7278	78		2521	621
福 建	Fujian	95232	69679	187		7517	17375
江 西	Jiangxi	36884	24823	65	25	5170	6772
山 东	Shandong	67463	57296	108		3459	5440
河 南	Henan	22884	14174	52		1524	4722
湖 北	Hubei	47767	24597	144		12147	7068
湖 南	Hunan	54713	34900	395	362	6942	5238
广 东	Guangdong	801643	556253	1118	1522	117865	111841
广 西	Guangxi	21518	12925	11	19	4680	2957
海 南	Hainan	11527	8027	13	208	1685	1351
重 庆	Chongqing	9506	7386	10		897	341
四 川	Sichuan	1559015	586731	519		747027	74257
贵 州	Guizhou	11361	8062	32	-1	464	2153
云 南	Yunnan	19105	12751	21		3454	1134
西 藏	Xizang	464	190			446	
陕 西	Shaanxi	18715	10688	89	31	3804	3066
甘 肃	Gansu	2321	1651	3		577	222
青 海	Qinghai	2098	3064	12		111	481
宁 夏	Ningxia	1833	1403	4			361
新 疆	Xinjiang	27236	22519	35	5	702	2836

4-4-8 Continued 4

单位：万元

Unit: 10 000 yuan

财务费用 Financial Expenses	#利息费用 Interest Expenses	营业利润 Operating Profits	利润总额 Total Profits	所得税费用 Income Tax Expenses	应付职工薪酬 Payables to Employees	应交增值税 VAT Payable
18477	**26142**	**503555**	**511462**	**43534**	**1136808**	**47459**
2448	2120	8057	10463	5213	233077	18206
150	96	4881	6699	1574	49330	3543
		70	102	4	570	44
-126	5	333	410	9	8741	846
2		-179	-179		171	20
201	151	2616	2767	410	9233	695
61	48	-1016	-720	2	1805	58
6		-32	-31	1	294	33
899	1073	8076	9134	2138	63981	2276
923	139	-850	-1309	-925	54138	2663
337	290	3632	3182	491	19927	464
31		580	590	-7	2059	177
606	499	4584	5171	-45	17719	1029
153	100	-114	3307	61	5637	439
31	23	1521	1593	9	31380	862
143	39	2219	2358	258	4393	286
176	86	3648	3860	54	15825	404
618	100	6043	6384	220	11353	595
2334	1143	21823	22296	2291	164692	12155
22	34	986	1019	60	5252	42
25	7	429	410	88	3880	126
24		876	874	18	1910	15
7903	19013	434895	432432	31479	413787	1521
138	92	511	496	19	2312	189
114	9	1626	1632	43	3133	82
2	2	-173	-170		246	4
1024	862	-408	-401	30	3024	233
1		-133	-128	3	368	12
189	188	-1755	-1663		761	10
		64	62	2	992	75
43	22	745	821	35	6817	353

4-5-1 大中型住宿和餐饮业企业基本情况

Basic Conditions of Large and Medium-sized Enterprises Hotels and Catering Services above Designated Size

项　目	Item	法人单位数（个）Number of Corporation Enterprises (unit)	年末从业人数（人）Employed Persons at Year-end (person)	年末餐饮营业面积（平方米）Business Area of Catering Services at Year-end (sq.m)
总　计	**Total**	**7817**	**2898815**	**76904642**
一、住宿业	**Hotels**	**3560**	**827338**	**32858254**
#国有控股	State-controlled Enterprises	1160	306476	9630327
(一)按登记注册统计类别分	**By Registered Statistical Categories**			
1.内资企业	Domestic Invested Enterprises	3207	723974	29216426
有限责任公司	Limited Liability Corporations	3013	669004	27885251
股份有限公司	Share-holding Corporations Ltd.	41	12399	414665
非公司企业法人	Non Corporate Legal Entity	125	37556	711587
个人独资企业	Sole Proprietorship Enterprises	21	3983	177310
合伙企业	Partnership Enterprises	7	1032	27613
其他内资企业	Other Domestic Invested Enterprises			
2.港澳台投资企业	Enterprises with Investment from Hong Kong, Macao and Taiwan	246	69385	2269702
3.外商投资企业	Foreign Invested Enterprises	107	33979	1372126
4.其他统计类别	Other Statistical Categories			
(二)按国民经济行业分	**by Sector**			
旅游饭店	Tourist Hotel	2968	702978	28005890
一般旅馆	Fonda	521	109408	4199456
民宿服务	Home Lodging Services	NA	265	28470
露营地服务	Campground Services			
其他住宿业	Others	69	14687	624438

4-5-1 续表 Continued

项　目	Item	法人单位数（个）Number of Corporation Enterprises (unit)	年末从业人数（人）Employed Persons at Year-end (person)	年末餐饮营业面积（平方米）Business Area of Catering Services at the Year-end (sq.m)
二、餐饮业	**Catering Services**	**4257**	**2071477**	**44046388**
#国有控股	State-controlled Enterprises	354	111613	3922809
(一)按登记注册统计类别分	**By Registered Statistical Categories**			
1.内资企业	Domestic Invested Enterprises	3868	1260585	33971024
有限责任公司	Limited Liability Corporations	3726	1193489	31393158
股份有限公司	Share-holding Corporations Ltd.	62	52199	2104035
非公司企业法人	Non Corporate Legal Entity	30	7002	254102
个人独资企业	Sole Proprietorship Enterprises	34	5739	150789
合伙企业	Partnership Enterprises	16	2156	68940
其他内资企业	Other Domestic Invested Enterprises			
2.港澳台投资企业	Enterprises with Investment from Hong Kong, Macao and Taiwan	261	408752	5572961
3.外商投资企业	Foreign Invested Enterprises	127	401930	4499403
4.其他统计类别	Other Statistical Categories	NA	210	3000
(二)按国民经济行业分	**by Sector**			
正餐服务	Dinner	3105	971264	28716089
快餐服务	Snack	410	674897	8901777
饮料及冷饮服务	Beverage and Cold Drinks	170	144879	2877818
餐饮配送及外卖送餐服务	Catering Distribution and Delivery Services	383	139380	1400488
其他餐饮业	Others	189	141057	2150216

4-5-2 各地区大中型住宿和餐饮业企业基本情况

Basic Conditions of Large and Medium-sized Enterprises of Hotels and Catering Services by Region

地区	Region	住宿业 Hotels 法人单位数（个） Number of Corporation Enterprises (unit)	住宿业 Hotels 年末从业人数（人） Employed Persons at Year-end (person)	餐饮业 Catering Services 法人单位数（个） Number of Corporation Enterprises (unit)	餐饮业 Catering Services 年末从业人数（人） Employed Persons at Year-end (person)
全　国	**National Total**	**3560**	**827338**	**4257**	**2071477**
北　京	Beijing	228	57302	288	230765
天　津	Tianjin	30	6357	71	48961
河　北	Hebei	90	22756	78	17341
山　西	Shanxi	51	15302	91	29697
内蒙古	Inner Mongolia	41	8025	62	15833
辽　宁	Liaoning	55	11470	54	55230
吉　林	Jilin	31	6927	21	7078
黑龙江	Heilongjiang	23	5326	15	4329
上　海	Shanghai	170	46918	331	259072
江　苏	Jiangsu	278	60835	493	210797
浙　江	Zhejiang	385	82788	328	127854
安　徽	Anhui	71	19562	159	66675
福　建	Fujian	228	52940	134	67629
江　西	Jiangxi	71	13725	61	17453
山　东	Shandong	206	47707	286	91351
河　南	Henan	109	23859	56	23342
湖　北	Hubei	96	18122	155	83364
湖　南	Hunan	117	23844	104	40895
广　东	Guangdong	441	114796	829	373895
广　西	Guangxi	73	17004	68	26854
海　南	Hainan	93	28634	26	7911
重　庆	Chongqing	83	17285	67	29869
四　川	Sichuan	167	36886	205	136783
贵　州	Guizhou	66	11888	42	10538
云　南	Yunnan	93	20609	61	19949
西　藏	Xizang	6	1085	4	972
陕　西	Shaanxi	143	31664	92	45922
甘　肃	Gansu	45	8509	31	8608
青　海	Qinghai	8	1547	5	876
宁　夏	Ningxia	10	1937	5	819
新　疆	Xinjiang	52	11729	35	10815

4-6-1 大中型住宿和餐饮业企业经营情况
Business of Large and Medium-sized Enterprises of Hotels and Catering Services

单位：万元
Unit: 10 000 yuan

项　目	Item	营业额 Turnover	客房收入 from Hotel Rooms
总　计	**Total**	**86019927**	**13861593**
一、住宿业	**Hotels**	**26486300**	**12232869**
#国有控股	State-controlled Enterprises	9920778	4280900
(一)按登记注册统计类别分	**By Registered Statistical Categories**		
1.内资企业	Domestic Invested Enterprises	22035672	10025709
有限责任公司	Limited Liability Corporations	20501634	9427584
股份有限公司	Share-holding Corporations Ltd.	388976	159406
非公司企业法人	Non Corporate Legal Entity	1024483	393631
个人独资企业	Sole Proprietorship Enterprises	92998	32617
合伙企业	Partnership Enterprises	27581	12471
其他内资企业	Other Domestic Invested Enterprises		
2.港澳台投资企业	Enterprises with Investment from Hong Kong, Macao and Taiwan	2913038	1461252
3.外商投资企业	Foreign Invested Enterprises	1537590	745908
4.其他统计类别	Other Statistical Categories		
(二)按国民经济行业分	**by Sector**		
旅游饭店	Tourist Hotel	22890326	10393157
一般旅馆	Fonda	3206695	1673919
民宿服务	Home Lodging Services	11931	7573
露营地服务	Campground Services		
其他住宿业	Others	377349	158220

注：部分数据合计数由于单位取舍不同而产生的计算误差，未做机械调整(下表同)。
Note: Statistical discrepancies on total figures due to rounding are not adjusted. The same applies to the tables following.

4-6-1 续表 1

项 目	Item	餐费收入 from Meals	商品销售额 from Commodities
总 计	**Total**	**63778763**	**2985252**
一、住宿业	**Hotels**	**9902047**	**739561**
#国有控股	State-controlled Enterprises	3364056	451127
(一)按登记注册统计类别分	**By Registered Statistical Categories**		
1.内资企业	Domestic Invested Enterprises	8610419	573029
有限责任公司	Limited Liability Corporations	8041698	521544
股份有限公司	Share-holding Corporations Ltd.	135377	23679
非公司企业法人	Non Corporate Legal Entity	373243	23665
个人独资企业	Sole Proprietorship Enterprises	49569	3819
合伙企业	Partnership Enterprises	10532	322
其他内资企业	Other Domestic Invested Enterprises		
2.港澳台投资企业	Enterprises with Investment from Hong Kong, Macao and Taiwan	925679	44978
3.外商投资企业	Foreign Invested Enterprises	365949	121554
4.其他统计类别	Other Statistical Categories		
(二)按国民经济行业分	**by Sector**		
旅游饭店	Tourist Hotel	8710071	663095
一般旅馆	Fonda	1021166	60136
民宿服务	Home Lodging Services	3619	278
露营地服务	Campground Services		
其他住宿业	Others	167191	16052

4-6-1 Continued 1

单位：万元
Unit: 10 000 yuan

其他收入 Others	客房数 (间) Hotel Rooms (unit)	床位数 (个) Hotel Beds (unit)	餐位数 (位) Seats for Meal (unit)
5394319	**1732591**	**2647133**	**15951692**
3611824	**1373206**	**2099799**	**3515045**
1824695	569830	853938	1072922
2826515	1221043	1878328	3158187
2510808	1164049	1789139	2985599
70513	15587	23979	42060
233944	34208	54290	106966
6993	5415	8148	19267
4256	1784	2772	4295
481130	99698	146101	260924
304179	52465	75370	95934
3124002	1152203	1768815	3024712
451475	202613	302338	422406
461	408	673	348
35886	17982	27973	67579

4-6-1 续表 2

项　目	Item	营业额 Turnover	客房收入 from Hotel Rooms
二、餐饮业	**Catering Services**	**59533627**	**1628724**
#国有控股	State-controlled Enterprises	3102995	319049
(一)按登记注册统计类别分	**By Registered Statistical Categories**		
1.内资企业	Domestic Invested Enterprises	38984526	1593549
有限责任公司	Limited Liability Corporations	36681976	1554007
股份有限公司	Share-holding Corporations Ltd.	1829005	10877
非公司企业法人	Non Corporate Legal Entity	206674	18038
个人独资企业	Sole Proprietorship Enterprises	187470	8026
合伙企业	Partnership Enterprises	79401	2601
其他内资企业	Other Domestic Invested Enterprises		
2.港澳台投资企业	Enterprises with Investment from Hong Kong, Macao and Taiwan	10386471	32632
3.外商投资企业	Foreign Invested Enterprises	10157600	2282
4.其他统计类别	Other Statistical Categories	5030	261
(二)按国民经济行业分	**by Sector**		
正餐服务	Dinner	28693738	1608005
快餐服务	Snack	16548611	5478
饮料及冷饮服务	Beverage and Cold Drinks	6381370	
餐饮配送及外卖送餐服务	Catering Distribution and Delivery Services	3978909	5525
其他餐饮业	Others	3930999	9716

单位：万元
Unit: 10 000 yuan

餐费收入 from Meals	商品销售额 from Commodities	其他收入 Others	客房数 (间) Hotel Rooms (unit)	床位数 (个) Hotel Beds (unit)	餐位数 (位) Seats for Meal (unit)
53876716	**2245690**	**1782496**	**359385**	**547334**	**12436647**
2232851	262164	288931	46028	74498	752629
34533291	1608417	1249269	354146	537982	9767896
32645969	1356043	1125957	347744	527410	8769629
1483222	225743	109164	1839	3216	894386
152410	24255	11971	2774	4858	49669
175904	1744	1796	1629	2206	40601
75786	633	381	160	292	13611
9570570	421363	361907	4683	7823	1413677
9768406	215620	171291	503	1423	1253974
4449	290	29	53	106	1100
25310021	840791	934921	352603	523718	7687426
15653642	458380	431111	3438	12692	2827580
5818867	388713	173789			567653
3444286	402597	126501	377	902	459754
3649900	155210	116173	2967	10022	894234

4-6-2 各地区大中型住宿业企业经营情况

Business of Large and Medium-sized Enterprises of Hotels by Region

单位：万元
Unit: 10 000 yuan

地区	Region	营业额 Business Revenue	客房收入 from Hotel Rooms	餐费收入 from Meals	商品销售额 from Commodities	其他收入 Others
全国	**National Total**	**26486300**	**12232869**	**9902047**	**739561**	**3611824**
北京	Beijing	2853810	1394588	694201	29747	735273
天津	Tianjin	212313	119062	74169	3706	15376
河北	Hebei	531196	195613	245578	25272	64733
山西	Shanxi	294102	103785	124559	3427	62330
内蒙古	Inner Mongolia	185709	83270	85068	3146	14225
辽宁	Liaoning	292333	112446	114117	7347	58423
吉林	Jilin	169553	82763	60186	822	25782
黑龙江	Heilongjiang	125698	56535	42205	8108	18849
上海	Shanghai	2457307	1161755	674377	123196	497980
江苏	Jiangsu	1963922	810750	929711	43074	180387
浙江	Zhejiang	2763270	1177961	1193904	48877	342528
安徽	Anhui	492821	153801	202473	74568	61979
福建	Fujian	1775557	771145	836351	36905	131156
江西	Jiangxi	319019	133817	153541	10741	20920
山东	Shandong	1350447	582076	561197	45667	161506
河南	Henan	534255	208568	234644	22897	68145
湖北	Hubei	501557	244480	189960	12364	54753
湖南	Hunan	639316	295477	281980	11504	50355
广东	Guangdong	3712471	1706501	1315221	109830	580919
广西	Guangxi	419366	216621	154930	12022	35793
海南	Hainan	1185422	786110	280220	10291	108801
重庆	Chongqing	476628	240497	186980	13526	35627
四川	Sichuan	1052753	491203	442596	37760	81195
贵州	Guizhou	304254	163199	92731	18761	29563
云南	Yunnan	540339	317155	150213	10234	62737
西藏	Xizang	35684	21650	9222	356	4456
陕西	Shaanxi	766337	327036	369616	8755	60930
甘肃	Gansu	189571	101061	76895	1117	10498
青海	Qinghai	24780	12627	8432	1587	2133
宁夏	Ningxia	41580	19239	18053	166	4122
新疆	Xinjiang	274931	142076	98715	3789	30351

4-6-3 各地区大中型餐饮业企业经营情况
Business of Large and Medium-sized Enterprises of Catering Services by Region

单位：万元
Unit: 10 000 yuan

地区	Region	营业额 Turnover	客房收入 from Hotel Rooms	餐费收入 from Meals	商品销售额 from Commodities	其他收入 Others
全国	**National Total**	**59533627**	**1628724**	**53876716**	**2245690**	**1782496**
北京	Beijing	7485440	19387	6808092	251580	406381
天津	Tianjin	1136242	16931	1032648	25260	61403
河北	Hebei	603183	41294	470120	43886	47883
山西	Shanxi	631702	54428	545187	8824	23263
内蒙古	Inner Mongolia	390179	44475	303130	21357	21217
辽宁	Liaoning	1026698	16326	947718	40112	22543
吉林	Jilin	188346	4099	181046	908	2293
黑龙江	Heilongjiang	109346	1438	103604	1183	3121
上海	Shanghai	8859471	10028	8348579	345973	154891
江苏	Jiangsu	6156823	381067	5516223	110272	149261
浙江	Zhejiang	4243460	245138	3680681	173017	144623
安徽	Anhui	2159325	104430	1868821	131281	54793
福建	Fujian	1751572	32025	1609050	78329	32169
江西	Jiangxi	446982	25967	405259	4198	11558
山东	Shandong	2310017	201642	1960374	58544	89457
河南	Henan	639717	10606	619059	5599	4453
湖北	Hubei	2279994	56492	2129951	60105	33446
湖南	Hunan	1117005	52321	990650	33574	40461
广东	Guangdong	10532913	91118	9555522	603720	282553
广西	Guangxi	610279	22668	509454	44438	33719
海南	Hainan	219323	2303	190150	19765	7105
重庆	Chongqing	922982	32264	833812	34948	21958
四川	Sichuan	3484521	83207	3275761	67648	57905
贵州	Guizhou	222097	4542	199263	13068	5224
云南	Yunnan	446303	7481	396284	14299	28238
西藏	Xizang	32445	4675	26277	1237	256
陕西	Shaanxi	1016657	21850	935392	35312	24103
甘肃	Gansu	216462	19255	176981	9733	10493
青海	Qinghai	17138	5734	10753	248	403
宁夏	Ningxia	24502	1569	22720	106	107
新疆	Xinjiang	252503	13965	224157	7165	7217

4-7-1 大中型住宿和餐饮业企业年末资产负债

项　目	Item	流动资产合　计 Total Current Assets	#存 货 Stock
总　计	**Total**	**67888729**	**3992091**
一、住宿业	**Hotels**	**43587471**	**2828466**
#国有控股	State-controlled Enterprises	13167688	804626
(一)按登记注册统计类别分	**By Registered Statistical Categories**		
1.内资企业	Domestic Invested Enterprises	32010717	2500374
有限责任公司	Limited Liability Corporations	30387495	2445304
股份有限公司	Share-holding Corporations Ltd.	626613	14540
非公司企业法人	Non Corporate Legal Entity	904312	35884
个人独资企业	Sole Proprietorship Enterprises	60266	4002
合伙企业	Partnership Enterprises	32031	644
其他内资企业	Other Domestic Invested Enterprises		
2.港澳台投资企业	Enterprises with Investment from Hong Kong, Macao and Taiwan	6314202	265992
3.外商投资企业	Foreign Invested Enterprises	5262552	62100
4.其他统计类别	Other Statistical Categories		
(二)按国民经济行业分	**by Sector**		
旅游饭店	Tourist Hotel	37856849	2235554
一般旅馆	Fonda	5326306	576132
民宿服务	Home Lodging Services	2182	378
露营地服务	Campground Services		
其他住宿业	Others	402134	16401

注：限额以上住宿和餐饮业中，因包含了视同法人单位，财务指标数据存在资产≠负债+所有者权益的问题(下表同)。

Assets and Liabilities of Large and Medium-sized of Enterprises of Hotels and Catering Services at Year-end

单位：万元

Unit: 10 000 yuan

固定资产原价 Original Value of Fixed Assets	累计折旧 Accumulated Depreciation	#本年折旧 Current Year Depreciation	资产总计 Total Assets	负债合计 Total Liabilities	所有者权益合计 Total Owners' Equities	实收资本 Paid-up Capitals
84799850	**40676848**	**3545119**	**160701942**	**123761950**	**36998887**	**62575129**
67621110	**32511234**	**2446542**	**110397967**	**86556660**	**23845877**	**51672758**
28396678	13910380	943413	42189790	26518563	15671227	14436779
52081851	24148924	1975668	83665094	67975734	15693930	43133141
47518428	21635003	1804450	78370991	65411210	12964350	41617404
1098198	583988	38735	2146485	760465	1386020	715215
3269709	1819724	116523	2945090	1661801	1283289	759510
144785	82039	11626	149890	87097	62793	37650
50731	28171	4334	52638	55160	-2523	3362
11074221	6095838	330189	15186305	11984086	3202219	6003801
4465039	2266473	140685	11546568	6596840	4949728	2535816
-1	-1					
61251525	29948628	2169905	97215218	75254625	21965162	47535494
5612597	2279937	243103	12021727	10151003	1870724	3934026
68522	5507	1596	76257	35482	40775	64733
688466	277163	31939	1084765	1115549	-30784	138505

Note：Of enterprises above designated size of Hotel and Catering Services,the finicial data have the problem of total assets ≠ liabilities+total owners' equities, because some of them are regarded as entities. The same applies to the tables following.

项　目	Item	流动资产合计 Total Current Assets	#存货 Stock
二、餐饮业	**Catering Services**	**24301258**	**1163625**
#国有控股	State-controlled Enterprises	3673284	126634
(一)按登记注册统计类别分	**By Registered Statistical Categories**		
1.内资企业	Domestic Invested Enterprises	18163118	882910
有限责任公司	Limited Liability Corporations	16334656	831570
股份有限公司	Share-holding Corporations Ltd.	1612312	37797
非公司企业法人	Non Corporate Legal Entity	148052	5225
个人独资企业	Sole Proprietorship Enterprises	48255	3145
合伙企业	Partnership Enterprises	19843	5174
其他内资企业	Other Domestic Invested Enterprises		
2.港澳台投资企业	Enterprises with Investment from Hong Kong, Macao and Taiwan	3034188	128868
3.外商投资企业	Foreign Invested Enterprises	3098178	151287
4.其他统计类别	Other Statistical Categories	5774	560
(二)按国民经济行业分	**by Sector**		
旅游饭店	Tourist Hotel	14869996	806748
一般旅馆	Fonda	3183634	168956
民宿服务	Home Lodging Services	2738325	79385
露营地服务	Campground Services	1682595	63546
其他住宿业	Others	1826707	44990

单位：万元
Unit: 10 000 yuan

固定资产原价 Original Value of Fixed Assets	累计折旧 Accumulation Depreciation	#本年折旧 Current Year Depreciation	资产总计 Total Assets	负债合计 Total Liabilities	所有者权益合计 Total Owners' Equities	实收资本 Paid-up Capitals
17178739	**8165613**	**1098577**	**50303975**	**37205291**	**13153010**	**10902371**
2914634	1152089	132208	8202523	4967353	3235170	1977061
12242259	5586653	771821	34525423	26917220	7662530	7669182
11467910	5210284	733794	30975815	25024632	6005509	7215125
477165	223441	20342	3055518	1568893	1486625	421853
185601	90409	6755	303429	207208	96222	22897
82577	54581	7964	144424	80123	64302	2544
29006	7939	2965	46236	36363	9872	6762
3308163	1668222	193225	8628191	5529240	3098952	2000964
1623566	906507	133344	7143241	4752294	2390947	1232025
4751	4231	187	7120	6537	581	200
12497943	5719407	718086	30653115	23629370	7061287	7759861
3334783	1721553	236805	10208658	7345175	2863483	1468677
727825	414723	75460	4608516	2797355	1827945	786271
386118	163980	38503	2157786	1553566	604220	385944
232072	145950	29723	2675899	1879825	796075	501618

4-7-2 各地区大中型住宿和餐饮业企业年末资产负债

Assets and Liabilities of Large and Medium-sized Enterprises of Hotels and Catering Services by Region at Year-end

单位：万元

Unit: 10000 yuan

地区	Region	资产总计 Total Assets	#流动资产合计 Total Current Assets	#固定资产净额 Net Value of Fixed Assets	负债合计 Total Liabilities	所有者权益合计 Total Owners' Equities
全国	**National Total**	**160701942**	**67888729**	**29518407**	**123761950**	**36998887**
北京	Beijing	18037806	6581320	3758123	12426004	5611804
天津	Tianjin	2008849	775537	403551	1655678	353172
河北	Hebei	3135382	1383842	609051	3008591	126791
山西	Shanxi	2197327	644746	521144	1928573	269776
内蒙古	Inner Mongolia	1009492	324004	302861	930736	78757
辽宁	Liaoning	1600224	539472	331864	1447088	186135
吉林	Jilin	905737	423840	273627	729167	176571
黑龙江	Heilongjiang	550682	180977	159178	471709	78973
上海	Shanghai	18403538	9556476	2082961	13375509	5028029
江苏	Jiangsu	14872889	5888374	2313800	10902843	3970046
浙江	Zhejiang	14810459	5110836	3284917	11923475	2890503
安徽	Anhui	3360558	1473244	448381	2554173	806386
福建	Fujian	8711318	3498953	1597145	5455401	3255917
江西	Jiangxi	1895466	565775	419960	1524632	370834
山东	Shandong	7131164	3081536	1548405	5950764	1180400
河南	Henan	2358790	985637	493205	1684796	673994
湖北	Hubei	2905697	1173232	575626	2201185	704511
湖南	Hunan	2940601	990145	542113	2576494	364107
广东	Guangdong	23793731	12182338	2957134	19352750	4457766
广西	Guangxi	2455885	842241	589476	1669975	790480
海南	Hainan	5746263	2158127	2036808	5148637	597626
重庆	Chongqing	2779528	1537630	463146	1912638	866889
四川	Sichuan	7428258	3700443	1187171	6008976	1419280
贵州	Guizhou	1582103	706658	222812	1247597	334507
云南	Yunnan	2866328	1129391	617689	2057132	809197
西藏	Tibet	201141	45504	88258	41498	159642
陕西	Shaanxi	4219343	1362191	1007667	3744308	475035
甘肃	Gansu	1103102	520750	232919	709122	393980
青海	Qinghai	179815	51604	27905	115247	64568
宁夏	Ningxia	193877	43803	84793	131890	61987
新疆	Xinjiang	1316587	430105	336711	875360	441227

4-7-3 各地区大中型住宿业企业年末资产负债

Assets and Liabilities of Large and Medium-sized Enterprises of Hotels by Region at Year-end

单位：万元

Unit: 10 000 yuan

地区	Region	资产总计 Total Assets	#流动资产合计 Total Current Assets	#固定资产净额 Net Value of Fixed Assets	负债合计 Total Liabilities	所有者权益合计 Total Owners' Equities
全国	**National Total**	**110397967**	**43587471**	**24144831**	**86556660**	**23845877**
北京	Beijing	13679763	4343453	3398009	9102696	4577068
天津	Tianjin	1205509	457227	322444	1037441	168068
河北	Hebei	2274560	814806	532759	2171845	102715
山西	Shanxi	1328034	277476	327900	1206690	121344
内蒙古	Inner Mongolia	545082	134795	238566	579667	-34584
辽宁	Liaoning	930875	283314	239567	834486	96388
吉林	Jilin	785882	361033	262490	630252	155631
黑龙江	Heilongjiang	489124	146968	158741	417768	71356
上海	Shanghai	11809725	5717990	1737187	8938182	2871544
江苏	Jiangsu	9020868	3441214	1606888	6686330	2334538
浙江	Zhejiang	10533938	3519019	2753783	8270529	2263409
安徽	Anhui	1387311	567261	323227	1173667	213645
福建	Fujian	7723384	3161457	1445767	4724582	2998802
江西	Jiangxi	1417958	408493	318570	1221654	196304
山东	Shandong	4376838	1949067	932542	3640753	736085
河南	Henan	1948047	804544	455309	1410600	537447
湖北	Hubei	1449680	517528	407874	1159087	290592
湖南	Hunan	2025509	593637	426638	1789276	236233
广东	Guangdong	14798387	7380358	2208950	13047529	1750858
广西	Guangxi	1823904	578167	478197	1208181	620293
海南	Hainan	5613816	2086331	2018633	5069441	544375
重庆	Chongqing	2134564	1227988	370969	1520298	614266
四川	Sichuan	4044853	1819635	917468	3598410	446442
贵州	Guizhou	1256409	515136	203971	967917	288493
云南	Yunnan	2322093	741622	585712	1749191	572903
西藏	Xizang	77505	22605	53773	13842	63662
陕西	Shaanxi	3261283	947474	857532	3067114	194169
甘肃	Gansu	843658	382655	213893	501962	341696
青海	Qinghai	155989	43413	18329	98672	57317
宁夏	Ningxia	162438	37305	79112	119551	42887
新疆	Xinjiang	970979	305499	250028	599046	371933

4-7-4 各地区大中型餐饮业企业年末资产负债

Assets and Liabilities of Large and Medium-sized Enterprises of Catering Services by Region at Year-end

单位：万元

Unit: 10 000 yuan

地区	Region	资产总计 Total Assets	#流动资产合计 Total Current Assets	#固定资产净额 Net Value of Fixed Assets	负债合计 Total Liabilities	所有者权益合计 Total Owners' Equities
全国	**National Total**	**50303975**	**24301258**	**5373576**	**37205291**	**13153010**
北京	Beijing	4358043	2237867	360114	3323308	1034736
天津	Tianjin	803340	318310	81107	618237	185104
河北	Hebei	860822	569036	76292	836746	24076
山西	Shanxi	869293	367270	193244	721883	148432
内蒙古	Inner Mongolia	464410	189209	64295	351069	113341
辽宁	Liaoning	669349	256158	92297	612602	89747
吉林	Jilin	119855	62807	11137	98915	20940
黑龙江	Heilongjiang	61558	34009	437	53941	7617
上海	Shanghai	6593813	3838486	345774	4437327	2156485
江苏	Jiangsu	5852021	2447160	706912	4216513	1635508
浙江	Zhejiang	4276521	1591817	531134	3652946	627094
安徽	Anhui	1973247	905983	125154	1380506	592741
福建	Fujian	987934	337496	151378	730819	257115
江西	Jiangxi	477508	157282	101390	302978	174530
山东	Shandong	2754326	1132469	615863	2310011	444315
河南	Henan	410743	181093	37896	274196	136547
湖北	Hubei	1456017	655704	167752	1042098	413919
湖南	Hunan	915092	396508	115475	787218	127874
广东	Guangdong	8995344	4801980	748184	6305221	2706908
广西	Guangxi	631981	264074	111279	461794	170187
海南	Hainan	132447	71796	18175	79196	53251
重庆	Chongqing	644964	309642	92177	392340	252623
四川	Sichuan	3383405	1880808	269703	2410566	972838
贵州	Guizhou	325694	191522	18841	279680	46014
云南	Yunnan	544235	387769	31977	307941	236294
西藏	Xizang	123636	22899	34485	27656	95980
陕西	Shaanxi	958060	414717	150135	677194	280866
甘肃	Gansu	259444	138095	19026	207160	52284
青海	Qinghai	23826	8191	9576	16575	7251
宁夏	Ningxia	31439	6498	5681	12339	19100
新疆	Xinjiang	345608	124606	86683	276314	69294

4-8-1 大中型住宿和餐饮业企业损益及分配

Income and Distribution of Large and Medium-sized Enterprises of Hotels and Catering Services

单位：万元

Unit: 10 000 yuan

项　目	Item	营业收入 Business Revenue	营业成本 Business Cost
总　计	**Total**	**82364146**	**40573817**
一、住宿业	**Hotels**	**25677656**	**10856698**
#国有控股	State-controlled Enterprises	9620793	4601202
(一)按登记注册统计类别分	**By Registered Statistical Categories**		
1.内资企业	Domestic Invested Enterprises	21397325	9294936
有限责任公司	Limited Liability Corporations	19917961	8742783
股份有限公司	Share-holding Corporations Ltd.	376565	174335
非公司企业法人	Non Corporate Legal Entity	986623	334948
个人独资企业	Sole Proprietorship Enterprises	89512	31646
合伙企业	Partnership Enterprises	26664	11223
其他内资企业	Other Domestic Invested Enterprises		
2.港澳台投资企业	Enterprises with Investment from Hong Kong, Macao and Taiwan	2788693	1000388
3.外商投资企业	Foreign Invested Enterprises	1491638	561374
4.其他统计类别	Other Statistical Categories		
(二)按国民经济行业分	**by Sector**		
旅游饭店	Tourist Hotel	22223606	9358010
一般旅馆	Fonda	3083645	1324205
民宿服务	Home Lodging Services	9446	2992
露营地服务	Campground Services		
其他住宿业	Others	360960	171491

项　目	Item	税金及附加 Taxes and Other Charges
总　计	**Total**	**597040**
一、住宿业	**Hotels**	**480665**
#国有控股	State-controlled Enterprises	222600
(一)按登记注册统计类别分	**By Registered Statistical Categories**	
1.内资企业	Domestic Invested Enterprises	359892
有限责任公司	Limited Liability Corporations	326860
股份有限公司	Share-holding Corporations Ltd.	7846
非公司企业法人	Non Corporate Legal Entity	23845
个人独资企业	Sole Proprietorship Enterprises	1196
合伙企业	Partnership Enterprises	146
其他内资企业	Other Domestic Invested Enterprises	
2.港澳台投资企业	Enterprises with Investment from Hong Kong, Macao and Taiwan	84366
3.外商投资企业	Foreign Invested Enterprises	36407
4.其他统计类别	Other Statistical Categories	
(二)按国民经济行业分	**by Sector**	
旅游饭店	Tourist Hotel	437090
一般旅馆	Fonda	37503
民宿服务	Home Lodging Services	575
露营地服务	Campground Services	
其他住宿业	Others	5497

4-8-1 Continued 1

单位：万元

Unit: 10 000 yuan

其他业务利润 Profits from Other Business	销售费用 Selling Expenses	管理费用 Administrative Expenses	财务费用 Financial Expenses	#利息费用 Interest Expenses
626103	**24440443**	**13361120**	**1895789**	**1412637**
310503	**6224901**	**7481343**	**1384374**	**1079501**
110584	2012846	2715340	333011	341545
218673	5320810	6157008	1069356	811646
203439	4910748	5646136	1056470	792255
3184	82433	115946	6018	8130
12071	292756	363949	5044	10897
-20	24859	25158	1077	245
	10015	5820	748	118
70165	655607	831484	208825	223931
21664	248484	492851	106193	43925
				-1
269521	5391309	6504677	1250599	994253
34141	747104	885070	122820	77463
5698	2154	7020	307	306
1143	84335	84576	10647	7479

项 目	Item	营业利润 Business Profits
总 计	**Total**	**2724779**
一、住宿业	**Hotels**	**-174061**
#国有控股	State-controlled Enterprises	73383
(一)按登记注册统计类别分	**By Registered Statistical Categories**	
1.内资企业	Domestic Invested Enterprises	-361246
有限责任公司	Limited Liability Corporations	-350466
股份有限公司	Share-holding Corporations Ltd.	10729
非公司企业法人	Non Corporate Legal Entity	-25827
个人独资企业	Sole Proprietorship Enterprises	5605
合伙企业	Partnership Enterprises	-1287
其他内资企业	Other Domestic Invested Enterprises	
2.港澳台投资企业	Enterprises with Investment from Hong Kong, Macao and Taiwan	126937
3.外商投资企业	Foreign Invested Enterprises	60249
4.其他统计类别	Other Statistical Categories	
(二)按国民经济行业分	**by Sector**	
旅游饭店	Tourist Hotel	-267747
一般旅馆	Fonda	94506
民宿服务	Home Lodging Services	-3595
露营地服务	Campground Services	
其他住宿业	Others	2776

单位：万元
Unit: 10 000 yuan

利润总额 Total Profits	所得税费用 Income Tax Payable	应付职工薪酬 Payables to Employees	应交增值税 VAT Payable
2987757	**797277**	**22033159**	**1007636**
-39211	**214252**	**7617781**	**591597**
108935	111546	3311572	237803
-244314	153635	6485093	478215
-243952	139700	5904914	441774
10691	3834	132062	8563
-15617	8311	416723	24638
5814	1782	23613	2576
-1251	8	7782	664
128238	42603	770524	71519
76865	18014	362164	41863
-152812	187554	6596673	516894
107424	24907	913397	69422
-3008		1670	49
9184	1792	106041	5233

项　　目	Item	营业收入 Business Revenue	营业成本 Business Cost
二、餐饮业	**Catering Services**	**56686489**	**29717119**
#国有控股	State-controlled Enterprises	3050357	2056080
(一)按登记注册统计类别分	**By Registered Statistical Categories**		
1.内资企业	Domestic Invested Enterprises	37286679	20840491
有限责任公司	Limited Liability Corporations	35107261	19447145
股份有限公司	Share-holding Corporations Ltd.	1729515	1132665
非公司企业法人	Non Corporate Legal Entity	199134	112383
个人独资企业	Sole Proprietorship Enterprises	176228	106384
合伙企业	Partnership Enterprises	74541	41914
其他内资企业	Other Domestic Invested Enterprises		
2.港澳台投资企业	Enterprises with Investment from Hong Kong, Macao and Taiwan	9805648	3900149
3.外商投资企业	Foreign Invested Enterprises	9589383	4974368
4.其他统计类别	Other Statistical Categories	4779	2111
(二)按国民经济行业分	**by Sector**		
正餐服务	Dinner	27453259	14041579
快餐服务	Snack	15565326	7964251
饮料及冷饮服务	Beverage and Cold Drinks	6128333	2792140
餐饮配送及外卖送餐服务	Catering Distribution and Delivery Services	3795567	2927334
其他餐饮业	Others	3744004	1991814

单位：万元
Unit: 10 000 yuan

税金及附加 Taxes and Other Charges	其他业务利润 Profits from Other Business	销售费用 Selling Expenses	管理费用 Administrative Expenses
116375	**315600**	**18215541**	**5879778**
30830	17286	483476	488744
102457	280645	10557878	4325082
93661	280269	10070265	4086434
6419	265	377701	163110
1311	59	53325	38197
699		36210	27798
368	52	20377	9543
7933	31073	4640767	697835
5962	3882	3014783	856446
23		2113	415
92088	219761	8843942	3406681
10578	45340	5339944	1223758
3520	38943	2404262	495619
6148	6588	406098	391601
4041	4968	1221295	362120

项　　目	Item	财务费用 Financial Expenses	#利息费用 Interest Expenses
二、餐饮业	**Catering Services**	**511415**	**333136**
#国有控股	State-controlled Enterprises	36037	44597
(一)按登记注册统计类别分	**By Registered Statistical Categories**		
1.内资企业	Domestic Invested Enterprises	341794	232994
有限责任公司	Limited Liability Corporations	324209	219066
股份有限公司	Share-holding Corporations Ltd.	13795	11739
非公司企业法人	Non Corporate Legal Entity	812	378
个人独资企业	Sole Proprietorship Enterprises	2112	1367
合伙企业	Partnership Enterprises	866	444
其他内资企业	Other Domestic Invested Enterprises		
2.港澳台投资企业	Enterprises with Investment from Hong Kong, Macao and Taiwan	98678	36957
3.外商投资企业	Foreign Invested Enterprises	70848	63102
4.其他统计类别	Other Statistical Categories	95	83
(二)按国民经济行业分	**by Sector**		
正餐服务	Dinner	334018	233539
快餐服务	Snack	146498	63209
饮料及冷饮服务	Beverage and Cold Drinks	6912	5560
餐饮配送及外卖送餐服务	Catering Distribution and Delivery Services	10487	7565
其他餐饮业	Others	13500	23262

单位：万元
Unit: 10 000 yuan

营业利润 Opreating Profits	利润总额 Total Profits	所得税费用 Income Tax Payable	应付职工薪酬 Payables to Employees	应交增值税 VAT Payable
2898839	**3026968**	**583025**	**14415378**	**416039**
69455	85410	5410	976976	56616
1369678	1473815	271196	8702856	368208
1220064	1316797	255521	8185491	340787
150948	153304	12465	415402	16532
-5829	-2073	2336	53899	7026
3023	4012	713	31913	2500
1473	1775	160	16151	1363
512615	526052	124662	2923276	54573
1016522	1027011	187123	2787945	-6928
24	90	44	1301	186
973890	1059243	199310	6740941	327588
983742	992949	215217	3985879	26046
425634	439839	115874	1932280	-17828
56594	69401	14654	832522	49832
458979	465535	37971	923756	30400

4-8-2 各地区大中型住宿和餐饮业企业损益及分配

地　区	Region	营业收入 Business Revenue	营业成本 Business Cost	税金及附加 Taxes and Other Charges	其他业务利润 Profits from Other Business	销售费用 Selling Expenses
全　国	**National Total**	**82364146**	**40573817**	**597040**	**626103**	**24440443**
北　京	Beijing	9763606	4398739	102617	150930	3238321
天　津	Tianjin	1301822	641055	7305	10445	376719
河　北	Hebei	1084161	611062	14139	3126	263377
山　西	Shanxi	881280	539195	12228	10689	224865
内蒙古	Inner Mongolia	547025	225275	4960	2585	182611
辽　宁	Liaoning	1278142	652035	10991	276	331319
吉　林	Jilin	343101	185664	4989	551	79290
黑龙江	Heilongjiang	222515	86237	3215	153	78827
上　海	Shanghai	10874997	5042816	56426	59322	3791889
江　苏	Jiangsu	7801172	3767624	16830	48730	2268489
浙　江	Zhejiang	6642981	3022378	45469	93115	2090461
安　徽	Anhui	2524191	1397385	10049	8210	700183
福　建	Fujian	3458070	1838968	34186	9050	868002
江　西	Jiangxi	732200	400832	5570	3325	149916
山　东	Shandong	3477333	1798697	37784	14719	881200
河　南	Henan	1125899	518506	8775	4555	351391
湖　北	Hubei	2672389	1413982	12089	3200	737663
湖　南	Hunan	1681035	915263	17798	2312	370162
广　东	Guangdong	13594374	6863888	68159	146038	4192522
广　西	Guangxi	993234	503320	8910	3572	260753
海　南	Hainan	1358775	512306	31138	8531	332079
重　庆	Chongqing	1352750	848563	11142	2561	224700
四　川	Sichuan	4384298	2042909	17119	19164	1507374
贵　州	Guizhou	519950	305371	5447	4176	83544
云　南	Yunnan	945004	511725	17037	4105	170249
西　藏	Xizang	65708	28525	163	1304	10849
陕　西	Shaanxi	1732506	914902	18520	10180	457437
甘　肃	Gansu	391457	216400	4592	355	83202
青　海	Qinghai	43706	22334	660		15060
宁　夏	Ningxia	62289	35053	637		16369
新　疆	Xinjiang	508176	312806	8094	824	101619

Income and Distribution of Large and Medium-sized Enterprises of Hotels and Catering Services by Region

单位：万元

Unit: 10 000 yuan

管理费用 Administr-ative Expenses	财务费用 Financial Expenses	#利息费用 Interest Expenses	营业利润 Operating Profits	利润总额 Total Profits	所得税费用 Income Tax Payable	应付职工薪酬 Payables to Employees	应交增值税 VAT Payable
13361120	**1895789**	**1412637**	**2724779**	**2987757**	**797277**	**22033159**	**1007636**
1447902	200272	219363	527578	548943	103570	2715410	116181
213483	22851	18047	56464	73835	20706	378202	11126
245965	47869	33618	-92017	-83606	1884	252910	19448
182292	29604	24172	-73479	-65953	4392	265721	12269
130930	7611	5536	-3627	1440	953	148451	11879
206339	24420	8910	54837	59138	16644	317877	14180
71117	15089	11902	-11598	-3989	1269	85187	7967
55869	9366	8169	-9925	-8756	959	57380	3205
1476491	226695	161353	336935	367158	113092	3175098	71585
1369910	142348	86435	348090	368679	99667	2037841	103832
1239431	196892	162059	150233	174669	78535	1714411	46043
331588	33411	18038	95757	106799	18722	590107	27204
596994	82057	51753	52980	55166	20438	837559	40840
136764	25700	18745	15239	16154	3742	167403	12370
607124	70434	45868	102424	109551	22374	1006105	55785
205122	24588	18439	25195	25897	9362	316414	23084
304726	28054	11735	176499	173467	36331	790085	35045
289665	38454	22652	71804	76722	14737	422919	26971
2103206	280596	188702	272084	328703	104749	3515861	163889
216458	30103	21931	-14505	-10140	4362	259968	17819
369736	119804	65219	57037	61137	14582	313569	32886
202977	27176	23164	46554	52035	8209	319364	17498
530402	87912	78682	509036	519517	64996	1141243	48633
109597	16789	15369	2410	3211	1930	137441	9888
204465	18180	16229	31914	30135	6492	263403	29287
21252	-146	85	5118	4597	408	25228	1551
321103	55961	49617	-11637	-8781	16730	491757	24365
58102	14394	12659	16279	18164	2985	106627	9018
11198	4646	1003	-10001	-9584	22	17930	1745
14228	364	244	-4050	-2930	266	17987	1358
86685	14295	12937	1147	6379	4175	143703	10683

4-8-3 各地区大中型住宿业企业损益及分配

地 区	Region	营业收入 Business Revenue	营业成本 Business Cost	税金及附加 Taxes and Other Charges	其他业务利润 Profits from Other Business	销售费用 Selling Expenses
全 国	**National Total**	**25677656**	**10856698**	**480665**	**310503**	**6224901**
北 京	Beijing	2722727	980136	94167	45195	626932
天 津	Tianjin	214092	68895	5001	411	67447
河 北	Hebei	504570	209216	11641	975	167319
山 西	Shanxi	278826	183338	8331	7601	67854
内 蒙 古	Inner Mongolia	175559	59439	3176	2282	64444
辽 宁	Liaoning	303641	124934	8919	270	73060
吉 林	Jilin	161204	64352	4801	548	40876
黑 龙 江	Heilongjiang	118662	34467	3167	153	37645
上 海	Shanghai	2366691	1033653	50160	38903	383815
江 苏	Jiangsu	1915525	746988	7999	10956	508042
浙 江	Zhejiang	2644835	954760	35145	56310	865349
安 徽	Anhui	469608	197703	4757	645	140282
福 建	Fujian	1786682	873347	31545	7526	394803
江 西	Jiangxi	307515	146896	3626	1318	67283
山 东	Shandong	1294287	555496	21532	5456	349175
河 南	Henan	515463	213356	7705	747	138696
湖 北	Hubei	487889	218026	7232	636	111287
湖 南	Hunan	617264	309451	13522	884	106257
广 东	Guangdong	3575870	1540448	52904	84187	894158
广 西	Guangxi	404192	156378	6464	1263	110662
海 南	Hainan	1150753	404276	30803	8531	265678
重 庆	Chongqing	490408	220143	8208	2244	106985
四 川	Sichuan	1042861	499179	12421	15517	218903
贵 州	Guizhou	301013	161907	5031	4142	48249
云 南	Yunnan	516649	241417	15151	1905	86825
西 藏	Xizang	34303	12892	95	1268	4754
陕 西	Shaanxi	758571	365438	16102	9856	170792
甘 肃	Gansu	186095	95432	3649		35129
青 海	Qinghai	27462	16211	567		8924
宁 夏	Ningxia	39374	21931	472		10234
新 疆	Xinjiang	265067	146592	6370	774	53044

Income and Distribution of Large and Medium-sized Enterprises of Hotels by Region

单位：万元
Unit: 10 000 yuan

管理费用 Administr-ative Expenses	财务费用 Financial Expenses	#利息费用 Interest Expenses	营业利润 Operating Profits	利润总额 Total Profits	所得税费用 Income Tax Expenses	应付职工薪酬 Payables to Employees	应交增值税 VAT Payable
7481343	**1384374**	**1079501**	**-174061**	**-39211**	**214252**	**7617781**	**591597**
764091	156924	179669	218401	229366	48576	848493	72161
89331	13286	8335	-23479	-9268	2094	61834	4146
162938	36573	23746	-79319	-75120	1224	152520	10338
108723	17713	14719	-77042	-71817	306	107997	5125
58726	3352	2005	-13384	-8462	67	56431	5455
97568	8987	3791	-11157	-9686	202	91865	6382
57252	13497	11120	-18454	-11354	22	53476	4487
49261	8728	8022	-13549	-13045	213	35939	2818
718602	178773	131610	30542	49655	28139	676075	54738
661192	82973	53648	-32833	-25074	13138	581232	40379
775522	139074	124583	-84821	-72520	19273	773055	40905
121291	17136	11492	-9063	-4769	1468	147875	13431
448664	70296	46087	-15966	-18836	5870	458013	30062
79064	19532	14099	-6308	-8546	65	84267	7640
326759	45444	35744	10751	12950	4831	414104	29235
152091	20714	16966	-13325	-13215	1017	175088	14747
127480	13483	6855	9871	8058	3049	143864	12398
167876	20649	15522	6143	9705	2799	170813	14110
1020200	199979	141450	-3217	17026	39263	1087877	82272
140918	20854	14512	-23516	-20315	511	123538	12134
351124	118679	64645	43707	47571	12754	269373	31511
134297	19940	16555	2789	7149	3918	140572	11471
272167	60187	51182	-5738	70	11482	288379	25962
78056	14271	13802	-3014	-2441	1391	92124	7293
154598	16612	11249	3282	1311	3412	156406	19937
15020	-185	-32	1796	996	9	12143	884
231443	44589	41156	-51690	-50255	5349	238952	15385
41566	9673	8072	1385	3317	1466	58168	5784
7617	3441	30	-9108	-8829	22	12692	1006
12360	55	26	-5366	-4619	54	13482	1207
55547	9143	8839	-2381	1786	2274	91139	8192

4-8-4 各地区大中型餐饮业企业损益及分配

地 区	Region	营业收入 Business Revenue	营业成本 Business Cost	税金及附加 Taxes and Other Charges	其他业务利润 Profits from Other Business	销售费用 Selling Expenses
全 国	**National Total**	**56686489**	**29717119**	**116375**	**315600**	**18215541**
北 京	Beijing	7040879	3418603	8450	105735	2611389
天 津	Tianjin	1087730	572160	2304	10034	309272
河 北	Hebei	579591	401846	2498	2151	96058
山 西	Shanxi	602454	355857	3897	3088	157011
内蒙古	Inner Mongolia	371466	165836	1784	303	118167
辽 宁	Liaoning	974501	527101	2072	6	258259
吉 林	Jilin	181897	121312	188	3	38414
黑龙江	Heilongjiang	103853	51770	48		41182
上 海	Shanghai	8508306	4009163	6266	20419	3408074
江 苏	Jiangsu	5885647	3020636	8831	37774	1760447
浙 江	Zhejiang	3998146	2067618	10324	36805	1225112
安 徽	Anhui	2054583	1199682	5292	7565	559901
福 建	Fujian	1671388	965621	2641	1524	473199
江 西	Jiangxi	424685	253936	1944	2007	82633
山 东	Shandong	2183046	1243201	16252	9263	532025
河 南	Henan	610436	305150	1070	3808	212695
湖 北	Hubei	2184500	1195956	4857	2564	626376
湖 南	Hunan	1063771	605812	4276	1428	263905
广 东	Guangdong	10018504	5323440	15255	61851	3298364
广 西	Guangxi	589042	346942	2446	2309	150091
海 南	Hainan	208022	108030	335		66401
重 庆	Chongqing	862342	628420	2934	317	117715
四 川	Sichuan	3341437	1543730	4698	3647	1288471
贵 州	Guizhou	218937	143464	416	34	35295
云 南	Yunnan	428355	270308	1886	2200	83424
西 藏	Xizang	31405	15633	68	36	6095
陕 西	Shaanxi	973935	549464	2418	324	286645
甘 肃	Gansu	205362	120968	943	355	48073
青 海	Qinghai	16244	6123	93		6136
宁 夏	Ningxia	22915	13122	165		6135
新 疆	Xinjiang	243109	166214	1724	50	48575

Income and Distribution of Large and Medium-sized Enterprises of Catering Services by Region

单位：万元
Unit: 10 000 yuan

管理费用 Administr-ative Expenses	财务费用 Financial Expenses	#利息费用 Interest Expenses	营业利润 Operating Profits	利润总额 Total Profits	所得税费用 Income Tax Expenses	应付职工薪酬 Payables to Employees	应交增值税 VAT Payable
5879778	**511415**	**333136**	**2898839**	**3026968**	**583025**	**14415378**	**416039**
683811	43348	39694	309177	319577	54994	1866917	44020
124152	9565	9712	79943	83103	18612	316368	6980
83027	11296	9872	-12698	-8486	660	100390	9110
73569	11891	9453	3563	5864	4086	157724	7144
72204	4259	3531	9757	9902	886	92020	6424
108771	15433	5119	65994	68824	16442	226012	7798
13865	1592	782	6856	7365	1247	31711	3480
6608	638	147	3624	4289	746	21441	387
757889	47922	29743	306393	317503	84953	2499023	16847
708718	59375	32787	380923	393753	86529	1456609	63453
463909	57818	37476	235054	247189	59262	941356	5138
210297	16275	6546	104820	111568	17254	442232	13773
148330	11761	5666	68946	74002	14568	379546	10778
57700	6168	4646	21547	24700	3677	83136	4730
280365	24990	10124	91673	96601	17543	592001	26550
53031	3874	1473	38520	39112	8345	141326	8337
177246	14571	4880	166628	165409	33282	646221	22647
121789	17805	7130	65661	67017	11938	252106	12861
1083006	80617	47252	275301	311677	65486	2427984	81617
75540	9249	7419	9011	10175	3851	136430	5685
18612	1125	574	13330	13566	1828	44196	1375
68680	7236	6609	43765	44886	4291	178792	6027
258235	27725	27500	514774	519447	53514	852864	22671
31541	2518	1567	5424	5652	539	45317	2595
49867	1568	4980	28632	28824	3080	106997	9350
6232	39	117	3322	3601	399	13085	667
89660	11372	8461	40053	41474	11381	252805	8980
16536	4721	4587	14894	14847	1519	48459	3234
3581	1205	973	-893	-755		5238	739
1868	309	218	1316	1689	212	4505	151
31138	5152	4098	3528	4593	1901	52564	2491

4-9-1 按登记注册统计类别分连锁餐饮企业基本情况
Main Indicators of Chain Catering Enterprises by Registered Statistical Categories

项 目	Item	门店总数（个）Number of Stores (unit)	从业人员（万人）Employed Persons (10 000 persons)	营业面积（万平方米）Operating Area (10 000 sq.m)
总 计	**Total**	**64693**	**117.9**	**1638.4**
内资企业	**Domestic Funded Enterprises**	**27055**	**42.1**	**713.3**
有限责任公司	Limited Liability Corporations	25102	36.2	589.8
股份有限公司	Share-holding Corporations Ltd.	1865	5.8	118.9
非公司企业法人	Non Corporate Legal Entity	6	0.0	0.7
个人独资企业	Sole Proprietorship Enterprises	57	0.1	3.7
合伙企业	Partnership Enterprises	25	0.0	0.1
其他内资企业	Other Domestic Invested Enterprises			
港澳台投资企业	**Enterprises with Investment from Hong Kong, Macao and Taiwan**	**18285**	**36.3**	**455.9**
外商投资企业	**Foreign Invested Enterprises**	**19353**	**39.4**	**469.1**
其他统计类别	**Other Statistical Categories**			

注：1.本表登记注册统计类别按《关于市场主体统计分类的划分规定》(国统字〔2023〕14号)执行。

2.2023年，根据第五次全国经济普查有关资料，更加全面掌握连锁企业的经营情况，统计单位增加较多。

Note: a) The registered statistical categories of this table is implemented in accordance with the Regulations on the Classification of Market Entity Statistics (Guotongzi [2023] No. 14).

b) In 2023, according to the relevant data of the fifth national econominc census, a more comprehensive understanding of the operation of chain enterprises has been obtained and the number of statistical units have increased significantly.

4-9-1 续表 Continued

项 目	Item	餐位数（万个）Number of Dining-seats (10 000 units)	营业额（亿元）Business Revenue (100 million yuan)	#餐费及商品销售收入 From Meals and Commodities
总 计	**Total**	**499.0**	**3239.0**	**3163.7**
内资企业	**Domestic Funded Enterprises**	**229.7**	**1389.9**	**1355.1**
有限责任公司	Limited Liability Corporations	199.4	1220.9	1196.3
股份有限公司	Share-holding Corporations Ltd.	29.3	165.0	155.1
非公司企业法人	Non Corporate Legal Entity	0.2	0.7	0.7
个人独资企业	Sole Proprietorship Enterprises	0.7	2.8	2.6
合伙企业	Partnership Enterprises	0.0	0.5	0.5
其他内资企业	Other Domestic Invested Enterprises			
港澳台投资企业	**Enterprises with Investment from Hong Kong, Macao and Taiwan**	**131.0**	**875.5**	**848.6**
外商投资企业	**Foreign Invested Enterprises**	**138.4**	**973.5**	**960.0**
其他统计类别	**Other Statistical Categories**			

4-9-2 按行业分连锁餐饮企业基本情况
Basic Conditions of Chain Catering Enterprises by Sector

行　业	Sector	门店总数 (个) Number of Stores (unit)	从业人数 (万人) Employed Persons (10 000 persons)	营业面积 (万平方米) Operating Area (10 000 sq.m)
总　计	**Total**	**64693**	**117.9**	**1638.4**
正餐服务	Dinner	12481	34.9	589.7
快餐服务	Snack	29221	62.9	744.0
饮料及冷饮服务	Beverages and Cold Drinks	20733	12.6	229.6
餐饮配送及外卖送餐服务	Catering Distribution and Delivery Service	138	0.2	4.3
其他餐饮业	Others	2120	7.5	70.7

4-9-2 续表 Continued

行　业	Sector	餐位数 (万个) Number of Dining-seats (10 000 units)	营业额 (亿元) Business Revenue (100 million yuan)	#餐费及商品销售收入 From Meals and Commodities
总　计	**Total**	**499.0**	**3239.0**	**3163.7**
正餐服务	Dinner	189.7	1004.5	975.4
快餐服务	Snack	224.4	1501.2	1464.4
饮料及冷饮服务	Beverages and Cold Drinks	60.2	540.6	533.3
餐饮配送及外卖送餐服务	Catering Distribution and Delivery Service	1.1	3.9	3.9
其他餐饮业	Others	23.6	188.8	186.7

4-9-3 各地区连锁餐饮企业基本情况

Basic Conditions of Chain Catering Enterprises by Region

地 区	Region	门店总数（个）Number of Stores (unit)	从业人数（万人）Employed Persons (10 000 persons)	营业面积（万平方米）Operating Area (10 000 sq.m)	餐位数（万个）Number of dining-seats (10 000 units)	营业额（亿元）Business Revenue (100 million yuan)
北 京	Beijing	8680	16.9	228.7	60.9	520.1
天 津	Tianjin	1255	3.4	42.9	11.4	74.8
河 北	Hebei	142	0.2	7.7	1.4	5.1
山 西	Shanxi	286	0.7	7.9	2.4	14.4
内蒙古	Inner Mongolia	127	0.3	4.1	1.2	6.4
辽 宁	Liaoning	1625	4.5	52.1	14.3	74.5
吉 林	Jilin	96	0.0	1.7	0.2	1.2
黑龙江	Heilongjiang	135	0.2	4.5	1.2	6.1
上 海	Shanghai	13119	18.6	254.8	83.2	599.4
江 苏	Jiangsu	4051	7.8	90.2	30.7	213.3
浙 江	Zhejiang	3583	6.3	90.8	26.4	204.6
安 徽	Anhui	1649	2.9	45.8	20.3	93.7
福 建	Fujian	2191	4.1	43.7	12.1	83.3
江 西	Jiangxi	532	0.8	11.5	3.7	19.9
山 东	Shandong	2056	3.2	74.1	17.0	88.7
河 南	Henan	669	1.0	15.2	6.6	24.7
湖 北	Hubei	3175	5.1	80.9	23.5	135.8
湖 南	Hunan	2542	4.7	77.5	28.1	97.9
广 东	Guangdong	10757	19.3	258.2	67.4	517.9
广 西	Guangxi	825	1.0	11.4	3.5	21.9
海 南	Hainan	267	0.4	8.2	2.5	13.1
重 庆	Chongqing	2021	3.4	63.3	18.1	95.9
四 川	Sichuan	2663	9.7	110.4	50.1	242.4
贵 州	Guizhou	149	0.2	3.4	0.7	4.3
云 南	Yunnan	253	0.5	6.4	2.0	13.8
西 藏	Xizang					
陕 西	Shaanxi	1156	1.8	24.9	6.8	48.8
甘 肃	Gansu	119	0.3	3.7	1.2	5.8
青 海	Qinghai					
宁 夏	Ningxia					
新 疆	Xinjiang	569	0.6	14.4	1.9	11.0

4-9-3 续表 Continued

地区	Region	#餐费收入及商品销售额 From Meals and Commodities	商品购进总额(亿元) Total Purchases Value (100 million yuan)	统一配送商品购进额(亿元) Centralized Purchase and Delivery (100 million yuan)	#自有配送中心配送商品购进额 Self Centralized Purchase and Delivery	#非自有配送中心配送商品购进额 Non-self Centralized Purchase and Delivery
北京	Beijing	496.3	152.2	131.2	61.0	62.4
天津	Tianjin	73.7	27.6	7.7	0.1	0.3
河北	Hebei	4.9	1.9	0.5	0.3	0.1
山西	Shanxi	14.2	5.9	5.9	5.0	0.3
内蒙古	Inner Mongolia	6.4	2.9	2.7	0.2	1.8
辽宁	Liaoning	73.3	21.8	19.9	14.0	1.9
吉林	Jilin	1.2	0.5	0.5	0.0	
黑龙江	Heilongjiang	6.1	2.2	1.8	0.1	1.2
上海	Shanghai	592.9	177.2	133.1	15.1	105.5
江苏	Jiangsu	209.6	78.4	34.8	1.7	20.3
浙江	Zhejiang	202.8	63.4	43.6	34.2	2.8
安徽	Anhui	90.0	43.8	35.0	1.9	26.9
福建	Fujian	81.7	24.0	20.0	4.5	3.5
江西	Jiangxi	19.8	9.8	9.0	1.1	0.9
山东	Shandong	82.5	24.3	21.5	9.1	4.1
河南	Henan	24.7	10.2	8.6	3.4	0.1
湖北	Hubei	134.1	65.2	19.3	4.3	5.4
湖南	Hunan	95.8	31.8	28.7	17.9	8.7
广东	Guangdong	501.3	151.0	116.8	33.4	22.8
广西	Guangxi	21.3	7.3	6.4	0.2	5.0
海南	Hainan	13.1	4.9	4.8	0.9	3.9
重庆	Chongqing	95.8	36.9	24.9	9.2	9.9
四川	Sichuan	239.6	78.5	69.8	3.6	54.6
贵州	Guizhou	4.2	0.3	0.3	0.1	0.1
云南	Yunnan	13.6	3.5	3.5	1.0	1.1
西藏	Xizang					
陕西	Shaanxi	48.4	16.5	14.2	11.0	1.4
甘肃	Gansu	5.8	2.8	2.8	2.3	
青海	Qinghai					
宁夏	Ningxia					
新疆	Xinjiang	10.7	4.7	4.3	3.4	0.5

国际收支

BALANCE OF PAYMENTS

第5篇

5-1 国际收支概况
Brief Table of BOP of China

单位：亿美元

Unit: USD 100 million

年 份 Year	经常账户差额 Current Account Balance	资本和金融账户差额 Capital and Financial Account Balance	净误差与遗漏 Net Errors and Omissions
1982	56.74	-59.53	2.79
1983	42.40	-40.67	-1.73
1984	20.30	-32.21	11.91
1985	-114.17	139.07	-24.90
1986	-70.35	82.67	-12.32
1987	3.00	10.71	-13.71
1988	-38.03	48.14	-10.11
1989	-43.18	42.26	0.92
1990	119.97	-88.63	-31.34
1991	132.71	-65.10	-67.61
1992	64.01	18.51	-82.52
1993	-119.04	217.07	-98.03
1994	76.58	21.17	-97.75
1995	16.18	162.12	-178.30
1996	72.42	83.05	-155.47
1997	369.63	-146.67	-222.96
1998	314.71	-127.35	-187.36
1999	211.14	-33.26	-177.88
2000	204.32	-86.26	-118.05
2001	174.05	-125.50	-48.56
2002	354.22	-432.16	77.94
2003	430.52	-512.75	82.24
2004	689.41	-819.08	129.67
2005	1323.78	-1553.00	229.21
2006	2318.43	-2354.71	36.28
2007	3531.83	-3664.73	132.90
2008	4205.69	-4394.13	188.44
2009	2432.57	-2018.74	-413.83
2010	2378.10	-1848.74	-529.36
2011	1360.97	-1223.31	-137.66
2012	2153.92	-1283.17	-870.74
2013	1482.04	-852.79	-629.25
2014	2360.47	-1691.74	-668.73
2015	2930.22	-912.07	-2018.16
2016	1913.37	272.50	-2185.87
2017	1886.76	179.30	-2066.06
2018	241.31	1532.27	-1773.58
2019	1029.10	262.71	-1291.81
2020	2488.36	-900.73	-1587.63
2021	3528.86	-2184.20	-1344.66
2022	4433.74	-3540.68	-893.06
2023	2529.87	-2150.61	-379.26

注：根据《国际收支和国际投资头寸手册》(第六版)编制，资本和金融账户中包含储备资产。
Note：The table is compiled according to BPM6. Reserve asstes are included in capital and financial account.

5-2 国际收支平衡表
Balance of Payments

单位：万美元
Unit: USD 10 000

项　目	Item	2022	2023
1. 经常账户	**Current account**	**44337426**	**25298727**
贷方	Credit	403414985	378872538
借方	Debit	-359077560	-353573810
1.A货物和服务	Goods and services	57760894	38606315
贷方	Credit	371931984	351124775
借方	Debit	-314171090	-312518460
1.A.a 货物	Goods	66504905	59389647
贷方	Credit	334682453	317919296
借方	Debit	-268177548	-258529649
1.A.b 服务	Services	-8744011	-20783332
贷方	Credit	37249531	33205479
借方	Debit	-45993542	-53988811
1.A.b.1 加工服务	Manufacturing services on physical inputs owned by others	1349069	1203865
贷方	Credit	1432050	1299951
借方	Debit	-82981	-96086
1.A.b.2 维护和维修服务	Maintenance and repair services n.i.e	393994	407394
贷方	Credit	829561	998788
借方	Debit	-435567	-591394
1.A.b.3 运输	Transport	-2193045	-7307206
贷方	Credit	14653328	8704108
借方	Debit	-16846373	-16011314
1.A.b.4 旅行	Travel	-10133377	-17166891
贷方	Credit	1347420	2479843
借方	Debit	-11480798	-19646734
1.A.b.5 建设	Construction	654958	793874
贷方	Credit	1418344	1575421
借方	Debit	-763386	-781548
1.A.b.6 保险和养老金服务	Insurance and pension services	-1438787	-924453
贷方	Credit	446085	694038
借方	Debit	-1884872	-1618491
1.A.b.7 金融服务	Financial services	74826	65469
贷方	Credit	467029	435789
借方	Debit	-392203	-370320
1.A.b.8 知识产权使用费	Charges for the use of intellectual property	-3115447	-3174642
贷方	Credit	1330696	1097728

注：1.根据《国际收支和国际投资头寸手册》(第六版)编制。
2."贷方"按正值列示，"借方"按负值列示，差额等于"贷方"加上"借方"，本表除标注"贷方"和"借方"的项目外，其他项目均指差额。

Note: a) The table is compiled according to BPM6.
b) "Credit" is presented as positive value while "debit" as negative value; the difference is the sum of the "Credit" and the "Debit"; all items here refer to difference, unless marked with "Credit" or "Debit".

5-2 续表 1 continued 1

单位：万美元
Unit: USD 10 000

项 目	Item	2022	2023
借方	Debit	-4446143	-4272369
1.A.b.9 电信、计算机和信息服务	Telecommunications, computer, and information services	1795654	1926258
贷方	Credit	5589372	5809644
借方	Debit	-3793717	-3883386
1.A.b.10 其他商业服务	Other business services	4187559	3803529
贷方	Credit	9430173	9821432
借方	Debit	-5242614	-6017903
1.A.b.11 个人、文化和娱乐服务	Personal, cultural, and recreational services	-124972	-262668
贷方	Credit	136166	138925
借方	Debit	-261138	-401593
1.A.b.12 别处未提及的政府服务	Government goods and services n.i.e	-194443	-147862
贷方	Credit	169308	149812
借方	Debit	-363751	-297673
1.B 初次收入	Primary income	-15437000	-14824165
贷方	Credit	27032450	23998864
借方	Debit	-42469450	-38823029
1.B.1 雇员报酬	Compensation of employees	244047	721041
贷方	Credit	2042453	2264129
借方	Debit	-1798406	-1543088
1.B.2 投资收益	Investment income	-16012824	-15895892
贷方	Credit	24572100	21282907
借方	Debit	-40584923	-37178799
1.B.3 其他初次收入	Other primary income	331777	350687
贷方	Credit	417898	451828
借方	Debit	-86121	-101141
1.C 二次收入	Secondary income	2013531	1516577
贷方	Credit	4450551	3748898
借方	Debit	-2437019	-2232321
2. 资本和金融账户	**Capital and financial account**	**-35406817**	**-21506142**
2.1 资本账户	Capital account	-31048	-29793
贷方	Credit	23987	18955
借方	Debit	-55035	-48748
2.2 金融账户	Financial account	-35375769	-21476349
资产	Assets	-33511956	-22819243
负债	Liabilities	-1863812	1342894
2.2.1 非储备性质的金融账户	Financial account excluding reserve assets	-25732202	-20993732
资产	Financial assets excluding reserve assets	-23868389	-22336626
负债	Liabilities	-1863812	1342894
2.2.1.1 直接投资	Direct investment	-1984637	-14257377
2.2.1.1.1 资产	Assets	-21005016	-18530145

5-2 续表 2 continued 2

单位：万美元
Unit: USD 10 000

项　　目	Item	2022	2023
2.2.1.1.1.1 股权	Equity and investment fund shares	-14151072	-11086657
2.2.1.1.1.2 关联企业债务	Debt instruments	-6853944	-7443488
2.2.1.1.2负债	Liabilities	19020379	4272768
2.2.1.1.2.1 股权	Equity and investment fund shares	16870237	7166026
2.2.1.1.2.2 关联企业债务	Debt instruments	2150142	-2893258
2.2.1.2 证券投资	Portfolio investment	-28905373	-6324411
2.2.1.2.1 资产	Assets	-18007379	-7730095
2.2.1.2.1.1 股权	Equity and investment fund shares	-4751607	-5519412
2.2.1.2.1.2 债券	Debt securities	-13255772	-2210683
2.2.1.2.2 负债	Liabilities	-10897994	1405684
2.2.1.2.2.1 股权	Equity and investment fund shares	3846432	744611
2.2.1.2.2.2 债券	Debt securities	-14744426	661073
2.2.1.3 金融衍生工具	Financial derivatives (other than reserves) and employee stock options	-1320465	-753546
2.2.1.3.1 资产	Assets	-434855	-486951
2.2.1.3.2 负债	Liabilities	-885610	-266595
2.2.1.4 其他投资	Other investment	6478274	341602
2.2.1.4.1 资产	Assets	15578861	4410565
2.2.1.4.1.1 其他股权	Other equity	-20100	-20138
2.2.1.4.1.2 货币和存款	Currency and deposits	1313733	2488558
2.2.1.4.1.3 贷款	Loans	11627903	3729739
2.2.1.4.1.4 保险和养老金	Insurance, pension, and standardized guarantee schemes	-398910	-261267
2.2.1.4.1.5 贸易信贷	Trade credit and advances	1010940	-1064990
2.2.1.4.1.6 其他	Other accounts receivable	2045295	-461336
2.2.1.4.2 负债	Liabilities	-9100587	-4068963
2.2.1.4.2.1 其他股权	Other equity		
2.2.1.4.2.2 货币和存款	Currency and deposits	-4990368	-1777050
2.2.1.4.2.3 贷款	Loans	-1839962	-2922455
2.2.1.4.2.4 保险和养老金	Insurance, pension, and standardized guarantee schemes	226163	3181
2.2.1.4.2.5 贸易信贷	Trade credit and advances	-3127780	-2364307
2.2.1.4.2.6 其他	Other accounts payable	631360	2991668
2.2.1.4.2.7 特别提款权	Special drawing rights		
2.2.2 储备资产	Reserve assets	-9643567	-482617
2.2.2.1 货币黄金	Monetary gold		
2.2.2.2 特别提款权	Special drawing rights	190600	-243700
2.2.2.3 在国际货币基金组织的储备头寸	Reserve position in the IMF	-15000	109200
2.2.2.4 外汇储备	Foreign exchange reserves	-9819167	-348117
2.2.2.5 其他储备资产	Other reserve assets		
3.净误差与遗漏	**Net errors and omissions**	**-8930609**	**-3792585**

5-3 外债概况
Notes of China's External Debt at the Year-end

单位：亿美元
Unit: USD 100 million

年 份 Year	合 计 Outstanding Debt	中长期外债 Long-term Debt	短期外债 Short-term Debt
1985	158.3	94.1	64.2
1986	214.8	167.1	47.7
1987	302.0	244.8	57.2
1988	400.0	326.9	73.1
1989	413.0	370.3	42.7
1990	525.5	457.8	67.7
1991	605.6	502.6	103.0
1992	693.2	584.7	108.5
1993	835.7	700.2	135.5
1994	928.1	823.9	104.2
1995	1065.9	946.8	119.1
1996	1162.8	1021.7	141.1
1997	1309.6	1128.2	181.4
1998	1460.4	1287.0	173.4
1999	1518.3	1366.5	151.8
2000	1457.3	1326.5	130.8
2001	2033.0	1195.3	837.7
2002	2026.3	1155.5	870.8
2003	2193.6	1165.9	1027.7
2004	2629.9	1242.9	1387.1
2005	2965.4	1249.0	1716.4
2006	3385.9	1393.6	1992.3
2007	3892.2	1535.3	2356.8
2008	3901.6	1638.8	2262.8
2009	4286.5	1693.9	2592.6
2010	5489.4	1732.4	3757.0
2011	6950.0	1941.0	5009.0
2012	7369.9	1960.6	5409.3
2013	8631.7	1865.4	6766.3
2014	17799.0	4817.0	12982.0
2015	13829.8	4955.7	8874.1
2016	14158.0	5497.6	8660.4
2017	17579.6	6127.2	11452.4
2018	19827.5	6936.0	12891.5
2019	20708.1	8519.7	12188.4
2020	24008.1	10844.4	13163.7
2021	27465.6	13003.3	14462.3
2022	24527.6	11148.0	13379.7
2023	24475.4	10846.9	13628.4

注：2015年，中国按照国际货币基金组织的数据公布特殊标准(SDDS)调整了外债统计口径并对外公布全口径外债数据，将人民币外债纳入统计，并按签约期限划分中长期和短期外债。为保证数据的可比性，将2014年末外债数据相应调整为全口径外债数据(下同)。

Note: In accordance with the Special Data Dissemination Standard(SDDS) of the IMF, China adjusted the statistical coverage of external debt and disseminatied the full-scale data on China's external debt in 2015, including RMB-denominated external debt, which was classified into medium and long-term external debt and short-term external debt by contractual maturity. To ensure data's comparability, the external debt data at the end of 2014 have been adjusted to the full-scale data.

5-3 续表 continued

单位：亿美元

Unit: USD 100 million

年 份 Year	合 计 Outstanding Debt	中长期外债 Long-term Debt	短期外债 Short-term Debt
构成 Proportion (%)			
1985	100.0	59.4	40.6
1986	100.0	77.8	22.2
1987	100.0	81.1	18.9
1988	100.0	81.7	18.3
1989	100.0	89.7	10.3
1990	100.0	87.1	12.9
1991	100.0	83.0	17.0
1992	100.0	84.3	15.7
1993	100.0	83.8	16.2
1994	100.0	88.8	11.2
1995	100.0	88.8	11.2
1996	100.0	87.9	12.1
1997	100.0	86.1	13.9
1998	100.0	88.1	11.9
1999	100.0	90.0	10.0
2000	100.0	91.0	9.0
2001	100.0	58.8	41.2
2002	100.0	57.0	43.0
2003	100.0	53.2	46.8
2004	100.0	47.3	52.7
2005	100.0	42.1	57.9
2006	100.0	41.2	58.8
2007	100.0	39.4	60.6
2008	100.0	42.0	58.0
2009	100.0	39.5	60.5
2010	100.0	31.6	68.4
2011	100.0	27.9	72.1
2012	100.0	26.6	73.4
2013	100.0	21.6	78.4
2014	100.0	27.1	72.9
2015	100.0	35.8	64.2
2016	100.0	38.8	61.2
2017	100.0	34.9	65.1
2018	100.0	35.0	65.0
2019	100.0	41.1	58.9
2020	100.0	45.2	54.8
2021	100.0	47.3	52.7
2022	100.0	45.5	54.5
2023	100.0	44.3	55.7

5-4 外债风险指标
Risk Indicators on Foreign Debts

单位：%

Unit: %

年 份 Year	偿债率 Debt Servicing Ratio	负债率 External Debt/GDP Ratio	债务率 External Debt/Foreign Exchange Income Ratio
1985	2.7	5.1	56.0
1986	15.4	7.1	72.1
1987	9.0	9.2	77.1
1988	6.5	9.8	87.1
1989	8.3	9.1	86.4
1990	8.7	13.3	91.6
1991	8.5	14.6	91.9
1992	7.1	14.1	87.9
1993	10.2	13.5	96.5
1994	9.1	16.4	78.0
1995	7.6	14.5	72.4
1996	6.0	13.5	67.7
1997	7.3	13.6	63.2
1998	10.9	14.2	70.4
1999	11.2	13.9	68.7
2000	9.2	12.0	52.1
2001	7.5	15.2	67.9
2002	7.9	13.8	55.5
2003	6.9	13.2	45.2
2004	3.2	13.4	40.2
2005	3.1	13.0	35.4
2006	2.1	12.3	31.9
2007	2.0	11.0	29.0
2008	1.8	8.5	24.7
2009	2.9	8.4	32.2
2010	1.6	9.0	29.2
2011	1.7	9.2	33.3
2012	1.6	8.6	32.8
2013	1.6	9.0	35.6
2014	2.6	17.0	69.9
2015	5.0	12.5	58.6
2016	6.1	12.6	64.4
2017	5.5	14.3	72.6
2018	5.5	14.3	74.8
2019	6.7	14.5	78.3
2020	6.5	16.3	87.9
2021	5.9	15.4	77.3
2022	10.5	13.6	66.0
2023	7.6	13.7	69.7

注：1.偿债率指当年外债还本付息额与当年国际收支口径的货物与服务贸易出口收入的比率。
2.负债率指年末外债余额与当年国内生产总值的比率。
3.债务率指年末外债余额与当年国际收支口径的货物与服务贸易出口收入的比率。

Note: a) Debt Servicing Ratio refers to the ratio of the repayment amount of the external debt principal and interest to the export revenue from trade in goods and services for the year in the balance of payments.
b) External Debt/GDP Ratio refers to the ratio of outstanding external debt as of the end of the year to the GDP for the year.
c) External Debt/Foreign Exchange Income Ratio refers to the ratio of outstanding external debt as of the end of the year to the export revenue from trade in goods and services for the year in the balance of payments.

5-5 人民币市场汇率(年平均汇价)

Reference Exchange Rate of Renminbi(Period Average)

单位：人民币元

Unit: RMB yuan

年 份 Year	美 元 US Dollar (100)	欧 元 EURO (100)	日 元 Japanese Yen (100)	港 币 Hong Kong Dollar (100)	英 镑 Pound (100)
1981	170.50		0.77	30.41	
1982	189.25		0.76	31.15	
1983	197.57		0.83	27.36	
1984	232.70		0.98	29.71	
1985	293.66		1.25	37.57	
1986	345.28		2.07	44.22	
1987	372.21		2.58	47.74	
1988	372.21		2.91	47.70	
1989	376.51		2.74	48.28	
1990	478.32		3.32	61.39	
1991	532.33		3.96	68.45	
1992	551.46		4.36	71.24	
1993	576.20		5.20	74.41	
1994	861.87		8.44	111.53	
1995	835.10		8.92	107.96	
1996	831.42		7.64	107.51	
1997	828.98		6.86	107.09	
1998	827.91		6.35	106.88	
1999	827.83		7.29	106.66	
2000	827.84		7.69	106.18	
2001	827.70		6.81	106.08	
2002	827.70	800.58	6.62	106.07	
2003	827.70	936.13	7.15	106.24	
2004	827.68	1029.00	7.66	106.23	
2005	819.17	1019.53	7.45	105.30	
2006	797.18	1001.90	6.86	102.62	
2007	760.40	1041.75	6.46	97.46	1522.13
2008	694.51	1022.27	6.74	89.19	1286.64
2009	683.10	952.70	7.30	88.12	1071.97
2010	676.95	897.25	7.73	87.13	1045.72
2011	645.88	900.11	8.11	82.97	1036.39
2012	631.25	810.67	7.90	81.38	1000.12
2013	619.32	822.19	6.33	79.85	967.93
2014	614.28	816.51	5.82	79.22	1012.91
2015	622.84	691.41	5.15	80.34	953.44
2016	664.23	734.26	6.12	85.58	898.55
2017	675.18	763.03	6.02	86.64	869.88
2018	661.74	780.16	5.99	84.43	881.87
2019	689.85	772.55	6.33	88.05	881.08
2020	689.76	787.55	6.46	88.93	912.90
2021	645.15	762.93	5.87	83.00	887.50
2022	672.61	707.21	5.13	85.89	829.81
2023	704.67	764.25	5.03	90.02	879.33

5-6 人民币市场汇率(年末价)

Reference Exchange Rate of Renminbi(End of Period)

单位：人民币元

Unit: RMB yuan

年　份 Year	美　元 US Dollar (100)	欧　元 EURO (100)	日　元 Japanese Yen (100)	港　币 Hong Kong Dollar (100)	英镑 Pound (100)
1981	174.55		0.79	30.80	
1982	192.27		0.82	29.80	
1983	198.09		0.85	25.30	
1984	257.55		1.13	35.90	
1985	320.15		1.59	40.79	
1986	372.21		2.33	47.68	
1987	372.21		3.01	47.90	
1988	372.21		2.98	47.61	
1989	472.21		3.29	60.48	
1990	522.21		3.87	67.00	
1991	543.42		4.32	69.42	
1992	575.18		4.61	74.31	
1993	580.00		5.21	75.09	
1994	844.62		8.48	109.14	
1995	831.74		8.05	107.96	
1996	829.84		7.20	107.24	
1997	827.96		6.35	106.99	
1998	827.87		7.17	106.78	
1999	827.93		8.09	106.51	
2000	827.81		7.24	106.06	
2001	827.66		6.30	106.06	
2002	827.73	863.60	6.90	106.11	
2003	827.67	1033.83	7.73	106.57	
2004	827.65	1126.27	7.97	106.37	
2005	807.02	957.97	6.87	104.03	
2006	780.87	1026.65	6.56	100.47	
2007	730.46	1066.69	6.11	93.64	1458.07
2008	683.46	965.90	7.57	88.19	987.98
2009	682.82	979.71	7.38	88.05	1097.80
2010	662.27	880.65	8.13	85.09	1021.82
2011	630.09	816.25	8.11	81.07	971.16
2012	628.55	831.76	7.30	81.09	1016.11
2013	609.69	841.89	5.78	78.62	1005.56
2014	611.90	745.56	5.14	78.89	954.37
2015	649.36	709.52	5.39	83.78	961.59
2016	693.70	730.68	5.96	89.45	850.94
2017	653.42	780.23	5.79	83.59	877.92
2018	686.32	784.73	6.19	87.62	867.62
2019	697.62	781.55	6.41	89.58	915.01
2020	652.49	802.5	6.32	84.16	889.03
2021	637.57	721.97	5.54	81.76	860.64
2022	696.46	742.29	5.24	89.33	839.41
2023	708.27	785.92	5.02	90.62	904.11

5-7 国家外汇储备和外债余额
Foreign Exchange Reserves and Outstanding External Debt

年 份 Year	黄金储备 (万盎司) Gold Reserves (10 000 Ounces)	外汇储备 (亿美元) Foreign Exchange Reserves (USD 100 million)	外债余额 (亿美元) Outstanding External Debt (USD 100 million)
1979	1280	8.4	
1980	1280	-13.0	
1981	1267	27.1	
1982	1267	69.9	
1983	1267	89.0	
1984	1267	82.2	
1985	1267	26.4	158.3
1986	1267	20.7	214.8
1987	1267	29.2	302.0
1988	1267	33.7	400.0
1989	1267	55.5	413.0
1990	1267	110.9	525.5
1991	1267	217.1	605.6
1992	1267	194.4	693.2
1993	1267	212.0	835.7
1994	1267	516.2	928.1
1995	1267	736.0	1065.9
1996	1267	1050.3	1162.8
1997	1267	1398.9	1309.6
1998	1267	1449.6	1460.4
1999	1267	1546.8	1518.3
2000	1267	1655.7	1457.3
2001	1608	2121.7	2033.0
2002	1929	2864.1	2026.3
2003	1929	4032.5	2193.6
2004	1929	6099.3	2629.9
2005	1929	8188.7	2965.4
2006	1929	10663.4	3385.9
2007	1929	15282.5	3892.2
2008	1929	19460.3	3901.6
2009	3389	23991.5	4286.5
2010	3389	28473.4	5489.4
2011	3389	31811.5	6950.0
2012	3389	33115.9	7369.9
2013	3389	38213.2	8631.7
2014	3389	38430.2	17799.0
2015	5666	33303.6	13829.8
2016	5924	30105.2	14158.0
2017	5924	31399.5	17579.6
2018	5956	30727.1	19827.5
2019	6264	31079.2	20708.1
2020	6264	32165.2	24008.1
2021	6264	32501.7	27465.6
2022	6464	31276.9	24527.6
2023	7187	32379.8	24475.4

对外贸易

FOREIGN TRADE

第6篇

6-1 进出口额(按人民币计算)
Total Value of Imports and Exports by RMB

单位：亿元人民币

Unit: RMB 100 million

年 份 Year	进出口总额 Total	出口额 Exports	进口额 Imports	差额(+顺差,-逆差) Balance
1950	41.5	20.2	21.4	-1.2
1951	59.5	24.2	35.3	-11.1
1952	64.6	27.1	37.5	-10.3
1953	80.9	34.8	46.1	-11.3
1954	84.7	40.0	44.7	-4.7
1955	109.8	48.7	61.1	-12.4
1956	108.7	55.7	53.0	2.7
1957	104.5	54.5	50.0	4.6
1958	128.7	67.1	61.7	5.4
1959	149.3	78.1	71.2	6.8
1960	128.5	63.3	65.2	-1.8
1961	90.7	47.8	43.0	4.8
1962	80.9	47.1	33.8	13.3
1963	85.8	50.0	35.7	14.3
1964	97.5	55.4	42.1	13.4
1965	118.4	63.1	55.3	7.8
1966	127.1	66.0	61.1	5.0
1967	112.2	58.8	53.4	5.4
1968	108.5	57.6	50.9	6.7
1969	107.0	59.8	47.2	12.6
1970	112.9	56.8	56.1	0.7
1971	121.0	68.5	52.4	16.1
1972	147.0	82.9	64.0	18.9
1973	220.5	116.9	103.6	13.3
1974	292.2	139.4	152.8	-13.4
1975	290.4	143.0	147.4	-4.4
1976	264.1	134.8	129.3	5.4
1977	272.5	139.7	132.8	6.9
1978	355.0	167.7	187.4	-19.7
1979	454.6	211.7	242.9	-31.3
1980	570.0	271.2	298.8	-27.6
1981	735.3	367.6	367.7	-0.1
1982	771.4	413.8	357.5	56.3
1983	860.2	438.3	421.8	16.5
1984	1201.0	580.6	620.5	-39.9
1985	2066.7	808.9	1257.9	-449.0
1986	2580.4	1082.1	1498.3	-416.2
1987	3084.2	1470.0	1614.2	-144.3
1988	3821.8	1766.7	2055.1	-288.4
1989	4155.9	1956.1	2199.9	-243.8
1990	5560.1	2985.8	2574.3	411.6
1991	7225.8	3827.1	3398.7	428.5
1992	9119.6	4676.3	4443.3	233.0
1993	11271.0	5284.8	5986.2	-701.4
1994	20381.9	10421.8	9960.1	461.8
1995	23499.9	12451.8	11048.1	1403.7
1996	24133.9	12576.4	11557.4	1019.0
1997	26967.2	15160.7	11806.6	3354.1
1998	26849.7	15223.5	11626.1	3597.4
1999	29896.2	16159.8	13736.5	2423.3
2000	39273.3	20634.4	18638.8	1995.6
2001	42183.6	22024.4	20159.2	1865.3
2002	51378.2	26947.9	24430.3	2517.6
2003	70483.5	36287.9	34195.6	2092.3
2004	95539.1	49103.3	46435.8	2667.6
2005	116921.8	62648.1	54273.7	8374.4
2006	140974.7	77597.9	63376.9	14221.0
2007	166924.1	93627.1	73296.9	20330.2
2008	179921.5	100394.9	79526.5	20868.4
2009	150648.1	82029.7	68618.4	13411.3
2010	201722.3	107022.8	94699.5	12323.3
2011	236402.0	123240.6	113161.4	10079.2
2012	244160.2	129359.3	114801.0	14558.3
2013	258168.9	137131.4	121037.5	16094.0
2014	264241.8	143883.8	120358.0	23525.7
2015	245502.9	141166.8	104336.1	36830.7
2016	243386.5	138419.3	104967.2	33452.1
2017	278099.2	153309.4	124789.8	28519.6
2018	305010.1	164128.8	140881.3	23247.5
2019	315627.3	172373.6	143253.7	29119.9
2020	322215.2	179278.8	142936.4	36342.4
2021	387391.8	214255.2	173136.6	41118.7
2022	416727.8	236336.8	180391.0	55945.8
2023	417510.1	237656.4	179853.7	57802.6

注：1.本表1979年及以前为外贸业务统计数，1980年以后为海关进出口统计数。以下诸表同。

2.进出口差额负数为入超。

Note: a) Figures before 1980 are recorded by the Ministry of Foreign Trade and figures since 1980 are recorded by General Administration of Customs. The same to the following tables.

b) Negative figures in balance refer to unfavourable positions.

6-2 进出口额(按美元计算)
Total Value of Imports and Exports By USD

单位：亿美元

Unit: USD 100 million

年 份 Year	进出口总额 Total	出口额 Exports	进口额 Imports	差额(+顺差,-逆差) Balance
1950	11.3	5.5	5.8	-0.3
1951	19.6	7.6	12.0	-4.4
1952	19.4	8.2	11.2	-3.0
1953	23.7	10.2	13.5	-3.2
1954	24.3	11.5	12.9	-1.4
1955	31.5	14.1	17.3	-3.2
1956	32.1	16.5	15.6	0.8
1957	31.0	16.0	15.1	0.9
1958	38.7	19.8	18.9	0.9
1959	43.8	22.6	21.2	1.4
1960	38.1	18.6	19.5	-1.0
1961	29.4	14.9	14.5	0.5
1962	26.6	14.9	11.7	3.2
1963	29.2	16.5	12.7	3.8
1964	34.6	19.2	15.5	3.7
1965	42.5	22.3	20.2	2.1
1966	46.1	23.7	22.5	1.2
1967	41.6	21.4	20.2	1.2
1968	40.5	21.0	19.5	1.6
1969	40.3	22.0	18.3	3.8
1970	45.9	22.6	23.3	-0.7
1971	48.4	26.4	22.1	4.3
1972	63.0	34.4	28.6	5.9
1973	109.8	58.2	51.6	6.6
1974	145.7	69.5	76.2	-6.7
1975	147.5	72.6	74.9	-2.2
1976	134.3	68.6	65.8	2.8
1977	148.0	75.9	72.1	3.8
1978	206.4	97.5	108.9	-11.5
1979	293.3	136.6	156.7	-20.2
1980	381.4	181.2	200.2	-19.0
1981	440.2	220.1	220.2	-0.1
1982	416.1	223.2	192.9	30.4
1983	436.2	222.3	213.9	8.4
1984	535.5	261.4	274.1	-12.7
1985	696.0	273.5	422.5	-149.0
1986	738.5	309.4	429.0	-119.6
1987	826.5	394.4	432.2	-37.8
1988	1027.8	475.2	552.7	-77.5
1989	1116.8	525.4	591.4	-66.0
1990	1154.4	620.9	533.5	87.5
1991	1356.3	718.4	637.9	80.5
1992	1655.3	849.4	805.9	43.6
1993	1957.0	917.4	1039.6	-122.2
1994	2366.2	1210.1	1156.2	53.9
1995	2808.6	1487.8	1320.8	167.0
1996	2898.8	1510.5	1388.3	122.2
1997	3251.6	1827.9	1423.7	404.2
1998	3239.5	1837.1	1402.4	434.8
1999	3606.3	1949.3	1657.0	292.3
2000	4743.0	2492.0	2250.9	241.1
2001	5096.5	2661.0	2435.5	225.5
2002	6207.7	3256.0	2951.7	304.3
2003	8509.9	4382.3	4127.6	254.7
2004	11545.5	5933.3	5612.3	321.0
2005	14219.1	7619.5	6599.5	1020.0
2006	17604.4	9689.8	7914.6	1775.2
2007	21761.8	12200.6	9561.2	2639.4
2008	25632.6	14306.9	11325.6	2981.3
2009	22075.4	12016.1	10059.2	1956.9
2010	29740.0	15777.5	13962.5	1815.1
2011	36418.6	18983.8	17434.8	1549.0
2012	38671.2	20487.1	18184.1	2303.1
2013	41589.9	22090.0	19499.9	2590.2
2014	43015.3	23422.9	19592.4	3830.6
2015	39530.3	22734.7	16795.6	5939.0
2016	36855.6	20976.3	15879.3	5097.1
2017	41071.4	22633.5	18437.9	4195.5
2018	46224.4	24867.0	21357.5	3509.5
2019	45778.9	24994.8	20784.1	4210.7
2020	46559.1	25899.5	20659.6	5239.9
2021	59954.3	33160.2	26794.1	6366.1
2022	62509.4	35444.3	27065.1	8379.3
2023	59359.8	33790.4	25569.4	8221.0

6–3 进出口额指数(按美元计算)

Indices of Total Value of Imports and Exports by USD

(1980年=100) (Year of 1980 =100)

年 份 Year	进出口总额 Total	出口额 Exports	进口额 Imports
1980	100.00	100.00	100.00
1981	115.43	121.46	109.98
1982	109.10	123.19	96.34
1983	114.37	122.67	106.86
1984	140.42	144.26	136.93
1985	182.51	150.95	211.08
1986	193.64	170.77	214.34
1987	216.73	217.66	215.90
1988	269.52	262.24	276.11
1989	292.84	289.96	295.45
1990	302.70	342.68	266.50
1991	355.66	396.51	318.68
1992	434.04	468.79	402.58
1993	513.17	506.34	519.35
1994	620.47	667.84	577.58
1995	736.48	821.13	659.86
1996	760.12	833.64	693.58
1997	852.64	1008.84	711.25
1998	849.46	1013.92	700.59
1999	945.64	1075.84	827.79
2000	1243.70	1375.37	1124.51
2001	1336.40	1468.61	1216.73
2002	1627.77	1796.99	1474.60
2003	2231.46	2418.61	2062.05
2004	3027.46	3274.61	2803.76
2005	3728.51	4205.27	3296.96
2006	4616.21	5347.86	3953.94
2007	5706.35	6733.59	4776.51
2008	6721.35	7896.09	5658.00
2009	5788.59	6631.78	5025.34
2010	7798.41	8707.73	6975.31
2011	9549.67	10477.29	8710.02
2012	10140.34	11306.99	9084.30
2013	10905.69	12191.64	9741.66
2014	11279.44	12927.28	9787.86
2015	10365.62	12547.43	8390.69
2016	9664.25	11576.97	7932.89
2017	10769.71	12491.56	9211.14
2018	12120.87	13724.17	10669.60
2019	12004.12	13794.81	10383.22
2020	12208.71	14294.12	10321.03
2021	15721.18	18301.34	13385.67
2022	16391.18	19561.95	13521.06
2023	15565.29	18649.15	12773.84

6–4 进出口额同比增速(按美元计算)

Growth Rates of Import and Export Value by USD

年 份 Year	进出口总额 Total (%)	出口额 Exports (%)	进口额 Imports (%)
1980	30.0	32.7	27.7
1981	15.4	21.5	10.0
1982	-5.5	1.4	-12.4
1983	4.8	-0.4	10.9
1984	22.8	17.6	28.1
1985	30.0	4.6	54.1
1986	6.1	13.1	1.5
1987	11.9	27.5	0.7
1988	24.4	20.5	27.9
1989	8.7	10.6	7.0
1990	3.4	18.2	-9.8
1991	17.5	15.7	19.6
1992	22.0	18.2	26.3
1993	18.2	8.0	29.0
1994	20.9	31.9	11.2
1995	18.7	23.0	14.2
1996	3.2	1.5	5.1
1997	12.2	21.0	2.5
1998	-0.4	0.5	-1.5
1999	11.3	6.1	18.2
2000	31.5	27.8	35.8
2001	7.5	6.8	8.2
2002	21.8	22.4	21.2
2003	37.1	34.6	39.8
2004	35.7	35.4	36.0
2005	23.2	28.4	17.6
2006	23.8	27.2	19.9
2007	23.6	25.9	20.8
2008	17.8	17.3	18.5
2009	-13.9	-16.0	-11.2
2010	34.7	31.3	38.8
2011	22.5	20.3	24.9
2012	6.2	7.9	4.3
2013	7.5	7.8	7.2
2014	3.4	6.0	0.5
2015	-8.1	-2.9	-14.3
2016	-6.8	-7.7	-5.5
2017	11.4	7.9	16.1
2018	12.5	9.9	15.8
2019	-1.0	0.5	-2.7
2020	1.7	3.6	-0.6
2021	28.8	28.0	29.7
2022	4.3	6.9	1.0
2023	-5.0	-4.7	-5.5

6-5 中国出口额占国内生产总值的比重
China's Export Proportion in GDP

单位：亿元人民币
Unit: RMB 100 million

年　份 Year	国内生产总值 GDP	出口额 Exports	出口额占国内生产总值的比重(%) Exports Proportion(%)
1980	4587.6	271.2	5.9
1981	4935.8	367.6	7.4
1982	5373.4	413.8	7.7
1983	6020.9	438.3	7.3
1984	7278.5	580.6	8.0
1985	9098.9	808.9	8.9
1986	10376.2	1082.1	10.4
1987	12174.6	1470.0	12.1
1988	15180.4	1766.7	11.6
1989	17179.7	1956.1	11.4
1990	18872.9	2985.8	15.8
1991	22005.6	3827.1	17.4
1992	27194.5	4676.3	17.2
1993	35673.2	5284.8	14.8
1994	48637.5	10421.8	21.4
1995	61339.9	12451.8	20.3
1996	71813.6	12576.4	17.5
1997	79715.0	15160.7	19.0
1998	85195.5	15223.5	17.9
1999	90564.4	16159.8	17.8
2000	100280.1	20634.4	20.6
2001	110863.1	22024.4	19.9
2002	121717.4	26947.9	22.1
2003	137422.0	36287.9	26.4
2004	161840.2	49103.3	30.3
2005	187318.9	62648.1	33.4
2006	219438.5	77597.9	35.4
2007	270092.3	93627.1	34.7
2008	319244.6	100394.9	31.4
2009	348517.7	82029.7	23.5
2010	412119.3	107022.8	26.0
2011	487940.2	123240.6	25.3
2012	538580.0	129359.3	24.0
2013	592963.2	137131.4	23.1
2014	643563.1	143883.8	22.4
2015	688858.2	141166.8	20.5
2016	746395.1	138419.3	18.5
2017	832035.9	153309.4	18.4
2018	919281.1	164128.8	17.9
2019	986515.2	172373.6	17.5
2020	1013567.0	179278.8	17.7
2021	1149237.0	214255.2	18.6
2022	1204724.0	236336.8	19.6
2023	1260582.1	237656.4	18.9

6–6 中国出口额占世界出口总额的比重和位次
China's Export Share and Ranking in the World

单位：亿美元
Unit: USD 100 million

年 份 Year	世界出口总额 World Exports	中国出口额 China's Exports	中国出口额占世界出口总额的比重(%) China's Share (%)	位 次 Ranking
1980	20361	181	0.9	26
1981	20144	220	1.1	19
1982	18858	223	1.2	17
1983	18460	222	1.2	17
1984	19557	261	1.3	18
1985	19529	274	1.4	17
1986	21385	309	1.4	16
1987	25155	394	1.6	16
1988	28689	475	1.7	16
1989	30989	525	1.7	14
1990	34897	621	1.8	15
1991	35114	718	2.0	13
1992	37792	849	2.2	11
1993	37947	917	2.4	11
1994	43283	1210	2.8	11
1995	51676	1488	2.9	11
1996	54061	1510	2.8	11
1997	55923	1828	3.3	10
1998	55031	1837	3.3	9
1999	57194	1949	3.4	9
2000	64540	2492	3.9	7
2001	61964	2661	4.3	6
2002	65007	3256	5.0	5
2003	75908	4382	5.8	4
2004	92225	5933	6.4	3
2005	105291	7620	7.2	3
2006	121497	9690	8.0	3
2007	140561	12201	8.7	2
2008	162041	14307	8.8	2
2009	125965	12016	9.5	1
2010	153016	15778	10.3	1
2011	183375	18984	10.4	1
2012	185113	20487	11.1	1
2013	189616	22090	11.6	1
2014	190051	23423	12.3	1
2015	165601	22735	13.7	1
2016	160415	20976	13.1	1
2017	177419	22633	12.8	1
2018	195533	24867	12.7	1
2019	190181	24995	13.1	1
2020	176529	25900	14.7	1
2021	223190	33160	14.9	1
2022	249175	35444	14.2	1
2023	237835	33790	14.2	1

注：根据WTO网站最新公布的数据对历年“世界出口总额”进行了调整。
Note: "World Exports" is adjusted according to the statistics from WTO website.

6-7 分贸易方式进出口总额
Imports and Exports by Customs Regime

单位：万美元
Unit: USD 10 000

贸易方式	Customs Regime	2022		2023	
		出口 Exports	进口 Imports	出口 Exports	进口 Imports
合计	**Total**	**354443449**	**270650686**	**337904357**	**255694121**
一般贸易	Ordinary Trade	224782478	173398823	218255193	166523278
国家间、国际组织无偿援助和赠送的物资	Aid or Donation between Governments or by International Organizations	66194	8	52138	76
其他捐赠物资	Other Donation	4750	497	1356	5462
来料加工贸易	Processing and Assembling with Materials Provided Abroad	8310058	8968284	6826233	7907190
进料加工贸易	Processing with Imported Materials	72583197	36851043	62922627	30509120
寄售、代销贸易	Consignment and consignment trade	713	15481	12471	14721
边境小额贸易	Border Trade	3640711	777775	4741312	908565
加工贸易进口设备	Equipment Imported for Processing and Assembling		26648		15860
对外承包工程出口货物	Contracting Projects	1067648		1297580	
租赁贸易	Goods on Lease	120068	85082	232504	47574
外商投资企业作为投资进口的设备、物品	Equipment or Materials Invested by Foreign-invested Enterprises		126000		88224
出料加工贸易	Outward Processing	13499	17026	46796	56584
易货贸易	Barter trade	16578	18925	11221	14806
免税外汇商品	Duty free foreign exchange commodities		215		334
保税监管场所进出境货物	Customs Trade through Bonded Supervision Areas	7641345	17831594	7063351	17917606
海关特殊监管区域物流货物	Logistics Goods By Customs Special Control Area	22083140	30274594	24203893	29362469
海关特殊监管区域进口设备	Equipment Imported Into Customs Special Control Area		747259		452096
其他	Others	14113069	1197558	12237682	1506102
免税品	Duty-free Commodities		313876		364055

6-8 一般贸易与加工贸易进出口额
Imports and Exports by Ordinary Trade and Processing Trade

单位：亿美元
Unit: USD 100 million

年 份 Year	一般贸易 Ordinary Trade		加工贸易 Processing Trade		其他贸易 Other Trade Forms	
	出 口 Exports	进 口 Imports	出 口 Exports	进 口 Imports	出 口 Exports	进 口 Imports
1981	208.00	203.66	11.31	15.04	0.79	1.50
1982	206.69	170.17	15.77	21.28	0.74	1.45
1983	201.60	187.68	20.01	24.01	0.69	2.21
1984	231.62	238.49	29.29	31.47	0.49	4.14
1985	237.30	372.72	33.16	42.74	3.04	7.04
1986	250.95	352.07	51.41	63.90	7.04	13.13
1987	296.43	287.72	81.38	95.02	16.59	49.36
1988	325.96	352.08	128.33	137.46	20.91	63.16
1989	315.52	356.14	188.04	156.78	21.84	78.48
1990	354.60	262.00	254.20	187.60	12.10	83.90
1991	381.20	295.40	324.30	250.30	13.60	92.20
1992	436.80	336.20	396.07	315.14	16.53	154.56
1993	432.00	380.45	442.36	363.60	43.04	295.55
1994	615.60	355.20	569.80	475.70	24.70	325.20
1995	713.61	433.81	737.18	583.59	37.01	303.40
1996	628.24	393.63	843.27	622.75	38.99	371.92
1997	779.74	390.30	996.02	702.06	52.14	331.34
1998	742.35	436.80	1044.54	685.99	50.22	279.58
1999	791.35	670.40	1108.82	735.78	49.14	250.81
2000	1051.81	1000.79	1376.52	925.58	63.70	324.57
2001	1118.81	1134.56	1474.34	939.74	67.83	361.23
2002	1361.87	1291.11	1799.27	1222.00	94.82	438.59
2003	1820.34	1877.00	2418.49	1629.35	143.45	621.22
2004	2436.06	2481.45	3279.70	2216.95	217.50	913.89
2005	3150.63	2796.33	4164.67	2740.12	304.23	1063.08
2006	4162.33	3330.74	5103.55	3214.72	423.81	1369.15
2007	5393.55	4286.64	6175.60	3684.74	623.20	1590.20
2008	6628.62	5720.93	6751.14	3783.77	927.17	1820.92
2009	5298.12	5344.70	5868.62	3222.91	849.37	1491.62
2010	7206.12	7692.76	7402.79	4174.82	1168.63	2094.86
2011	9170.34	10076.21	8352.84	4697.56	1460.64	2661.07
2012	9878.99	10223.86	8626.77	4812.75	1981.38	3147.43
2013	10873.26	11098.59	8600.40	4966.62	2616.38	3434.68
2014	12033.91	11089.40	8842.18	5240.85	2546.84	3262.09
2015	12147.92	9224.02	7975.30	4466.10	2611.47	3105.53
2016	11313.69	9006.40	7153.31	3964.38	2509.32	2908.47
2017	12300.20	10853.65	7587.68	4312.77	2745.83	3271.50
2018	14004.10	12741.22	7970.43	4700.84	2892.29	3915.28
2019	14444.07	12577.73	7354.36	4172.92	3196.39	4033.43
2020	15369.29	12521.94	7024.21	4039.10	3506.02	4098.57
2021	20110.62	16748.82	8252.82	4886.64	4796.78	5158.66
2022	22478.25	17339.88	8089.33	4581.93	4876.77	5143.25
2023	21825.52	16652.33	6974.89	3841.63	4990.03	5075.45

6-9 一般贸易与加工贸易进出口同比增速

Growth Rates of Imports and Exports by Ordinary Trade and Processing Trade

单位：%
Unit: %

年 份 Year	一般贸易 Ordinary Trade		加工贸易 Processing Trade		其他贸易 Other Trade Forms	
	出 口 Exports	进 口 Imports	出 口 Exports	进 口 Imports	出 口 Exports	进 口 Imports
1982	-0.6	-16.4	39.4	41.5	-6.3	-3.3
1983	-2.5	10.3	26.9	12.8	-6.8	52.4
1984	14.9	27.1	46.4	31.1	-29.0	87.3
1985	2.5	56.3	13.2	35.8	520.4	70.0
1986	5.8	-5.5	55.0	49.5	131.6	86.5
1987	18.1	-18.3	58.3	48.7	135.7	275.9
1988	10.0	22.4	57.7	44.7	26.0	28.0
1989	-3.2	1.2	46.5	14.1	4.4	24.3
1990	12.4	-26.4	35.2	19.7	-44.6	6.9
1991	7.5	12.7	27.6	33.4	12.4	9.9
1992	14.6	13.8	22.1	25.9	21.5	67.6
1993	-1.1	13.2	11.7	15.4	160.4	91.2
1994	42.5	-6.6	28.8	30.8	-42.6	10.0
1995	15.9	22.1	29.4	22.7	49.8	-6.7
1996	-12.0	-9.3	14.4	6.7	5.3	22.6
1997	24.1	-0.8	18.1	12.7	33.7	-10.9
1998	-4.8	11.9	4.9	-2.3	-3.7	-15.6
1999	6.6	53.5	6.2	7.3	-2.2	-10.3
2000	32.9	49.3	24.1	25.8	29.6	29.4
2001	6.4	13.4	7.1	1.5	6.5	11.3
2002	21.7	13.8	22.0	30.0	39.8	21.4
2003	33.7	45.4	34.4	33.3	51.3	41.6
2004	33.8	32.2	35.6	36.1	51.6	47.1
2005	29.3	12.7	27.0	23.6	39.9	16.3
2006	32.1	19.1	22.5	17.3	39.3	28.8
2007	29.6	28.7	21.0	14.6	47.0	16.1
2008	22.9	33.5	9.3	2.7	48.8	14.6
2009	-20.1	-6.6	-13.1	-14.8	-8.4	-18.1
2010	36.0	43.9	26.1	29.5	37.6	40.4
2011	27.3	31.0	12.8	12.5	25.0	27.0
2012	7.7	1.5	3.3	2.5	35.7	18.3
2013	10.1	8.6	-0.3	3.2	32.0	9.1
2014	10.7	-0.1	2.8	5.5	-2.7	-5.0
2015	0.9	-16.8	-9.8	-14.8	2.5	-4.8
2016	-6.9	-2.4	-10.3	-11.2	-3.9	-6.3
2017	8.7	20.5	6.1	8.8	9.4	12.5
2018	13.9	17.4	5.0	9.0	5.3	19.7
2019	3.1	-1.3	-7.7	-11.2	10.5	3.0
2020	6.4	-0.4	-4.5	-3.2	9.7	1.6
2021	30.8	33.8	17.5	21.0	36.8	25.9
2022	11.8	3.5	-2.0	-6.2	1.7	-0.3
2023	-2.9	-4.0	-13.8	-16.2	2.3	-1.3

6-10 我国同各国(地区)海关进出口总额

China's Foreign Trade with Related Countries and Territories

单位：万美元

Unit: USD 10 000

国别（地区）	Country/Region	2022		2023	
		出口总额 Exports	进口总额 Imports	出口总额 Exports	进口总额 Imports
总　计	**Total**	**354443449**	**270650686**	**337904357**	**255694121**
亚洲	**Asia**	**167389422**	**148591829**	**161564333**	**132037341**
阿富汗	Afghanistan	54971	4198	126879	6391
巴林	Bahrain	173879	25125	154630	19149
孟加拉国	Bangladesh	2649706	98180	2295248	102600
不丹	Bhutan	16547	286	6089	290
文莱	Brunei	80425	224862	85761	194707
缅甸	Myanmar	1314585	1149526	1139822	956183
柬埔寨	Cambodia	1381234	183817	1275200	207030
塞浦路斯	Cyprus	116172	3374	95753	3554
朝鲜	Korea DPR	83331	13368	200262	29175
中国香港	Hong Kong, China	29307372	775137	27411468	1367069
印度	India	11670666	1748559	11766704	1855155
印度尼西亚	Indonesia	7030835	7789943	6519192	7407424
伊朗	Iran	927452	635376	1002479	459313
伊拉克	Iraq	1353865	3939522	1428532	3547555
以色列	Israel	1628089	896500	1498449	839457
日本	Japan	17198178	18422396	15748580	16046725
约旦	Jordan	561784	74587	508042	70594
科威特	Kuwait	487115	2649899	522423	1716455
老挝	Laos	225753	335127	334830	375394
黎巴嫩	Lebanon	243389	6404	237131	6415
中国澳门	Macao, China	417334	7936	375605	8150
马来西亚	Malaysia	9090685	10972141	8736913	10292983
马尔代夫	Maldives	43139	6	75709	3
蒙古	Mongolia	286066	933062	346989	1312393
尼泊尔	Nepal	162866	2181	176473	3483
阿曼	Oman	410060	3624179	379802	3128266
巴基斯坦	Pakistan	2273672	341592	1729693	345099
巴勒斯坦	Palestine	15557	2	16492	5
菲律宾	Philippines	6261233	2301040	5239638	1947728
卡塔尔	Qatar	390529	2258937	363599	2092833
沙特阿拉伯	Saudi Arabia	3741340	7806913	4285171	6436346
新加坡	Singapore	7785226	3342953	7690828	3142671
韩国	Republic of Korea	16048769	19888143	14897594	16171494
斯里兰卡	Sri Lanka	366111	49500	375543	35612
叙利亚	Syria	41374	224	35601	155
泰国	Thailand	7641688	5655751	7572519	5055010
土耳其	Türkiye	3374023	450454	3887138	451995
阿联酋	United Arab Emirates	5313649	4541671	5568201	3931267
也门	Yemen	272853	63327	267615	1690
越南	Vietnam	14292916	8794034	13760140	9213259
中国	P. R. China		12072295		10401866
中国台湾	Taiwan, China	8152354	23574736	6848122	19922994
东帝汶	Timor-Leste	27200	14536	26177	7469
哈萨克斯坦	Kazakhstan	1616785	1485204	2469589	1634720
吉尔吉斯斯坦	Kirghizia	1529302	8166	1972041	8321
塔吉克斯坦	Tadzhikistan	218336	37446	367661	24981
土库曼斯坦	Turkmenistan	85972	1031356	95684	963340
乌兹别克斯坦	Uzbekistan	741003	227635	1238066	165960
格鲁吉亚	Georgia	123216	14890	193373	11412
亚美尼亚	Armenia	47803	90747	59790	98093
阿塞拜疆	Azerbaijan	112969	24587	155065	17107
亚洲其他国家（地区）	Other Countries (Regions) in Asia	44	0	31	0

6-10 续表 1 Continued 1

单位：万美元

Unit: USD 10 000

国 别（地 区）	Country/Region	2022		2023	
		出口总额 Exports	进口总额 Imports	出口总额 Exports	进口总额 Imports
非洲	**Africa**	**16074329**	**11711737**	**17273967**	**10923725**
阿尔及利亚	Algeria	620614	114348	945715	84941
安哥拉	Angola	394275	2324095	414022	1891640
贝宁	Benin	164961	25701	162994	9845
博茨瓦那	Botswana	21592	39750	21424	49672
布隆迪	Burundi	11489	1007	10439	953
喀麦隆	Cameroon	307117	65597	371428	51703
加那利群岛	Canary Is.	220	0	214	1
佛得角	Cape Verde	8966	2	10319	7
中非	Central Africa	5206	2503	5456	2873
塞卜泰(休达)	Ceuta	7	0	1	0
乍得	Chad	28087	108624	37771	82340
科摩罗	Comoros	6175	8	11100	7
刚果(布)	Congo	93551	560104	149656	545197
吉布提	Djibouti	315175	9673	336368	11922
埃及	Egypt	1690010	101991	1493327	88134
赤道几内亚	Eq. Guinea	22657	150440	20178	137109
埃塞俄比亚	Ethiopia	218358	45359	258878	43555
加蓬	Gabon	55951	394699	71940	307530
冈比亚	Gambia	44263	4414	47450	3942
加纳	Ghana	766175	234146	922364	182233
几内亚	Guinea	222573	452146	264289	640837
几内亚比绍	Guinea-Bissau	5505	0	6269	0
科特迪瓦	Cote d'Ivoire	339520	96792	420689	106845
肯尼亚	Kenya	796824	26900	787562	22766
利比里亚	Liberia	750333	1500	983590	8296
利比亚	Libya	232015	293674	390060	219994
马达加斯加	Madagascar	141237	62659	138638	28257
马拉维	Malawi	27638	1261	22536	1421
马里	Mali	57637	8765	80288	7840
毛里塔尼亚	Mauritania	91823	117473	105995	118687
毛里求斯	Mauritius	93565	3162	97796	2244
摩洛哥	Morocco	562105	90892	645215	97928
莫桑比克	Mozambique	317776	133806	371425	177258
纳米比亚	Namibia	52644	59391	55722	74781
尼日尔	Niger	67419	31771	32444	31173
尼日利亚	Nigeria	2171810	159776	2017313	237414
留尼汪	Reunion	24228	11	24300	0
卢旺达	Rwanda	40323	7047	42069	13114
圣多美和普林西比	Sao Tome & Principe	1528	15	1156	7
塞内加尔	Senegal	392184	26858	522805	34124
塞舌尔	Seychelles	9125	7	9935	485
塞拉利昂	Sierra Leone	55075	76440	61126	103607
索马里	Somalia	101444	738	101304	672
南非	South Africa	2383887	3244563	2364768	3199187
西撒哈拉	Western Sahara	111	0	80	0
苏丹	Sudan	198752	87730	128848	88194
坦桑尼亚	Tanzania	752748	53687	808856	68859
多哥	Togo	306291	19229	377620	16867
突尼斯	Tunisia	186440	25455	202452	24522
乌干达	Uganda	105786	5826	123502	6967
布基纳法索	Burkina Faso	49961	10402	53781	5657
刚果(金)	Congo DR	503870	1656505	448518	1421873
赞比亚	Zambia	96718	573056	99878	429983
津巴布韦	Zimbabwe	110498	129926	140713	166168

单位：万美元
Unit: USD 10 000

国 别（地 区）	Country/Region	2022 出口总额 Exports	2022 进口总额 Imports	2023 出口总额 Exports	2023 进口总额 Imports
莱索托	Lesotho	5998	2224	10286	2656
梅利利亚	Melilla	4	0	9	0
斯威士兰	Swaziland	8118	78	4566	50
厄立特里亚	Eritrea	14799	45774	13896	35482
马约特	Mayotte	5371	2	6059	7
南苏丹共和国	Republic of South Sudan	15520	23697	16085	35485
法属南方领地	French Southern Territories				2
英属印度洋领地	British Indian Ocean Territory			75	0
圣赫勒拿	St. Helena			39	0
非洲其他国家（地区）	Other Countries (Regions) in Africa	278	36	363	413
欧洲	**Europe**	**73672189**	**48660792**	**71216689**	**49845792**
比利时	Belgium	3532360	856814	3255004	760683
丹麦	Denmark	1015961	571523	815796	555092
英国	United Kingdom	8062799	2179104	7790194	2007094
德国	Germany	11560006	11087253	10055977	10618676
法国	France	4536659	3536872	4162253	3730408
爱尔兰	Ireland	513411	1809559	438267	1737774
意大利	Italy	5046587	2687144	4452099	2722413
卢森堡	Luxembourg	52427	32444	44988	26727
荷兰	Netherlands	11724961	1250793	10019418	1690083
希腊	Greece	1279278	83579	1276260	83239
葡萄牙	Portugal	595367	303636	579203	291193
西班牙	Spain	4156378	976296	3970317	886271
阿尔巴尼亚	Albania	69381	18522	109401	18008
安道尔	Andorra	2540	19	1951	18
奥地利	Austria	511991	824083	469888	784755
保加利亚	Bulgaria	283637	127352	264589	157485
芬兰	Finland	454858	527240	326846	493087
直布罗陀	Gibraltar	1801	2	732	0
匈牙利	Hungary	1044723	504876	979536	472932
冰岛	Iceland	31071	19015	26676	24230
列支敦士登	Liechtenstein	6432	19397	4142	21325
马耳他	Malta	195826	58521	182888	64321
摩纳哥	Monaco	1188	1434	1068	1891
挪威	Norway	517735	797281	352889	419934
波兰	Poland	3784444	505487	3716322	485900
罗马尼亚	Romania	733729	307710	773273	282200
圣马力诺	San Marino	970	502	1248	565
瑞典	Sweden	1137324	914515	946972	937365
瑞士	Switzerland	762552	4937088	573499	5376130
爱沙尼亚	Estonia	94473	29087	82474	34535
拉脱维亚	Latvia	102414	37534	98798	27196
立陶宛	Lithuania	178482	9067	195935	13455
白俄罗斯	Byelorussia	324548	180220	583728	260446
摩尔多瓦	Moldavia	20513	8488	25156	9455
俄罗斯	Russia	7553883	11454369	11091316	12932343
乌克兰	Ukraine	328304	434923	278135	403028
斯洛文尼亚	Slovenia	682111	58948	619806	49895
克罗地亚	Croatia	224839	15863	239594	13705
捷克	Czech	1821055	541428	1628889	522432
斯洛伐克	Slovak	443399	770904	429988	723394
北马其顿	North Macedonia	23396	17897	28198	19373
波黑	Bosnia & Herzegovina	18486	12271	27884	8288

单位：万美元
Unit: USD 10 000

国别（地区）	Country/Region	2022 出口总额 Exports	2022 进口总额 Imports	2023 出口总额 Exports	2023 进口总额 Imports
梵蒂冈城国	Vatican City State	7	0	11	0
法罗群岛	Faroe Islands	220	11478	215	9391
塞尔维亚	Serbia	216341	135529	269920	164957
黑山	Montenegro	21849	4726	18226	4059
奥兰群岛	Åland Islands			15	
格恩西	Guernsey			17	
马恩岛	Isle of Man			6615	0
泽西	Jersey			6	0
斯瓦尔巴群岛和扬马延岛	Svalbard Archipelago and Jan Mayen Island			0	0
欧洲其他国家（地区）	Other Countries (Regions) in Europe	1470	1	66	39
拉丁美洲	**Latin America**	**25110504**	**23248381**	**24504198**	**24407408**
安提瓜和巴布达	Antigua and Barbuda	10297	105	16684	549
阿根廷	Argentina	1269927	850061	1073739	661228
阿鲁巴	Aruba	6240	21	6696	0
巴哈马	Bahamas	39326	882	49347	50
巴巴多斯	Barbados	15971	2655	15167	1180
伯利兹	Belize	32019	71	23304	151
玻利维亚	Bolivia	105888	87210	113435	145803
巴西	Brazil	6178219	10937751	5910157	12262293
开曼群岛	Cayman Is.	5441	1	16006	1
智利	Chile	2235011	4446540	1950764	4300782
哥伦比亚	Colombia	1546934	704811	1237045	644767
多米尼克	Dominica	3434	43	7286	70
哥斯达黎加	Costa Rica	234948	200881	278402	291787
古巴	Cuba	41234	45164	50377	35446
库腊索	Curacao	6047	1	5824	5
多米尼加	Dominica	423571	52826	433516	63022
厄瓜多尔	Ecuador	622095	681945	586081	779730
法属圭亚那	French Guyana	3888	0	5057	0
格林纳达	Granada	2124	2	2404	1
瓜德罗普	Guadeloupe	6735	1	7161	0
危地马拉	Guatemala	432450	57262	459800	32853
圭亚那	Guyana	55722	130303	79243	43769
海地	Haiti	62001	258	52599	774
洪都拉斯	Honduras	154754	2924	182830	8116
牙买加	Jamaica	100316	1471	126649	1331
马提尼克	Martinique	4740	14	4547	4
墨西哥	Mexico	7709460	1743362	8145885	1872348
蒙特塞拉特	Montserrat	37	1	42	9
尼加拉瓜	Nicaragua	71618	3521	82452	2863
巴拿马	Panama	1245249	122158	1132640	161228
巴拉圭	Paraguay	188013	8466	220911	5081
秘鲁	Peru	1336353	2403148	1210924	2556946
波多黎各	Puerto Rico	96553	131218	94733	127208
圣卢西亚	Saint Lucia	3549	5	4479	8
法属圣马丁	Collectivité de Saint-Martin	470	0	595	0
圣文森特和格林纳丁斯	Saint Vincent & Grenadines	2118	0	2604	0
萨尔瓦多	El Salvador	164758	23342	163349	16877
苏里南	Suriname	31078	4581	32959	5456
特立尼达和多巴哥	Trinidad and Tobago	53800	76178	56111	78384
特克斯和凯科斯群岛	Turks & Caicos Is.	978	9	1129	0
乌拉圭	Uruguay	293975	445728	296897	232645

6-10 续表 4 Continued 4

单位：万美元
Unit: USD 10 000

国 别（地 区）	Country/Region	2022 出口总额 Exports	2022 进口总额 Imports	2023 出口总额 Exports	2023 进口总额 Imports
委内瑞拉	Venezuela	293034	83353	345055	74583
英属维尔京群岛	Virgin Is. (E)	10824	6	7228	5
圣其茨和尼维斯	St. Kitts and Nevis	1443	65	2532	21
博纳尔，圣俄斯塔休斯和萨巴	Bonaire, St. Eustatius and Saba	2503	1	1560	0
圣巴泰勒米	St. Barthélemy			80	
布维岛	Bouvet Island			30	
福克兰群岛(马尔维纳斯)	Falkland Islands (Malvinas)			48	0
南乔治亚岛和南桑德韦奇岛	South Georgia Island and South Sandwich Island			0	1
荷属圣马丁	Eilandgebied Sint Maarten			2758	0
美属维尔京群岛	US Virgin Islands			4280	1
安圭拉	Anguilla			611	32
拉丁美洲其他国家（地区）	Other Countries (Regions) in Latin America	5358	35	185	0
北美洲	**North America**	**62854130**	**21883674**	**54539820**	**20805991**
加拿大	Canada	5298488	4229231	4507187	4393597
美国	United States	57546715	17617747	50024298	16374431
格陵兰	Greenland	79	36672	311	37960
百慕大	Bermuda	8358	5	7902	0
圣皮埃尔和密克隆	Saint Pierre and Miquelon	2	0	1	
北美洲其他国家（地区）	Other Countries (Regions) in North America	489	19	121	3
大洋洲	**Oceania**	**9342864**	**16418865**	**8805315**	**17515948**
澳大利亚	Australia	7794554	14216110	7377839	15622471
库克群岛	Cook Is.	1136	82	1430	244
斐济	Fiji	48941	4333	50578	2029
瑙鲁	Nauru	1191	11	600	0
新喀里多尼亚	New Caledonia (Fr)	16637	189827	15354	152254
瓦努阿图	Vanuatu	9350	1082	12417	1392
新西兰	New Zealand	906908	1596911	787523	1348092
诺福克岛	Norfolk Islands	175	0	32	0
巴布亚新几内亚	Papua New Guinea	139746	379866	128921	354560
所罗门群岛	Solomon Is.	18778	30154	23054	30394
汤加	Tonga	5530	0	5759	0
萨摩亚	Samoa	11832	95	11949	141
基里巴斯	Kiribati	4171	0	3779	2
图瓦卢	Tuvalu	3305	1	4190	0
密克罗尼西亚联邦	Micronesia Commonwealth	2923	10	2586	3113
马绍尔群岛	Marshall Is.	347144	18	350904	104
帕劳	Republic of Palau	5204	13	4203	1
法属波利尼西亚	Polynesia (F)	14962	343	12830	1144
瓦利斯和富图纳	Wallis and Futuna	183	0	219	0
美属萨摩亚	American Samoa			2717	1
科科斯(基林)群岛	Cocos (Keeling) Islands				0
圣诞岛	Christmas Island				0
关岛	Guam			6499	0
北马里亚纳群岛	Northern Mariana Islands			1259	0
纽埃	Niue			99	1
皮特凯恩	Pitcairn			9	0
托克劳	Tokelau			0	0
美国本土外小岛屿	US Minor Outlying Islands			352	3
大洋洲其他国家（地区）	Other Countries (Regions) in Oceania	10193	11	214	0
国别（地区）不明	**Others**	**12**	**135408**	**35**	**157916**
东南亚国家联盟	**ASEAN**	**55104579**	**40749194**	**52354841**	**38792389**
欧洲联盟	**EU**	**55822875**	**28431900**	**50121133**	**28168771**
亚太经济合作组织	**APEC**	**213410797**	**159828418**	**199735410**	**150517636**

6-11 按国际贸易标准分类的进出口简表
Brief Table of Imports and Exports by SITC

单位：亿美元
Unit: USD 100 million

年 份 Year	初级产品 Primary Goods		工业制品 Manufactured Goods	
	出 口 Exports	进 口 Imports	出 口 Exports	进 口 Imports
1980	91.14	69.59	90.05	130.58
1981	102.48	80.44	117.59	139.71
1982	100.50	76.34	122.71	116.51
1983	96.20	58.08	126.06	155.82
1984	119.34	52.08	142.05	222.02
1985	138.28	52.89	135.22	369.63
1986	112.72	56.49	196.70	372.55
1987	132.31	69.15	262.06	363.01
1988	144.06	100.68	331.10	452.07
1989	150.78	117.54	374.60	473.86
1990	158.86	98.53	462.05	434.92
1991	161.45	108.34	556.98	529.57
1992	170.04	132.55	679.36	673.30
1993	166.66	142.10	750.78	897.49
1994	197.08	164.86	1012.98	991.28
1995	214.85	244.17	1272.95	1076.67
1996	219.25	254.41	1291.23	1133.92
1997	239.53	286.20	1588.39	1137.50
1998	204.89	229.49	1632.20	1172.88
1999	199.41	268.46	1749.90	1388.53
2000	254.60	467.39	2237.43	1783.55
2001	263.38	457.43	2397.60	1978.10
2002	285.40	492.71	2970.56	2458.99
2003	348.12	727.63	4034.16	3399.96
2004	405.49	1172.67	5527.77	4439.62
2005	490.37	1477.14	7129.16	5122.39
2006	529.19	1871.29	9160.17	6043.32
2007	615.09	2430.85	11562.67	7128.65
2008	779.57	3623.95	13527.36	7701.67
2009	631.12	2898.04	11384.83	7161.19
2010	816.86	4338.50	14960.69	9623.94
2011	1005.45	6042.69	17978.36	11392.15
2012	1005.58	6349.34	19481.56	11834.71
2013	1072.68	6580.81	21017.36	12919.09
2014	1126.92	6469.40	22296.01	13122.95
2015	1039.27	4720.57	21695.41	12075.07
2016	1051.87	4410.55	19924.44	11468.71
2017	1177.33	5796.38	21456.38	12641.55
2018	1349.93	7017.44	23516.89	14339.90
2019	1339.70	7299.52	23655.13	13484.57
2020	1156.29	6869.07	24743.22	13790.54
2021	1396.68	9749.70	31763.54	17044.42
2022	1690.22	10883.10	33754.13	16181.97
2023	1640.77	10862.17	32149.66	14707.24

6-12 按国际贸易标准分类的进出口同比增速(按美元计算)

Growth Rates of Imports and Exports by SITC(by USD)

单位：%

Unit：%

年 份 Year	初级产品 Primary Goods		工业制品 Manufactured Goods	
	出 口 Exports	进 口 Imports	出 口 Exports	进 口 Imports
1981	12.4	15.6	30.6	7.0
1982	-1.9	-5.1	4.4	-16.6
1983	-4.3	-23.9	2.7	33.7
1984	24.1	-10.3	12.7	42.5
1985	15.9	1.6	-4.8	66.5
1986	-18.5	6.8	45.5	0.8
1987	17.4	22.4	33.2	-2.6
1988	8.9	45.6	26.3	24.5
1989	4.7	16.7	13.1	4.8
1990	5.4	-16.2	23.3	-8.2
1991	1.6	10.0	20.5	21.8
1992	5.3	22.3	22.0	27.1
1993	-2.0	7.2	10.5	33.3
1994	18.3	16.0	34.9	10.5
1995	9.0	48.1	25.7	8.6
1996	2.0	4.2	1.4	5.3
1997	9.2	12.5	23.0	0.3
1998	-14.5	-19.8	2.8	3.1
1999	-2.7	17.0	7.2	18.4
2000	27.7	74.1	27.9	28.4
2001	3.4	-2.1	7.2	10.9
2002	8.4	7.7	23.9	24.3
2003	22.0	47.7	35.8	38.3
2004	16.5	61.2	37.0	30.6
2005	20.9	26.0	29.0	15.4
2006	7.9	26.7	28.5	18.0
2007	16.2	29.9	26.2	18.0
2008	26.7	49.1	17.0	8.0
2009	-19.0	-20.0	-15.8	-7.0
2010	29.4	49.7	31.4	34.4
2011	23.1	39.3	20.2	18.4
2012	0.0	5.1	8.4	3.9
2013	6.7	3.6	7.9	9.2
2014	5.1	-1.7	6.1	1.6
2015	-7.8	-27.0	-2.7	-8.0
2016	1.2	-6.6	-8.2	-5.0
2017	11.9	31.4	7.7	10.2
2018	14.7	21.1	9.6	13.4
2019	-0.8	4.0	0.6	-6.0
2020	-13.7	-5.9	4.6	2.3
2021	20.8	41.9	28.4	23.6
2022	21.0	11.6	6.3	-5.1
2023	-2.9	-0.2	-4.8	-9.1

6–13 按国际贸易标准分出口商品金额
Value of Exports by SITC

单位：亿美元
Unit: USD 100 million

商品分类	Category	2022	2023
总　　额	**Total**	**35444.34**	**33790.44**
一、初级产品	**Primary Products**	**1690.22**	**1640.77**
食品及活动物	Food and Live Animals	734.74	733.18
饮料及烟类	Beverages and Tobacco	30.69	37.81
非食用原料(燃料除外)	Crude Materials, Inedible(Except Fuels)	247.68	223.65
矿物燃料、润滑油及有关原料	Mineral Fuels，Lubricants and Related Materials	641.51	611.56
动植物油、脂及蜡	Animal and Vegetable Oils，Fats and Waxes Fractionated	35.60	34.58
二、工业制品	**Manufactures**	**33754.13**	**32149.66**
化学成品及有关产品	Chemicals and Related Products, n.e.s	3116.14	2599.11
按原料分类的制成品	Manufactured Goods Classified Chiefly by Material	5865.49	5434.68
机械及运输设备	Machinery and Transport Equipment	16868.08	16466.67
杂项制品	Miscellaneous Manufactured Articles	7371.18	6915.79
未分类的商品	Commodities and Transactions not Classified Elsewhere in SITC	533.24	733.41

6–14 按国际贸易标准分进口商品金额
Value of Imports by SITC

单位：亿美元
Unit: USD 100 million

商品分类	Category	2022	2023
总　　额	**Total**	**27065.07**	**25569.41**
一、初级产品	**Primary Products**	**10883.10**	**10862.17**
食品及活动物	Food and Live Animals	1311.59	1290.44
饮料及烟类	Beverages and Tobacco	70.27	78.99
非食用原料(燃料除外)	Crude Materials, Inedible(Except Fuels)	4014.98	4195.12
矿物燃料、润滑油及有关原料	Mineral Fuels，Lubricants and Related Materials	5357.01	5161.54
动植物油、脂及蜡	Animal and Vegetable Oils，Fats and Waxes Fractionated	129.25	136.07
二、工业制品	**Manufactures**	**16181.97**	**14707.24**
化学成品及有关产品	Chemicals and Related Products, n.e.s	2662.95	2389.77
按原料分类的制成品	Manufactured Goods Classified Chiefly by Material	1977.78	1682.50
机械及运输设备	Machinery and Transport Equipment	9359.04	8301.95
杂项制品	Miscellaneous Manufactured Articles	1337.85	1304.95
未分类的商品	Commodities and Transactions not Classified Elsewhere in SITC	844.36	1028.06

6-15 按国际贸易标准分出口商品构成
Composition of Exports by SITC

单位：%
Unit: %

商品分类	Category	2022	2023
总　　额	**Total**	**100.00**	**100.00**
一、初级产品	**Primary Products**	**4.77**	**4.86**
食品及活动物	Food and Live Animals	2.07	2.17
饮料及烟类	Beverages and Tobacco	0.09	0.11
非食用原料(燃料除外)	Crude Materials, Inedible(Except Fuels)	0.70	0.66
矿物燃料、润滑油及有关原料	Mineral Fuels，Lubricants and Related Materials	1.81	1.81
动植物油、脂及蜡	Animal and Vegetable Oils，Fats and Waxes Fractionated	0.10	0.10
二、工业制品	**Manufactures**	**95.23**	**95.14**
化学成品及有关产品	Chemicals and Related Products, n.e.s	8.79	7.69
按原料分类的制成品	Manufactured Goods Classified Chiefly by Material	16.55	16.08
机械及运输设备	Machinery and Transport Equipment	47.59	48.73
杂项制品	Miscellaneous Manufactured Articles	20.80	20.47
未分类的商品	Commodities and Transactions not Classified Elsewhere in SITC	1.50	2.17

6-16 按国际贸易标准分进口商品构成
Composition of Imports by SITC

单位：%
Unit: %

商品分类	Category	2022	2023
总　　额	**Total**	**100.00**	**100.00**
一、初级产品	**Primary Products**	**40.21**	**42.48**
食品及活动物	Food and Live Animals	4.85	5.05
饮料及烟类	Beverages and Tobacco	0.26	0.31
非食用原料(燃料除外)	Crude Materials, Inedible(Except Fuels)	14.83	16.41
矿物燃料、润滑油及有关原料	Mineral Fuels，Lubricants and Related Materials	19.79	20.19
动植物油、脂及蜡	Animal and Vegetable Oils，Fats and Waxes Fractionated	0.48	0.53
二、工业制品	**Manufactures**	**59.79**	**57.52**
化学成品及有关产品	Chemicals and Related Products, n.e.s	9.84	9.35
按原料分类的制成品	Manufactured Goods Classified Chiefly by Material	7.31	6.58
机械及运输设备	Machinery and Transport Equipment	34.58	32.47
杂项制品	Miscellaneous Manufactured Articles	4.94	5.10
未分类的商品	Commodities and Transactions not Classified Elsewhere in SITC	3.12	4.02

6-17 按商品类章分出口商品金额
Value of Exports of Goods by HS

类　章		HS Section and Division	2022 亿元人民币 RMB 100 million	2022 亿美元 USD 100 million	2023 亿元人民币 RMB 100 million	2023 亿美元 USD 100 million
总　额		**Total**	**236336.79**	**35444.34**	**237656.36**	**33790.44**
第一类	**活动物；动物产品**	**LIVE ANIMALS；ANIMAL PRODUCTS**	**1099.83**	**164.79**	**1013.45**	**144.16**
01章	活动物	Live animals	36.41	5.42	34.89	4.96
02章	肉及食用杂碎	Meat and edible meat offal	66.26	9.93	70.30	9.99
03章	鱼、甲壳动物、软体动物及其他水生无脊椎动物	Fish and crustaceans molluscs and other aquatic invertebrates	814.66	121.99	732.96	104.24
04章	乳品；蛋品；天然蜂蜜；其他食用动物产品	Dairy produce；birds' eggs；natural honey；edible products of animal origin，not elsewhere specified or included	47.38	7.12	52.92	7.53
05章	其他动物产品	Products of animal origin，not elsewhere specified or included	135.13	20.34	122.36	17.44
第二类	**植物产品**	**VEGETABLE PRODUCTS**	**1892.80**	**282.83**	**2045.63**	**290.43**
06章	活树及其他活植物；鳞茎、根及类似品；插花及装饰用簇叶	Live tree and other plants；bulbs，roots and the like; cut flowers and ornamental foliage	37.57	5.63	37.05	5.26
07章	食用蔬菜、根及块茎	Edible vegetables and certain roots and tubers	677.60	101.22	774.29	109.86
08章	食用水果及坚果；甜瓜或柑桔属水果的果皮	Edible fruit and nuts；peel of citrus fruit or melons	368.91	54.74	419.00	59.30
09章	咖啡、茶、马黛茶及调味香料	Coffee，tea，mate and spices	255.24	38.31	265.98	37.86
10章	谷物	Cereals	71.59	10.71	72.68	10.27
11章	制粉工业产品；麦芽；淀粉；菊粉；面筋	Products of the milling industry；malt；starches；inulin；wheat gluten	70.98	10.62	63.12	9.01
12章	含油子仁及果实；杂项子仁及果实；工业用或药用植物；稻草、秸秆及饲料	Oil seeds and oleaginous fruits；miscellaneous grains，seeds and fruit；industrial or medicinal plants；straw and fodder	210.64	31.58	232.09	33.01
13章	虫胶；树胶、树脂及其他植物液、汁	Lac；gums，resins and other vegetable saps and extracts	183.17	27.46	162.71	23.19
14章	编结用植物材料；其他植物产品	Vegetable plaiting materials；vegetable products not elsewhere specified or included	17.10	2.57	18.72	2.67
第三类	**动、植物油、脂及其分解产品；精制的食用油脂；动、植物蜡**	**ANIMAL OR VEGETABLE FATS AND OILS AND THEIR CLEAVAGE PRODUCTS；PREPARED EDIBLE FATS；ANIMAL OR VEGETABLE WAXES**	**239.16**	**35.97**	**246.32**	**34.97**
15章	动、植物油、脂及其分解产品；精制的食用油脂；动、植物蜡	Animal or vegetable fats and oils and their cleavage products；prepared edible fats；animal or vegetable waxes	**239.16**	**35.97**	**246.32**	**34.97**
第四类	**食品；饮料、酒及醋；烟草、烟草及烟草代用品的制品**	**PREPARED FOODSTUFFS；BEVERAGES, SPIRITS AND VINEGAR；TOBACCO AND MANUFACTURED TOBACCO SUBSTITUTES**	**3147.32**	**471.98**	**3500.16**	**497.95**
16章	肉、鱼、甲壳动物、软体动物及其他水生无脊椎动物的制品	Preparations of meat，of fish or of crustaceans，molluscs or other aquatic invertebrates	784.43	117.94	757.45	107.80
17章	糖及糖食	Sugars and sugar confectionery	170.66	25.59	211.87	30.10
18章	可可及可可制品	Cocoa and cocoa preparations	29.06	4.33	30.37	4.30
19章	谷物、粮食粉、淀粉或乳的制品；糕饼点心	Preparations of cereals，flour，starch or milk；pastry-cooks' products	163.47	24.48	185.20	26.32

6-17 续表 1 Continued 1

类 章		HS Section and Division	2022 亿 元 人民币 RMB 100 million	2022 亿美元 USD 100 million	2023 亿 元 人民币 RMB 100 million	2023 亿美元 USD 100 million
20章	蔬菜、水果、坚果或植物其他部分的制品	Preparations of vegetables, fruit, nuts or other parts of plants	660.07	99.00	694.72	99.05
21章	杂项食品	Miscellaneous edible preparations	421.26	63.18	487.44	69.39
22章	饮料、酒及醋	Beverages, spirits and vinegar	156.40	23.40	209.97	29.80
23章	食品工业的残渣及废料；配制的动物饲料	Residues and waste from the food industries; prepared animal fodder	258.62	38.99	277.16	39.46
24章	烟草、烟草及烟草代用品的制品	Tobacco and manufactured tobacco substitutes	503.35	75.07	645.97	91.73
第五类	**矿产品**	**MINERAL PRODUCTS**	**4830.24**	**722.79**	**4804.70**	**683.36**
25章	盐；硫磺；泥土及石料；石膏料、石灰及水泥	Salt; sulphur; earths and stone; plastering materials, lime and cement	279.34	41.84	250.31	35.65
26章	矿砂、矿渣及矿灰	Ores, slag and ash	258.55	39.05	253.65	36.14
27章	矿物燃料、矿物油及其蒸馏产品；沥青物质；矿物蜡	Mineral fuels, mineral oils and products of their distillation; bituminous substances; mineral waxes	4292.36	641.89	4300.75	611.57
第六类	**化学工业及其相关工业的产品**	**PRODUCTS OF THE CHEMICAL OR INDUSTRIES ALLIED**	**16301.84**	**2453.56**	**13816.41**	**1967.76**
28章	无机化学品；贵金属、稀土金属、放射性元素及其同位素的有机及无机化合物	Inorganic chemicals; organic or inorganic compounds of precious metals, of rare- earth metals, of radioactive elements or of isotopes	2608.51	390.88	2402.44	342.78
29章	有机化学品	Organic chemicals	6746.61	1016.72	5468.12	779.01
30章	药品	Pharmaceutical products	928.64	139.70	792.88	112.84
31章	肥料	Fertilizers	759.03	113.45	683.62	97.06
32章	鞣料浸膏及染料浸膏；鞣酸及其衍生物；染料、颜料及其他色料；油漆及清漆；油灰及其他类似胶粘剂；墨水、油墨	Tanning or dyeing extracts; tannins and their derivatives; dyes, pigments and other colouring matter; paints and varnishes; putty and other mastics; inks	692.03	104.33	665.37	94.74
33章	精油及香膏；芳香料制品及化妆盥洗品	Essential oils and retinoid; perfumery, cosmetic or toilet preparations	481.60	72.04	534.13	75.86
34章	肥皂、有机表面活性剂、洗涤剂、润滑剂、人造蜡、调制蜡、光洁剂、蜡烛及类似品、塑型用膏、"牙科用蜡"及牙科用熟石膏制剂	Soap, organic surface-active agents, washing preparations, lubricating preparations, artificial waxes, prepared waxes, polishing or scouring preparations, candles and similar articles, modelling pastes, "dental waxes" and dental preparations with a basis of plast	455.19	68.27	494.30	70.26
35章	蛋白类物质；改性淀粉；胶；酶	Albuminoidal substances; modified starches; glues; enzymes	323.46	48.57	316.87	45.08
36章	炸药；烟火制品；火柴；引火合金；易燃材料制品	Explosives; pyrotechnic products; matches; pyrophoric alloys; certain combustible preparations	81.44	12.29	79.15	11.26
37章	照相及电影用品	Photographic or cinematographic goods	94.76	14.24	89.07	12.67
38章	杂项化学产品	Miscellaneous chemical products	3130.56	473.08	2290.46	326.19
第七类	**塑料及其制品，橡胶及其制品**	**PLASTICS AND ARTICLES THEREOF RUBBER AND ARTICLES THEREOF**	**11434.04**	**1717.71**	**11603.31**	**1650.73**
39章	塑料及其制品	Plastics and articles thereof	9350.11	1404.87	9237.78	1314.27
40章	橡胶及其制品	Rubber and articles thereof	2083.93	312.85	2365.53	336.46
第八类	**生皮、皮革、毛皮及其制品；鞍具及挽具；旅行用品、手提包及类似品；动物肠线(蚕胶丝除外)制品**	**RAW HIDES AND SKINS, LEATHER, FUR SKINS AND ARTICLES THEREOF; SADDLERY AND HARNESS; TRAVEL GOODS, HANDBAGS AND SIMILAR CONTAINERS; ARTICLES OF ANIMAL GUT(OTHER THAN SILK-WORM GUT)**	**2706.62**	**404.84**	**2857.04**	**406.31**
41章	生皮(毛皮除外)及皮革	Raw hides and skins(other than fur skins) and leather	64.22	9.68	63.30	9.01

类 章	HS Section and Division	2022		2023	
		亿 元 人民币 RMB 100 million	亿美元 USD 100 million	亿 元 人民币 RMB 100 million	亿美元 USD 100 million
42章 皮革制品；鞍具及挽具；旅行用品、手提包及类似容器；动物肠线(蚕胶丝除外)制品	Articles of Leather; Saddlery and Harness; Travel Goods, Handbags and Similar Containers; Articles of Animal Gut	2505.00	374.81	2695.74	383.43
43章 毛皮、人造毛皮及其制品	Fur skins and artificial fur；manufactures thereof	137.40	20.34	98.00	13.87
第九类 木及木制品；木炭；软木及软木制品；稻草，秸秆、针茅或其他编结材料制品；篮筐及柳条编结品	**WOOD AND ARTICLES OF WOOD；WOOD CHAR-COAL；CORK AND ARTICLES OF CORK；MANUFACTURES OF STRAW，OF ESPARTO OR OF OTHER PLAITING MATERIALS；BASKET WARE AND WICKERWORK**	**1326.06**	**199.73**	**1218.02**	**173.19**
44章 木及木制品；木炭	Wood and articles of wood；wood charcoal	1198.74	180.51	1104.63	157.05
45章 软木及软木制品	Cork and articles of cork	2.58	0.39	3.28	0.47
46章 稻草、秸秆、针茅或其他编结材料制品；篮筐及柳条编结品	Manufactures of straw，of esparto or of other plaiting Materials；basket ware and wickerwork	124.74	18.83	110.11	15.68
第十类 木浆及其他纤维状纤维素浆；纸及纸板的废碎品；纸、纸板及其制品	**Pulp of Wood or of Other Fibrous Cellulosic Material; Recycled Waste and Scrap of Paper or Paperboard; Paperboard and Articles Thereof**	**2363.42**	**354.11**	**2344.48**	**333.40**
47章 木浆及其他纤维状纤维素浆；纸及纸板的废碎品	Pulp of Wood or of Other Fibrous Cellulosic Material; Waste and Scrap of Paper or Paperboard	27.87	4.16	20.31	2.89
48章 纸及纸板；纸浆、纸或纸板制品	Paper and paperboard；articles of paper pulp，of paper or paperboard	2049.09	306.93	2040.75	290.25
49章 书籍、报纸、印刷图画及其他印制品；手稿、打字稿及设计图纸	Printed books，newspapers，pictures and other products of the printing industry；manuscripts，typescripts and plans	286.46	43.01	283.42	40.26
第十一类 纺织原料及纺织制品	**TEXTILES AND TEXTILE ARTICLES**	**21034.68**	**3157.02**	**20441.84**	**2905.45**
50章 蚕丝	Silk	62.05	9.33	56.35	8.02
51章 羊毛、动物细毛或粗毛；马毛纱线及其机织物	Wool，fine or coarse animal hair；horsehair yarn and woven fabric	149.05	22.40	143.90	20.55
52章 棉花	Cotton	877.92	132.32	747.52	106.43
53章 其他植物纺织纤维；纸纱线及其机织物	Other vegetable textile fibres；paper yarn and woven fabrics of paper yarn	108.43	16.13	112.56	15.89
54章 化学纤维长丝,化学纤维纺织材料制扁条及类似品	Man-Made Filaments; Man-Made Textile Materials Making Flat Strips and Similar Products	1960.79	294.88	2011.76	286.30
55章 化学纤维短纤	Man-made short fibres	960.75	144.67	928.13	132.11
56章 絮胎、毡呢及无纺织物；特种纱线；线、绳、索、缆及其制品	Wadding，felt and nonwoven；special yarns；twine，cordage，ropes and cables and articles thereof	520.71	78.24	530.74	75.52
57章 地毯及纺织材料的其他铺地制品	Carpets and other textile floor coverings	253.43	38.02	281.32	40.01
58章 特种机织物；簇绒织物；花边；装饰毯；装饰带；刺绣品	Special woven fabrics；tufted textile fabrics；lace；tapestries；trimmings；embroidery	400.08	60.12	399.02	56.76
59章 浸渍、涂布、包覆或层压的纺织物；工业用纺织制品	Impregnated，coated，covered or laminated textile fabrics；textile articles of a kind suitable for industrial use	676.51	101.71	650.42	92.54
60章 针织物及钩编织物	Knitted or crocheted fabrics	1575.20	237.21	1512.74	215.14
61章 针织或钩编的服装及衣着附件	Articles of apparel and clothing accessories，knitted or crocheted	5977.73	895.49	5796.87	822.94
62章 非针织或非钩编的服装及衣着附件	Articles of apparel and clothing accessories，not knitted or crocheted	5041.97	755.01	4937.85	701.51

6–17 续表 3 Continued 3

类 章	HS Section and Division	2022 亿元人民币 RMB 100 million	2022 亿美元 USD 100 million	2023 亿元人民币 RMB 100 million	2023 亿美元 USD 100 million
63章 其他纺织制成品；成套物品；旧衣着及旧纺织品；碎织物	Other made up textile articles；sets；worn clothing and worn textile articles；rags articles；rags	2470.06	371.49	2332.68	331.73
第十二类 鞋、帽、伞、杖、鞭及其零件；已加工的羽毛及其制品；人造花；人发制品	**FOOTWEAR，HEADGEAR，UMBRELLAS，SUN UMBRELLAS，WALKING-STICKS，SEAT-STICKS，WHIPS，RIDING-CROPS AND PARTS THEREOF；PREPARED FEATHERS AND ARTICLES MADE THEREWITH；ARTIFICIAL FLOWERS；ARTICLES OF HUMAN HAIR**	**5542.96**	**830.93**	**5103.73**	**725.84**
64章 鞋靴、护腿和类似品及其零件	Footwear，gaiters and the like；parts of such articles	4057.90	607.97	3726.91	529.92
65章 帽类及其零件	Headgear and parts thereof	454.38	68.08	420.86	59.87
66章 雨伞、阳伞、手杖、鞭子、马鞭及其零件	Umbrellas，sun umbrellas，walking-sticks，seat-sticks，whips，riding-crops and parts thereof	236.99	35.65	229.49	32.71
67章 已加工羽毛、羽绒及其制品；人造花；人发制品	Prepared feathers and down and articles made of feathers or of down；artificial flowers；articles of human hair	793.70	119.23	726.47	103.33
第十三类 石料、石膏、水泥、石棉、云母及类似材料的制品；陶瓷产品；玻璃及其制品	**ARTICLES OF STONE，PLASTER，CEMENT，ASBESTOS，MICA OR SIMILAR MATERIALS；CERAMIC PRODUCTS；GLASS AND GLASSWARE**	**4789.40**	**716.83**	**4531.73**	**644.64**
68章 石料、石膏、水泥、石棉、云母及类似材料的制品	Articles of stone，plaster，cement，asbestos，mica or similar materials；ceramic products；glass and glassware	1000.59	149.61	915.45	130.40
69章 陶瓷产品	Ceramic products	2062.03	308.36	1833.57	260.58
70章 玻璃及其制品	Glass and glassware	1726.78	258.86	1782.71	253.66
第十四类 天然或养殖珍珠、宝石或半宝石、贵金属、包贵金属及其制品；仿首饰；硬币	**NATURAL OR CULTURED PEARLS，PRECIOUS OR SEMI-PRECIOUS STONES，PRECIOUS METALS，METALS CLAD WITH PRECIOUS METAL AND STONES，PRECIOUS METALS，METALS CLAD WITH PRECIOUS METAL AND ARTICLES THEREOF；IMITATION JEWELLERY；COIN**	**1996.78**	**297.05**	**2197.18**	**312.30**
71章 天然或养殖珍珠、宝石或半宝石、贵金属、包贵金属及其制品；仿首饰；硬币	Natural or cultured pearls，precious or semi-precious stones，precious metals，metals clad with precious metal and articles thereof；imitation jewellery；coin	1996.78	297.05	2197.18	312.30
第十五类 贱金属及其制品	**BASE METALS AND ARTICLES OF BASE METAL**	**19544.63**	**2936.94**	**18830.78**	**2680.74**
72章 钢铁	Iron and steel	4913.41	740.04	4836.65	689.88
73章 钢铁制品	Articles of iron or steel	7121.98	1067.38	6828.76	971.66
74章 铜及其制品	Copper and articles thereof	703.22	106.54	704.33	100.46
75章 镍及其制品	Nickel and articles thereof	78.52	11.81	106.79	15.21
76章 铝及其制品	Aluminium and articles thereof	2775.70	418.07	2452.73	348.91
78章 铅及其制品	Lead and articles thereof	20.70	3.12	33.37	4.72
79章 锌及其制品	Zinc and articles thereof	32.16	4.87	12.39	1.76
80章 锡及其制品	Tin and articles thereof	26.47	4.01	24.71	3.52
81章 其他贱金属、金属陶瓷及其制品	Other base metals；cermets；articles thereof	428.74	64.80	344.60	49.05
82章 贱金属工具、器具、利口器、餐匙、餐叉及其零件	Tools，implements，cutlery，spoons and forks，of base metal；parts thereof of base metal	1581.87	237.15	1653.80	235.10
83章 贱金属杂项制品	Miscellaneous articles of base metal	1861.86	279.15	1832.64	260.47

6-17 续表 4 Continued 4

类 章	HS Section and Division	2022		2023	
		亿元人民币 RMB 100 million	亿美元 USD 100 million	亿元人民币 RMB 100 million	亿美元 USD 100 million
第十六类 机器、机械器具、电气设备及其零件；录音机及放声机、电视图像、声音的录制和重放设备及其零件、附件	**MACHINERY AND MECHANICAL APPLIANCES；ELECTRICAL EQUIPMENT；PARTS THEREOF；SOUND RECORDERS AND REPRODUCERS，TELEVISION IMAGE AND SOUND RECORDERS AND REPRODUCERS；AND PARTS AND ACCESSORIES OF RECORDERS AND REPRODUCERS；AND PARTS AND ACCESSORIES OF SUCH ARTICLES**	**99414.02**	**14908.58**	**98942.63**	**14066.67**
84章 核反应堆、锅炉、机器、机械器具及其零件	Nuclear reactors，boilers，machinery and mechanical appliances；parts thereof	36545.98	5486.24	35892.05	5105.30
85章 电机、电气设备及其零件；录音机及放声机、电视图像、声音的录制和重放设备及其零件、附件	Electrical machinery and equipment and parts thereof；sound recorders and reproducers，television image and sound recorders and reproducers，and parts and accessories of such articles	62868.03	9422.34	63050.58	8961.37
第十七类 车辆、航空器、船舶及有关运输设备	**VEHICLES，AIRCRAFT，VESSELS AND ASSOCIATED TRANSPORT EQUIPMENT**	**13277.11**	**1984.76**	**17100.10**	**2428.33**
86章 铁道及电车道机车、车辆及其零件；铁道及电车轨道固定装置及其零件、附件；各种机械(包括电动机械)交通信号设备	Railway or tramway locomotives，rolling-stock and parts thereof；railway or tramway track fixtures and fittings and parts thereof；mechanical(including electro-mechanical) traffic signalling equipment of all kinds	1217.56	184.14	824.27	117.37
87章 车辆及其零件、附件，但铁道及电车道车辆除外	Vehicles other than railway or tramway rolling-stock，and parts and accessories thereof	9987.51	1491.51	13556.10	1924.87
88章 航空器、航天器及其零件	Aircraft，spacecraft，and parts thereof	311.68	46.60	474.60	67.39
89章 船舶及浮动结构体	Ships，boats and floating structures	1760.36	262.51	2245.14	318.71
第十八类 光学、照相、电影、计量、检验、医疗或外科用仪器及设备、精密仪器及设备；钟表；乐器；上述物品的零件、附件	**OPTICAL，PHOTOGRAPHIC，CINEMATOGRAPHIC，MEASURING，CHECKING，PRECISION，MEDICAL OR SURGICAL INSTRUMENTS AND APPARATUS；CLOCKS AND WATCHES；MUSICAL INSTRUMENTS；PARTS AND ACCESSORIES THEREOF**	**5072.26**	**759.15**	**5364.29**	**762.72**
90章 光学、照相、电影、计量、检验、医疗或外科用仪器及设备、精密仪器及设备；上述物品的零件、附件	Optical，photographic，cinematographic，measuring，checking，precision medical or surgical instruments and apparatus；parts and accessories thereof	4612.62	690.35	4880.50	694.01
91章 钟表及其零件	Clocks and watches and parts thereof	316.38	47.33	337.37	47.92
92章 乐器及其零件、附件	Musical instruments；parts and accessories of such articles	143.26	21.47	146.42	20.79
第十九类 武器、弹药及其零件、附件	**ARMS AND AMMUNITION；PARTS AND ACCESSORIES THEREOF**	**18.01**	**2.71**	**14.66**	**2.08**
93章 武器、弹药及其零件、附件	Arms and ammunition；parts and accessories thereof	18.01	2.71	14.66	2.08
第二十类 杂项制品	**MISCELLANEOUS MANUFACTURED ARTICLES**	**16889.15**	**2532.08**	**16705.35**	**2373.70**
94章 家具；寝具、褥垫、弹簧床垫、软坐垫及类似的填充制品；未列名灯具及照明装置；发光标志、发光名牌及类似品；活动房屋	Furniture；bedding，mattresses，mattress supports，cushions and similar stuffed furnishings；lamps and lighting fittings，not elsewhere specified or included；illuminated signs，illuminated	8451.51	1268.78	8547.05	1214.47
95章 玩具、游戏品、运动用品及其零件、附件	Toys，games and sports requisites；parts and accessories thereof	6674.76	999.19	6229.27	884.92
96章 杂项制品	Miscellaneous manufactured articles	1762.88	264.11	1929.03	274.30
第二十一类 艺术品、收藏品及古物	**WORKS OF ART，COLLECTORS' PIECES AND ANTIQUES**	**63.61**	**9.56**	**79.31**	**11.23**
97章 艺术品、收藏品及古物	Works of art，collectors' pieces and antiques	63.61	9.56	79.31	11.23
第二十二类 特殊交易品及未分类商品	**COMMODITIES AND TRANSACTIONS NOT CLASSIFIED ACCORDING TO KIND**	**3352.84**	**500.41**	**4895.22**	**694.49**
98章 特殊交易品及未分类商品	Commodities and transactions not classified according to kind	2961.21	442.27	4729.75	670.86
99章 跨境电商B2B简化申报商品	Simplified Declaration of Cross-border E-commerce B2B Commodities	391.63	58.14	165.47	23.63

6-18 按商品类章分进口商品金额

Value of Imports of Goods by HS

类 章	HS Section and Division	2022 亿元人民币 RMB 100 million	2022 亿美元 USD 100 million	2023 亿元人民币 RMB 100 million	2023 亿美元 USD 100 million
总 额	**Total**	**180391.04**	**27065.07**	**179853.75**	**25569.41**
第一类 活动物；动物产品	**LIVE ANIMALS；ANIMAL PRODUCTS**	**4101.74**	**614.37**	**3884.67**	**553.20**
01章 活动物	Live animals	59.65	8.93	33.06	4.71
02章 肉及食用杂碎	Meat and edible meat offal	2062.94	308.73	1877.42	267.34
03章 鱼、甲壳动物、软体动物及其他水生无脊椎动物	Fish and crustaceans molluscs and other aquatic invertebrates	1256.55	187.73	1317.49	187.56
04章 乳品；蛋品；天然蜂蜜；其他食用动物产品	Dairy produce；birds' eggs；natural honey；edible products of animal origin，not elsewhere specified or included	632.50	95.46	564.01	80.37
05章 其他动物产品	Products of animal origin，not elsewhere specified or included	90.10	13.52	92.69	13.22
第二类 植物产品	**VEGETABLE PRODUCTS**	**7486.88**	**1125.22**	**8142.14**	**1159.54**
06章 活树及其他活植物；鳞茎、根及类似品；插花及装饰用簇叶	Live tree and other plants；bulbs，roots and the like；cut flowers and ornamental foliage	16.01	2.38	19.52	2.76
07章 食用蔬菜、根及块茎	Edible vegetables and certain roots and tubers	256.59	38.91	235.38	33.65
08章 食用水果及坚果；甜瓜或柑桔属水果的果皮	Edible fruit and nuts；peel of citrus fruit or melons	1109.52	167.20	1323.25	188.32
09章 咖啡、茶、马黛茶及调味香料	Coffee，tea，mate and spices	105.20	15.68	126.27	17.99
10章 谷物	Cereals	1285.00	194.51	1440.74	205.40
11章 制粉工业产品；麦芽；淀粉；菊粉；面筋	Products of the milling industry；malt；starches；inulin；wheat gluten	167.07	25.16	146.21	20.74
12章 含油子仁及果实；杂项子仁及果实；工业用或药用植物；稻草、秸秆及饲料	Oil seeds and oleaginous fruits；miscellaneous grains，seeds and fruit；industrial or medicinal plants；straw and fodder	4499.34	674.15	4810.59	684.94
13章 虫胶；树胶、树脂及其他植物液、汁	Lac；gums，resins and other vegetable saps and extracts	35.27	5.28	29.60	4.22
14章 编结用植物材料；其他植物产品	Vegetable plaiting materials；vegetable products not elsewhere specified or included	12.89	1.95	10.56	1.50
第三类 动、植物油、脂及其分解产品；精制的食用油脂；动、植物蜡	**ANIMAL OR VEGETABLE FATS AND OILS AND THEIR CLEAVAGE PRODUCTS；PREPARED EDIBLE FATS；ANIMAL OR VEGETABLE WAXES**	**1032.09**	**153.55**	**1066.49**	**151.59**
15章 动、植物油、脂及其分解产品；精制的食用油脂；动、植物蜡	Animal or vegetable fats and oils and their cleavage products；prepared edible fats；animal or vegetable waxes	1032.09	153.55	1066.49	151.59
第四类 食品；饮料、酒及醋；烟草、烟草及烟草代用品的制品	**PREPARED FOODSTUFFS；BEVERAGES, SPIRITS AND VINEGAR；TOBACCO AND MANUFACTURED TOBACCO SUBSTITUTES**	**2246.95**	**335.33**	**2543.51**	**361.46**
16章 肉、鱼、甲壳动物、软体动物及其他水生无脊椎动物的制品	Preparations of meat，of fish or of crustaceans，molluscs or other aquatic invertebrates	25.00	3.72	43.39	6.17
17章 糖及糖食	Sugars and sugar confectionery	243.43	36.28	273.13	38.58
18章 可可及可可制品	Cocoa and cocoa preparations	63.63	9.44	73.04	10.33
19章 谷物、粮食粉、淀粉或乳的制品；糕饼点心	Preparations of cereals，flour，starch or milk；pastry-cooks' products	456.31	68.10	460.19	65.50

6-18 续表 1 Continued 1

类 章		HS Section and Division	2022		2023	
			亿 元 人民币 RMB 100 million	亿美元 USD 100 million	亿 元 人民币 RMB 100 million	亿美元 USD 100 million
20章	蔬菜、水果、坚果或植物其他部分的制品	Preparations of vegetables, fruit, nuts or other parts of plants	122.91	18.28	155.83	22.10
21章	杂项食品	Miscellaneous edible preparations	363.28	54.17	430.76	61.18
22章	饮料、酒及醋	Beverages, spirits and vinegar	362.82	54.02	401.95	56.98
23章	食品工业的残渣及废料；配制的动物饲料	Residues and waste from the food industries; prepared animal fodder	496.84	74.43	547.91	78.08
24章	烟草、烟草及烟草代用品的制品	Tobacco and manufactured tobacco substitutes	112.72	16.89	157.32	22.55
第五类	**矿产品**	**MINERAL PRODUCTS**	**51728.30**	**7765.02**	**54588.94**	**7764.42**
25章	盐；硫磺；泥土及石料；石膏料、石灰及水泥	Salt; sulphur; earths and stone; plastering materials, lime and cement	1130.32	168.63	1503.83	214.76
26章	矿砂、矿渣及矿灰	Ores, slag and ash	14868.81	2238.91	16791.33	2387.96
27章	矿物燃料、矿物油及其蒸馏产品；沥青物质；矿物蜡	Mineral fuels, mineral oils and products of their distillation; bituminous substances; mineral waxes	35729.17	5357.48	36293.77	5161.70
第六类	**化学工业及其相关工业的产品**	**PRODUCTS OF THE CHEMICAL OR INDUSTRIES ALLIED**	**13241.28**	**1984.81**	**12948.69**	**1842.57**
28章	无机化学品；贵金属、稀土金属、放射性元素及其同位素的有机及无机化合物	Inorganic chemicals; organic or inorganic compounds of precious metals, of rare- earth metals, of radioactive elements or of isotopes	1737.94	259.36	1833.78	261.37
29章	有机化学品	Organic chemicals	3856.70	580.71	3415.04	485.86
30章	药品	Pharmaceutical products	2672.49	398.85	3029.16	430.77
31章	肥料	Fertilizers	331.08	49.54	393.81	56.14
32章	鞣料浸膏及染料浸膏；鞣酸及其衍生物；染料、颜料及其他色料；油漆及清漆；油灰及其他类似胶粘剂；墨水、油墨	Tanning or dyeing extracts; tannins and their derivatives; dyes, pigments and other colouring matter; paints and varnishes; putty and other mastics; inks	347.17	52.20	339.58	48.23
33章	精油及香膏；芳香料制品及化妆盥洗品	Essential oils and retinoid; perfumery, cosmetic or toilet preparations	1438.16	215.35	1240.93	176.67
34章	肥皂、有机表面活性剂、洗涤剂、润滑剂、人造蜡、调制蜡、光洁剂、蜡烛及类似品、塑型用膏、“牙科用蜡”及牙科用熟石膏制剂	Soap, organic surface-active agents, washing preparations, lubricating preparations, artificial waxes, prepared waxes, polishing or scouring preparations, candles and similar articles, modelling pastes, “dental waxes” and dental preparations with a basis of plast	448.67	67.33	391.84	55.71
35章	蛋白类物质；改性淀粉；胶；酶	Albuminoidal substances; modified starches; glues; enzymes	311.11	46.66	290.79	41.32
36章	炸药；烟火制品；火柴；引火合金；易燃材料制品	Explosives; pyrotechnic products; matches; pyrophoric alloys; certain combustible preparations	8.15	1.21	8.53	1.21
37章	照相及电影用品	Photographic or cinematographic goods	233.63	35.12	236.62	33.61
38章	杂项化学产品	Miscellaneous chemical products	1856.19	278.48	1768.60	251.68
第七类	**塑料及其制品，橡胶及其制品**	**PLASTICS AND ARTICLES THEREOF RUBBER AND ARTICLES THEREOF**	**6231.95**	**936.83**	**5521.76**	**785.38**
39章	塑料及其制品	Plastics and articles thereof	4996.10	751.32	4356.88	619.62
40章	橡胶及其制品	Rubber and articles thereof	1235.85	185.51	1164.88	165.75
第八类	**生皮、皮革、毛皮及其制品；鞍具及挽具；旅行用品、手提包及类似品；动物肠线(蚕胶丝除外)制品**	**RAW HIDES AND SKINS, LEATHER, FUR SKINS AND ARTICLES THEREOF; SADDLERY AND HARNESS; TRAVEL GOODS, HANDBAGS AND SIMILAR CONTAINERS; ARTICLES OF ANIMAL GUT(OTHER THAN SILK-WORM GUT)**	**648.81**	**97.27**	**719.56**	**102.25**
41章	生皮(毛皮除外)及皮革	Raw hides and skins(other than fur skins) and leather	216.15	32.58	204.94	29.16

6-18 续表 2 Continued 2

类 章		HS Section and Division	2022 亿元人民币 RMB 100 million	2022 亿美元 USD 100 million	2023 亿元人民币 RMB 100 million	2023 亿美元 USD 100 million
42章	皮革制品；鞍具及挽具；旅行用品、手提包及类似容器；动物肠线(蚕胶丝除外)制品	Articles of Leather; Saddlery and Harness; Travel Goods, Handbags and Similar Containers; Articles of Animal Gut	400.39	59.97	456.86	64.94
43章	毛皮、人造毛皮及其制品	Fur skins and artificial fur；manufactures thereof	32.28	4.72	57.76	8.15
第九类	**木及木制品；木炭；软木及软木制品；稻草，秸秆、针茅或其他编结材料制品；篮筐及柳条编结品**	**WOOD AND ARTICLES OF WOOD；WOOD CHAR-COAL；CORK AND ARTICLES OF CORK；MANUFACTURES OF STRAW，OF ESPARTO OR OF OTHER PLAITING MATERIALS ；BASKET WARE AND WICKERWORK**	**1480.62**	**222.55**	**1270.55**	**181.00**
44章	木及木制品；木炭	Wood and articles of wood；wood charcoal	1476.39	221.91	1266.23	180.38
45章	软木及软木制品	Cork and articles of cork	2.71	0.41	2.71	0.39
46章	稻草、秸秆、针茅或其他编结材料制品；篮筐及柳条编结品	Manufactures of straw，of esparto or of other plaiting Materials；basket ware and wickerwork	1.52	0.23	1.61	0.23
第十类	**木浆及其他纤维状纤维素浆；纸及纸板的废碎品；纸、纸板及其制品**	**Pulp of Wood or of Other Fibrous Cellulosic Material; Recycled Waste and Scrap of Paper or Paperboard; Paperboard and Articles Thereof**	**2117.90**	**317.29**	**2305.25**	**328.28**
47章	木浆及其他纤维状纤维素浆；纸及纸板的废碎品	Pulp of Wood or of Other Fibrous Cellulosic Material; Waste and Scrap of Paper or Paperboard	1501.51	224.85	1673.66	238.48
48章	纸及纸板；纸浆、纸或纸板制品	Paper and paperboard；articles of paper pulp，of paper or paperboard	465.22	69.78	487.32	69.27
49章	书籍、报纸、印刷图画及其他印制品；手稿、打字稿及设计图纸	Printed books，newspapers，pictures and other products of the printing industry；manuscripts，typescripts and plans	151.17	22.65	144.26	20.52
第十一类	**纺织原料及纺织制品**	**TEXTILES AND TEXTILE ARTICLES**	**2092.96**	**314.39**	**2105.28**	**298.73**
50章	蚕丝	Silk	5.45	0.81	5.68	0.80
51章	羊毛、动物细毛或粗毛；马毛纱线及其机织物	Wool，fine or coarse animal hair；horsehair yarn and woven fabric	206.21	31.02	195.64	27.86
52章	棉花	Cotton	615.29	92.96	634.90	89.86
53章	其他植物纺织纤维；纸纱线及其机织物	Other vegetable textile fibres；paper yarn and woven fabrics of paper yarn	71.87	10.80	99.10	14.08
54章	化学纤维长丝,化学纤维纺织材料制扁条及类似品	Man-Made Filaments; Man-Made Textile Materials Making Flat Strips and Similar Products	152.61	22.93	147.33	20.93
55章	化学纤维短纤	Man-made short fibres	104.14	15.61	102.41	14.53
56章	絮胎、毡呢及无纺织物；特种纱线；线、绳、索、缆及其制品	Wadding，felt and nonwoven；special yarns；twine，cordage，ropes and cables and articles thereof	82.06	12.30	78.79	11.20
57章	地毯及纺织材料的其他铺地制品	Carpets and other textile floor coverings	5.96	0.90	6.34	0.90
58章	特种机织物；簇绒织物；花边；装饰毯；装饰带；刺绣品	Special woven fabrics；tufted textile fabrics；lace；tapestries；trimmings；embroidery	22.72	3.41	20.35	2.89
59章	浸渍、涂布、包覆或层压的纺织物；工业用纺织制品	Impregnated，coated，covered or laminated textile fabrics；textile articles of a kind suitable for industrial use	100.38	15.08	90.81	12.91
60章	针织物及钩编织物	Knitted or crocheted fabrics	60.43	9.08	47.54	6.76
61章	针织或钩编的服装及衣着附件	Articles of apparel and clothing accessories，knitted or crocheted	279.60	41.81	278.94	39.63
62章	非针织或非钩编的服装及衣着附件	Articles of apparel and clothing accessories，not knitted or crocheted	360.63	53.85	373.74	53.00

6-18 续表 3 Continued 3

类 章	HS Section and Division	2022 亿元人民币 RMB 100 million	2022 亿美元 USD 100 million	2023 亿元人民币 RMB 100 million	2023 亿美元 USD 100 million
63章 其他纺织制成品；成套物品；旧衣着及旧纺织品；碎织物	Other made up textile articles；sets；worn clothing and worn textile articles；rags articles；rags	25.60	3.84	23.74	3.38
第十二类 鞋、帽、伞、杖、鞭及其零件；已加工的羽毛及其制品；人造花；人发制品	**FOOTWEAR，HEADGEAR，UMBRELLAS，SUN UMBRELLAS，WALKING-STICKS，SEAT-STICKS，WHIPS，RIDING-CROPS AND PARTS THEREOF；PREPARED FEATHERS AND ARTICLES MADE THEREWITH；ARTIFICIAL FLOWERS；ARTICLES OF HUMAN HAIR**	**501.26**	**74.86**	**550.53**	**78.22**
64章 鞋靴、护腿和类似品及其零件	Footwear，gaiters and the like；parts of such articles	416.13	62.17	440.07	62.51
65章 帽类及其零件	Headgear and parts thereof	16.82	2.51	17.80	2.53
66章 雨伞、阳伞、手杖、鞭子、马鞭及其零件	Umbrellas，sun umbrellas，walking-sticks，seat-sticks，whips，riding-crops and parts thereof	0.67	0.10	1.01	0.14
67章 已加工羽毛、羽绒及其制品；人造花；人发制品	Prepared feathers and down and articles made of feathers or of down；artificial flowers；articles of human hair	67.63	10.07	91.65	13.04
第十三类 石料、石膏、水泥、石棉、云母及类似材料的制品；陶瓷产品；玻璃及其制品	**ARTICLES OF STONE，PLASTER，CEMENT，ASBESTOS，MICA OR SIMILAR MATERIALS；CERAMIC PRODUCTS；GLASS AND GLASSWARE**	**736.12**	**110.61**	**667.44**	**94.79**
68章 石料、石膏、水泥、石棉、云母及类似材料的制品	Articles of stone，plaster，cement，asbestos，mica or similar materials；ceramic products；glass and glassware	147.14	22.08	124.31	17.68
69章 陶瓷产品	Ceramic products	107.42	16.16	99.55	14.15
70章 玻璃及其制品	Glass and glassware	481.56	72.38	443.58	62.97
第十四类 天然或养殖珍珠、宝石或半宝石、贵金属、包贵金属及其制品；仿首饰；硬币	**NATURAL OR CULTURED PEARLS，PRECIOUS OR SEMI-PRECIOUS STONES，PRECIOUS METALS，METALS CLAD WITH PRECIOUS METAL AND STONES，PRECIOUS METALS，METALS CLAD WITH PRECIOUS METAL AND ARTICLES THEREOF；IMITATION JEWELLERY；COIN**	**6975.62**	**1034.28**	**7991.95**	**1140.06**
71章 天然或养殖珍珠、宝石或半宝石、贵金属、包贵金属及其制品；仿首饰；硬币	Natural or cultured pearls，precious or semi-precious stones，precious metals，metals clad with precious metal and articles thereof；imitation jewellery；coin	6975.62	1034.28	7991.95	1140.06
第十五类 贱金属及其制品	**BASE METALS AND ARTICLES OF BASE METAL**	**10666.96**	**1603.20**	**10039.85**	**1426.90**
72章 钢铁	Iron and steel	2913.74	437.75	2582.71	367.25
73章 钢铁制品	Articles of iron or steel	631.12	94.73	620.12	88.07
74章 铜及其制品	Copper and articles thereof	4562.58	686.56	4414.02	627.32
75章 镍及其制品	Nickel and articles thereof	853.08	127.67	807.92	115.08
76章 铝及其制品	Aluminium and articles thereof	780.01	116.85	870.25	123.44
78章 铅及其制品	Lead and articles thereof	6.31	0.94	7.56	1.07
79章 锌及其制品	Zinc and articles thereof	39.79	6.03	84.79	11.95
80章 锡及其制品	Tin and articles thereof	76.42	11.50	70.16	9.94
81章 其他贱金属、金属陶瓷及其制品	Other base metals；cermets；articles thereof	474.45	71.75	283.44	40.32
82章 贱金属工具、器具、利口器、餐匙、餐叉及其零件	Tools，implements，cutlery，spoons and forks，of base metal；parts thereof of base metal	199.32	29.88	182.40	25.92
83章 贱金属杂项制品	Miscellaneous articles of base metal	130.13	19.55	116.49	16.54

6-18 续表 4 Continued 4

类 章	HS Section and Division	2022 亿元人民币 RMB 100 million	2022 亿美元 USD 100 million	2023 亿元人民币 RMB 100 million	2023 亿美元 USD 100 million
第十六类 机器、机械器具、电气设备及其零件；录音机及放声机、电视图像、声音的录制和重放设备及其零件、附件	**MACHINERY AND MECHANICAL APPLIANCES；ELECTRICAL EQUIPMENT；PARTS THEREOF；SOUND RECORDERS AND REPRODUCERS，TELEVISION IMAGE AND SOUND RECORDERS AND REPRODUCERS；AND PARTS AND ACCESSORIES OF RECORDERS AND REPRODUCERS；AND PARTS AND ACCESSORIES OF SUCH ARTICLES**	**56066.14**	**8419.47**	**52507.12**	**7454.93**
84章 核反应堆、锅炉、机器、机械器具及其零件	Nuclear reactors，boilers，machinery and mechanical appliances；parts thereof	13394.53	2013.21	13901.82	1971.58
85章 电机、电气设备及其零件；录音机及放声机、电视图像、声音的录制和重放设备及其零件、附件	Electrical machinery and equipment and parts thereof；sound recorders and reproducers，television image and sound recorders and reproducers，and parts and accessories of such articles	42671.60	6406.25	38605.30	5483.35
第十七类 车辆、航空器、船舶及有关运输设备	**VEHICLES，AIRCRAFT，VESSELS AND ASSOCIATED TRANSPORT EQUIPMENT**	**6155.72**	**926.32**	**5852.93**	**830.61**
86章 铁道及电车道机车、车辆及其零件；铁道及电车轨道固定装置及其零件、附件；各种机械(包括电动机械)交通信号设备	Railway or tramway locomotives，rolling-stock and parts thereof；railway or tramway track fixtures and fittings and parts thereof；mechanical(including electro-mechanical) traffic signalling equipment of all kinds	36.06	5.40	40.42	5.75
87章 车辆及其零件、附件，但铁道及电车道车辆除外	Vehicles other than railway or tramway rolling-stock，and parts and accessories thereof	5354.50	807.16	4986.57	706.83
88章 航空器、航天器及其零件	Aircraft，spacecraft，and parts thereof	687.51	101.91	788.78	112.72
89章 船舶及浮动结构体	Ships，boats and floating structures	77.65	11.85	37.17	5.30
第十八类 光学、照相、电影、计量、检验、医疗或外科用仪器及设备、精密仪器及设备；钟表；乐器；上述物品的零件、附件	**OPTICAL，PHOTOGRAPHIC，CINEMATOGRAPHIC，MEASURING，CHECKING，PRECISION，MEDICAL OR SURGICAL INSTRUMENTS AND APPARATUS；CLOCKS AND WATCHES；MUSICAL INSTRUMENTS；PARTS AND ACCESSORIES THEREOF**	**5752.60**	**861.77**	**5823.22**	**827.19**
90章 光学、照相、电影、计量、检验、医疗或外科用仪器及设备、精密仪器及设备；上述物品的零件、附件	Optical，photographic，cinematographic，measuring，checking，precision medical or surgical instruments and apparatus；parts and accessories thereof	5430.18	813.41	5461.37	775.77
91章 钟表及其零件	Clocks and watches and parts thereof	284.67	42.72	326.70	46.42
92章 乐器及其零件、附件	Musical instruments；parts and accessories of such articles	37.75	5.64	35.14	5.00
第十九类 武器、弹药及其零件、附件	**ARMS AND AMMUNITION；PARTS AND ACCESSORIES THEREOF**	**0.28**	**0.04**	**1.01**	**0.14**
93章 武器、弹药及其零件、附件	Arms and ammunition；parts and accessories thereof	0.28	0.04	1.01	0.14
第二十类 杂项制品	**MISCELLANEOUS MANUFACTURED ARTICLES**	**483.65**	**72.34**	**445.37**	**63.28**
94章 家具；寝具、褥垫、弹簧床垫、软坐垫及类似的填充制品；未列名灯具及照明装置；发光标志、发光名牌及类似品；活动房屋	Furniture；bedding，mattresses，mattress supports，cushions and similar stuffed furnishings；lamps and lighting fittings，not elsewhere specified or included；illuminated signs，illuminated	188.62	28.23	172.50	24.49
95章 玩具、游戏品、运动用品及其零件、附件	Toys，games and sports requisites；parts and accessories thereof	186.31	27.80	180.39	25.66
96章 杂项制品	Miscellaneous manufactured articles	108.72	16.30	92.48	13.13
第二十一类 艺术品、收藏品及古物	**WORKS OF ART，COLLECTORS' PIECES AND ANTIQUES**	**121.67**	**17.76**	**112.80**	**15.97**
97章 艺术品、收藏品及古物	Works of art，collectors' pieces and antiques	121.67	17.76	112.80	15.97
第二十二类 特殊交易品及未分类商品	**COMMODITIES AND TRANSACTIONS NOT CLASSIFIED ACCORDING TO KIND**	**521.53**	**77.79**	**764.69**	**108.88**
98章 特殊交易品及未分类商品	Commodities and transactions not classified according to kind	521.53	77.79	764.69	108.88
99章 跨境电商B2B简化申报商品	Simplified Declaration of Cross-border E-commerce B2B Commodities				

6-19 按商品类章分一般贸易进出口金额(2023年)
Value of Imports and Exports in Ordinary Trade by HS(2023)

类章	HS Section and Division	出口 Exports 亿元人民币 RMB 100 million	出口 Exports 亿美元 USD 100 million	进口 Imports 亿元人民币 RMB 100 million	进口 Imports 亿美元 USD 100 million
总额	**Total**	**153495.92**	**21825.52**	**117100.26**	**16652.33**
第一类 活动物；动物产品	**LIVE ANIMALS；ANIMAL PRODUCTS**	**716.39**	**101.91**	**3483.26**	**496.04**
01章 活动物	Live animals	34.85	4.95	32.16	4.59
02章 肉及食用杂碎	Meat and edible meat offal	69.33	9.85	1812.58	258.13
03章 鱼、甲壳动物、软体动物及其他水生无脊椎动物	Fish and crustaceans molluscs and other aquatic invertebrates	467.86	66.53	1065.45	151.66
04章 乳品；蛋品；天然蜂蜜；其他食用动物产品	Dairy produce；birds' eggs；natural honey；edible products of animal origin，not elsewhere specified or included	48.59	6.91	502.72	71.62
05章 其他动物产品	Products of animal origin，not elsewhere specified or included	95.77	13.66	70.35	10.03
第二类 植物产品	**VEGETABLE PRODUCTS**	**1810.84**	**257.13**	**7483.59**	**1065.91**
06章 活树及其他活植物；鳞茎、根及类似品；插花及装饰用簇叶	Live tree and other plants；bulbs，roots and the like; cut flowers and ornamental foliage	36.06	5.12	19.44	2.75
07章 食用蔬菜、根及块茎	Edible vegetables and certain roots and tubers	702.02	99.64	224.84	32.13
08章 食用水果及坚果；甜瓜或柑桔属水果的果皮	Edible fruit and nuts； peel of citrus fruit or melons	328.94	46.57	1196.45	170.38
09章 咖啡、茶、马黛茶及调味香料	Coffee，tea，mate and spices	241.95	34.42	85.44	12.21
10章 谷物	Cereals	62.43	8.81	1255.10	178.97
11章 制粉工业产品；麦芽；淀粉；菊粉；面筋	Products of the milling industry；malt；starches；inulin；wheat gluten	56.02	8.00	135.92	19.28
12章 含油子仁及果实；杂项子仁及果实；工业用或药用植物；稻草、秸秆及饲料	Oil seeds and oleaginous fruits；miscellaneous grains，seeds and fruit；industrial or medicinal plants；straw and fodder	221.40	31.50	4532.90	645.43
13章 虫胶；树胶、树脂及其他植物液、汁	Lac；gums，resins and other vegetable saps and extracts	144.06	20.52	23.78	3.39
14章 编结用植物材料；其他植物产品	Vegetable plaiting materials； vegetable products not elsewhere specified or included	17.97	2.56	9.73	1.38
第三类 动、植物油、脂及其分解产品；精制的食用油脂；动、植物蜡	**ANIMAL OR VEGETABLE FATS AND OILS AND THEIR CLEAVAGE PRODUCTS；PREPARED EDIBLE FATS；ANIMAL OR VEGETABLE WAXES**	**197.15**	**27.97**	**974.03**	**138.48**
15章 动、植物油、脂及其分解产品；精制的食用油脂；动、植物蜡	Animal or vegetable fats and oils and their cleavage products；prepared edible fats；animal or vegetable waxes	197.15	27.97	974.03	138.48
第四类 食品；饮料、酒及醋；烟草、烟草及烟草代用品的制品	**PREPARED FOODSTUFFS；BEVERAGES, SPIRITS AND VINEGAR; TOBACCO AND MANUFACTURED TOBACCO SUBSTITUTES**	**3061.21**	**435.61**	**1977.39**	**281.25**
16章 肉、鱼、甲壳动物、软体动物及其他水生无脊椎动物的制品	Preparations of meat，of fish or of crustaceans，molluscs or other aquatic invertebrates	690.79	98.32	36.13	5.13
17章 糖及糖食	Sugars and sugar confectionery	179.01	25.44	196.45	27.80
18章 可可及可可制品	Cocoa and cocoa preparations	20.67	2.93	57.67	8.16
19章 谷物、粮食粉、淀粉或乳的制品；糕饼点心	Preparations of cereals，flour，starch or milk；pastry-cooks' products	142.99	20.33	328.91	46.77

6-19 续表 1 Continued 1

类 章		HS Section and Division	出 口 Exports		进 口 Imports	
			亿 元 人民币 RMB 100 million	亿美元 USD 100 million	亿 元 人民币 RMB 100 million	亿美元 USD 100 million
20章	蔬菜、水果、坚果或植物其他部分的制品	Preparations of vegetables, fruit, nuts or other parts of plants	616.54	87.91	127.36	18.08
21章	杂项食品	Miscellaneous edible preparations	420.87	59.93	392.84	55.80
22章	饮料、酒及醋	Beverages, spirits and vinegar	161.36	22.92	183.95	26.14
23章	食品工业的残渣及废料；配制的动物饲料	Residues and waste from the food industries; prepared animal fodder	237.82	33.84	530.12	75.56
24章	烟草、烟草及烟草代用品的制品	Tobacco and manufactured tobacco substitutes	591.16	83.98	123.97	17.81
第五类	**矿产品**	**MINERAL PRODUCTS**	**3082.45**	**438.02**	**44557.41**	**6338.23**
25章	盐；硫磺；泥土及石料；石膏料、石灰及水泥	Salt; sulphur; earths and stone; plastering materials, lime and cement	241.29	34.35	1460.74	208.62
26章	矿砂、矿渣及矿灰	Ores, slag and ash	19.13	2.72	13938.31	1982.29
27章	矿物燃料、矿物油及其蒸馏产品；沥青物质；矿物蜡	Mineral fuels, mineral oils and products of their distillation; bituminous substances; mineral waxes	2822.02	400.95	29158.36	4147.32
第六类	**化学工业及其相关工业的产品**	**PRODUCTS OF THE CHEMICAL OR INDUSTRIES ALLIED**	**12071.00**	**1718.92**	**7749.73**	**1102.41**
28章	无机化学品；贵金属、稀土金属、放射性元素及其同位素的有机及无机化合物	Inorganic chemicals; organic or inorganic compounds of precious metals, of rare- earth metals, of radioactive elements or of isotopes	2091.45	298.37	1354.82	193.16
29章	有机化学品	Organic chemicals	4994.03	711.33	2558.00	363.79
30章	药品	Pharmaceutical products	506.34	72.08	818.84	116.26
31章	肥料	Fertilizers	653.91	92.84	267.31	38.03
32章	鞣料浸膏及染料浸膏；鞣酸及其衍生物；染料、颜料及其他色料；油漆及清漆；油灰及其他类似胶粘剂；墨水、油墨	Tanning or dyeing extracts; tannins and their derivatives; dyes, pigments and other colouring matter; paints and varnishes; putty and other mastics; inks	601.08	85.57	254.82	36.19
33章	精油及香膏； 芳香料制品及化妆盥洗品	Essential oils and retinoid; perfumery, cosmetic or toilet preparations	389.01	55.24	626.64	89.11
34章	肥皂、有机表面活性剂、洗涤剂、润滑剂、人造蜡、调制蜡、光洁剂、蜡烛及类似品、塑型用膏、"牙科用蜡"及牙科用熟石膏制剂	Soap, organic surface-active agents, washing preparations, lubricating preparations, artificial waxes, prepared waxes, polishing or scouring preparations, candles and similar articles, modelling pastes, "dental waxes" and dental preparations with a basis of plast	408.74	58.09	309.32	43.96
35章	蛋白类物质；改性淀粉；胶；酶	Albuminoidal substances; modified starches; glues; enzymes	291.47	41.46	214.55	30.50
36章	炸药；烟火制品；火柴；引火合金；易燃材料制品	Explosives; pyrotechnic products; matches; pyrophoric alloys; certain combustible preparations	78.77	11.21	5.90	0.84
37章	照相及电影用品	Photographic or cinematographic goods	69.04	9.82	162.99	23.13
38章	杂项化学产品	Miscellaneous chemical products	1987.15	282.92	1176.53	167.45
第七类	**塑料及其制品，橡胶及其制品**	**PLASTICS AND ARTICLES THEREOF RUBBER AND ARTICLES THEREOF**	**8072.10**	**1148.10**	**3892.03**	**553.44**
39章	塑料及其制品	Plastics and articles thereof	6897.88	981.14	3156.76	448.86
40章	橡胶及其制品	Rubber and articles thereof	1174.22	166.96	735.27	104.58
第八类	**生皮、皮革、毛皮及其制品；鞍具及挽具；旅行用品、手提包及类似品；动物肠线(蚕胶丝除外)制品**	**RAW HIDES AND SKINS, LEATHER, FUR SKINS AND ARTICLES THEREOF; SADDLERY AND HARNESS; TRAVEL GOODS, HANDBAGS AND SIMILAR CONTAINERS; ARTICLES OF ANIMAL GUT(OTHER THAN SILK-WORM GUT)**	**2123.81**	**302.00**	**586.17**	**83.28**
41章	生皮(毛皮除外)及皮革	Raw hides and skins(other than fur skins) and leather	18.04	2.57	132.01	18.78

6-19 续表 2 Continued 2

类　章		HS Section and Division	出口 Exports 亿元人民币 RMB 100 million	出口 Exports 亿美元 USD 100 million	进口 Imports 亿元人民币 RMB 100 million	进口 Imports 亿美元 USD 100 million
42章	皮革制品；鞍具及挽具；旅行用品、手提包及类似容器；动物肠线(蚕胶丝除外)制品	Articles of Leather; Saddlery and Harness; Travel Goods, Handbags and Similar Containers; Articles of Animal Gut	2025.07	288.01	398.49	56.64
43章	毛皮、人造毛皮及其制品	Fur skins and artificial fur；manufactures thereof	80.70	11.42	55.67	7.86
第九类	**木及木制品；木炭；软木及软木制品；稻草，秸秆、针茅或其他编结材料制品；篮筐及柳条编结品**	**WOOD AND ARTICLES OF WOOD；WOOD CHAR-COAL；CORK AND ARTICLES OF CORK；MANUFACTURES OF STRAW，OF ESPARTO OR OF OTHER PLAITING MATERIALS；BASKET WARE AND WICKERWORK**	**1106.52**	**157.31**	**1099.59**	**156.63**
44章	木及木制品；木炭	Wood and articles of wood；wood charcoal	999.60	142.10	1096.15	156.14
45章	软木及软木制品	Cork and articles of cork	3.17	0.45	2.25	0.32
46章	稻草、秸秆、针茅或其他编结材料制品；篮筐及柳条编结品	Manufactures of straw，of esparto or of other plaiting Materials；basket ware and wickerwork	103.75	14.77	1.19	0.17
第十类	**木浆及其他纤维状纤维素浆；纸及纸板的废碎品；纸、纸板及其制品**	**Pulp of Wood or of Other Fibrous Cellulosic Material; Recycled Waste and Scrap of Paper or Paperboard; Paperboard and Articles Thereof**	**1509.98**	**214.59**	**1848.85**	**263.09**
47章	木浆及其他纤维状纤维素浆；纸及纸板的废碎品	Pulp of Wood or of Other Fibrous Cellulosic Material; Waste and Scrap of Paper or Paperboard	14.15	2.01	1301.03	185.22
48章	纸及纸板；纸浆、纸或纸板制品	Paper and paperboard；articles of paper pulp，of paper or paperboard	1307.99	185.91	429.78	61.09
49章	书籍、报纸、印刷图画及其他印制品；手稿、打字稿及设计图纸	Printed books，newspapers，pictures and other products of the printing industry；manuscripts，typescripts and plans	187.84	26.67	118.05	16.78
第十一类	**纺织原料及纺织制品**	**TEXTILES AND TEXTILE ARTICLES**	**16516.37**	**2348.03**	**1452.42**	**206.09**
50章	蚕丝	Silk	54.97	7.82	4.71	0.67
51章	羊毛、动物细毛或粗毛；马毛纱线及其机织物	Wool，fine or coarse animal hair；horsehair yarn and woven fabric	116.20	16.61	148.74	21.19
52章	棉花	Cotton	674.03	95.96	379.69	53.74
53章	其他植物纺织纤维；纸纱线及其机织物	Other vegetable textile fibres；paper yarn and woven fabrics of paper yarn	105.88	14.94	69.03	9.81
54章	化学纤维长丝,化学纤维纺织材料制扁条及类似品	Man-Made Filaments; Man-Made Textile Materials Making Flat Strips and Similar Products	1759.65	250.49	90.43	12.84
55章	化学纤维短纤	Man-made short fibres	824.45	117.38	56.10	7.97
56章	絮胎、毡呢及无纺织物；特种纱线；线、绳、索、缆及其制品	Wadding，felt and nonwoven；special yarns；twine，cordage，ropes and cables and articles thereof	459.60	65.39	55.46	7.88
57章	地毯及纺织材料的其他铺地制品	Carpets and other textile floor coverings	237.68	33.81	3.40	0.48
58章	特种机织物；簇绒织物；花边；装饰毯；装饰带；刺绣品	Special woven fabrics；tufted textile fabrics；lace；tapestries；trimmings；embroidery	343.26	48.84	8.80	1.25
59章	浸渍、涂布、包覆或层压的纺织物；工业用纺织制品	Impregnated，coated，covered or laminated textile fabrics；textile articles of a kind suitable for industrial use	575.59	81.90	50.71	7.20
60章	针织物及钩编织物	Knitted or crocheted fabrics	1252.88	178.16	17.46	2.48
61章	针织或钩编的服装及衣着附件	Articles of apparel and clothing accessories，Knitted or crocheted	4546.36	645.54	233.94	33.24
62章	非针织或非钩编的服装及衣着附件	Articles of apparel and clothing accessories，not knitted or crocheted	3601.70	511.89	321.65	45.59

类 章	HS Section and Division	出口 Exports 亿元人民币 RMB 100 million	出口 Exports 亿美元 USD 100 million	进口 Imports 亿元人民币 RMB 100 million	进口 Imports 亿美元 USD 100 million
63章 其他纺织制成品；成套物品；旧衣着及旧纺织品；碎织物	Other made up textile articles；sets；worn clothing and worn textile articles；rags articles；rags	1964.12	279.31	12.28	1.75
第十二类 鞋、帽、伞、杖、鞭及其零件；已加工的羽毛及其制品；人造花；人发制品	**FOOTWEAR，HEADGEAR，UMBRELLAS，SUN UMBRELLAS，WALKING-STICKS，SEAT-STICKS，WHIPS，RIDING-CROPS AND PARTS THEREOF；PREPARED FEATHERS AND ARTICLES MADE THEREWITH；ARTIFICIAL FLOWERS；ARTICLES OF HUMAN HAIR**	**3482.22**	**495.06**	**421.91**	**59.95**
64章 鞋靴、护腿和类似品及其零件	Footwear，gaiters and the like；parts of such articles	2471.43	351.24	388.58	55.19
65章 帽类及其零件	Headgear and parts thereof	309.13	43.98	15.93	2.27
66章 雨伞、阳伞、手杖、鞭子、马鞭及其零件	Umbrellas，sun umbrellas，walking-sticks，seat-sticks，whips，riding-crops and parts thereof	153.09	21.83	0.51	0.07
67章 已加工羽毛、羽绒及其制品；人造花；人发制品	Prepared feathers and down and articles made of feathers or of down；artificial flowers；articles of human hair	548.57	78.02	16.89	2.41
第十三类 石料、石膏、水泥、石棉、云母及类似材料的制品；陶瓷产品；玻璃及其制品	**ARTICLES OF STONE，PLASTER，CEMENT，ASBESTOS，MICA OR SIMILAR MATERIALS；CERAMIC PRODUCTS；GLASS AND GLASSWARE**	**3527.24**	**501.60**	**343.65**	**48.80**
68章 石料、石膏、水泥、石棉、云母及类似材料的制品	Articles of stone，plaster，cement，asbestos，mica or similar materials；ceramic products；glass and glassware	671.36	95.58	81.17	11.53
69章 陶瓷产品	Ceramic products	1451.47	206.17	69.41	9.86
70章 玻璃及其制品	Glass and glassware	1404.41	199.85	193.07	27.40
第十四类 天然或养殖珍珠、宝石或半宝石、贵金属、包贵金属及其制品；仿首饰；硬币	**NATURAL OR CULTURED PEARLS，PRECIOUS OR SEMI-PRECIOUS STONES，PRECIOUS METALS，METALS CLAD WITH PRECIOUS METAL AND STONES，PRECIOUS METALS，METALS CLAD WITH PRECIOUS METAL AND ARTICLES THEREOF；IMITATION JEWELLERY；COIN**	**383.12**	**54.45**	**5239.62**	**748.21**
71章 天然或养殖珍珠、宝石或半宝石、贵金属、包贵金属及其制品；仿首饰；硬币	Natural or cultured pearls，precious or semi-precious stones，precious metals，metals clad with precious metal and articles thereof；imitation jewellery；coin	383.12	54.45	5239.62	748.21
第十五类 贱金属及其制品	**BASE METALS AND ARTICLES OF BASE METAL**	**15790.52**	**2248.21**	**7321.52**	**1040.22**
72章 钢铁	Iron and steel	4600.01	656.26	2166.34	308.14
73章 钢铁制品	Articles of iron or steel	5684.80	809.04	415.24	58.95
74章 铜及其制品	Copper and articles thereof	324.81	46.23	3014.80	428.04
75章 镍及其制品	Nickel and articles thereof	44.40	6.31	559.57	79.79
76章 铝及其制品	Aluminium and articles thereof	2173.03	309.12	656.54	93.08
78章 铅及其制品	Lead and articles thereof	32.06	4.53	5.61	0.80
79章 锌及其制品	Zinc and articles thereof	8.94	1.27	66.58	9.36
80章 锡及其制品	Tin and articles thereof	2.01	0.29	60.59	8.58
81章 其他贱金属、金属陶瓷及其制品	Other base metals；cermets；articles thereof	297.94	42.44	172.54	24.55
82章 贱金属工具、器具、利口器、餐匙、餐叉及其零件	Tools，implements，cutlery，spoons and forks，of base metal；parts thereof of base metal	1221.13	173.57	123.30	17.52
83章 贱金属杂项制品	Miscellaneous articles of base metal	1401.39	199.16	80.41	11.41

类 章	HS Section and Division	出口 Exports 亿元人民币 RMB 100 million	出口 Exports 亿美元 USD 100 million	进口 Imports 亿元人民币 RMB 100 million	进口 Imports 亿美元 USD 100 million
第十六类 机器、机械器具、电气设备及其零件；录音机及放声机、电视图像、声音的录制和重放设备及其零件、附件	**MACHINERY AND MECHANICAL APPLIANCES；ELECTRICAL EQUIPMENT；PARTS THEREOF；SOUND RECORDERS AND REPRODUCERS，TELEVISION IMAGE AND SOUND RECORDERS AND REPRODUCERS；AND PARTS AND ACCESSORIES OF RECORDERS AND REPRODUCERS；AND PARTS AND ACCESSORIES OF SUCH ARTICLES**	**49058.56**	**6976.61**	**20432.86**	**2901.15**
84章 核反应堆、锅炉、机器、机械器具及其零件	Nuclear reactors，boilers，machinery and mechanical appliances；parts thereof	19110.35	2717.73	8498.55	1204.58
85章 电机、电气设备及其零件；录音机及放声机、电视图像、声音的录制和重放设备及其零件、附件	Electrical machinery and equipment and parts thereof；sound recorders and reproducers，television image and sound recorders and reproducers，and parts and accessories of such articles	29948.21	4258.88	11934.31	1696.57
第十七类 车辆、航空器、船舶及有关运输设备	**VEHICLES，AIRCRAFT，VESSELS AND ASSOCIATED TRANSPORT EQUIPMENT**	**11147.08**	**1582.53**	**4246.45**	**602.34**
86章 铁道及电车道机车、车辆及其零件；铁道及电车轨道固定装置及其零件、附件；各种机械(包括电动机械)交通信号设备	Railway or tramway locomotives，rolling-stock and parts thereof；railway or tramway track fixtures and fittings and parts thereof；mechanical(including electro-mechanical) traffic signalling equipment of all kinds	492.85	70.07	27.90	3.97
87章 车辆及其零件、附件，但铁道及电车道车辆除外	Vehicles other than railway or tramway rolling-stock，and parts and accessories thereof	10375.91	1473.16	4014.63	569.05
88章 航空器、航天器及其零件	Aircraft，spacecraft，and parts thereof	151.66	21.39	181.57	26.14
89章 船舶及浮动结构体	Ships，boats and floating structures	126.66	17.91	22.34	3.17
第十八类 光学、照相、电影、计量、检验、医疗或外科用仪器及设备、精密仪器及设备；钟表；乐器；上述物品的零件、附件	**OPTICAL，PHOTOGRAPHIC，CINEMATOGRAPHIC，MEASURING，CHECKING，PRECISION，MEDICAL OR SURGICAL INSTRUMENTS AND APPARATUS；CLOCKS AND WATCHES；MUSICAL INSTRUMENTS；PARTS AND ACCESSORIES THEREOF**	**3429.36**	**487.35**	**3663.87**	**520.50**
90章 光学、照相、电影、计量、检验、医疗或外科用仪器及设备、精密仪器及设备；上述物品的零件、附件	Optical，photographic，cinematographic，measuring，checking，precision medical or surgical instruments and apparatus；parts and accessories thereof	3159.50	449.02	3436.30	488.20
91章 钟表及其零件	Clocks and watches and parts thereof	169.93	24.14	202.48	28.73
92章 乐器及其零件、附件	Musical instruments；parts and accessories of such articles	99.94	14.19	25.09	3.57
第十九类 武器、弹药及其零件、附件	**ARMS AND AMMUNITION；PARTS AND ACCESSORIES THEREOF**	**14.42**	**2.05**	**0.98**	**0.14**
93章 武器、弹药及其零件、附件	Arms and ammunition；parts and accessories thereof	14.42	2.05	0.98	0.14
第二十类 杂项制品	**MISCELLANEOUS MANUFACTURED ARTICLES**	**12006.71**	**1705.42**	**318.71**	**45.30**
94章 家具；寝具、褥垫、弹簧床垫、软坐垫及类似的填充制品；未列名灯具及照明装置；发光标志、发光名牌及类似品；活动房屋	Furniture；bedding，mattresses，mattress supports，cushions and similar stuffed furnishings；lamps and lighting fittings，not elsewhere specified or included；illuminated signs，illuminated	7167.55	1018.25	122.28	17.38
95章 玩具、游戏品、运动用品及其零件、附件	Toys，games and sports requisites；parts and accessories thereof	3406.53	483.46	126.77	18.04
96章 杂项制品	Miscellaneous manufactured articles	1432.64	203.71	69.66	9.88
第二十一类 艺术品、收藏品及古物	**WORKS OF ART，COLLECTORS' PIECES AND ANTIQUES**	**4.94**	**0.70**	**5.65**	**0.80**
97章 艺术品、收藏品及古物	Works of art，collectors' pieces and antiques	4.94	0.70	5.65	0.80
第二十二类 特殊交易品及未分类商品	**COMMODITIES AND TRANSACTIONS NOT CLASSIFIED ACCORDING TO KIND**	**4383.94**	**621.92**	**0.59**	**0.08**
98章 特殊交易品及未分类商品	Commodities and transactions not classified according to kind	4218.47	598.29	0.59	0.08
99章 跨境电商B2B简化申报商品	Simplified Declaration of Cross-border E-commerce B2B Commodities	165.47	23.63		

6–20 按商品类章分加工贸易进出口金额(2023年)

Value of Imports and Exports in Processing Trade by HS(2023)

类 章	HS Section and Division	出口 Exports 亿元人民币 RMB 100 million	出口 Exports 亿美元 USD 100 million	进口 Imports 亿元人民币 RMB 100 million	进口 Imports 亿美元 USD 100 million
总 额	**Total**	**49046.63**	**6974.89**	**27040.81**	**3841.63**
第一类 活动物；动物产品	**LIVE ANIMALS；ANIMAL PRODUCTS**	**276.82**	**39.37**	**164.63**	**23.50**
01章 活动物	Live animals				
02章 肉及食用杂碎	Meat and edible meat offal	0.21	0.03	2.02	0.29
03章 鱼、甲壳动物、软体动物及其他水生无脊椎动物	Fish and crustaceans molluscs and other aquatic invertebrates	251.44	35.77	142.92	20.41
04章 乳品；蛋品；天然蜂蜜；其他食用动物产品	Dairy produce；birds' eggs；natural honey；edible products of animal origin，not elsewhere specified or included	0.10	0.01	0.69	0.10
05章 其他动物产品	Products of animal origin，not elsewhere specified or included	25.06	3.56	18.99	2.71
第二类 植物产品	**VEGETABLE PRODUCTS**	**52.45**	**7.46**	**283.77**	**40.39**
06章 活树及其他活植物；鳞茎、根及类似品；插花及装饰用簇叶	Live tree and other plants；bulbs，roots and the like; cut flowers and ornamental foliage	0.58	0.08	0.00	0.00
07章 食用蔬菜、根及块茎	Edible vegetables and certain roots and tubers	0.98	0.14	1.57	0.22
08章 食用水果及坚果；甜瓜或柑桔属水果的果皮	Edible fruit and nuts；peel of citrus fruit or melons	24.73	3.52	30.26	4.31
09章 咖啡、茶、马黛茶及调味香料	Coffee，tea，mate and spices	5.43	0.78	4.98	0.71
10章 谷物	Cereals			105.32	14.96
11章 制粉工业产品；麦芽；淀粉；菊粉；面筋	Products of the milling industry；malt；starches；inulin；wheat gluten	2.90	0.41	4.62	0.66
12章 含油子仁及果实；杂项子仁及果实；工业用或药用植物；稻草、秸秆及饲料	Oil seeds and oleaginous fruits；miscellaneous grains，seeds and fruit；industrial or medicinal plants；straw and fodder	4.60	0.65	135.41	19.30
13章 虫胶；树胶、树脂及其他植物液、汁	Lac；gums，resins and other vegetable saps and extracts	13.20	1.88	1.33	0.19
14章 编结用植物材料；其他植物产品	Vegetable plaiting materials；vegetable products not elsewhere specified or included	0.01	0.00	0.27	0.04
第三类 动、植物油、脂及其分解产品；精制的食用油脂；动、植物蜡	**ANIMAL OR VEGETABLE FATS AND OILS AND THEIR CLEAVAGE PRODUCTS；PREPARED EDIBLE FATS；ANIMAL OR VEGETABLE WAXES**	**35.70**	**5.07**	**15.45**	**2.21**
15章 动、植物油、脂及其分解产品；精制的食用油脂；动、植物蜡	Animal or vegetable fats and oils and their cleavage products；prepared edible fats；animal or vegetable waxes	35.70	5.07	15.45	2.21
第四类 食品；饮料、酒及醋；烟草、烟草及烟草代用品的制品	**PREPARED FOODSTUFFS；BEVERAGES, SPIRITS AND VINEGAR；TOBACCO AND MANUFACTURED TOBACCO SUBSTITUTES**	**252.30**	**35.85**	**36.24**	**5.14**
16章 肉、鱼、甲壳动物、软体动物及其他水生无脊椎动物的制品	Preparations of meat，of fish or of crustaceans，molluscs or other aquatic invertebrates	52.35	7.45	1.31	0.19
17章 糖及糖食	Sugars and sugar confectionery	19.13	2.71	18.54	2.63
18章 可可及可可制品	Cocoa and cocoa preparations	8.05	1.13	3.39	0.48
19章 谷物、粮食粉、淀粉或乳的制品；糕饼点心	Preparations of cereals，flour，starch or milk；pastry-cooks' products	19.24	2.74	0.57	0.08

6-20 续表 1 Continued 1

类 章	HS Section and Division	出 口 Exports		进 口 Imports	
		亿 元 人民币 RMB 100 million	亿美元 USD 100 million	亿 元 人民币 RMB 100 million	亿美元 USD 100 million
20章 蔬菜、水果、坚果或植物其他部分的制品	Preparations of vegetables, fruit, nuts or other parts of plants	62.26	8.86	1.88	0.27
21章 杂项食品	Miscellaneous edible preparations	24.81	3.53	1.45	0.21
22章 饮料、酒及醋	Beverages, spirits and vinegar	1.26	0.18	1.05	0.15
23章 食品工业的残渣及废料；配制的动物饲料	Residues and waste from the food industries; prepared animal fodder	32.53	4.63	5.38	0.76
24章 烟草、烟草及烟草代用品的制品	Tobacco and manufactured tobacco substitutes	32.66	4.62	2.66	0.38
第五类 矿产品	**MINERAL PRODUCTS**	**114.49**	**16.27**	**2587.01**	**367.89**
25章 盐；硫磺；泥土及石料；石膏料、石灰及水泥	Salt; sulphur; earths and stone; plastering materials, lime and cement			1.83	0.26
26章 矿砂、矿渣及矿灰	Ores, slag and ash	23.00	3.28	1299.97	185.15
27章 矿物燃料、矿物油及其蒸馏产品；沥青物质；矿物蜡	Mineral fuels, mineral oils and products of their distillation; bituminous substances; mineral waxes	91.50	12.99	1285.21	182.48
第六类 化学工业及其相关工业的产品	**PRODUCTS OF THE CHEMICAL OR INDUSTRIES ALLIED**	**969.44**	**138.10**	**1032.47**	**147.15**
28章 无机化学品；贵金属、稀土金属、放射性元素及其同位素的有机及无机化合物	Inorganic chemicals; organic or inorganic compounds of precious metals, of rare- earth metals, of radioactive elements or of isotopes	113.74	16.15	137.33	19.61
29章 有机化学品	Organic chemicals	369.33	52.74	460.25	65.67
30章 药品	Pharmaceutical products	192.81	27.44	54.91	7.81
31章 肥料	Fertilizers			0.00	0.00
32章 鞣料浸膏及染料浸膏；鞣酸及其衍生物；染料、颜料及其他色料；油漆及清漆；油灰及其他类似胶粘剂；墨水、油墨	Tanning or dyeing extracts; tannins and their derivatives; dyes, pigments and other colouring matter; paints and varnishes; putty and other mastics; inks	19.62	2.80	49.59	7.05
33章 精油及香膏； 芳香料制品及化妆盥洗品	Essential oils and retinoid; perfumery, cosmetic or toilet preparations	70.56	10.01	16.98	2.41
34章 肥皂、有机表面活性剂、洗涤剂、润滑剂、人造蜡、调制蜡、光洁剂、蜡烛及类似品、塑型用膏、"牙科用蜡"及牙科用熟石膏制剂	Soap, organic surface-active agents, washing preparations, lubricating preparations, artificial waxes, prepared waxes, polishing or scouring preparations, candles and similar articles, modelling pastes, "dental waxes" and dental preparations with a basis of plast	26.89	3.82	17.96	2.56
35章 蛋白类物质；改性淀粉；胶；酶	Albuminoidal substances; modified starches; glues; enzymes	8.18	1.16	41.72	5.91
36章 炸药；烟火制品；火柴；引火合金；易燃材料制品	Explosives; pyrotechnic products; matches; pyrophoric alloys; certain combustible preparations	0.33	0.05	2.60	0.37
37章 照相及电影用品	Photographic or cinematographic goods	9.15	1.30	60.50	8.62
38章 杂项化学产品	Miscellaneous chemical products	158.81	22.63	190.63	27.15
第七类 塑料及其制品，橡胶及其制品	**PLASTICS AND ARTICLES THEREOF RUBBER AND ARTICLES THEREOF**	**2109.57**	**300.28**	**914.11**	**130.06**
39章 塑料及其制品	Plastics and articles thereof	1097.67	156.29	726.25	103.31
40章 橡胶及其制品	Rubber and articles thereof	1011.90	143.98	187.86	26.75
第八类 生皮、皮革、毛皮及其制品；鞍具及挽具；旅行用品、手提包及类似品；动物肠线(蚕胶丝除外)制品	**RAW HIDES AND SKINS, LEATHER, FUR SKINS AND ARTICLES THEREOF; SADDLERY AND HARNESS; TRAVEL GOODS, HANDBAGS AND SIMILAR CONTAINERS; ARTICLES OF ANIMAL GUT(OTHER THAN SILK-WORM GUT)**	**125.87**	**17.90**	**72.78**	**10.36**
41章 生皮(毛皮除外)及皮革	Raw hides and skins(other than fur skins) and leather	37.15	5.29	64.43	9.18

类 章	HS Section and Division	出口 Exports 亿元人民币 RMB 100 million	出口 Exports 亿美元 USD 100 million	进口 Imports 亿元人民币 RMB 100 million	进口 Imports 亿美元 USD 100 million
42章 皮革制品；鞍具及挽具；旅行用品、手提包及类似容器；动物肠线(蚕胶丝除外)制品	Articles of Leather; Saddlery and Harness; Travel Goods, Handbags and Similar Containers; Articles of Animal Gut	79.94	11.36	6.80	0.97
43章 毛皮、人造毛皮及其制品	Fur skins and artificial fur；manufactures thereof	8.78	1.25	1.55	0.22
第九类 木及木制品；木炭；软木及软木制品；稻草，秸秆、针茅或其他编结材料制品；篮筐及柳条编结品	**WOOD AND ARTICLES OF WOOD；WOOD CHAR-COAL；CORK AND ARTICLES OF CORK；MANUFACTURES OF STRAW，OF ESPARTO OR OF OTHER PLAITING MATERIALS ；BASKET WARE AND WICKERWORK**	**42.32**	**6.02**	**85.25**	**12.16**
44章 木及木制品；木炭	Wood and articles of wood；wood charcoal	41.64	5.93	85.04	12.13
45章 软木及软木制品	Cork and articles of cork			0.16	0.02
46章 稻草、秸秆、针茅或其他编结材料制品；篮筐及柳条编结品	Manufactures of straw，of esparto or of other plaiting Materials；basket ware and wickerwork	0.68	0.10	0.05	0.01
第十类 木浆及其他纤维状纤维素浆；纸及纸板的废碎品；纸、纸板及其制品	**Pulp of Wood or of Other Fibrous Cellulosic Material; Recycled Waste and Scrap of Paper or Paperboard; Paperboard and Articles Thereof**	**531.10**	**75.57**	**189.11**	**26.99**
47章 木浆及其他纤维状纤维素浆；纸及纸板的废碎品	Pulp of Wood or of Other Fibrous Cellulosic Material; Waste and Scrap of Paper or Paperboard	0.00	0.00	145.86	20.83
48章 纸及纸板；纸浆、纸或纸板制品	Paper and paperboard；articles of paper pulp，of paper or paperboard	476.16	67.77	35.79	5.10
49章 书籍、报纸、印刷图画及其他印制品；手稿、打字稿及设计图纸	Printed books，newspapers，pictures and other products of the printing industry；manuscripts，typescripts and plans	54.94	7.80	7.46	1.06
第十一类 纺织原料及纺织制品	**TEXTILES AND TEXTILE ARTICLES**	**836.32**	**118.94**	**262.80**	**37.37**
50章 蚕丝	Silk	0.26	0.04	0.80	0.11
51章 羊毛、动物细毛或粗毛；马毛纱线及其机织物	Wool，fine or coarse animal hair；horsehair yarn and woven fabric	22.77	3.24	34.52	4.90
52章 棉花	Cotton	30.61	4.37	53.40	7.59
53章 其他植物纺织纤维；纸纱线及其机织物	Other vegetable textile fibres；paper yarn and woven fabrics of paper yarn	3.09	0.44	4.26	0.60
54章 化学纤维长丝,化学纤维纺织材料制扁条及类似品	Man-Made Filaments; Man-Made Textile Materials Making Flat Strips and Similar Products	63.49	9.03	47.22	6.71
55章 化学纤维短纤	Man-made short fibres	34.83	4.96	24.54	3.48
56章 絮胎、毡呢及无纺织物；特种纱线；线、绳、索、缆及其制品	Wadding，felt and nonwoven；special yarns；twine，cordage，ropes and cables and articles thereof	17.54	2.50	16.94	2.41
57章 地毯及纺织材料的其他铺地制品	Carpets and other textile floor coverings	4.59	0.65	0.31	0.04
58章 特种机织物；簇绒织物；花边；装饰毯；装饰带；刺绣品	Special woven fabrics；tufted textile fabrics；lace；tapestries；trimmings；embroidery	8.10	1.15	10.39	1.48
59章 浸渍、涂布、包覆或层压的纺织物；工业用纺织制品	Impregnated，coated，covered or laminated textile fabrics；textile articles of a kind suitable for industrial use	29.72	4.23	34.52	4.92
60章 针织物及钩编织物	Knitted or crocheted fabrics	80.61	11.49	28.37	4.04
61章 针织或钩编的服装及衣着附件	Articles of apparel and clothing accessories，Knitted or crocheted	165.10	23.44	1.63	0.23
62章 非针织或非钩编的服装及衣着附件	Articles of apparel and clothing accessories，not knitted or crocheted	296.73	42.17	2.26	0.32

类 章	HS Section and Division	出 口 Exports 亿元人民币 RMB 100 million	出 口 Exports 亿美元 USD 100 million	进 口 Imports 亿元人民币 RMB 100 million	进 口 Imports 亿美元 USD 100 million
63章 其他纺织制成品；成套物品；旧衣着及旧纺织品；碎织物	Other made up textile articles；sets；worn clothing and worn textile articles；rags articles；rags	78.89	11.24	3.65	0.52
第十二类 鞋、帽、伞、杖、鞭及其零件；已加工的羽毛及其制品；人造花；人发制品	**FOOTWEAR，HEADGEAR，UMBRELLAS，SUN UMBRELLAS，WALKING-STICKS，SEAT-STICKS，WHIPS，RIDING-CROPS AND PARTS THEREOF；PREPARED FEATHERS AND ARTICLES MADE THEREWITH；ARTIFICIAL FLOWERS；ARTICLES OF HUMAN HAIR**	**371.95**	**52.99**	**28.51**	**4.06**
64章 鞋靴、护腿和类似品及其零件	Footwear，gaiters and the like；parts of such articles	269.96	38.44	14.43	2.06
65章 帽类及其零件	Headgear and parts thereof	29.64	4.23	0.42	0.06
66章 雨伞、阳伞、手杖、鞭子、马鞭及其零件	Umbrellas，sun umbrellas，walking-sticks，seat-sticks，whips，riding-crops and parts thereof	7.12	1.02	0.02	0.00
67章 已加工羽毛、羽绒及其制品；人造花；人发制品	Prepared feathers and down and articles made of feathers or of down；artificial flowers；articles of human hair	65.23	9.30	13.63	1.94
第十三类 石料、石膏、水泥、石棉、云母及类似材料的制品；陶瓷产品；玻璃及其制品	**ARTICLES OF STONE，PLASTER，CEMENT，ASBESTOS，MICA OR SIMILAR MATERIALS；CERAMIC PRODUCTS；GLASS AND GLASSWARE**	**91.64**	**13.04**	**164.36**	**23.36**
68章 石料、石膏、水泥、石棉、云母及类似材料的制品	Articles of stone，plaster，cement，asbestos，mica or similar materials；ceramic products；glass and glassware	20.00	2.85	25.12	3.58
69章 陶瓷产品	Ceramic products	15.97	2.27	10.28	1.46
70章 玻璃及其制品	Glass and glassware	55.66	7.92	128.96	18.31
第十四类 天然或养殖珍珠、宝石或半宝石、贵金属、包贵金属及其制品；仿首饰；硬币	**NATURAL OR CULTURED PEARLS，PRECIOUS OR SEMI-PRECIOUS STONES，PRECIOUS METALS，METALS CLAD WITH PRECIOUS METAL AND STONES，PRECIOUS METALS，METALS CLAD WITH PRECIOUS METAL AND ARTICLES THEREOF；IMITATION JEWELLERY；COIN**	**1507.41**	**214.33**	**1295.99**	**184.27**
71章 天然或养殖珍珠、宝石或半宝石、贵金属、包贵金属及其制品；仿首饰；硬币	Natural or cultured pearls，precious or semi-precious stones，precious metals，metals clad with precious metal and articles thereof；imitation jewellery；coin	1507.41	214.33	1295.99	184.27
第十五类 贱金属及其制品	**BASE METALS AND ARTICLES OF BASE METAL**	**1014.03**	**144.29**	**1101.16**	**156.58**
72章 钢铁	Iron and steel	94.90	13.49	223.06	31.67
73章 钢铁制品	Articles of iron or steel	286.04	40.57	134.41	19.12
74章 铜及其制品	Copper and articles thereof	318.13	45.44	473.65	67.47
75章 镍及其制品	Nickel and articles thereof	13.03	1.83	58.16	8.21
76章 铝及其制品	Aluminium and articles thereof	119.60	17.05	103.74	14.76
78章 铅及其制品	Lead and articles thereof	0.04	0.01	0.43	0.06
79章 锌及其制品	Zinc and articles thereof	0.72	0.10	4.80	0.68
80章 锡及其制品	Tin and articles thereof	19.46	2.77	4.49	0.64
81章 其他贱金属、金属陶瓷及其制品	Other base metals；cermets；articles thereof	18.93	2.67	59.85	8.49
82章 贱金属工具、器具、利口器、餐匙、餐叉及其零件	Tools，implements，cutlery，spoons and forks，of base metal；parts thereof of base metal	77.96	11.10	17.64	2.51
83章 贱金属杂项制品	Miscellaneous articles of base metal	65.22	9.27	20.91	2.97

6-20 续表 4 Continued 4

类 章	HS Section and Division	出口 Exports 亿元人民币 RMB 100 million	出口 Exports 亿美元 USD 100 million	进口 Imports 亿元人民币 RMB 100 million	进口 Imports 亿美元 USD 100 million
第十六类 机器、机械器具、电气设备及其零件；录音机及放声机、电视图像、声音的录制和重放设备及其零件、附件	**MACHINERY AND MECHANICAL APPLIANCES; ELECTRICAL EQUIPMENT; PARTS THEREOF; SOUND RECORDERS AND REPRODUCERS, TELEVISION IMAGE AND SOUND RECORDERS AND REPRODUCERS; AND PARTS AND ACCESSORIES OF RECORDERS AND REPRODUCERS; AND PARTS AND ACCESSORIES OF SUCH ARTICLES**	**33383.54**	**4747.28**	**17725.92**	**2516.45**
84章 核反应堆、锅炉、机器、机械器具及其零件	Nuclear reactors, boilers, machinery and mechanical appliances; parts thereof	11454.28	1630.45	1939.72	275.59
85章 电机、电气设备及其零件；录音机及放声机、电视图像、声音的录制和重放设备及其零件、附件	Electrical machinery and equipment and parts thereof; sound recorders and reproducers, television image and sound recorders and reproducers, and parts and accessories of such articles	21929.25	3116.82	15786.20	2240.86
第十七类 车辆、航空器、船舶及有关运输设备	**VEHICLES, AIRCRAFT, VESSELS AND ASSOCIATED TRANSPORT EQUIPMENT**	**3986.42**	**566.06**	**346.80**	**49.37**
86章 铁道及电车道机车、车辆及其零件；铁道及电车轨道固定装置及其零件、附件；各种机械(包括电动机械)交通信号设备	Railway or tramway locomotives, rolling-stock and parts thereof; railway or tramway track fixtures and fittings and parts thereof; mechanical(including electro-mechanical) traffic signalling equipment of all kinds	303.83	43.36	7.09	1.01
87章 车辆及其零件、附件，但铁道及电车道车辆除外	Vehicles other than railway or tramway rolling-stock, and parts and accessories thereof	1570.09	222.86	171.40	24.35
88章 航空器、航天器及其零件	Aircraft, spacecraft, and parts thereof	125.43	17.75	167.72	23.93
89章 船舶及浮动结构体	Ships, boats and floating structures	1987.08	282.08	0.59	0.08
第十八类 光学、照相、电影、计量、检验、医疗或外科用仪器及设备、精密仪器及设备；钟表；乐器；上述物品的零件、附件	**OPTICAL, PHOTOGRAPHIC, CINEMATOGRAPHIC, MEASURING, CHECKING, PRECISION, MEDICAL OR SURGICAL INSTRUMENTS AND APPARATUS; CLOCKS AND WATCHES; MUSICAL INSTRUMENTS; PARTS AND ACCESSORIES THEREOF**	**1243.49**	**176.99**	**669.64**	**95.12**
90章 光学、照相、电影、计量、检验、医疗或外科用仪器及设备、精密仪器及设备；上述物品的零件、附件	Optical, photographic, cinematographic, measuring, checking, precision medical or surgical instruments and apparatus; parts and accessories thereof	1126.91	160.45	636.77	90.46
91章 钟表及其零件	Clocks and watches and parts thereof	88.16	12.51	30.61	4.34
92章 乐器及其零件、附件	Musical instruments; parts and accessories of such articles	28.41	4.03	2.26	0.32
第十九类 武器、弹药及其零件、附件	**ARMS AND AMMUNITION; PARTS AND ACCESSORIES THEREOF**				
93章 武器、弹药及其零件、附件	Arms and ammunition; parts and accessories thereof				
第二十类 杂项制品	**MISCELLANEOUS MANUFACTURED ARTICLES**	**2101.79**	**299.07**	**64.83**	**9.20**
94章 家具；寝具、褥垫、弹簧床垫、软坐垫及类似的填充制品；未列名灯具及照明装置；发光标志、发光名牌及类似品；活动房屋	Furniture; bedding, mattresses, mattress supports, cushions and similar stuffed furnishings; lamps and lighting fittings, not elsewhere specified or included; illuminated signs, illuminated	352.75	50.16	22.22	3.14
95章 玩具、游戏品、运动用品及其零件、附件	Toys, games and sports requisites; parts and accessories thereof	1647.89	234.52	29.94	4.26
96章 杂项制品	Miscellaneous manufactured articles	101.16	14.39	12.68	1.80
第二十一类 艺术品、收藏品及古物	**WORKS OF ART, COLLECTORS' PIECES AND ANTIQUES**			**0.01**	**0.00**
97章 艺术品、收藏品及古物	Works of art, collectors' pieces and antiques			0.01	0.00
第二十二类 特殊交易品及未分类商品	**COMMODITIES AND TRANSACTIONS NOT CLASSIFIED ACCORDING TO KIND**				
98章 特殊交易品及未分类商品	Commodities and transactions not classified according to kind				

6–21　对欧洲联盟进出口商品分类金额
Value of Exports and Imports from EU by HS

单位：亿美元
Unit: USD 100 million

类　　章	HS Section and Division	2022 出口 Exports	2022 进口 Imports	2023 出口 Exports	2023 进口 Imports
总　　额	**Total**	**5582.29**	**2843.19**	**5012.11**	**2816.88**
第一类　活动物；动物产品	**LIVE ANIMALS；ANIMAL PRODUCTS**	**24.43**	**62.64**	**21.93**	**57.29**
01章　活动物	Live animals	0.03	0.42	0.04	0.32
02章　肉及食用杂碎	Meat and edible meat offal	0.13	36.68	0.18	32.20
03章　鱼、甲壳动物、软体动物及其他水生无脊椎动物	Fish and crustaceans molluscs and other aquatic invertebrates	16.40	3.78	14.90	4.24
04章　乳品；蛋品；天然蜂蜜；其他食用动物产品	Dairy produce；birds' eggs；natural honey；edible products of animal origin，not elsewhere specified or included	1.36	19.61	1.17	18.28
05章　其他动物产品	Products of animal origin，not elsewhere specified or included	6.51	2.16	5.66	2.24
第二类　植物产品	**VEGETABLE PRODUCTS**	**26.82**	**18.65**	**25.57**	**25.72**
06章　活树及其他活植物；鳞茎、根及类似品；插花及装饰用簇叶	Live tree and other plants；bulbs，roots and the like；cut flowers and ornamental foliage	0.81	1.49	0.70	1.78
07章　食用蔬菜、根及块茎	Edible vegetables and certain roots and tubers	5.31	0.27	6.25	0.11
08章　食用水果及坚果；甜瓜或柑桔属水果的果皮	Edible fruit and nuts；peel of citrus fruit or melons	3.07	0.97	3.05	0.84
09章　咖啡、茶、马黛茶及调味香料	Coffee，tea，mate and spices	5.01	0.75	4.97	0.46
10章　谷物	Cereals	0.35	10.25	0.04	18.24
11章　制粉工业产品；麦芽；淀粉；菊粉；面筋	Products of the milling industry；malt；starches；inulin；wheat gluten	1.80	0.64	1.26	0.79
12章　含油子仁及果实；杂项子仁及果实；工业用或药用植物；稻草、秸秆及饲料	Oil seeds and oleaginous fruits；miscellaneous grains，seeds and fruit；industrial or medicinal plants；straw and fodder	4.25	3.24	4.51	2.69
13章　虫胶；树胶、树脂及其他植物液、汁	Lac；gums，resins and other vegetable saps and extracts	5.34	1.02	4.00	0.78
14章　编结用植物材料；其他植物产品	Vegetable plaiting materials；vegetable products not elsewhere specified or included	0.87	0.03	0.79	0.03
第三类　动、植物油、脂及其分解产品；精制的食用油脂；动、植物蜡	**ANIMAL OR VEGETABLE FATS AND OILS AND THEIR CLEAVAGE PRODUCTS；PREPARED EDIBLE FATS；ANIMAL OR VEGETABLE WAXES**	**19.69**	**4.36**	**10.68**	**5.57**
15章　动、植物油、脂及其分解产品；精制的食用油脂；动、植物蜡	Animal or vegetable fats and oils and their cleavage products；prepared edible fats；animal or vegetable waxes	19.69	4.36	10.68	5.57
第四类　食品；饮料、酒及醋；烟草、烟草及烟草代用品的制品	**PREPARED FOODSTUFFS；BEVERAGES, SPIRITS AND VINEGAR；TOBACCO AND MANUFACTURED TOBACCO SUBSTITUTES**	**41.01**	**88.59**	**50.13**	**91.57**
16章　肉、鱼、甲壳动物、软体动物及其他水生无脊椎动物的制品	Preparations of meat，of fish or of crustaceans，molluscs or other aquatic invertebrates	4.61	0.15	5.14	0.18
17章　糖及糖食	Sugars and sugar confectionery	1.36	1.35	1.65	1.54
18章　可可及可可制品	Cocoa and cocoa preparations	0.10	2.86	0.19	2.87
19章　谷物、粮食粉、淀粉或乳的制品；糕饼点心	Preparations of cereals，flour，starch or milk；pastry-cooks' products	1.74	35.02	1.93	32.63

6-21 续表 1 Continued 1

单位：亿美元
Unit: USD 100 million

类 章	HS Section and Division	2022		2023	
		出 口 Exports	进 口 Imports	出 口 Exports	进 口 Imports
20章 蔬菜、水果、坚果或植物其他部分的制品	Preparations of vegetables, fruit, nuts or other parts of plants	7.90	1.61	9.41	2.06
21章 杂项食品	Miscellaneous edible preparations	4.80	10.66	4.91	13.32
22章 饮料、酒及醋	Beverages, spirits and vinegar	1.73	31.71	1.93	33.63
23章 食品工业的残渣及废料；配制的动物饲料	Residues and waste from the food industries; prepared animal fodder	7.33	5.00	7.86	5.09
24章 烟草、烟草及烟草代用品的制品	Tobacco and manufactured tobacco substitutes	11.44	0.22	17.10	0.24
第五类 矿产品	**MINERAL PRODUCTS**	**64.44**	**45.95**	**52.74**	**37.35**
25章 盐；硫磺；泥土及石料；石膏料、石灰及水泥	Salt; sulphur; earths and stone; plastering materials, lime and cement	4.51	6.71	3.23	6.02
26章 矿砂、矿渣及矿灰	Ores, slag and ash	0.72	22.82	0.51	20.31
27章 矿物燃料、矿物油及其蒸馏产品；沥青物质；矿物蜡	Mineral fuels, mineral oils and products of their distillation; bituminous substances; mineral waxes	59.22	16.41	49.00	11.02
第六类 化学工业及其相关工业的产品	**PRODUCTS OF THE CHEMICAL OR INDUSTRIES ALLIED**	**411.72**	**521.77**	**294.53**	**529.63**
28章 无机化学品；贵金属、稀土金属、放射性元素及其同位素的有机及无机化合物	Inorganic chemicals; organic or inorganic compounds of precious metals, of rare- earth metals, of radioactive elements or of isotopes	42.80	27.53	30.49	20.16
29章 有机化学品	Organic chemicals	207.11	60.55	149.34	55.39
30章 药品	Pharmaceutical products	32.06	249.60	26.63	283.88
31章 肥料	Fertilizers	3.10	2.29	1.52	3.47
32章 鞣料浸膏及染料浸膏；鞣酸及其衍生物；染料、颜料及其他色料；油漆及清漆；油灰及其他类似胶粘剂；墨水、油墨	Tanning or dyeing extracts; tannins and their derivatives; dyes, pigments and other colouring matter; paints and varnishes; putty and other mastics; inks	13.14	10.56	11.14	9.74
33章 精油及香膏；芳香料制品及化妆盥洗品	Essential oils and retinoid; perfumery, cosmetic or toilet preparations	7.43	77.13	8.34	68.04
34章 肥皂、有机表面活性剂、洗涤剂、润滑剂、人造蜡、调制蜡、光洁剂、蜡烛及类似品、塑型用膏、“牙科用蜡”及牙科用熟石膏制剂	Soap, organic surface-active agents, washing preparations, lubricating preparations, artificial waxes, prepared waxes, polishing or scouring preparations, candles and similar articles, modelling pastes, “dental waxes” and dental preparations with a basis of plast	7.57	17.29	6.45	15.15
35章 蛋白类物质；改性淀粉；胶；酶	Albuminoidal substances; modified starches; glues; enzymes	4.38	12.46	3.81	10.26
36章 炸药；烟火制品；火柴；引火合金；易燃材料制品	Explosives; pyrotechnic products; matches; pyrophoric alloys; certain combustible preparations	2.35	0.33	3.18	0.30
37章 照相及电影用品	Photographic or cinematographic goods	2.48	1.97	2.25	2.00
38章 杂项化学产品	Miscellaneous chemical products	89.32	62.06	51.38	61.24
第七类 塑料及其制品，橡胶及其制品	**PLASTICS AND ARTICLES THEREOF RUBBER AND ARTICLES THEREOF**	**193.73**	**108.50**	**182.43**	**92.79**
39章 塑料及其制品	Plastics and articles thereof	151.55	87.45	137.41	73.98
40章 橡胶及其制品	Rubber and articles thereof	42.18	21.05	45.02	18.81
第八类 生皮、皮革、毛皮及其制品；鞍具及挽具；旅行用品、手提包及类似品；动物肠线(蚕胶丝除外)制品	**RAW HIDES AND SKINS, LEATHER, FUR SKINS AND ARTICLES THEREOF; SADDLERY AND HARNESS; TRAVEL GOODS, HANDBAGS AND SIMILAR CONTAINERS; ARTICLES OF ANIMAL GUT(OTHER THAN SILK-WORM GUT)**	**74.48**	**52.63**	**68.89**	**55.89**
41章 生皮(毛皮除外)及皮革	Raw hides and skins(other than fur skins) and leather	1.07	5.59	0.88	4.82

6–21 续表 2 Continued 2

单位：亿美元
Unit: USD 100 million

类 章	HS Section and Division	2022 出口 Exports	2022 进口 Imports	2023 出口 Exports	2023 进口 Imports
42章 皮革制品；鞍具及挽具；旅行用品、手提包及类似容器；动物肠线(蚕胶丝除外)制品	Articles of Leather; Saddlery and Harness; Travel Goods, Handbags and Similar Containers; Articles of Animal Gut	72.56	45.81	67.37	49.72
43章 毛皮、人造毛皮及其制品	Fur skins and artificial fur；manufactures thereof	0.86	1.22	0.64	1.35
第九类 木及木制品；木炭；软木及软木制品；稻草，秸秆、针茅或其他编结材料制品；篮筐及柳条编结品	**WOOD AND ARTICLES OF WOOD；WOOD CHAR-COAL；CORK AND ARTICLES OF CORK；MANUFACTURES OF STRAW，OF ESPARTO OR OF OTHER PLAITING MATERIALS；BASKET WARE AND WICKERWORK**	**34.26**	**36.17**	**28.85**	**24.72**
44章 木及木制品；木炭	Wood and articles of wood；wood charcoal	28.26	35.69	23.61	24.26
45章 软木及软木制品	Cork and articles of cork	0.11	0.37	0.11	0.35
46章 稻草、秸秆、针茅或其他编结材料制品；篮筐及柳条编结品	Manufactures of straw，of esparto or of other plaiting Materials；basket ware and wickerwork	5.90	0.11	5.13	0.11
第十类 木浆及其他纤维状纤维素浆；纸及纸板的废碎品；纸、纸板及其制品	**Pulp of Wood or of Other Fibrous Cellulosic Material; Recycled Waste and Scrap of Paper or Paperboard; Paperboard and Articles Thereof**	**34.97**	**39.14**	**32.04**	**46.94**
47章 木浆及其他纤维状纤维素浆；纸及纸板的废碎品	Pulp of Wood or of Other Fibrous Cellulosic Material; Waste and Scrap of Paper or Paperboard	0.68	22.55	0.33	30.82
48章 纸及纸板；纸浆、纸或纸板制品	Paper and paperboard；articles of paper pulp，of paper or paperboard	29.32	11.56	26.98	11.48
49章 书籍、报纸、印刷图画及其他印制品；手稿、打字稿及设计图纸	Printed books，newspapers，pictures and other products of the printing industry；manuscripts，typescripts and plans	4.97	5.03	4.72	4.64
第十一类 纺织原料及纺织制品	**TEXTILES AND TEXTILE ARTICLES**	**461.24**	**62.88**	**379.60**	**65.01**
50章 蚕丝	Silk	2.92	0.10	2.65	0.10
51章 羊毛、动物细毛或粗毛；马毛纱线及其机织物	Wool，fine or coarse animal hair；horsehair yarn and woven fabric	7.13	3.07	7.15	3.02
52章 棉花	Cotton	5.34	0.74	4.27	0.77
53章 其他植物纺织纤维；纸纱线及其机织物	Other vegetable textile fibres；paper yarn and woven fabrics of paper yarn	3.45	6.13	2.97	9.98
54章 化学纤维长丝,化学纤维纺织材料制扁条及类似品	Man-Made Filaments; Man-Made Textile Materials Making Flat Strips and Similar Products	23.36	2.79	18.99	2.80
55章 化学纤维短纤	Man-made short fibres	9.05	4.48	7.67	3.39
56章 絮胎、毡呢及无纺织物；特种纱线；线、绳、索、缆及其制品	Wadding，felt and nonwoven；special yarns；twine，cordage，ropes and cables and articles thereof	8.89	2.52	8.54	2.24
57章 地毯及纺织材料的其他铺地制品	Carpets and other textile floor coverings	4.25	0.22	4.29	0.19
58章 特种机织物；簇绒织物；花边；装饰毯；装饰带；刺绣品	Special woven fabrics；tufted textile fabrics；lace；tapestries；trimmings；embroidery	4.88	0.56	4.57	0.56
59章 浸渍、涂布、包覆或层压的纺织物；工业用纺织制品	Impregnated，coated，covered or laminated textile fabrics；textile articles of a kind suitable for industrial use	8.88	3.43	7.91	3.17
60章 针织物及钩编织物	Knitted or crocheted fabrics	9.40	0.91	9.05	0.79
61章 针织或钩编的服装及衣着附件	Articles of apparel and clothing accessories，Knitted or crocheted	164.55	14.12	134.98	14.15
62章 非针织或非钩编的服装及衣着附件	Articles of apparel and clothing accessories，not knitted or crocheted	155.77	23.05	121.44	23.14

6–21 续表 3 Continued 3

单位：亿美元
Unit: USD 100 million

类 章	HS Section and Division	2022 出口 Exports	2022 进口 Imports	2023 出口 Exports	2023 进口 Imports
63章 其他纺织制成品；成套物品；旧衣着及旧纺织品；碎织物	Other made up textile articles；sets；worn clothing and worn textile articles；rags articles；rags	53.37	0.76	45.13	0.71
第十二类 鞋、帽、伞、杖、鞭及其零件；已加工的羽毛及其制品；人造花；人发制品	**FOOTWEAR，HEADGEAR，UMBRELLAS，SUN UMBRELLAS，WALKING-STICKS，SEAT-STICKS，WHIPS，RIDING-CROPS AND PARTS THEREOF；PREPARED FEATHERS AND ARTICLES MADE THEREWITH；ARTIFICIAL FLOWERS；ARTICLES OF HUMAN HAIR**	**149.33**	**17.19**	**114.00**	**17.75**
64章 鞋靴、护腿和类似品及其零件	Footwear，gaiters and the like；parts of such articles	109.81	16.30	83.94	16.92
65章 帽类及其零件	Headgear and parts thereof	16.46	0.83	12.96	0.77
66章 雨伞、阳伞、手杖、鞭子、马鞭及其零件	Umbrellas，sun umbrellas，walking-sticks，seat-sticks，whips，riding-crops and parts thereof	7.77	0.01	5.55	0.01
67章 已加工羽毛、羽绒及其制品；人造花；人发制品	Prepared feathers and down and articles made of feathers or of down；artificial flowers；articles of human hair	15.30	0.05	11.55	0.05
第十三类 石料、石膏、水泥、石棉、云母及类似材料的制品；陶瓷产品；玻璃及其制品	**ARTICLES OF STONE，PLASTER，CEMENT，ASBESTOS，MICA OR SIMILAR MATERIALS；CERAMIC PRODUCTS；GLASS AND GLASSWARE**	**75.70**	**17.70**	**67.94**	**16.69**
68章 石料、石膏、水泥、石棉、云母及类似材料的制品	Articles of stone，plaster，cement，asbestos，mica or similar materials；ceramic products；glass and glassware	13.52	4.57	10.98	4.03
69章 陶瓷产品	Ceramic products	33.70	4.57	27.50	4.51
70章 玻璃及其制品	Glass and glassware	28.47	8.56	29.45	8.15
第十四类 天然或养殖珍珠、宝石或半宝石、贵金属、包贵金属及其制品；仿首饰；硬币	**NATURAL OR CULTURED PEARLS，PRECIOUS OR SEMI-PRECIOUS STONES，PRECIOUS METALS，METALS CLAD WITH PRECIOUS METAL AND STONES，PRECIOUS METALS，METALS CLAD WITH PRECIOUS METAL AND ARTICLES THEREOF；IMITATION JEWELLERY；COIN**	**17.73**	**76.01**	**18.05**	**78.09**
71章 天然或养殖珍珠、宝石或半宝石、贵金属、包贵金属及其制品；仿首饰；硬币	Natural or cultured pearls，precious or semi-precious stones，precious metals，metals clad with precious metal and articles thereof；imitation jewellery；coin	17.73	76.01	18.05	78.09
第十五类 贱金属及其制品	**BASE METALS AND ARTICLES OF BASE METAL**	**351.84**	**132.83**	**287.27**	**118.78**
72章 钢铁	Iron and steel	55.85	21.74	41.43	19.32
73章 钢铁制品	Articles of iron or steel	124.97	29.57	107.25	28.96
74章 铜及其制品	Copper and articles thereof	11.17	39.19	9.41	33.18
75章 镍及其制品	Nickel and articles thereof	0.86	9.17	1.89	6.89
76章 铝及其制品	Aluminium and articles thereof	53.51	11.38	38.50	11.53
78章 铅及其制品	Lead and articles thereof	0.38	0.05	0.22	0.10
79章 锌及其制品	Zinc and articles thereof	0.33	0.37	0.22	0.38
80章 锡及其制品	Tin and articles thereof	1.04	0.10	0.86	0.08
81章 其他贱金属、金属陶瓷及其制品	Other base metals；cermets；articles thereof	18.64	2.42	13.08	2.14
82章 贱金属工具、器具、利口器、餐匙、餐叉及其零件	Tools，implements，cutlery，spoons and forks，of base metal；parts thereof of base metal	46.48	8.89	39.88	8.27
83章 贱金属杂项制品	Miscellaneous articles of base metal	38.61	9.94	34.53	7.92

6-21 续表 4 Continued 4

单位：亿美元
Unit: USD 100 million

类　章	HS Section and Division	2022 出口 Exports	2022 进口 Imports	2023 出口 Exports	2023 进口 Imports
第十六类 机器、机械器具、电气设备及其零件；录音机及放声机、电视图像、声音的录制和重放设备及其零件、附件	**MACHINERY AND MECHANICAL APPLIANCES；ELECTRICAL EQUIPMENT；PARTS THEREOF；SOUND RECORDERS AND REPRODUCERS，TELEVISION IMAGE AND SOUND RECORDERS AND REPRODUCERS；AND PARTS AND CCESSORIES OF RECORDERS AND EPRODUCERS；AND PARTS AND ACCESSORIES OF SUCH ARTICLES**	**2586.55**	**834.82**	**2342.81**	**870.68**
84章 核反应堆、锅炉、机器、机械器具及其零件	Nuclear reactors，boilers，machinery and mechanical appliances；parts thereof	967.63	442.76	821.45	511.87
85章 电机、电气设备及其零件；录音机及放声机、电视图像、声音的录制和重放设备及其零件、附件	Electrical machinery and equipment and parts thereof；sound recorders and reproducers，television image and sound recorders and reproducers，and parts and accessories of such articles	1618.92	392.05	1521.36	358.82
第十七类 车辆、航空器、船舶及有关运输设备	**VEHICLES，AIRCRAFT，VESSELS AND ASSOCIATED TRANSPORT EQUIPMENT**	**349.45**	**486.45**	**380.46**	**446.16**
86章 铁道及电车道机车、车辆及其零件；铁道及电车轨道固定装置及其零件、附件；各种机械(包括电动机械)交通信号设备	Railway or tramway locomotives，rolling-stock and parts thereof；railway or tramway track fixtures and fittings and parts thereof；mechanical(including electro- mechanical) traffic signalling equipment of all kinds	27.67	3.40	22.47	3.47
87章 车辆及其零件、附件，但铁道及电车道车辆除外	Vehicles other than railway or tramway rolling-stock，and parts and accessories thereof	276.22	422.08	316.41	374.77
88章 航空器、航天器及其零件	Aircraft，spacecraft，and parts thereof	10.29	60.40	16.36	67.10
89章 船舶及浮动结构体	Ships，boats and floating structures	35.28	0.57	25.22	0.82
第十八类 光学、照相、电影、计量、检验、医疗或外科用仪器及设备、精密仪器及设备；钟表；乐器；上述物品的零件、附件	**OPTICAL，PHOTOGRAPHIC，CINEMATOGRAPHIC，MEASURING，CHECKING，PRECISION，MEDICAL OR SURGICAL INSTRUMENTS AND APPARATUS；CLOCKS AND WATCHES；MUSICAL INSTRUMENTS；PARTS AND ACCESSORIES THEREOF**	**142.06**	**207.44**	**138.02**	**209.67**
90章 光学、照相、电影、计量、检验、医疗或外科用仪器及设备、精密仪器及设备；上述物品的零件、附件	Optical，photographic，cinematographic，measuring，checking，precision medical or surgical instruments and apparatus；parts and accessories thereof	133.62	205.26	130.04	207.32
91章 钟表及其零件	Clocks and watches and parts thereof	4.40	1.04	4.30	1.12
92章 乐器及其零件、附件	Musical instruments；parts and accessories of such articles	4.05	1.13	3.69	1.24
第十九类 武器、弹药及其零件、附件	**ARMS AND AMMUNITION；PARTS AND ACCESSORIES THEREOF**	**0.58**	**0.02**	**0.42**	**0.11**
93章 武器、弹药及其零件、附件	Arms and ammunition；parts and accessories thereof	0.58	0.02	0.42	0.11
第二十类 杂项制品	**MISCELLANEOUS MANUFACTURED ARTICLES**	**423.60**	**22.66**	**379.98**	**19.90**
94章 家具；寝具、褥垫、弹簧床垫、软坐垫及类似的填充制品；未列名灯具及照明装置；发光标志、发光名牌及类似品；活动房屋	Furniture；bedding，mattresses，mattress supports，cushions and similar stuffed furnishings；lamps and lighting fittings，not elsewhere specified or included；illuminated signs，illuminated	213.63	15.16	194.26	13.66
95章 玩具、游戏品、运动用品及其零件、附件	Toys，games and sports requisites；parts and accessories thereof	178.95	4.35	155.46	3.21
96章 杂项制品	Miscellaneous manufactured articles	31.02	3.15	30.26	3.02
第二十一类 艺术品、收藏品及古物	**WORKS OF ART，COLLECTORS' PIECES AND ANTIQUES**	**1.14**	**3.93**	**1.66**	**4.34**
97章 艺术品、收藏品及古物	Works of art，collectors' pieces and antiques	1.14	3.93	1.66	4.34
第二十二类 特殊交易品及未分类商品	**COMMODITIES AND TRANSACTIONS NOT CLASSIFIED ACCORDING TO KIND**	**97.52**	**2.88**	**134.10**	**2.22**
98章 特殊交易品及未分类商品	Commodities and transactions not classified according to kind	86.31	2.88	131.32	2.22
99章 跨境电商B2B简化申报商品	Simplified Declaration of Cross-border E-commerce B2B Commodities	11.21		2.78	

6-22 对美国进出口商品分类金额

Value of Exports and Imports from United States by HS

单位：亿美元

Unit: USD 100 million

类 章	HS Section and Division	2022 出口 Exports	2022 进口 Imports	2023 出口 Exports	2023 进口 Imports
总 额	**Total**	**5754.67**	**1761.77**	**5002.43**	**1637.44**
第一类 活动物；动物产品	**LIVE ANIMALS；ANIMAL PRODUCTS**	**16.81**	**62.96**	**13.19**	**54.51**
01章 活动物	Live animals	0.06	0.24	0.10	0.43
02章 肉及食用杂碎	Meat and edible meat offal	0.03	40.40	0.03	33.24
03章 鱼、甲壳动物、软体动物及其他水生无脊椎动物	Fish and crustaceans molluscs and other aquatic invertebrates	14.22	11.34	10.92	11.50
04章 乳品；蛋品；天然蜂蜜；其他食用动物产品	Dairy produce；birds' eggs；natural honey；edible products of animal origin，not elsewhere specified or included	0.18	4.84	0.20	3.81
05章 其他动物产品	Products of animal origin，not elsewhere specified or included	2.32	6.14	1.95	5.53
第二类 植物产品	**VEGETABLE PRODUCTS**	**18.21**	**277.14**	**17.72**	**206.32**
06章 活树及其他活植物；鳞茎、根及类似品；插花及装饰用簇叶	Live tree and other plants；bulbs，roots and the like；cut flowers and ornamental foliage	0.81	0.04	0.80	0.03
07章 食用蔬菜、根及块茎	Edible vegetables and certain roots and tubers	6.10	0.29	6.19	0.62
08章 食用水果及坚果；甜瓜或柑桔属水果的果皮	Edible fruit and nuts； peel of citrus fruit or melons	2.54	6.55	2.48	8.57
09章 咖啡、茶、马黛茶及调味香料	Coffee，tea，mate and spices	2.17	0.22	2.55	0.25
10章 谷物	Cereals	0.01	79.41	0.01	37.98
11章 制粉工业产品；麦芽；淀粉；菊粉；面筋	Products of the milling industry；malt；starches；inulin；wheat gluten	0.23	0.08	0.18	0.15
12章 含油子仁及果实；杂项子仁及果实；工业用或药用植物；稻草、秸秆及饲料	Oil seeds and oleaginous fruits；miscellaneous grains，seeds and fruit；industrial or medicinal plants；straw and fodder	1.61	190.27	1.49	158.52
13章 虫胶；树胶、树脂及其他植物液、汁	Lac；gums，resins and other vegetable saps and extracts	4.58	0.23	3.87	0.17
14章 编结用植物材料；其他植物产品	Vegetable plaiting materials；vegetable products not elsewhere specified or included	0.15	0.06	0.17	0.02
第三类 动、植物油、脂及其分解产品；精制的食用油脂；动、植物蜡	**ANIMAL OR VEGETABLE FATS AND OILS AND THEIR CLEAVAGE PRODUCTS；PREPARED EDIBLE FATS；ANIMAL OR VEGETABLE WAXES**	**1.68**	**1.35**	**8.77**	**1.61**
15章 动、植物油、脂及其分解产品；精制的食用油脂；动、植物蜡	Animal or vegetable fats and oils and their cleavage products；prepared edible fats；animal or vegetable waxes	1.68	1.35	8.77	1.61
第四类 食品；饮料、酒及醋；烟草、烟草及烟草代用品的制品	**PREPARED FOODSTUFFS；BEVERAGES, SPIRITS AND VINEGAR；TOBACCO AND MANUFACTURED TOBACCO SUBSTITUTES**	**63.47**	**29.31**	**59.20**	**36.41**
16章 肉、鱼、甲壳动物、软体动物及其他水生无脊椎动物的制品	Preparations of meat，of fish or of crustaceans，molluscs or other aquatic invertebrates	10.99	0.08	8.93	0.54
17章 糖及糖食	Sugars and sugar confectionery	3.08	1.69	3.10	1.90
18章 可可及可可制品	Cocoa and cocoa preparations	0.36	0.32	0.30	0.37
19章 谷物、粮食粉、淀粉或乳的制品；糕饼点心	Preparations of cereals，flour，starch or milk；pastry-cooks' products	2.67	0.61	2.73	0.45

单位：亿美元

Unit: USD 100 million

类 章	HS Section and Division	2022 出口 Exports	2022 进口 Imports	2023 出口 Exports	2023 进口 Imports
20章 蔬菜、水果、坚果或植物其他部分的制品	Preparations of vegetables, fruit, nuts or other parts of plants	10.71	4.34	9.03	3.31
21章 杂项食品	Miscellaneous edible preparations	7.71	11.93	7.56	11.68
22章 饮料、酒及醋	Beverages, spirits and vinegar	0.55	1.60	1.12	1.72
23章 食品工业的残渣及废料；配制的动物饲料	Residues and waste from the food industries；prepared animal fodder	3.65	8.32	2.95	11.85
24章 烟草、烟草及烟草代用品的制品	Tobacco and manufactured tobacco substitutes	23.75	0.43	23.48	4.59
第五类 矿产品	**MINERAL PRODUCTS**	**12.17**	**219.56**	**12.04**	**251.48**
25章 盐；硫磺；泥土及石料；石膏料、石灰及水泥	Salt；sulphur；earths and stone；plastering materials, lime and cement	4.69	9.07	2.68	8.84
26章 矿砂、矿渣及矿灰	Ores, slag and ash	0.17	19.71	0.07	17.91
27章 矿物燃料、矿物油及其蒸馏产品；沥青物质；矿物蜡	Mineral fuels, mineral oils and products of their distillation; bituminous substances; mineral waxes	7.30	190.78	9.28	224.72
第六类 化学工业及其相关工业的产品	**PRODUCTS OF THE CHEMICAL OR INDUSTRIES ALLIED**	**232.57**	**232.69**	**163.11**	**208.70**
28章 无机化学品；贵金属、稀土金属、放射性元素及其同位素的有机及无机化合物	Inorganic chemicals；organic or inorganic compounds of precious metals, of rare- earth metals, of radioactive elements or of isotopes	17.29	11.40	14.33	11.31
29章 有机化学品	Organic chemicals	117.58	57.46	73.57	53.26
30章 药品	Pharmaceutical products	23.73	60.67	22.04	56.76
31章 肥料	Fertilizers	0.23	0.69	0.18	0.26
32章 鞣料浸膏及染料浸膏；鞣酸及其衍生物；染料、颜料及其他色料；油漆及清漆；油灰及其他类似胶粘剂；墨水、油墨	Tanning or dyeing extracts；tannins and their derivatives；dyes, pigments and other colouring matter；paints and varnishes；putty and other mastics；inks	4.25	4.00	3.16	4.01
33章 精油及香膏；芳香料制品及化妆盥洗品	Essential oils and retinoid；perfumery, cosmetic or toilet preparations	13.51	24.73	14.14	19.28
34章 肥皂、有机表面活性剂、洗涤剂、润滑剂、人造蜡、调制蜡、光洁剂、蜡烛及类似品、塑型用膏、"牙科用蜡"及牙科用熟石膏制剂	Soap, organic surface-active agents, washing preparations, lubricating preparations, artificial waxes, prepared waxes, polishing or scouring preparations, candles and similar articles, modelling pastes, "dental waxes" and dental preparations with a basis of plast	6.01	9.68	6.22	7.85
35章 蛋白类物质；改性淀粉；胶；酶	Albuminoidal substances；modified starches；glues；enzymes	3.69	5.82	3.14	5.05
36章 炸药；烟火制品；火柴；引火合金；易燃材料制品	Explosives；pyrotechnic products；matches；pyrophoric alloys；certain combustible preparations	5.58	0.33	3.77	0.38
37章 照相及电影用品	Photographic or cinematographic goods	0.33	5.55	0.38	4.91
38章 杂项化学产品	Miscellaneous chemical products	40.38	52.37	22.19	45.62
第七类 塑料及其制品，橡胶及其制品	**PLASTICS AND ARTICLES THEREOF RUBBER AND ARTICLES THEREOF**	**300.40**	**84.83**	**260.30**	**88.37**
39章 塑料及其制品	Plastics and articles thereof	267.40	77.97	231.83	81.75
40章 橡胶及其制品	Rubber and articles thereof	33.00	6.86	28.47	6.62
第八类 生皮、皮革、毛皮及其制品；鞍具及挽具；旅行用品、手提包及类似品；动物肠线(蚕胶丝除外)制品	**RAW HIDES AND SKINS, LEATHER, FUR SKINS AND ARTICLES THEREOF；SADDLERY AND HARNESS；TRAVEL GOODS, HANDBAGS AND SIMILAR CONTAINERS；ARTICLES OF ANIMAL GUT(OTHER THAN SILK-WORM GUT)**	**68.17**	**7.18**	**66.35**	**7.20**
41章 生皮(毛皮除外)及皮革	Raw hides and skins(other than fur skins) and leather	0.09	6.37	0.05	6.34

6–22 续表 2 Continued 2

单位：亿美元
Unit: USD 100 million

类　章	HS Section and Division	2022 出口 Exports	2022 进口 Imports	2023 出口 Exports	2023 进口 Imports
42章 皮革制品；鞍具及挽具；旅行用品、手提包及类似容器；动物肠线(蚕胶丝除外)制品	Articles of Leather; Saddlery and Harness; Travel Goods, Handbags and Similar Containers; Articles of Animal Gut	67.76	0.81	66.05	0.85
43章 毛皮、人造毛皮及其制品	Fur skins and artificial fur；manufactures thereof	0.33	0.00	0.25	0.00
第九类 木及木制品；木炭；软木及软木制品；稻草，秸秆、针茅或其他编结材料制品；篮筐及柳条编结品	**WOOD AND ARTICLES OF WOOD；WOOD CHAR-COAL；CORK AND ARTICLES OF CORK；MANUFACTURES OF STRAW，OF ESPARTO OR OF OTHER PLAITING MATERIALS ；BASKET WARE AND WICKERWORK**	**41.52**	**17.38**	**33.13**	**15.46**
44章 木及木制品；木炭	Wood and articles of wood；wood charcoal	36.07	17.38	29.24	15.46
45章 软木及软木制品	Cork and articles of cork	0.05	0.00	0.06	0.00
46章 稻草、秸秆、针茅或其他编结材料制品；篮筐及柳条编结品	Manufactures of straw，of esparto or of other plaiting Materials；basket ware and wickerwork	5.40	0.00	3.84	0.00
第十类 木浆及其他纤维状纤维素浆；纸及纸板的废碎品；纸、纸板及其制品	**Pulp of Wood or of Other Fibrous Cellulosic Material; Recycled Waste and Scrap of Paper or Paperboard; Paperboard and Articles Thereof**	**58.03**	**32.34**	**51.85**	**29.86**
47章 木浆及其他纤维状纤维素浆；纸及纸板的废碎品	Pulp of Wood or of Other Fibrous Cellulosic Material; Waste and Scrap of Paper or Paperboard	0.09	18.02	0.01	16.97
48章 纸及纸板；纸浆、纸或纸板制品	Paper and paperboard；articles of paper pulp，of paper or paperboard	40.57	7.08	37.82	6.79
49章 书籍、报纸、印刷图画及其他印制品；手稿、打字稿及设计图纸	Printed books，newspapers，pictures and other products of the printing industry；manuscripts，typescripts and plans	17.37	7.25	14.03	6.10
第十一类 纺织原料及纺织制品	**TEXTILES AND TEXTILE ARTICLES**	**512.78**	**36.30**	**452.89**	**21.92**
50章 蚕丝	Silk	0.21	0.00	0.21	0.00
51章 羊毛、动物细毛或粗毛；马毛纱线及其机织物	Wool，fine or coarse animal hair；horsehair yarn and woven fabric	0.58	0.10	0.85	0.09
52章 棉花	Cotton	0.98	30.52	0.76	16.62
53章 其他植物纺织纤维；纸纱线及其机织物	Other vegetable textile fibres；paper yarn and woven fabrics of paper yarn	0.27	0.00	0.17	0.00
54章 化学纤维长丝,化学纤维纺织材料制扁条及类似品	Man-Made Filaments; Man-Made Textile Materials Making Flat Strips and Similar Products	4.97	1.03	3.88	1.30
55章 化学纤维短纤	Man-made short fibres	2.17	0.82	1.58	0.70
56章 絮胎、毡呢及无纺织物；特种纱线；线、绳、索、缆及其制品	Wadding，felt and nonwoven；special yarns；twine，cordage，ropes and cables and articles thereof	8.03	1.88	7.19	1.55
57章 地毯及纺织材料的其他铺地制品	Carpets and other textile floor coverings	6.99	0.07	8.09	0.06
58章 特种机织物；簇绒织物；花边；装饰毯；装饰带；刺绣品	Special woven fabrics；tufted textile fabrics；lace；tapestries；trimmings；embroidery	3.80	0.16	3.22	0.12
59章 浸渍、涂布、包覆或层压的纺织物；工业用纺织制品	Impregnated ，coated，covered or laminated textile fabrics；textile articles of a kind suitable for industrial use	5.36	0.87	4.57	0.59
60章 针织物及钩编织物	Knitted or crocheted fabrics	3.94	0.11	3.18	0.09
61章 针织或钩编的服装及衣着附件	Articles of apparel and clothing accessories，Knitted or crocheted	213.90	0.29	188.95	0.32
62章 非针织或非钩编的服装及衣着附件	Articles of apparel and clothing accessories，not knitted or crocheted	149.46	0.26	128.99	0.27

6–22 续表 3 Continued 3

单位：亿美元
Unit: USD 100 million

类 章	HS Section and Division	2022 出 口 Exports	2022 进 口 Imports	2023 出 口 Exports	2023 进 口 Imports
63章 其他纺织制成品；成套物品；旧衣着及旧纺织品；碎织物	Other made up textile articles；sets；worn clothing and worn textile articles；rags articles；rags	112.11	0.18	101.23	0.21
第十二类 鞋、帽、伞、杖、鞭及其零件；已加工的羽毛及其制品；人造花；人发制品	**FOOTWEAR，HEADGEAR，UMBRELLAS，SUN UMBRELLAS，WALKING-STICKS，SEAT-STICKS，WHIPS，RIDING-CROPS AND PARTS THEREOF；PREPARED FEATHERS AND ARTICLES MADE THEREWITH；ARTIFICIAL FLOWERS；ARTICLES OF HUMAN HAIR**	**209.80**	**1.32**	**158.46**	**1.49**
64章 鞋靴、护腿和类似品及其零件	Footwear，gaiters and the like；parts of such articles	131.25	1.22	94.45	1.40
65章 帽类及其零件	Headgear and parts thereof	18.15	0.04	14.21	0.04
66章 雨伞、阳伞、手杖、鞭子、马鞭及其零件	Umbrellas，sun umbrellas，walking-sticks，seat-sticks，whips，riding-crops and parts thereof	7.45	0.00	5.70	0.00
67章 已加工羽毛、羽绒及其制品；人造花；人发制品	Prepared feathers and down and articles made of feathers or of down；artificial flowers；articles of human hair	52.95	0.06	44.10	0.04
第十三类 石料、石膏、水泥、石棉、云母及类似材料的制品；陶瓷产品；玻璃及其制品	**ARTICLES OF STONE，PLASTER，CEMENT，ASBESTOS，MICA OR SIMILAR MATERIALS；CERAMIC PRODUCTS；GLASS AND GLASSWARE**	**101.62**	**15.50**	**84.07**	**13.15**
68章 石料、石膏、水泥、石棉、云母及类似材料的制品	Articles of stone，plaster，cement，asbestos，mica or similar materials；ceramic products；glass and glassware	18.93	3.24	14.01	2.87
69章 陶瓷产品	Ceramic products	41.57	2.01	29.50	1.45
70章 玻璃及其制品	Glass and glassware	41.12	10.25	40.56	8.83
第十四类 天然或养殖珍珠、宝石或半宝石、贵金属、包贵金属及其制品；仿首饰；硬币	**NATURAL OR CULTURED PEARLS，PRECIOUS OR SEMI-PRECIOUS STONES，PRECIOUS METALS，METALS CLAD WITH PRECIOUS METAL AND STONES，PRECIOUS METALS，METALS CLAD WITH PRECIOUS METAL AND ARTICLES THEREOF；IMITATION JEWELLERY；COIN**	**28.02**	**7.67**	**28.03**	**10.46**
71章 天然或养殖珍珠、宝石或半宝石、贵金属、包贵金属及其制品；仿首饰；硬币	Natural or cultured pearls，precious or semi-precious stones，precious metals，metals clad with precious metal and articles thereof；imitation jewellery；coin	28.02	7.67	28.03	10.46
第十五类 贱金属及其制品	**BASE METALS AND ARTICLES OF BASE METAL**	**337.91**	**62.00**	**281.49**	**61.76**
72章 钢铁	Iron and steel	12.69	3.64	7.53	3.13
73章 钢铁制品	Articles of iron or steel	156.45	10.76	131.74	9.62
74章 铜及其制品	Copper and articles thereof	8.25	27.85	5.40	28.95
75章 镍及其制品	Nickel and articles thereof	0.38	4.65	0.47	6.22
76章 铝及其制品	Aluminium and articles thereof	46.89	7.12	37.90	6.61
78章 铅及其制品	Lead and articles thereof	0.72	0.03	0.08	0.02
79章 锌及其制品	Zinc and articles thereof	0.46	0.23	0.29	0.09
80章 锡及其制品	Tin and articles thereof	0.03	0.04	0.01	0.04
81章 其他贱金属、金属陶瓷及其制品	Other base metals；cermets；articles thereof	7.43	3.70	6.07	3.59
82章 贱金属工具、器具、利口器、餐匙、餐叉及其零件	Tools，implements，cutlery，spoons and forks，of base metal；parts thereof of base metal	50.23	2.50	46.18	2.11
83章 贱金属杂项制品	Miscellaneous articles of base metal	54.38	1.48	45.82	1.37

6-22 续表 4 Continued 4

单位：亿美元
Unit: USD 100 million

类 章	HS Section and Division	2022 出口 Exports	2022 进口 Imports	2023 出口 Exports	2023 进口 Imports
第十六类 机器、机械器具、电气设备及其零件；录音机及放声机、电视图像、声音的录制和重放设备及其零件、附件	**MACHINERY AND MECHANICAL APPLIANCES; ELECTRICAL EQUIPMENT; PARTS THEREOF; SOUND RECORDERS AND REPRODUCERS, TELEVISION IMAGE AND SOUND RECORDERS AND REPRODUCERS; AND PARTS AND CCESSORIES OF RECORDERS AND EPRODUCERS; AND PARTS AND ACCESSORIES OF SUCH ARTICLES**	**2502.01**	**380.13**	**2131.84**	**341.39**
84章 核反应堆、锅炉、机器、机械器具及其零件	Nuclear reactors, boilers, machinery and mechanical appliances; parts thereof	1089.38	197.07	888.12	200.59
85章 电机、电气设备及其零件；录音机及放声机、电视图像、声音的录制和重放设备及其零件、附件	Electrical machinery and equipment and parts thereof; sound recorders and reproducers, television image and sound recorders and reproducers, and parts and accessories of such articles	1412.63	183.06	1243.72	140.80
第十七类 车辆、航空器、船舶及有关运输设备	**VEHICLES, AIRCRAFT, VESSELS AND ASSOCIATED TRANSPORT EQUIPMENT**	**241.59**	**150.12**	**206.34**	**141.89**
86章 铁道及电车道机车、车辆及其零件；铁道及电车轨道固定装置及其零件、附件；各种机械(包括电动机械)交通信号设备	Railway or tramway locomotives, rolling-stock and parts thereof; railway or tramway track fixtures and fittings and parts thereof; mechanical(including electro-mechanical) traffic signalling equipment of all kinds	27.06	0.47	11.81	0.55
87章 车辆及其零件、附件，但铁道及电车道车辆除外	Vehicles other than railway or tramway rolling-stock, and parts and accessories thereof	195.81	117.72	182.12	105.50
88章 航空器、航天器及其零件	Aircraft, spacecraft, and parts thereof	15.36	31.66	9.24	35.55
89章 船舶及浮动结构体	Ships, boats and floating structures	3.37	0.27	3.17	0.29
第十八类 光学、照相、电影、计量、检验、医疗或外科用仪器及设备、精密仪器及设备；钟表；乐器；上述物品的零件、附件	**OPTICAL, PHOTOGRAPHIC, CINEMATOGRAPHIC, MEASURING, CHECKING, PRECISION, MEDICAL OR SURGICAL INSTRUMENTS AND APPARATUS; CLOCKS AND WATCHES; MUSICAL INSTRUMENTS; PARTS AND ACCESSORIES THEREOF**	**136.79**	**131.63**	**129.17**	**135.34**
90章 光学、照相、电影、计量、检验、医疗或外科用仪器及设备、精密仪器及设备；上述物品的零件、附件	Optical, photographic, cinematographic, measuring, checking, precision medical or surgical instruments and apparatus; parts and accessories thereof	125.12	131.01	118.71	134.72
91章 钟表及其零件	Clocks and watches and parts thereof	5.02	0.09	4.72	0.08
92章 乐器及其零件、附件	Musical instruments; parts and accessories of such articles	6.66	0.53	5.74	0.53
第十九类 武器、弹药及其零件、附件	**ARMS AND AMMUNITION; PARTS AND ACCESSORIES THEREOF**	**1.56**	**0.01**	**1.05**	**0.01**
93章 武器、弹药及其零件、附件	Arms and ammunition; parts and accessories thereof	1.56	0.01	1.05	0.01
第二十类 杂项制品	**MISCELLANEOUS MANUFACTURED ARTICLES**	**751.36**	**3.70**	**654.17**	**3.39**
94章 家具；寝具、褥垫、弹簧床垫、软坐垫及类似的填充制品；未列名灯具及照明装置；发光标志、发光名牌及类似品；活动房屋	Furniture; bedding, mattresses, mattress supports, cushions and similar stuffed furnishings; lamps and lighting fittings, not elsewhere specified or included; illuminated signs, illuminated	336.11	1.7	305.70	1.7
95章 玩具、游戏品、运动用品及其零件、附件	Toys, games and sports requisites; parts and accessories thereof	358.43	1.20	293.24	1.00
96章 杂项制品	Miscellaneous manufactured articles	56.81	0.82	55.23	0.65
第二十一类 艺术品、收藏品及古物	**WORKS OF ART, COLLECTORS' PIECES AND ANTIQUES**	**0.72**	**2.61**	**1.03**	**1.83**
97章 艺术品、收藏品及古物	Works of art, collectors' pieces and antiques	0.72	2.61	1.03	1.83
第二十二类 特殊交易品及未分类商品	**COMMODITIES AND TRANSACTIONS NOT CLASSIFIED ACCORDING TO KIND**	**117.49**	**6.04**	**188.22**	**4.89**
98章 特殊交易品及未分类商品	Commodities and transactions not classified according to kind	95.62	6.04	185.47	4.89
99章 跨境电商B2B简化申报商品	Simplified Declaration of Cross-border E-commerce B2B Commodities	21.87		2.75	

6-23 对日本进出口商品分类金额

Value of Exports and Imports from Japan by HS

单位：亿美元

Unit: USD 100 million

类　　章	HS Section and Division	2022 出　口 Exports	2022 进　口 Imports	2023 出　口 Exports	2023 进　口 Imports
总　　额	**Total**	**1719.82**	**1842.24**	**1574.86**	**1604.67**
第一类　活动物；动物产品	**LIVE ANIMALS；ANIMAL PRODUCTS**	**21.44**	**5.18**	**19.22**	**3.13**
01章　活动物	Live animals	0.02	0.05	0.03	0.07
02章　肉及食用杂碎	Meat and edible meat offal	0.05		0.06	
03章　鱼、甲壳动物、软体动物及其他水生无脊椎动物	Fish and crustaceans molluscs and other aquatic invertebrates	18.52	5.05	16.44	3.00
04章　乳品；蛋品；天然蜂蜜；其他食用动物产品	Dairy produce；birds' eggs；natural honey；edible products of animal origin，not elsewhere specified or included	0.92	0.01	0.87	0.00
05章　其他动物产品	Products of animal origin，not elsewhere specified or included	1.94	0.07	1.81	0.07
第二类　植物产品	**VEGETABLE PRODUCTS**	**25.90**	**1.11**	**25.78**	**1.01**
06章　活树及其他活植物；鳞茎、根及类似品；插花及装饰用簇叶	Live tree and other plants；bulbs，roots and the like；cut flowers and ornamental foliage	1.18	0.25	1.11	0.22
07章　食用蔬菜、根及块茎	Edible vegetables and certain roots and tubers	14.45	0.00	13.78	0.00
08章　食用水果及坚果；甜瓜或柑桔属水果的果皮	Edible fruit and nuts；peel of citrus fruit or melons	1.27	0.02	1.19	0.03
09章　咖啡、茶、马黛茶及调味香料	Coffee，tea，mate and spices	1.78	0.20	1.93	0.11
10章　谷物	Cereals	0.79	0.02	0.99	0.01
11章　制粉工业产品；麦芽；淀粉；菊粉；面筋	Products of the milling industry；malt；starches；inulin；wheat gluten	0.51	0.27	0.58	0.31
12章　含油子仁及果实；杂项子仁及果实；工业用或药用植物；稻草、秸秆及饲料	Oil seeds and oleaginous fruits；miscellaneous grains，seeds and fruit；industrial or medicinal plants；straw and fodder	3.40	0.29	3.63	0.28
13章　虫胶；树胶、树脂及其他植物液、汁	Lac；gums，resins and other vegetable saps and extracts	2.28	0.05	2.36	0.04
14章　编结用植物材料；其他植物产品	Vegetable plaiting materials；vegetable products not elsewhere specified or included	0.23	0.00	0.22	0.00
第三类　动、植物油、脂及其分解产品；精制的食用油脂；动、植物蜡	**ANIMAL OR VEGETABLE FATS AND OILS AND THEIR CLEAVAGE PRODUCTS；PREPARED EDIBLE FATS；ANIMAL OR VEGETABLE WAXES**	**0.56**	**0.11**	**0.43**	**0.08**
15章　动、植物油、脂及其分解产品；精制的食用油脂；动、植物蜡	Animal or vegetable fats and oils and their cleavage products；prepared edible fats；animal or vegetable waxes	0.56	0.11	0.43	0.08
第四类　食品；饮料、酒及醋；烟草、烟草及烟草代用品的制品	**PREPARED FOODSTUFFS；BEVERAGES, SPIRITS AND VINEGAR；TOBACCO AND MANUFACTURED TOBACCO SUBSTITUTES**	**56.60**	**10.60**	**54.71**	**9.47**
16章　肉、鱼、甲壳动物、软体动物及其他水生无脊椎动物的制品	Preparations of meat，of fish or of crustaceans，molluscs or other aquatic invertebrates	27.43	0.67	24.25	0.50
17章　糖及糖食	Sugars and sugar confectionery	0.35	0.51	0.33	0.43
18章　可可及可可制品	Cocoa and cocoa preparations	0.21	0.24	0.15	0.19
19章　谷物、粮食粉、淀粉或乳的制品；糕饼点心	Preparations of cereals，flour，starch or milk；pastry-cooks' products	2.04	1.37	1.98	0.88

6-23 续表 1 Continued 1

单位：亿美元
Unit: USD 100 million

商品分类	HS Section and Division	2022 出口 Exports	2022 进口 Imports	2023 出口 Exports	2023 进口 Imports
20章 蔬菜、水果、坚果或植物其他部分的制品	Preparations of vegetables, fruit, nuts or other parts of plants	17.78	0.15	17.58	0.14
21章 杂项食品	Miscellaneous edible preparations	2.50	4.22	2.38	3.52
22章 饮料、酒及醋	Beverages, spirits and vinegar	0.42	2.83	0.68	2.76
23章 食品工业的残渣及废料；配制的动物饲料	Residues and waste from the food industries；prepared animal fodder	5.33	0.25	6.76	0.37
24章 烟草、烟草及烟草代用品的制品	Tobacco and manufactured tobacco substitutes	0.53	0.34	0.59	0.68
第五类 矿产品	**MINERAL PRODUCTS**	**43.77**	**16.25**	**42.33**	**11.55**
25章 盐；硫磺；泥土及石料；石膏料、石灰及水泥	Salt；sulphur；earths and stone；plastering materials, lime and cement	5.51	3.18	4.45	1.46
26章 矿砂、矿渣及矿灰	Ores, slag and ash	20.37	0.01	17.40	0.01
27章 矿物燃料、矿物油及其蒸馏产品；沥青物质；矿物蜡	Mineral fuels, mineral oils and products of their distillation; bituminous substances; mineral waxes	17.90	13.06	20.48	10.08
第六类 化学工业及其相关工业的产品	**PRODUCTS OF THE CHEMICAL OR INDUSTRIES ALLIED**	**136.62**	**242.83**	**112.22**	**211.36**
28章 无机化学品；贵金属、稀土金属、放射性元素及其同位素的有机及无机化合物	Inorganic chemicals；organic or inorganic compounds of precious metals, of rare- earth metals, of radioactive elements or of isotopes	52.11	15.07	43.74	11.45
29章 有机化学品	Organic chemicals	46.58	56.57	38.20	51.95
30章 药品	Pharmaceutical products	2.90	15.22	2.85	16.32
31章 肥料	Fertilizers	4.35	0.10	2.90	0.10
32章 鞣料浸膏及染料浸膏；鞣酸及其衍生物；染料、颜料及其他色料；油漆及清漆；油灰及其他类似胶粘剂；墨水、油墨	Tanning or dyeing extracts；tannins and their derivatives；dyes, pigments and other colouring matter；paints and varnishes； putty and other mastics；inks	2.77	13.33	2.34	12.74
33章 精油及香膏； 芳香料制品及化妆盥洗品	Essential oils and retinoid；perfumery, cosmetic or toilet preparations	4.76	50.84	4.47	39.67
34章 肥皂、有机表面活性剂、洗涤剂、润滑剂、人造蜡、调制蜡、光洁剂、蜡烛及类似品、塑型用膏、“牙科用蜡”及牙科用熟石膏制剂	Soap, organic surface-active agents, washing preparations, lubricating preparations, artificial waxes, prepared waxes, polishing or scouring preparations, candles and similar articles, modelling pastes, “dental waxes” and dental preparations with a basis of plast	3.68	19.88	3.54	15.86
35章 蛋白类物质；改性淀粉；胶；酶	Albuminoidal substances；modified starches；glues；enzymes	1.85	9.77	1.80	8.88
36章 炸药；烟火制品；火柴；引火合金；易燃材料制品	Explosives；pyrotechnic products；matches；pyrophoric alloys；certain combustible preparations	0.22	0.05	0.26	0.03
37章 照相及电影用品	Photographic or cinematographic goods	0.57	16.09	0.39	16.17
38章 杂项化学产品	Miscellaneous chemical products	16.82	45.90	11.73	38.18
第七类 塑料及其制品，橡胶及其制品	**PLASTICS AND ARTICLES THEREOF RUBBER AND ARTICLES THEREOF**	**72.09**	**120.45**	**61.95**	**106.17**
39章 塑料及其制品	Plastics and articles thereof	62.43	105.31	52.50	93.27
40章 橡胶及其制品	Rubber and articles thereof	9.66	15.14	9.44	12.90
第八类 生皮、皮革、毛皮及其制品；鞍具及挽具；旅行用品、手提包及类似品；动物肠线(蚕胶丝除外)制品	**RAW HIDES AND SKINS, LEATHER, FUR SKINS AND ARTICLES THEREOF；SADDLERY AND HARNESS；TRAVEL GOODS, HANDBAGS AND SIMILAR CONTAINERS；ARTICLES OF ANIMAL GUT(OTHER THAN SILK-WORM GUT)**	**26.67**	**0.50**	**23.41**	**0.50**
41章 生皮(毛皮除外)及皮革	Raw hides and skins(other than fur skins) and leather	0.12	0.19	0.12	0.17

6-23 续表 2 Continued 2

单位：亿美元
Unit: USD 100 million

类 章	HS Section and Division	2022 出口 Exports	2022 进口 Imports	2023 出口 Exports	2023 进口 Imports
42章 皮革制品；鞍具及挽具；旅行用品、手提包及类似容器；动物肠线(蚕胶丝除外)制品	Articles of Leather; Saddlery and Harness; Travel Goods, Handbags and Similar Containers; Articles of Animal Gut	26.40	0.31	23.17	0.32
43章 毛皮、人造毛皮及其制品	Fur skins and artificial fur；manufactures thereof	0.15	0.00	0.12	0.00
第九类 木及木制品；木炭；软木及软木制品；稻草，秸秆、针茅或其他编结材料制品；篮筐及柳条编结品	**WOOD AND ARTICLES OF WOOD；WOOD CHAR-COAL；CORK AND ARTICLES OF CORK；MANUFACTURES OF STRAW，OF ESPARTO OR OF OTHER PLAITING MATERIALS；BASKET WARE AND WICKERWORK**	**16.40**	**2.03**	**13.37**	**1.95**
44章 木及木制品；木炭	Wood and articles of wood；wood charcoal	14.73	2.02	11.91	1.94
45章 软木及软木制品	Cork and articles of cork	0.02	0.00	0.02	0.00
46章 稻草、秸秆、针茅或其他编结材料制品；篮筐及柳条编结品	Manufactures of straw，of esparto or of other plaiting Materials；basket ware and wickerwork	1.66	0.01	1.44	0.00
第十类 木浆及其他纤维状纤维素浆；纸及纸板的废碎品；纸、纸板及其制品	**Pulp of Wood or of Other Fibrous Cellulosic Material; Recycled Waste and Scrap of Paper or Paperboard; Paperboard and Articles Thereof**	**13.98**	**11.32**	**13.20**	**9.39**
47章 木浆及其他纤维状纤维素浆；纸及纸板的废碎品	Pulp of Wood or of Other Fibrous Cellulosic Material; Waste and Scrap of Paper or Paperboard	0.33	2.12	0.33	2.01
48章 纸及纸板；纸浆、纸或纸板制品	Paper and paperboard；articles of paper pulp，of paper or paperboard	12.57	8.09	11.61	6.52
49章 书籍、报纸、印刷图画及其他印制品；手稿、打字稿及设计图纸	Printed books，newspapers，pictures and other products of the printing industry；manuscripts，typescripts and plans	1.08	1.11	1.26	0.86
第十一类 纺织原料及纺织制品	**TEXTILES AND TEXTILE ARTICLES**	**194.87**	**21.72**	**166.68**	**20.84**
50章 蚕丝	Silk	0.60	0.03	0.53	0.02
51章 羊毛、动物细毛或粗毛；马毛纱线及其机织物	Wool，fine or coarse animal hair；horsehair yarn and woven fabric	1.35	0.63	1.37	0.68
52章 棉花	Cotton	0.96	0.94	0.65	0.80
53章 其他植物纺织纤维；纸纱线及其机织物	Other vegetable textile fibres；paper yarn and woven fabrics of paper yarn	0.36	0.06	0.33	0.08
54章 化学纤维长丝,化学纤维纺织材料制扁条及类似品	Man-Made Filaments; Man-Made Textile Materials Making Flat Strips and Similar Products	2.84	5.78	2.72	5.74
55章 化学纤维短纤	Man-made short fibres	1.14	2.78	1.20	2.65
56章 絮胎、毡呢及无纺织物；特种纱线；线、绳、索、缆及其制品	Wadding，felt and nonwoven；special yarns；twine，cordage，ropes and cables and articles thereof	5.48	4.32	4.83	4.19
57章 地毯及纺织材料的其他铺地制品	Carpets and other textile floor coverings	3.73	0.09	3.24	0.11
58章 特种机织物；簇绒织物；花边；装饰毯；装饰带；刺绣品	Special woven fabrics；tufted textile fabrics；lace；tapestries；trimmings；embroidery	0.73	0.89	0.65	0.82
59章 浸渍、涂布、包覆或层压的纺织物；工业用纺织制品	Impregnated，coated，covered or laminated textile fabrics；textile articles of a kind suitable for industrial use	2.06	2.47	1.79	2.02
60章 针织物及钩编织物	Knitted or crocheted fabrics	0.56	1.70	0.53	1.62
61章 针织或钩编的服装及衣着附件	Articles of apparel and clothing accessories，Knitted or crocheted	77.61	0.74	67.52	0.77
62章 非针织或非钩编的服装及衣着附件	Articles of apparel and clothing accessories，not knitted or crocheted	62.82	1.03	53.85	1.11

6-23 续表 3 Continued 3

单位：亿美元
Unit: USD 100 million

类 章	HS Section and Division	2022 出口 Exports	2022 进口 Imports	2023 出口 Exports	2023 进口 Imports
63章 其他纺织制成品；成套物品；旧衣着及旧纺织品；碎织物	Other made up textile articles；sets；worn clothing and worn textile articles；rags articles；rags	34.63	0.26	27.46	0.24
第十二类 鞋、帽、伞、杖、鞭及其零件；已加工的羽毛及其制品；人造花；人发制品	**FOOTWEAR，HEADGEAR，UMBRELLAS，SUN UMBRELLAS，WALKING-STICKS，SEAT-STICKS，WHIPS，RIDING-CROPS AND PARTS THEREOF；PREPARED FEATHERS AND ARTICLES MADE THEREWITH；ARTIFICIAL FLOWERS；ARTICLES OF HUMAN HAIR**	**30.98**	**0.69**	**27.52**	**0.77**
64章 鞋靴、护腿和类似品及其零件	Footwear，gaiters and the like；parts of such articles	23.14	0.23	19.90	0.27
65章 帽类及其零件	Headgear and parts thereof	3.36	0.42	3.81	0.47
66章 雨伞、阳伞、手杖、鞭子、马鞭及其零件	Umbrellas，sun umbrellas，walking-sticks，seat-sticks，whips，riding-crops and parts thereof	1.98	0.00	2.07	0.00
67章 已加工羽毛、羽绒及其制品；人造花；人发制品	Prepared feathers and down and articles made of feathers or of down；artificial flowers；articles of human hair	2.49	0.04	1.74	0.03
第十三类 石料、石膏、水泥、石棉、云母及类似材料的制品；陶瓷产品；玻璃及其制品	**ARTICLES OF STONE，PLASTER，CEMENT，ASBESTOS，MICA OR SIMILAR MATERIALS；CERAMIC PRODUCTS；GLASS AND GLASSWARE**	**21.66**	**22.90**	**18.58**	**18.00**
68章 石料、石膏、水泥、石棉、云母及类似材料的制品	Articles of stone，plaster，cement，asbestos，mica or similar materials；ceramic products；glass and glassware	6.78	6.87	5.32	5.70
69章 陶瓷产品	Ceramic products	6.49	3.91	5.54	3.45
70章 玻璃及其制品	Glass and glassware	8.39	12.11	7.71	8.86
第十四类 天然或养殖珍珠、宝石或半宝石、贵金属、包贵金属及其制品；仿首饰；硬币	**NATURAL OR CULTURED PEARLS，PRECIOUS OR SEMI-PRECIOUS STONES，PRECIOUS METALS，METALS CLAD WITH PRECIOUS METAL AND STONES，PRECIOUS METALS，METALS CLAD WITH PRECIOUS METAL AND ARTICLES THEREOF；IMITATION JEWELLERY；COIN**	**2.60**	**35.08**	**2.01**	**32.15**
71章 天然或养殖珍珠、宝石或半宝石、贵金属、包贵金属及其制品；仿首饰；硬币	Natural or cultured pearls，precious or semi-precious stones，precious metals，metals clad with precious metal and articles thereof；imitation jewellery；coin	2.60	35.08	2.01	32.15
第十五类 贱金属及其制品	**BASE METALS AND ARTICLES OF BASE METAL**	**114.22**	**164.86**	**94.65**	**135.23**
72章 钢铁	Iron and steel	19.98	55.04	14.50	36.60
73章 钢铁制品	Articles of iron or steel	43.73	23.61	38.78	20.32
74章 铜及其制品	Copper and articles thereof	4.97	55.25	3.71	51.10
75章 镍及其制品	Nickel and articles thereof	0.52	2.69	0.43	3.92
76章 铝及其制品	Aluminium and articles thereof	23.05	13.86	19.17	11.66
78章 铅及其制品	Lead and articles thereof	0.14	0.05	0.17	0.03
79章 锌及其制品	Zinc and articles thereof	0.18	0.66	0.15	0.78
80章 锡及其制品	Tin and articles thereof	0.34	0.45	0.39	0.32
81章 其他贱金属、金属陶瓷及其制品	Other base metals；cermets；articles thereof	6.11	2.41	4.18	1.86
82章 贱金属工具、器具、利口器、餐匙、餐叉及其零件	Tools，implements，cutlery，spoons and forks，of base metal；parts thereof of base metal	7.73	8.71	6.48	6.88
83章 贱金属杂项制品	Miscellaneous articles of base metal	7.47	2.13	6.71	1.76

6–23 续表 4 Continued 4

单位：亿美元
Unit: USD 100 million

类 章	HS Section and Division	2022 出 口 Exports	2022 进 口 Imports	2023 出 口 Exports	2023 进 口 Imports
第十六类 机器、机械器具、电气设备及其零件；录音机及放声机、电视图像、声音的录制和重放设备及其零件、附件	**MACHINERY AND MECHANICAL APPLIANCES；ELECTRICAL EQUIPMENT；PARTS THEREOF；SOUND RECORDERS AND REPRODUCERS，TELEVISION IMAGE AND SOUND RECORDERS AND REPRODUCERS；AND PARTS AND ACCESSORIES OF RECORDERS AND REPRODUCERS；AND PARTS AND ACCESSORIES OF SUCH ARTICLES**	**688.26**	**863.78**	**645.25**	**778.38**
84章 核反应堆、锅炉、机器、机械器具及其零件	Nuclear reactors，boilers，machinery and mechanical appliances；parts thereof	284.68	368.81	251.67	340.10
85章 电机、电气设备及其零件；录音机及放声机、电视图像、声音的录制和重放设备及其零件、附件	Electrical machinery and equipment and parts thereof；sound recorders and reproducers，television image and sound recorders and reproducers，and parts and accessories of such articles	403.58	494.97	393.58	438.27
第十七类 车辆、航空器、船舶及有关运输设备	**VEHICLES，AIRCRAFT，VESSELS AND ASSOCIATED TRANSPORT EQUIPMENT**	**60.61**	**158.94**	**73.52**	**122.09**
86章 铁道及电车道机车、车辆及其零件；铁道及电车轨道固定装置及其零件、附件；各种机械(包括电动机械)交通信号设备	Railway or tramway locomotives，rolling-stock and parts thereof；railway or tramway track fixtures and fittings and parts thereof；mechanical(including electro-mechanical) traffic signalling equipment of all kinds	5.32	0.37	3.05	0.48
87章 车辆及其零件、附件，但铁道及电车道车辆除外	Vehicles other than railway or tramway rolling-stock，and parts and accessories thereof	53.27	155.74	61.31	121.17
88章 航空器、航天器及其零件	Aircraft，spacecraft，and parts thereof	1.36	0.32	0.87	0.33
89章 船舶及浮动结构体	Ships，boats and floating structures	0.65	2.51	8.29	0.12
第十八类 光学、照相、电影、计量、检验、医疗或外科用仪器及设备、精密仪器及设备；钟表；乐器；上述物品的零件、附件	**OPTICAL，PHOTOGRAPHIC，CINEMATOGRAPHIC，MEASURING，CHECKING，PRECISION，MEDICAL OR SURGICAL INSTRUMENTS AND APPARATUS；CLOCKS AND WATCHES；MUSICAL INSTRUMENTS；PARTS AND ACCESSORIES THEREOF**	**50.41**	**144.21**	**46.26**	**125.36**
90章 光学、照相、电影、计量、检验、医疗或外科用仪器及设备、精密仪器及设备；上述物品的零件、附件	Optical，photographic，cinematographic，measuring，checking，precision medical or surgical instruments and apparatus；parts and accessories thereof	45.65	138.84	41.86	121.02
91章 钟表及其零件	Clocks and watches and parts thereof	3.25	3.71	3.08	2.94
92章 乐器及其零件、附件	Musical instruments；parts and accessories of such articles	1.51	1.66	1.32	1.41
第十九类 武器、弹药及其零件、附件	**ARMS AND AMMUNITION；PARTS AND ACCESSORIES THEREOF**	**0.05**	**0.00**	**0.03**	**0.00**
93章 武器、弹药及其零件、附件	Arms and ammunition；parts and accessories thereof	0.05	0.00	0.03	0.00
第二十类 杂项制品	**MISCELLANEOUS MANUFACTURED ARTICLES**	**125.45**	**14.45**	**114.07**	**12.45**
94章 家具；寝具、褥垫、弹簧床垫、软坐垫及类似的填充制品；未列名灯具及照明装置；发光标志、发光名牌及类似品；活动房屋	Furniture；bedding，mattresses，mattress supports，cushions and similar stuffed furnishings；lamps and lighting fittings，not elsewhere specified or included；illuminated signs，illuminated	61.17	1.88	53.52	1.43
95章 玩具、游戏品、运动用品及其零件、附件	Toys，games and sports requisites；parts and accessories thereof	54.79	5.11	51.85	5.32
96章 杂项制品	Miscellaneous manufactured articles	9.49	7.46	8.69	5.69
第二十一类 艺术品、收藏品及古物	**WORKS OF ART，COLLECTORS' PIECES AND ANTIQUES**	**0.15**	**0.56**	**0.03**	**0.73**
97章 艺术品、收藏品及古物	Works of art，collectors' pieces and antiques	0.15	0.56	0.03	0.73
第二十二类 特殊交易品及未分类商品	**COMMODITIES AND TRANSACTIONS NOT CLASSIFIED ACCORDING TO KIND**	**16.51**	**4.68**	**19.67**	**4.07**
98章 特殊交易品及未分类商品	Commodities and transactions not classified according to kind	12.20	4.68	19.05	4.07
99章 跨境电商B2B简化申报商品	Simplified Declaration of Cross-border E-commerce B2B Commodities	4.32		0.62	

6-24 对香港地区进出口商品分类金额
Value of Exports and Imports from Hongkong, China by HS

单位：亿美元

Unit: USD 100 million

类　章	HS Section and Division	2022 出口 Exports	2022 进口 Imports	2023 出口 Exports	2023 进口 Imports
总　额	**Total**	**2930.74**	**77.51**	**2741.15**	**136.71**
第一类　活动物；动物产品	**LIVE ANIMALS；ANIMAL PRODUCTS**	**27.19**	**1.63**	**25.30**	**1.77**
01章　活动物	Live animals	4.60	0.00	4.15	0.01
02章　肉及食用杂碎	Meat and edible meat offal	7.22		6.64	
03章　鱼、甲壳动物、软体动物及其他水生无脊椎动物	Fish and crustaceans molluscs and other aquatic invertebrates	12.06	1.63	10.83	1.76
04章　乳品；蛋品；天然蜂蜜；其他食用动物产品	Dairy produce；birds' eggs；natural honey；edible products of animal origin，not elsewhere specified or included	2.63	0.00	2.94	
05章　其他动物产品	Products of animal origin，not elsewhere specified or included	0.67		0.75	
第二类　植物产品	**VEGETABLE PRODUCTS**	**34.59**	**0.01**	**33.33**	**0.01**
06章　活树及其他活植物；鳞茎、根及类似品；插花及装饰用簇叶	Live tree and other plants；bulbs，roots and the like；cut flowers and ornamental foliage	0.16		0.15	
07章　食用蔬菜、根及块茎	Edible vegetables and certain roots and tubers	19.65	0.00	20.71	0.00
08章　食用水果及坚果；甜瓜或柑桔属水果的果皮	Edible fruit and nuts；peel of citrus fruit or melons	4.15	0.00	3.98	
09章　咖啡、茶、马黛茶及调味香料	Coffee，tea，mate and spices	4.31	0.01	2.82	0.01
10章　谷物	Cereals	0.16		0.17	
11章　制粉工业产品；麦芽；淀粉；菊粉；面筋	Products of the milling industry；malt；starches；inulin；wheat gluten	0.56		0.56	
12章　含油子仁及果实；杂项子仁及果实；工业用或药用植物；稻草、秸秆及饲料	Oil seeds and oleaginous fruits；miscellaneous grains，seeds and fruit；industrial or medicinal plants；straw and fodder	1.78	0.00	1.80	0.00
13章　虫胶；树胶、树脂及其他植物液、汁	Lac；gums，resins and other vegetable saps and extracts	3.69	0.00	3.00	0.00
14章　编结用植物材料；其他植物产品	Vegetable plaiting materials；vegetable products not elsewhere specified or included	0.12	0.00	0.15	
第三类　动、植物油、脂及其分解产品；精制的食用油脂；动、植物蜡	**ANIMAL OR VEGETABLE FATS AND OILS AND THEIR CLEAVAGE PRODUCTS；PREPARED EDIBLE FATS；ANIMAL OR VEGETABLE WAXES**	**1.21**	**0.02**	**1.02**	**0.05**
15章　动、植物油、脂及其分解产品；精制的食用油脂；动、植物蜡	Animal or vegetable fats and oils and their cleavage products；prepared edible fats；animal or vegetable waxes	1.21	0.02	1.02	0.05
第四类　食品；饮料、酒及醋；烟草、烟草及烟草代用品的制品	**PREPARED FOODSTUFFS；BEVERAGES, SPIRITS AND VINEGAR；TOBACCO AND MANUFACTURED TOBACCO SUBSTITUTES**	**49.66**	**6.09**	**49.89**	**7.91**
16章　肉、鱼、甲壳动物、软体动物及其他水生无脊椎动物的制品	Preparations of meat，of fish or of crustaceans，molluscs or other aquatic invertebrates	8.54		7.52	
17章　糖及糖食	Sugars and sugar confectionery	0.48	0.06	0.71	0.06
18章　可可及可可制品	Cocoa and cocoa preparations	0.52	0.01	0.76	0.01
19章　谷物、粮食粉、淀粉或乳的制品；糕饼点心	Preparations of cereals，flour，starch or milk；pastry-cooks' products	5.17	3.50	5.64	3.31

6-24 续表 1 Continued 1

单位：亿美元
Unit: USD 100 million

类 章	HS Section and Division	2022 出口 Exports	2022 进口 Imports	2023 出口 Exports	2023 进口 Imports
20章 蔬菜、水果、坚果或植物其他部分的制品	Preparations of vegetables, fruit, nuts or other parts of plants	9.98	0.21	7.67	0.31
21章 杂项食品	Miscellaneous edible preparations	11.67	1.72	13.55	3.51
22章 饮料、酒及醋	Beverages, spirits and vinegar	10.86	0.22	11.86	0.26
23章 食品工业的残渣及废料；配制的动物饲料	Residues and waste from the food industries; prepared animal fodder	1.04		0.68	
24章 烟草、烟草及烟草代用品的制品	Tobacco and manufactured tobacco substitutes	1.41	0.37	1.49	0.46
第五类 矿产品	**MINERAL PRODUCTS**	**109.83**	**1.38**	**111.48**	**1.44**
25章 盐；硫磺；泥土及石料；石膏料、石灰及水泥	Salt; sulphur; earths and stone; plastering materials, lime and cement	2.23	0.00	2.43	0.00
26章 矿砂、矿渣及矿灰	Ores, slag and ash	0.10		0.12	
27章 矿物燃料、矿物油及其蒸馏产品；沥青物质；矿物蜡	Mineral fuels, mineral oils and products of their distillation; bituminous substances; mineral waxes	107.50	1.38	108.93	1.44
第六类 化学工业及其相关工业的产品	**PRODUCTS OF THE CHEMICAL OR INDUSTRIES ALLIED**	**43.59**	**7.47**	**30.26**	**7.90**
28章 无机化学品；贵金属、稀土金属、放射性元素及其同位素的有机及无机化合物	Inorganic chemicals; organic or inorganic compounds of precious metals, of rare- earth metals, of radioactive elements or of isotopes	1.32	0.12	1.38	0.04
29章 有机化学品	Organic chemicals	4.02	0.03	5.13	0.01
30章 药品	Pharmaceutical products	10.40	5.37	7.06	6.29
31章 肥料	Fertilizers	0.07	0.00	0.11	0.00
32章 鞣料浸膏及染料浸膏；鞣酸及其衍生物；染料、颜料及其他色料；油漆及清漆；油灰及其他类似胶粘剂；墨水、油墨	Tanning or dyeing extracts; tannins and their derivatives; dyes, pigments and other colouring matter; paints and varnishes; putty and other mastics; inks	1.21	0.02	1.17	0.03
33章 精油及香膏； 芳香料制品及化妆盥洗品	Essential oils and retinoid; perfumery, cosmetic or toilet preparations	9.67	0.65	8.49	0.67
34章 肥皂、有机表面活性剂、洗涤剂、润滑剂、人造蜡、调制蜡、光洁剂、蜡烛及类似品、塑型用膏、"牙科用蜡"及牙科用熟石膏制剂	Soap, organic surface-active agents, washing preparations, lubricating preparations, artificial waxes, prepared waxes, polishing or scouring preparations, candles and similar articles, modelling pastes, "dental waxes" and dental preparations with a basis of plast	2.12	0.28	2.09	0.21
35章 蛋白类物质；改性淀粉；胶；酶	Albuminoidal substances; modified starches; glues; enzymes	1.38	0.01	1.26	0.01
36章 炸药；烟火制品；火柴；引火合金；易燃材料制品	Explosives; pyrotechnic products; matches; pyrophoric alloys; certain combustible preparations	0.00	0.00	0.01	0.00
37章 照相及电影用品	Photographic or cinematographic goods	0.41	0.11	0.33	0.10
38章 杂项化学产品	Miscellaneous chemical products	13.00	0.88	3.25	0.54
第七类 塑料及其制品，橡胶及其制品	**PLASTICS AND ARTICLES THEREOF RUBBER AND ARTICLES THEREOF**	**27.70**	**6.62**	**22.89**	**3.42**
39章 塑料及其制品	Plastics and articles thereof	25.84	6.50	21.14	3.29
40章 橡胶及其制品	Rubber and articles thereof	1.86	0.11	1.75	0.13
第八类 生皮、皮革、毛皮及其制品；鞍具及挽具；旅行用品、手提包及类似品；动物肠线(蚕胶丝除外)制品	**RAW HIDES AND SKINS, LEATHER, FUR SKINS AND ARTICLES THEREOF; SADDLERY AND HARNESS; TRAVEL GOODS, HANDBAGS AND SIMILAR CONTAINERS; ARTICLES OF ANIMAL GUT(OTHER THAN SILK-WORM GUT)**	**8.99**	**0.16**	**9.25**	**0.18**
41章 生皮(毛皮除外)及皮革	Raw hides and skins(other than fur skins) and leather	1.07	0.00	0.83	0.00

6–24 续表 2 Continued 2

单位：亿美元
Unit: USD 100 million

类 章	HS Section and Division	2022 出口 Exports	2022 进口 Imports	2023 出口 Exports	2023 进口 Imports
42章 皮革制品；鞍具及挽具；旅行用品、手提包及类似容器；动物肠线(蚕胶丝除外)制品	Articles of Leather; Saddlery and Harness; Travel Goods, Handbags and Similar Containers; Articles of Animal Gut	5.69	0.15	7.36	0.17
43章 毛皮、人造毛皮及其制品	Fur skins and artificial fur；manufactures thereof	2.23	0.01	1.06	0.00
第九类 木及木制品；木炭；软木及软木制品；稻草，秸秆、针茅或其他编结材料制品；篮筐及柳条编结品	**WOOD AND ARTICLES OF WOOD；WOOD CHAR-COAL；CORK AND ARTICLES OF CORK；MANUFACTURES OF STRAW，OF ESPARTO OR OF OTHER PLAITING MATERIALS；BASKET WARE AND WICKERWORK**	**4.17**	**0.00**	**3.99**	**0.00**
44章 木及木制品；木炭	Wood and articles of wood；wood charcoal	3.99	0.00	3.83	0.00
45章 软木及软木制品	Cork and articles of cork	0.00		0.00	0.00
46章 稻草、秸秆、针茅或其他编结材料制品；篮筐及柳条编结品	Manufactures of straw，of esparto or of other plaiting Materials；basket ware and wickerwork	0.18	0.00	0.16	0.00
第十类 木浆及其他纤维状纤维素浆；纸及纸板的废碎品；纸、纸板及其制品	**Pulp of Wood or of Other Fibrous Cellulosic Material; Recycled Waste and Scrap of Paper or Paperboard; Paperboard and Articles Thereof**	**14.39**	**2.46**	**13.42**	**2.18**
47章 木浆及其他纤维状纤维素浆；纸及纸板的废碎品	Pulp of Wood or of Other Fibrous Cellulosic Material; Waste and Scrap of Paper or Paperboard	0.00	1.32	0.06	1.14
48章 纸及纸板；纸浆、纸或纸板制品	Paper and paperboard；articles of paper pulp，of paper or paperboard	10.82	0.14	9.76	0.11
49章 书籍、报纸、印刷图画及其他印制品；手稿、打字稿及设计图纸	Printed books，newspapers，pictures and other products of the printing industry；manuscripts，typescripts and plans	3.57	1.01	3.61	0.93
第十一类 纺织原料及纺织制品	**TEXTILES AND TEXTILE ARTICLES**	**40.90**	**0.41**	**36.73**	**0.37**
50章 蚕丝	Silk	0.31	0.00	0.24	0.00
51章 羊毛、动物细毛或粗毛；马毛纱线及其机织物	Wool，fine or coarse animal hair；horsehair yarn and woven fabric	0.88	0.00	0.83	0.00
52章 棉花	Cotton	1.80	0.02	1.62	0.02
53章 其他植物纺织纤维；纸纱线及其机织物	Other vegetable textile fibres；paper yarn and woven fabrics of paper yarn	0.14	0.00	0.09	0.00
54章 化学纤维长丝,化学纤维纺织材料制扁条及类似品	Man-Made Filaments; Man-Made Textile Materials Making Flat Strips and Similar Products	1.06	0.02	0.72	0.02
55章 化学纤维短纤	Man-made short fibres	0.58	0.00	0.53	0.01
56章 絮胎、毡呢及无纺织物；特种纱线；线、绳、索、缆及其制品	Wadding，felt and nonwoven；special yarns；twine，cordage，ropes and cables and articles thereof	1.24	0.04	1.20	0.02
57章 地毯及纺织材料的其他铺地制品	Carpets and other textile floor coverings	0.28	0.00	0.35	0.00
58章 特种机织物；簇绒织物；花边；装饰毯；装饰带；刺绣品	Special woven fabrics；tufted textile fabrics；lace；tapestries；trimmings；embroidery	4.02	0.12	3.22	0.10
59章 浸渍、涂布、包覆或层压的纺织物；工业用纺织制品	Impregnated，coated，covered or laminated textile fabrics；textile articles of a kind suitable for industrial use	2.45	0.02	2.21	0.01
60章 针织物及钩编织物	Knitted or crocheted fabrics	4.08	0.01	3.30	0.02
61章 针织或钩编的服装及衣着附件	Articles of apparel and clothing accessories，knitted or crocheted	9.20	0.13	10.39	0.14
62章 非针织或非钩编的服装及衣着附件	Articles of apparel and clothing accessories，not knitted or crocheted	11.52	0.03	9.89	0.02

6-24 续表 3 Continued 3

单位：亿美元
Unit: USD 100 million

类　章	HS Section and Division	2022		2023	
		出　口 Exports	进　口 Imports	出　口 Exports	进　口 Imports
63章　其他纺织制成品；成套物品；旧衣着及旧纺织品；碎织物	Other made up textile articles；sets；worn clothing and worn textile articles；rags articles；rags	3.35	0.01	2.12	0.01
第十二类　鞋、帽、伞、杖、鞭及其零件；已加工的羽毛及其制品；人造花；人发制品	**FOOTWEAR，HEADGEAR，UMBRELLAS，SUN UMBRELLAS，WALKING-STICKS，SEAT-STICKS，WHIPS，RIDING-CROPS AND PARTS THEREOF；PREPARED FEATHERS AND ARTICLES MADE THEREWITH；ARTIFICIAL FLOWERS；ARTICLES OF HUMAN HAIR**	**7.44**	**0.03**	**7.51**	**0.02**
64章　鞋靴、护腿和类似品及其零件	Footwear，gaiters and the like；parts of such articles	5.05	0.02	5.74	0.01
65章　帽类及其零件	Headgear and parts thereof	0.24	0.00	0.26	0.00
66章　雨伞、阳伞、手杖、鞭子、马鞭及其零件	Umbrellas，sun umbrellas，walking-sticks，seat-sticks，whips，riding-crops and parts thereof	0.04	0.00	0.09	0.00
67章　已加工羽毛、羽绒及其制品；人造花；人发制品	Prepared feathers and down and articles made of feathers or of down；artificial flowers；articles of human hair	2.11	0.00	1.42	0.00
第十三类　石料、石膏、水泥、石棉、云母及类似材料的制品；陶瓷产品；玻璃及其制品	**ARTICLES OF STONE，PLASTER，CEMENT，ASBESTOS，MICA OR SIMILAR MATERIALS；CERAMIC PRODUCTS；GLASS AND GLASSWARE**	**25.92**	**0.35**	**25.41**	**0.26**
68章　石料、石膏、水泥、石棉、云母及类似材料的制品	Articles of stone，plaster，cement，asbestos，mica or similar materials；ceramic products；glass and glassware	5.71	0.01	6.88	0.00
69章　陶瓷产品	Ceramic products	8.53	0.00	8.98	0.00
70章　玻璃及其制品	Glass and glassware	11.67	0.35	9.55	0.25
第十四类　天然或养殖珍珠、宝石或半宝石、贵金属、包贵金属及其制品；仿首饰；硬币	**NATURAL OR CULTURED PEARLS，PRECIOUS OR SEMI-PRECIOUS STONES，PRECIOUS METALS，METALS CLAD WITH PRECIOUS METAL AND STONES，PRECIOUS METALS，METALS CLAD WITH PRECIOUS METAL AND ARTICLES THEREOF；IMITATION JEWELLERY；COIN**	**202.94**	**34.41**	**211.62**	**99.20**
71章　天然或养殖珍珠、宝石或半宝石、贵金属、包贵金属及其制品；仿首饰；硬币	Natural or cultured pearls，precious or semi-precious stones，precious metals，metals clad with precious metal and articles thereof；imitation jewellery；coin	202.94	34.41	211.62	99.20
第十五类　贱金属及其制品	**BASE METALS AND ARTICLES OF BASE METAL**	**41.51**	**2.02**	**42.64**	**1.07**
72章　钢铁	Iron and steel	4.39	0.04	5.60	0.04
73章　钢铁制品	Articles of iron or steel	20.92	0.06	20.20	0.04
74章　铜及其制品	Copper and articles thereof	1.80	0.92	1.46	0.73
75章　镍及其制品	Nickel and articles thereof	0.13	0.01	0.05	0.00
76章　铝及其制品	Aluminium and articles thereof	8.25	0.93	8.33	0.20
78章　铅及其制品	Lead and articles thereof	0.02		0.02	
79章　锌及其制品	Zinc and articles thereof	0.03	0.03	0.04	0.03
80章　锡及其制品	Tin and articles thereof	0.10	0.00	0.06	0.00
81章　其他贱金属、金属陶瓷及其制品	Other base metals；cermets；articles thereof	0.83	0.00	1.32	0.00
82章　贱金属工具、器具、利口器、餐匙、餐叉及其零件	Tools，implements，cutlery，spoons and forks，of base metal；parts thereof of base metal	1.26	0.01	1.70	0.01
83章　贱金属杂项制品	Miscellaneous articles of base metal	3.78	0.02	3.84	0.01

6-24 续表 4 Continued 4

单位：亿美元
Unit: USD 100 million

类 章	HS Section and Division	2022 出口 Exports	2022 进口 Imports	2023 出口 Exports	2023 进口 Imports
第十六类 机器、机械器具、电气设备及其零件；录音机及放声机、电视图像、声音的录制和重放设备及其零件、附件	**MACHINERY AND MECHANICAL APPLIANCES；ELECTRICAL EQUIPMENT；PARTS THEREOF；SOUND RECORDERS AND REPRODUCERS，TELEVISION IMAGE AND SOUND RECORDERS AND REPRODUCERS；AND PARTS AND ACCESSORIES OF RECORDERS AND REPRODUCERS；AND PARTS AND ACCESSORIES OF SUCH ARTICLES**	**2045.13**	**7.42**	**1869.36**	**4.66**
84章 核反应堆、锅炉、机器、机械器具及其零件	Nuclear reactors，boilers，machinery and mechanical appliances；parts thereof	437.30	1.31	361.43	1.11
85章 电机、电气设备及其零件；录音机及放声机、电视图像、声音的录制和重放设备及其零件、附件	Electrical machinery and equipment and parts thereof；sound recorders and reproducers，television image and sound recorders and reproducers，and parts and accessories of such articles	1607.83	6.11	1507.93	3.55
第十七类 车辆、航空器、船舶及有关运输设备	**VEHICLES，AIRCRAFT，VESSELS AND ASSOCIATED TRANSPORT EQUIPMENT**	**104.35**	**0.00**	**109.78**	**0.00**
86章 铁道及电车道机车、车辆及其零件；铁道及电车轨道固定装置及其零件、附件；各种机械(包括电动机械)交通信号设备	Railway or tramway locomotives，rolling-stock and parts thereof；railway or tramway track fixtures and fittings and parts thereof；mechanical(including electro-mechanical) traffic signalling equipment of all kinds	50.34	0.00	25.52	0.00
87章 车辆及其零件、附件，但铁道及电车道车辆除外	Vehicles other than railway or tramway rolling-stock，and parts and accessories thereof	8.54	0.00	10.76	0.00
88章 航空器、航天器及其零件	Aircraft，spacecraft，and parts thereof	1.43	0.00	11.72	0.00
89章 船舶及浮动结构体	Ships，boats and floating structures	44.03		61.78	0.00
第十八类 光学、照相、电影、计量、检验、医疗或外科用仪器及设备、精密仪器及设备；钟表；乐器；上述物品的零件、附件	**OPTICAL，PHOTOGRAPHIC，CINEMATOGRAPHIC，MEASURING，CHECKING，PRECISION，MEDICAL OR SURGICAL INSTRUMENTS AND APPARATUS；CLOCKS AND WATCHES；MUSICAL INSTRUMENTS；PARTS AND ACCESSORIES THEREOF**	**79.14**	**3.21**	**71.39**	**3.00**
90章 光学、照相、电影、计量、检验、医疗或外科用仪器及设备、精密仪器及设备；上述物品的零件、附件	Optical，photographic，cinematographic，measuring，checking，precision medical or surgical instruments and apparatus；parts and accessories thereof	64.26	2.99	57.88	2.49
91章 钟表及其零件	Clocks and watches and parts thereof	14.62	0.22	13.24	0.51
92章 乐器及其零件、附件	Musical instruments；parts and accessories of such articles	0.26	0.00	0.26	0.00
第十九类 武器、弹药及其零件、附件	**ARMS AND AMMUNITION；PARTS AND ACCESSORIES THEREOF**	**0.02**		**0.02**	
93章 武器、弹药及其零件、附件	Arms and ammunition；parts and accessories thereof	0.02		0.02	
第二十类 杂项制品	**MISCELLANEOUS MANUFACTURED ARTICLES**	**50.37**	**0.45**	**40.88**	**0.19**
94章 家具；寝具、褥垫、弹簧床垫、软坐垫及类似的填充制品；未列名灯具及照明装置；发光标志、发光名牌及类似品；活动房屋	Furniture；bedding，mattresses，mattress supports，cushions and similar stuffed furnishings；lamps and lighting fittings，not elsewhere specified or included；illuminated signs，illuminated	27.58	0.38	21.66	0.14
95章 玩具、游戏品、运动用品及其零件、附件	Toys，games and sports requisites；parts and accessories thereof	11.82	0.01	12.44	0.01
96章 杂项制品	Miscellaneous manufactured articles	10.97	0.06	6.78	0.04
第二十一类 艺术品、收藏品及古物	**WORKS OF ART，COLLECTORS' PIECES AND ANTIQUES**	**4.76**	**0.32**	**6.87**	**0.52**
97章 艺术品、收藏品及古物	Works of art，collectors' pieces and antiques	4.76	0.32	6.87	0.52
第二十二类 特殊交易品及未分类商品	**COMMODITIES AND TRANSACTIONS NOT CLASSIFIED ACCORDING TO KIND**	**6.94**	**3.05**	**18.09**	**2.56**
98章 特殊交易品及未分类商品	Commodities and transactions not classified according to kind	6.92	3.05	14.94	2.56
99章 跨境电商B2B简化申报商品	Simplified Declaration of Cross-border E-commerce B2B Commodities	0.02		3.15	

6-25 对台湾地区进出口商品分类金额
Value of Exports and Imports from Taiwan Province by HS

单位：亿美元
Unit: USD 100 million

类　章	HS Section and Division	2022		2023	
		出　口 Exports	进　口 Imports	出　口 Exports	进　口 Imports
总　　额	**Total**	**815.24**	**2357.47**	**684.81**	**1992.30**
第一类　活动物；动物产品	**LIVE ANIMALS；ANIMAL PRODUCTS**	**6.28**	**1.94**	**4.86**	**1.44**
01章　活动物	Live animals	0.00	0.00	0.00	0.00
02章　肉及食用杂碎	Meat and edible meat offal				
03章　鱼、甲壳动物、软体动物及其他水生无脊椎动物	Fish and crustaceans molluscs and other aquatic invertebrates	5.59	1.13	4.54	0.58
04章　乳品；蛋品；天然蜂蜜；其他食用动物产品	Dairy produce；birds' eggs；natural honey；edible products of animal origin，not elsewhere specified or included	0.00	0.06	0.00	0.00
05章　其他动物产品	Products of animal origin，not elsewhere specified or included	0.69	0.75	0.32	0.85
第二类　植物产品	**VEGETABLE PRODUCTS**	**4.11**	**0.41**	**3.94**	**0.34**
06章　活树及其他活植物；鳞茎、根及类似品；插花及装饰用簇叶	Live tree and other plants；bulbs、roots and the like; cut flowers and ornamental foliage	0.06	0.00	0.03	0.01
07章　食用蔬菜、根及块茎	Edible vegetables and certain roots and tubers	0.64	0.01	0.69	0.02
08章　食用水果及坚果；甜瓜或柑桔属水果的果皮	Edible fruit and nuts；peel of citrus fruit or melons	0.31	0.02	0.31	0.04
09章　咖啡、茶、马黛茶及调味香料	Coffee，tea，mate and spices	0.31	0.22	0.27	0.22
10章　谷物	Cereals	0.01	0.09	0.00	0.00
11章　制粉工业产品；麦芽；淀粉；菊粉；面筋	Products of the milling industry；malt；starches；inulin；wheat gluten	0.34	0.00	0.29	0.00
12章　含油子仁及果实；杂项子仁及果实；工业用或药用植物；稻草、秸秆及饲料	Oil seeds and oleaginous fruits；miscellaneous grains，seeds and fruit；industrial or medicinal plants；straw and fodder	1.87	0.05	1.81	0.03
13章　虫胶；树胶、树脂及其他植物液、汁	Lac；gums，resins and other vegetable saps and extracts	0.34	0.02	0.29	0.01
14章　编结用植物材料；其他植物产品	Vegetable plaiting materials；vegetable products not elsewhere specified or included	0.22	0.00	0.24	0.00
第三类　动、植物油、脂及其分解产品；精制的食用油脂；动、植物蜡	**ANIMAL OR VEGETABLE FATS AND OILS AND THEIR CLEAVAGE PRODUCTS；PREPARED EDIBLE FATS；ANIMAL OR VEGETABLE WAXES**	**0.16**	**0.07**	**0.26**	**0.03**
15章　动、植物油、脂及其分解产品；精制的食用油脂；动、植物蜡	Animal or vegetable fats and oils and their cleavage products；prepared edible fats；animal or vegetable waxes	0.16	0.07	0.26	0.03
第四类　食品；饮料、酒及醋；烟草、烟草及烟草代用品的制品	**PREPARED FOODSTUFFS；BEVERAGES, SPIRITS AND VINEGAR；TOBACCO AND MANUFACTURED TOBACCO SUBSTITUTES**	**10.97**	**3.10**	**10.44**	**2.55**
16章　肉、鱼、甲壳动物、软体动物及其他水生无脊椎动物的制品	Preparations of meat，of fish or of crustaceans，molluscs or other aquatic invertebrates	7.05	0.03	6.18	0.00
17章　糖及糖食	Sugars and sugar confectionery	0.25	0.16	0.29	0.10
18章　可可及可可制品	Cocoa and cocoa preparations	0.04	0.00	0.04	0.00
19章　谷物、粮食粉、淀粉或乳的制品；糕饼点心	Preparations of cereals，flour，starch or milk；pastry-cooks' products	0.10	0.56	0.10	0.39

6–25 续表 1 Continued 1

单位：亿美元
Unit: USD 100 million

类 章	HS Section and Division	2022 出口 Exports	2022 进口 Imports	2023 出口 Exports	2023 进口 Imports
20章 蔬菜、水果、坚果或植物其他部分的制品	Preparations of vegetables, fruit，nuts or other parts of plants	1.45	0.09	1.38	0.07
21章 杂项食品	Miscellaneous edible preparations	0.71	1.09	0.79	1.01
22章 饮料、酒及醋	Beverages，spirits and vinegar	1.03	1.05	1.21	0.83
23章 食品工业的残渣及废料；配制的动物饲料	Residues and waste from the food industries；prepared animal fodder	0.32	0.06	0.25	0.05
24章 烟草、烟草及烟草代用品的制品	Tobacco and manufactured tobacco substitutes	0.02	0.06	0.20	0.10
第五类 矿产品	**MINERAL PRODUCTS**	**14.49**	**8.11**	**10.89**	**5.84**
25章 盐；硫磺；泥土及石料；石膏料、石灰及水泥	Salt；sulphur；earths and stone；plastering materials，lime and cement	2.15	0.79	1.97	0.53
26章 矿砂、矿渣及矿灰	Ores，slag and ash	9.66	0.53	6.24	0.49
27章 矿物燃料、矿物油及其蒸馏产品；沥青物质；矿物蜡	Mineral fuels，mineral oils and products of their distillation; bituminous substances; mineral waxes	2.68	6.79	2.68	4.82
第六类 化学工业及其相关工业的产品	**PRODUCTS OF THE CHEMICAL OR INDUSTRIES ALLIED**	**56.14**	**81.07**	**42.29**	**61.58**
28章 无机化学品；贵金属、稀土金属、放射性元素及其同位素的有机及无机化合物	Inorganic chemicals；organic or inorganic compounds of precious metals，of rare- earth metals, of radioactive elements or of isotopes	9.72	4.73	6.79	3.18
29章 有机化学品	Organic chemicals	21.97	47.18	17.47	34.43
30章 药品	Pharmaceutical products	0.58	2.39	0.47	2.21
31章 肥料	Fertilizers	0.88	0.10	0.55	0.07
32章 鞣料浸膏及染料浸膏；鞣酸及其衍生物；染料、颜料及其他色料；油漆及清漆；油灰及其他类似胶粘剂；墨水、油墨	Tanning or dyeing extracts；tannins and their derivatives；dyes，pigments and other colouring matter；paints and varnishes；putty and other mastics；inks	2.78	3.97	2.06	2.91
33章 精油及香膏；芳香料制品及化妆盥洗品	Essential oils and retinoid；perfumery，cosmetic or toilet preparations	1.51	1.44	1.46	1.25
34章 肥皂、有机表面活性剂、洗涤剂、润滑剂、人造蜡、调制蜡、光洁剂、蜡烛及类似品、塑型用膏、“牙科用蜡”及牙科用熟石膏制剂	Soap，organic surface-active agents，washing preparations，lubricating preparations，artificial waxes，prepared waxes，polishing or scouring preparations，candles and similar articles，modelling pastes，“dental waxes” and dental preparations with a basis of plast	1.70	2.95	1.47	2.67
35章 蛋白类物质；改性淀粉；胶；酶	Albuminoidal substances；modified starches；glues；enzymes	1.66	2.58	1.41	1.97
36章 炸药；烟火制品；火柴；引火合金；易燃材料制品	Explosives；pyrotechnic products；matches；pyrophoric alloys；certain combustible preparations	0.28		0.26	
37章 照相及电影用品	Photographic or cinematographic goods	0.96	2.88	0.73	2.79
38章 杂项化学产品	Miscellaneous chemical products	14.10	12.86	9.63	10.12
第七类 塑料及其制品，橡胶及其制品	**PLASTICS AND ARTICLES THEREOF RUBBER AND ARTICLES THEREOF**	**27.61**	**85.10**	**22.49**	**59.68**
39章 塑料及其制品	Plastics and articles thereof	24.00	81.43	18.96	56.89
40章 橡胶及其制品	Rubber and articles thereof	3.61	3.67	3.53	2.79
第八类 生皮、皮革、毛皮及其制品；鞍具及挽具；旅行用品、手提包及类似品；动物肠线(蚕胶丝除外)制品	**RAW HIDES AND SKINS，LEATHER，FUR SKINS AND ARTICLES THEREOF；SADDLERY AND HARNESS；TRAVEL GOODS，HANDBAGS AND SIMILAR CONTAINERS；ARTICLES OF ANIMAL GUT(OTHER THAN SILK-WORM GUT)**	**3.91**	**0.63**	**3.60**	**0.47**
41章 生皮(毛皮除外)及皮革	Raw hides and skins(other than fur skins) and leather	0.03	0.57	0.02	0.39

6-25 续表 2 Continued 2

单位：亿美元
Unit: USD 100 million

商品分类	HS Section and Division	2022		2023	
		出 口 Exports	进 口 Imports	出 口 Exports	进 口 Imports
42章 皮革制品；鞍具及挽具；旅行用品、手提包及类似容器；动物肠线(蚕胶丝除外)制品	Articles of Leather; Saddlery and Harness; Travel Goods, Handbags and Similar Containers; Articles of Animal Gut	3.87	0.06	3.57	0.08
43章 毛皮、人造毛皮及其制品	Fur skins and artificial fur；manufactures thereof	0.01	0.00	0.01	0.00
第九类 木及木制品；木炭；软木及软木制品；稻草，秸秆、针茅或其他编结材料制品；篮筐及柳条编结品	**WOOD AND ARTICLES OF WOOD；WOOD CHAR-COAL；CORK AND ARTICLES OF CORK；MANUFACTURES OF STRAW，OF ESPARTO OR OF OTHER PLAITING MATERIALS；BASKET WARE AND WICKERWORK**	**4.10**	**0.25**	**3.67**	**0.12**
44章 木及木制品；木炭	Wood and articles of wood；wood charcoal	3.95	0.24	3.55	0.12
45章 软木及软木制品	Cork and articles of cork	0.01	0.00	0.00	0.00
46章 稻草、秸秆、针茅或其他编结材料制品； 篮筐及柳条编结品	Manufactures of straw，of esparto or of other plaiting Materials；basket ware and wickerwork	0.14	0.00	0.12	0.00
第十类 木浆及其他纤维状纤维素浆；纸及纸板的废碎品；纸、纸板及其制品	**PULP OF WOOD OR OF OTHER FIBROUS CELLULOSIC MATERIAL; RECYCLED WASTE AND SCRAP OF PAPER OR PAPERBOARD; PAPERBOARD AND ARTICLES THEREOF**	**6.31**	**8.34**	**5.53**	**7.45**
47章 木浆及其他纤维状纤维素浆；纸及纸板的废碎品	Pulp of Wood or of Other Fibrous Cellulosic Material; Waste and Scrap of Paper or Paperboard	0.02	0.56	0.00	0.65
48章 纸及纸板；纸浆、纸或纸板制品	Paper and paperboard；articles of paper pulp，of paper or paperboard	5.96	6.46	5.31	5.37
49章 书籍、报纸、印刷图画及其他印制品；手稿、打字稿及设计图纸	Printed books，newspapers，pictures and other products of the printing industry；manuscripts，typescripts and plans	0.34	1.32	0.22	1.44
第十一类 纺织原料及纺织制品	**TEXTILES AND TEXTILE ARTICLES**	**25.04**	**14.39**	**24.50**	**10.33**
50章 蚕丝	Silk	0.02	0.00	0.01	0.00
51章 羊毛、动物细毛或粗毛；马毛纱线及其机织物	Wool，fine or coarse animal hair；horsehair yarn and woven fabric	0.17	0.03	0.18	0.01
52章 棉花	Cotton	0.23	1.59	0.13	1.31
53章 其他植物纺织纤维；纸纱线及其机织物	Other vegetable textile fibres；paper yarn and woven fabrics of paper yarn	0.02	0.01	0.01	0.01
54章 化学纤维长丝，化学纤维纺织材料制扁条及类似品	Man-Made Filaments; Man-Made Textile Materials Making Flat Strips and Similar Products	1.56	4.82	1.00	3.36
55章 化学纤维短纤	Man-made short fibres	0.58	1.07	0.49	0.88
56章 絮胎、毡呢及无纺织物；特种纱线；线、绳、索、缆及其制品	Wadding，felt and nonwoven；special yarns；twine，cordage，ropes and cables and articles thereof	1.07	0.91	0.85	0.74
57章 地毯及纺织材料的其他铺地制品	Carpets and other textile floor coverings	0.38	0.01	0.31	0.01
58章 特种机织物；簇绒织物；花边；装饰毯； 装饰带； 刺绣品	Special woven fabrics；tufted textile fabrics；lace；tapestries；trimmings；embroidery	0.14	0.37	0.13	0.20
59章 浸渍、涂布、包覆或层压的纺织物；工业用纺织制品	Impregnated，coated，covered or laminated textile fabrics；textile articles of a kind suitable for industrial use	1.01	2.49	0.93	1.83
60章 针织物及钩编织物	Knitted or crocheted fabrics	0.11	2.62	0.18	1.64
61章 针织或钩编的服装及衣着附件	Articles of apparel and clothing accessories，knitted or crocheted	11.77	0.14	11.94	0.08
62章 非针织或非钩编的服装及衣着附件	Articles of apparel and clothing accessories，not knitted or crocheted	5.41	0.06	6.16	0.03

6-25 续表 3 Continued 3

单位：亿美元
Unit: USD 100 million

类 章	HS Section and Division	2022 出 口 Exports	2022 进 口 Imports	2023 出 口 Exports	2023 进 口 Imports
63章 其他纺织制成品；成套物品；旧衣着及旧纺织品；碎织物	Other made up textile articles；sets；worn clothing and worn textile articles；rags articles；rags	2.56	0.26	2.18	0.24
第十二类 鞋、帽、伞、杖、鞭及其零件；已加工的羽毛及其制品；人造花；人发制品	**FOOTWEAR，HEADGEAR，UMBRELLAS，SUN UMBRELLAS，WALKING-STICKS，SEAT-STICKS，WHIPS，RIDING-CROPS AND PARTS THEREOF；PREPARED FEATHERS AND ARTICLES MADE THEREWITH；ARTIFICIAL FLOWERS；ARTICLES OF HUMAN HAIR**	**3.63**	**0.52**	**3.48**	**0.41**
64章 鞋靴、护腿和类似品及其零件	Footwear，gaiters and the like；parts of such articles	2.96	0.43	2.86	0.30
65章 帽类及其零件	Headgear and parts thereof	0.24	0.07	0.23	0.04
66章 雨伞、阳伞、手杖、鞭子、马鞭及其零件	Umbrellas，sun umbrellas，walking-sticks，seat-sticks，whips，riding-crops and parts thereof	0.37	0.02	0.34	0.07
67章 已加工羽毛、羽绒及其制品；人造花；人发制品	Prepared feathers and down and articles made of feathers or of down；artificial flowers；articles of human hair	0.06	0.00	0.05	0.00
第十三类 石料、石膏、水泥、石棉、云母及类似材料的制品；陶瓷产品；玻璃及其制品	**ARTICLES OF STONE，PLASTER，CEMENT，ASBESTOS，MICA OR SIMILAR MATERIALS；CERAMIC PRODUCTS；GLASS AND GLASSWARE**	**11.42**	**13.43**	**8.96**	**12.52**
68章 石料、石膏、水泥、石棉、云母及类似材料的制品	Articles of stone，plaster，cement，asbestos，mica or similar materials；ceramic products；glass and glassware	2.88	1.63	2.08	1.12
69章 陶瓷产品	Ceramic products	4.64	0.42	3.25	0.48
70章 玻璃及其制品	Glass and glassware	3.91	11.38	3.62	10.92
第十四类 天然或养殖珍珠、宝石或半宝石、贵金属、包贵金属及其制品；仿首饰；硬币	**NATURAL OR CULTURED PEARLS，PRECIOUS OR SEMI-PRECIOUS STONES，PRECIOUS METALS，METALS CLAD WITH PRECIOUS METAL AND STONES，PRECIOUS METALS，METALS CLAD WITH PRECIOUS METAL AND ARTICLES THEREOF；IMITATION JEWELLERY；COIN**	**1.24**	**2.93**	**0.88**	**3.67**
71章 天然或养殖珍珠、宝石或半宝石、贵金属、包贵金属及其制品；仿首饰；硬币	Natural or cultured pearls，precious or semi-precious stones，precious metals，metals clad with precious metal and articles thereof；imitation jewellery；coin	1.24	2.93	0.88	3.67
第十五类 贱金属及其制品	**BASE METALS AND ARTICLES OF BASE METAL**	**55.31**	**53.04**	**42.60**	**38.46**
72章 钢铁	Iron and steel	13.74	10.81	10.61	6.86
73章 钢铁制品	Articles of iron or steel	12.03	5.86	8.76	4.40
74章 铜及其制品	Copper and articles thereof	12.05	26.36	11.09	19.65
75章 镍及其制品	Nickel and articles thereof	2.68	0.10	1.63	0.14
76章 铝及其制品	Aluminium and articles thereof	4.02	4.58	3.02	3.41
78章 铅及其制品	Lead and articles thereof	0.26	0.00	1.37	0.00
79章 锌及其制品	Zinc and articles thereof	1.60	0.07	0.07	0.04
80章 锡及其制品	Tin and articles thereof	0.86	0.28	0.51	0.11
81章 其他贱金属、金属陶瓷及其制品	Other base metals；cermets；articles thereof	2.86	0.28	1.33	0.30
82章 贱金属工具、器具、利口器、餐匙、餐叉及其零件	Tools，implements，cutlery，spoons and forks，of base metal；parts thereof of base metal	2.78	3.24	2.23	2.35
83章 贱金属杂项制品	Miscellaneous articles of base metal	2.44	1.44	1.98	1.21

6–25 续表 4 Continued 4

单位：亿美元
Unit: USD 100 million

类 章	HS Section and Division	2022 出口 Exports	2022 进口 Imports	2023 出口 Exports	2023 进口 Imports
第十六类 机器、机械器具、电气设备及其零件；录音机及放声机、电视图像、声音的录制和重放设备及其零件、附件	**MACHINERY AND MECHANICAL APPLIANCES；ELECTRICAL EQUIPMENT；PARTS THEREOF；SOUND RECORDERS AND REPRODUCERS，TELEVISION IMAGE AND SOUND RECORDERS AND REPRODUCERS；AND PARTS AND ACCESSORIES OF RECORDERS AND REPRODUCERS；AND PARTS AND ACCESSORIES OF SUCH ARTICLES**	**491.53**	**2016.82**	**414.32**	**1731.36**
84章 核反应堆、锅炉、机器、机械器具及其零件	Nuclear reactors，boilers，machinery and mechanical appliances；parts thereof	125.12	206.78	100.20	199.52
85章 电机、电气设备及其零件；录音机及放声机、电视图像、声音的录制和重放设备及其零件、附件	Electrical machinery and equipment and parts thereof；sound recorders and reproducers，television image and sound recorders and reproducers，and parts and accessories of such articles	366.40	1810.03	314.11	1531.84
第十七类 车辆、航空器、船舶及有关运输设备	**VEHICLES，AIRCRAFT，VESSELS AND ASSOCIATED TRANSPORT EQUIPMENT**	**22.21**	**6.63**	**17.23**	**4.95**
86章 铁道及电车道机车、车辆及其零件；铁道及电车轨道固定装置及其零件、附件；各种机械(包括电动机械)交通信号设备	Railway or tramway locomotives，rolling-stock and parts thereof；railway or tramway track fixtures and fittings and parts thereof；mechanical(including electro-mechanical) traffic signalling equipment of all kinds	3.53	0.01	1.76	0.00
87章 车辆及其零件、附件，但铁道及电车道车辆除外	Vehicles other than railway or tramway rolling-stock，and parts and accessories thereof	17.22	6.43	14.83	4.76
88章 航空器、航天器及其零件	Aircraft，spacecraft，and parts thereof	0.32	0.19	0.31	0.19
89章 船舶及浮动结构体	Ships，boats and floating structures	1.14	0.00	0.33	0.00
第十八类 光学、照相、电影、计量、检验、医疗或外科用仪器及设备、精密仪器及设备；钟表；乐器；上述物品的零件、附件	**OPTICAL，PHOTOGRAPHIC，CINEMATOGRAPHIC，MEASURING，CHECKING，PRECISION，MEDICAL OR SURGICAL INSTRUMENTS AND APPARATUS；CLOCKS AND WATCHES；MUSICAL INSTRUMENTS；PARTS AND ACCESSORIES THEREOF**	**15.93**	**54.46**	**14.29**	**45.75**
90章 光学、照相、电影、计量、检验、医疗或外科用仪器及设备、精密仪器及设备；上述物品的零件、附件	Optical，photographic，cinematographic，measuring，checking，precision medical or surgical instruments and apparatus；parts and accessories thereof	15.43	54.19	13.68	45.48
91章 钟表及其零件	Clocks and watches and parts thereof	0.34	0.04	0.45	0.03
92章 乐器及其零件、附件	Musical instruments；parts and accessories of such articles	0.17	0.23	0.17	0.24
第十九类 武器、弹药及其零件、附件	**ARMS AND AMMUNITION；PARTS AND ACCESSORIES THEREOF**	**0.02**	**0.00**	**0.01**	**0.00**
93章 武器、弹药及其零件、附件	Arms and ammunition；parts and accessories thereof	0.02	0.00	0.01	0.00
第二十类 杂项制品	**MISCELLANEOUS MANUFACTURED ARTICLES**	**22.12**	**4.82**	**20.00**	**4.03**
94章 家具；寝具、褥垫、弹簧床垫、软坐垫及类似的填充制品；未列名灯具及照明装置；发光标志、发光名牌及类似品；活动房屋	Furniture；bedding，mattresses，mattress supports，cushions and similar stuffed furnishings；lamps and lighting fittings，not elsewhere specified or included；illuminated signs，illuminated	12.53	1.06	11.24	1.45
95章 玩具、游戏品、运动用品及其零件、附件	Toys，games and sports requisites；parts and accessories thereof	7.19	3.14	6.46	2.11
96章 杂项制品	Miscellaneous manufactured articles	2.39	0.62	2.30	0.46
第二十一类 艺术品、收藏品及古物	**WORKS OF ART，COLLECTORS' PIECES AND ANTIQUES**	**1.16**	**0.03**	**0.20**	**0.02**
97章 艺术品、收藏品及古物	Works of art，collectors' pieces and antiques	1.16	0.03	0.20	0.02
第二十二类 特殊交易品及未分类商品	**COMMODITIES AND TRANSACTIONS NOT CLASSIFIED ACCORDING TO KIND**	**31.55**	**1.38**	**30.37**	**1.29**
98章 特殊交易品及未分类商品	Commodities and transactions not classified according to kind	29.68	1.38	29.13	1.29
99章 跨境电商B2B简化申报商品	Simplified Declaration of Cross-border E-commerce B2B Commodities	1.86		1.24	

6-26 主要出口商品数量和金额
Major Export Commodities in Quantity and Value

单位：万美元

Unit: USD 10 000

商品	Commodities	单位	Unit	数量 Quantity		金额 Value	
				2022	2023	2022	2023
农产品	Agricultural Products					9803080	9892265
肉类(包含杂碎)	Meat (including entrails)	万吨	10 000 tons	40	44	194935	190306
水产品	Aquatic Products	万吨	10 000 tons	370	370	2258409	1987152
食用水产品	Edible Aquatic Products	万吨	10 000 tons	369	370	2253393	1982977
蔬菜及食用菌	Vegetables and Edible Fungi	万吨	10 000 tons	934	1057	1236121	1334384
鲜或冷藏蔬菜	Fresh or Refrigerated Vegetables	万吨	10 000 tons	614	716	606127	692955
干鲜瓜果及坚果	Fresh and Dried Fruits and Nuts	万吨	10 000 tons	334	404	525404	571651
苹果	Apples	万吨	10 000 tons	82	80	104017	97039
茶叶	Tea	吨	ton	375195	367542	207853	173920
粮食	Grain	万吨	10 000 tons	320	262	185966	176437
稻谷和大米	Paddy and Rice	万吨	10 000 tons	219	160	94566	88927
罐头	Canned Food	吨	ton	2291157	2493599	425474	443986
蔬菜罐头	Vegetable Can	吨	ton	1608809	1892205	312151	344342
酒类及饮料	Alcohol and Beverages					322333	383017
果蔬汁	Fruit and vegetable juice	万吨	10 000 tons	49	35	91951	90424
啤酒	Beer	万升	10 000 liters	47944	62103	32705	45176
烟草及其制品	Tobacco and Tobacco Manufactures	吨	ton	243908	207245	75157	83997
烤烟	Fluecured Tobacco	吨	ton	139307	100058	44737	38199
卷烟	Cigarettes	万条	10 000cartons	6143	8395	13571	28018
制盐	Salt and pure sodium chloride	吨	ton	1383088	1600017	14109	12988
水泥及水泥熟料	Cement and Cement Clinkers	万吨	10 000 tons	187	383	19358	28786
钨品	Tungsten products	吨	ton	24921	17510	95696	68333
煤及褐煤	Coal and Lignite	万吨	10 000 tons	400	447	123148	115049
焦炭及半焦炭	Coke and Semicoke	万吨	10 000 tons	892	879	401570	249475
成品油	Product Oil	万吨	10 000 tons	5371	6266	4814205	4832273
汽油	Gasoline	万吨	10 000 tons	1257	1229	1163361	996891
航空煤油	Aviation Kerosene	万吨	10 000 tons	1091	1582	1052692	1334019
柴油	Diesel Oil	万吨	10 000 tons	1093	1381	1055700	1155357
氧化铝	Aluminum Oxide	万吨	10 000 tons	101	125	56492	59929
稀土及其制品	Rare Earth and Its Products	吨	ton	112780	114258	570644	439393
稀土	Rare Earth	吨	ton	48728	52307	106377	76315
基本有机化学品	Basic Organic Chemicals					7788405	5750240
柠檬酸	Citric Acid	万吨	10 000 tons	123	117	200946	98253
医药材及药品	Pharmaceutical Materials and Drugs	吨	ton	1608523	1433606	3564197	2327361
中药材	Traditional Chinese Medicine	吨	ton	134371	131589	98802	99814
中式成药	Medicaments of Chinese Type	吨	ton	12836	12203	37733	33869
人用疫苗	Human Vaccine	千克	kg	830033	161868	99328	20232
抗菌素(制剂除外)	Antibiotics (except preparations)	吨	ton	66496	75850	389417	406455
医用敷料	Medical Dressing	吨	ton	254058	249341	230485	198632
肥料	Chemical Fertilizers	万吨	10 000 tons	2475	3150	1143507	984151
矿物肥料及化肥	Mineral fertilizers and chemical fertilizers	万吨	10 000 tons	2463	3144	1139529	982451
尿素	Urea	万吨	10 000 tons	283	425	157023	161143
硫酸铵	Ammonium Sulphate	万吨	10 000 tons	1235	1377	323439	230996
磷酸氢二铵	Diammonium Hydrogen Phosphate	万吨	10 000 tons	358	504	298810	270508
磷酸二氢铵	Ammonium Dihydrogen Phosphate	万吨	10 000 tons	203	204	175842	113913
合成有机染料	Synthetic Organic Dyestuffs	吨	ton	238534	245212	152673	121514
美容化妆品及洗护用品	Beauty Cosmetics and Toiletries	吨	ton	1022933	1102634	557398	649628
烟花、爆竹	Fireworks and Firecrackers	吨	ton	407596	363575	114091	102743
塑料制品	Plastic Articles					10489865	10060804
橡胶轮胎	Rubber Tire	万吨	10 000 tons	764	886	1970403	2216322
新的充气橡胶轮胎	New Pneumatic Rubber Tyres	万吨	10 000 tons	736	857	1886117	2135253

6-26 续表 1 Continued 1

单位：万美元
Unit: USD 10 000

商　　品	Commodities	单位	Unit	数量 Quantity		金额 Value	
				2022	2023	2022	2023
皮革、毛皮及其制品	Leather, Fur and Their Products					761895	556121
裘皮服装	Fur Garment	吨	ton	2991	2160	122728	77583
箱包及类似容器	Luggage and Similar Containers	万吨	10 000 tons	292	331	3439019	3567335
皮革箱包及类似容器	Leather Cases, Bags and Similar Containers	吨	ton	106395	62125	295421	190241
木及其制品	Wood and Its Products	万吨	10 000 tons	1175	1191	1783181	1554484
家用或装饰用木制品	Household or Decorative Wood Products	万吨	10 000 tons	85	81	347360	301641
胶合板及类似多层板	Plywood and Similar Multilayer Boards	万立方米	10 000 m^3	1064	1071	561932	481410
植物材料编结品	Plant Material Braid	吨	ton	296018	260479	188288	156765
纸浆、纸及其制品	Pulp, Paper and Its Products	万吨	10 000 tons	1300	1411	3110900	2931349
纺织原料	Textile Raw Materials	万吨	10 000 tons	164	181	391498	375578
化学纤维纺织原料	Chemical Fiber Textile Raw Materials	万吨	10 000 tons	154	174	243401	256382
纺织纱线、织物及其制品	Textile Yarn, Fabric and Its Products					14672475	13433201
纺织纱线	Textile Yarn					1499252	1370061
纺织织物	Textile Fabric					7107754	6502005
纺织制品	Textile Products					6065469	5561135
服装及衣着附件	Clothing and Accessories					17256981	15859033
服装	Garments					15241156	13957149
鞋靴	Footwear	万双	10 000 pairs	914464	890533	5646515	4928198
帽类	Hat Class	万个	10 000 units	1109631	1212526	662265	580955
伞	Umbrellas	万把	10 000 units	79875	90832	302985	280279
花岗岩石材及其制品	Granite Stone and Its Products	万吨	10 000 tons	376	386	398074	341738
陶瓷产品	Ceramic Products	万吨	10 000 tons	1808	1904	3083581	2605758
日用陶瓷	Household Ceramics	万吨	10 000 tons	488	475	2136810	1666270
建筑用陶瓷	Architectural Ceramics	万吨	10 000 tons	1282	1396	853877	863625
玻璃及其制品	Glass and Its Products					2641537	2588831
珍珠、宝石及半宝石	Pearls, Precious Stones and Semi Precious Stones					350061	295540
贵金属或包贵金属的首饰	Precious Metal or Jewelry Wrapped in Precious Metal	吨	ton	779	966	1548206	1434444
铁合金	Ferroalloy	万吨	10 000 tons	106	68	314247	193094
钢材	Rolled Steel	万吨	10 000 tons	6628	9026	9221664	8453903
钢铁棒材	Steel Bar	万吨	10 000 tons	758	1081	784012	822729
角钢及型钢	Angle Steel and Section Steel	万吨	10 000 tons	356	485	395044	371133
钢铁板材	Steel Sheet	万吨	10 000 tons	4239	5963	5337588	5023554
钢铁线材	Steel Wire Rod	万吨	10 000 tons	193	243	535221	340402
未锻轧铜及铜材	Unwrought Copper and Copper Products	吨	ton	915003	957213	955971	904452
未锻轧铝及铝材	Unwrought Aluminum and Aluminum Products	吨	ton	6594175	5675028	2594193	1915917
家具及其零件	Furniture and Parts					6770518	6417533
玩具	Toys					4620950	4054314
体育用品及设备	Sporting Goods and Equipment					1737973	1526966
笔及其零件	Pen and Its Parts					343627	382585
机电产品	Mechanical and Electrical Products					202686235	197736388
机械基础件	Mechanical Foundation Parts					3201207	2927928
紧固件	Fastener	吨	ton	4942743	4977470	1333932	1109245
轴承	Bearings	吨	ton	785663	768525	531929	492653
手用或机用工具	Hand Tools and Tools for Machines	万吨	10 000 tons	223	224	1674214	1681013
农业机械	Agricultural Machinery					631095	577349
拖拉机	Tractors	辆	unit	128248	145526	81636	98361
食品加工机械	Food Processing Machinery	万台	10 000 sets	940	1275	204306	225508
包装机械	Packaging Machinery	台	sets	17112455	19227511	385492	390591
印刷、装订机械及其零件	Printing and Binding Machinery and Its Parts					1582688	1396610

6-26 续表 2 Continued 2

单位：万美元

Unit: USD 10 000

商品	Commodities	单位	Unit	数量 Quantity		金额 Value	
				2022	2023	2022	2023
打印机、复印机及一体机	Printer Copier and All-in-one Machine	台	set	49797130	48435934	909370	817728
通用机械设备	General Mechanical Equipment					5524535	5620156
泵	Pump	万台	10 000 sets	383915	412266	805818	870011
压缩机	Compressor	万台	10 000 sets	14445	14591	770029	742958
分离设备	Separation Equipment					565041	636190
阀门及类似装置	Valves and Similar Devices	万套	10 000 units	530658	524083	1700452	1641488
纺织机械及其零件	Textile Machinery and Its Parts					544892	453621
缝制机械及其零件	Sewing Machinery and Its Parts					244444	196676
机床	Machine Tool	台	set	20730771	17058918	936729	1052588
自动数据处理设备及其零部件	Automatic Data Processing Equipment and Its Parts					23544234	18742904
自动数据处理设备	Automatic Data Processing Equipment	万台	10 000 sets	30789	26475	13460954	10468615
平板电脑	Tablet PC	万台	10 000 sets	13059	11360	3085146	2336694
笔记本电脑	Notebook Computer	万台	10 000 sets	16559	14061	9688949	7576341
中央处理部件	Central Processing Unit	万台	10 000 sets	4057	3596	2190893	1669581
存储部件	Storage Unit	万台	10 000 sets	21122	23084	1371097	1227425
自动数据处理设备的零件、附件	Parts and Accessories of Automatic Data Processing Equipment	吨	ton	545179	514230	3354978	2750473
液晶监视器	LCD Monitor	万台	10 000 sets	10524	9364	1383437	1007283
3D打印机	3D Printer	万台		187	350	54532	87104
电工器材	Electrical Equipment					17392758	18281972
变压器	Transformer	万个	10 000 units	321723	273605	441529	529189
原电池	Primary Cells and Batteries	亿个	100 million units	292	290	236743	227269
蓄电池	Electric Accumulators	万个	10 000 units	441872	426494	5528712	6849500
锂离子蓄电池	Lithium-ion Battery	万个	10 000 units	376544	362116	5087649	6500563
电气控制装置	Electrical Control Device					3565221	3479297
高压开关及控制装置	High Voltage Switch and Control Device					259941	330131
低压开关及控制装置	Low Voltage Switch and Control Device					3305280	3149166
电线及电缆	Wires and Cables	万吨	10 000 tons	226	233	2522587	2311803
手机	Mobile Phone	万台	10 000 sets	81853	80168	14260412	13872654
家用电器	Household Electric Appliances	万台	10 000 sets	334218	370829	8456318	8776256
电扇	Fans	万台	10 000 sets	34560	43002	557067	578671
空调	Air Conditioner	万台	10 000 sets	4588	4799	769619	742354
冰箱	Refrigerator	万台	10 000 sets	5485	6713	778429	834219
洗衣机	Washing Machine	万台	10 000 sets	2059	2878	287923	343186
吸尘器	Vacuum Cleaner	万台	10 000 sets	12053	13753	529830	544318
微波炉	Microwave Oven	万个	10 000 units	6051	6576	343020	333400
电视机	TV	万台	10 000 sets	9269	9924	1271221	1396812
液晶电视机	LCD TV	万台	10 000 sets	9198	9851	1242460	1369709
音视频设备及其零件	Audio and Video Equipment and Its Parts					3746805	3582324
电视摄像机，数字照相机及视频摄录一体机	TV Camera Digital Camera and Video Recorder	万台	10 000 sets	41886	48587	1051108	1060413
数字照相机	Digital camera	万台	10 000 sets	1150	1223	105462	102458
无线电广播接收设备	Radio Broadcasting Receiving Equipment	万台	10 000 sets	19664	20751	324325	293132
音视频设备的零件	Parts of Audio and Video Equipment					1124275	1139221
平板显示模组	Flat Panel Display Module	万个	10 000 units	190805	201955	3712472	3875857
液晶平板显示模组	LCD Flat Panel Display Module	万个	10 000 units	164168	169196	2717140	2662762
有机发光二极管(OLED)平板显示模组	Organic Light Emitting Diode Display Flat Panel Display Module	万个	10 000 units	23852	27896	967929	1156665
电子元件	Electronic Component					27949443	25268859
印刷电路	Printed Circuit	亿块	100 million units	433	404	1968309	1750681
二极管及类似半导体器件	Diode and Semi Conductors	亿个	100 million units	6528	5924	6394529	6009995
太阳能电池	Solar Cell	万个	10 000 units	406983	563663	4633485	4368141
集成电路	Integrated Circuits	亿个	100 million units	2727	2670	15128665	13591603

单位：万美元
Unit: USD 10 000

商　　品	Commodities	单 位	Unit	数量 Quantity 2022	2023	金额 Value 2022	2023
集装箱	Containers	万个	10 000 units	321	231	1466853	827744
摩托车	Motorcycle	万辆	10 000 units	2639	2666	1191753	1158601
#内燃机摩托车	Internal Combustion Engine Motorcycle	万辆	10 000 units	1012	1142	657160	698654
电动摩托车及脚踏车	Electric Motorcycle and Bicycle	万辆	10 000 units	1610	1505	531040	455768
自行车	Bicycles	万辆	10 000 units	4120	3961	361575	257125
摩托车及自行车的零配件	Spare Parts for Motorcycles and Bicycles					1293334	1125065
汽车(包含底盘)	Automobile (including chassis)	万辆	10 000 units	332	522	6012506	10160493
#乘用车	Passenger Car	辆	unit	2668259	4430142	4242826	7552101
商用车	Commercial Vehicle	辆	unit	648847	787408	1769680	2608392
客车(十座及以上)	Passenger Cars (ten seats and above)	辆	unit	48316	70688	261482	441847
货车	Trucks	辆	unit	491488	519402	870041	1031860
专用汽车	Special Purpose Vehicle	辆	unit	23910	35853	201918	299682
#汽车零配件	Auto Parts					8041880	8763476
车用发动机	Vehicle Engine	万台	10 000 sets	296	317	211507	229770
汽车轮胎	Automobile Tire	吨	ton	6510403	7575447	1616011	1818937
婴孩车及其零件	Baby Carriages and Parts	吨	ton	221255	217793	165358	164366
飞机及其他航空器	Airplanes and Other Aircraft	万架	10 000 units	321	279	281226	471930
无人驾驶航空器	Unmanned Aerial Vehicles	万架	10 000 units	321	279	180565	180521
船舶	Shipping	艘	unit	4011	4638	2144693	2757890
#液货船	Tanker	艘	unit	136	144	521580	422357
集装箱船	Container Ship	艘	unit	114	191	444930	1000964
散货船	Bulk Cargo Ship	艘	unit	295	333	583048	709167
眼镜及其零件	Glasses and Parts Thereof					735527	739553
计量检测分析自控仪器及器具	Automatic Control Instruments and Apparatus for Measurement, Detection and Analysis					2890998	3023363
#分析仪器	Analysis instrument	台	set	90160572	79628446	243824	243211
医疗仪器及器械	Medical Instruments and Appliances					1897452	1839900
钟表及其零件	Clocks and Watches and Their Parts					473315	479184
#手表	Wrist Watches	万只	10 000 units	51685	53349	194846	204550
灯具、照明装置及其零件	Lamps, Lighting Devices and Their Parts					4427722	4220106
游戏机及其零附件	Game Console and Its Accessories	吨	ton	247502	259228	1881077	1923860
高新技术产品	High-tech Products					94482210	84198675
生物技术	Biotechnology					216834	149338
生命科学技术	Life Science and Technology					6564325	4563789
光电技术	Photoelectric Technology					3644939	3692087
计算机与通信技术	Computer and Communication Technology					52996671	46289772
电子技术	Electronic Technique					25737055	23600631
计算机集成制造技术	Computer Integrated Manufacturing Technology					2878390	3270308
材料技术	Material Technology	吨	ton	611004	587691	1328737	1253833
航空航天技术	Aviation and Aerospace Technology					995276	1232808
其他技术	Other Technologies					119982	146109
电动载人汽车	Electric manned vehicle	辆	unit	1061047	1770250	2412030	4181213
混合动力客车(10座及以上)	Hybrid Electric Bus (10 seats and above)	辆	unit	768	378	10505	5022
纯电动客车(10座及以上)	Pure Electric Bus (10 seats and above)	辆	unit	6797	9677	111401	168387
非插电式混合动力乘用车	Non Plug in Hybrid Passenger Vehicle	辆	unit	17113	79011	28971	162842
插电式混合动力乘用车	Plug in Hybrid Passenger Car	辆	unit	94447	138324	252825	432073
纯电动乘用车	Pure Electric Passenger Car	辆	unit	941922	1542860	2008329	3412889
文化产品	Cultural Products					15828785	14458850
食品	Food					7609839	7651461

6-27 主要进口商品数量和金额
Major Import Commodities in Quantity and Value

单位：万美元

Unit: USD 10 000

商 品	Commodities	单 位	Unit	数量 Quantity 2022	数量 Quantity 2023	金额 Value 2022	金额 Value 2023
农产品	Agricultural Products					23487338	23351956
肉类(包含杂碎)	Meat (including entrails)	万吨	10 000 tons	740	738	3172867	2753058
牛肉及牛杂碎	Beef and Cattle Entrails	万吨	10 000 tons	273	277	1799838	1441158
牛肉	Beef	万吨	10 000 tons	269	274	1775475	1421780
猪肉及猪杂碎	Pork and Pig Entrails	万吨	10 000 tons	286	271	676053	645069
猪肉	Pork	万吨	10 000 tons	176	155	389720	353531
羊肉	Mutton	吨	ton	357861	433643	207594	177745
禽肉	Meat of Poultry	吨	ton	583568	682881	141275	173315
水产品	Aquatic Products	万吨	10 000 tons	453	501	1982795	1977774
食用水产品	Edible Aquatic Products	万吨	10 000 tons	437	487	1938324	1939120
冻鱼	Frozen Fish	万吨	10 000 tons	206	238	509991	479629
乳品	Dairy Products	万吨	10 000 tons	327	287	1392489	1207169
奶粉	Milk Powder	万吨	10 000 tons	130	100	885418	712638
干鲜瓜果及坚果	Fresh and Dried Fruits and Nuts	万吨	10 000 tons	753	774	1573092	1764946
粮食	Grain	万吨	10 000 tons	14501	16116	8146053	8175041
薯类	Tubers	吨	ton	407	4578	19	241
谷物及谷物粉	Cereals and Cereals Flour	万吨	10 000 tons	5319	5908	1964552	2078309
小麦	Wheat	万吨	10 000 tons	996	1210	383671	442041
大麦	Barley	万吨	10 000 tons	576	1132	205233	377084
玉米	Corn	万吨	10 000 tons	2062	2712	710186	901213
稻谷及大米	Paddy and Rice	万吨	10 000 tons	619	263	266287	144447
高粱	Jowar	万吨	10 000 tons	1014	521	374295	183071
豆类	Beans	万吨	10 000 tons	9180	10206	6179681	6092873
大豆	Soybeans	万吨	10 000 tons	8922	9861	6004979	5920839
食用油	Edible Oil	万吨	10 000 tons	822	1175	1179896	1292362
食用植物油	Edible Vegetable Oil	万吨	10 000 tons	648	978	897599	1040442
豆油	Soybean Oil	万吨	10 000 tons	34	37	47859	41699
棕榈油	RBD Palm Oil	万吨	10 000 tons	341	433	400373	396180
菜子油及芥子油	Rapeseed Oil and Mustard Oil	万吨	10 000 tons	106	236	165410	267546
食糖	Sugar	万吨	10 000 tons	527	397	256376	230728
酒类及饮料	Alcohol and Beverages					594244	647083
啤酒	Beer	万升	10 000 liters	48204	41831	65015	57817
葡萄酒	Wine	万升	10 000 liters	33672	24955	142958	116230
制盐	Salt and pure sodium chloride	吨	ton	9552650	9249671	56041	45281
金属矿及矿砂	Metal Ore and Ore	万吨	10 000 tons	135491	145752	22457649	23921192
铁矿砂及其精矿	Iron Ore and Concentrates	万吨	10 000 tons	110616	117839	12767270	13561083
铜矿砂及其精矿	Copper Ores and Concentrates	万吨	10 000 tons	2523	2753	5600144	5989500
铝矿砂及其精矿	Aluminum Ores and Concentrates	万吨	10 000 tons	12528	14124	736908	858906
煤及褐煤	Coal and Lignite	万吨	10 000 tons	29320	47433	4268662	5306542
原油	Crude Oil	万吨	10 000 tons	50823	56394	36575276	33780247
成品油	Petroleum Products Refined	万吨	10 000 tons	2645	4777	1962789	2800871
石脑油	Naphtha	万吨	10 000 tons	926	1271	711389	838247
航空煤油	Aviation Kerosene	万吨	10 000 tons	87	34	84571	28862
天然气	Natural Gas	万吨	10 000 tons	10917	11986	7003556	6436106
液化天然气	Liquified Natural Gas	万吨	10 000 tons	6336	7119	5218278	4494233
气态天然气	Natural Gas	万吨	10 000 tons	4581	4867	1785278	1941873
多晶硅	Polysilicon	吨	ton	87913	62895	265016	170700
稀土	Tombarthite	吨	ton	121487	175856	164047	220670
基本有机化学品	Basic Organic Chemicals					5726736	4740601
二甲苯	Xylene	万吨	10 000 tons	1069	920	1165224	957190
乙二醇	Ethylene Glycol	万吨	10 000 tons	751	715	449361	346617
医药材及药品	Pharmaceutical Materials and Drugs	吨	ton	311520	383752	4803594	5176337
中药材	Traditional Chinese Medicine	吨	ton	131238	179190	38087	41234
人用疫苗	Human Vaccine	千克	kg	1300619	1758330	393506	622524
肥料	Chemical Fertilizers	万吨	10 000 tons	894	1309	491414	555817
矿物肥料及化肥	Mineral fertilizers and chemical fertil	万吨	10 000 tons	893	1308	490605	554789
氯化钾	Potassium Chloride	万吨	10 000 tons	793	1157	419900	463608
氮磷钾三元复合肥	N-P-K Compound Fertilizer	万吨	10 000 tons	70	121	51698	74996
美容化妆品及洗护用品	Beauty Cosmetics and Toiletries	吨	ton	417898	358420	2225540	1793686
初级形状的塑料	Plastics in Primary Forms	万吨	10 000 tons	3057	2960	5615418	4526905
塑料制品	Plastic Articles					1959877	1718910

单位：万美元
Unit: USD 10 000

商　　品	Commodities	单 位	Unit	数量 Quantity 2022	2023	金额 Value 2022	2023
天然及合成橡胶(包括胶乳)	Natural and Synthetic Rubber (including latex)	万吨	10 000 tons	736	795	1295327	1169604
皮革、毛皮及其制品	Leather, Fur and Their Products					592011	605154
牛皮革及马皮革	Cow Leather and Horse Leather	吨	ton	509742	511136	169410	138530
木及其制品	Wood and Its Products	万吨	10 000 tons	5728	5250	1797922	1487774
原木	Logs	万立方米	10 000 m³	4360	3803	853276	638315
锯材	Wood Sawn	万立方米	10 000 m³	2647	2772	752850	684023
纸浆、纸及其制品	Pulp, Paper and Its Products	万吨	10 000 tons	3811	4848	2932750	3065702
纸浆	Paper Pulp	万吨	10 000 tons	2916	3666	2234905	2372972
纺织原料	Textile Raw Materials	万吨	10 000 tons	356	365	994917	881563
羊毛及毛条	Wool and Wool Tops	吨	ton	285629	296614	223462	203507
棉花	Cotton	万吨	10 000 tons	194	196	524590	417262
纺织纱线、织物及其制品	Textile Yarn, Fabric and Its Products					1188148	1174247
纺织纱线	Textile Yarn					528031	597900
棉纱线	Cotton Yarn	万吨	10 000 tons	118	169	360693	438959
合成纤维纱线	Synthetic Fiber Yarn	吨	ton	203714	204428	115801	104380
服装及衣着附件	Clothing and Accessories					1053139	996679
玻璃及其制品	Glass and Its Products					725909	632604
玻璃纤维及其制品	Glass Fiber and Its Products	吨	ton	129233	124963	89516	80531
珍珠、宝石及半宝石	Pearls, Precious Stones and Semi Precious Stones					1334274	747182
钻石	Diamonds	千克	kg	2045	2191	847669	597194
钢材	Rolled Steel	万吨	10 000 tons	1056	765	1708275	1267925
未锻轧铜及铜材	Unwrought Copper and Copper Products	吨	ton	5870441	5499955	5425177	4765127
未锻轧铝及铝材	Unwrought Aluminum and Aluminum Products	吨	ton	2391215	3059634	751423	814568
机电产品	Mechanical and Electrical Products					103878392	92753676
机械基础件	Mechanical Foundation Parts					1103931	967414
农业机械	Agricultural Machinery					91839	115422
收获机械	Harvesting Machinery	台	set	2816	3928	42170	66387
拖拉机	Tractors	辆	unit	703	1089	7474	14272
食品加工机械	Food Processing Machinery	万台	10 000 sets	16	21	64918	79038
包装机械	Packaging Machinery	台	set	49278	32024	164941	128575
印刷、装订机械及其零件	Printing and Binding Machinery and Its Parts					628491	559567
打印机、复印机及一体机	Printer, Copier and All-in-one Machine	台	set	10615533	9710567	248873	222987
通用机械设备	General Mechanical Equipment					2142794	2046253
泵	Pump	万台	10 000 sets	9496	8814	454462	440576
压缩机	Compressor	万台	10 000 sets	718	622	196783	202584
分离设备	Separation Equipment					380612	376449
阀门及类似装置	Valves and Similar Devices	万套	10 000 units	108501	92826	826886	795080
机床	Machine Tool	台	set	91682	72854	715384	652924
自动数据处理设备及其零部件	Automatic Data Processing Equipment and Its Parts					5653275	5042106
自动数据处理设备	Automatic Data Processing Equipment	万台	10 000 sets	138	475	115951	207317
中央处理部件	Central Processing Unit	万台	10 000 sets	1070	1437	316491	484036
存储部件	Storage Unit	万台	10 000 sets	27935	24014	2296452	1575344
自动数据处理设备的零件、附件	Parts and Accessories of Automatic Data Processing Equipment	吨	ton	47577	41053	2189091	1495819
半导体制造设备	Semiconductor Manufacturing Equipment	台	set	71108	54774	2881797	3502132
制造单晶柱或晶圆用的机器及装置	Machines and Devices for Manufacturing Single Crystal Columns or Wafers	台	set	3262	2743	172091	176290
制造半导体器件或集成电路用的机器及装置	Machines and Devices for Manufacturing Semiconductor Devices or Integrated Circuits	台	set	13654	11865	1870513	2740972
制造平板显示器用的机器及装置	Machine and Device for Manufacturing Flat Panel Display	台	set	9483	3574	361895	202474
电工器材	Electrical Equipment					4323452	3743255
变压器	Transformer	万个	10 000 units	93137	66649	70357	58876
蓄电池	Electric Accumulators	万个	10 000 units	114760	83413	340058	260930
锂离子蓄电池	Lithium-ion Battery	万个	10 000 units	110842	80068	298417	235692

6–27 续表 2 Continued 2

单位：万美元
Unit: USD 10 000

商　　品	Commodities	单位	Unit	数量 Quantity		金额 Value	
				2022	2023	2022	2023
电气控制装置	Electrical Control Device					2148614	1809736
电线及电缆	Wires and Cables	万吨	10 000 tons	19	15	542260	449819
家用电器	Household Electric Appliances	万台	10 000 sets	2881	2298	271914	206387
电视机	Televisions	万台	10 000 sets	37	32	20406	19258
液晶电视机	LCD Televisions	万台	10 000 sets	37	30	20167	17309
音视频设备及其零件	Audio and Video Equipment and Its Parts					1939317	2023197
电视摄像机、数字照相机及视频摄录一体机	TV Camera, Digital Camera and Video Recorder	万台	10 000 sets	3024	2399	240206	229055
音视频设备的零件	Parts of Audio and Video Equipment					1660806	1762061
平板显示模组	Flat Panel Display Module	万个	10 000 units	202440	177842	3978390	3739302
液晶平板显示模组	LCD Flat Panel Display Module	万个	10 000 units	151388	133445	1509828	1189762
有机发光二极管(OLED)平板显示模组	Organic Light Emitting Diode Display Flat Panel Display Module	万个	10 000 units	50320	43300	2445197	2480107
电子元件	Electronic Component					47342216	39795888
#电容器	Electrical Capacitors	万吨	10 000 tons	6	5	1023964	887698
印刷电路	Printed Circuit	亿块	100 million units	354	309	1071593	796442
二极管及类似半导体器件	Diode and Semi Conductorst	亿个	100 million units	5947	4531	2880796	2354044
集成电路	Integrated Circuits	亿个	100 million units	5377	4791	41315224	34922819
汽车(包含底盘)	Automobile (including chassis)	万辆	10 000 units	88	80	5321019	4705380
乘用车	Passenger Car	辆	unit	863552	781640	5223512	4592137
商用车	Commercial Vehicle	辆	unit	13657	17200	97507	113243
货车	Trucks	辆	unit	11512	15256	76193	95842
专用汽车	Special Purpose Vehicle	辆	unit	152	68	8227	4532
汽车零配件	Auto Parts					3122854	2745819
#车用发动机	Vehicle Engine	万台	10 000 sets	25	19	88935	74480
汽车轮胎	Automobile Tire	吨	ton	96150	85188	59968	53603
飞机及其他航空器	Aircraft and Others	架	unit	44818	60181	775694	828230
空载重量超过2吨的飞机	Aircraft with an Unloaded Weight of More Than 2 Tons	架	unit	131	146	764186	823077
航空器零部件	Aircraft Parts					969937	1294471
#涡轮喷气发动机	Turbojet Engine	台	set	755	819	366273	460699
涡轮螺桨发动机	Turboprop Engine	台	set	31	43	619	1977
船舶	Shipping	艘	unit	3434	4161	103697	45785
计量检测分析自控仪器及器具	Automatic Control Instruments and Apparatus for Measurement, Detection and Analysis					4316520	4184294
医疗仪器及器械	Medical Instruments and Appliances					1436947	1377723
钟表及其零件	Clocks and Watches and Their Parts					427183	464211
#手表	Wrist Watches	万只	10 000 units	1327	1132	369395	410031
电动手表	Electric Watch	万只	10 000 units	1165	972	86579	97725
机械手表	Mechanical Watch	万只	10 000 units	162	160	282816	312306
高新技术产品	High-tech Products					75866084	67993188
生物技术	Biotechnology					649489	889131
生命科学技术	Life Science and Technology					5187443	5187038
光电技术	Photoelectric Technology					3158369	2870782
计算机与通信技术	Computer and Communication Technology					10920765	9873380
电子技术	Electronic Technique					46865754	39611653
计算机集成制造技术	Computer Integrated Manufacturing Technology					6006746	6227273
材料技术	Material Technology	吨	ton	38136	29332	706205	570991
航空航天技术	Aviation and Aerospace Technology					2227495	2592461
其他技术	Other Technologies					143818	170478
电动载人汽车	Electric Manned Vehicle	辆	unit	132130	150330	765952	811489
混合动力客车(10座及以上)	Hybrid Bus(10 seats and above)	辆	unit				
纯电动客车(10座及以上)	Pure Electric Bus (10 seats and above)	辆	unit				
非插电式混合动力乘用车	Non Plug in Hybrid Passenger Vehicle	辆	unit	89323	97308	409962	412563
插电式混合动力乘用车	Plug in Hybrid Passenger Car	辆	unit	24618	22898	211535	176311
纯电动乘用车	Pure Electric Passenger Car	辆	unit	18189	30124	144456	222615
文化产品	Cultural Products					1587519	1735150
食品	Food					20676714	20764906

6-28 各地区进出口总额(按境内目的地、货源地分)
Import and Export Value by Location of Domestic Consumers/Producers

单位：万美元

Unit: USD 10 000

地 区	Region	2022		2023	
		出口 Exports	进口 Imports	出口 Exports	进口 Imports
全 国	**Total**	**354443449**	**270650686**	**337904357**	**255694121**
北 京	Beijing	3402215	11119407	2930216	10792872
天 津	Tianjin	5564116	10793418	5368738	9582320
河 北	Hebei	7275038	6694211	7862883	6956650
山 西	Shanxi	2350806	830942	1879409	764327
内 蒙 古	Inner Mongolia	1196465	2075336	1223270	2267376
辽 宁	Liaoning	6435909	9322934	6300466	8489849
吉 林	Jilin	797504	1510419	926048	1481500
黑 龙 江	Heilongjiang	826739	2633240	967715	2717150
上 海	Shanghai	20639770	39323727	19792122	37622657
江 苏	Jiangsu	54170733	34737073	50426881	32339659
浙 江	Zhejiang	49781530	18522187	48501964	17614567
安 徽	Anhui	7756415	3651142	8144568	3601965
福 建	Fujian	17267603	9267528	15952733	8564630
江 西	Jiangxi	6634243	2493041	5688319	2589598
山 东	Shandong	31127279	26880991	29951573	26538996
河 南	Henan	8960945	5072762	8454527	4112897
湖 北	Hubei	5882307	3330137	5651422	2895834
湖 南	Hunan	5227124	1702982	4419884	1654455
广 东	Guangdong	87681340	53875447	83521957	50262201
广 西	Guangxi	3953537	6634249	3925282	7158408
海 南	Hainan	847161	1903080	839900	1779327
重 庆	Chongqing	6977055	3509595	6154718	2951109
四 川	Sichuan	8886707	6476470	8344816	5687999
贵 州	Guizhou	646366	328021	771449	265188
云 南	Yunnan	2335055	2615303	1619994	2371608
西 藏	Xizang	33827	1927	55287	5924
陕 西	Shaanxi	4100258	2148007	3610743	1623870
甘 肃	Gansu	281380	682382	272437	532473
青 海	Qinghai	57037	7381	50492	18089
宁 夏	Ningxia	463510	116185	337464	108297
新 疆	Xinjiang	2883474	2391162	3957081	2342326

6–29 各地区进出口总额(按收发货人所在地分)

Import and Export Value by Location of Importers and Exporters

单位：万美元

Unit: USD 10 000

地区	Region	2022 出口 Exports	2022 进口 Imports	2023 出口 Exports	2023 进口 Imports
全国	**Total**	**354443449**	**270650686**	**337904357**	**255694121**
北京	Beijing	8808434	45708372	8526440	43321983
天津	Tianjin	5608188	6831831	5167524	6221370
河北	Hebei	4805009	3310582	4978973	3300472
山西	Shanxi	1797139	949106	1489961	910210
内蒙古	Inner Mongolia	919366	1333463	1108420	1675146
辽宁	Liaoning	5369380	6496886	5027066	5878643
吉林	Jilin	751536	1587468	889361	1490965
黑龙江	Heilongjiang	813118	3155838	1079229	3158828
上海	Shanghai	25585365	36999254	24703709	35218719
江苏	Jiangsu	51931759	29499559	47939499	26675850
浙江	Zhejiang	51588643	18740888	50726282	18951126
安徽	Anhui	7046222	4174545	7433542	4006793
福建	Fujian	18140220	11532461	16724691	11351024
江西	Jiangxi	7133638	2382266	5609585	2498445
山东	Shandong	28807650	19316527	27616130	18822195
河南	Henan	7742269	4902742	7501221	4015779
湖北	Hubei	6216769	2950586	6148161	3004798
湖南	Hunan	7668408	2823877	5720876	3077401
广东	Guangdong	79613001	44626482	77292855	40699122
广西	Guangxi	5293022	4304092	5138865	4678574
海南	Hainan	1073292	1928722	1054091	2239138
重庆	Chongqing	7677450	4357388	6794407	3349044
四川	Sichuan	9164153	5794046	8576666	5011230
贵州	Guizhou	633021	380908	739092	339343
云南	Yunnan	2177481	2545439	1314637	2362855
西藏	Xizang	64662	4386	137689	16190
陕西	Shaanxi	4468014	2676540	3744219	2009315
甘肃	Gansu	178961	675361	176471	524014
青海	Qinghai	35856	24724	41943	27311
宁夏	Ningxia	242225	79919	213694	79008
新疆	Xinjiang	3089200	556427	4289058	779231

6-30 外商投资企业进出口额
Imports and Exports of Foreign-Invested Enterprises

单位：万美元
Unit: USD 10 000

年 份 Year	进出口总额 Total	出口额 Exports	进口额 Imports
1980	4265	824	3441
1981	14322	3235	11087
1982	32929	5287	27642
1983	61837	33036	28801
1984	46815	6894	39921
1985	236080	29670	206410
1986	301234	58203	243031
1987	433027	120809	312218
1988	820313	245642	574671
1989	1370937	491320	879617
1990	2012012	781379	1230633
1991	2895425	1204725	1690700
1992	4372689	1735619	2637070
1993	6707037	2523717	4183320
1994	8764715	3471297	5293418
1995	10981858	4687587	6294271
1996	13711016	6150636	7560380
1997	15262121	7489986	7772135
1998	15767938	8096189	7671749
1999	17451127	8862766	8588361
2000	23671390	11944121	11727269
2001	25906106	13321810	12584296
2002	33023948	16998509	16025439
2003	47216996	24030598	23186398
2004	66304033	33859184	32444849
2005	83163864	44418252	38745612
2006	103625950	56377905	47248045
2007	125516381	69537077	55979304
2008	140992119	79049270	61942848
2009	121747896	67207409	54540486
2010	161708545	86222882	75485663
2011	185989874	99522704	86467170
2012	189412020	102262008	87150012
2013	191831458	104372410	87459048
2014	198355768	107461992	90893776
2015	183348065	100461441	82886624
2016	168753653	91676690	77076962
2017	183913510	97755948	86157562
2018	196766370	103584415	93181955
2019	182383669	96600957	85782712
2020	179896419	93208205	86688215
2021	216878679	115162674	101716005
2022	207528424	112285278	95243146
2023	179288908	96533460	82755448

注：1989年以前中外合资数据包含了合作企业数据(下表同)。
Note: Figures of equity joint venture before 1989 include contractual joint ventures.The same applies to the table following.

6-31 各地区外商投资企业进出口额

Exports and Imports of Foreign-Invested Enterprises by Region in Border

单位：万美元

Unit: USD 10 000

地区	Region	2022 出口 Exports	2022 进口 Imports	2023 出口 Exports	2023 进口 Imports
全国	**Total**	**112285278**	**95243146**	**96533460**	**82755448**
北京	Beijing	2507207	6558979	2136998	5933841
天津	Tianjin	2473726	3474535	2242915	3045880
河北	Hebei	813596	465895	1048838	414139
山西	Shanxi	1204409	53072	952318	51377
内蒙古	Inner Mongolia	98860	71483	85455	88094
辽宁	Liaoning	1971089	2401835	1906491	2155850
吉林	Jilin	160559	772311	161442	712133
黑龙江	Heilongjiang	74565	79456	79167	72569
上海	Shanghai	14045157	24219423	12445179	22715216
江苏	Jiangsu	24076971	17047868	20819913	13866578
浙江	Zhejiang	6333335	3740527	5573995	3323626
安徽	Anhui	1582338	1165580	1569663	904119
福建	Fujian	4108691	2463029	3263177	2250380
厦门	Xiamen	2234028	1162980	1702830	1106503
江西	Jiangxi	1210946	839156	1203101	790022
山东	Shandong	5864745	3077484	5264201	2900624
河南	Henan	4089345	1502471	2358966	1187466
湖北	Hubei	878034	671478	807540	482288
湖南	Hunan	475020	226122	468720	209830
广东	Guangdong	27560911	18004782	24329742	15422695
深圳	Shenzhen	10201549	6911705	9427299	6411970
珠海	Zhuhai	1237563	995346	1167777	910483
汕头	Shantou	80329	64949	77198	52786
广西	Guangxi	880703	824227	673547	575606
海南	Hainan	533790	329458	527085	293053
重庆	Chongqing	3841917	1916233	3236888	1426443
四川	Sichuan	4910687	3725058	3607655	2741895
贵州	Guizhou	30482	18218	25497	14895
云南	Yunnan	55819	32036	39934	25151
西藏	Xizang	0	108	4	241
陕西	Shaanxi	2460429	1524629	1659072	1107668
甘肃	Gansu	2156	3918	4786	6769
青海	Qinghai	1261	121	1244	65
宁夏	Ningxia	35367	15285	28520	13641
新疆	Xinjiang	3162	18370	11408	23293

6-32 服务进出口分类金额(2023年)
Total Value of Imports and Exports of Services by Sector(2023)

单位：亿美元
Unit: USD 100 million

类　别	Classification	进出口 Imports and Exports	出口 Exports	进口 Imports
总　额	**Total**	**9331.2**	**3811.2**	**5520.0**
运输	Transport	2583.2	870.7	1712.5
旅行	Travel	2108.2	145.6	1962.6
建筑	Construction	392.9	314.1	78.7
保险服务	Insurance Services	243.8	71.1	172.7
金融服务	Financial Services	80.9	43.2	37.7
电信、计算机和信息服务	Telecommunications, Computer and Information Services	1290.1	903.4	386.7
知识产权使用费	Charges For The Use of Intellectual Property	534.7	109.7	424.9
个人、文化和娱乐服务	Personal, Cultural, and Recreational Services	58.5	18.2	40.3
维护和维修服务	Maintenance and Repair Services	158.4	99.8	58.6
加工服务	Processing Services	184.6	175.6	9.1
其他商业服务	Other Business Services	1651.1	1044.7	606.4
政府服务	Government Services	44.7	15.0	29.7

注：本表按照国际货币基金组织《国际收支和国际头寸手册》(第六版)标准统计,下表同。
Note: Data in this table are compiled on Balance of Payments and International Investment Position Manual (6th edition) of IMF.

6-33 服务进出口分类金额(2023年)
Total Value of Imports and Exports of Services by Sector(2023)

单位：亿元人民币
Unit: RMB 100 million

类　别	Classification	进出口 Imports and Exports	出口 Exports	进口 Imports
总　额	**Total**	**65754.3**	**26856.6**	**38897.7**
运输	Transport	18203.5	6135.8	12067.7
旅行	Travel	14856.2	1026.0	13830.2
建筑	Construction	2768.3	2213.7	554.6
保险服务	Insurance Services	1718.0	501.2	1216.8
金融服务	Financial Services	570.3	304.7	265.6
电信、计算机和信息服务	Telecommunications, Computer and Information Services	9091.0	6366.2	2724.8
知识产权使用费	Charges For The Use of Intellectual Property	3767.6	773.3	2994.3
个人、文化和娱乐服务	Personal, Cultural, and Recreational Services	412.3	128.1	284.2
维护和维修服务	Maintenance and Repair Services	1116.1	703.0	413.1
加工服务	Processing Services	1301.2	1237.3	63.9
其他商业服务	Other Business Services	11634.6	7361.8	4272.8
政府服务	Government Services	315.2	105.6	209.6

利用外资

UTILIZATION OF FOREIGN CAPITAL

第7篇

7-1 外商直接投资情况
FDI of China

年 份 Year	新设立企业 (个) Newly Establishment of Enterprises (unit)	实际使用外资金额 (亿美元) Total Amount of realized FDI value (USD 100 million)
1979−1982	920	17.7
1983	638	9.2
1984	2166	14.2
1985	3073	19.6
1986	1498	22.4
1987	2233	23.1
1988	5945	31.9
1989	5779	33.9
1990	7273	34.9
1991	12978	43.7
1992	48764	110.1
1993	83437	275.2
1994	47549	337.7
1995	37011	375.2
1996	24556	417.3
1997	21001	452.6
1998	19799	454.6
1999	16918	403.2
2000	22347	407.1
2001	26140	468.8
2002	34171	527.4
2003	41081	535.0
2004	43664	606.3
2005	44019	724.1
2006	41496	727.2
2007	37892	835.2
2008	27537	1083.1
2009	23442	940.6
2010	27420	1147.3
2011	27717	1239.9
2012	24934	1210.7
2013	22819	1239.1
2014	23794	1285.0
2015	26584	1355.8
2016	27908	1337.1
2017	35662	1363.2
2018	60560	1383.1
2019	40910	1412.2
2020	38578	1493.4
2021	47647	1809.6
2022	38497	1891.3
2023	53766	1632.5

注：2005年起，实际使用外资为包含银行、证券、保险领域全口径数据。
Note: Since 2005, total amount of realized FDI value included comprehensive data in the fields of banking, securities, and insurance.

7-2 外商直接投资行业分布(2023年)
Foreign Direct Investment by Sector (2023)

单位：万美元
Unit：USD 10 000

行　　业	Sector	合同项目(个) Number of Contracts (unit)	实际使用金额 Realized FDI Value
总　　计	**Total**	**53766**	**16325345**
农、林、牧、渔业	Agriculture, Forestry, Animal Husbandry and Fishery	418	72190
采矿业	Mining	32	513686
制造业	Manufacturing	3624	4552686
电力、热力、燃气及水生产和供应业	Production and Supply of Electricity, Heat, Gas and Water	568	454463
建筑业	Construction	685	237235
批发和零售业	Wholesale and Retail Trades	18010	988812
交通运输、仓储和邮政业	Transport, Storage and Post	867	214028
住宿和餐饮业	Hotels and Catering Services	1211	39050
信息传输、软件和信息技术服务业	Information Transmission, Software and Information Technology	3764	1642694
金融业	Financial Intermediation	387	675697
房地产业	Real Estate	684	1172689
租赁和商务服务业	Leasing and Business Services	10673	2637742
科学研究和技术服务业	Scientific Research and Technical Services	9519	2938239
水利、环境和公共设施管理业	Management of Water Conservancy, Environment and Public Facilities	123	53498
居民服务、修理和其他服务业	Service to Households, Repair and Other Services	726	48692
教育	Education	109	6031
卫生和社会工作	Health and Social Service	143	29624
文化、体育和娱乐业	Culture, Sports and Entertainment	2223	43786
公共管理、社会保障和社会组织	Public Management, Social Security and Social Organization		4503
国际组织	International Organizations		

7-3 分国别(地区)外商直接投资
Foreign Direct Investment by Country or Region

单位：万美元
Unit: USD 10 000

国别(地区)	Country/Region	2022 外商直接投资合同项目(个) Number of FDI Contracts (unit)	2022 外商直接投资 Foreign Direct Investment	2023 外商直接投资合同项目(个) Number of FDI Contracts (unit)	2023 外商直接投资 Foreign Direct Investment
总　计	**Total**	**38497**	**18913241**	**53766**	**16325345**
亚洲	**Asia**	**30027**	**16356555**	**41283**	**13268648**
阿富汗	Afghanistan	57		226	181
巴林	Bahrain	1		2	
孟加拉国	Bangladesh	49	100	182	6
不丹	Bhutan			1	
文莱	Brunei	1	257	4	
缅甸	Myanmar	57		156	
柬埔寨	Cambodia	19	5217	19	5915
塞浦路斯	Cyprus	5	15075	10	1743
朝鲜	Korea DPR			3	
中国香港	Hong Kong, China	15814	13724149	21057	11117932
印度	India	198	225	549	481
印度尼西亚	Indonesia	53	3750	92	15203
伊朗	Iran	113		295	
伊拉克	Iraq	89	8	228	79
以色列	Israel	51	8101	53	5275
日本	Japan	828	460508	888	388932
约旦	Jordan	48	7	122	11
科威特	Kuwait	1		8	
老挝	Laos	13	18	57	30
黎巴嫩	Lebanon	35	3	53	
中国澳门	Macao, China	2313	124291	2572	65752
马来西亚	Malaysia	309	112697	682	21069
马尔代夫	Maldives			5	
蒙古	Mongolia	18	844	88	450
尼泊尔联邦民主共和国	Nepal	34		45	
阿曼	Oman			3	
巴基斯坦	Pakistan	411		949	39
巴勒斯坦	Palestine	30		66	
菲律宾	Philippines	31	1493	64	2205
卡塔尔	Qatar		24	1	15
沙特阿拉伯	Saudi Arabia	20	7898	71	9194
新加坡	Singapore	1176	1059894	1468	978222
韩国	Korea Rep.	1593	659872	1828	351421
斯里兰卡	Sri Lanka	9		26	
叙利亚	Syria	57		134	1
泰国	Thailand	84	6809	170	5277
土耳其	Türkiye	75	1643	222	4401
阿联酋	United Arab Emirates	37	96424	72	220050
也门	Republic of Yemen	278	22	415	
越南	Vietnam	90	708	175	999
中国台湾	Taiwan, China	5852	66110	7777	73455
哈萨克斯坦	Kazakhstan	46		122	30
吉尔吉斯斯坦	Kirghizia	12		64	
塔吉克斯坦	Tadzhikistan	24		67	
土库曼斯坦	Turkmenistan	40		50	
乌兹别克斯坦	Uzbekistan	56	408	142	280
亚洲其他国家(地区)	Other Countries (Regions) in Asia				

单位：万美元

Unit: USD 10 000

国别(地区)	Country/Region	2022 外商直接投资合同项目(个) Number of FDI Contracts (unit)	2022 外商直接投资 Foreign Direct Investment	2023 外商直接投资合同项目(个) Number of FDI Contracts (unit)	2023 外商直接投资 Foreign Direct Investment
非洲	**Africa**	**1289**	**33765**	**3095**	**27358**
阿尔及利亚	Algeria	31		53	
安哥拉	Angola	**20**		**16**	
贝宁	Benin	8		24	
博茨瓦纳	Botswana	5		5	
布隆迪	Burundi	27		21	
喀麦隆	Cameroon	68	664	158	1437
佛得角	Cape Verde			1	
中非	Central Africa	2		1	
乍得	Chad	11		19	
科摩罗	Comoros	5		5	
刚果(布)	Congo	22	24	112	22
吉布提	Djibouti	3		10	
埃及	Egypt	106		250	
赤道几内亚	Eq. Guinea	3		5	
埃塞俄比亚	Ethiopia	40	204	133	356
加蓬	Gabon	7		11	
冈比亚	Gambia	6		20	
加纳	Ghana	74	28	111	3
几内亚	Guinea	36		54	
几内亚比绍	Guinea-Bissau			1	
科特迪瓦	Cote d'lvoire	24		59	
肯尼亚	Kenya	40		63	
利比里亚	Liberia	9		16	60
利比亚	Libya	26		53	
马达加斯加	Madagascar	12		11	
马拉维	Malawi	1		1	
马里	Mali	28	43	158	27
毛里塔尼亚	Mauritania	11	200	22	650
毛里求斯	Mauritius	6	6594	5	9144
摩洛哥	Morocco	49	28	95	50
莫桑比克	Mozambique	4		5	
纳米比亚	Namibia	2		5	
尼日尔	Niger	26		80	
尼日利亚	Nigeria	174		790	131
卢旺达	Rwanda	29		17	22
塞内加尔	Senegal	23		81	
塞舌尔	Seychelles	46	14572	40	12392
塞拉利昂	Sierra Leone	16		22	
索马里	Somalia	17		29	
南非	South Africa	61	10319	70	633
苏丹	Sudan	31		67	
坦桑尼亚	Tanzania	38	174	111	
多哥	Togo	12		35	
突尼斯	Tunisia	7		24	
乌干达	Uganda	25	1	62	123
布基纳法索	Burkina Faso	6		32	
刚果(金)	Congo DR	24		15	193
赞比亚	Zambia	18	133	29	764
津巴布韦	Zimbabwe	47		78	647
莱索托	Lesotho			2	
斯威士兰	Swaziland	1		1	
厄立特里亚	Eritrea	2		5	
非洲其他国家(地区)	Other Countries (Regions) in Africa		781	2	704

单位：万美元
Unit: USD 10 000

国别(地区)	Country/Region	2022 外商直接投资合同项目(个) Number of FDI Contracts (unit)	2022 外商直接投资 Foreign Direct Investment	2023 外商直接投资合同项目(个) Number of FDI Contracts (unit)	2023 外商直接投资 Foreign Direct Investment
欧洲	**Europe**	**2755**	**1197604**	**3874**	**1450858**
比利时	Belgium	45	18353	56	17769
丹麦	Denmark	41	42596	42	21379
英国	United Kingdom	609	159819	596	341303
德国	Germany	422	256643	446	192204
法国	France	186	75650	289	133629
爱尔兰	Ireland	27	17095	40	5451
意大利	Italy	176	14847	224	27992
卢森堡	Luxembourg	20	16059	13	26319
荷兰	Netherlands	103	449402	183	535506
希腊	Greece	8	9	13	327
葡萄牙	Portugal	13	810	23	292
西班牙	Spain	101	12335	113	11172
阿尔巴尼亚	Albania	3		12	
奥地利	Austria	47	15530	53	2980
保加利亚	Bulgaria	12	8	13	28
芬兰	Finland	26	1235	17	3588
直布罗陀	Gibraltar	20	31	27	75
冰岛	Iceland	3	10	3	
列支敦士登	Liechtenstein	1	470		
马耳他	Malta	1		6	50
摩纳哥	Monaco	1	7	2	
挪威	Norway	17	6623	26	4627
波兰	Poland	31	1462	45	312
罗马尼亚	Romania	8	9	18	153
圣马力诺	San Marino			2	
瑞典	Sweden	54	54233	63	44356
瑞士	Switzerland	74	39152	58	45457
爱沙尼亚	Estonia	4	10111	8	28543
拉脱维亚	Latvia	4		10	1
立陶宛	Lithuania	4		5	
格鲁吉亚	Georgia	17		18	
亚美尼亚	Armenia	29		42	19
阿塞拜疆	Azerbaijan	37		73	10
白俄罗斯	Byelorussia	45	17	67	266
摩尔多瓦	Moldavia	2		7	
俄罗斯联邦	Russia	440	3895	1108	3061
乌克兰	Ukraine	83		120	
斯洛文尼亚	Slovenia	1	768	1	3400
克罗地亚	Croatia	2	11	3	5
捷克	Czech	8	391	13	582
斯洛伐克	Slovak	7	21	3	
马其顿	North Macedonia			2	
波黑	Bosnia & Herzegovina	2		1	
塞尔维亚	Serbia	20	2	10	2
黑山	Montenegro	1			
欧洲其他国家(地区)	Other Countries (Regions) in Europe				

单位：万美元
Unit: USD 10 000

国别(地区)	Country/Region	2022 外商直接投资合同项目(个) Number of FDI Contracts (unit)	2022 外商直接投资 Foreign Direct Investment	2023 外商直接投资合同项目(个) Number of FDI Contracts (unit)	2023 外商直接投资 Foreign Direct Investment
拉丁美洲	**South America**	**625**	**916876**	**746**	**1049394**
安提瓜和巴布达	Antigua and Barbuda	3	59	2	491
阿根廷	Argentina	13	15	23	
巴哈马	Bahamas	1		1	
巴巴多斯	Barbados		1105	3	7047
伯利兹	Belize	4	3450	5	298
多民族玻利维亚国	Bolivia	3		5	
巴西	Brazil	53	2581	94	2334
开曼群岛	Cayman Is.	157	241631	97	351702
智利	Chile	16	205	23	794
哥伦比亚	Colombia	54		67	
多米尼克	Dominica	3		25	
哥斯达黎加	Costa Rica	5		3	
古巴	Cuba	7		11	
多米尼加共和国	Dominica Rep.	3	9	9	105
厄瓜多尔	Ecuador	2		14	
格林纳达	Granada	**2**		**5**	
危地马拉	Guatemala	3	15	3	15
圭亚那	Guyana		5		
海地	Haiti	2		2	
洪都拉斯	Honduras	2		1	
牙买加	Jamaica			1	65
墨西哥	Mexico	37	133	46	16
尼加拉瓜	Nicaragua			1	
巴拿马	Panama	6	1072	11	85
秘鲁	Peru	6	104	20	126
圣文森特和格林纳丁斯	Saint Vincent & Grenadines	1			
萨尔瓦多	El Salvador	1		2	
特立尼达和多巴哥	Trinidad and Tobago	2		3	55
特克斯和凯科斯群岛	Turks & Caicos Is.		266		270
乌拉圭	Uruguay	2	332	4	5
委内瑞拉	Venezuela	11		50	
英属维尔京群岛	Virgin Is. (E)	218	663493	203	685580
圣其茨和尼维斯	St. Kitts-Nevis	4		7	147
拉丁美洲其他国家(地区)	Other Countries (Regions)in Latin America	4	2401	5	259
北美洲	**North America**	**2336**	**287839**	**2945**	**389585**
加拿大	Canada	750	16571	1019	20745
美国	United States	1583	221457	1920	335970
百慕大	Bermuda	3	49811	6	32870
北美洲其他国家(地区)	Other Countries (Regions)in North America				
大洋洲及太平洋岛屿	**Oceanic and Pacific Islands**	**645**	**120516**	**835**	**139502**
澳大利亚	Australia	453	40211	635	44924
库克群岛	Cook Islands		132		
斐济	Fiji	2		4	
瑙鲁	Nauru			1	
瓦努阿图	Vanuatu	32		3	
新西兰	New Zealand	83	1168	126	2391
巴布亚新几内亚	Papua New Guinea			1	
汤加	Tonga	2			
萨摩亚	Samoa	65	74734	57	85659
马绍尔群岛	Marshall. Is.	8	4271	8	6528
大洋洲其他国家(地区)	Other Countries (Regions)in Oceania				
其他	**Others**		**86**		

对外投资与经济合作

OVERSEAS DIRECT INVESTMENT AND ECONOMIC COOPERATION

第8篇

8-1 按主要国别(地区)分对外直接投资
Outward Foreign Direct Investment by Country or Region

单位：万美元

Unit: USD 10 000

国家（地区）	Country or Region	对外直接投资流量 Outward FDI Flows		截至2023年对外直接投资存量 Outward FDI Stock at the End of 2023
		2022	2023	
总　计	**Total**	**16312100**	**17728784**	**295539978**
亚洲	**Asia**	**12428354**	**14159587**	**201484334**
#中国香港*	Hong Kong, China	9753423	10876698	175252154
印度*	India	-33120	6037	320626
印度尼西亚*	Indonesia	454960	313307	2634626
日本*	Japan	39648	45842	576659
中国澳门	Macao, China	212752	75588	1394658
新加坡*	Singapore	829538	1309714	8644682
韩国	Republic of Korea	53714	65945	698868
泰国	Thailand	127180	201759	1265743
越南*	Vietnam	170301	259307	1359399
非洲	**Africa**	**181183**	**395882**	**4211535**
#阿尔及利亚	Algeria	2145	20928	169996
苏丹	Sudan	-17190	7656	95214
几内亚*	Guinea	3911	2636	66086
马达加斯加	Madagascar	-6239	3304	25367
尼日利亚	Nigeria	11964	18558	266233
南非*	South Africa	68309	35390	584164
欧洲	**Europe**	**1033598**	**996861**	**14767913**
#英国*	United Kingdom	282306	166505	2925890
德国*	Germany	197864	64133	1706352
法国	France	4848	-10902	462281
俄罗斯联邦*	Russia	23362	62879	1066818
拉丁美洲	**Latin America**	**1634515**	**1347731**	**60080097**
#巴西	Brazil	22386	50674	394445
开曼群岛*	Cayman Islands	576238	873084	22190516
墨西哥*	Mexico	48852	107889	348822
英属维尔京群岛*	Virgin Is. (E)	911595	254610	35889354
北美洲	**North America**	**727119**	**778173**	**11010784**
#加拿大*	Canada	14676	35368	1059734
美国*	United States	729208	691293	8369426
大洋洲	**Oceania**	**307331**	**50550**	**3985316**
#澳大利亚*	Australia	278588	54527	3477392
新西兰	New Zealand	11654	18856	260240

注："*"表示该国家(地区)2023年年末存量数据中包含对以往历史数据进行调整。
Note: "*" The stock for 2023 are recomputed after adjustment of historical Data.

8-2 按行业分对外直接投资
Outward Foreign Direct Investment by Sector

单位：万美元

Unit: USD 10 000

行 业	Sector	对外直接投资流量 Outward FDI Flows		截至2023年对外直接投资存量 Outward FDI Stock at the End of 2023
		2022	2023	
总 计	**Total**	**16312100**	**17728784**	**295539978**
农、林、牧、渔业	Agriculture, Forestry, Animal Husbandry and Fishery	51171	181628	2002101
采矿业	Mining	1510082	987878	19350973
制造业	Manufacturing	2715370	2734225	28340248
电力、热力、燃气及水生产和供应业	Production and Supply of Electricity, Heat, Gas and Water	544673	465403	5867936
建筑业	Construction	144150	285929	5249902
批发和零售业	Wholesale and Retail Trades	2116908	3882262	42140064
交通运输、仓储和邮政业	Transport, Storage and Post	1503813	844197	10426336
住宿和餐饮业	Hotels and Catering Services	1398	94745	435370
信息传输、软件和信息技术服务业	Information Transmission, Software and Information Technology	169329	228135	13310709
金融业	Financial Intermediation	2212554	1821852	32381953
房地产业	Real Estate	220654	141632	8851913
租赁和商务服务业	Leasing and Business Services	4347973	5416619	117910016
科学研究和技术服务业	Scientific Research and Technical Services	481719	504833	5852383
水利、环境和公共设施管理业	Management of Water Conservancy, Environment and Public Facilities	18270	23672	275293
居民服务、修理和其他服务业	Service to Households, Repair and Other Services	67915	104845	1413328
教育	Education	24093	8577	374908
卫生和社会工作	Health and Social Service	28626	16069	341463
文化、体育和娱乐业	Culture, Sports and Entertainment	153403	-13715	1015083
公共管理、社会保障和社会组织	Public Management, Social Security and Social Organization			

8-3 对外经济合作概况
Foreign Economic Cooperation

年 份 Year	对外承包工程 Foreign Engineering Projects				对外劳务合作 Foreign Labour Services	
	合同数 (份) Number of Contracts (unit)	合同金额 (亿美元) Contract Value (USD 100 million)	完成营业额 (亿美元) Turnover (USD 100 million)	年末在外人数 (万人) Personnel Abroad by the End of Year (10 000 persons)	派出劳务人数 (万人) Dispatched Labor (10 000 persons)	年末在外人数 (万人) Personnel Abroad by the End of Year (10 000 persons)
1979	27	0.33				
1980	138	1.40				
1981	250	2.76	1.23			
1982	195	3.46	1.89			
1983	280	7.99	3.16			
1984	344	15.38	4.94	2.19		2.76
1985	465	11.16	6.63	3.06		2.49
1986	486	11.89	8.19	2.74		1.90
1987	616	16.48	10.73	3.13		3.19
1988	642	18.13	12.53	3.00		3.98
1989	776	17.81	14.84	2.40		4.31
1990	920	21.25	16.44	2.18		3.61
1991	1171	25.24	19.70	2.15		6.83
1992	1164	52.51	24.03	2.54		10.56
1993	1393	51.89	36.69	3.42		13.09
1994	1702	60.28	48.83	3.83		18.43
1995	1558	76.65	52.41	3.84		22.59
1996	1634	79.93	59.85	3.88		24.66
1997	2085	88.07	62.18	4.78		28.55
1998	2322	93.83	78.58	6.11		29.08
1999	2527	103.70	86.12	5.53		32.65
2000	2597	119.52	85.13	5.56		36.93
2001	5836	131.27	89.62	6.00		41.47
2002	4036	151.37	112.80	7.85		41.04
2003	3708	178.40	139.22	9.40		42.97
2004	6694	241.95	176.15	11.47	17.30	41.94
2005	9502	299.68	219.90	14.48	18.34	41.87
2006	12996	664.16	303.21	19.86	21.48	47.52
2007	6282	786.32	411.26	23.60	21.49	50.51
2008	5411	1054.51	570.60	27.16	22.49	46.71
2009	7280	1262.10	777.06	32.69	18.01	45.03
2010	9544	1343.67	921.70	37.65	18.68	47.01
2011	6381	1423.32	1034.24	32.40	20.91	48.84
2012	6710	1565.29	1165.97	34.46	27.84	50.56
2013	11578	1716.29	1371.43	37.01	25.57	48.26
2014	7740	1917.56	1424.11	40.89	29.26	59.69
2015	8662	2100.74	1540.74	40.86	27.68	61.83
2016	19157	2440.10	1594.17	37.29	26.40	59.60
2017	22774	2652.76	1685.87	37.68	30.02	60.23
2018	10985	2418.04	1690.44	39.07	26.50	60.61
2019	11932	2602.45	1729.01	36.81	27.60	62.41
2020	9933	2555.36	1559.35	27.34	16.23	34.98
2021	10786	2584.94	1549.43	25.84	18.98	33.39
2022	9823	2530.70	1549.92	21.68	17.92	32.66
2023	9783	2645.14	1609.14	19.47	23.60	34.62

8-4 分国别(地区)对外承包工程合同金额
Contract Value of Foreign Engineering Projects by Country or Region

单位：万美元

Unit: USD 10 000

国别(地区)	Country/Region	2020	2021	2022	2023
总　　计	**Total**	**25553561**	**25849446**	**25306990**	**26451360**
亚洲	**Asia**	**14297668**	**12247438**	**12321019**	**13035565**
阿富汗	Afghanistan	10633	13		417
巴林	Bahrain		23	1154	25604
孟加拉国	Bangladesh	1317370	420307	303722	702802
文莱	Brunei	19718	5251	5627	14470
缅甸	Myanmar	540983	97148	94969	93877
柬埔寨	Cambodia	662194	329878	367091	358309
塞浦路斯	Cyprus			2669	16907
中国香港	Hong Kong, China	1554882	1068954	986361	1277803
印度	India	228346	166836	142729	126070
印度尼西亚	Indonesia	1192314	1616803	1424954	1420382
伊朗	Iran		5647	66651	63773
伊拉克	Iraq	507211	538200	1054305	529010
以色列	Israel	195682	87771	157823	56510
日本	Japan	43663	38162	17782	23559
约旦	Jordan	2211	5497	5460	128050
科威特	Kuwait	42489	175710	72449	220364
老挝	Laos	263443	111228	204874	214397
黎巴嫩	Lebanon				
中国澳门	Macao, China	309261	252662	113664	193614
马来西亚	Malaysia	533098	817481	903315	621685
马尔代夫	Maldives	36688	10279	57095	54200
蒙古	Mongolia	239278	382212	409668	460875
尼泊尔	Nepal	186772	128155	111376	159982
阿曼	Oman	75859	66185	66047	104251
巴基斯坦	Pakistan	636957	440265	326713	264681
巴勒斯坦	Palestine		1076	378	57
菲律宾	Philippines	959723	1110501	1051171	706036
卡塔尔	Qatar	59968	41350	110099	89210
沙特阿拉伯	Saudi Arabia	768051	588451	971041	1675858
新加坡	Singapore	477605	619412	532204	431034
韩国	Korea	75121	91165	42845	12096
斯里兰卡	Sri Lanka	104279	372513	215848	85884
叙利亚	Syria			1840	
泰国	Thailand	966819	549803	312011	400660
土耳其	Türkiye	459917	253496	131281	102460
阿联酋	United Arab Emirates	610119	465646	479925	593478
也门	Yemen		4274	5559	4525
越南	Vietnam	494758	806815	638459	744970
中国台湾	Taiwan, China	26972	4340	23142	29241
东帝汶	East Timor	3846	26010	11340	6685
哈萨克斯坦	Kazakhstan	162774	344701	429677	486092
吉尔吉斯斯坦	Kirghizia	15250	15153	20442	18846
塔吉克斯坦	Tadzhikistan	50866	42911	92056	37002
土库曼斯坦	Turkmenistan	45680	75012	19117	53467
乌兹别克斯坦	Uzbekistan	277053	70141	336089	426374

8-4 续表 1 Continued 1

单位：万美元
Unit: USD 10 000

国别(地区)	Country/Region	2020	2021	2022	2023
非洲	**Africa**	**6790041**	**7788133**	**7322464**	**8208030**
阿尔及利亚	Algeria	205687	154934	398470	746623
安哥拉	Angola	125327	268177	500652	252783
贝宁	Benin	38740	153919	40431	24500
博茨瓦纳	Botswana	57934	71364	90513	39460
布隆迪	Burundi	1127	4656	774	6739
喀麦隆	Cameroon	111053	124938	83847	79897
佛得角	Cape Verde	2241	1081		917
中非	Central African	5696	4294	6169	1963
乍得	Chad	84934	40030	52259	230727
科摩罗	Comoros	1336	1143	5833	3623
刚果(布)	Congo	49362	33947	136052	311378
吉布提	Djibouti	15859	23582	7074	36625
埃及	Egypt	316561	396071	329937	370401
赤道几内亚	Eq. Guinea	26369	53149	8756	9018
埃塞俄比亚	Ethiopia	265288	332433	302270	235761
加蓬	Gabon	79919	35667	4292	29517
冈比亚	Gambia	1662	2305	3717	3958
加纳	Ghana	1241632	568647	543354	291651
几内亚	Guinea	286731	924930	530781	378872
几内亚(比绍)	Guinea Bissau	2728	9015	402	798
科特迪瓦	Cote d'Ivoire	598506	223897	334555	216134
肯尼亚	Kenya	323698	464463	185946	194152
利比里亚	Liberia	35811	32571	36740	56923
利比亚	Libya		877	2956	12163
马达加斯加	Madagascar	68921	66449	48001	58907
马拉维	Malawi	13716	47715	52481	3051
马里	Mali	5048	95641	1809	30861
毛里塔尼亚	Mauritania	2086	5612	17588	31821
毛里求斯	Mauritius	29637	5045	18143	57974
摩洛哥	Morocco	74977	94192	25820	66233
莫桑比克	Mozambique	285950	165564	119573	79836
纳米比亚	Namibia	26918	66452	6998	84926
尼日尔	Niger	42862	174884	27603	36305
尼日利亚	Nigeria	783322	1006733	995661	1044825
卢旺达	Rwanda	57365	50392	45539	20274
圣多美和普林西比	Sao Tome and Principe		7	63	1803
塞内加尔	Senegal	148907	91714	230813	207557
塞舌尔	Seychelles	1930	675	2011	290
塞拉利昂	Sierra Leone	58761	30836	52123	198522
索马里	Somali		3460	48720	
南非	S. Africa	72207	177247	232738	295147
苏丹	Sudan	77862	85606	55495	68310
坦桑尼亚	Tanzania	116377	306804	467168	607309
多哥	Togo	9751	9889	30483	46540
突尼斯	Tunisia	10132	7576	5518	15392
乌干达	Uganda	95966	142743	305499	467554
布基纳法索	Burkina Faso		17054	9502	581
刚果(金)	Congo DR	203233	366080	432950	649592
赞比亚	Zambia	332160	300119	113903	118102
津巴布韦	Zimbabwe	255041	513015	113569	172331
莱索托	Lesotho	13092	13981	6919	66428
斯威士兰	Swaziland				10611
厄立特里亚	Eritrea	446	280	95221	4960
南苏丹	Republic of South Sudan	89292	16281	154771	227404

8-4 续表 2 Continued 2

单位：万美元

Unit: USD 10 000

国别(地区)	Country/Region	2020	2021	2022	2023
欧洲	**Europe**	**2088434**	**2724196**	**2052590**	**2346677**
比利时	Belgium	25662	1801	4531	9906
丹麦	Denmark	3154	2140	981	1740
英国	United Kingdom	83027	43914	46306	34027
德国	Germany	52283	67446	65500	32999
法国	France	145761	121867	129425	52110
爱尔兰	Ireland		9237	1	2493
意大利	Italy	3072	13022	21163	36444
卢森堡	Luxembourg		120	832	1014
荷兰	Netherlands	10216	10605	8020	17050
希腊	Greece	13352	9322	40899	11114
葡萄牙	Portugal	8721	56498	55781	6170
西班牙	Spain	158786	138842	159708	124374
阿尔巴尼亚	Albania		23200		712
奥地利	Austria	5996	8814	5750	5032
保加利亚	Bulgaria	14594	5546	8619	5045
芬兰	Finland	1127	1149	131	4788
直布罗陀	Gibraltar			2979	
匈牙利	Hungary	121829	4414	35413	18842
冰岛	Iceland				
马耳他	Malta			82	
摩纳哥	Monaco				
挪威	Norway	26900	7042	778	11322
波兰	Poland	145171	154716	138817	122424
罗马尼亚	Romania	14180	12479	92008	70724
瑞典	Sweden	5097	14041	12078	16965
瑞士	Switaerland		2220	389	11520
爱沙尼亚	Estonia				90
拉脱维亚	Latvia				
立陶宛	Lithuania				109
格鲁吉亚	Georgia	39736	8058	23035	12904
亚美尼亚	Armenia		4585	209	7682
阿塞拜疆	Azerbaijan	3906	5036	34524	51910
白俄罗斯	Byelorussia	171264	15387	19274	52176
摩尔多瓦	Moldavia				
俄罗斯	Russia	587047	510810	475293	1301146
乌克兰	Ukraine	213592	738965	50154	14424
斯洛文尼亚	Slovenia			10	59
克罗地亚	Croatia	19701	1873	10918	32047
捷克	Czech Rep.	6725	8471	7916	7815
斯洛伐克	Slovak		6862	6754	2597
马其顿	Macedonia	5156	3984	26353	6618
波黑	Bosnia and Hercegovina		59407	99865	48714
塞尔维亚	Serbia	156717	652247	464576	211568
黑山	Montenegro	7713	76	3517	4

单位：万美元
Unit: USD 10 000

国别(地区)	Country/Region	2020	2021	2022	2023
拉丁美洲	**Latin America**	**1483811**	**1997880**	**2712761**	**1997922**
安提瓜和巴布达	Antigua Barbuda	10050	195	9069	18
阿根廷	Aruba	83179	406733	334473	104560
巴哈马	Bahamas		470	421	1013
巴巴多斯	Barbados		1580	21252	2620
玻利维亚	Bolivia	35444	46695	166376	65789
巴西	Brazil	325022	167602	179642	322694
智利	Chile	59035	195860	297747	151270
哥伦比亚	Colombia	281262	157681	554165	175703
多米尼克	Dominica	9212	2673	1204	31663
哥斯达黎加	CostaRica	1521	122	3919	19343
古巴	Cuba		24030	7792	5176
多米尼加共和国	Dominican Rep.	2056	11415	1122	4913
厄瓜多尔	Ecuador	81392	44784	85292	69726
格林纳达	Grenada			6	399
危地马拉	Guatemala			61	437
圭亚那	Guyana	28496	11884	73064	62243
洪都拉斯	Honduras		37	231	15208
牙买加	Jamaica	5847	38616	19859	21521
墨西哥	Mexico	253397	303687	502636	285704
尼加拉瓜	Nicaragua		31	2073	69254
巴拿马	Panama	18961	7044	1686	244284
巴拉圭	Paraguay				
秘鲁	Peru	171488	382407	265677	288283
萨尔瓦多	El Salvador		4276	788	4970
苏里南	Suriname	9176	1255	12744	13210
特立尼达和多巴哥	Trinidad & Tobago	16687	131260	12172	9106
乌拉圭	Uruguay		20652	87120	6391
委内瑞拉	Venezuela	53641	36892	72170	22424
北美洲	**North America**	**113322**	**120835**	**123944**	**142938**
加拿大	Canada	21146	29357	23019	62612
美国	United States	92176	91478	100925	80325
大洋洲及太平洋岛屿	**Oceania and Pacific Is.**	**780285**	**927636**	**751101**	**715461**
澳大利亚	Australia		613896	527818	579753
库克群岛	Cook Islands				
斐济	Fiji	18048	5999	51280	19059
瑙鲁	Nauru		1431		
新喀里多尼亚	New Caledonia		3910		
瓦努阿图	Vanuatu	5070	6864	71576	21214
新西兰	New Zealand	9251	39652	17860	3715
巴布亚新几内亚	Papua New Guinea	69890	160438	72331	71887
所罗门群岛	Solomon Is.		88910	7427	18066
汤加	Tonga	1106	579		706
萨摩亚	Samoa	189	4001		576
基里巴斯	Kiribati		50	2786	486
图瓦卢	Tuvalu			24	
密克罗尼西亚联邦	Micronesia Commonwealth				
马绍尔群岛共和国	Marshall. Is.		1907		
帕劳共和国	Republic of Palau				
纽埃	Niue				
其他	**Others**		**43326**	**23111**	**4768**

8-5 分国别(地区)对外承包工程营业额

Turnover of Foreign Engineering Projects by Country or Region

单位：万美元

Unit: USD 10 000

国别(地区)	Country/Region	2020	2021	2022	2023
总　计	**Total**	**15593516**	**15494331**	**15499166**	**16091443**
亚洲	**Asia**	**8913866**	**8634511**	**8242702**	**8564132**
阿富汗	Afghanistan	3425	1958		288
巴林	Bahrain		14919	23815	26048
孟加拉国	Bangladesh	550183	597627	554289	571129
文莱	Brunei	10338	7455	6829	13937
缅甸	Myanmar	186185	63215	32568	22391
柬埔寨	Cambodia	348846	268029	224989	239014
塞浦路斯	Cyprus		2724	11430	7704
中国香港	Hong Kong, China	789962	716177	893799	861848
印度	India	180072	190167	201815	164006
印度尼西亚	Indonesia	712110	697737	684303	845371
伊朗	Iran		49496	39675	63921
伊拉克	Iraq	328905	294484	338277	421808
以色列	Israel	148805	156100	173008	139371
日本	Japan	39536	41372	32028	28259
约旦	Jordan	12813	4038	3987	4208
科威特	Kuwait	202205	143840	140102	139806
老挝	Laos	382892	240152	72831	126916
黎巴嫩	Lebanon		772	1555	1747
中国澳门	Macao, China	131782	177100	194000	200753
马来西亚	Malaysia	685330	632797	639983	738792
马尔代夫	Maldives	48094	28685	28268	27030
蒙古	Mongolia	62989	100344	83026	132304
尼泊尔	Nepal	39965	39501	55569	57590
阿曼	Oman	48919	54320	108908	67473
巴基斯坦	Pakistan	732401	673461	455664	321730
巴勒斯坦	Palestine		1375	497	31
菲律宾	Philippines	282550	325104	339250	274104
卡塔尔	Qatar	42344	63095	53194	38537
沙特阿拉伯	Saudi Arabia	618904	515554	664150	927362
新加坡	Singapore	235736	292664	428575	461381
韩国	Korea	72691	43533	52350	46049
斯里兰卡	Sri Lanka	128719	129898	98575	59329
叙利亚	Syria			736	256
泰国	Thailand	263427	270380	262958	334324
土耳其	Türkiye	92180	116140	114118	80875
阿联酋	United Arab Emirates	818541	865749	538515	373994
也门共和国	Yemen Rep.		3083	4061	5551
越南	Vietnam	292980	471574	289720	194914
中国台湾	Taiwan, China		2846	15678	13148
东帝汶	East Timor	23359	19706	7898	5319
哈萨克斯坦	Kazakhstan	149105	116299	116515	135901
吉尔吉斯斯坦	Kirghizia	13765	18988	16707	15224
塔吉克斯坦	Tadzhikistan	36891	50630	46730	34468
土库曼斯坦	Turkmenistan	16522	27420	41204	32677
乌兹别克斯坦	Uzbekistan	95709	104002	150550	307244

8−5 续表 1 Continued 1

单位：万美元
Unit: USD 10 000

国别(地区)	Country/Region	2020	2021	2022	2023
非洲	**Africa**	**3833046**	**3711556**	**3784445**	**3742527**
阿尔及利亚	Algeria	468811	382422	284332	342122
安哥拉	Angola	151473	209946	288716	247658
贝宁	Benin	23431	27116	66910	47238
博茨瓦纳	Botswana	19391	39541	48798	59927
布隆迪	Burundi	5046	5941	2817	2298
喀麦隆	Cameroon	89251	85344	65996	55443
佛得角	Cape Verde	2600	1983	168	134
中非	Central African	4995	7226	5006	4784
乍得	Chad	53709	74812	65887	66688
科摩罗	Comoros	3859	3763	3023	4977
刚果(布)	Congo	57338	62324	28492	74224
吉布提	Djibouti	12174	16055	14198	8163
埃及	Egypt	299339	194545	273486	324157
赤道几内亚	Eq.Guinea	34048	36375	36874	39341
埃塞俄比亚	Ethiopia	292473	201984	158414	192985
加蓬	Gabon	6831	21656	14652	16811
冈比亚	Gambia	5570	1640	269	3476
加纳	Ghana	112219	158413	128975	93210
几内亚	Guinea	177794	110059	125368	147736
几内亚(比绍)	Guinea Bissau	1374	1651	3112	1757
科特迪瓦	Cote d'Ivoire	91750	106657	156614	144995
肯尼亚	Kenya	295700	242120	210631	158479
利比里亚	Liberia	22727	20662	13116	13840
利比亚	Libya		1149	2000	6566
马达加斯加	Madagascar	19954	36865	32063	27495
马拉维	Malawi	16598	17494	44971	18298
马里	Mali	28204	44219	43037	11858
毛里塔尼亚	Mauritania	13882	4668	4537	11490
毛里求斯	Mauritius	18691	12113	14330	12429
摩洛哥	Morocco	21984	22361	24217	39505
莫桑比克	Mozambique	67568	77074	75171	63577
纳米比亚	Namibia	27891	29048	28687	15478
尼日尔	Niger	40047	63917	101569	95009
尼日利亚	Nigeria	351036	411301	459042	397731
卢旺达	Rwanda	31770	33421	37029	17378
圣多美和普林西比	Sao Tome & Principe		303	454	2306
塞内加尔	Senegal	52107	82485	78018	85760
塞舌尔	Seychelles	1393	1098	2424	1239
塞拉利昂	Sierra Leone	9208	9961	7677	13388
索马里	Somalia		3081	2000	1471
南非	S. Africa	49127	80539	64079	79636
苏丹	Sudan	31721	35075	34393	17237
坦桑尼亚	Tanzania	145623	166600	130181	146189
多哥	Togo	8497	9553	7250	6337
突尼斯	Tunisia	8522	12075	9486	6796
乌干达	Uganda	121940	105430	110898	97981
布基纳法索	Burkina Faso		3252	7479	10612
刚果(金)	Congo DR	202503	207005	256488	292036
赞比亚	Zambia	202219	124999	115202	110606
津巴布韦	Zimbabwe	72961	69895	56633	46683
莱索托	Lesotho	7927	10622	11132	16854
斯威士兰	Swaziland	2164			255
厄立特里亚	Eritrea	29461	381	6978	17000
南苏丹	Republic of South Sudan		23338	21163	22880

8-5 续表 2 Continued 2

单位：万美元
Unit: USD 10 000

国别(地区)	Country/Region	2020	2021	2022	2023
欧洲	**Europe**	**1396201**	**1568408**	**1595272**	**1712409**
比利时	Belgium	11550	705	5208	14392
丹麦	Denmark	1955	942	2286	1429
英国	United Kingdom	68011	49126	39586	41330
德国	Germany	50441	81282	70446	47706
法国	France	147180	121762	111465	53306
爱尔兰	Ireland		349	1	9337
意大利	Italy	9156	15290	13599	27255
卢森堡	Luxembourg		297	1562	1107
荷兰	Netherlands	14228	9463	9536	14535
希腊	Greece	8666	13992	11327	10950
葡萄牙	Portugal	7415	40974	12423	27476
西班牙	Spain	89611	77101	111268	83259
阿尔巴尼亚	Albania		18		331
奥地利	Austria	6256	10222	9267	7413
保加利亚	Bulgaria	5219	7479	7904	6340
芬兰	Finland	480	1355	520	4744
直布罗陀	Gibraltar			2363	1629
匈牙利	Hungary	10563	11851	16328	45950
冰岛	Iceland				
马耳他	Malta			82	
摩纳哥	Monaco		191	81	27
挪威	Norway	23672	14102	4093	11646
波兰	Poland	46575	79030	51695	79093
罗马尼亚	Romania	8826	10717	14147	9605
瑞典	Sweden	6814	7171	10763	12758
瑞士	Switzerland		1606	1927	15073
爱沙尼亚	Estonia		4		90
拉脱维亚	Latvia				275
立陶宛	Lithuania				109
格鲁吉亚	Georgia	41016	49295	61839	57586
亚美尼亚	Armenia		3438	2517	2032
阿塞拜疆	Azerbaijan	1824	2042	4051	64930
白俄罗斯	Belorussia	104052	40014	62595	62034
摩尔多瓦	Moldavia		1003		
俄罗斯	Russia	426451	556905	652668	648597
乌克兰	Ukraine	66566	55318	45391	16484
斯洛文尼亚	Slovenia			10	59
克罗地亚	Croatia	32776	27171	19911	12953
捷克	Czech Rep.	7686	9638	8754	8866
斯洛伐克	Slovak		65	873	4833
马其顿共和国	Macedonia,FYR	9194	15117	3152	8442
波黑	Bosnia & Herzegovina		15541	15090	21783
塞尔维亚	Serbia	149651	207939	191510	274069
黑山	Montenegro	15869	29892	19035	2577

8-5 续表 3 Continued 3

单位：万美元

Unit: USD 10 000

国别(地区)	Country/Region	2020	2021	2022	2023
拉丁美洲	**Latin America**	**788900**	**797039**	**1132964**	**1369236**
安提瓜和巴布达	Antigua & Barbuda	7335	3756	5403	28
阿根廷	Argentina	114033	87497	113981	117094
巴哈马	Bahamas		343	488	820
巴巴多斯	Barbados		3680	17892	11278
玻利维亚	Bolivia	42824	83527	69055	72740
巴西	Brazil	163649	115896	165784	208023
智利	Chile	22703	30373	85132	72837
哥伦比亚	Colombia	25727	60624	78510	126415
多米尼克	Dominica	4170	2344	828	3111
哥斯达黎加	Costa Rica	11656	17236	16877	12000
古巴	Cuba		9456	8608	5129
多米尼加共和国	Republic of Dominica	307	3130	7452	7547
厄瓜多尔	Ecuador	47667	71320	70638	89967
格林纳达	Grenade		1172	3623	2254
危地马拉	Guatemala		55	227	638
圭亚那	Guyana	7772	10943	8673	27650
洪都拉斯	Honduras		8580	979	971
牙买加	Jamaica	20519	30498	27203	16773
墨西哥	Mexico	129634	75475	140560	233829
尼加拉瓜	Nicaragua		413	400	778
巴拿马	Panama	10469	16941	21336	6313
巴拉圭	Paraguay		106		100
秘鲁	Peru	92355	110014	229309	319225
萨尔瓦多	El Salvador		1750	3981	588
苏里南	Suriname	5375	459	4662	2144
特立尼达和多巴哥	Trinidad & Tobago	11376	8620	10504	4935
乌拉圭	Uruguay		2077	3126	9321
委内瑞拉	Venezuela	41089	40754	37732	16729
北美洲	**North America**	**146504**	**226938**	**144922**	**109325**
加拿大	Canada	25028	38244	38915	33815
美国	United States	121476	188694	106007	75511
大洋洲及太平洋岛屿	**Oceania and Pacific Is.**	**514999**	**555580**	**590828**	**589975**
澳大利亚	Australia	390368	436379	461759	467400
库克群岛	Cook Islands				
斐济	Fiji	20647	17237	17191	13370
瑙鲁	Nauru		2618	1747	370
新喀里多尼亚	New Caledonia				
瓦努阿图	Vanuatu	5864	4429	1038	4332
新西兰	New Zealand	15870	22090	12982	11222
巴布亚新几内亚	Papua New Guinea	75607	63697	80409	78534
所罗门群岛	Solomon Is.		6535	15096	12175
汤加	Tonga	731	451	3	106
萨摩亚	Samoa	783	692	429	1881
基里巴斯	Kiribati		11	171	169
图瓦卢	Tuvalu		852	3	7
密克罗尼西亚	Micronesia		328		50
马绍尔群岛共和国	Marshall. Is.		259		
帕劳共和国	Republic of Palau				
纽埃	Niue				361
其他	**Others**		**299**	**8033**	**3840**

8-6 分国别(地区)年末在境外从事承包工程人员
Personnel Abroad for Engineering Projects by Country or Region at the Year-end

单位：人
Unit: person

国别(地区)	Country/Region	2020	2021	2022	2023
总　计	**Total**	**273434**	**258411**	**216761**	**194746**
亚洲	**Asia**	**155083**	**147695**	**117284**	**103990**
阿富汗	Afghanistan	86	1	5	45
巴林	Bahrain		625	36	712
孟加拉国	Bangladesh	7413	11626	8722	7820
文莱	Brunei	662	249	202	76
缅甸	Myanmar	1410	960	1091	595
柬埔寨	Cambodia	6331	5520	5337	3650
塞浦路斯	Cyprus		33	9	81
中国香港	Hongkong,China	1951	1211	1953	2215
印度	India	1292	1929	893	700
印度尼西亚	Indonesia	18158	22364	23039	17819
伊朗	Iran		482	316	462
伊拉克	Iraq	9876	12441	9015	8362
以色列	Israel	3056	4621	4908	5262
日本	Japan	24	2	2	4
约旦	Jordan	1256	1070	1069	94
科威特	Kuwait	2270	1795	1583	1404
老挝	Laos	16234	8518	5121	4492
黎巴嫩	Lebanon		95	7	13
中国澳门	Macao,China	992	879	712	749
马来西亚	Malaysia	7472	5564	5691	4081
马尔代夫	Maldives	1532	1024	605	366
蒙古	Mongolia	1244	1391	852	1867
尼泊尔	Nepal	1059	1429	1323	1278
阿曼	Oman	880	1362	547	213
巴基斯坦	Pakistan	14343	13455	7730	4730
巴勒斯坦	Balestine			1	
菲律宾	Philippines	2928	2440	2856	2101
卡塔尔	Qatar	413	377	341	456
沙特阿拉伯	Saudi Arabia	19605	12469	9714	10504
新加坡	Singapore	2354	2940	1840	1446
韩国	Korea	185	138	111	77
斯里兰卡	Sri Lanka	3277	3458	1828	1341
叙利亚	Syria			25	17
泰国	Thailand	1561	1382	1187	1413
土耳其	Türkiye	1289	2416	610	897
阿联酋	United Arab Emirates	10558	9990	5389	3526
也门共和国	Yemen Rep.		21		
越南	Vietnam	6004	3483	2711	1377
中国台湾	Taiwan,China	2		10	17
东帝汶	Timor Leste	1131	1024	449	297
哈萨克斯坦	Kazakhstan	2407	3087	2986	2740
吉尔吉斯斯坦	Kirghizia	675	654	946	506
塔吉克斯坦	Tadzhikistan	1086	1754	1351	1691
土库曼斯坦	Turkmenistan	116	302	191	253
乌兹别克斯坦	Uzbekstan	2375	3114	3970	8241

单位：人
Unit: person

国别(地区)	Country/Region	2020	2021	2022	2023
非洲	**Africa**	**81556**	**72526**	**62686**	**57080**
阿尔及利亚	Algeria	13082	7951	5371	4275
安哥拉	Angola	5115	4445	3012	2339
贝宁	Benin	789	595	1102	710
博茨瓦纳	Botswana	201	263	298	354
布隆迪	Burundi	232	280	153	150
喀麦隆	Cameroon	2315	2058	1700	1377
佛得角	Cape Verde	97	20	12	2
中非	Central African	194	198	142	99
乍得	Chad	1656	1354	1101	937
科摩罗	Comoros	118	72	93	102
刚果(布)	Congo	1295	1077	768	672
吉布提	Djibouti	542	390	309	295
埃及	Egypt	1546	4412	6093	6884
赤道几内亚	Eq. Guinea	956	664	588	415
埃塞俄比亚	Ethiopia	7540	5275	3474	3376
加蓬	Gabon	536	229	200	170
冈比亚	Gambia	196	68	3	34
加纳	Ghana	1903	1420	1434	1013
几内亚	Guinea	4847	4674	4213	4370
几内亚(比绍)	Guinea bissau	55	114	100	55
科特迪瓦	Cote d'Ivoire	1291	1818	2209	2033
肯尼亚	Kenya	3936	3599	3351	2759
利比里亚	Liberia	282	227	273	402
利比亚	Libya				
马达加斯加	Madagascar	254	890	338	291
马拉维	Malawi	421	378	378	361
马里	Mali	700	381	187	98
毛里塔尼亚	Mauritania	559	504	273	192
毛里求斯	Mauritius	365	484	237	165
摩洛哥	Morocco	410	325	138	103
莫桑比克	Mozambique	2107	1465	959	592
纳米比亚	Namibia	495	399	315	214
尼日尔	Niger	1244	971	1867	886
尼日利亚	Nigeria	6325	5636	4478	4516
卢旺达	Rwanda	753	727	579	558
圣多美和普林西比	Sao Tome & Principe		32		
塞内加尔	Senegal	905	1386	1227	1328
塞舌尔	Seychelles	138	94	76	42
塞拉利昂	Sierra Leone	252	194	201	261
索马里	Somalia		5	2	
南非	S. Africa	181	254	388	462
苏丹	Sudan	1196	1088	777	62
坦桑尼亚	Tanzania	2884	2964	2400	2319
多哥	Togo	154	235	201	202
突尼斯	Tunisia	162	139	166	91
乌干达	Uganda	1821	1848	1653	1812
布基纳法索	Burkina Faso		59	322	278
刚果(金)	Congo DR	5209	5425	4579	5087
赞比亚	Zambia	4185	3338	3007	2480
津巴布韦	Zimbabwe	1033	1049	932	932
莱索托	Lesotho	156	237	238	424
斯威士兰	Swaziland				5
厄立特里亚	Eritrea	160	175	478	218
南苏丹共和国	Republic of South Sudan	701	641	291	278

8-6 续表 2 Continued 2

单位：人
Unit: person

国别(地区)	Country/Region	2020	2021	2022	2023
欧洲	**Europe**	**13923**	**17780**	**15627**	**14222**
比利时	Belgium				
丹麦	Denmark	22	2	2	2
英国	United Kingdom	134	137	109	91
德国	Germany	86	84	71	66
法国	France	157	119	131	100
爱尔兰	Ireland				
意大利	Italy	9	3	15	36
卢森堡	Luxembourg		5	27	23
荷兰	Netherlands	25	2		
希腊	Greece	10	44	33	33
葡萄牙	Portugal				5
西班牙	Spain	57	16	9	6
阿尔巴尼亚	Albania		1		
奥地利	Austria	84	61	50	38
保加利亚	Bulgaria	3	3	3	3
芬兰	Finland	23	16	3	2
直布罗陀	Gibraltar			3	3
匈牙利	Hungary	23	53	97	231
冰岛	Iceland				
马耳他	Malta				
摩纳哥	Monaco				
挪威	Norway			6	6
波兰	Poland	122	103	77	141
罗马尼亚	Romania	8	21	59	75
瑞典	Sweden	11	13	24	42
瑞士	Switzerland		56	59	47
爱沙尼亚	Estonia				
拉脱维亚	Latvia				
立陶宛	Lithuania				
格鲁吉亚	Georgia	1799	2783	2820	1797
亚美尼亚	Armenia		123	110	66
阿塞拜疆	Azerbaijan	9	21	16	30
白俄罗斯	Byelorussia	1434	1315	647	630
摩尔多瓦	Moldavia		7	7	
俄罗斯	Russia	3070	4738	4543	5140
乌克兰	Ukraine	257	161	2	
斯洛文尼亚	Slovenia				
克罗地亚	Croatia	568	787	628	63
捷克	Czech Rep.				
斯洛伐克	Slovak				
马其顿共和国	Macedonia, FYR	386	203	48	101
波黑	Bosnia & Hercegovina		234	120	400
塞尔维亚	Serbia	4552	6400	5700	4893
黑山	Montenegro	703	269	208	152

8-6 续表 3 Continued 3

单位：人
Unit: person

国别(地区)	Country/Region	2020	2021	2022	2023
拉丁美洲	**Latin America**	**18330**	**15950**	**17094**	**15526**
安提瓜和巴布达	Antigua Barbuda	77	38	17	6
阿根廷	Argentina	1831	1132	2541	1450
巴哈马	Bahama		167	178	17
巴巴多斯	Barbados		203	612	404
玻利维亚	Bolivia	1562	1617	1574	1171
巴西	Brazil	186	189	94	106
智利	Chile	101	85	143	151
哥伦比亚	Colombia	605	560	421	440
多米尼克	Dominica	202	89	18	213
哥斯达黎加	CostaRica	566	531	536	268
古巴	Cuba		212	172	90
多米尼加共和国	Dominica Rep.	37	22	207	196
厄瓜多尔	Ecuador	596	384	308	296
格林纳达	Grenade		161	149	
危地马拉	Guatemala				
圭亚那	Guyana	640	675	433	621
洪都拉斯	Honduras		48	18	10
牙买加	Jamaica	165	229	199	142
墨西哥	Mexico	267	327	442	559
尼加拉瓜	Nicaragua		11	11	24
巴拿马	Panama	327	338	348	260
巴拉圭	Paraguay				
秘鲁	Peru	9526	8529	8242	8799
萨尔瓦多	El Salvador		15	86	68
苏里南	Suriname	93	70	71	55
特立尼达和多巴哥	Trinidad & Tobago	213	98	96	55
乌拉圭	Uruguay		8	38	58
委内瑞拉	Venezuela	313	212	140	67
北美洲	**North America**	**2150**	**1975**	**2174**	**2315**
加拿大	Canada	43	49	52	49
美国	United States	2107	1926	2122	2266
大洋洲及太平洋岛屿	**Oceania and Pacific Is.**	**2392**	**2485**	**1890**	**1607**
澳大利亚	Australia	109	46	46	24
库克群岛	Cook Islands				
斐济	Fiji	364	406	209	225
瑙鲁	Nauru		250	250	4
新喀里多尼亚	New Caledonia		2	2	2
瓦努阿图	Vanuatu	128	136	67	109
新西兰	New Zealand	97	53	20	28
巴布亚新几内亚	Papua New Guinea	1339	1388	1057	954
所罗门群岛	Solomon Is.		106	151	120
汤加	Tonga	16	7	2	5
萨摩亚	Samoa	220	72	30	59
基里巴斯	Kiribati		12	44	32
图瓦卢	Tuvalu				
密克罗尼西亚	Micronesia		6	6	6
马绍尔群岛共和国	Marshall. Is.				
帕劳共和国	Republic of Palau				
纽埃	Niue		1	6	39
其他	**Others**			**6**	**6**

8-7 分国别(地区)年末在境外从事劳务合作人员
Personnel Abroad for Labour Services by Country or Region at the Year-end

单位：人
Unit: person

国别(地区)	Country/Region	2020	2021	2022	2023
总　计	**Total**	**349752**	**333852**	**326556**	**346189**
亚洲	**Asia**	**304860**	**292328**	**280212**	**293067**
阿富汗	Afghanistan	3	3		
巴林	Bahrain			1	1
孟加拉国	Bangladesh	248	458	372	294
文莱	Brunei	154	105		
缅甸	Myanmar	192	186	292	297
柬埔寨	Cambodia	240	276	553	847
塞浦路斯	Cyprus		251	270	426
中国香港	Hong Kong, China	41035	41897	41876	40878
印度	India	28	52	83	58
印度尼西亚	Indonesia	1171	2692	5576	5323
伊朗	Iran		5	4	4
伊拉克	Iraq	455	584	816	1477
以色列	Israel	5150	6778	8630	13299
日本	Japan	82630	58988	50466	42594
约旦	Jordan	3			
科威特	Kuwait	182	230	37	86
老挝	Laos	850	777	907	1869
黎巴嫩	Lebanon		29	29	29
中国澳门	Macao, China	107625	113344	104706	115855
马来西亚	Malaysia	1167	2273	1717	1887
马尔代夫	Maldives	602	45	133	75
蒙古	Mongolia	779	250	169	545
尼泊尔	Nepal	473	786	169	153
阿曼	Oman	3	186	77	84
巴基斯坦	Pakistan	982	1321	1198	1008
菲律宾	Philippines	393	534	550	610
卡塔尔	Qatar	365	234	237	299
沙特阿拉伯	Saudi Arabia	2158	1880	940	925
新加坡	Singapore	41226	41129	43919	45479
韩国	Korea	5011	5148	5284	5960
斯里兰卡	Sri Lanka	137	352	88	151
泰国	Thailand	146	24	169	96
土耳其	Türkiye	521	35	38	192
阿联酋	United Arab Emirates	1801	2037	1306	1025
越南	Vietnam	788	1022	1368	1778
中国台湾	Taiwan, China	7339	7412	7055	7147
东帝汶	East Timor				9
哈萨克斯坦	Kazakhstan	52	75	93	352
吉尔吉斯斯坦	Kirghizia	141	120	60	376
塔吉克斯坦	Tadzhikistan	30	182	253	384
土库曼斯坦	Turkmenistan	5	5	15	15
乌兹别克斯坦	Uzbekistan	616	623	756	1180

8-7 续表 1 Continued 1

单位：人
Unit: person

国别(地区)	Country/Region	2020	2021	2022	2023
非洲	**Africa**	**22518**	**21000**	**25685**	**29998**
阿尔及利亚	Algeria	4996	2268	2091	1763
安哥拉	Angola	964	1015	3772	4145
贝宁	Benin	99	77	77	205
博茨瓦纳	Botswana		4	8	4
布隆迪	Burundi	21	14	11	16
喀麦隆	Cameroon	159	154	218	462
佛得角	Cape Verde				
中非	Central African				
乍得	Chad	74	215	145	194
科摩罗	Comoros	13	24	47	49
刚果(布)	Congo	226	277	376	656
吉布提	Djibouti	273	29	266	317
埃及	Egypt	345	608	1265	1572
赤道几内亚	Eq. Guinea	144	130	145	124
埃塞俄比亚	Ethiopia	479	688	1037	1612
加蓬	Gabon	308	75	93	119
冈比亚	Gambia	26	19	8	8
加纳	Ghana	404	613	329	375
几内亚	Guinea	925	1768	1968	2582
几内亚(比绍)	Guinea bissau	2			
科特迪瓦	Cote d' Ivoire	116	260	283	319
肯尼亚	Kenya	600	826	860	660
利比里亚	Liberia	1820	1676	1630	1895
利比亚	Libya		17	17	2
马达加斯加	Madagascar	104	115	121	132
马拉维	Malawi	38	44	93	130
马里	Mali	38	56	19	136
毛里塔尼亚	Mauritania	3244	199	215	197
毛里求斯	Mauritius	17	38	39	26
摩洛哥	Morocco	80	80	73	89
莫桑比克	Mozambique	522	612	304	212
纳米比亚	Namibia	23	22	31	37
尼日尔	Niger	67	97	453	71
尼日利亚	Nigeria	2291	2644	2473	2609
卢旺达	Rwanda	248	253	213	283
塞内加尔	Senegal	200	599	628	773
塞舌尔	Seychelles	81	96	95	58
塞拉利昂	Sierra Leone	137	78	85	222
索马里	Somalia		3	2	
南非	S. Africa		2	5	5
苏丹	Sudan	134	82	57	16
坦桑尼亚	Tanzania	266	475	795	1110
多哥	Togo	94	102	63	51
突尼斯	Tunisia				
乌干达	Uganda	318	494	305	381
布基纳法索	Burkina Faso		19	56	85
刚果(金)	Congo DR	1556	3280	3848	5001

8-7 续表 2 Continued 2

单位：人
Unit: person

国别(地区)	Country/Region	2020	2021	2022	2023
赞比亚	Zambia	635	481	618	767
津巴布韦	Zimbabwe	85	151	218	413
莱索托	Lesotho	277	181	171	53
斯威士兰	Swaziland				4
厄立特里亚	Eritrea	7	7	7	8
南苏丹共和国	Republic of South Sudan	33	33	52	50
欧洲	**Europe**	**7199**	**6720**	**8133**	**8242**
比利时	Belgium	27	3	3	3
丹麦	Denmark	64	73	92	82
英国	United Kingdom	935	1062	998	1105
德国	Germany	3212	2118	1550	1464
法国	France	190	227	177	183
爱尔兰	Ireland		234	264	323
意大利	Italy	211	52	77	90
荷兰	Netherlands	247	222	192	218
希腊	Greece	830	498	504	504
葡萄牙	Portugal	3	1	8	14
西班牙	Spain	24	19	7	7
阿尔巴尼亚	Albania		459	439	406
奥地利	Austria	22	20	40	76
保加利亚	Bulgaria		11	11	11
芬兰	Finland	6	5	12	21
直布罗陀	Gibraltar			10	
匈牙利	Hungary	3	6	50	60
冰岛	Iceland		1	1	3
马耳他	Malta		64	62	62
摩纳哥	Monaco		118	81	75
挪威	Norway	340	358	295	363
波兰	Poland	5	1		4
罗马尼亚	Romania		1	26	1
瑞典	Sweden	1		4	1
瑞士	Switzerland		15	18	72
格鲁吉亚	Georgia	2	4	47	390
白俄罗斯	Belorussia	23	67	236	258
俄罗斯	Russia	164	796	763	1087
斯洛文尼亚	Slovenia				10
克罗地亚	Croatia	1	1	1	5
捷克	Czech	5	5	5	48
斯洛伐克	Slovak				3
马其顿共和国	Macedonia	10	32	47	44
波黑	Bosnia & Herzegovina		29	22	23
塞尔维亚	Serbia	63	218	2091	1226
拉丁美洲	**Latin America**	**9783**	**8785**	**6897**	**6766**
阿根廷	Argentina	159	139	147	167

单位：人
Unit: person

国别(地区)	Country/Region	2020	2021	2022	2023
巴哈马	Bahamas		569	91	206
巴巴多斯	Barbados		43	40	135
伯利兹	Belize		435	285	257
玻利维亚	Bolivia	140	27	84	177
巴西	Brazil	5	4	4	3
开曼群岛	Cayman Is.		211	135	62
智利	Chile	322	283	360	
哥伦比亚	Colombia	1	63	63	36
多米尼克	Dominica	8	1	3	170
哥斯达黎加	Costa Rica	14	14	2	2
古巴	Cuba				20
多米尼加共和国	Dominica Rep.	1	6	85	156
厄瓜多尔	Ecuador	2	36	37	51
圭亚那	Guyana	54	20	73	235
洪都拉斯	Honduras		10	8	8
牙买加	Jamaica	376	402	363	112
墨西哥	Mexico	18	36	43	48
巴拿马	Panama	6997	6190	4731	4511
秘鲁	Peru	119	135	167	203
圣文森特和格林纳丁斯	Saint Vincent & Grenadines		134	124	116
苏里南	Suriname	30	2	4	3
特立尼达和多巴哥	Trinidad & Tobago	97	16	37	73
乌拉圭	Uruguay		1		
委内瑞拉	Venezuela	9	8	11	15
北美洲	**North America**	**392**	**1137**	**1099**	**1743**
加拿大	Canada	134	59	37	81
美国	United States	253	1076	1054	1647
百慕大群岛	Bermuda		2	8	15
大洋洲及太平洋岛屿	**Oceania and Pacific Is.**	**4167**	**2870**	**3193**	**4584**
澳大利亚	Australia	690	601	532	706
库克群岛	Cook Is.		1	1	1
斐济	Fiji	44	18	63	78
瑙鲁	Nauru		1	1	1
瓦努阿图	Vanuatu	140	10	11	16
新西兰	New Zealand	738	518	928	1851
巴布亚新几内亚	Papua New Guinea	488	103	143	106
所罗门群岛	Solomon Is.		7	14	64
萨摩亚	Samoa	71	67	68	23
东萨摩亚	E. Samoa		5		
基里巴斯	Kiribati		39	34	35
图瓦卢	Tuvalu		36	39	36
马绍尔群岛	Marshall Is.		1454	1342	1638
帕劳共和国	Republic of Palau		9	8	8
纽埃	Niue		1	9	21
其他	**Others**	**833**	**1012**	**1337**	**1789**

8-8 分地区签订对外承包工程合同数量及金额
Contracts Signed for Foreign Engineering Projects by Region

地　区	Region	2022		2023	
		合　同 (份) Nunber of Contracts (unit)	金　额 (万美元) Contract Value (USD 10 000)	合　同 (份) Nunber of Contracts (unit)	金　额 (万美元) Contract Value (USD 10 000)
总　计	**Total**	**9823**	**25306990**	**9783**	**26451360**
一、中央企业	**Enterprises Managed by the Central Government**	**2209**	**12489112**	**2105**	**12045880**
二、地方企业	**Provincial Enterprises**	**7614**	**12817879**	**7678**	**14405481**
北　京	Beijing	299	1011412	228	1458947
天　津	Tianjin	255	796068	182	715139
河　北	Hebei	116	380424	97	305512
山　西	Shanxi	33	160009	69	224433
内蒙古	Inner Mongolia			3	14652
辽　宁	Liaoning	126	141230	174	158561
吉　林	Jilin	7	139692	18	153415
黑龙江	Heilongjiang	93	90443	136	135237
上　海	Shanghai	1806	915506	1058	1464997
江　苏	Jiangsu	478	429393	447	842909
浙　江	Zhejiang	1634	457193	1908	490474
安　徽	Anhui	111	545602	108	395014
福　建	Fujian	35	119268	65	57217
江　西	Jiangxi	180	466551	205	376278
山　东	Shandong	197	894464	172	857725
河　南	Henan	273	487774	304	659722
湖　北	Hubei	405	1752240	625	1646722
湖　南	Hunan	104	202521	156	241468
广　东	Guangdong	859	1979411	961	1771343
广　西	Guangxi	22	75534	42	61910
海　南	Hainan				
重　庆	Chongqing	54	36323	58	55699
四　川	Sichuan	107	729551	177	1413322
贵　州	Guizhou	31	98669	21	104415
云　南	Yunnan	22	90433	50	88261
西　藏	Xizang				
陕　西	Shaanxi	199	601349	211	504606
甘　肃	Gansu	39	57783	49	34482
青　海	Qinghai	2	359	20	3870
宁　夏	Ningxia	1	1127		220
新　疆	Xinjiang	126	157548	134	168929

8-9 分地区对外承包工程营业额
Turnover of Foreign Engineering Projects by Region

单位：万美元
Unit: USD 10 000

地　区	Region	2020	2021	2022	2023
总　计	**Total**	**15593516**	**15494331**	**15499166**	**16091443**
一、中央企业	**Enterprises Managed by the Central Government**	**5976236**	**5389085**	**5999183**	**6491916**
二、地方企业	**Provincial Enterprises**	**9617280**	**10105246**	**9499983**	**9599527**
北　京	Beijing	364794	368370	532290	523407
天　津	Tianjin	566535	594201	458776	509890
河　北	Hebei	277463	278331	303785	343270
山　西	Shanxi	128040	159885	156075	178013
内蒙古	Inner Mongolia	126		1764	235
辽　宁	Liaoning	113666	93444	138915	166529
吉　林	Jiling	28773	15885	5240	14206
黑龙江	Heilongjiang	143723	130044	107364	142616
上　海	Shanghai	967064	1037831	938476	856430
江　苏	Jiangsu	624428	595277	560200	615869
浙　江	Zhejiang	644118	792502	640004	693646
安　徽	Anhui	250222	238506	239225	273520
福　建	Fujian	128901	173681	116670	97596
江　西	Jiangxi	406373	412195	387001	378328
山　东	Shandong	942980	931382	900231	925336
河　南	Henan	335194	390817	344601	341388
湖　北	Hubei	641470	666973	693956	740168
湖　南	Hunan	225301	275998	176228	234711
广　东	Guangdong	1566539	1562286	1620215	1445662
广　西	Guangxi	27009	37389	35766	26070
海　南	Hainan				
重　庆	Chongqing	57223	42509	30883	39199
四　川	Sichuan	518056	646784	657716	585153
贵　州	Guizhou	97471	103770	80010	56504
云　南	Yunnan	97014	88608	70523	83064
西　藏	Xizang				
陕　西	Shaanxi	263417	239844	157185	145106
甘　肃	Gansu	28598	34015	34554	45268
青　海	Qinghai	17614	20050	1236	2081
宁　夏	Ningxia	8204	3632	4955	6237
新　疆	Xingjiang	146968	171036	106139	130023

8-10 分地区年末在境外从事承包工程人数
Personnel Abroad for Foreign Engineering Projects by Region at the Year-end

单位：人
Unit: person

地 区	Region	2020	2021	2022	2023
总 计	**Total**	**273434**	**258411**	**216761**	**194746**
一、中央企业	**Enterprises Managed by the Central Government**	**63139**	**51594**	**50312**	**44951**
二、地方企业	**Provincial Enterprises**	**210295**	**206817**	**166449**	**149795**
北 京	Beijing	9575	8738	8190	9308
天 津	Tianjin	12879	15553	6232	6945
河 北	Hebei	6455	8184	7087	7467
山 西	Shanxi	4314	4804	4726	2857
内蒙古	Inner Mongolia			5	18
辽 宁	Liaoning	3770	4102	3846	2191
吉 林	Jiling	987	566	330	284
黑龙江	Heilongjiang	1587	1976	2200	2468
上 海	Shanghai	11942	15514	13152	10349
江 苏	Jiangsu	19241	16669	14592	15205
浙 江	Zhejiang	17467	17542	19470	18844
安 徽	Anhui	7716	9852	5527	7815
福 建	Fujian	3021	3719	2547	2481
江 西	Jiangxi	3184	3703	3612	2475
山 东	Shandong	31177	23532	15233	14045
河 南	Henan	10251	10410	8883	8574
湖 北	Hubei	19228	19273	18038	16039
湖 南	Hunan	6532	6945	6554	4952
广 东	Guangdong	10542	10601	8617	3490
广 西	Guangxi	1482	986	592	449
海 南	Hainan				
重 庆	Chongqing	1027	932	605	512
四 川	Sichuan	10033	9156	3798	4367
贵 州	Guizhou	2388	1299	1370	1433
云 南	Yunnan	3590	1863	1897	1566
西 藏	Xizang	11	12	4	30
陕 西	Shaanxi	8496	7035	6018	3277
甘 肃	Gansu	1030	1171	1547	1506
青 海	Qinghai	515	516	562	78
宁 夏	Ningxia	190	141	105	99
新 疆	Xingjiang	1665	2023	1110	671

8-11 分地区年末在境外从事劳务合作人数
Personnel Abroad for Foreign Labour Services by Region at the Year-end

单位：人
Unit: person

地　　区	Region	2020	2021	2022	2023
总　　计	**Total**	**349752**	**333852**	**326556**	**346189**
一、中央企业	**Enterprises Managed by the Central Government**				
二、地方企业	**Provincial Enterprises**	**349752**	**333852**	**326556**	**346189**
北　京	Beijing	32813	34959	27511	29706
天　津	Tianjin	4224	4145	3466	3150
河　北	Hebei	1404	2251	3262	3722
山　西	Shanxi	68	43	88	86
内蒙古	Inner Mongolia	767	182	30	224
辽　宁	Liaoning	31992	27109	24002	24208
吉　林	Jiling	13871	11839	15271	19119
黑龙江	Heilongjiang	1479	863	680	496
上　海	Shanghai	17982	17468	15191	13438
江　苏	Jiangsu	30325	25346	29298	27707
浙　江	Zhejiang	3460	2999	2236	2205
安　徽	Anhui	4675	3732	2206	1921
福　建	Fujian	54012	56938	59390	61833
江　西	Jiangxi	933	730	708	700
山　东	Shandong	57985	47686	45575	45774
河　南	Henan	14862	16366	15883	18481
湖　北	Hubei	4696	4838	5632	6463
湖　南	Hunan	4019	6395	6731	9105
广　东	Guangdong	60035	59696	58453	65794
广　西	Guangxi	209	325	434	218
海　南	Hainan	6	97	86	89
重　庆	Chongqing	77	46	387	303
四　川	Sichuan	5879	6949	7637	8272
贵　州	Guizhou				
云　南	Yunnan	549	304	365	706
西　藏	Xizang				
陕　西	Shaanxi	2303	1207	893	1180
甘　肃	Gansu	1004	1264	1086	1051
青　海	Qinghai	5	12	33	97
宁　夏	Ningxia	118	63	22	19
新　疆	Xingjiang				122

旅 游

TOURISM

第9篇

9-1 国内旅游情况
Domestic Tourism

年 份	国内出游人数（亿人次）Number of Domestic Tourists (100 million person-times)	城镇居民 Urban Residents	农村居民 Rural Residents	国内游客出游总花费（亿元）Total Travel Expenses of Domestic Tourists (100 million yuan)	城镇居民 Urban Residents	农村居民 Rural Residents	人均花费（元）Per Capita Expenditure (yuan)	城镇居民 Urban Residents	农村居民 Rural Residents
1994	5.24	2.05	3.19	1023.5	848.2	175.3	195.3	414.7	54.9
1995	6.29	2.46	3.83	1375.7	1140.1	235.6	218.7	464.0	61.5
1996	6.39	2.56	3.83	1638.4	1368.4	270.0	256.2	534.1	70.5
1997	6.44	2.59	3.85	2112.7	1551.8	560.9	328.1	599.8	145.7
1998	6.94	2.50	4.45	2391.2	1515.1	876.1	345.0	607.0	197.0
1999	7.19	2.84	4.35	2831.9	1748.2	1083.7	394.0	614.8	249.5
2000	7.44	3.29	4.15	3175.5	2235.3	940.3	426.6	678.6	226.6
2001	7.84	3.75	4.09	3522.4	2651.7	870.7	449.5	708.3	212.7
2002	8.78	3.85	4.93	3878.4	2848.1	1030.3	441.8	739.7	209.1
2003	8.70	3.51	5.19	3442.3	2404.1	1038.2	395.7	684.9	200.0
2004	11.02	4.59	6.43	4710.7	3359.0	1351.7	427.5	731.8	210.2
2005	12.12	4.96	7.16	5285.9	3656.1	1629.7	436.1	737.1	227.6
2006	13.94	5.76	8.18	6229.7	4414.7	1815.0	446.9	766.4	221.9
2007	16.10	6.12	9.98	7770.6	5550.4	2220.2	482.6	906.9	222.5
2008	17.12	7.03	10.09	8749.3	5971.7	2777.6	511.0	849.4	275.3
2009	19.02	9.03	9.99	10183.7	7233.8	2949.9	535.4	801.1	295.3
2010	21.03	10.65	10.38	12579.8	9403.8	3176.0	598.2	883.0	306.0
2011	26.41	16.87	9.54	19305.4	14808.6	4496.8	731.0	877.8	471.4
2012	29.57	19.33	10.24	22706.2	17678.0	5028.2	767.9	914.5	491.0
2013	32.62	21.86	10.76	26276.1	20692.6	5583.5	805.5	946.6	518.9
2014	36.11	24.83	11.28	30311.9	24219.8	6092.1	839.7	975.4	540.2
2015	39.90	28.02	11.88	34195.1	27610.9	6584.2	857.0	985.5	554.2
2016	44.35	31.95	12.40	39389.8	32241.9	7147.9	888.2	1009.1	576.4
2017	50.01	36.77	13.24	45660.8	37673.0	7987.7	913.0	1024.6	603.3
2018	55.39	41.19	14.20	51278.3	42590.0	8688.3	925.8	1034.0	611.9
2019	60.06	44.71	15.35	57250.9	47509.0	9741.9	953.3	1062.6	634.7
2020	28.79	20.65	8.14	22286.3	17966.5	4319.8	774.1	870.3	530.5
2021	32.46	23.42	9.04	29190.7	23644.2	5546.6	899.3	1009.6	613.6
2022	25.30	19.28	6.01	20444.0	16881.3	3562.7	808.1	875.6	592.8
2023	48.91	37.58	11.33	49133.1	41780.5	7352.6	1004.6	1111.8	649.0

9-2 历年入境游客
Visitor Arrivals

单位：万人次
Unit: 10 000 person-times

年份 Year	合计 Total	#入境过夜游客 Overnight Tourists	外国人 Foreigners	港澳台同胞* Compatriot*	#台湾同胞 Taiwan Province
1978	180.92	71.60	22.96	156.15	
1979	420.39	152.90	36.24	382.06	
1980	570.25	350.00	52.91	513.90	
1981	776.71	376.70	67.52	705.31	
1982	792.43	392.40	76.45	711.70	
1983	947.70	379.10	87.25	856.41	
1984	1285.22	514.10	113.43	1167.04	
1985	1783.31	713.30	137.05	1637.78	
1986	2281.95	900.10	148.23	2126.90	
1987	2690.23	1076.00	172.78	2508.74	
1988	3169.48	1236.10	184.22	2977.33	43.77
1989	2450.14	936.10	146.10	2297.19	54.10
1990	2746.18	1048.40	174.73	2562.34	94.80
1991	3334.98	1246.40	271.01	3050.62	94.66
1992	3811.49	1651.20	400.64	3394.34	131.78
1993	4152.69	1898.20	465.59	3670.49	152.70
1994	4368.45	2107.00	518.21	3838.72	139.02
1995	4638.65	2003.40	588.67	4038.40	153.23
1996	5112.75	2276.50	674.43	4422.86	173.39
1997	5758.79	2377.00	742.80	5006.09	211.76
1998	6347.84	2507.29	710.77	5625.00	217.46
1999	7279.56	2704.66	843.23	6425.52	258.46
2000	8344.39	3122.88	1016.04	7320.80	310.86
2001	8901.29	3316.67	1122.64	7778.65	344.20
2002	9790.83	3680.26	1343.95	8446.88	366.06
2003	9166.21	3297.05	1140.29	8025.92	273.19
2004	10903.82	4176.14	1693.25	9210.57	368.53
2005	12029.23	4680.90	2025.51	10003.71	410.92
2006	12494.21	4991.34	2221.03	10273.19	441.35
2007	13187.33	5471.98	2610.97	10576.36	462.79
2008	13002.74	5304.92	2432.53	10570.21	438.56
2009	12647.59	5087.52	2193.75	10453.84	448.40
2010	13376.22	5566.45	2612.69	10763.53	514.06
2011	13542.35	5758.07	2711.20	10831.15	526.30
2012	13240.53	5772.49	2719.16	10521.37	534.02
2013	12907.78	5568.59	2629.03	10278.75	516.25
2014	12849.83	5562.20	2636.08	10213.75	536.59
2015	13382.04	5688.57	2598.54	10783.50	549.86
2016	13844.38	5926.73	2815.12	11029.26	573.00
2017	13948.24	6073.84	2916.53	11031.71	587.13
2018	14119.83	6289.57	3054.29	11065.53	613.61
2019	14530.78	6572.52	3188.34	11342.43	613.42
2020					
2021					
2022					
2023	8202.54	3431.05	1378.38	6824.15	197.10

注：港澳台同胞来自香港特别行政区、澳门特别行政区和台湾省(下同)。
Note: Compatriot From Hong Kong, Macao and Taiwan Province.(next the same)

9-3 历年入境游客增长速度
Growth Rates of Visitor Arrivals

单位：%
unit: %

年 份 Year	合 计 Total	#入境过夜游客 Overnight Tourists	外国人 Foreigners	港澳台同胞 Compatriot	#台湾同胞 Taiwan Province
1979	132.4	113.5	57.8	144.7	
1980	35.6	128.9	46.0	34.5	
1981	36.2	7.6	27.6	37.2	
1982	2.0	4.2	13.2	0.9	
1983	19.6	-3.4	14.1	20.3	
1984	35.6	35.6	30.0	36.3	
1985	38.8	38.7	20.8	40.3	
1986	28.0	26.2	8.2	29.9	
1987	17.9	19.5	16.6	18.0	
1988	17.8	14.9	6.6	18.7	
1989	-22.7	-24.3	-20.7	-22.8	23.6
1990	12.1	12.0	19.6	11.5	75.2
1991	21.4	18.9	55.1	19.1	-0.1
1992	14.3	32.5	47.8	11.3	39.2
1993	9.0	15.0	16.2	8.1	15.9
1994	5.2	11.0	11.3	4.6	-9.0
1995	6.2	-4.9	13.6	5.2	10.2
1996	10.2	13.6	14.6	9.5	13.2
1997	12.6	4.4	10.1	13.2	22.1
1998	10.2	5.5	-4.3	12.4	2.7
1999	14.7	7.9	18.6	14.2	18.9
2000	14.6	15.5	20.5	13.9	20.3
2001	6.7	6.2	10.5	6.3	10.7
2002	10.0	11.0	19.7	8.6	6.4
2003	-6.4	-10.4	-15.2	-5.0	-25.4
2004	19.0	26.7	48.5	14.8	34.9
2005	10.3	12.1	19.6	8.6	11.5
2006	3.9	6.6	9.7	2.7	7.4
2007	5.5	9.6	17.6	3.0	4.9
2008	-1.4	-3.1	-6.8	-0.1	-5.2
2009	-2.7	-4.1	-9.8	-1.1	2.2
2010	5.8	9.4	19.1	3.0	14.6
2011	1.2	3.4	3.8	0.6	2.4
2012	-2.2	0.3	0.3	-2.9	1.5
2013	-2.5	-3.5	-3.3	-2.3	-3.3
2014	-0.5	-0.1	0.3	-0.6	3.9
2015	4.1	2.3	-1.4	5.6	2.5
2016	3.5	4.2	8.3	2.3	4.2
2017	0.8	2.5	3.6	0.0	2.5
2018	1.2	3.6	4.7	0.3	4.5
2019	2.9	4.5	4.4	2.5	0.0

9-4 历年入境过夜游客和入境游客总花费

Total Expenses of Inbound Tourists and Overnight Tourists

年份 Year	入境过夜游客 (万人次) Overnight Tourists (10 000 person-times)	入境过夜游客 增速(%) Growth Rate (%)	入境游客总花费 合计(亿美元) Total Expenses of Inbound Tourists (100 Million USD)	入境游客总 花费增速(%) Growth Rate (%)
1978	71.60		2.63	
1979	152.90	113.5	4.49	70.7
1980	350.00	128.9	6.17	37.4
1981	376.70	7.6	7.85	27.2
1982	392.40	4.2	8.43	7.4
1983	379.10	-3.4	9.41	11.6
1984	514.10	35.6	11.31	20.2
1985	713.30	38.7	12.50	10.5
1986	900.10	26.2	15.31	22.5
1987	1076.00	19.5	18.62	21.6
1988	1236.10	14.9	22.47	20.7
1989	936.10	-24.3	18.60	-17.2
1990	1048.40	12.0	22.18	19.2
1991	1246.40	18.9	28.45	28.3
1992	1651.20	32.5	39.47	38.7
1993	1898.20	15.0	46.83	18.6
1994	2107.00	11.0	73.23	56.4
1995	2003.40	-4.9	87.33	19.3
1996	2276.50	13.6	102.00	16.8
1997	2377.00	4.4	120.74	18.4
1998	2507.29	5.5	126.02	4.4
1999	2704.66	7.9	140.99	11.9
2000	3122.88	15.5	162.24	15.1
2001	3316.67	6.2	177.92	9.7
2002	3680.26	11.0	203.85	14.6
2003	3297.05	-10.4	174.06	-14.6
2004	4176.14	26.7	257.39	47.9
2005	4680.90	12.1	292.96	13.8
2006	4991.34	6.6	339.49	15.9
2007	5471.98	9.6	419.19	23.5
2008	5304.92	-3.1	408.43	-2.6
2009	5087.52	-4.1	396.75	-2.9
2010	5566.45	9.4	458.14	15.5
2011	5758.07	3.4	484.64	5.8
2012	5772.49	0.3	500.28	3.2
2013	5568.59	-3.5	516.64	3.3
2014	5562.20	-0.1	569.13	10.2
2015	5688.57	2.3	1136.50	7.8
2016	5926.73	4.2	1200.00	5.6
2017	6073.84	2.5	1234.17	2.8
2018	6289.57	3.6	1271.03	3.0
2019	6572.52	4.5	1312.54	3.3
2020				
2021				
2022				
2023	3431.05		529.60	

注：2015年起"入境游客总花费"补充完善了停留时间为3-12个月的入境游客花费和游客在华短期旅居的花费，与以前年度不可比（下同）。

Note: Since 2015, Total Expenses of Inbound Tourists has supplemented and improved the cost of inbound tourists and short-term tourists for the term of 3-12 months in China, so it is not comparable with the previous year(The same applies in the following tables).

9-5 入境外国游客分组构成

Number of Overseas Visitor Arrivals by Gender, Age, Purpose and Mode of Transport

单位：万人次
Unit: 10 000 person-times

项　　目	Item	2018 人次数 person-times	2018 比 重 Percentage (%)	2019 人次数 person-times	2019 比 重 Percentage (%)
总　　计	**Total**	**4795.11**	**100.0**	**4911.36**	**100.0**
按性别分	**By Gender**				
男	Male	2859.71	59.6	2881.29	58.7
女	Female	1935.39	40.4	2030.07	41.3
按年龄分	**By Age**				
14岁及以下	14 and Under	161.18	3.4	184.92	3.8
15～24岁	15～24	656.71	13.7	686.20	14.0
25～44岁	25～44	2394.69	49.9	2439.71	49.7
45～64岁	46～64	1363.24	28.4	1365.75	27.8
65岁以上	65 and Over	219.28	4.6	234.77	4.8
按事由分	**By Purpose**				
会议/商务	Meeting/Business	614.70	12.8	628.47	12.8
观光/休闲	Sightseeing/Leisure	1608.57	33.5	1740.31	35.4
探亲/访友	Visiting Relatives and Friends	132.24	2.8	143.17	2.9
服务员工	Work and Crew	744.86	15.5	714.01	14.5
其他	Others	1694.74	35.3	1685.40	34.3
按入境方式分	**By Mode Of Transport**				
船舶	Sea	276.26	5.8	260.67	5.3
飞机	Air	1827.17	38.1	1912.14	38.9
火车	Rail	51.72	1.1	68.96	1.4
汽车	Motor	790.17	16.5	756.44	15.4
徒步	Foot	1849.78	38.6	1913.15	39.0

注：2016年起含边民来华旅游人数。
Note:since 2016,including international arrivals from the border areas to china.

9-6 入境游客总花费及构成

Total Expenses of Inbound Tourists and Composition

单位：亿美元

Unit: 100 million USD

指　标	Item	2016	2017	2018	2019
总　计	**Total**	**1200.00**	**1234.17**	**1271.03**	**1312.54**
一、商品收入	**Commodities**	**305.70**	**333.02**	**470.16**	**463.38**
1.商品销售	Shopping	209.50	229.95	327.61	302.97
2.餐饮	Food and Beverage	96.20	103.07	142.55	160.41
二、劳务收入	**Services**	**894.30**	**901.15**	**800.85**	**849.16**
1.长途交通	Long Distance Transportation	446.50	449.46	366.31	401.91
民航	Civil Aviation	290.60	304.87	333.53	369.02
铁路	Railway	53.20	49.52	13.52	14.10
汽车	Highway	31.60	29.43	13.72	15.93
轮船	Waterway	71.00	65.65	5.54	2.85
2.游览	Sightseeing	67.10	65.04	53.71	58.66
3.住宿	Accommodation	116.30	122.08	181.09	200.49
4.娱乐	Entertainment	77.10	74.16	45.82	44.21
5.邮电通讯	Postal and Communication Services	28.90	27.57	11.62	7.47
6.市内交通	Local Transportation	40.40	39.20	27.76	34.53
7.其他服务	Others Service	118.00	123.64	114.54	101.89

附　录

APPENDIX

附录Ⅰ　简要说明和主要统计指标解释

一、国内贸易部分

（一）主要内容

这一部分主要反映中国国内消费品市场、批发和零售业、住宿和餐饮业的发展变化情况。主要内容包括限额以上批发和零售业的基本情况、商品流转情况和财务状况，限额以上住宿和餐饮业的基本情况、经营情况和财务状况，社会消费品零售总额，商品交易市场成交情况，连锁零售业、餐饮业经营情况等。

（二）统计范围

1．批发和零售业、住宿和餐饮业：限额以上批发和零售业、住宿和餐饮业法人企业和个体户。统计限额标准为：批发业，年主营业务收入2000万元及以上；零售业，年主营业务收入500万元及以上；住宿和餐饮业，年主营业务收入200万元及以上。

2．社会消费品零售总额：从事商品零售活动或提供餐饮服务的法人企业、产业活动单位和个体户。

3．商品交易市场：年商品成交额在亿元及以上的商品交易市场。

4．连锁经营情况：零售业连锁总店（总部）、餐饮业连锁总店（总部）。

（三）资料来源

国家统计局贸易外经司根据《批发和零售业统计报表制度》、《住宿和餐饮业统计报表制度》进行搜集和加工整理而得。

（四）统计调查方法

限额以上批发和零售业、住宿和餐饮业单位（包括法人企业、产业活动单位和个体户，下同）、商品交易市场以及连锁总店（总部）采用全面调查方法，限额以下批发和零售业、住宿和餐饮业单位采用抽样调查方法。

（五）主要指标解释

1. 批发和零售业

批发业　指向其他批发或零售单位（含个体经营者）及其他企事业单位、机关团体等批量销售生活用品、生产资料的活动，以及从事进出口贸易和贸易经纪与代理的活动，包括拥有货物所有权，并以本单位(公司）的名义进行交易活动,也包括不拥有货物的所有权，收取佣金的商品代理、商品代售活动；本类还包括各类商品批发市场中固定摊位的批发活动，以及以销售为目的的收购活动。

零售业　指百货商店、超级市场、专门零售商店、品牌专卖店、售货摊等主要面向最终消费者（如居民等）的销售活动，以互联网、邮政、电话、售货机等方式的销售活动，还包括在同一地点，后面加工生产，前面销售的店铺（如面包房）；谷物、种子、饲料、牲畜、矿产品、生产用原料、化工原料、农用化工产品、机械设备（乘用车、计算机及通信设备除外）等生产资料的销售不作为零售活动；多数零售商对其销售的货物拥有所有权，但有些则是充当委托人的代理人，进行委托销售或以收取佣金的方式进行销售；零售业按销售渠道分为有店铺零售和无店铺零售，其中有店铺零售分为综合零售和专门零售。

商品购进额　指从本企业以外的单位和个人购进（包括从国外直接进口）作为转卖或加工后转卖的商品金额（含增值税）。本指标反映批发和零售业从国内外市场上购进商品的总价。

商品购进包括：（1）从工农业生产者、批发和零售业、住宿和餐饮业、出版社或报社的出版发行部门和其他服务业等企事业单位和个体经营户购进的商品；（2）从机关、社会团体购进的商品；（3）从海关、市场管理部门购进的缉私和没收的商品；（4）从居民收购的废旧商品等。

不包括：（1）企业为本单位自身经营用，不是作为转卖而购进的商品，如材料物资、包装物、低值易耗品、办公用品等；（2）未通过买卖行为而收入的商品，如接受其他部门移交的商品、借入的商品、收入代其他单位保管的商品、其他单位赠送的样品、加工回收的成品等；（3）经本单位介绍，由买卖双方直接结算，本单位只收取手续费的业务；（4）销售退回和买方拒付货款的商品；（5）商品溢余；（6）期货交易商品。

商品销售额 指对本单位以外的单位和个人出售的商品金额（含增值税），以及出售给本单位且开具增值税发票的商品金额。

商品销售包括：（1）售给个人和社会集团消费用的商品；（2）售给农业、工业、建筑业、服务业等国民经济各行业用于生产、经营用的商品，包括售予批发和零售业作为转卖或加工后转卖的商品；（3）对国（境）外直接出口的商品。

商品销售不包括：（1）未通过买卖行为付出的商品，如因机构变动移交给其他企业单位的商品、借出的商品、归还受其他单位委托代保管的商品、付出的加工原料和赠送给其他单位的样品等；（2）促销返券所销售的、不计入营业收入的商品；（3）经本单位介绍，由买卖双方直接结算，本单位只收取手续费的业务；（4）未发生所有权转移的商品预付卡销售，如加油卡；（5）汽车维修、电话卡销售等服务性经济活动；（6）购货退回的商品；（7）商品损耗和损失；（8）出售本单位自用的废旧物资；（9）期货交易商品；（10）自来水供应企业、电力企业、天然气供应企业提供的水、电、气。

期末商品库存额 对于批发和零售业法人单位和个体经营户，是指报告期末取得所有权的全部商品金额（含增值税）；对于批发和零售业产业活动单位，是指报告期末实际在库且归属法人具有所有权的全部商品金额（含增值税）。这个指标反映批发和零售业的商品库存情况，以及对市场商品供应的保证程度。

库存商品包括：（1）存放在本单位（如门市部、批发站、采购站、经营处）的仓库、货场、货柜和货架中的商品；（2）挑选、整理、包装中的商品；（3）已记入购进而尚未运到本单位的商品，即发货单或银行承兑凭证已到而货未到的商品；（4）寄放他处的商品，如因购货方拒绝付款而暂时存在购货方的商品；（5）委托其他单位代销（未作销售或调出）尚未售出的商品；（6）代其他单位购进尚未交付的商品。

库存商品不包括：（1）所有权不属于本单位的商品，如商品已作销售但买方尚未取走的商品，代替他人保管、运输、加工的商品，代其他单位销售（未做购进或调入）而未售出的商品；（2）委托外单位加工的商品（包括本单位所属加工厂和其他生产单位加工生产尚未收回成品的商品）；（3）外贸企业代理其他单位从国外进口，尚未付给订货单位的商品；（4）代国家储备部门保管的商品。

2. 住宿和餐饮业

住宿业 指为旅行者提供短期留宿场所的活动，有些单位只提供住宿，也有些单位提供住宿、饮食、商务、娱乐一体的服务，本类不包括主要按月或按年长期出租房屋住所的活动。

餐饮业 指通过即时制作加工、商业销售和服务性劳动等，向消费者提供食品和消费场所及设施的服务。

营业额 指本单位在经营活动中因提供服务或销售商品等取得的全部收入（含增值税），收入主要来源于提供客房、餐费服务、商品销售和其他服务，如商务服务。不包括多产业法人企业附营的其他行业产业活动单位的餐费收入、商品销售收入等各项收入。

客房收入 指本单位在经营活动中因提供住宿服务取得的收入（含增值税）。不包括多产业法人企业附营的其他行业产业活动单位的客房收入。

餐费收入　指本单位为顾客提供就餐服务取得的收入（含增值税）。包括：经烹饪、调制加工后出售的各种食品，如主食、炒菜、凉拌菜等的收入。不包括多产业法人企业附营的其他行业产业活动单位的餐费收入。

3．商品交易市场

商品交易市场　指经有关部门和组织批准设立，有固定场所、设施，有经营管理部门和监管人员，若干市场经营者入内，常年或实际开业三个月以上，集中、公开、独立地进行生活消费品、生产资料等现货商品交易以及提供相关服务的交易场所，包括各类消费品市场、生产资料市场等。

商品交易市场成交额　指市场内所有摊位、写字间或门面的全年商品交易额之合计。

4．连锁经营

连锁总店（总部）　负责连锁企业资源（商号、商誉、经营模式、服务标准、管理模式等）的开发、配置、控制或使用等功能的企业核心管理机构。连锁经营是指经营同类商品或服务，使用统一商号的若干店铺，在同一总店（总部）的管理下，采取统一采购或特许经营等方式,实现规模效益的组织形式，包括直营连锁、特许连锁和自愿连锁三种形式。

直营连锁　指连锁店铺由连锁公司全资或控股开设，在总部的直接控制下，开展统一经营的连锁经营形式。

特许连锁　指拥有注册商标、企业标志、专利、专有技术等经营资源的企业（特许人），以合同形式将其拥有的经营资源许可其他经营者（被特许人）使用，被特许人按合同约定在统一的经营模式下开展经营，并向特许人支付特许经营费用的连锁经营形式。

自愿连锁　指若干个店铺或企业自愿组合起来，在不改变各自资产所有权关系的情况下，以同一个品牌形象面对消费者，以共同进货为纽带开展的连锁经营形式。

5．社会消费品零售总额

社会消费品零售总额　指企业（单位、个体户）通过交易直接售给个人、社会集团非生产、非经营用的实物商品金额，以及提供餐饮服务所取得的收入金额。个人包括城乡居民和入境人员，社会集团包括机关、社会团体、部队、学校、企事业单位、居委会或村委会等。

网上零售额　指通过公共网络交易平台（包括自建网站和第三方平台）实现的商品和服务零售额之和。商品和服务包括实物商品和非实物商品（如虚拟商品、服务类商品等）。

二、对外经济贸易和旅游部分

（一）货物贸易

1．主要内容：包括进出口货物的品种、数(重）量、金额、国别（地区）、收发货人所在地、境内目的地、境内货源地、贸易方式等项目。

2．统计范围：货物贸易统计范围是按照联合国国际商品（货物）贸易统计原则制定的，即凡是引起中华人民共和国关境内物质资源存量增加或减少的进出口货物（除制度另有规定者外）均列入该项统计。

3．资料来源：货物贸易统计资料来源于海关总署，调查方法是全面调查，统计原始资料是海关确认的《中华人民共和国海关进口货物报关单》、《中华人民共和国海关出口货物报关单》以及其他申报单证。

4．商品分类：进出口商品目录是在海关合作理事会（世界海关组织 WCO）制定的《商品名称和编码协调制度》（HS）的基础上，结合我国进出口实际情况制定的。历年出口商品分类金额和历年进口商品分类金额按照联合国《国际贸易标准分类》（SITC）进行统计。

5．货物进出口国家（地区）：进口货物统计原产国（地区），出口货物统计最终目的地国（地区）。

原产国（地区）是指进口货物生产、开采或加工制造的国家（地区），对经过两个以上国家（地区）加工制造的进口货物，则以最后一个对货物进行经济上可以视为实质性加工的国家（地区）作为该货物的原产国，原产国确实不详时，按“国别不详”统计；最终目的地国（地区）是指出口货物已知的消费、使用或进一步加工制造国家（地区），包括直接使用或进行加工的国家（地区），最终目的地国（地区）不能确定时，按货物出口时尽可能预知的最后运往国（地区）统计。

6．主要指标解释

货物进出口总额　指实际进出我国关境并改变我国境内物质存量的货物总金额，包括一般贸易进出口货物、加工贸易进出口货物、海关特殊监管区域、保税监管场所或经济特区进出境的货物、租赁期一年及以上的租赁贸易货物、外商投资企业进出口的货物、国际间无偿援助的物资以及捐赠品、免税品、边民互市进出口货物、低值快速货物以及以邮报或快件方式向海关申报的跨境电商包裹等，不包括过境货物、暂时进出境货物、进出境展览品、租赁期一年以下的租赁进出境货物、进出境货币及货币用金、进出境旅客的自用物品（汽车除外）、进出境运输工具在境外添装的燃料、物料和食品等。我国规定出口货物按离岸价格统计，进口货物按到岸价格统计，同时按照人民币和美元计价。

商品收发货人所在地进、出口额　指在所在地海关注册登记的有进出口经营权的企业实际进、出口额。

商品境内目的地/货源地进、出口额　指按进口货物的消费、使用或最终抵运地以及按出口货物的产地或原始发货地汇总的进、出口额。

（二）服务进出口

1．**主要内容**：包括服务提供者从中国关境内向其他国家或地区的服务消费者提供的服务，即服务出口；以及境外服务提供者从其他国家或地区向中国关境内的服务消费者提供的服务即服务进口。

2．**资料来源**：资料来源于商务部。

3．主要指标解释

服务进出口　指常住单位与非常住单位之间相互提供的服务。包括运输，旅行，建筑，保险服务，金融服务，电信计算机和信息服务，知识产权使用费，个人、文化和娱乐服务，维护和维修服务，加工服务，其他商业服务，政府服务。

（三）利用外资

1．**主要内容**：包括外商直接投资新设企业数和实际利用外资金额。

2．**统计范围**：在中华人民共和国境内设立的外商投资企业和合作开发项目（包括港澳台地区投资企业）。

3．**资料来源**：外商直接投资统计资料来源于商务部，调查方法是全面调查。利用外资统计 1985 年及以前为政府统计部门的调查汇总数，1986 年及以后全部来源于商务部（2003 年以前为对外贸易经济合作部）。

4．主要指标解释

外商投资　指国外及港澳台地区的法人和自然人在中国大陆地区以现金、实物、无形资产、股权等方式进行投资。其中外商直接投资是指国外及港澳台地区投资者在非上市公司中的全部投资及在单个外国投资者所占股权比例不低于 10%的上市公司中的投资。

批准企业（项目）个数　指外商直接投资管理部门批准设立的外商投资企业个数、批准的合作开发项目个数。

利用外资的国家（地区）　指外资来源或投资者的法人注册地所在的国家和地区。除政府贷款按贷款国家名称统计外，其它方式吸收的外资按外国公司、企业或其它经济组织归属法人的注册地所在国家（地区）统计。

实际使用外资金额　指合同外资金额的实际执行数，包括境外投资者实际缴付的注册资本、营运资金，以及受让境内投资者股权实际支付的交易对价。

（四）对外投资和经济合作

1．**主要内容**：包括对外直接投资、对外承包工程的合同数、合同金额、完成营业额，按国别、地区分的对外经济合作完成营业额和对外劳务合作派出劳务人数、期末在外人数等。

2．**统计范围**：境内投资者通过直接投资方式在境外拥有或控制10%或以上股权、投票权或其他等价利益的各类公司型和非公司型的境外直接投资企业。经各级商务主管部门批准的从事对外承包和劳务合作业务并具有法人地位的对外承包劳务企业或单位。

3．**资料来源**：对外投资和经济合作统计资料来源于商务部，调查方法是全面调查。需要说明的是，自2009年起，对外承包工程涵盖了对外设计咨询业务，对外设计咨询不再单独列出。

4．**主要指标解释**

对外直接投资　指境内投资者以控制国（境）外企业的经营管理权为核心的经济活动，体现在一经济体通过投资于另一经济体而实现其持久利益的目标。

对外承包工程　根据《对外承包工程管理条例》，对外承包工程是指中国的企业或者其他单位承包境外建设工程项目的活动。

对外劳务合作　指组织劳务人员赴其他国家或地区为国外的企业或机构工作的经营性活动。

完成营业额　指企业在报告期内完成的以货币形式表现的工作量。

派出人数　指企业在报告期内派往国（境）外执行对外承包工程和劳务合作项目的人数。

（五）旅游

1．**主要内容**：包括旅行社、星级饭店基本情况，入境、出境旅游人数、国内居民旅游人数，以及国际、国内旅游收入等。

2．**统计范围**：旅行社、星级饭店和游客。

3．**资料来源**：旅游业有关资料主要根据公安部、文化和旅游部的资料编制而成。旅游数据中的国际、国内旅游收入和国内出游人数等指标采取抽样调查方法，其余数据均为全面调查统计取得。

4．**指标解释**

游客　指任何为休闲、娱乐、观光、度假、探亲访友、就医疗养、购物、参加会议或从事经济、文化、体育、宗教活动，离开常住国（或常住地）到其他国家（或地方），其连续停留时间不超过12个月，并且在其他国家（或其他地方）的主要目的不是通过所从事的活动获取报酬的人。游客不包括因工作或学习在两地有规律往返的人，按出游时间分为旅游者（过夜游客）和一日游游客（不过夜游客）。

入境游客　指报告期内来中国（大陆）观光、度假、探亲访友、就医疗养、购物、参加会议或从事经济、文化、体育、宗教活动的外国人、港澳台同胞等游客（即入境旅游人数）。统计时，入境游客按每入境一次统计1人次。入境旅游人数包括入境（过夜）游客和入境一日游游客。

国内游客　指报告期内在中国（大陆）观光游览、度假、探亲访友、就医疗养、购物、参加会议或从事经济、文化、体育、宗教活动的中国（大陆）居民，其出游的目的不是通过所从事的活动谋取报酬。统计时，国内游客按每出游一次统计1人次。

出境人数（出境游客）　指中国（大陆）公民因公或因私出境前往其他国家、中国香港特别行政区、澳门特别行政区和台湾省观光、度假、探亲访友、就医疗养、购物、参加会议或从事经济、文化、体育、宗教活动的人数（即出境游客）。统计时，出境游客按每出境一次统计1人次。

旅游收入　指游客（入境游客和国内游客）在旅游过程中（由游客或游客的代表为游客）支付的一切旅游支出。旅游支出应包括（过夜）旅游者和一日游游客在整个游程中行、游、住、食、购、娱，以及为亲友、家人购买纪念品、礼品等方面的旅游支出，不包括为商业目的购物、购买房、地、车、船等资本性或交易性的投资、馈赠亲友的现金及给公共机构的捐赠。旅游收入包括国际旅游收入和国内旅游收入。

（1）国际旅游收入指入境旅游者在中国（大陆）境内旅行、游览过程中用于交通、参观游览、住宿、餐饮、购物、娱乐等全部花费。

（2）国内旅游收入指国内旅游者在国内旅行、游览过程中用于交通、参观游览、住宿、餐饮、购物、娱乐等全部花费。

（六）其他

1．**国际收支平衡表**：由国家外汇管理局依据国际货币基金组织编写的《国际收支和国际投资头寸手册》（第六版）编制。

2．**历年人民币对美元、日元、港币的年平均汇价**：资料来源于国家外汇管理局。

3．**黄金和国家外汇储备**：资料来源于国家外汇管理局。

APPENDIX I　Brief Introduction and Explanatory Notes on Main Statistical Indicators

Domestic Trade

I　Main Content

Data reflect the development and change of China's domestic consumer goods market, wholesale and retail trades, hotels and catering services. Main contents include basic condition, circulation of commodities and financial status of wholesale and retail trades above designated size; basic condition, business and financial status of hotels and catering services above designated size; total retail sales of consumer goods; turnover of huge commodity exchange markets; development of chain stores of retail trades and catering service, etc.

II　Coverage of Statistics

1. Wholesale and retail trades, hotels and catering services: corporation enterprises, establishments and self-employed individuals of wholesale and retail trades, hotels and catering services above the designated size.

The designated size of wholesale and retail trades, hotels and catering services is defined as follows: wholesale trade, with annual revenue from principal business over 20 million yuan(including 20 million yuan); retail trade, with annual revenue from principle business over 5 million yuan(including 5 million yuan); hotels and catering services, with annual revenue from principal business over 2 million yuan(including 2 million yuan).

2. Total retail sales of consumer goods: corporation enterprises, establishments and self-employed individuals engaged in commodity retail activities or providing catering services.

3. Commodity exchange markets: the commodity markets with an annual transaction over 100 million yuan (including 100 million yuan).

4. Chain stores: Chain stores of retail trades and catering services.

III　Sources of Data

Data are collected and processed in accordance with the statistical reporting scheme on wholesale and retail trades, hotels and catering services by the Department of Trade and External Economic Relations of the National Bureau of Statistics.

IV　Survey Methodology

Data of all enterprises of wholesale and retail trades, hotels and catering services above the designated size (Including corporation enterprises, establishments and self-employed individuals, the same below), commodity exchange markets and chain head stores (headquarter) are collected through comprehensive reporting systems. Data of enterprises below the designated size are according to sampling surveys.

V　Explanatory Notes on Main Statistical Indicators

1. Wholesale and Retail Trades

Wholesale Trade　refers to the activities of selling wholesale commodities for daily use and capital goods to enterprises of wholesale and retail trades (including self-employed individuals) and other enterprises, institutions and government organs and organizations, and the activities of engaging in import and export and acting as a trade agent. The wholesaler may have the ownership of commodities for wholesale and trade in the name of its own (a company), and the wholesaler can act as commission agent or commodity broker without the ownership of commodities. Also included are the wholesale activities at the fixed stalls in wholesale market and the acquisition for sales purpose.

Retail Trade refers to the activities of department store, supermarket, franchised store, brand store, retail stall and on-the-spot-making-selling store selling commodities to the final consumers (residents) by any means including internet, post, telephone, sales machine. It also includes shops with sales and production located in the same places (such as bakeries). Retail trade excludes the activities of sales of capital goods such as grain, seed, feed, livestock, mineral products, raw material for production, industrial chemicals, chemical products for agricultural use, machine and equipment (excluding vehicles, computers and communication equipment). Most retailers have the ownership of commodities to sell, but some are acting as agent or brokers to make transactions for a commission. According to the sales channels, retail trade can be divided into store retail and non-store retail, among which store retail is divided into comprehensive retail and special retail.

Total Purchases of Commodities refers to the total value of purchases of commodities by enterprises (establishments) from other establishments or individuals (including direct import from abroad) for the purpose of re-selling, either with or without further processing of the commodities purchased(including VAT).This indicator reflects the total value of goods purchased by the wholesale and retail industries from domestic and foreign markets.

The commodities include: (1) commodities purchased from agricultural and industrial producers, wholesaler, retailers, hotels and catering services publishing houses, other service business and individual operators; (2) commodities purchased from institutions and government departments; (3) smuggled or confiscated goods purchased from the customs authorities or market management agencies; (4) second-hand goods and wastes purchased from residents.

The commodities exclude: (1) commodities purchased by enterprises (establishments) for use in their own business operation, commodities obtained without buying or selling procedures such as materials, consumable goods of low value, office appliances, etc;(2) received goods without trading, such as goods handed over from others, borrowed goods, goods kept for others, donated goods from others, processed and retrieved goods, etc;(3)goods of direct settlement between buyer and seller with handling fees introduced by others; (4)goods returned or refused to pay by the buyer;(5)excessive goods.(6) commodities of futures trading.

Total Sales of Commodities refer to the value of commodities sold by the establishments to other establishments and individuals (including the value-added tax),and the value of commodities sold to the establishment themselves and invoicd for VAT.

The commodities include: (1) commodities sold to individuals and social groups for their consumption; (2) commodities sold to establishments in all industries for their production and operation, including agriculture, industry, construction, catering services, including commodities sold to wholesale and retail establishments for re-selling, with or without further processing; (3) commodities for direct export to abroad.

The commodities exclude: (1) extended commodities without trading, such as goods handed over to other enterprises and institutions because of the change of organizations, lent goods, returned goods kept for others, extended processing materials and samples donated to others; (2) goods sold by coupon rebates that are not included in business income; (3) goods of direct settlement between buyer and seller with handling fees introduced by others; (4) sales of prepaid cards for goods that have not undergone ownership transfer, such as fuel cards; (5) service economic activities such as vehicle maintenance and telephone card sales; (6) goods returned after purchase; (7) damaged and spoiled goods; (8) waste and used goods of self use; (9) commodities of futures trading; (10) water, electricity and gas provided by water supply enterprises, electric power companies and natural gas supply enterprises.

Total Stock of Commodities For the legal entities and self-employed individuals engaged in wholesale and retail trade, it refers to total value (including VAT) of commodities possessed at the end of the reference period; and for wholesale and retail establishments, it refers to the value (including VAT) of all commodities actually in stock and owned by their corporate units at the end of reference period. This indicator reflects the inventory of goods in the wholesale and retail industries, as well as the degree of assurance of the supply of goods in the market.

The stock commodities include: (1)commodities located in storage, garages, counters, and shelves of operating places (such as sale stores, wholesale centres, procurement stations and operating offices); (2) commodities in the process of being selected, sorted, and packed; (3) commodities not arrived but recorded as purchased in the account, i.e. commodities not arrived but payment receipts for the commodities from the sellers or the banks arrived; (4)commodities deposited in other places rather than places mentioned above, for instance: commodities in the hold of purchasers temporarily due to the refusal of payment; (5) commodities entrusted to other units to sell but not sold yet; (6) commodities purchased for other units but not delivered yet.

The commodities exclude: (1) commodities not owned by the enterprises (units), such as goods that have been sold but not taken by the buyer; commodities on commission for keeping, transporting, and processing; unsold commodities that sold for other units (not purchased or adjusted); (2) commodities processed by the commissioned external unit(including finished productions, processed by owned plants and other plants, that have not been delivered).(3) commodities purchased by agent of foreign trade enterprises that have not been delivered to the ordering unit; (4) commodities that are put in stock on behalf of the state material reserves units.

2. Hotel Services and Catering Services

Hotel Services refer to the short-term accommodation services provided to visitors. Some units may provide only accommodation while others provide a combination of accommodation, meals, business services and/or recreational facilities. It excludes activities related to the provision of long-term primary residences in facilities such as apartments typically leased on a monthly or annual basis.

Catering Services refer to the activities of providing foods, serving locations and facilities to customers through instant processing, commercial sales and service-type labor.

Business Revenue refers to the total revenue (including VAT) received from providing services or selling commodities through business activities.Revenue comes mainly from providing hotels and catering services, selling of commodities and other services, for example, business service. Excluded are the revenue from meals, merchandise sales and other items of establishments affiliated to the multi-industrial corporate enterprises.

Income from Hotels refers to the income (including VAT) from providing lodging services. Excluding the income of establishments affiliated to the multi-industrial operate enterprises.

Income from Catering Services refers to income (including VAT) from providing catering services. Including selling of cooked or prepared foods, such as staple food, cooked dishes, or cold dishes. Excluding the income of establishments affiliated to the multi-industrial operate enterprises.

3. Commodity Exchange Markets

The commodity Exchange Markets refers to the markets approved and managed by related departments, where there are fixed sites, facilities, managers and administration offices, where there are a certain number of traders to operate for three month and above or all the year, where the commodities including the articles for daily consumption and capital goods and services are traded in a centralized, independent and open way. Such market includes markets of daily goods and market of capital goods, etc.

Volume of Transaction in Commidity Trading Market refers to total annual commodity transaction volume of all stores and shops in the market.

4. Chain Stores

Chain Head Stores (Headquarters) refers to the core leading stores responsible for development, allocation, administration and unitization of resources (name of stores, brand of stores, operation model, service standard, management way, ect.) of chain stores. Chain stores refer to the stores engaged in providing homogeneous commodities or services, with the central leadership of the head stores(headquarters) and guided by common policies, conduct centralized purchase and distributed selling of commodities, in order to gain better efficiency through standardized operation. The chain stores include regular chain stores, franchise chain stores and voluntary chain stores.

Regular Chain Store refers to chain stores that are invested or controlled by the headquarters. They operate under direct and unified management from the headquarters.

Franchise Chain Store refers to the chain stores (franchisees) which are franchised with operation resources such as trade marks, names, patent and operation know-how by the franchisors in form of contract, and pay the operation fees to the franchisors.

Voluntary Chain Store refers to the stores operating jointly on the voluntary basis while maintaining their status of independent legal entities with full ownership of their assets. They sell goods of same brand from same channel of resources to the consumers.

5. Total Retail Sales of Consumer Goods

Total Retail Sales of Consumer Goods refers to the revenue of non-productive, non-operating physical goods sold to individuals and social groups directly through transaction or the income of catering services provided by corporation enterprises (establishments, getihus). Individuals include urban and rural residents and persons entering the country. Social groups include government agencies, social organizations, army, schools, enterprises and institutions, neighborhood or village committee, etc.

Online Retail Sales refer to the total retail sales of goods and services through public online trading platforms (including self-built websites and third-party platforms). Goods and services include physical goods and non-physical goods (such as virtual goods, service goods, etc.).

Foreign Trade, External Economic Transaction and Tourism

I. Trade in Goods

1.Data on Foreign Trade Include: varieties of imports and exports, amount (weight), value, countries (regions), consignee and shipper location, destination within territory, origin of goods within territory, mode of trade and so on.

2.The Scope of Trade in Goods Statistics: are designed according to United Nations' principles on international trade statistics, that is: all imports or exports that will lead to stock changes of material resources with the territory of People's Republic of China; excluding goods by escape clause.

3.Sources of Data on Trade in Goods: are from the General Administration of Customs of the People's Republic of China through a comprehensive reporting system. Original data comes from *Customs Declaration for Import of the People's Republic of China*, *Customs Declaration for Export of the People's Republic of China*, and other declaration vouchers that are confirmed by customs.

4.Import and Export Commodity Classification: the list of import and export commodities is compiled based on the *Harmonized Commodity Description and Coding System (HS)* stipulated by the Customs Cooperation Council (World Customs Organization) and China's reality of imports and exports. Customs statstics in value terms for both imports and exports are compiled according to the classifications of *UN Standard International Trade Classification (SITC).*

5. Trading Partner: the country (region) of origin is recorded for imports while the country (region) of final destination for exports.

The Country (Region) of Origin refers to the country or region where the import goods have been grown, mined or manufactured. If two or more countries (regions) were involved in the manufacture of the products, the place where the last substantial working or processing was carried out will be recorded as the country (region) of origin. However, commodities whose nature or states have not been substantially changed will not be considered as having been processed or remanufactured.

The Country (region) of Final Destination refers to the country or region where the export goods are to be consumed, utilized or further processed or manufactured. In instance where the country of final destination can not be ascertained, the exports will be credited to the final country (region) dispatched to as known at the time of exportation.

6.Explanatory Notes on Main Statistical Indicators

Import and Export of Goods refer to the value of commodities actually imported or exported across the border of China and changed the material stock within our country. They include general trade imports and exports, processing trade imported and exported goods, goods imported and exported from customs special supervision areas, bonded supervision places or economic special zones, leased trade goods with a lease term of one year or more, goods imported and exported by foreign invested enterprises, international free aid materials and donations, duty-free goods, border trade imported and exported goods, low value express goods, and cross-border e-commerce packages declared to customs by mail or express delivery. They do not include transit goods, temporary imported and exported goods, imported and exported exhibits, leased imported and exported goods with a lease term of less than one year, imported and exported currency and currency fees, personal belongings of inbound and outbound passengers (excluding cars), fuel, materials added to inbound and outbound transportation vehicles overseas, and food, etc. In accordance with the stipulation of the Chinese government, exports are calculated at FOB, while imports are calculated at CIF and simultaneously priced in both RMB and USD.

Import / Export by Location of Importers/Exporters the location of importers or exporters refers to the place inside China's Customs temitory where the importers or exporters are registered.

Import / Export by Location of Domestic Consumers / Producers the location of domestic consumers refers to the place inside China's customs territory where the imported goods are cosumed, utilized or destined for The location of dornestic producers refers to the place inside China's customs territory where exported goods are produced, manufactured initially delivered.

II. Imports and Exports in Services

1.Sources on Imports and Exports in Services: statistics are compiles according to Balance of Payments (BOP) and from the Ministry of Commerce.

2. Explanatory Notes on Main Statistical Indicators

Imports and Exports in Services refers to services provided between resident and non-resident units, including transportation, travel, construction, insurance, finance, telecommunications, computer and informations, technology, professional and management consultancy, intellectual property fee, individual, culture and recreation, maintenance and repair, and other services, but excluding government service.

III. Utilization of Foreign Capitals

1.Data on Foreign Capitals Include: the number of new foreign-invested enterprises and realized foreign direct investment value.

2.The Statistical Scope: the foreign invested enterprises and cooperative development projects (including enterprises with investment from Hong Kong, Macao and Taiwan) established within the territory of the People's Republic of China.

3.Sources of Data on Foreign Capitals: data on foreign direct investments are from the Ministry of Commerce, through comprehensive reporting system. Special notice: data on utilization of foreign capitals before 1985 were survey results from governmental statistical agencies, since 1986 all data are from the Ministry of Commerce (formerly MOFTEC before 2003).

4.Explanatory Notes on Main Statistical Indicators

Foreign Investment refers to investment in China by legal or natural persons of foreign countries and of Hong Kong, Macao and Taiwan, in the form of cash, physical assets, intangible assets and equity and others. Foreign direct investment refers to investment by investors from foreign countries and from Hong Kong, Macao and Taiwan in a non-listed company, or the investment of over 10 percent or more in a listed company.

Number of Approval Enterprises (Projects) refers to the number of foreign-invested enterprises and cooperative development projects approved by the foreign direct investment management division.

Country (region) of Foreign Capital refers to the country and region where the investor registers as a juridical Person and the foreign capital and investment comes. In the statistic classification, as the other ways in utilizing foreign investment, country (region) refers to the place where the foreign companies, enterprises and other economic organization register as juridical persons, except government loans just in terms of the name of the country.

Realized FDI refers to the amount of contractual foreign investment that is actually paid, including the registered capital and working capital that is actually paid by the foreign investor, and the transaction consideration that is actually paid by the foreign investor for the transfer of the equity of the domestic investor.

IV. Overseas Direct Investment and Foreign Economic Cooperation

1.Data on Overseas Direct Investment and Economic Cooperation Include: Overseas direct investment, number of contracts for overseas contracted projects, contracted volume, complete business turnover, business turnover by countries (regions), dispatched workers of overseas labour services, persons abroad by the end of year and so on.

2.The Scope of Foreign Economic Cooperation:all types of overseas corporations and non-corporations that domestic investors own or control 10% or more equity, voting rights or other equivalent interests through direct investment. corporate enterprise engaged in contracted projects and labour services cooperation with foreign countries and has been approved by the department of commerce at various levels.

3.Sources of Data on Overseas Direct Investment and Economic Cooperation: data on foreign economic cooperation are from the Ministry of Commerce through a comprehensive reporting system. Data on contracted projects include design & consultation service since 2009.

4.Explanatory Notes on Main Statistical Indicators

Overseas Direct Investment refers to the economic activities centring on operation and managemerot of those enterprises are under the control of domestic investors. The content of overseas direct investment mainly reflects one economic entity by investing in another economic entity to achieve its goal of lasting interest.

Overseas Contracted Projects refer to activities of contracting overseas construction projects by Chinese enterprises or any other units, which are stipulated in the *Regulations on Administration of Foreign Contracted Project.*

Overseas Labour Services refer to operational activities of organizing labour force to go abroad providing services to foreign enterprises or agencies.

Accomplished Turnover refers to the workload enterprises completed in the form of currency during the reporting period.

Dispatched Labor refers to the number of overseas labours in the overseas project contracting and labor cooperation businesses.

V. Tourism

1.Main Contents: the basic conditions of travel agencies and star-rated hotels; number of international tourists and Chinese residents going abroad, number of domestic tourists and total expenses of international and domestic tourism.

2.Scope of Statistics: data in this chapter cover travel agencies, star-rated hotels and tourists.

3.Sources of Data: data on tourism are from National Immigration Administration, Ministry of Culture and Tourism. Data on tourism are from the comprehensive reporting system,except for those on total expenses of international and domestic tourism and number of domestic tourists,which are from sample surveys.

4.Explanatory Notes on Main Statistical Indicators

Number of Domestic Tourists refers to the number of Chinese (mainland) residents who travel within China (mainland) for sight-seeing, vacation, visiting relatives, medical treatment, shopping, attending conference, or to engage in economic, cultural, sports and religious activities. In compiling statistics, each travel is counted as one person-time.

Overseas Visitor Arrivals refer to the number of tourists of foreigners, Chinese compatriots from Hong Kong, Macao and Taiwan who come to China (mainland) within the reference period for sight-seeing, vacation, visiting relatives, medical treatment, shopping, attending conference, or to engage in economic, cultural, sports and religious activities (namely the number of overseas visitor arrivals). In compiling statistics, each arrival is counted as one person-time. Overseas visitor arrivals includes inbound overnight tourists and one-day tourists.

Number of Chinese Residents Going Abroad (Chinese Outbound Visitors) refers to the number of Chinese (mainland) residents going to other countries, Hong Kong Special Administrative Region, Macao Special Administrative Region and Taiwan Province on official or private purposes, for sight-seeing, vacation, visiting relatives, medical treatment, shopping, attending conference, or to engage in economic, cultural, sports and religious activities (namely the Chinese outbound visitors). In compiling statistics, each outbound travel is counted as one person-time.

Total Expenses of International Tourism refer to the total expenses of overseas visitors during their stay in the mainland of China on transportation, sighting, accommodation, food, shopping and entertainment.

Total Expenses of Domestic Tourism refer to the total expenses of domestic tourists on transportation, sighting, accommodation, food, shopping and entertainment while they travel.

VI. Others

1.The Balance of Payments Table is compiled by the State Administration of Foreign Exchange in accordance with the 6th edition of the *Balance of Payments and International Investment Position. Manual (BPM6)* prepared by the International Monetary Fund.

2.The Average Exchange Rates of RMB Yuan to US Dollar, Japanese Yen and Hong Kong Dollar over the years come from the State Administration of Foreign Exchange.

3. The Data on Gold and Foreign Exchange Reserves are also from the State Administration of Foreign Exchange.

附录II　英文缩略语及符号

APPENDIX II　Abbreviations and Symbols in English

APEC	Asia-Pacific Economic Cooperation
ASEAN	Association of Southeast Asian Nations
Co, Ltd	Corporation Limited
Corp	Corporation
DPR	Democratic People's Republic
EU	European Union
IMF	International Monetary Fund
Is	Islands
No	Number of items
Prov	Province
RMB	Renminbi Yuan
SDR	Special Drawing Rights
USD	Dollar of United States of America